愚政進行曲

木馬屠城記、文藝復興時代的教宗
英國失去美洲殖民地、越戰

The March of Folly

From Troy to Vietnam

芭芭拉·塔克曼 著

孟慶亮 譯　俞海韵 校

目錄

前言

我不明白為什麼有人竟然認為我們過去所聽說過的主題將來不會再振聾發聵……達觀明理之士出於合理目的會再次使用，魯莽狂人亦會用來胡言亂語製造災難。

——約瑟夫・坎貝爾《上帝的面具》（一九六九）

圖說總表

特洛伊大開城門迎木馬

1. 雙耳陶壺上的木馬，西元前六七〇年（珍藏於希臘雅典米克諾斯博物館，德國考古研究院）
2. 龐貝古城裡的壁畫，西元前一世紀（珍藏於義大利那不勒斯國立考古博物館；圖片出自哈佛藝術博物館之福格美術館）
3. 浮雕版上亞述圍城的機關，西元前八八四年至八六〇年（珍藏於大英博物館）
4. 羅馬「拉奧孔與兒子們」的大理石雕像，推估創作於西元前五〇年代（珍藏於梵蒂岡皮奧克萊門蒂諾博物館之美景宮）

文藝復興教宗引起宗教分裂：西元一四七〇年至一五三〇年

1. 教宗思道四世（Sixtus IV），畫家美洛佐・達・弗利作品（珍藏於梵蒂岡博物館；圖片出自斯卡拉〈Scala〉圖像檔案館）
2. 教宗英諾森八世（Innocent VIII）紀念雕像，藝術家安東尼奧・德爾・波拉約洛作品（位於梵蒂岡聖彼得大教堂；圖片出自斯卡拉圖像檔案館）

3. 教宗亞歷山大六世（Alexander VI），畫家平托瑞丘作品（梵蒂岡博物館壁畫；圖片出自斯卡拉圖像檔案館）
4. 教宗儒略二世（Julius II），在「博爾塞納的彌撒」裡，畫家拉斐爾作品（梵蒂岡博物館壁畫；圖片出自斯卡拉圖像檔案館）
5. 教宗利奧十世（Leo X）圖像，畫家拉斐爾作品（珍藏於義大利佛羅倫斯烏菲茲美術館；圖片出自斯卡拉圖像檔案館）
6. 教宗克勉七世（Clement VII）圖像，畫家塞巴斯蒂亞諾・德爾・畢翁伯作品（珍藏於卡波迪蒙特博物館，位於義大利那不勒斯；圖片出自斯卡拉圖像檔案館）
7. 帕維亞戰役（The Battle of Pavia），布魯塞爾掛毯（珍藏於義大利那不勒斯的卡波迪蒙特博物館；圖片出自斯卡拉圖像檔案館）
8. 不義的贖罪券交易（The traffic of indulgences），小漢斯・霍爾拜因的木刻版畫（珍藏於美國紐約大都會藝術博物館，狄克基金捐贈於西元一九三六年）
9. 路德教派對教宗改革的諷刺（珍藏於美國華盛頓特區國家美術館）

英國丟失美洲殖民地

1. 英王喬治三世時期的下議院，畫家卡爾・安東・希克爾作品（珍藏於英國國家肖像館）
2. 英王喬治三世的首相，威廉・皮特（William Pitt），查塔姆伯爵一世，畫家理查・布朗普頓作品（珍藏於英國國家肖像館）
3. 英王喬治三世的肖像，艾倫拉姆齊工作室作品（珍藏於英國國家肖像館）

4. 英王喬治三世的財政大臣，查爾斯・湯森（Charles Townshend）的肖像，英國學校，畫者佚名（巴克盧公爵家族的收藏品；圖片提供：湯姆・史考特）
5. 奧古斯都・亨利・菲茨羅伊（Augustus Henry Fitzroy）的肖像，格拉夫頓公爵三世，畫家龐沛歐・巴托尼作品（珍藏於大英博物館）
6. 艾德蒙・柏克（Edmund Burke）的肖像，約書亞雷諾茲爵士工作室作品（珍藏於英國國家肖像館）
7. 查爾斯・沃森・文特沃斯（Charles Watson-Wentworth），羅金漢侯爵二世的肖像，約書亞雷諾茲爵士工作室作品（珍藏於英國國家肖像館）
8. 查爾斯・倫諾克斯（Charles Lennox），里奇蒙公爵三世，夫婦觀賞賽馬圖。畫家喬治・史塔布斯作品（珍藏於里奇蒙公爵交付信託保管的古德伍德宅第）
9. 腓特烈，諾斯勳爵（Frederick, Lord North）的肖像，畫家納撒尼爾・丹斯作品（珍藏於英國國家肖像館）
10. 喬治・傑曼勛爵（Lord George Germain）銅版畫像，草圖係由畫家喬治・羅姆尼繪製（珍藏於大英博物館）
11. 能幹的醫生（The Able Doctor），出自倫敦雜誌插圖（珍藏於美國國會圖書館）
12. 高譚的智者和他們的鵝（The Wise Men of Gotham and Their Goose）（珍藏於美國國會圖書館）

美國在越南背叛自己

1. （法國在中南半島犯的錯誤）「就是學不乖？」漫畫家丹尼爾・費茲派屈克（Daniel R. Fitzpatrick）繪於西元一九五四年六月八日（丹尼爾・費茲派翠克與聖路易斯郵報提供）

2. 「先生，有那麼好笑嗎？我只是在找出路呀！」漫畫家比爾・毛爾丁（Bill Mauldin）繪於西元一九六四年十一月廿三日（比爾・毛爾丁與 Wil-Jo Associates, Inc. 提供）

3. （戰犯）哥倆好。漫畫家赫布洛克（Herblock）繪於西元一九六六年七月廿一日（取材自華盛頓郵報）

4. 「瞧我變出鴿子！…來隻鴿子…呃，就請各位當牠是隻鴿子吧！」漫畫家帕特・奧利芬特（Pat Oliphant）繪於西元一九六九年三月七日（取材自連環漫畫發表聯盟；西元二〇〇九年已停業）

5. 「記住，現在嚴格禁止你們擊中堤防、醫院、學校，或是任何非軍事目標！」漫畫家比爾・桑德斯（Bill Sanders）繪於西元一九七二年三月十四日（比爾・桑德斯和密爾沃基日報提供）

6. 「他正在想辦法保住面子。」漫畫家東尼・奧斯（Tony Auth）繪於西元一九七二年（取材自華盛頓郵報）

7. 美國國務卿約翰・福斯特・杜勒斯（John Foster Dulles）出席日內瓦會議。攝於西元一九五四年四月（取材自合眾國際社）

8. 專案調查小組在西貢。攝於西元一九六一年十月（取材自廣角世界攝影公司 Wide World Photos Inc.）

9. 美國獨立號航空母艦執行滾雷行動（Operation Rolling Thunder）。攝於西元一九六五年七月十八日（取材自廣角世界攝影公司 Wide World Photos Inc.）

10. 富布賴特聽證會（The Fulbright Hearings）。攝於西元一九六六年二月（取材自廣角世界攝影公司 Wide World Photos Inc.）

11. 反戰示威人潮擠在五角大廈台階上。攝於西元一九六七年十月廿一日（取材自廣角世界攝影公司 Wide World Photos Inc.）

12. 詹森總統白宮週二午餐會。攝於西元一九六七年十月（取材自美國白宮詹森總統圖書館）

致謝

我謹向那些以不同方式幫助我完成該書寫作的人致謝：耶魯大學《班傑明・富蘭克林期刊》編輯威廉・威爾科克斯教授，他詳讀了該書第四章並提出了批評性意見；華盛頓《聖路易斯郵報》前總編輯理查・達德曼，著有《與敵人在一起的四十天》（是關於他在柬埔寨被俘經歷的記錄），他幫助審讀了該書第五章；美國天主教大學的納爾遜・明尼克教授，他幫助審讀了該書第三章。審讀並不意味著他們認同書中的觀點，尤其是前面提到的第三章。對於書中所有內容的解釋和觀點，仍由我個人負全部責任。

我就各類問題諮詢了許多人的意見或者得到了他們的幫助，在此，我要感謝哈佛大學歷史系的伯納德・貝林教授；感謝彼得・鄧恩博士分享他就一九四五年法國軍隊返回越南所做的研究；感謝傑佛瑞・雷斯讓我知道了隱藏在「認知失調」這一術語後面的概念；感謝陸軍戰爭學院的哈里・薩默斯上校；感謝外交關係委員會圖書館的賈尼斯・克雷斯林斯；感謝本書第五章參考文獻中所列出的所有人員，他們和藹可親，總是不厭其煩地當面回答我的各種口頭問題。

對於書中插圖的查找，我要感謝哈佛大學古籍部的艾蜜莉・凡爾穆勒教授，感謝位於康乃狄克州法明頓的路易斯・沃波爾博物館的瓊・蘇思樂及其同事們。感謝位於華盛頓哥倫比亞特區國家肖像館的馬克・帕赫特；感謝紐約大都會藝術館的印刷與製圖部及希臘羅馬部，國會圖書館的印刷及攝影部，動畫藝術博物館的查理斯・格林和報紙漫畫委員會的凱薩琳・普倫蒂斯；感謝位於倫敦的A・M・希斯公司的赫斯特・格林，他像變魔術般地幫我從國家肖像館（倫敦分部）和大英博物館獲得了想要的插圖。整本書的插圖能連貫地銜接起來則歸功於阿爾弗雷德・A・克諾普夫出版社的瑪麗・麥圭爾，她將所有雜亂無章的材料梳理清楚並對接起來。還要特別感謝羅賓・薩默，他不遺餘力並切實有效地確保了書中的證據精准無誤。

我還要感謝我的丈夫萊斯特・R・塔克曼博士，他建議我使用羅波安的例子，發現了古代圍攻戰的參考資料，以及亞述人圍城戰所使用器具的插圖；感謝我的女兒露西・艾森伯格和女婿大衛・艾森伯格，以及女兒阿爾瑪・塔克曼閱讀了整本書的手稿，並提出了有益的看法；感謝我的代理商拉塞爾與福爾克甯出版社的蒂莫西・塞爾迪斯，無論何時，他們總能抽出時間為我提供幫助；感謝我的編輯和出版商羅伯特・戈特利布，能夠在關鍵時刻做出正確的判斷，並時常在電話上忍受我焦慮不安的傾訴。

第一章　背道而馳

在整個人類歷史時期，不論在哪個國家，也不論在哪個階段，一個值得注意的現象，便是政府奉行與自身利益相左的政策。與人類幾乎所有其他活動相比，政府的表現往往更為不如人意。在這方面，原本應該根據經驗、常識和可利用訊息而做出恰當判斷的智慧，不僅沒有起到應有的作用，反而導致了令人沮喪的結果。為什麼身居高位的人如此經常性地做出有違理智且顯然與自身利益相違背的事情呢？為什麼明智的思維過程似乎常常失效？

首先，儘管特洛伊的統治者有種種理由懷疑那令人生疑的木馬是希臘人的詭計，那他們為什麼還要將它拉到城裡去呢？為什麼喬治三世的歷屆內閣，都寧可對美洲殖民地堅持威脅態度，而不採取任何安撫手段，儘管眾多顧問一再勸誡這樣做有百害而無一利？為什麼查理十二世和拿破崙，以及後來的希特勒，不考慮先驅們所遭受的滅頂之災，仍然一意孤行地入侵俄羅斯呢？蒙提祖馬（Montejuma），作為一支勇猛好鬥、渴望馳騁疆場的部隊的統帥和擁有三十萬人口城市的首領，為什麼雖然已經清楚地知道幾百名外來入侵者不過是人而絕非神，卻仍然順從地舉手投降呢？為什麼蔣介石拒絕聽從任何改革或警告的聲音，直至醒來發現自己已經失去了對國家的控制呢？為什麼由出口商所組成的牢固的統一戰線能輕而易舉地掌控局勢（OPEC），石油進口國卻為可供應的石油資源劍拔弩張呢？為什麼近代以來英國工會似乎每隔一段時間就導致國家處於癱瘓狀態，且場面瘋狂壯觀，令人覺得他們好像不是這個國家的一員呢？為什麼美國的企業一味追求「發展」，卻與此同時明顯在耗盡我們這個星球上的生命賴以生存的三大基礎，即土地、水源和未受污染的空氣呢？（雖然從嚴格的政治意義上來講，工會和企業並不是政府部門，但它們說明了執政的情況。）

人類在政府以外的其他領域已經取得了驚人的成就：在我們的有生之年發明了能帶我們離開地球飛

向月球的運載工具（一九六九年阿波羅十一號成功登陸月球）；在漫長的過去，成功地利用風能發電，用泥石修建起高聳入雲的教堂，用蠶絲織造出絲綢布料，發明了樂器，從蒸汽中獲得動力，控制或消滅了疾病，在北海填海造田，對自然的形態進行分類，探索宇宙的奧秘。「儘管人類在所有其他科學領域都取得了進展，」第二任總統約翰・亞當斯說，「政府卻躑躅不前，在管理方式上與三、四千年前相比並沒有好到哪裡去。」

政府的失當行為有四種，且通常不會單獨出現。它們是：一、暴政或壓迫，歷史上已經有無數此類惡名昭著的例子，這裡無須贅述；二、過度的野心，比如雅典企圖在伯羅奔尼撒戰爭中征服西西里，腓力二世試圖用他的無敵艦隊擊敗英格蘭，德意志自視為優秀種族而兩次試圖統治歐洲，日本謀求建立「大東亞共榮圈」；三、無能或頹廢，比如晚期的羅馬帝國，最後的羅曼諾夫王朝和中國末代王朝清朝；四、愚蠢或墮落。這本書關注的是最後一種，它具體表現為奉行一種與所涉及的國家或政體的自身利益相左的政策。自身利益一般應有利於維護統治主體的利益或優勢，而愚蠢的政策往往適得其反。

要限定本研究所說的愚蠢行為，採取的政策必須符合三個標準：不僅以後視之明，而且當時就必須被認為是適得其反的。這一點很重要，因為所有的政策，都取決於那個時代的觀點。一位英國歷史學家曾經說過：「用現代人的觀點對過去時代人們的行為進行判斷是非常不公平的。無論人們對道德如何評說，政治智慧無疑是不斷變化的。」為避免用當代的價值觀作為判斷的依據，我們必須採納當時的觀點，並且只研究那些當時的人們察覺到的對自我利益傷害的事件。

其次，必須要有一個可行的行動替代方案。要排除個人因素，第三個標准就必須是所討論的政策是由一個團體而非某個統治者自己做出的，並且在政治階段結束後繼續發揮作用。由獨裁者或暴君導致的政府失當行為數不勝數，且大都是由個人因素造成的，不值得歸納調查。而由集體所領導的政府或先後繼任同一個職位的統治者們，比如文藝復興時代的教宗，會產生更為嚴重的問題。（要簡要審視一下的話，對於上述時間標準，特洛伊木馬是一個例外，而對集體統治的標準，羅波安是個例外，但每個都是經典案例，並且在已知的政府管理歷史中發生如此之早，足以說明此類愚蠢現象是何等根深蒂固。）

愚政的出現與其所處時代或地域並無關聯；雖然某個特定時代和地域的習慣與信念確定了它所採取的形式，但這是一種永久的普遍的現象。它與政權形式也沒有關係：無論是在君主制、寡頭政治還是民主政體下，都同樣會產生這樣的現象。它與民族或階級也不相干。共產主義政府所代表的工人階級在行使權力方面並不比中產階級合理有效，這一點在近代歷史中已經尤為明顯地表現了出來。儘管我們必須承認，俄國無產階級在掌控國家六十年後，以殘暴取得了成功，但其執政期間的所作所為很難說是開明的。如果說大多數俄羅斯人在物質方面比以前更為富裕，那麼他們為殘酷的政策和暴政付出的代價則不比在沙皇統治下小，可能還大得多。

法國大革命中，曾經是民粹主義典型代表的政府，卻在強有力的執政者上台後迅速恢復了君主專制。雅各賓派的革命政權本來能夠整合力量消滅內敵並戰勝外國侵略者，但他們連自己的下屬都管理不好，維持國內秩序、建立強 大的政府或廣征賦稅就更無從談起了。最後波拿巴通過軍事行動才確立了新的秩序，他用在國外戰爭中繳獲的戰利品填補國庫，隨後登上執政者的寶座。他根據「任人唯賢」的標準選拔官員，那些聰明過人、精力充沛、勤勉踏實、唯命是從的人才被悉數收入他的麾下。這一招非常有效，可惜好景不長，傲慢自負的他，最終因為過度擴張而將自己摧毀殆盡。

或許有人要問，既然愚蠢或反常行為是人性所固有的，為什麼我們要指望政府有所不同呢？原因可能是，政府的愚行比個人的愚行影響更為深遠，因此，政府更應該採取理智的行動。既然如此，人們也早就明白這個道理，為什麼卻並未採取預防和保障措施，防止這種現象發生呢？歷史上已經有人進行了嘗試，比如柏拉圖建議挑選一批人進行培訓，使之成為政府管理專家。根據他的理論，在一個公正的社會中，統治階級應該首先學習執政藝術，應該是理性和智慧的傑出代表。因為在他看來，這種人是極其稀有的，所以他認為應該通過優生學方法進行繁殖和培養。他說，管理是一種特別的技藝，管理能力，如同在任何其他行業一樣，只有通過學習才能夠逐漸掌握，無法通過其他管道獲得。他的解決方案就是讓哲學家成為國王，這聽上去妙不可言，實際上高不可攀。「哲學家必須成為我們城邦的國王，或者，現在的國王和統治者必須像真正的哲學家那樣去尋求智慧，只有這樣，政治權力和知識智慧才能融為一體。」直到那一天，他說，「對於城市，並且我認為對整個人類而言，才會遠離各種麻煩。」事實也確實如此。

不開竅的榆木腦袋（wooden-headedness）造成的自我欺騙，在政府管理中起著尤為重要的作用。它主要表現在以先入為主的固定觀念對形勢做出評估，而忽視或拒絕任何相反的跡象。它總是根據意願行事，而不讓自己根據事實調整方向。一位歷史學家對西班牙的腓力二世，這位所有主權國家中思想最頑固的首腦的評價概括了這種特質：「他始終堅信自己超凡卓越，即便他的政策失敗了無數次，也難以動搖。」

一個戰爭中的典型案例便是第十七號計畫，也就是一九一四年法國作戰計畫。該計畫完全是按照進攻態勢構想出來的，集中一切人力物力於法國萊茵河前線，令左翼幾乎毫無防衛。唯一能說明這一戰略合理的理由便是：法國方面固執地認為，德意志不可能調派足夠的力量將侵略戰線延伸到比利時西部和法國沿海省份。這種假設是基於同樣固執的觀點，即認為德意志永遠不會動用其前線預備役部隊。而法國參謀總部一九一三年就逐漸獲得與此相反的證據，但事實上卻將其斷然忽略了，目的在於不要讓對德國可能從西部發起攻擊的擔憂，影響法國向東部的萊茵河地區進攻的士氣。當戰爭來臨之際，德國能夠並確實使用了前線的預備役部隊，又長途奔襲繞到西線，結果便導致了那場曠日持久的戰爭，以及二十世紀所經歷的可怕的後果。

榆木疙瘩似的僵化思維同時也拒絕吸取經驗教訓，十四世紀的中世紀統治者便是最為典型的例子。儘管貨幣貶值非常明顯並已嚴重影響到經濟的運行，引起了人民的憤怒，但法國的瓦盧瓦君主還是把它作為瘋狂攫取現金的手段頻繁加以使用，這最終引起了資產階級的暴動。戰爭是統治階級的手段，其中榆木疙瘩式的思維尤其明顯。許多國家通過戰爭掠奪敵對國家的資源，但還是不可避免地經常陷入食品短缺甚至饑餓狀態，比如英法百年戰爭中英國對法國的入侵就是這樣，儘管如此，國家間還是經常發動戰爭。

在十七世紀初，另外一位西班牙國王——腓力三世，據說因為坐在一個熾熱的火盆邊太久而發熱，於是傳喚負責挪開火盆的人，無奈一時沒有找到那個人，國王竟因此發燒駕崩了。二十世紀後期，人類好像在接近一個類似於自殺性愚蠢行為的階段。這種案例如此之多，出現如此頻繁，以至於人們只能選擇最具代表性的：為什麼超級大國相互間不摒棄人類自相殘殺的方式？為什麼我們窮盡所有技術和資源為獲得武力上的優勢而競爭，卻不花點兒力氣與我們的競爭對手尋找一種權宜之計，也就是說，尋找一種生存而非死亡的方式呢？

兩千五百年以來，從柏拉圖和亞里斯多德到湯瑪斯·阿奎那、馬基維利、霍布斯、洛克、盧梭、傑弗遜、麥迪森、漢密爾頓、尼采、馬克思等政治哲學家，他們研究思考的都是諸如倫理、主權、社會契約、人權、權力腐敗、自由與秩序之間的平衡等重大問題。馬基維利關注政府的職能，而不是政府所應採取的形式，除他之外很少有人勞神去關心政府的愚蠢行徑，儘管這種愚蠢行徑早已是長期和普遍存在的問題。阿克塞爾・奧克森謝爾納（Axel Oxenstierna）伯爵，在異常活躍的古斯塔夫・阿道夫（Gustavus Adolphus）統治期間的三十年動亂中擔任瑞典首相，在其女兒克莉絲蒂娜統治時也是瑞典實際的統治者，他在臨死之際基於自己豐富的閱歷得出結論：「我的孩子，現在治理天下，哪裡需要什麼智慧呢？」

因為長久以來，政府始終是以單一主權的形式存在，它所表現出的導致政府愚蠢行徑的人類特點可以追溯到打從人類有文字記錄的那一天。以色列國王羅波安是所羅門王的兒子，大約於西元前九三〇年，他四十一歲時繼承王位，比荷馬創作民族史詩早大概一個世紀。這位新國王絲毫沒有浪費時間，就做出了蠢事，導致了國家的分裂，並永遠失去了統稱為「以色列」的十個北方部落。他們當中有許多人不滿於所羅門國王統治時期的苛捐雜稅和繁重勞役，已暗中努力分離出去。他們聚集在所羅門手下一個叫耶羅波安（Jeroboam）的將軍周圍。這位將軍被稱為「偉大的勇士」，他憑藉著一個預言承諾帶領他們起義，該預言說他將在起義後繼承這十個部落的統治。上帝通過某個預言家、示羅人亞希雅（Ahijah the Shilonite）在該事件中發揮了作用，但他後來的角色並不十分清楚，並且似乎是由敘述者添加進去的，該敘述者認為全能的上帝必定無處不在。起義失敗時，耶羅波安逃到埃及，埃及國王示撒（Shishak）為他提供了庇護。

南方的兩個部落猶大和班傑明毫無疑問承認新國王的統治，羅波安非常清楚地意識到以色列的動亂，於是即刻前往北部中心示劍（Shechem）以贏得那裡的人民對他的忠誠。但是他碰到了以色列代表團，他們要求他減輕他父親所羅門國王在位時期強加給他們的沉重勞役。如果他答應這麼做，他們將願意做他的忠誠支持者。代表團成員中就有耶羅波安，他是在所羅門國王剛死去時從埃及被召回的。耶羅波安的出現必然讓羅波安意識到自己所面臨的嚴峻形勢。

作為緩兵之計，羅波安請代表團先回去，並在三天之後回來聽取他的答覆。與此同時，他徵求了他父親的顧問團中那些長老們的意見，他們勸他答應人民的要求，並告訴他，如果他對人民慈愛有加，並「好言相勸，他們將會永遠做你的僕人」。由於是第一次執掌政權，熱血沸騰的羅波安認為這個意見過於溫和，於是轉而徵求「同他一起長大的少壯派」的建議。他們非常瞭解他的性格，並且就像歷史上任何時期想要鞏固自己在「總統辦公室」中地位的顧問們一樣，提出了認為他會接受的意見。他不應做任何讓步，並且還要直接告訴那些人，他不僅不會減輕賦稅，而且還要把賦稅加到比他父親在位時更重。他們為他起草了能夠成為任何專制君主的口號的名言：「你就這樣跟他們說：我父親給你們套上了沉重的枷鎖，而我還要給你們再加一套；我父親用鞭子責罰你們，而我會用蠍子懲戒你們。」羅波安對這樣殘忍的表述欣喜異常，於是在代表團第三天返回時把這些話「粗暴地」一字不差地轉述給了他們。

他的臣民並不準備順從地接受這一答覆，這似乎是羅波安始料未及的。在希伯來歷史上，他能夠贏得「十足的蠢蛋」稱號並不是沒有理由的。於是，以色列立即宣佈從大衛家族中分離出去，並且他們的戰爭口號是：「哦，以色列，建立自己的家園！哦，大衛，看好你自己的部族！」他們行動如此之快，說明事先已經對可能出現的否定答覆擬定了行動方針。

如此不動腦子的羅波安甚至讓大臣奧克森謝爾納伯爵深感詫異，他採取了當時情況下最挑釁的舉動。他叫來亞多蘭（Adoram），此人負責監管被奴役部落，常對勞動者施以枷鎖，令人深惡痛絕。羅波安命令亞多蘭去確立國王的權威，但顯然並沒有派軍隊支持他，結果人們用石頭把亞多蘭砸死了。聽到消息後，這位魯莽而愚蠢的國王迅速跨上他的戰車逃到了耶路撒冷。在那裡，他召集了猶大和班傑明部落的所有戰士發動戰爭以重新統一國家。與此同時，以色列人任命耶羅波安為國王。他統治了二十二年，而羅波安統治了十七年，「這一時期，他們之間的戰爭連綿不斷」。

曠日持久的戰爭削弱了兩個國家的實力，也使得約旦東部之前由大衛所征服並成為附庸的領土，比如摩押、以東、阿蒙等重新獲得獨立，由此敞開了埃及入侵的大門。埃及國王示撒派「大軍」佔領了邊境要塞並向耶路撒冷挺進。羅波安只能以寺廟和王宮中的金銀財寶向埃及進貢，才避免了耶路撒冷被征服的命運。示撒還侵入了前盟友耶羅波安的領土遠至米吉多，但他顯然由於資源匱乏無法建立政權，不得不退回埃及。

這十二個部落從未被統一起來。因衝突而變得四分五裂的兩個國家再也不能維持大衛和所羅門建立的帝國的榮耀。在輝煌時期，帝國領土從北部的敘利亞一直延伸到埃及，直至到紅海的國際商隊路線和外貿出海口。而由於分裂造成人口和領土的減少，他們更無力抵禦鄰國的侵略。在分別存在了兩百多年後，以色列的十個部落終於在西元前七二二年被亞述所征服，並且根據亞述人對被征服民族的政策，他們被驅逐出自己的土地而散落各地，消失在了不為人知的世界和被反覆揣測的歷史之中。

包括耶路撒冷地區在內的猶大王國，作為猶太人民的土地繼續存在著。儘管在不同時期重新奪回了北方大部份領土，但它也曾經被征服，流亡到巴比倫河流域，然後經歷復蘇、內亂、外國統治者的佔領、叛亂、再次被征服、更遠的流亡、驅散、壓迫、猶太聚居區以及屠殺，但卻從未消亡。當初，原本可能被採納的長老們的建議被羅波安輕易拒絕了，而最終採取的另外一套舉措導致了長期的仇恨，其所造成的創傷歷經兩千八百年仍難以癒合。

同樣是毀滅，但原因恰恰相反的是導致墨西哥被征服的愚蠢行為。雖然人們對羅波安不難理解，但蒙提祖馬的例子讓我們認識到愚蠢行為並不總是可以得到合理的解釋。他於一五〇二到一五二〇年間是阿茲特克國王，這個國家物產豐富，情況複雜，掠奪成性。它坐落在內陸高原上（現在的墨西哥城所在地），周圍群山環繞，首都是有六萬戶人家的城市，房屋沿湖邊堤壩、小島等地勢用木樁打造並粉刷，街道整齊，寺廟輝煌，裝飾精美，武裝強大。其殖民地向東延伸到海灣地區，向西到太平洋海岸，整個帝國有大約五百萬人口。他們信仰邪惡的宗教，用活人祭祀的儀式在血腥和殘忍方面無人能及。然而，阿茲特克的統治者在藝術、科學及農業領域卻具有非常先進的思想和理念。阿茲特克的軍隊每年都要對鄰近部落發動戰爭，掠奪用來勞動的奴隸和祭祀的犧牲品，補充總是短缺的食物供應，並借機佔領土地或懲罰反抗行為。在蒙提祖馬統治的最初幾年，他親自率領這樣的軍事行動，極大地擴展了疆域。

阿茲特克文化強調對神的崇拜——從鳥神、蛇神、美洲虎神，到雨神特拉洛克（Tlaloc）和作為地球表面主宰的太陽神太茲卡利波克（Tezcatlipoc），以及「將野蠻想法通過低聲耳語傳達給人類」的「太母頗特」（Tempter）。國家的創始神羽蛇神（Quetzalcoatl，古代墨西哥阿茲特克人與托爾特克人崇奉的重要神祇）已經失去往日的輝煌，黯然離開去了東海，人們在那裡期盼他回到地球，有眾多預言和特異景象對此做出暗示，預示了帝國的衰落。

一五一九年，從古巴來的一群西班牙征服者在埃爾南・科爾特斯（Herman Cortes）的率領下在墨西哥灣海岸的韋拉克魯茲（Vera Cruz）登陸了。在哥倫布發現加勒比群島後的二十五年來，西班牙入侵者迅速摧毀了原住民的家園，建立了自己的統治地位。如果他們的身體沒能在為西班牙人提供勞役的過程中倖免於難，那麼從基督教的角度來說，他們的靈魂得到了拯救。從他們的信件和頭盔可以看出來，西班牙人並沒有耐心定居下來開荒種地，而是無情地、無休止地、貪婪地掠奪奴隸和黃金，而科爾特斯就是他們的一個縮影。由於多多少少與古巴總督不和，他提出帶領六百人、十七匹馬和十門大炮進行探險，表面上是探求貿易機會，實際上是追求榮耀，並以國王的名義建立獨立的領地，這從他的行為來看再清楚不過了。他登陸後的第一個舉動就是燒毀船隻，這樣就破釜沉舟，沒有退路了。

當地居民出於對阿茲特克統治者的憎恨，將首都的財富和防守力量透露給了他。於是，科爾特斯帶領大部份人馬出發前去征服這座內陸大城市。儘管他非常魯莽大膽，但並不愚蠢，沿途與阿茲特克的敵對部落，尤其是主要對手特拉斯卡拉部落結成了聯盟。他先派人捎信，聲稱自己是某個外國王子的使臣，但並沒有偽裝成一個轉世的羽蛇神，對西班牙人來說這本來就不在他們的考慮之中。他們帶著自己的傳教士前行，非常顯眼地手持十字架和聖母馬利亞的畫像，並宣稱他們的目的在於傳播基督教。

蒙提祖馬在聽取來自前方的報告後，召集顧問們開會，有些人強烈要求以武力或欺騙手段抵禦這些陌生人；而其他人則認為如果他們確實是某個外國王子的使臣，應該舉行友好的歡迎儀式。如果他們並非常人，那麼這一點從他們神奇的特徵就能看出來，抵抗也是沒有用的。他們的「灰色」面孔和「石頭」服裝，他們駕著帶白色翅膀的水上房屋登陸，他們從管子裡噴出的魔力十足的火焰能殺死遠處的人，他們的首領騎著怪獸。對一個神靈無處不在的部落來說，所有這一切都表明他們就是超自然的力量。然而，他們的首領可能就是羽蛇神的這個想法，似乎只是蒙提祖馬自己的臆想。

疑慮重重、惴惴不安的蒙提祖馬在當時的情況下做出了最為糟糕的決定：他派人送去金光閃閃的禮物炫耀他的財富，同時帶去信件，要求來訪者返回，這又顯示了他的軟弱。一百來個奴隸拿著寶石、紡織品、華麗的羽毛製品和兩個「如車輪般大小」的巨大金盤和銀盤令貪婪的西班牙人興奮不已；而信上所說的禁止繼續向首都行進，幾乎懇求地讓他們返回自己的家鄉，為了不激怒神靈，也不令使臣不滿，使用了極其溫和的語言，因此語氣並不強硬。於是，西班牙人繼續前行。

當他們抵達這座城市的時候，蒙提祖馬沒有採取任何行動，比如設置障礙阻止他們。相反，他舉行儀式歡迎他們的到來，還陪同他們到王宮和其他場所。在山中等待進攻信號的阿茲特克軍隊始終沒有接到命令，雖然他們本來能夠消滅侵略者，在堤壩上切斷逃生路線或者將他們予以孤立，迫使他們因饑餓而投降。這樣的計畫實際上都已準備妥當，但是翻譯將其洩露給了科爾特斯。警覺的科爾特斯把蒙提祖馬軟禁在他自己的宮殿中作為人質，防止外面的進攻。英勇善戰且在數量上以一千比一的比例遠遠超過綁架者的一個國家，就這樣屈服了。由於過於相信神秘主義和迷信的力量，他顯然認為西班牙人的確是羽蛇神派來折解他的帝國的，並相信這是命中註定的，因此沒有做出任何努力來改變自己的命運。

不過，從入侵者不斷索要黃金和食物來看，他們顯然也都是人；他們總是向釘在一個木頭做的十字架上的裸體男人及一個抱小孩的女人頂禮膜拜，這表明他們同羽蛇神並沒有什麼關係；反之，他們對當地人對羽蛇神的祭祀行為表現出明顯的敵意。後來，出於後悔或經人勸說，蒙提祖馬下令讓部隊伏擊科爾特斯留在韋拉克魯茲的駐軍。他的部下殺害了兩名西班牙人，並將其中一個的人頭送到首都作為證據。科爾特斯對此沒有要求談判或解釋，而是立刻用鏈子將國王鎖住，迫使他交出兇手並將兇手在宮門前活活燒死，還不忘再次索要大批黃金和珠寶作為懲戒。由於西班牙人被殺，任何殘存的與神靈建立關係的念頭消失得無影無蹤。

蒙提祖馬的侄子卡卡瑪（Cacama）對科爾特斯進行了譴責，說他是殺人犯、盜竊犯，並威脅要進行反抗，但國王卻一味保持沉默，消極被動。極度自信的科爾特斯在得知從古巴來的一隊人馬已經前來逮捕他時，自己回去對付他們，留下了少部份人繼續佔領。這少部份人打碎祭壇，掠取食物，進一步激怒了城裡的居民。反抗情緒日益高漲。失去了權威的蒙提祖馬既無法下命令指揮，也不能平息人民的怒火。於是，在科爾特斯返回之際，阿茲特克人在國王弟弟的率領下發起反抗。只有十三支步槍的西班牙人只好用劍、矛和弩予以反擊，並放火焚燒了房屋。儘管他們有鋼鐵武器的優勢，但由於被步步緊逼，他們只好將蒙提祖馬拉出來要求停戰。但國王剛一出現，就被人們用石頭一頓亂砸，說他是懦夫、叛徒。於是他被西班牙人帶回宮殿，三天後就死了，而他的臣民拒絕為他舉行葬禮。西班牙人在一個晚上從城裡撤出，損失了三分之一的兵力和先前的戰利品。

科爾特斯糾集了他的墨西哥盟友們，在城外的戰爭中打敗了佔優勢的阿茲特克軍隊。在特拉斯卡拉部落的協助下，他包圍了城市，切斷了城市的水和食物供應，並逐步滲透。在前進過程中，他們將被摧毀的建築物廢墟都拋入湖裡。一五二一年八月十三日，城裡剩下的居民群龍無首，又迫於饑餓，最終投降了。征服者填湖造地，在廢墟上建立起自己的城市，並隨後統治墨西哥、阿茲特克及其盟友達三百年之久。

對宗教信仰，尤其是某個陌生的、遙遠的、你只是一知半解的文化中的宗教信仰進行爭論是徒勞無功的。但是，當某些信仰違反自然規律而變成一種錯覺，使人民失去獨立，那麼將它稱為愚蠢行徑也無不恰當了。在宗教狂熱的特殊類型中，該範疇同樣屬於榆木疙瘩式的僵化思維。它往往會造成極其嚴重的破壞。

愚蠢行徑不一定給所有關係人都帶來消極後果。由於文藝復興時代教宗的愚蠢行為而導致的改革，在新教徒看來並不算是不幸。由於英國的愚蠢政策挑起的北美十三州獨立戰爭，使美國人由此獲得了獨立，從全面來看這並非憾事。摩爾人征服西班牙後，對該國大部份領土的統治持續了三百年，少部份地區甚至長達八百年。根據每個人所持有的不同立場，這一征服的結果是積極的還是消極的或許還值得商榷，但這一征服的起因卻是當時西班牙統治者的愚蠢行為，這一點是非常明確的。

這些統治者就是西哥特人（Visigoths），他們在四世紀入侵羅馬帝國，五世紀末得以統治伊比利半島大部份地區數量佔優勢的伊斯帕諾羅馬居民（Hispano-Roman）。兩百年來，他們與被統治者爭吵不休，時常發生武裝衝突。他們以無限膨脹的自我利益為標準，對各地巧取豪奪，四處樹敵，並最終同樣為這種行為所害。本地居民是羅馬天主教徒，而西哥特人則屬於阿里烏斯（Arian）教派，於是宗教仇恨令敵對情緒愈演愈烈。在選擇君主的方式上，雙方出現了進一步的爭論。本地豪族試圖維持原來以推舉的原則產生最高統者，而深為建立王朝夢想苦惱的各地國王決心使這一做法成為世襲並予以保持。他們利用流亡或處決、沒收財產、不平等的稅收和不平等的土地分配等一切手段來消滅競爭對手，削弱當地的反對力量。這些做法無疑導致豪族煽動叛亂，仇恨的火種四處燎原。

與此同時，通過更加強有力的組織，西班牙境內的羅馬教會和主教採取更積極的抗拒，天主教的影響力越來越大，並在六世紀後期，成功地將兩個繼承人推上王位。第一個被其父親處死；而第二個人里凱爾德（Recared），最終實現了統治，並意識到國家統一的必要性。他在哥特人中第一個認識到，作為一個被兩個敵對集團所反對的統治者，繼續與雙方同時對抗實在愚蠢至極。由於堅信在阿里烏斯教派的框架下永遠不可能實現聯盟，里凱爾德不遺餘力地反對先前的盟友，並宣佈天主教為官方宗教。他的幾個繼任者，也努力安撫昔日的對手，召回那些被放逐的人並返還他們的財產。但是，愈來愈大的分歧和各種複雜的趨勢超出了他們的控制，他們已經失去了對教會的影響力，因為他們在其中為自己培養了內部敵人。

政權穩固以後，天主教的主教準入世俗政府，頒佈了自己的法律，濫用各種權力，控制擁有決定權的議會，將自己所青睞的篡權者的行為合法化，尤其致命的是無情地推行起了對任何「非基督徒」，也就是猶太人的歧視運動和懲罰條例。表面上來看人們繼續對阿里烏斯教派表示忠誠；但王室頹廢，縱情酒色。在各種陰謀詭計、強取豪奪、暗殺和起義的夾擊下，西元七世紀的國王如走馬燈般快速更替，沒有一個在位超過十年。

在這個世紀，被一個新的宗教賦予生命力的穆斯林得到了快速的發展。而這一發展得益於一系列從波斯到埃及，並在西元七〇〇年從西班牙穿越狹窄的海峽到達摩洛哥的征服過程。他們的船隻襲擊了西班牙海岸，雖然被擊退，但對岸的新政權為哥特人統治下心懷不滿的團體提供了無盡的誘人前景，即借助外力對抗內部敵人。不論歷史曾重演過多少次，正如拜占庭皇帝們在邀請突厥人抗擊國內敵人時認識到的那樣，這種方法最終通向的結果只有一種，那就是：外來勢力留了下來並奪取了統治地位。

西班牙的猶太人是飽受苦難的少數民族。他們與羅馬人一同來到西班牙，並通過經商而繁榮富庶。但現在，他們受到排擠、迫害，被強制改宗，被剝奪了權利、財產、職業，甚至連孩子都被強行帶走，送給基督教奴隸主。面對滅絕的威脅，他們通過在北非的其他猶太部落與摩爾人接觸並向後者提供情報。對他們來說，什麼都比基督教統治好。

然而，社會分裂的致命缺陷導致了突發行動。西元七一〇年，部份貴族策劃了一樁陰謀，拒絕承認前一君主的兒子為國王，擊敗了他並將之廢黜，並推選他們中的羅德里戈（Rodrigo）公爵登上了王位，這使國家陷入爭端和混亂。由於認為摩爾人會樂意為他們奪回王位，被推翻的國王和他的追隨者越過海峽，邀請摩爾人予以協助。

摩爾人本來就與西班牙不和，於是在西元七一一年大舉入侵，勢如破竹。羅德里戈的軍隊無力抵抗，摩爾人用一萬兩千人的部隊很快控制了局勢。他們攻城掠地，佔領首都，確立代理人（將其中一座城市交由猶太人管理），然後繼續前進。他們在七年內完成了對半島的征服。哥特式的君主，由於沒能夠制定可行的治理原則，或是實現與國民的融合，未能建立牢固的根基，在受到攻擊時轟然瓦解了。

在羅馬衰落和中世紀復興之間的黑暗年代，政府除了任意使用武力外並沒有有效的理論、體系或手段。由於社會的混亂是最令人難以忍受的，因此在中世紀時政府開始逐漸成形，隨後具備了公認的功能，包括普遍接受的原則、方法、機構、議會和官僚體制。它獲取了權力、話語權，改善了行事手段並提升了能力，但並沒有變得更加聰明或是不再有愚蠢的行徑。這並不是說，王公貴族和各位大臣不能夠英明地管理好自己的國家。在強大有力的，有時甚至是良性或明智的統治下，也會定期出現例外情況。就像愚蠢行徑一樣，這些現象並沒有隨時間和地點而發生變化。雅典的梭倫也許是最明智的，也是其中最早的例子之一。他值得我們探討一下。

西元前六世紀，時值經濟危機和社會動盪，梭倫被選為執政官（或首席大法官），人們希望他能拯救國家，調和分歧。當時的債務法非常嚴厲，允許債權人將被典當的土地作為抵押物，甚或驅使債務人從事奴役勞動，這無疑讓平民更加貧困，民怨沸騰，反抗情緒高漲。梭倫既沒有參與富人對平民的壓迫，也沒有支持窮人的反抗行為，因此雙方都接納他。在富人眼裡，據普魯塔克（Plutarch）所說，他擁有物質方面的財富；而在窮人看來，他誠實可信。在梭倫所頒佈的大部份律法中，他關注的不是黨派之爭，而是正義，強弱之間的公平交易，以及穩定的政府。他廢除了債務奴役，解放了被奴役者，將選舉權擴大到平民，進行貨幣改革以鼓勵貿易，規範度量衡，建立法律法規對財產繼承及公民權利進行規範，對犯罪行為施以刑罰。為了鞏固改革的成果，雅典理事會慎重地宣誓，將他的改革維持十年。

然後，他做了一件極不平凡的事，在國家元首中可謂獨一無二：他借周遊世界之名買了一艘船，並乘船自我放逐達十年之久。作為一位政治家，梭倫做事公平公正；作為一個人，他又非常智慧。他本可以保留最高控制，擴大權力範圍直至成為獨裁者——他由於沒有這樣做反而受到詬病。可是他深知如果人們永無休止地請願並提議修改這條或那條法律而他並不依從，只會增加對他的罵名，於是他決定離開，以便維持他所制定的法律的完整性，因為不經過他的許可，雅典人無法廢除法律。他的決定表明，不去試圖淩駕於他人之上的雄心，以及用來判斷分析的常識，是智慧的重要組成部份。在梭倫的筆記中，他用第三人稱描寫自己時，換了一種表達方式：「他每天都在變老，可是學會了新的東西。」

強勢而果敢的統治者，如果缺乏梭倫那樣完備的素質，往往會如英雄般逐漸淩駕於他人之上，成為隨後幾個世紀的燈塔。伯里克里斯具有良好的判斷力，做事很有分寸，聲譽卓著，在其統治下，雅典達到了最為強盛的時期。羅馬的凱撒死於政敵的刺殺，或許並不是非常智慧，但他卻具有非凡的執政能力。後來，安敦尼王朝出現了四個「好皇帝」：即圖拉真和哈德良，組織者和建設者；安敦尼・庇護，仁慈的庇護者；馬可・奧勒留，令人崇敬的哲學家。在他們的統治下，羅馬公民在將近一個世紀（西元九十六年至一八〇年）的時間裡因為政府管理有方而生活富足，相互尊重。在英格蘭，阿爾弗雷德大帝擊退了侵略者，實現了國家的統一。查理曼得以在紛亂蕪雜的社會中建立良好的秩序。他打造文明的技藝並不比戰場上的功勳少，並因此在中世紀贏得崇高的聲望，這一點在之後的四個世紀裡無人能及，直至被稱為「Stupor Mundi」，意為「世界奇觀」的腓特烈二世（普魯士國王，一七四〇—一七八六在位）超越。腓特烈凡事都要親力親為：藝術、科學、法律、詩歌、大學、十字軍東征、議會、戰爭、政治以及與教宗的爭奪。儘管他各方面才能卓著，最後遭受挫敗。洛倫佐・德・美第奇，作為傑出的政要，使得佛羅倫斯更為輝煌，但他卻因為企圖建立王朝的野心而使共和國逐漸削弱。兩個女王，英國的伊莉莎白一世和奧地利的瑪麗婭・特蕾莎，都是精明能幹、睿智無比的統治者，為各自國家創造了無盡的財富。

作為一個新興國家的締造者，喬治・華盛頓在眾多領袖中閃耀著最為奪目的光芒。與學富五車、文質彬彬、頭腦非凡、智慧超群、多才多藝的傑弗遜相比，華盛頓意志堅定、品格高尚，擁有天然的領袖氣質；另外，他精力過人、不屈不撓，能夠克服重重障礙。他不僅帶領美國人民贏得國家的獨立，而且使羽翼未豐的年輕共和國度過了最初幾年的危機得以茁壯成長。

他的周圍群星閃耀，人才濟濟，更有無數政治精英如雨後春筍，充滿無限生機。儘管他們並非完美之士，且時常爭吵不休，但在大亞瑟・史勒辛格（Arthur M. Schlesinger, Sr.）看來，這些開國元勳們「是美國，或者可能是所有國家最為傑出的一代公職人員」，這並非言過其實。這位歷史學家所賦予他們的品質值得一提：他們無所畏懼，具有高度的原則性，精通古代和現代的政治思想，精明務實，勇於嘗試，並且，更為重要的一點是，「相信人類有能力通過自己的智慧改善所處的環境」。這就是塑造了他們個性的理性時代的標誌；而且，雖然十八世紀有一種傾向，認為人類在內心深處更為理性，但恰恰在這個年代，這些人將他們在社會治理方面的才能發揮到了極致。

如果我們能夠知道從僅僅兩百五十萬居民中就產生如此眾多精英的原因就好了，它將具有非常寶貴的價值。史勒辛格提出了一些起到促進作用的因素：教育的廣泛傳播，富有挑戰性的經濟發展機遇，社會的流動性，自我管理方面的培訓——所有這些都有助於公民竭力培育並提升他們的政治素養。教會威信的降低，商業、科學和藝術領域尚未提供努力進取的方向，因而對於那些精力充沛、意志堅定的人來說，治國方略幾乎是他們唯一的出路。或許在時代的需求中最為重要的是激發人們建立新的政治制度的勇氣和機會。那麼有什麼東西更加令人振奮，並且更有可能讓這些精力充沛、意志堅定的人付諸行動呢？

不論之前或之後，都從未有人對政府體制的構成進行過如此審慎和理性的思考。在法國和俄國革命中，有太多的階級仇恨和流血衝突，以至於人們無法實現公平的結果或建立永久的體系。兩個世紀以來，在每次危機之後，美國的政治制度始終能夠在壓力下糾正其不合理的做法，同時不放棄既有體制去尋求其他制度，而諸如義大利、德意志、法國和西班牙則並非如此。隨著惰性的加劇，美國這種情況可能會改變。在歷史上，當各種條件有利的時候，或者拙劣的決策因為豐富的資源而並未產生嚴重後果的時候，或者因為規模宏大而減緩了不利因素的衝擊，社會制度往往不會因為眾多荒唐愚蠢的行徑而發生變化，處於擴張時期的美國就是這樣。時至今日，已經不再有那麼多的緩衝條件，愚蠢行為所導致的後果是我們無法承受的。美國開國元勳們的思想和行為難能可貴，在常態的歷史進程中無法期望再次出現這樣一個群體。但他們非凡的形象始終銘刻在我們心中，有助於我們對人類行為的可能性做出良好的評估和判斷。

在曇花一現般的明智的政府間隙，總有愚蠢行徑大行其道。在法國波旁王朝時期，這種愚蠢行徑更綻放出絢麗的花朵。

路易十四通常被認為是一位優秀的君主，主要是因為人們傾向於接受誇大其詞的自我評價。實際上，他發動了無休止的戰爭，國庫欠下了大筆債務，外加傷亡、饑荒和疾病，耗盡了法國的經濟和社會資源，將國家推向崩潰邊緣，並最終導致兩代君主之後絕對君主制被推翻。從這個角度看，路易十四所奉行的政策違背了最終的自身利益。其繼任者路易十五的情婦龐巴度夫人評價這種統治的後果道：「在我們死後，哪管洪水滔天。」

歷史學家普遍認為，路易生涯中最應受到譴責的行為和最為糟糕的錯誤就在於一六八五年廢除了《南特敕令》，取消了他祖父時期所貫徹的寬容政策，恢復對胡格諾派的迫害。這還稱不上是絕對的愚蠢政策，因為在當時根本就無人對此進行責備或告誡，反而受到了熱烈的歡迎，而且在三十年後國王的葬禮上，人們還將其作為最值得讚揚的行為大加肯定。然而，這一事實卻使另外一項標準顯得更為重要，即愚蠢政策必須是某個群體而非個人的決策。沒過多久，人們就認識到了該政策之愚蠢。幾十年後，伏爾泰將其稱為「法國最大的災難之一」，其結果「完全違背了初衷」。

和所有愚蠢行徑一樣，它受到當時人們的態度、信仰和政治傾向的影響；而像某些愚蠢行徑一樣，若並全部的話，它是完全沒有必要的，不採取措施也能平安無事的時候，它太過激進。舊的宗教分裂和喀爾文殘忍教義的力量正在逐漸削弱；人數不足兩百萬或大約人口十分之一的胡格諾派是辛勤工作的忠誠子民，而他們太過勤奮反而令天主教派感到不安。這樣就造成了雙方的摩擦。胡格諾派只有一個新年作為休息日，而天主教徒則有一百個聖徒和神聖假日；且胡格諾派工作高效，創造力強，在經商方面更為成功。他們的商店和作坊搶走了大批生意，這也是天主教徒要求對他們打壓的主要原因。在更高層次上，這一要求被賦予充分的理由，因為在宗教方面持不同政見是對國王的背叛，而取消對是非感的自由選擇（「這關鍵的自由」）不僅是為國家利益，也是對上帝的忠誠。

擺脫了紅衣主教馬薩林（Mazarin）早期監護之後的國王越來越專制，因而這一建議對他很有吸引力。他的專制權力越大，似乎就越不能接受政見不同者的存在。「一部法律，一個國王，一個上帝」是他對國家的概念，並且在他當政二十五年之後，他的政治力量日益加強，對歧見的包容也逐漸萎縮。他所認為的神聖使命對統治者來說通常會造成災難性後果，深信「我應該成為上帝的使者，讓所有臣服於我的人按照上帝的教導行事」是全能的上帝的意志。此外，他還有自己的政治動機。鑒於英國詹姆斯二世對天主教的瞭解，路易認為歐洲正在回歸到天主教至上，他可以擺出一副極力反對新教徒的姿態對此表示支持。而且，由於與教宗在其他問題上的爭執，他想表明自己是正統觀念的捍衛者，由此重申古代法國乃「最虔誠的基督教國王」的稱號。

一六八一年，廢除《南特敕令》的法令尚未被真正頒佈，迫害行為就開始了。新教活動被禁止，學校和教堂被關閉，人們被強制接受天主教洗禮，兒童從七歲開始就與家人分離，被撫養成天主教徒，行業行為與職業被逐步限制直至完全禁止，胡格諾派官員被責令辭職，政府組織專門人員進行改宗，且給每個轉變信仰的人提供獎勵金。一個又一個法令將胡格諾派教徒從他們自己的社區及國家生活分離開來並徹底根除聯繫。

隨著迫害行為的升級，他們開始採取暴力措施，其中最為殘忍且最為有效的莫過於對新教徒的「武力迫害」，即讓那些兇暴粗野的男人分別駐守在胡格諾派家庭中，並鼓勵他們為所欲為。由這些粗野男人組成的軍隊，因粗暴散漫而惡名遠播。他們大肆屠殺，毆打搶劫戶主，強姦婦女，四處破壞，所到之處一片狼藉。而當局以免除家庭被進駐從而擺脫這種恐怖行為為幌子，誘使人們轉變信仰。在這種情況下，大規模的信仰轉變幾乎不可能真心實意，這引起了天主教徒的不滿，因為這些人發假誓，褻瀆了教會的神聖。並非心甘情願領受聖餐的人有時被驅趕著去做彌撒，其中有的反抗者對聖餐吐口水，並倒在地上踐踏，他們因為玷污了聖禮而被燒死在了火刑柱上。

法令禁止遭受處罰的胡格諾派教徒離開，而他們一旦被抓到，則被判決到船上的廚房接受勞役。為了反抗，胡格諾派開始移民。另一方面，如果他們拒絕公開發誓放棄原有信仰，當局就會迫使他們的牧師流亡海外，因為怕這些牧師暗中傳教，鼓勵那些已經轉變信仰的人恢復原有信仰。那些繼續佈道的頑強的牧師被施以輪刑，很多牧師因此成為殉道者，這同時也激勵了他們的追隨者繼續反抗。

當有人將大規模信仰轉變情況彙報給國王，說僅一個地區三天時間就有六萬人轉變信仰時，國王決定廢除《南特敕令》，因為在他看來胡格諾派已經不復存在，不再需要這個敕令了。這時，有人質疑這一政策的明智性。在廢除敕令前夕舉行的一次會議上，太子殿下或許是想表達有人私下轉達給他的憂慮之情，提醒說如果廢除這一敕令可能導致反抗和大規模移民，因此損害法國的商業。但是，他似乎是唯一提出反對聲音的人，毫無疑問這是因為他不用怕遭到報復。一個星期後，即一六八五年十月十八日，廢除的法令正式頒佈，並被人們譽為「我們這個時代的奇跡」。「以前從未有過這樣勝利的喜悅。」歷來刻薄的聖西門寫道。並且他的激情一直持續到國王死去，「從來沒有過這麼一致的好評……國王聽到的全是溢美之詞」。

但不良後果很快就顯現了出來。信仰胡格諾教的紡織工人、造紙商及其他工匠，將曾經在法國居壟斷地位的技術帶到英格蘭和德意志；銀行家和商人帶走了他們的資金；印刷工人、出版商、造船商、律師、醫生及很多牧師逃離。四年內，海軍有八千到九千人，陸軍有一萬到一萬兩千人，還有五百至六百名軍官，都逃到尼德蘭，極大增強了路易國王的敵人威廉三世的軍隊實力。並且在三年後，當威廉三世取代被趕下臺的詹姆斯二世成為英格蘭國王時，其軍隊實力已經是法國的兩倍。圖爾和里昂的絲綢行業據說由此遭到破壞，而像蘭斯和盧昂這樣的重要城鎮，其工人數量銳減了一半。

人們意識到廢除《南特敕令》的諸多後果時，誇張之詞照例不可避免，而這一現象從聖西門惡意責難國家人口減少了四分之一時就已經開始了。根據現在的估計，各地流亡總人數大約十萬到二十五萬。無論這一數量多寡，新教國家很快就意識到了這些流亡人口對於法國對手的價值。荷蘭即刻給了他們公民權利，並免除三年的賦稅。勃蘭登堡（後來的普魯士）議員弗雷德里克・威廉在《南特敕令》廢除不到一周就頒佈法令，邀請胡格諾派來到他所轄的領土，而後者所帶來的工業企業對柏林的崛起做出了重要貢獻。

最近的研究認為胡格諾派移民對法國經濟所造成的損害一直被高估了，它只不過是戰爭帶來的眾多創傷之一。然而，政治方面的損害卻是毫無疑問的。胡格諾派印刷工人以及他們的朋友們所印製的反法小冊子和諷刺作品如洪水般湧入所有他們定居的城市，這些小冊子將對法國的敵對情緒推向新的高潮。勃蘭登堡與荷蘭結盟，德意志小公國也隨後加入進來，由此加強了反法的新教聯盟的力量。而在法國，迫害行為反而更激發了新教徒的信仰熱情，重啟他們與天主教徒的宿怨。南部賽維（Cerennes）山區胡格諾派中的法新教徒（Camisard）的長期反抗，導致了三次殘酷的鎮壓戰爭，削弱了國家的實力。在這裡以及其他法國各地的胡格諾派社群保存下來，為迎接法國大革命的到來建立了基礎。

更為深遠的變化在於對絕對君主制理念的懷疑。持不同政見者認為，國王不能再擁有強行統一宗教的權力。這樣一來，君權神授遭到了公開質疑，提出建建立憲法的呼籲，這一鬥爭持續了近一個世紀之久。一七一五年，當了七十二年國王的路易十四在去世之際，留給法國的不是他長期以來致力於實現的國家統一，而是思想活躍但處境悲慘的持不同政見者之國度；他沒有令國家財富日益增長，而是使之更加貧困孱弱、混亂失序。以自我為中心的統治者用如此有效的方式損害自身利益，路易十四真可謂前無古人。

本來，對胡格諾派所為不加干涉，或者至多通過發佈國內法令的形式滿足反對胡格諾派人士的訴求，而不採取武力施加暴行，也不失為可行之道。雖然大臣、神職人員和人民完全贊同對胡格諾派的迫害，但實際情況卻並非如此十萬火急。整個事件的特別之處就在於它本來就不該發生。這就突出了愚蠢行為的兩個特點：事件的發生通常並未經過精心策劃，其後果卻總是令人驚異。愚蠢行為在事件發生後仍一如既往。一位法國歷史學家對「廢除」法令這樣寫道，「偉大的圖謀在政治上極其罕見；國王總是憑經驗，有時甚至一時衝動做出某種行為」。令人意想不到的是，他的觀點得到了拉爾夫・沃爾多・愛默生（Ralph Waldo Emerson，美國文學家）的支持，後者在一篇富有洞見的評論中告誡說：「在對歷史事件進行分析時，不要太過深刻，因為原因通常都顯而易見。」這一點往往被政治學家們所忽略，因為他們在討論權力的性質時，即便持否定態度，也總是極其虔誠的樣子。他們的行為有時就像是普通人走進一人深的水裡，非常不明智或愚蠢反常，與普通大眾在正常情況下時常會表現的並無二致。權力的陷阱和影響欺騙著我們，賦予了其擁有者非同一般的地位。有著一頭捲曲的長假髮，穿高跟鞋和貂皮大衣的太陽王是一個容易誤判、出錯和衝動的人，就像你和我一樣。

法國波旁王朝最後一位國王查理十世（一八二四—一八三〇年在位），是被送上斷頭臺的路易十六及在位時間很短的路易十八的弟弟，其愚蠢行為一而再，再而三，已經到了覆水難收的地步[1]：也就是說，他努力恢復已經傾倒瓦解的政權，開歷史的倒車。在這個過程中，無論是被稱為反動還是反革命，反抗右派都決心極力恢復舊政權以前的特權等級和對財產的佔有，並採取各種手段攫取之前所沒有的權力。

當六十七歲的查理十世在一八二四年登上王位時，法國剛剛經歷了長達三十五年之久的歷史上最為劇烈的變化，從大革命到拿破崙帝國，再到滑鐵盧和波旁王朝復辟。由於當時不可能取消大革命以來的所有權利和自由以及政府實施的法律改革，所以，儘管路易十八可能永遠都不習慣君主立憲觀念，但還是接受了憲法，這是他弟弟查理無法理解的。由於在英格蘭流亡期間的所見所聞，查理說他寧願砍伐樹木謀生也不願像英格蘭國王那樣生活。毫不奇怪，對於那些與波旁王朝一起回到法國，希望恢復舊政權、等級和頭銜尤其是被沒收的財產的眾多流亡者來說，查理是他們的希望。

在國民議會，代表他們利益的極端右翼份子與少數極端派構成了最強大的黨派。他們減少已知對手的稅收，使後者無法達到選舉資格所要求的納稅三百法郎的條件，如此將選舉權限於最為富裕的階層，從而完成了組建黨派的工作。政府部門也受到同樣的限制。極端派佔據了所有部長職位，其中一位宗教極端主義者任司法部長，其政治理念據說是在對《啟示錄》的經常閱讀過程中形成的。他的同事們實行嚴格的審查制度，頒佈不明確的搜查和逮捕律令；他們的主要成就在於建立了一個基金，對大約七萬名

1 此處原文為「Humpty Dumpty」，指童謠中從牆上摔下跌得粉碎的蛋形矮胖子。

流亡者或他們的後代提供每年一三七七法郎的補償。這樣微不足道的數額難以滿足他們，但卻足以惹怒為此納稅的資產階級。

大革命以及拿破崙統治時期的受益者並不打算為舊政權的流亡者和神職人員讓步，而不滿情緒儘管只是潛伏著，卻也日益高漲。被極端份子所包圍的國王，如果不是因為利令智昏而導致自己垮臺，或許還能夠多多少少舒適地完成他的統治。查理決心要大幹一番，儘管他在智商方面沒有繼承先人，但卻具有波旁王朝時期典型的不學無術和睚眥必報的作風。當反對派在議會中製造麻煩時，他聽信了其內閣部長們的建議將議會解散了，並通過賄賂、威脅、施壓等手段達到了操縱選舉的目的。事與願違，保皇派只有對手二分之一的議席而落敗了。因為不願落得像英格蘭國王那樣的無望結局，查理又一次解散議會並且根據新的範圍更窄的選舉權以及更為嚴厲的審查制度，再次進行了選舉。

反對派所掌握的媒體呼籲反抗。國王去打獵之前沒有料想會發生公開衝突，因此沒有預先召集軍隊提供保護。而巴黎人民和從前與此後的許多次一樣，利用這個機會築起路障，積極投入到三天的巷戰中，此即法國人所說的「三大榮耀」。反對派代表組織了一個臨時政府。查理退位並逃往海峽對岸他所鄙視的有限君主制國家。這一事件中沒有發生大的悲劇，其歷史意義只在於推動法國從反革命向著資產階級的路易・菲力浦君主制前進了一步。在愚蠢行徑的歷史上更為重要的是，它說明，包括但不限於波旁王朝在內，試圖將打碎的雞蛋復原往往是徒勞無功的。

縱觀歷史，軍事愚蠢案例數不勝數，但它們不在本次研究的範圍之內。然而，有兩個最為重大的事件牽涉與美國的戰爭，都是由政府層面做出的決定。他們是德國在一九一六年恢復無限制潛艇戰的決定，以及日本在一九四一年襲擊珍珠港的決定。這兩種情況中，均有反對的聲音警告不要採取行動，但警告均以失敗告終。在德意志，這種聲音是那麼急切和絕望；在日本，它如此謹慎卻又深受懷疑。這兩種情況中的愚蠢行為產生的原因，一方面在於「我們別無選擇」論點中的自我禁錮，另一方面則是最經常且最致命的自我妄想——對敵人的低估。

「無限制」潛艇戰意味著一旦在所宣佈的封鎖區內發現商船，不論其是交戰國還是中立國船隻，不論有無武裝，均不加警告予以擊沉。基於中立國享有公海自由航行原則，美國對此提出強烈抗議。德意志在瘋狂地用魚雷擊沉「盧西塔尼亞」號客輪之後於一九一五年停止了這一做法，與其說是由於美國氣憤之極提出的斷交威脅以及其他中立國的反對，倒不如說是因為德意志當時並沒有足夠的潛艇來保證取得決定性效果。

到這個時候，其實是在一九一四年年底，在大舉進攻俄國和法國失敗後，德國統治者意識到他們無法戰勝三國聯軍。而實際上，正如參謀總長對宰相所說，「我們自己很可能會精疲力竭。」此時，德國需要通過政治行動與俄國單獨簽署和平協定，但這一努力失敗了。在接下來的兩年中，德國與比利時、法國甚至英國的無數次接觸或提議也以失敗告終。所有失敗均出於同樣的原因，即每次德國總是以勝利者自居而提出懲罰性條款，要求對方結束戰爭且割地賠款。它總是揮舞大棒，從來不拿胡蘿蔔，因此德國的對手沒有一個想要背叛自己的盟友。

到一九一六年年底，雙方在凡爾登和索姆河犧牲數百萬生命也未見分曉，資源瀕臨枯竭，士氣日漸低落。德國人僅靠馬鈴薯為生，並徵召十五歲的孩子加入軍隊。而協約國方面，除非有美國強大的新生力量加入，否則也是岌岌可危，看不到勝利的曙光。

這兩年裡，基爾造船廠在瘋狂地製造潛水艇，目標是兩百艘。與此同時，最高統帥部在高級別會議上就是否恢復魚雷戰爭與持強烈反對意見的平民部長們爭論不休。平民部長們認為，重新開始無限制潛水艇戰，用宰相貝特曼—霍爾維格（Theobald von Bethmann-Hollweg）的話說，就是「不可避免地導致美國加入我們敵人的隊伍」。最高統帥部對此並不否認，但認為可能性不大。因為德國顯而易見不可能僅贏得在陸地上的戰爭，他們的目標是打敗英國。而英國由於資源匱乏早已風雨飄搖，因此在美國能夠動員其力量、訓練並運送部隊到歐洲且數量足以影響戰爭結果之前，應該切斷英國的海上補給線來達到目標。他們聲稱這一任務在三、四個月內就能完成。海軍上將展開航海示意圖，證明潛艇可以在一定時間將多少噸魚雷發送到海底，直至英國「苟延殘喘」。

宰相貝特曼首先反對，他反駁說，美國如果參戰的話，它除了把扣留在美國港口的德國船隻讓協約國使用外，還很可能將其他中立國也拉攏過去，並且，它將為協約國提供巨大的財政援助，並極大鼓舞士氣，激勵他們堅持到援軍抵達。財政大臣卡爾・赫弗里希則認為，使用潛艇將「帶來毀滅性後果」。直接與美國打交道的外交部官員也同樣反對。到美國執行任務返回的兩位主要銀行家警告說，不要低估美國人的潛力，一旦他們警醒並確信有充分的理由，他們能夠調動的力量和資源是無法想像的。

在所有勸阻的人中，最為迫切的莫過於德國駐華盛頓大使伯恩斯托夫伯爵，他非普魯士出生和成長的背景使其沒有同輩那樣的妄想和錯覺。出於對美國的瞭解，伯恩斯托夫反復告誡其政府，如果發動潛艇戰，美國肯定會參戰，德國必將戰敗。由於軍方日益強烈地堅持戰爭，他在發回德國的每條資訊中都試圖改變在他看來將會帶來致命後果的這種趨勢。他相信，避免這一結果的唯一途徑便是通過調解達成協議停止戰爭，而威爾遜總統也正準備這麼做。貝特曼也憂心忡忡，他認為，如果協約國像德國所預料的那樣拒絕了該和平動議，而德國接受了這一結果，那麼它就有正當的理由恢復無限制潛艇戰而不會引發美國參戰。

推崇潛艇戰的主戰派包括驕橫粗暴的軍官和宮廷人士、以擴張為戰爭目的的社團、右翼政黨和大多數民眾，他們根據政府的宣傳認為只有通過潛艇戰才能夠打破英國對德國的食物封鎖並戰勝敵人。社會民主黨少數人在國會喊道：「人民不希望潛艇戰，只想要麵包與和平！」但很少有人傾聽他們的聲音，因為德國公民無論多麼饑餓難耐，總是非常順從。德皇威廉二世，因為有些猶豫不決而受到激烈抨擊，但由於不願讓人覺得他還不如其指揮官大膽，也只得隨聲附和。

一九一六年十二月，威爾遜提議交戰國坐下來，以「沒有勝利的和平」進行協商，但遭到了雙方的拒絕。雙方都不想在沒有任何收穫的情況下接受和解，因為這樣一來各自的犧牲和痛苦似乎就沒有了正當的理由，而要其他國家為德國的戰爭費用買單也變得不可能了。德國並非為現狀而戰爭，而是為稱霸歐洲，在海外建立更為強大的帝國。它想要的不是調停式而是命令式的和平，而且，正如其外相亞瑟・齊默爾曼（Arthur Zimmermann）在寫給伯恩斯托夫的信中所說，德國不希望通過中立國調停者來「冒被騙取戰爭獲益的風險」。任何要求德國放棄自身利益並賠償協約國的解決方案都意味著霍亨索倫王朝（Hohenzollerns）及其執政階層的下臺，這是協約國能夠接受的唯一方案。他們還需要有人支付戰爭費用或者破產。沒有勝利的和平不僅將終止稱霸的夢想，而且需要大量稅收為早就無利可圖的多年戰爭買單。這將意味著一場革命。對於皇室寶座、軍事階層、地主、工業和商業大亨來說，只有贏得戰爭，他們才有希望繼續掌握大權。

一九一七年一月九日，德皇、宰相和最高司令部召開會議做出了決定。海軍上將、海軍參謀長霍爾岑多夫提交了一份兩百頁的材料，包括進入英國港口的船舶噸位、運費、艙位、配給制度、食品價格、與去年收成之比較，以及詳細到英國早餐中所含熱量等包羅萬象的資訊，並發誓他的潛艇一個月能夠擊沉六十萬噸船舶，從而迫使英國在明年收穫季節前就投降。他說，這是德國的最後一次機會，他看不出有什麼其他辦法可以贏得戰爭，「保證我們將來世界大國的地位」。

貝特曼用了一個小時回應他，將那些認為美國參戰意味著德國失敗的顧問們的所有論據一一列出。四周對他的回應是皺眉、焦躁和緘默。他知道，擁有自我決斷權利的海軍早已派出了潛艇。慢慢地，他屈服了。誠然，不斷增加的潛艇數量使成功的可能性比之前更大了。確實，協約國的上一次戰果甚為慘澹。另一方面，美國……陸軍元帥興登堡打斷了他的話，肯定地說，他的軍隊能夠「對付美國」。而霍爾岑多夫則「信誓旦旦」地說：「美國人將不會踏上歐洲大陸！」面色憂鬱的宰相讓步了。「當然，」他說，「如果成功在向我們招手，我們沒有理由拒絕。」

他沒有辭職。後來一位官員發現他頹然坐在椅子上，表情凝重，於是小心翼翼地問他是否前線傳來了壞消息。「沒有，」貝特曼回答說，「但德意志完蛋了（*finis Germaniae*）。」

早在九個月前，在之前的潛艇危機中，被派到總參謀部的貝特曼的助手庫爾特・里茨勒（Kurt Riezler）就已得出同樣的結論。他在一九一六年四月二十四日的日記中寫道：「德國就像是一個沿著深淵跌跌撞撞行走的人，一門心思地想要跳下去。」

結果得到了證實。儘管在護航體系發生效果前，德國潛艇擊沉了大量協約國船隻，造成巨大傷亡，但英國受到美國宣戰的鼓舞堅持了下來，並沒有投降。另外，霍爾岑多夫曾保證美國不會登陸，但最終兩百萬美軍抵達歐洲，在美軍第一波進攻的八個月後，投降的是德國。

當時有別的選擇嗎？鑒於它非要取得勝利，拒絕承認現實，大概沒有。但是，如果它知道這是死胡同，接受威爾遜的提議，從而阻止或者肯定地延緩美國加入敵對力量，那麼結果可能就不是這樣。如果沒有美國，協約國不可能堅持到勝利；而由於德國也難以取得勝利，雙方將步履維艱直至筋疲力盡，最終達成相對平等的和平。如果這樣的話，世界歷史就要改寫了，沒有勝利，沒有賠償，沒有戰爭罪責，不會出現希特勒，或許也不會爆發第二次世界大戰。

然而，像許許多多可能性一樣，這在心理上是不可能被接受的。正如希臘人所說，性格就是命運。德國人受到的教育是以武力奪取目標，但他們並沒有學習如何調整。即使有戰敗的風險，他們也無法放棄擴大版圖的目標。里茨勒所說的深淵在召喚他們前行。

一九四一年，日本也面臨做出一個類似的決定。它的帝國計畫，即「大東亞共榮圈」，核心在於征服中國，並將日本的統治從滿洲里延伸至菲律賓、荷屬東印度群島、馬來亞、暹羅、緬甸一直到（有時也包括由發言人酌情決定的）澳大利亞、紐西蘭和印度。與日本的胃口成反比的是其國土，而非其意志。為了這一事業，它要動員必要的力量，因此必須獲得遠遠超出它自己所有的鋼鐵、石油、橡膠、大米等資源。當歐洲爆發戰爭，日本在該地區的主要對手，即西方殖民帝國正在為生存而戰鬥或早已無能為力，法國已經戰敗；而荷蘭，儘管還保留著流亡政府，已經處於被佔領狀態；英國飽受德國空軍的打擊，也無力在世界另一邊採取任何行動；日本成就輝煌的時刻到來了。

日本在前進道路上的障礙是美國，後者始終拒絕認可日本對中國的步步侵吞，並且越來越不願向日本提供原料，以避免其進一步的冒險行動。日本在中國的暴行，對美國巡邏艇班乃號的襲擊，以及其他挑釁攻擊行為，都是影響美國輿論的因素。一九四〇年日本簽訂三方條約，使自己成為軸心國夥伴，並乘法國在歐洲戰場屈服之際，入侵法屬中南半島。作為回應，美國凍結了日本的資產並禁止向日本銷售廢舊鋼鐵、石油和航空汽油。從一九四〇年到一九四一年，雙方進行了曠日持久的外交磋商，意在達成基本協議，但結果證明這是徒勞的。儘管孤立主義情緒甚囂塵上，但美國不會默許日本對中國的控制；而日本的無窮慾望，使它不願節制自己的行動自由，它在亞洲其他地區仍恣意妄為。

與魯莽的軍事和政治上的極端份子不同的是，主政日本的主要領導人不想與美國開戰。他們只想要美國保持沉默，而自己長驅直入建立亞洲帝國。他們認為，只要堅持不懈地遊說，喋喋不休地爭論，耀武揚威地要求，含蓄隱晦地恐嚇說與軸心國合作，就能夠迫使美國就範。當這些手段不僅沒有令美國保持緘默，反而起到相反作用的時候，日本未加研究就確信，如果它採取行動拿下其首要目標，即對日本而言至關重要的荷屬東印度群島的資源，那麼美國肯定會對它宣戰。如何佔領這一地區同時又不會觸怒美國，這是從一九四〇年到一九四一年一直困擾日本的問題。

從戰略上來說，為了佔領荷屬東印度群島並將資源運送到日本，日本必須保護其側翼在西南太平洋不受美國海軍的攻擊。既是海軍聯合艦隊司令長官又是珍珠港突襲行動設計師的日本海軍大將山本知道，日本沒有希望取得對美國的最終勝利。他告訴近衛首相說：「對於能否堅持到第二或第三年，我絲毫沒有信心。」因為在他看來，對荷屬東印度群島的軍事行動「將導致與美國的戰爭早日開始」，而他的計畫就是推動這一行動並通過「致命打擊」將美國趕出去。然後，通過征服東南亞，日本可以獲取它所需要的資源來進行後續的戰爭，實現其建立大東亞共榮圈的霸權夢想。因此，他提出日本應該「從戰爭一開始就猛烈攻擊並摧毀美國主要艦隊，沉重打擊美國海軍及其人民的士氣，使其一蹶不振」。對局勢做出如此奇特估量的人其實並不瞭解美國，儘管他曾就讀哈佛大學並在華盛頓擔任武官。

從一九四一年一月，日本就開始策劃對位於珍珠港的美國太平洋艦隊實行超級大膽的毀滅性打擊，而與此同時，內閣與軍隊之間始終在就最終決定進行激烈爭論。認為應採取先發制人手段的人，儘管並不自信，但仍信誓旦旦地說，突襲行動將使美國沒有任何可能對日本進行干涉，並再也不敢對日本採取進一步敵對行動，這正是日本所希望的。持懷疑態度的人問，如果結果不是這樣會怎麼樣呢？他們爭論說，日本不可能贏得對美國的持久戰，國家的命運現在就只能誓死一賭了。在討論期間，警告的聲音始終不絕於耳。首相近衛公爵此時辭職了，指揮官們爭執不休，顧問們猶豫不決，天皇也悶悶不樂。當他問，偷襲是否能像日俄戰爭中偷襲亞瑟港（旅順港）那樣取得巨大勝利時，作為海軍軍令部總長的海軍大將永野修身回答說，日本能不能贏還都還是個疑問。（或許這是向天皇講話時的一種東方的自我貶低式的謙恭，但在如此嚴重的時刻，這似乎是不必要的。）

在這種存疑的氛圍中，為什麼最終極端冒險行動還是被批准了呢？部份原因在於受到恐嚇時對功虧一簣的惱怒情緒導致了一種心態，即要麼勝利擁有一切，要麼就失敗一無所有，而像貝特曼那樣的文官無可奈何，只得屈從於軍隊意志。另外，還要考慮法西斯政權那種征服一切的耀武揚威情緒。日本已經調動了具有可怕力量的軍隊意志，它事實上就是取得非凡勝利的企圖，其中就包括攻佔新加坡及襲擊珍珠港，後者令美國幾近恐慌。日本甘冒風險的根本原因在於，它要麼前進，要麼滿足現狀，而沒人願意或者敢於冒政治風險做出滿足現狀的提議。對這一代人來說，在中國的侵略軍以及本國的政治黨派所施加的壓力，驅使它朝著不可能實現的帝國夢想前行，而現在它已經別無退路。過度膨脹的野心讓它自己厄運難逃。

另一種策略是朝既定的荷屬東印度群島進發而不理會的美國態度。這樣一來，儘管留在日本後方的力量是個未知數，但這正好令敵人不明就裡，尤其是這個敵人的潛在力量大大超過日本。

這裡的錯誤估計實在讓人奇怪。此時，美國至少有一半人強烈支持孤立主義政策，而日本這一行動讓美國人團結起來並動員整個國家的力量參戰。珍珠港事件前幾個月，美國孤立主義如火如荼，以至於為期一年的法律草案只以一票的多數得以重新開始制定——只有一票。事實上，日本人本來能夠佔領荷屬東印度群島而不會有美國參戰的風險；對荷蘭、英國或法國殖民地的攻擊都不會使美國捲入戰爭。而對美國領土的攻擊卻是唯一可能令美國參戰的事情。日本似乎從來沒有考慮到對珍珠港的攻擊不僅不會粉碎美國士氣，反而會使美國團結起來。這種奇怪的認識上的真空可能源於所謂的文化上的無知，是愚蠢行徑的重要組成部份。（儘管雙方都存在這種情況，但在日本這一案例中，它卻是至關重要的。）根據他們自己對美國的判斷，日本人認為只要美國願意，美國政府可以動員整個國家參戰，因為日本就是這麼做的。無論是因為無知、錯誤估計還是純粹的魯莽，日本給了對手猛烈一擊，而正是這一擊，使美國毅然決然、目標明確地加入了戰爭。

雖然日本發動了戰爭，但尚未深陷其中，它的情況與一九一六—一九一七年間德國的情況驚人相似。兩個國家的統治者都是以整個國家和人民作為賭注，兩個國家中的很多人都很清楚，從長遠來看，他們幾乎必輸無疑。這種衝動來自領土和版圖的致命誘惑，來自強大的自負，來自無限的貪婪。

在迄今所提及的案例中出現的一個原則便是：愚蠢行徑是權力之子。我們都知道阿克頓勳爵重複過無數次的名言—權力滋生腐敗。我們並沒有清楚地意識到，權力也製造愚蠢；頤指氣使的權力導致思維僵化；隨著權力在某些人手中習以為常，其所應承擔的責任往往也日漸消退。權力的責任在於為了國家和公民的利益盡可能以合理的手段進行治理。在行使權力的過程中，責任人有義務讓公眾瞭解資訊，聽取公眾呼聲，保持思維和判斷的開明，避免僵化思維的隱患。如果思維足夠開明，就能夠察覺到某個特定政策是在損害而不是保護自身利益，然後有足夠的自信予以承擔，並有足夠的智慧去扭轉局面，這就是治理的最高藝術。

與第一次世界大戰後的《凡爾賽條約》及戰後索要的賠償相比，第二次世界大戰後的政策，是勝利者從經驗中學習並付諸實踐的真實案例，這種情況在歷史上並不多見。美國在華盛頓起草了日本投降後的政策，並根據這一政策決定佔領日本。政策經盟軍批准並主要由美國執行，是征服者的管理手段、政治智慧、戰後重建和創造性改革的卓越實踐。保留日本天皇作為國家元首，防止了國家出現政治混亂，並由此使日本民眾接受並服從佔領軍的管理，後者溫順的配合著實令人驚訝。除了裁軍之外，還通過去軍國主義化和對戰犯的審判建立問責制，目標是通過憲法和代議制政府以及打破壟斷和土地改革等手段實現政治及經濟上的民主化。日本為數眾多的工業企業擁有巨大的力量，難以被撼動；而政治上的民主通常不可能通過法令來實現，只能通過幾個世紀漫長的鬥爭逐步完成，但現在觀念被成功地轉變過來，且民主在總體上被採納了。佔領軍並非直接管理，而是通過與日本各部門設立聯絡處的方式實施治理。清除先前的官員，雇用資歷較淺的人員，這或許並不是由於後者與他們的前輩相比有什麼根本不同，而只是因為他們願意接受改變。教育和教科書被修訂和修改，天皇身份成為一種象徵，「由人民意志產生，擁有至高無上的權力」。

錯誤是不可避免的，尤其是在軍事政策方面。日本社會的威權本質有所抬頭。然而，整個結果是有益的，而不是報復性的，並且可以讓人意識到，政府智慧仍然是一把利劍，儘管很少用到，但卻令人類戰慄，這也算是一種鼓舞吧。

最罕見的局面逆轉的情況——統治者意識到某個政策對自身利益不利，並敢於冒險將之扭轉一百八十度，從歷史上來說，只有在昨天才剛剛發生（一九七八年九月十七日，大衛營協議）：埃及總統沙達特放棄與以色列之間的仇恨，不顧周邊國家的憤怒和威脅而試圖建立更為有效的關係。無論是在風險和潛在收益方面，這都是一個重大行動；另一方面，他在談判中運用常識和勇氣，而不是一味盲目地繼續，這使他彪炳史冊但異常孤獨，即便隨後的暗殺悲劇都未能損毀他的形象。

接下來我將講述人們更為熟悉但對人類而言非常不幸且在持續發生的故事。某個政策的最終結果並不決定該政策是否有資格成為愚蠢政策。所有弊政從長遠來看都違背自身利益，但實際上可能暫時有助於加強政權。當某項政策明顯行不通或者阻礙生產力但卻被反常地一以貫之的時候，就是愚蠢行徑。似乎無須說明的是，目前我所進行的這項研究就來源於我們這個時代普遍存在的此類問題。

第二章　原型——木馬屠城記

西方世界最有名的故事，也是一切自有文獻記載以來（甚至更早）關於人類衝突的故事的原型，就是特洛伊木馬的傳說。它是屬於全人類的史詩，是亙古以來橫貫各個時代的絕唱。

特洛伊戰爭成為後來所有文學與藝術借鑑的主題，從歐里庇得斯（Euripides）筆下特洛伊婦女淒慘痛楚的悲劇，到尤金・奧尼爾（Eugene O'Nell）、讓・季洛杜（Jean Giraudoux），以及現如今仍然令人著迷的作家，無一例外。通過維吉爾後來所寫的埃涅阿斯（Aeneas），我們看到了羅馬創建者富有傳奇色彩的經歷和羅馬的民族史詩。它是中世紀傳奇小說作家的最愛，威廉・卡克斯頓曾以此為主題出版了第一本英文印刷書籍，喬叟（以及後來的莎士比亞）用它作為特洛伊羅斯與克瑞西達的背景。拉辛和歌德曾試圖解開伊菲吉妮婭（Iphigenia）險被作為祭品的緣由。流浪的尤利西斯令作家丁尼生以至詹姆斯・喬伊絲產生了靈感。卡珊德拉以及復仇心切的伊萊克特拉成了德意志戲劇和歌劇的主角。自伊莉莎白時代的喬治・查普曼首次翻譯《伊利亞德》和《奧德賽》以來，已經先後有三十五位詩人和學者將該史詩譯成英文。還有無數畫家總是禁不住將「帕里斯的審判」作為素材，眾多詩人往往也難逃美麗海倫的魔咒。

特洛伊的故事最初於西元前八五〇至前八〇〇年間（這一時間跨度之前存在廣泛爭議，自從一九五二年對線性文字 B 進行解密以來，學者們已經或多或少地同意這一跨度。）由荷馬寫成史詩，是人類全部經驗的總結。儘管荷馬寫這部史詩的動機是描寫諸神，儘管其語境古老而原始——或許也正因如此——但他向我們道出了基本的人性。因為它談論的是我們人類自身，所以它能夠在我們的思想與記憶中歷經二十八個世紀而毫不褪色。在另外一位以寫故事而著名的人物約翰・考珀・波伊斯（John Cowper Powy）看來，特洛伊故事反映的是「從地球上有人類開始，直至人類滅亡，在我們所有人身上已經發生過的事情、正在發生的事情和將要發生的事情」。

經過十年徒勞的、猶疑的、高貴的、低賤的、狡詐的、痛苦的、嫉妒的以及只是偶爾英勇的戰鬥之後，特洛伊終於淪陷了。而隨著木馬的出現，淪陷故事開始進入高潮。對於決策者在面對緊急警告並有可行辦法之時仍然推行違背自身利益的政策，木馬事件是絕佳例子。西方人最早的編年史中所記載的這一事件表明，這其實是人類古老和固有的習慣。這個故事最初並不是出現在《伊利亞德》中，因為《伊利亞德》在戰爭高潮尚未到來前就完成了。應奧德修斯的邀請，盲人詩人德摩多克斯（Demodocus）在阿爾基諾奧斯（Alcinous）的王宮向一群人講述了特洛伊的英勇行為，使得這一故事呈現在《奧德賽》中。儘管奧德修斯對德摩多克斯的敘事能力大加讚揚，但故事講得其實並不生動有趣，仿佛大家對其中的主要事實早就熟稔於心了。奧德修斯自己在詩中其他地方添加了些小的細節，而另外兩位參與者憑藉超乎尋常的想像力，在其中加入了海倫和墨涅拉俄斯兩個角色。

荷馬憑藉記憶勾勒出的特洛伊木馬在隨後兩三個世紀引起後繼者無限的想像，並激發了他們去對這一事件詳加敘說，其中最著名且最為重要的，是在整部史詩最引人注目的環節中加入拉奧孔[1]。拉奧孔最早出現在《洗劫伊利昂》[2]中，是由米利都的阿爾克提努斯（Arctinus）在荷馬之後大約一個世紀創作的。拉奧孔的戲劇角色將發出警告的聲音具體到人，它成了隨後所有木馬故事版本的中心。

我們現在所知道的使特洛伊城最終淪陷的木馬計的完整故事，是在維吉爾的《埃涅阿斯紀》中初現輪廓，並於西元前二十年完成的。此時，該故事已經擁有一千多年來流傳下來的各種版本。但是，由於故事起源於希臘不同的地區，各種版本之間存在很多差異，彼此並不一致。令人失望的是，希臘傳說也

1（拉奧孔（Laocoon）：希臘傳說裡的特洛伊英雄，看穿了希臘人木馬計的圖謀，最後不幸被毒蛇咬死。）

2（《洗劫伊利昂》原文為「The Sack of Ilium」，其中 Ilium 為古代特洛伊城的拉丁文名。）

自相矛盾。許多事件根本不符合敘事邏輯，動機和行為往往並不協調。無論如何，埃涅阿斯將木馬故事講述給狄多（Dido），這令後者欣喜若狂；之後，經過希臘的後繼者進一步修改和潤色，它流傳到中世紀；並又從中世紀的傳奇小說家那裡流傳到現在，這就是我們讀到的木馬故事。

特洛伊平原上的這場勝負難分的戰爭已經進行到第九個年頭，希臘人包圍了普里阿摩斯國王的城市。早在十年前，特洛伊王子帕里斯將金蘋果授予愛與美之神阿佛洛狄忒以讚美她的美貌，這因而引起了赫拉和雅典娜的嫉妒，於是眾神就秘密參與了雙方的戰爭。其實阿佛洛狄忒並沒有公平競爭，而是向帕里斯許諾如果她能得到金蘋果，她將讓世界上最美麗的女人做他的新娘。於是，正如所有人都知道的那樣，帕里斯誘拐了斯巴達國王墨涅拉俄斯的妻子海倫，這迫使墨涅拉俄斯與其哥哥阿伽門農，即希臘的最高統治者，結成聯盟，要求歸還海倫，但他們的要求遭到了特洛伊的拒絕。戰爭就此開始了。

眾神紛紛站隊，強勢多變，大顯神通，偽造事件，散播流言，招搖欺騙，為滿足私欲而意欲改變戰爭運途，甚至在希臘人打算放棄戰爭而打道回府時通過欺騙手段誘使他們繼續下去，令英雄戰死沙場，家園飽受苦難。海神波塞冬據說與阿波羅一起建造了特洛伊城及其城牆，但他轉而反對特洛伊人，其一是因為他們的第一位國王沒有向他支付工錢，其二是因為特洛伊人用石頭砸死狂熱崇拜他的祭司，僅僅因為該祭司沒有供奉必要的祭品喚來海潮阻止希臘人的侵略。另一方面，作為特洛伊一貫的保護者，阿波羅仍然傾向於特洛伊；而且，阿伽門農抓走了阿波羅一位祭司的女兒並將其佔為己有，阿波羅非常惱怒。雅典娜是最繁忙和最有影響力的神，因為帕里斯最初的冒犯，她始終強烈反對特洛伊而站在希臘一邊。宙斯作為奧林匹斯山的統治者，並沒有特定的立場，當大家庭中的某個成員懇求他幫忙時，他也能夠對雙方中任何一方施加影響。

阿喀琉斯殺死了赫克托，並殘忍地用繩子綁著屍首的腳後跟拖著它在戰車的車輪所揚起的滾滾沙塵中繞城三圈。憤怒和絕望的特洛伊人悼念他們的英雄。希臘人也沒好到哪裡去。他們最勇猛的戰士阿喀琉斯，被帕里斯用毒箭射中了腳後跟犧牲了，因為那是他身體最薄弱的部位。而他的盔甲，本來應該獎給最英勇的埃阿斯——只有他才是希臘人中最值得擁有這件戰利品的人——卻給了最智慧的奧德修斯。埃阿斯因此認為自己受到了羞辱，於是自殺身亡了。他的戰友們士氣低落，而且很多希臘部隊打算退出戰場，但雅典娜制止了他們。根據她的建議，奧德修斯提出最後使用一個計謀奪取特洛伊，即建造一匹足以容納二十或五十名（也有版本說多達三百名）武裝士兵的木馬。根據這一計謀，其他的軍隊假裝揚帆撤離，而實際上將船隻隱藏在忒涅多斯島（Tenedos）後面。木馬上刻有獻給雅典娜的文字，因為希臘人希望能得到她的協助，確保他們安全返回家園。這樣做的目的是向特洛伊人傳遞訊息，這是神聖的動物，他們必須對它表示敬仰，並且可以將它運進城裡的雅典娜神廟中行祭祀禮。這樣的話，環繞並保護特洛伊城的神聖屏障就會被破壞，藏匿在木馬中的希臘人將出來打開城門，向不遠處的部隊發出信號，從而一舉攻破特洛伊城。這是他們最後的機會。

雅典娜托夢給獨一無二的厄帕俄斯（Epeius），命令他建造木馬。出於對雅典娜的服從，並且在她「鬼斧神工」般的協助下，木馬僅用三天就完成了。奧德修斯勸說那些猶豫不決的指揮官和最勇敢的戰士乘著夜色順著繩梯爬進去，這些人在「勝利和死亡之間命懸一線」。

黎明時分，特洛伊城的守兵發現圍困解除，敵人消失了；但不可思議的是，敵人在城門口留下一個令人生畏的怪物。國王普里阿摩斯和大臣們出來查看，焦慮萬分，但就如何處置它意見不一。一位叫提墨愛特斯（Thymoetes）的長者在看了木馬外面鐫刻的文字後建議將其運到城中的雅典娜神廟。另外一位「博學」的長者則反對，認為雅典娜一直以來是偏袒希臘人的，特洛伊人最好立刻燒掉這一假扮的禮物，或者用銳利的斧頭劈開木馬肚子看裡面裝著什麼東西。這不失為一個可行的辦法。

普里阿摩斯猶豫不決，但由於害怕會因此褻瀆屬於雅典娜的東西，於是決定先將木馬拉進城裡。這樣一來，他們就必須將城牆破壞掉，或者，按照另外一個版本的說法，必須拆掉城門的門楣。這是第一次警告性徵兆，因為之前已經有預言，如果城門的門楣被拆除，特洛伊將淪陷。

聚集的人群在激動地叫喊：「燒掉它！把它扔進海裡去！劈開它！」反對的人也發出同樣聲嘶力竭的聲音，要求維護在他們看來是神聖的物象。然後拉奥孔閃亮登場，加入了這場爭論。他是阿波羅神廟的祭司，從城裡一路氣喘吁吁地跑來，哭喊著說：「可憐的人啊，你們難道都瘋了？你們認為敵人已經走了嗎？你們不覺得希臘人的禮物是陰險詭計嗎？聰明的奧德修斯難道是白癡嗎？

「無論是希臘人藏在這個怪物中，
還是某種戰爭把戲、間諜或運用到城池的器具，
這個木馬中，肯定有不可告人之秘密。
特洛伊人啊，不要相信它。不要相信這匹木馬。
不論它是什麼，希臘人都令我恐懼，即便他們帶來禮物。」

說話間，拉奥孔將手中所持之矛奮力擲向木馬，插入其一側，裡面驚恐萬狀的希臘人中發出一聲哀

嚎。這一擊幾乎將木馬撕裂，些許光線照進木馬，但命運或神的力量讓它看起來不顯眼了；否則，正如埃涅阿斯後來所說，特洛伊仍將屹立不倒。

正當拉奧孔剛剛說服了大多數人之時，守衛拖進了西農——一位表面上萬分恐懼的希臘人。他佯稱因為與奧德修斯不和而遭到遺棄，而實際上，奧德修斯故意將他留下來幫助實施計畫。普里阿摩斯要他說出有關木馬的真相，西農發誓說這真的是給雅典娜的禮物。希臘人有意將木馬建造得如此之巨大，是因為這樣特洛伊人就無法將它運進城裡。因為一旦它被運進城裡，這就意味著特洛伊的勝利。如果特洛伊人將木馬摧毀，則厄運將至；但如果他們把它運進城裡，就將確保他們城池的安全。

西農的話讓特洛伊人搖擺不定。恰在此時，一個可怕的徵兆使他們確信拉奧孔是錯誤的。正當拉奧孔警告眾人說，西農所言不過是奧德修斯所玩的另一個把戲之時，從海浪中爬出兩條可怕的黑色毒蛇，呈巨大的螺旋狀沿沙灘匍匐前行，

它們燃燒的眼睛裡泛著血和火，
迅捷的舌頭嘶嘶地舔著嘴巴。

正當人群驚恐萬狀，嚇得目瞪口呆時，它們直奔拉奧孔和他兩個年幼的兒子而去，「用尖利的毒牙緊緊咬住他們可憐的軀體」，纏繞住父親的腰、脖子和手臂，在他發出令人窒息的淒慘喊叫時，將其纏擠致死。心驚膽戰的圍觀者現在幾乎不得不相信，這一驚悚的事件是對拉奧孔的懲罰，因為他嚴重褻瀆了本來的確是聖物的東西。

沒有人對毒蛇的出現給出解釋，即便古代的詩人也深感棘手；神話自有其神秘之處，並非總有答案。有的敘事者說，這兩條蛇是應雅典娜的請求由海神波塞冬派來的，目的是證明他同她一樣憎恨特洛伊人。也有人說蛇是由阿波羅派來警告特洛伊人末日臨近的（不過，因為結果正好相反，這似乎不合邏輯）。維吉爾解釋說，這其實是雅典娜自己所為，目的在於讓特洛伊人相信西農所言非虛，讓他們的命運成為板上釘釘。為了證實這一點，他讓毒蛇在事件過後躲避到雅典娜神廟裡。總之，毒蛇的問題難以解釋，以至於當時一起進行研究的人員認為，拉奧孔的命運與木馬毫無關係，這只是因為他當著神的面與妻子交合，褻瀆了阿波羅神廟莊重肅穆的形象。

講述《奧德賽》的盲詩人對拉奧孔一無所知，只是說，贊成將木馬運進城裡的意見必須要佔上風，因為特洛伊註定要消失；或者，如果我們要加以解釋的話，可以說特洛伊的百姓一味在追求違背自身利益的政策。

毒蛇作為想像出來的敘事工具，並非真實的歷史，無須解釋，但它卻在人們的腦海中留下了深刻的記憶。作為重要的古典雕塑傑作，大理石中痛苦和扭曲的形象生動傳神，令人彷彿聽到受害者的慘叫。老普林尼（Pling the elder）在羅馬的提圖斯皇帝王宮看到這幅作品時，認為它比「歷史上所有繪畫和雕塑作品」都好。然而，無論動機和意義如何，雕塑是沉默的。索福克勒斯（Sophocles）以拉奧孔為主題寫了一部悲劇，但文本不見了，他的所思所想也不復存在。現存的傳說只告訴我們一件事：拉奧孔因為察覺到真相並發出警告而受到了致命的懲罰。

正當普里阿摩斯命令士兵準備繩索和滾輪將木馬拉進城裡時，某些不知名的神秘力量仍然在試圖對特洛伊發出警告。木馬在城門口停了四次，裡面有四次發出兵器叮噹作響的聲音；但是，儘管這四次停頓已經發出徵兆，特洛伊人仍然堅持著原計劃，「因為狂熱迷亂而對此無動於衷」。他們拆掉了城牆和大門，就此破壞了神聖的屏障，因為他們認為已經不再需要這個屏障的保護。在維吉爾的《埃涅阿斯紀》以後的版本中，還有其他徵兆：染滿鮮血的煙霧升起，神的雕像流下淚水，高塔彷彿在痛苦中呻吟，薄霧將星星罩住，豺狼在嗥叫，阿波羅神廟中的桂樹枯萎，但特洛伊人卻沒有絲毫警覺。命運使然，他們已經無所畏懼，「這樣他們就會被消滅，最終走向滅亡」。

那天晚上，他們無所顧慮，開懷暢飲，盡情享受，大肆慶祝。此時還有最後一次機會，他們受到了最後一次警告。普里阿摩斯有個女兒卡珊多拉，阿波羅因為愛上了她，就賦予了她預言能力，但作為交換，她必須答應與他同寢。卡珊多拉堅守自己的貞操，不願意遵守先前的承諾，於是感到被冒犯的阿波羅就在她的預言能力上又加了一條咒語，即沒有人會相信她的預言。早在十年前帕里斯首次起航前往斯巴達時，卡珊多拉就預言說這次遠航將會給特洛伊帶來滅頂之災，但普里阿摩斯卻毫不在意。「唉，可憐的人啊，」她哭喊著說，「可憐的傻瓜，你們根本就不明白自己已經大禍臨頭了。」她告訴他們，他們的所作所為愚蠢至極，「木馬裡面暗藏玄機，最終會將特洛伊城毀滅」。

喝得醉醺醺的特洛伊人卻哈哈大笑，說她的話簡直是「無稽之談」。看到自己的預言無人理會，憤怒的卡珊多拉拿起一把斧頭和一節熊熊燃燒的木頭向木馬沖去，但還沒等跑到木馬跟前，她就被人們拉了回去。酩酊大醉的特洛伊人昏昏入睡了。西農從宮殿裡悄悄溜出來，打開木馬上的活動門把奧德修斯及其同伴放出來。有些人由於被關在黑暗的木馬肚子裡時間太久，加之高度緊張，禁不住低聲抽泣，「兩腿顫顫」。他們分散到城中，打開其他的大門，與此同時，西農用火炬向不遠處的戰船發出信號。瞬間，希臘人如猛虎下山，撲向沉睡中的敵人，左衝右突，燒殺搶奪，姦淫擄掠。特洛伊人揮劍反擊，希臘人也有所傷亡。但侵略者逐漸佔了上風。黑暗中血流成河，屍橫遍野；燃燒的劈啪聲響掩蓋了受傷者的淒聲尖叫和婦女的痛哭流涕。

這是一齣徹頭徹尾的悲劇，沒有什麼英雄行為或悲天憫人的情懷能減輕結局的慘烈。阿喀琉斯的兒子皮勒斯（也稱涅俄普托勒摩斯，Neoptolemus）「殺紅了眼」，順著宮殿裡的一條過道追趕受傷逃跑的普里阿摩斯的小兒子波利蒂斯（Polites），「急切地要進行最後一擊」，並當著普里阿摩斯的面將波利蒂斯的頭砍了下來。受人尊敬的普里阿摩斯滑倒在其兒子的鮮血中，正當他將長矛有氣無力地投向敵人時，皮勒斯將他也一併殺死了。戰敗者的妻子和母親被拉出來同其他戰利品一起分配給敵軍將領。皇后赫庫芭（Hecuba）歸了奧德修斯，而赫克托的妻子安德洛瑪克（Andromache）則被兇手皮勒斯所強佔。在雅典娜神廟中遭到另外一名埃阿斯強暴的卡珊多拉，頭髮披散、手腳捆綁著被送給阿伽門農，最終為免遭羞辱而自殺身亡。命運更慘的是普里阿摩斯的另一個女兒波呂克塞娜（Polyxena），阿喀琉斯曾經追求過她，此時，當勝利者在阿喀琉斯墳墓前祭祀的時候，應他幽靈的要求，她被當作了陪葬。最令人痛心的是赫克托和安德洛瑪克的孩子阿斯蒂阿納克斯，他被希臘人從城垛中用長矛投射而死，因為奧德修斯下令斬草除根以免將來遭到報復。特洛伊被洗劫一空，付之一炬，只剩一片廢墟。艾達山（Ida）在低聲歎息，克桑托斯河（Xanthus）隱隱啜泣。

漫長的戰爭終於結束了，希臘人歡慶勝利，登上戰船，並祈禱宙斯保佑他們安全返回家園。但命運總是公平的，幾乎沒有人能夠獲得宙斯的庇護，他們反而遭受了與被屠戮的特洛伊人相似的災難。雅典娜因為強姦犯對其神廟的褻瀆而勃然大怒，或者因為被勝利衝昏頭腦的希臘人沒有向她祈禱，她請求宙斯同意懲罰他們，令海上電閃雷鳴，並掀起暴風驟雨。希臘人的船隻或沉沒，或被礁石撞碎，島嶼的海岸上到處是斷船殘骸，海面上漂浮著無數屍體。另外一個埃阿斯也被淹死；奧德修斯的戰船被風暴吹離航線，並掀翻毀壞，從此失蹤了二十年之久；返回家園的阿伽門農被他不忠的妻子及其情人所殺。嗜血成性的皮勒斯在德爾斐（Delphi）被俄瑞斯忒斯所殺。令人稱奇的是，引起這場戰爭的海倫卻毛髮未傷，依然美麗動人，被魅力翩翩的斯巴達王所原諒，重新嫁入皇室，家庭和樂，榮華依舊。埃涅阿斯也逃走了。因為他在戰後將自己年邁的父親背在背上所表現出的孝道，阿伽門農允許他與隨從一起登船，他順應命運的安排漂流到了羅馬。人類喜歡在撰寫歷史時使用正義的輪廻，因此這位特洛伊戰爭的倖存者建立了一個城邦，而這個城邦最終又戰勝了征服特洛伊的人。

特洛伊史詩中有多少事實呢？我們知道，考古學家在達達尼爾海峽亞洲海岸，也就是加利波利對岸的古代定居地挖掘出九個層次。其青銅時代貿易路線交叉口的位置屢遭洗劫，在不同層次留下了頻繁的破壞和重建的證據。第八層有很多來自皇室的黃金及其他工藝品的碎片，存在的跡象表明此處曾遭人類粗暴毀壞，這裡已被確定為普里阿摩斯的特洛伊城，其淪陷大約接近青銅器時代末期，即西元前一二〇〇年左右。很可能的是當時希臘的商業活動及其稱霸海上的夢想與特洛伊發生了衝突，而希臘半島上幾個部落首領可能糾集過盟友協同進攻海峽對岸的城市。羅伯特‧格雷夫斯（Robert Graves）認為，從對希臘先前的侵襲行動所發動的報復行為來看，對海倫的誘拐行為或許在歷史上確有其事。

這就是希臘歷史上的邁錫尼時代。彼時，阿特柔斯（Atreus）的兒子阿伽門農是這座位於獅門城堡中的邁錫尼城邦的國王。其充滿神秘色彩的遺址仍然屹立於科林斯以南的高地上，深紅色的罌粟絢爛多姿，似乎永遠沾滿阿特里岱兄弟（Atreus，希臘神話中邁錫尼國王阿特柔斯的兩個兒子阿伽門農和墨涅拉俄斯）的血。一些幾乎與特洛伊淪陷同期但很可能持續時間更久的暴力事件，使邁錫尼以及克里特島上的克諾索斯所代表的文明開始走下坡路。邁錫尼文化是有文字記載的，因為我們現在知道，在克諾索斯遺址中發現的被稱為「線性文字B」的字體已經被確認為早期的希臘語。

邁錫尼文明崩潰後的這一時期被稱為希臘歷史上的黑暗時代，持續了約兩個世紀之久，我們只能從碎片和文物去瞭解它。因為一些無法解釋的原因，書面文字似乎完全消失了，對過去英雄年代祖先的歌功頌德之詞只是通過口頭形式才代代清晰地流傳了下來。來自北方的多利安人的到來，促進了文明的復蘇。在這一始於大約西元前十世紀的復蘇過程中，一位不朽的詩人橫空出世，他的史詩取材於家喻戶曉的故事和本民族人民的逸事傳說，是西方文學的發源之處。

在通常的描述中，荷馬總是彈奏著七弦琴，並吟誦一首首敘事詩與之相和，但《伊利亞德》中的一萬六千行詩句和《奧德賽》中的一萬兩千行詩句，肯定是他自己寫下來，或者由他口授給抄寫員記錄下來的。毫無疑問，在接下來兩三百年時間裡的幾位吟唱詩人，手頭肯定有文本，他們在對特洛伊故事進行補充時，引入了口頭流傳下來的材料，彌補了荷馬留下的不足之處。伊菲吉妮婭的獻祭，阿喀琉斯脆弱的腳跟，成為特洛伊盟軍的亞馬遜女王潘賽西莉亞（Penthesilea）的出現等，很多最令人難以忘懷的篇章都出自荷馬時代之後的一些詩歌，它們只是在西元二世紀左右以摘要的形式流傳下來，但很多文本迄今已無從查找。因為賽普勒斯而命名的《賽普瑞亞》（Cypria）——賽普勒斯是它傳說中的作者的家鄉——是最早且最為全面的文本，隨後是阿爾克提努斯寫的《洗劫伊利昂》和萊斯博斯島（Lesbos）一位吟游詩人所寫的《小伊利亞德》。在他們之後，抒情詩人和三大悲劇戲劇家開始重點關注木馬主題，而希臘歷史學家則致力於查找相關證據。在維吉爾前後，尤其是之後，拉丁文作家就該主題做了進一步闡述，為木馬添加了寶石眼睛以及其他一些光彩動人的傳說。當特洛伊英雄以及他們的冒險經歷成為中世紀絢爛多姿的藝術及編年史的主要內容時，歷史與傳說之間的區別逐漸消失了。赫克托成為與儒略・凱撒和查理曼（Charlemagne）齊名的九位傑出人物之一。

木馬在歷史上是否確有其事這個問題由保薩尼亞斯（Pausanias）提了出來。他是一位拉丁旅行家和地理學家，具有真正的歷史學家的好奇心，並於西元二世紀寫了《希臘描述》一書。在他看來，木馬一定代表了某種「戰爭機器」或圍攻器械，因為，單從表面上去理解這一傳奇故事就是把「完全愚蠢」推給了特洛伊人。這一問題在二十世紀仍然激發著人們的猜測。如果圍攻的器械是用來撞擊城牆的攻城槌，那麼希臘人為什麼不用呢？如果它是某種箱子式的外殼，用來將攻擊人員運送到城牆上去，那麼特洛伊人在沒有首先打開的情況下就將之運到城裡去，肯定是一個更為愚蠢的決定。這樣的話，人們可以順著這個思路做出無盡的假設。事實上，儘管早期的亞述作品中對這樣的器械有所描述，但沒有證據表明在邁錫尼或荷馬時代的希臘戰爭中有人曾經使用過任何這樣的圍攻器械。這樣保薩尼亞斯就不用擔心年代錯誤，因為在他那個年代，以及著實在他以後的年代中，用當時所具備的條件去看待過去是很正常的事情。

在西元前兩千年到前一千年間的戰爭中，在《聖經》中所描述的土地上對有城牆或有防禦工事的地方進行的圍攻確實已經涉及計謀的使用，這也包括特洛伊戰爭。如果憑藉武力無法達到攻城目的，攻擊部隊通常會嘗試使用某些欺詐手段，比如某種騙局或妙計，以贏得防守方的信賴。正如一位軍事歷史學家曾經說過的，「通過計謀實現攻城掠地的傳奇故事確實存在，這就證明了一個千真萬確的真理。」

儘管西元前五世紀的希羅多德在木馬問題上保持沉默，但他希望為特洛伊人找到比荷馬作品中描述的更加理性的行為。基於他調查過程中埃及祭司的講述，他指出在戰爭期間，海倫根本就不在特洛伊，而是在埃及。海倫從斯巴達被綁架後，她與帕里斯同乘一條船，但船隻偏離航向在埃及登陸了。當地的國王對帕里斯這種劫持東道主妻子的可恥行為深感厭惡，於是命令他離開埃及；與他一起回到特洛伊的只是海倫的幽靈。希羅多德認為如果確有其人，普里阿摩斯和赫克托肯定會將她交給希臘人，而不會為了她而置成千上萬人的死亡和災難於不顧。他們不可能為了她或帕里斯而「如此頭腦昏昏」地承受這樣重大的災難，因為，帕里斯在皇室根本就不受愛戴。

這其中自有原因。作為歷史學之父，希羅多德或許早就知道，在他研究對象的生活中，常識很少成為決定因素。他進一步解釋說，特洛伊人向希臘特使保證，海倫並不在特洛伊；但希臘人並沒有相信，因為眾神想用戰爭摧毀特洛伊，以證明惡有惡報。從探究傳奇故事的意義來說，希羅多德可能更進了一步。

在探尋意義的過程中，我們必須清楚的是，眾神（或者，在這裡就是上帝）是人類的思想觀念；它們是人類的造物，而非他們創造了人。我們需要它們，於是將它們創造出來，以給予存在於地球上的謎團意義和目的，並解釋大自然中奇異且無規律可循的現象、雜亂無章的事件，以及最重要的——人類的非理性行為。它們的存在是因為世界上存在人類無法理解的問題，人們只有用超自然力量的干預或謀劃對此加以解釋。

這對於希臘眾神來說尤其如此。希臘諸神每天與人類密切接觸，易於受到凡人情感的影響。令眾神如此反覆無常且做事全無原則的是，在希臘人的觀念中，就像某個人沒有影子一樣，他們缺乏道德和倫理價值。結果，他們對於惡意欺騙凡人，或導致他們違反誓言並做出其他不忠或不光彩的行為毫無懊悔之意。阿佛洛狄忒的魔法導致海倫與帕里斯私奔，雅典娜使用計謀讓赫克托與阿喀琉斯決戰。凡人所做的可恥或愚蠢之事都被他們歸結於眾神的影響。「這一可悲的戰爭都是因為眾神」，普里阿摩斯感慨地說，此時的他已然忘記，他本來任何時候都可以將海倫送回去（假設她就在特洛伊的話，因為她在荷馬的史詩中出現頻率很高），他也可以在墨涅拉俄斯和奧德修斯來要求將她交出時同意放人。

眾神的干預，並未免除人類愚蠢的惡名；相反，這是人類有意轉移對愚蠢行徑之責任的幌子。在《奧德賽》的開篇中，荷馬讓宙斯抱怨說，人類竟然將各種煩惱歸咎於眾神，實在可悲至極。他們之所以有如此多「超出命定」的苦難，只是因為「他們內心的盲目性」（或者更具體而言，因為他們的「貪婪和愚蠢」）。荷馬在這樣寫的時候是深知這一點的。這是一個著名的論斷，因為，如果最後的結果確實比預先安排的命運更為糟糕，那麼這意味著自由意志的選擇而非一些無法消除的宿命在起作用。比方說，宙斯引用了埃癸斯托斯（Aegisthus：希臘神話中阿伽門農妻子克呂泰涅斯特的情夫。）的例子，說他與阿伽門農的老婆偷情，並將返回家園的國王殺掉了。其實「他知道這將帶來毀滅性的後果，因為我們親自派赫耳墨斯去警告他，既不要殺害阿伽門農也不要與其老婆偷情，因為阿伽門農的兒子俄瑞斯忒斯在長大後肯定要為其父報仇，並想要獲得父親的遺產」。總之，儘管埃癸斯托斯非常清楚自己的行為會導致什麼樣的罪惡後果，但他還是鋌而走險並付出了代價。

希羅多德認為，「對事物的癡迷」導致人類失去理智。古人早就知道這一點，所以希臘人就有這方面的女神。該女神名叫阿忒（Atē），是宙斯的女兒，並且在一些族譜中是長女。她的母親是「不和」或「紛爭」女神厄里斯（Eris，在某些版本中，阿忒是她的另外一個身份）。這個女兒是「癡迷」「不和」「妄想」以及「盲目愚蠢」女神，是這些特質的其中一項或者結合，能夠讓其受害者「無法做出理性的選擇」，看不到道德與私利的分別。

因為她對這些特質的組合遺傳，阿忒具有強大的傷害作用，並且是帕里斯做出決斷之前導致特洛伊戰爭——古代世界的主要鬥爭——的最初原因。從《伊利亞德》、《赫西俄德諸神記》——大約與荷馬同時代的奧林匹亞譜系的主要權威——以及《賽普瑞亞》的最早版本來看，宙斯沒有邀請阿忒參加珀琉斯（Peleus）和女神忒提斯（Thetis）的婚禮——他們後來生下了阿喀琉斯，因此她對宙斯產生了憎恨，這導致其最初的行為。她在未被邀請的情況下進入宴會廳，將寫著「給最美的人」且代表衝突的金蘋果從桌上惡意滾下，這立刻挑起了赫拉、雅典娜和阿佛洛狄忒的爭吵。她們三人中一位是宙斯的夫人，一位是他的女兒。宙斯不希望因為自己對這件事的決定而引火上身，於是將她們送到艾達山，讓那裡一位據說擅長處理愛的問題的英俊倜儻的年輕牧羊人做這一困難的決斷。這個人當然就是帕里斯，其成長的環境決定了其質樸純真的本性，而他所做的選擇引起的衝突甚至比阿忒最初設想的要嚴重得多。（在其他版本中，戰爭的起源與洪水的傳說有關。洪水可能發源於經常溢出水流的幼發拉底河，而後漫過整個小亞細亞。根據《賽普瑞亞》的說法，宙斯對人類不滿意，決心去之而後快，或者「大量減少」已經讓養育一切的地球不堪重負的人口數量，於是決定通過「伊利安（Ilian）戰爭這樣偉大的衝突」來達到這一目的，因為「戰爭死亡的人數或許能讓世界變得清淨」。就這樣，他設計或利用了女神們對蘋果的爭吵引發了戰爭。歐里庇得斯採納了這一說法。他在以海倫名字命名的劇本中讓海倫這一人物說，是宙斯安排了這場戰爭，「地球母親養育的人類太多了，這樣他就可以減輕她的負擔」。顯然，從很早的時候起，人們就深切感受到人類的卑劣和渺小，從而產生了這些傳說。）

阿忒並未就此罷手，而是又設計了一個複雜的詭計。這個詭計使宙斯的兒子赫拉克勒斯的出生被延遲了，他母親先生下了一個先天不足的孩子，他因而被剝奪了長子繼承權。宙斯對此（這一詭計即便對神仙而言也確實有些過份）極其憤怒，於是將阿忒趕出了奧林匹斯山，她從此與人類生活在一起。在她看來，人間被稱為阿忒的牧場——不是阿佛洛狄忒的牧場，或德墨忒耳的花園，或雅典娜的寶座，或其他更令人愉悅的稱謂，而是，正如古人早就遺憾得知的——愚蠢的王國。

希臘神話不會放過每一個偶發事件。根據《伊利亞德》中所講述的一個傳說，宙斯對自己的所作所為非常後悔，於是生了四個女兒，她們叫利泰，即祈求寬恕女神，她們教會凡人如何避免愚蠢行為，前提是他們必須有回應。「步履蹣跚，滿臉皺紋，雙眼低垂」，利泰緊隨阿忒，即熱切強烈的愚蠢女神（有時翻譯為毀滅女神或罪孽女神）之後，以便消除其所造成的不良後果。

如果有人
對來到身邊的宙斯的女兒示以敬意，
她們會傾聽他的祈禱並給他回報；
但是，若他膽敢不理不睬，
並將她們一腳踢開，
她們就回去找宙斯告狀，
喚來那只令他恐懼的惡狗，
令他兩股戰戰不再驕傲自負。

與此同時，阿忒來到人間，毫不停歇地開始製造阿喀琉斯與阿伽門農之間眾人皆知的爭吵以及前者隨後的憤怒，這成為《伊利亞德》的主要發展脈絡，且似乎一直佔著極大的比重。兩人之間的宿怨破壞了希臘的事業並使戰爭延長，因此，當最後兩人和解時，阿伽門農將自己對從阿喀琉斯手中搶來的女孩的最初愛戀歸咎於阿忒或妄想女神。

妄想女神，宙斯的長女；被下了咒語
她令所有人妄想，
將他們帶入歧途……
……把我妻從我身邊帶走。
在我之前，她曾糾纏別人。

並且，我們可以將利泰補充進去，因為已經有很多補充內容了。當馬克・安東尼凝視著腳下遇害的屍體時，他預見到「凱撒的靈魂，會如何由阿忒陪伴，尋求復仇，大喊『大亂』，並無意中說出戰爭造成的破壞」，此時，阿忒再次出現在了這可怕的幻象中。

人類學家將神話進行了無限分類，並試圖從更廣泛的理論方面對之加以解釋。神話是心靈的產物，據說人類試圖用神話展現內在恐懼和希望實現的願望，調和人類與周圍環境的矛盾，揭示人類在生活中所面臨的社會及個人的衝突和問題。神話被視為「憲章」或「儀式」，或者具備一些其他功能。這其中的全部或部份可能有效，也可能無效；我們能夠確定的是，神話反映了人類自身的行為，例如，有種儀式就是在山羊脖子上繫上紅線，然後將其趕到曠野中，以此帶走人類的錯誤和罪孽。

傳奇故事離我們非常遙遠，其中事件已經模糊不清，但絕不會被遺忘，它們帶有類似於神話的意味，具有某種歷史淵源。從吃掉自己孩子的克洛諾斯（Cronus）或者為了通姦而將自己變成天鵝或黃金雨的宙斯來看，木馬的故事並非神話。除了雅典娜的協助和毒蛇的襲擊之外，這一傳奇並沒有超自然要素。毫無疑問，作者將這兩者加入故事的目的是為特洛伊人提供一個拒絕拉奧孔建議的理由（這樣的處理令故事引人入勝，特洛伊人似乎別無選擇，只能朝著既定的命運前行）。

然而，將木馬毀壞的可行性選擇始終是存在的。在拉奧孔發出警告之前，卡普斯（Capys）長老就已經對此進行了勸告，隨後卡珊多拉也提出反對。儘管史詩中經常提到，特洛伊的陷落是神的命令，但將木馬運進城裡是自由選擇的結果，而不是命運使然。「命運」作為傳說中的符號，代表的是人類對自己願望的實現。

第三章　文藝復興時代的教宗激起新教徒的分離：一四七〇—一五三〇

大約在哥倫布發現美洲的同時，文藝復興在義大利正進入全盛時期。也就在這個時期，歐洲的價值觀開始走向世界。在這股潮流中，人們發現，規劃並把握自己命運的是自己本人而不是上帝。人們的需求、野心和欲望，人們的樂趣和財產，人們的思維、藝術、權力和榮耀，都是生命中不可或缺的要素。人們的塵世今生，也不再像中世紀那樣，為了至高無上的精神追求而終日惶惶不安。

在六十年的時間裡，從大約一四七〇年到一五三〇年，世俗精神在連續六任教宗[1]身上都得到了集中體現。他們唯利是圖、道德淪喪、貪得無厭，引火自焚般地玩弄權術。他們的統治令盡忠職守的人感到無望，他們對改革的呼聲置之不理，對所有抗議、警告以及日益高漲的反抗置若罔聞，教廷的權威受到質疑，最終，基督教的統一被打破，羅馬教宗的支持者中有一半轉而信仰新教。他們的所作所為是剛愎自用的愚蠢行為，從隨後幾個世紀的相互敵對和自相殘殺的戰爭來看，這或許是西方歷史上後果最為嚴重的行為。

這六位教宗濫用職權的行為並非從文藝復興高潮時期才出現。因為，在十四世紀大部份時間裡，教宗一直在亞維儂[2]流亡。他們逐漸養成了形成於教宗流亡一百五十年間的教宗政府的統治習慣，並最終將種種惡習發展到極度的愚蠢行徑。他們試圖返回羅馬，這導致了一三七八年教派的分裂，一位教宗在羅馬，一位教宗在亞維儂，而他們各自的繼任者在之後半個多世紀中均聲稱自己是真正的教宗。此後，每個國家或王國對隨便哪個提出主張的教宗的服從，都取決於政治利益，因而，此次分裂所遺留下來的嚴重後果便是對世俗統治者的依賴，因為對立的教宗認為有必要通過與國王及王公貴族討價還價、退縮讓步以及建立聯盟的手段彌補因分裂而被削弱的權力。另外，由於收入也被分割，教宗職位走向商業化和政治化，稅收成了其首要關心的問題。從這時起，經教會批准的一切精神或物質產品的銷售，從赦免和救贖到主教職位和修道院，都發展成持久的商業行為，它所提供的產品很有吸引力，但對於宗教的意義而言卻令人反感。

由於文藝復興時代風頭正勁的人文主義的影響，在十五世紀三〇年代終於返回羅馬的教宗，接受了義大利城邦海盜王子的作風和價值觀。義大利的統治者們生活奢侈考究，做事毫無原則，相互爭吵不休。由於本身的渙散和有限的領土範圍，作為當權者的他們根本改變不了衝突混亂的局面。這六位教宗的貪婪和奢侈作風，並不比他們先前的榜樣好到哪裡去；而且由於地位優越，他們通常變本加厲。他們就像獵犬追尋氣味那樣緊隨著各種職位油水，包括一位波吉亞家族[3]成員和兩位美第奇家族[4]成員在內的六位教宗中，每一位都癡迷於建立永久的家族財富。基於這種追求，他們先後捲入當時的政治旋渦，不斷地變換著各種組合、陰謀和手段，從不考慮長遠利益和指導原則，只有當時的力量平衡似乎才起到一定制約和調節作用。由於政治方面的平衡非常脆弱，搖擺不定，他們相互間達成的協定總是由於背叛而被推翻，這從而允許，當然也確實需要各種交易、賄賂和陰謀，它們取代了深思熟慮和良好規劃。

這一時期，法國、西班牙和哈布斯堡王朝三大帝國聯合了不是這個就是那個義大利城邦，對義大利半島進行反覆入侵，目的是奪取半島或其部份地區，這成為該時期的主導政治因素。儘管教廷也參與其

1 六任教宗中有五個義大利人，一個西班牙人；不包括只在位二十六天的一位教宗和在位不到兩年的外國人。—原註
2 亞維儂（Avignon）：法國東南部羅納河畔的城市。一三〇九—一三七八年間為教宗所在地，一三七八—一四一七年間為幾位偽教宗所在地。
3 波吉亞家族：義大利家族，在十四世紀到十六世紀間十分有影響力，包括教宗亞歷山大六世的兒子凱撒和女兒盧克雷齊婭，是宗教、軍事和政治領袖。
4 美第奇家族：歷史上一顯赫的義大利佛羅倫斯貴族家庭。

中，但由於軍事資源匱乏，它無法發揮決定性作用。它越多地參與到具有持久惡性後果的偶發衝突中，就越在君主面前顯示出自己的無能，而實際上，它也確實變得無能了。與此同時，面對顯然需要的宗教改革任務，它又畏首畏尾，因為它害怕失去權威，失去謀取私利的機會。作為義大利人，文藝復興時代的教宗在使他們的鄉土成為戰爭受害者、遭受外國壓迫並失去獨立的過程中起了為虎作倀的作用；作為教宗，他們的所作所為被路德派所嘲笑，同時也成為路德派成長的搖籃。

是否有可行的替代方案呢？由於整個腐敗階層的既得利益，從宗教方面著手回應對改革的持續不斷的呼聲實在難上加難，但並非不可行。人們不斷發出強烈的警告，公開地抱怨教宗怠忽職守的行為。就像羅曼諾夫王朝[5]或國民黨統治後期，如果沒有全國性的動亂或解體，對腐敗無能的政權的改革就難以完成。就文藝復興時代的羅馬教廷來說，讓在乎自己職位的教會領袖去發起自上而下改革，而後讓具有同樣思想的繼任者不遺餘力、不屈不撓地將改革繼續下去，可能會消除那些最令人切齒的做法，給那些懷疑教會和神父存在價值的人以回答，滿足人們精神寬慰的需求，這樣或許就避免了最終的分裂。

在政治領域，一以貫之地實行始終如一的政治方針也不失為一種選擇。如果教宗們朝著這個方向努力，而不是將精力消耗在無盡的私慾上，他們就可能避免世俗權力的敵對行為，這對教宗城邦國家是有利的。這也並非他們力不能及。六位教宗中的三位，包括西斯篤四世（一四一四—一四八四）、亞歷山大六世和儒略二世，都是能力超群、意志堅定的人。然而，除了儒略有資格成為例外之外，並沒有人去施展哪怕一丁點兒的治國之才，或者受到聖彼得的椅子這樣的榮耀鼓舞而產生一些適當的有關政治責任的想法，更別提有什麼精神的使命了。

可以說，當時的道德能力和處世哲學使他們從心理上不可能採取這種策略。從這個意義上說，任何未能被選擇的選項都是面對這一問題的人力不能及的。當時的社會情況塑造了教宗的思維並指引了他們的行動，這是不可否認的，但權力的責任通常需要他們去抵制和扭轉這種無處不在的氛圍。然而事實恰恰相反，我們將會看到教宗向社會上最為邪惡腐敗的事物屈服了，並且在越來越多顯而易見的社會挑戰面前，始終顯示出一種不可救藥的榆木疙瘩式的殭化思維。

改革是這個時代普遍的主旋律，它通過文學、佈道、小冊子、民謠及政治集會等方式被表達出來。每個時代總有被追逐名利的教會所疏遠的人，他們呼籲體制的改革，並崇尚以更為純潔的心態敬拜上帝，自十二世紀以來，這種呼聲變得越來越普遍。聖法蘭西斯（Saiut Francis）在聖達勉堂（Sau Damiano）祈禱時，在幻覺中聽到一個聲音：「我的廟宇快要倒塌了。替我重建吧！」這是對從教廷到村莊教區各個階層的物質主義及不合格的神職人員的不滿，是對普遍存在的腐敗和貪婪的不滿，因此人們要求從「教宗到教會成員」的改革。有人偽造特許狀進行銷售，為十字軍東征的捐贈被教廷據為己有，天主教的豁免權被沿街兜售，這樣一來，正如牛津校長在一四五〇年所抱怨的，人們不再介意自己曾經的惡行，因為他們僅用六便士就能夠獲得赦免，或者可以把赦免當一場網球比賽的獎品一樣贏回來。

對於缺席宗教活動和佔有多個有俸聖職，對於冷漠的教會和上下層神職人員日益嚴重的分離，對於高級教士的毛皮長袍和帶僕人的套房，對於粗魯無知的鄉村神父，對於教會文書包養情婦、像普通人一樣飲酒作樂，人們已經極為不滿了。這是深刻怨恨的根本原因，因為在普通人看來，教士作為人與神之間的中間人，理應更加聖潔。如果這些中間人怠忽職守，人類到哪裡去尋求寬恕和救贖呢？基督代理人

5 羅曼諾夫王朝指的是一六一三年至一九一七年統治俄羅斯的王朝，是俄羅斯歷史上第一個也是最後一個王朝，也是俄國歷史上最強盛的王朝。在該王朝時期，俄國由東歐一個閉塞的小國擴展為世界範圍的強國之一。

日常的所作所為與他們的神聖使命之間的巨大差異，讓人們有種被背叛的感覺。基本上，用特勒姆（Durham）某修道院副院長的話來說，人們「渴望上帝的話語」，而從上帝的那些卑微拙劣的神父那裡並不能獲得「能夠拯救靈魂的真正信仰和道德戒律」。許多神父「從未讀過《舊約》，也幾乎沒有讀過祈禱用的聖詩集」，甚至很多人醉醺醺地就來到講壇傳經布道。身居高位的教士很少訪問教區，初級神職人員沒有接受過培訓、教育或宗教領導，往往不知道自己的職責所在或儀式如何進行，不知道怎麼給予聖禮。雖然世俗傳教士對神父提出批評是被禁止的，但這經常會成為人們茶餘飯後的談資。「只要傳教士說出一句對神父或神父不利的話，沉睡的人就會立即睡意全無，百無聊賴的人就會興奮異常……以至於人們廢寢忘食起來」，連最邪惡的人也認為與那些神職人員相比，他們自己是「多麼正直或高尚」。

到了十四世紀，抗議日益形成並通過羅拉得派（Lollards）和胡斯派（Hussites）的持不同政見者運動表達呼聲，此外還有像「兄弟共同生活」（Brethren of the Common Life）之類的社區世俗團體，該組織是官方教會外擁有真正虔敬之心的人找到家庭溫暖的地方。在這裡，人們已經表達出後來標誌著新教徒反抗的不同政見理論：否認聖餐變體，拒絕認罪，拒絕對赦免權的非法交易，拒絕朝聖活動以及對聖徒和遺跡的崇拜。從羅馬分離出去並非不可想像。在十四世紀，著名神學博士威廉・奧卡姆（William Ockham）已經可以設想沒有教宗的教會；在一四五三年，羅馬人斯特凡諾・波爾卡羅（Stefano Porcaro）策劃了一場旨在徹底推翻羅馬教宗的陰謀活動（儘管該陰謀最初似乎是出於政治而非宗教目的）。印刷技術的應用和識字率的增長，特別是讓人們通過用方言讓人們直接閱讀《聖經》，滋養了持不同政見者的土壤。在印刷術應用的最初六十年裡，《聖經》就出現了四百多個版本，任何識字的人都能夠在《聖經》福音書中發現，與他們同時代的身披紅袍、紫袍的主教並不在等級制度中。

教會本身也經常談及改革。在十五世紀上半葉的康斯坦茨和巴塞爾（Basle）會議上，一些著名的傳教士會在每個星期天向代表們發表長篇演講，主要是關於腐敗行為和放任的道德，尤其是關於聖職的買賣，關於沒能夠產生基督教復興的拯救工具——對奧斯曼土耳其的東征，關於導致基督教腐爛生活的所有罪惡行為。他們呼籲採取積極行動和措施。會議涉及無休止的討論，就大量的提案進行辯論，並發佈一系列法令，主要處理統治階層與教廷之間就收入及有俸聖職分配等的糾紛。但是，他們並沒有深入對這些方面有基本需求的地方，比如主教對所轄教區的視察、對年輕神職人員的教育，寺院階層的重組等問題。

職位較高的神職人員也並非完全漠不關心，他們中有修道院長、主教，甚至有些紅衣主教對改革非常熱切。教宗偶爾做出些回應的姿態。根據尼古拉五世和庇護二世的命令，改革方案分別於十五世紀四〇年代和十五世紀六〇年代起草出來，後者的起草人是一心一意宣導改革的庫薩的尼古拉，他既是德意志紅衣主教又是教宗特使。在向庇護二世介紹他的方案時，尼古拉說，改革對於「從把教宗改變成基督的樣子開始轉變所有的基督徒」是非常必要的。他的改革同僚多梅尼科主教對此也同樣不遺餘力。他寫道，對不講法律的王公貴族堅持教廷的神聖是沒有用的，因為主教和地方議會的邪惡生活使得教會被一般信徒稱為「巴比倫，地球上所有通姦亂倫和可憎行為的源頭」。

在一四六四年選舉庇護二世繼任者的秘密會議上，多梅尼科將本應引起西斯篤及其繼任者注意的問題概括如下：「必須重申教會的尊嚴，恢復教會的權威，對道德進行改革，對教廷予以監管，確保司法公正，大力傳播信仰。」在他看來，這樣就能奪回教宗的領土，「將信徒武裝起來進行聖戰」。

文藝復興時代的這六位教宗幾乎一事無成。教宗及統治層的個人財富與現有體制休戚相關；在他們看來，改革就是建立大公會議，就是削弱教宗權威，因此，即便他們不主動表現出厭惡情緒，所採取的不支持立場也挫敗了改革。縱觀十五世紀自胡斯起義以來這段歷史，宗教革命風起雲湧，但教會的統治者卻沒有注意到這些。他們僅僅把抗議視為表達不同政見的方式，只需壓制一下即可，卻沒有看到這已經嚴重威脅到他們存在的合法性。

與此同時，作為全新信仰的民族主義和在國家教會興起過程中出現的全新挑戰已經在削弱羅馬的統治。由於政治壓力和因教廷分裂而達成的交易，原本屬於地方神職人員但卻被教廷篡奪的任命權被逐步移交給世俗機構或者根據他們的命令、朝著有利於他們利益的方向改變，這種任免權是教會權力與收入的最基本來源。在法國和英國，根據被迫與統治者達成的協議，這種權力基本喪失殆盡，並且在各種政治上的討價還價過程中，它在這一時期被進一步移交給了哈布斯堡帝國、西班牙及外國當權者。

在文藝復興時代，儘管政治退化、道德墮落、罪惡行為比比皆是，但藝術卻奇跡般地有了繁榮發展，善與惡並駕齊驅，這種結合達到不同尋常的地步。經典古蹟所反映的是人類巧奪天工的能力而不是虛幻的三位一體的教義，這種發現本身就是豐富的體驗，引起人們對人文主義的熱烈追捧。這一點首先在義大利表現得尤為明顯，人們能夠感到古代民族輝煌的回歸。它強調世俗的善，意味著放棄基督教那種忘我的理想；而對個體的自豪感又削弱了教會所傳達的對上帝意志的服從。他們深愛異教徒所遺留下來的文化習俗，以至於義大利的統治階層對基督教並不那麼崇敬。正如馬基維利在《論李維》中所寫，這使得「至高的幸福包含謙遜、克制以及對世俗的蔑視」，而在異教徒看來，善主要存在於「偉大的靈魂、強健的體魄，以及使人類令人敬畏的所有品質中」。

日漸衰落的中世紀經歷了漫長的苦難和蕭條，隨後的新經濟體在十五世紀下半葉伴隨著人文主義而出現。對這一復蘇，人們有各種解釋：印刷術的發明極大地普及了知識和思想；科技的進步擴大了人們對宇宙的認識，應用科學提供了新的技術；新的資本融資方式刺激了生產；新的航海和造船技術擴大了貿易範圍及地理視野；從衰微的中世紀公社中建立起來的新的中央集權落到了君主的手中，而過去一個世紀以來不斷增長的民族主義給它注入了推力；新世界的發現和環球航行為人們打開了無限願景。無論這些是原因還是偶然，抑或人類神秘的潮漲潮落事件中的反常現象，它們都標誌著歷史學家所稱的近代（Early Modern）的開端。

在這六十年中，哥白尼計算出地球與太陽之間的真正關係，葡萄牙船隻從非洲帶來了奴隸、香料、黃金和象牙，科爾特斯征服了墨西哥，德意志的富格家族（the Fuggers）因經營羊毛、金融和房地產獲益，創造了歐洲最富有的商業帝國，而其創始人的兒子富翁雅各，號稱汲取了時代精神，只要還有一口氣，就將繼續賺錢。他的義大利同行，羅馬的阿戈斯蒂諾・基吉（Agostino Chigi），雇用了兩萬名員工，他們分佈在里昂、倫敦、安特衛普、君士坦丁堡和開羅的各分支機構，並且只要有豐厚的利潤，並不介意與異教徒有生意往來。在一四五三年佔領君士坦丁堡並挺進巴爾幹之後，突厥人在很大程度上就像是曾經的蘇聯，鐵幕一般威脅著整個歐洲，但儘管如此，基督教國家卻忙於相互之間的衝突，並沒有聯合起來對抗突厥人。

在西班牙，北部亞拉崗的斐迪南和卡斯提爾的伊莎貝拉通過聯姻而結盟，恢復了宗教裁判所並驅逐猶太人；法國的法蘭西斯一世在金布料場會見了亨利八世；阿爾布雷希特・丟勒在德意志盛極一時，希羅尼穆斯・博斯和漢斯・梅姆林（Hans Memling）的作品在法蘭德斯大受追捧。伊拉斯謨斯因其敏銳機智而廣受歡迎，是他那個時代的托爾斯泰。湯瑪斯・摩爾爵士在這六十年的末期出版了《烏托邦》，而馬基維利，觀點與前者截然相反的義大利作家，在《君主論》中用更晦暗的角度看待人類。在義大利，藝術和文學都被譽為最高的人類成就，並且在這一備享榮耀的時期，它造就了一批非凡的天才，從李奧納多到米開朗基羅，從提香到其他許多名人。這一期間，文學方面主要有馬基維利的作品，弗朗切斯科・圭恰迪尼（Francesco Guicciardini）的《義大利史》，彼得羅・阿雷蒂諾的喜劇和諷刺作品，阿里奧斯托（Ariosto）廣受推崇的關於基督徒和穆斯林鬥爭的奢華史詩《奧蘭多・富里索》，以及卡斯蒂利奧內的《廷臣論》。

奇怪的是，文化的繁榮並未反映與之相應的人類行為的改進，人類行為反倒顯示出令人驚訝的墮落。部份原因在於義大利半島沒有統一，這使得五個主要地區威尼斯、米蘭、佛羅倫斯、那不勒斯和羅馬城邦——以及像曼圖亞（Mantua）、費拉拉（Ferrara）這些小城邦——處於無休無止的衝突之中。因為居統治地位的王公貴族最初也是依靠他們的先輩採用的不同程度的暴力獲得權位，因此他們用來維持統治地位的措施同樣毫無節制。佔有、下毒、背叛、暗殺、同室操戈、監禁、酷刑，無所不用其極。

要瞭解教宗，我們必須看看王公貴族。米蘭的統治者加萊亞佐・馬里亞・斯福爾札（Galeazzo Maria Sforza）因欺壓百姓、罪惡滔天，在教堂裡被臣民謀殺。他的弟弟盧多維科・伊爾・莫羅（Ludovico il Moro）將其侄子，即王位繼承人關進監獄，自己攫取了米蘭的統治權。當洛倫佐・美第奇（Lorenzo de. Medici）的對手，佛羅倫斯的帕齊（Pazzi）家族無法再忍受仇恨和挫敗時，他們策劃在教堂大彌撒期間謀殺他以及他英俊倜儻的弟弟朱利亞諾（Giuliano）。他們行動的信號便是聖體升起來時的鐘聲。在這莊嚴神聖的時刻，刺客的劍寒光一閃，朱利亞諾被殺死了，而洛倫佐用其長劍抵抗，並機警地躲過一劫。他隨後大舉報復，將帕齊家族及其黨羽全部殲滅。教堂裡經常有暗殺行動，因為暗殺對象在那裡不太可能被武裝警衛團團圍住。

而最不幸的應該是統治那不勒斯的亞拉崗國王費蘭特（費迪南一世）。他不擇手段，殘忍兇暴，玩世不恭，有強烈的報復心理。在一四九四年去世之前，他始終不遺餘力地打擊對手，並在此過程中發動自相殘殺的戰爭，因此，他比任何其他王公貴族給義大利造成的傷害都大。他的兒子和繼承人阿方索二世殘酷無情、揮金如土，被當代法國歷史學家康明（Comines）形容為「有史以來最殘酷、最糟糕、最惡毒、最卑鄙的人」。就像他的同類人一樣，他公開宣稱對宗教的蔑視。他藉以維持權力的雇傭兵也擁有同樣的觀點。他們是為錢而戰，而不是出於忠誠。他們對「所有神聖的事物充滿蔑視，對是否因教會的禁令而死去毫不在意」。

統治者的習慣總不乏臣民的效仿。聖約翰・拉特蘭醫院外科醫生的故事，經由約翰・伯查德（John Burchard）不露聲色、單調乏味的描述，變得更令人毛骨悚然。伯查德是教宗法庭司儀，他的日常記錄是瞭解文藝復興時代羅馬生活的不可或缺的來源。這名外科醫生「每天一早就穿著短袍離開醫院，拿著弩箭朝每個他碰到的人射擊並把他們的錢放到自己的口袋裡」。他與醫院的神父合作，後者將那些承認自己有錢的病人的名字告訴他，於是外科醫生就為這些病人進行「有效的治療」，然後將所得收入與告密者分配。伯查德補充說，後來該醫生與其他十七名作惡者一起被絞死了。

專斷的權力往往伴隨著自我放縱和毫無約束的行為，以及對對手的不斷懷疑；它容易產生行事古怪的暴君，使其無意間養成暴力習慣；這種情況在附庸小國和龐大帝國同樣頻繁。潘多爾福・彼得魯奇（Pandolfo Petrucci）是十五世紀九〇年代的錫耶納暴君，喜歡從高處往下滾石頭，從不考慮會砸到誰。佩魯賈（Perugia）的巴廖尼（Baglioni）和里米尼（Rimini）的馬拉泰斯塔記錄了長期爭鬥和世族仇殺的血腥歷史。其他諸如費拉拉最古老的王侯家族德斯特（d. Este of Ferrara）和因能言善辯在《廷臣論》中受到大加讚美的烏爾比諾（Urbino）的蒙泰費爾特羅都是高尚可敬行為端正的家族，甚至深受人們愛戴。烏爾比諾的費岱里戈（Federigo）公爵據說是唯一一位不攜帶武器、無須護送就四處走動或敢於在開放公園行走的親王。然而可悲的是，烏爾比諾而後將成為六位教宗之一利奧十世（Leo X）赤裸裸的軍事侵略目標，該教宗想要為其侄子攫取公爵領地。

除了流氓和醜聞之外，涵養和虔誠自始至終也存在。從來沒有一個單一的特點能夠主導整個社會。文藝復興時代各個階層的許多人仍然崇拜上帝，相信聖賢的存在，想要精神的安慰，希望生活中沒有犯罪行為。顯然，這是因為仍然存在真正的宗教和道德情感，人們對神職人員尤其是羅馬教廷的腐敗深惡痛絕，強烈希望進行改革。如果所有的義大利人都效仿他們領導人的不道德生活，教宗的墮落就不會成為人們抗議的理由。

在結束因分裂而造成的混亂不安的長期鬥爭中，在恢復教會團結的鬥爭中，一般信徒和神父訴諸教大公會議會的召喚，認為它比羅馬教廷擁有更加至高無上的權力。這當然遭到後者強烈的反抗。在整個十五世紀上半葉，大會鬥爭主導了教會事務，而且，儘管大會最終成功建立起單一的教宗，但沒有任何支持者承認大會至高無上的權力。隨後的歷屆教宗緊緊把持著他們的特權，處心積慮地維護著他們的權威，儘管並非沒有爭議。庇護二世，他更為知名的稱謂是受人推崇的人文主義者和小說家埃涅阿斯・西爾維厄斯・皮科洛米尼（Aneas Sylvius Piccolomini），在其早期職業生涯中曾主張建立大公會議，但在一四六〇年，作為教宗的他發表了可怕的《公牛記》，威脅要將教會中所有呼籲建立大公會議制度的人驅逐出教會。他的繼任者繼續將建立大公會議制度視為與突厥人具有同等危險性的言行。

回到羅馬的教宗成了文藝復興時代的產物，在為藝術提供贊助方面遠超王公貴族，認為輝煌的繪畫和雕塑、音樂和文學作品是宮廷的華美裝飾，彰顯了他們的宏偉壯觀。如果達文西作品令盧多維科・斯福爾札（Ludovico Sforza）在米蘭的宮廷熠熠生輝，詩人托爾夸脫・塔索（Torquato Tasso）的作品為費拉拉的德斯特的宮廷增光添彩，就不難理解為什麼其他藝術家和作家會紛紛湧向羅馬了，因為那裡的教宗總是慷慨大方地提供贊助。不管在自己的職位上有什麼樣的過失，他們留給世界的是不朽的遺產：米開朗基羅所作的西斯汀壁畫，拉斐爾創作的梵蒂岡詩節，平圖里基奧（Pinturicchio）留在位於錫耶納的大教堂圖書館的壁畫，波提切利（Botticelli）、基爾蘭達約（Ghirlandaio）、佩魯吉諾（Perugino）、西尼奧雷利（Signorelli）在西斯汀牆壁上所作的壁畫。他們將曾經蓬頭垢面、人口稀少並在亞維儂流亡期間一度被拋棄的羅馬進行維修並美化。他們發掘出典藏珍品，修復了教堂，鋪設了街道，建立起無與倫比的梵蒂岡圖書館，並且決定重建聖彼得大教堂，由布拉曼特和米開朗基羅擔任建築師。具有諷刺意味的是，該教堂不僅是教宗最高權力的象徵，還曾經引發新教起義。

他們認為，通過可以看到的美妙絕倫、宏偉莊嚴的事物，教宗將擁有至高無上的尊嚴，教會也藉此施加對人民的掌控。尼古拉五世（Nicholas V）被稱為第一位文藝復興教宗，他在一四五五年臨終前明確表達了這一觀點。在敦促主教們繼續對羅馬進行整修時，他說：「為了創造堅實、穩定的信念，必須有能夠吸引眼球的東西。僅僅通過教義來維持某種信仰是脆弱的、搖擺不定的……如果羅馬教廷的權威能夠通過雄偉的建築展現在人們面前……全世界都會接受並尊重它。莊嚴肅穆的建築，高貴典雅的品位，富麗堂皇的裝飾，壯觀宏偉的氣勢，將極大地提升聖彼得教堂的地位。」自出身漁民的彼得以來，教會已經在漫長的道路上取得了很大的進步。

一、大教堂謀殺案：西斯篤四世（一四七一—一四八四）

法蘭西斯・德拉・羅韋雷（Francesco della Rovere）曾任方濟會會長，一四七一年被選為紅衣主教，史稱西斯篤四世。在此之前，早期文藝復興時代的（天主教）教宗，如果不是熱衷於宗教革新的話，也都始終在名義上維持著他們職位的莊嚴和神聖。西斯篤開啟了厚顏無恥、毫不掩飾地大肆謀取私利，大搞強權政治的時代。他曾在博洛尼亞和帕維亞大學講授神學，傳經佈道，並聲名鵲起；而在任方濟會會長期間，又因能力超群、作風嚴峻而贏得良好的聲譽。他的前任保祿二世（PAULUS）是威尼斯貴族和商人，世俗氣十足，這大概就是作為修道士的他被選為主教的原因。事實上，他的當選更多地歸因於野心勃勃、做事毫無原則但富可敵國的紅衣主教羅德里戈・博爾賈的巧妙運作，且此人很快就為自己攫取了教宗職權。博爾賈對西斯篤的支持本身就說明了後者的品質，而歷史也早就認識到這種關係，並將他們與他們中間的英諾森八世一起稱為「三個邪惡的天才」。

身著方濟會禮服的西斯篤實際上強硬專橫、冷峻無情。他來自一個貧困而作風嚴苛的大家族，富有激情。他假公濟私，利用自己所掌控的所有資源為其家族成員攫取財富和領土、加官晉爵。上任伊始，他便任命其二十幾歲的兩個侄子彼得羅和吉羅拉莫・里亞里奧（Girolamo Riario）為紅衣主教，令公眾大為震驚。而這兩個侄子因為舉止癲狂、揮霍無度，很快就臭名昭著。在他去世之前，西斯篤將紅帽授予另外三個侄子和一個侄孫，將一個侄子任命為主教，並使四個侄子和兩個侄女分別與那不勒斯、米蘭、烏爾比諾、奧斯尼斯及法爾內塞的執政家族聯姻。不能任教職的親屬被委任為諸如羅馬行政長官、聖安傑洛城堡以及幾個教宗城邦的總督等高職，便於搜刮這些地方的財政收入。他可謂將裙帶關係提升到一個全新的水準。

紅衣主教團裡都是他自己任命的人員，在擔任教宗的十三年時間裡，他任命了至少三十四個職位，而該主教團之前只確定為二十四個職位，在他去世時只剩下五個空缺。為了偏袒這個或那個王子或者君主，他有自己的一套選擇辦法，在選拔領主、公爵或大家族的年輕繼承人時從不考慮他們的品行或資質。他將里斯本的大主教職權授予年僅八歲的小孩，而米蘭的大主教職權則給了十一歲的孩子，兩人的父親都是王子。就這樣，他將紅衣主教團徹底世俗化，以至於他的繼任者也遵循他的做法，好像成了某種規則。在英諾森八世和亞歷山大六世擔任教宗的二十年時間中，有至少五十個職位被授予未達教規所規定年齡的年輕人。

彼得羅・里亞里奧（Pietro Riario）是西斯篤最疼愛的侄子，儘管新獲萬貫家財，但由於舉止粗野狂放，不久就到了幾近入不敷出的境地；然而新富羅韋雷的加入，又使其財富劇增，這樣他就更加肆無忌憚，揮霍無度，致使鋪張浪費之習成為教廷特色。紅衣主教里亞里奧的窮奢極欲在一四八〇年的一次狂歡宴會上達到頂峰。烤全熊的嘴裡銜著一根棍子，牡鹿的皮被按原樣修復，鷺和孔雀全身羽毛尚在，客人們放蕩狂歡的行為絲毫不遜於古羅馬時期。彼時，突厥人實際已經侵入義大利南部，並佔領了奧特朗托，儘管並未持續很久，全國上下驚恐萬狀，戰事報告更加令人震驚。君士坦丁堡陷落後，突厥人更勢如破竹。在義大利人看來，這是經過上帝允許的，是對教會罪孽的懲罰。

羅韋雷家族將統治階層中的放蕩行為進一步發揚光大，但他們並不是始作俑者；這一現象早在一四六〇年就已經存在，當時庇護二世在寫給紅衣主教波吉亞的一封信中，譴責他在錫耶納舉辦的一個晚會，說「到處充斥愛欲的誘惑」，並且「為了讓色欲無所節制」，到場婦女的丈夫、父親及兄弟們一概不予邀請。庇護對宗教法庭的這一「恥辱」予以警告。「這就是王公貴族鄙視我們，普通信徒嘲笑我們的理由……羅馬教宗註定要受到藐視，因為他似乎容忍這些行為。」西斯篤的情況並非新鮮事；區別在於，庇護想要阻止這種日益惡化的狀況，而他的繼任者們既沒有嘗試過，也毫不關心。

西斯篤周圍的敵對行動越來越多，尤其是在德意志，在那裡，一方面神父對金錢貪婪無度；另一方面教廷又橫徵暴斂，從而加劇了因恨而生的反天主教現象。一四七九年，科布倫茨（德意志聯邦共和國西部城市）議會向羅馬發出控訴或一系列抱怨。在胡斯（Hussite）信徒的家鄉波希米亞，一則諷刺聲明將西斯篤比作撒旦，說他因「全盤否定基督教義」而備感自豪。由於十五個世紀以來一直習慣於因為各種各樣的原因被找碴，教會的臉皮實在變得太厚了，以至不屑於理會來自帝國的風捎來的信號。

為了確保有效的財政收入，西斯篤設立了一個由一百名律師組成的神父團，以監督諸教宗國的財務以及涉及羅馬教宗財政利益的法律案件。他用所得收入擴大其親屬的領地，並粉飾羅馬教廷表面的輝煌。正是他修復了梵蒂岡圖書館，將其館藏擴大了三倍，並召集學者對所藏書目予以登記，制定目錄。他重新開放了羅馬學院，邀請知名人士前來講學，鼓勵戲劇表演，資助繪畫。他命令將舊的聖彼得教堂翻新，並修建了西斯汀教堂，另外還改建醫院，修復倒塌的橋樑，重鋪泥濘的街道。

儘管他對文化方面的關切令人欽佩，但在行使陰謀詭計方面，文藝復興時代的王公貴族中幾乎無人能出其右。他對威尼斯和費拉拉發動戰爭，不遺餘力地削弱在羅馬居主導地位的科隆納家族的力量。最可恥的是，他參與並可能指使了謀殺美第奇兄弟的帕齊陰謀。因為複雜的家族利益，他與帕齊家族結成聯盟。由於後來陰謀夭折時他的極端反應，人們普遍認為他同意並甚至參與了其中。隨後，美第奇家族對帕齊家族實施瘋狂的報復，其中就包括違反神父豁免權而將一位大主教絞死。西斯篤一怒之下開除了洛倫佐・美第奇及所有佛羅倫斯人的教籍。這種為圖一時之快而使用宗教制裁的做法儘管在教會而言並非新鮮做法，卻令西斯篤被廣泛詬病。因為，一方面，這對佛羅倫斯人及其商業造成了傷害；另一方面，它讓人不由得懷疑教宗個人的參與。心懷虔誠的法國國王路易十一憂心忡忡地寫道：「上帝啊，但願教宗陛下沒有犯下如此可怕的罪行！」儘管不久以後聖父策劃大教堂謀殺的想法看上去並不算反常行為，但在那時仍讓人難以接受。

教會內部的狀況並沒有引起西斯篤的興趣，他反而基於保祿二世時的先例，斷然拒絕了日益高漲的要求召開大公會議的訴求。但這種要求並沒有因為他的拒絕而結束。一四八一年要求改革的呼聲越發迫切。大主教查默麥德克（Zamometic）作為國王的特使抵達羅馬，對西斯篤及宗教法庭提出嚴厲的批評。教宗下令將其囚禁在聖安傑洛城堡。被一位友好的紅衣主教釋放後，儘管深知所處的危險，他還是堅持對教宗的譴責。他發表了一份宣言，呼籲基督教王公貴族繼續召開巴塞爾大會，以防止教會被教宗西斯篤所毀壞。他還指責教宗發表異端邪說、買賣聖職、罪惡無恥、浪費教會遺產、煽動帕齊陰謀，並暗中與蘇丹結盟。西斯篤毫不示弱，對巴塞爾城下了詛咒，有力隔絕了其與外界的聯繫，並再次將目中無人的大主教關進監獄。兩年後，查默麥德克死在了監獄裡，明顯是由於受到嚴刑拷打，但卻被說成是自殺。

監獄並沒有阻止思想的火花，新的時代已經來臨了，專制的君主往往忽略這一事實，從這一點來看他們其實一點兒都不明智。在西斯篤生命的最後一年，法國圖爾（Tiurs）三級議會（Etats generaux）提交了一份合理的方案，但被他棄置一旁。在激情洋溢的改革者讓・戴熱力（Jean de Rèly）的鼓動下，議會提議對濫用財政、身兼多職以及令人痛恨的暫時代理神父職務時所享受的薪俸代領權做法進行改革。根據該做法，可以基於「推薦」對通常是一般教徒的人員進行臨時任命，而被任命者無須履行職責。這一做法是那個年代引起群情激奮的事件之一，西斯篤本可以輕易禁止這樣的操作，從而為他在改革運動中贏得巨大的聲譽，但他對這一機會視而不見，對該方案置若罔聞。幾個月後，他死了。他統治期間積累了如此多的憤恨，以至於兩周後他曾試圖予以打擊的科隆納派系士兵帶頭在羅馬發起暴動，並大肆燒殺搶掠。對於西斯篤四世所領導的這個機構而言，除了臭名昭著的名聲外，他一無所成，因此也沒有人為之扼腕歎息。

二、異教徒的庇護神：英諾森八世（一四八四—一四九二）

除因怠忽職守及性格軟弱而同樣令教宗職位岌岌可危之外，西斯篤的繼任者在各方面都與他截然相反。這位繼任者和藹可親，但處事優柔寡斷，對強勢的下屬言聽計從。他本名叫喬瓦尼・巴蒂斯塔・茲博（Giovanni Battista Cibo），出生於熱那亞的一個富裕家庭，最初並未打算在教會謀取差事。年少輕狂的他也曾虛度光陰，由於放蕩不羈而有了私生子，不過也並未否認。他之所以加入教會，並非由於思想方面的突然轉變或生活中戲劇性的事件，只是因為其不錯的職業前景。茲博在三十七歲時成為主教，在西斯篤領導的羅馬教廷任職。由於欣賞其溫順謙恭的性格，西斯篤在一四七三年將他提拔為紅衣主教。

原本做事平庸、前途黯淡的人現在坐到教宗的位子，著實讓人有些出乎意料，而兩位雄心勃勃的候選人則相互阻擋了對方的前程。這兩個隨後也將實現各自抱負的人就是紅衣主教波吉亞和朱利亞諾・德拉・羅韋雷，前者就是後來的亞歷山大六世，而後者是西斯篤最有能力的侄子，後來的儒略二世。同伯父西斯篤一樣，羅韋雷霸氣十足，能言善辯，且做事更果敢有力。在威克里（Vincoli），儘管人人都知道他就是聖彼得紅衣主教，但他仍難以在紅衣主教團中獲得多數票。而波吉亞儘管花費二萬五千達克特（ducat）向其同事行賄並允諾高官厚祿，但也未能夠獲得多數投票。佛羅倫斯特使向總部彙報說，波吉亞主教「虛情假意、傲慢自負，因此他當選不會帶來任何危險」。在這一僵持不下的局面中，對手察覺到威尼斯的紅衣主教瑪律科・巴爾博（Marco Barbo）當選的危險，因為此人品行端正，做事嚴謹，廣受敬重，無疑會限制波吉亞或羅韋雷家族的勢力範圍，甚至可能會醞釀改革。因此，當巴爾博僅差五票即當選時，波吉亞與羅韋雷轉而支持謙卑低調的茲博。在改革者看來，選舉公認有私生子的人為教宗是對他們的公然冒犯，但兩人對此無動於衷。有了他們兩人的投票，他們的候選人茲博就被適時地加冕為英諾森八世了。

作為教宗，英諾森最大的不同之處在於其對一無是處的兒子弗朗斯凱托（Franceschetto）的極度遷就和縱容，他是第一個公開承認私生子的教宗。除此之外，他對德拉・羅韋雷主教凡事言聽計從。「向聖彼得主教寫信示好，」佛羅倫斯特使在寫給洛倫佐・美第奇的信中說，「因為他是教宗，而且不只是教宗。」德拉・羅韋雷搬進了梵蒂岡，並在不到兩個月時間內就將自己的兄弟喬瓦尼從羅馬的地方行政長官提拔為總司令（Captam-General of the Church）。而另外一個也曾提拔英諾森的波吉亞主教仍然是副宰輔（Vice-Chancellon），但實際控制著教廷。

作為紈絝子弟的弗朗斯凱托貪婪好色，放蕩無度，每每與狐朋狗友深夜在街上遊蕩，四處尋花問柳，但英諾森對其疼愛有加。一四八六年，他成功地促成了兒子與洛倫佐・美第奇一個女兒的婚事，並在梵蒂岡舉辦婚禮大肆慶祝。但由於手頭現金不足，他不得不抵押教宗的首飾和金銀珠寶支付慶典費用。兩年後，為了孫女與一位熱那亞商人的婚禮，他又舉辦了一場同樣奢侈豪華的慶典。

在教宗肆意妄為之際，更有商業頭腦的副主教波吉亞為下屬官員提供了大量職位，想要一官半職的人必須付錢才行，只有這樣才能證明他們意在獲得豐厚的回報。即便是本來一直為品行出眾的人保留的梵蒂岡圖書管理員職位，現在也被掛牌出售。為了高價出售各種恩典和赦免證書，他們還專門成立了一個辦事處，每筆交易中的一五〇達克特歸教宗所有，其餘歸其兒子所有。當有人質疑對過失殺人、謀殺和其他重大罪行予以赦免而非判處死刑時，波吉亞主教振振有詞：「上帝並不想要犯罪的人去死，而是要他們活著付出代價。」

在這種政體下，加之受先前體制的影響，教廷道德水準如燭淚融化般急轉直下，達到了見利忘義的地步。一四八八年，在英諾森任期過半之際，教廷中幾位高級官員因在兩年時間內偽造了五十份教廷特許狀文書用於出售而被捕，其中兩人被執行死刑。這種極刑處罰本來是為顯示教宗義憤填膺的態度，實際卻突出表現了其當政時的情況。

隨著西斯篤任期內大量紅衣主教的湧入——其中包括義大利最有權勢的家族成員，教會內到處窮奢極侈、聲色犬馬。除寥寥幾個誠實敬業、受人敬重的成員之外，大多數都是世故圓滑、追名逐利的貴族，他們極盡奢華之能事，為自己或所效忠的君主永無休止地擴大影響力。王公貴族的親戚中有那不勒斯國王的兒子——紅衣主教喬瓦尼・阿拉戈納（Giovanni d. Aragona），米蘭攝政王盧多維科的兄弟——紅衣主教阿斯卡尼奧・斯福爾札（Ascanio Sforza），以及羅馬兩個永遠處於敵對狀態的統治家族成員——紅衣主教巴蒂斯塔・奧爾西尼（Battista Orsini）和喬瓦尼・科隆納（Giovanni di Colonna）。

當時的紅衣主教無須成為神父，也就是通過授任聖職的方式獲得管理聖禮的資格，主持聖餐及各種祈禱儀式，當然其中有些或許是這樣的。神父的最高等級是主教，從主教團中任命的主教繼續擔任主教職位，但大多數屬於並不行使神父職責的教會官員。教會組織的領導層越來越多地從事管理、外交及財政事務，而他們是從義大利的統治家族中選拔出來的，或者，如果是外國人的話，通常更多是擔任朝臣職務，而非教會神職人員。隨著教會世俗化的演進，越來越多的一般教徒、王公貴族的兒子和兄弟或君主的指定代理人被任命為教會官員，這些人並沒有教會方面的從業經歷。其中之一，便是法蘭西斯一世的非神職秘書安東莞・杜普拉特（Antoine Duprat），由文藝復興時代六位教宗中的最後一位克勉七世提拔為紅衣主教，他直至自己的葬禮才第一次進入應由他所主管的大教堂。

這一時期的教宗，使用紅帽作為政治貨幣，這擴大了紅衣主教的數量，它一方面是為了提高他們自己的影響力，另一方面是為了削弱教廷的影響力。而這些紅衣主教搜集網羅大量職位，通過增加修道院、增加主教職位、提高俸祿等方式增加收入。實際上，根據教規，只有神父才有權利從教會的財產中獲取收入和養老金。然而，教規也並非一成不變，教宗總能通過「例外」法則向一般信徒授予俸祿和養老金。

紅衣主教視自己為教會王國的國君，認為享有與世俗王國國君同等的尊嚴和榮耀是他們的特權，更不用說他們的職責了。那些住在擁有數百名僕人的宮殿裡的人，著戎裝配刀劍遊歷國外，飼養著狩獵用的獵狗和獵鷹，每每於出行之時，相互攀比家臣門客的數量，競相炫耀衣著陣仗的奢華程度，這些受雇於教會國君的家臣門客倚仗主子的權勢經常胡作非為，成為羅馬始終不安定的因素之一。在狂歡節期間，他們組織化裝舞會、音樂表演及彩車巡遊；他們舉辦帶有彼得羅・里亞里奧風格的宴會，其中就有紅衣主教斯福爾札所舉辦的一次。對這次宴會，一位編年史作者說他根本就不敢描述，因為「人們會以為他在講童話故事而嘲笑他」。他們用擲骰子和玩紙牌的方式進行賭博，坑蒙拐騙無所不為，弗朗斯凱托曾為此向父親抱怨，說一晚上就輸給了拉斐爾・里亞里奧主教一萬四千萬達克特。這一說法應該屬實，因為在另外一個晚上，就是西斯篤眾多侄子之一的這個里亞里奧，從一位同為主教的同僚那裡贏了八千達克特。

為了防止勢力衰微，紅衣主教們堅持將他們的人數恢復到二十四人，以此作為英諾森當選的條件。當出現空缺後，他們拒絕任命新的人員，從而限制了英諾森裙帶關係的範圍。然而，有時外國君主施加壓力，要求提供職位，也會逼出一些空缺，比如英諾森的親侄子洛倫佐・茲博就在他的第一批選拔之列。根據教規，私生子不能擔任教會職位，但為了紅衣主教波吉亞的兒子凱撒，西斯篤早就將該規定拋之腦後，並早在凱撒七歲的時候就給他安排了神職。將兒子或侄子立為嫡嗣成為文藝復興時代六位教宗的常規做法，由此，教會的另外一個原則也就被拋棄了。

在主教們允許英諾森所做的為數不多的決定中，最引人注目的要數任命十四歲的喬凡尼・美第奇擔任教廷職位，他是弗朗斯凱托的新妹夫，「器宇軒昂的洛倫佐」的兒子。這個情況，並非英諾森的意願，他是迫於勢力龐大的美第奇家族的壓力，才任命一個少年擔任紅衣主教，而從該少年的孩提時代起，他的父親就一直在為他領取豐厚的聖俸。喬凡尼七歲出家，開始教士生涯；八歲時就已經擔任修道院院長。並在名義上管理著法國國王所賜予的一所大修道院；十一歲時被任命為蒙特・卡西諾（Monte Cassino）的大本篤會修道院的代理院長。從那時起，他的父親就操縱所能運用的一切資源為他攫取紅衣主教職位，並將其作為通向教宗神聖職位的一個臺階。年輕的美第奇將成為本故事中六位教宗中的第五位，即利奧十世，完成他既定的命運。

在遵從了洛倫佐的願望之後，地位鞏固的英諾森堅持這名男孩必須等待三年才能擔任紅衣主教，以便用這三年時間來學習神學和教會法。由於洛倫佐很早就聘請傑出的教師和學者為喬凡尼進行輔導，這位候選人早就比大多數人更博學多識。一四九二年冬天，喬凡尼在十六歲時終於當上了紅衣主教。他的父親鄭重其事地給他寫了一封信，告誡兒子要注意羅馬的邪惡影響，「所有邪惡勢力的滲透」。洛倫佐敦促他的兒子，「切實採取行動，以便讓所有你所見的人都確信，教會及聖座的安康和榮耀對你而言至關重要，世上其他任何事物都無法與其相提並論」。在提出這番獨特的意見後，洛倫佐還不忘指出，他的兒子將有機會「為我們的城市和我們的家族效力」，但他必須提防教廷的邪惡誘惑，因為教廷「當前缺乏正人君子……如果紅衣主教們都謙恭卑微，舉止良善，那麼整個世界將更加美好，因為這樣的話，他們總能選出一位德高望重的教宗，確保基督教國家的和平與安寧」。

據義大利文藝復興時代的世俗統治者所述，這就是問題的癥結所在。如果紅衣主教們都為人正直，那麼他們推選出的教宗則更加可敬，但雙方都屬於同一個機構，因此難分彼此。在這六十年中，教宗都出自紅衣主教，經過神聖的紅衣主教團選舉出來，反過來又任命與他們同類的人擔任紅衣主教。他們沉迷於眼前的權力鬥爭，剛愎執拗地忽視教會的真正需求，這種荒唐愚蠢的行徑已然極為普遍，就像一把火炬，在文藝復興六位教宗手中代代相傳。

如果說英諾森無能為力，部份原因在於義大利各邦國以及外國列強長久以來的不斷紛爭。那不勒斯、佛羅倫斯和米蘭通常以這樣或那樣的形式聯合起來相互對抗，或者與規模更小的鄰國開戰；而自己就是熱那亞人的一位教宗曾抱怨說，熱那亞「總是迫不及待地想把全世界付之一炬」。所有人都懼怕威尼斯向陸上擴張；自古以來，羅馬就是奧爾西尼和科隆納之間的戰場；在勢力龐大的家族世代相傳的內部衝突中，往往會產生較小的城邦國。儘管上任伊始，英諾森就想在各敵對勢力之間建立和平，但他缺乏相應的決心和毅力。另外，病情反覆發作，也經常令他無暇他顧。

他最大的麻煩在於，令人討厭的那不勒斯國王每隔一段時間就進行粗暴的侵擾甚至發動戰爭，而這樣做的動機無非就是為非作歹。他先是無禮地要求獲得某些領土，作為教宗封地，拒絕支付那不勒斯按照慣例所應繳納的貢賦，與奧西尼密謀在羅馬煽動鬧事，並威脅要上訴到大公會議上。當那不勒斯的男爵們起而反抗其暴政時，教宗站到了他們一邊，費蘭特於是率領軍隊向羅馬進發並將之包圍，而英諾森則瘋狂地尋找盟友和武裝力量。威尼斯做壁上觀，但同意教宗聘請其雇傭軍。米蘭和佛羅倫斯拒絕援助，並且由於錯綜複雜的原因，選擇支持那不勒斯，或許希望就此削弱教宗屬下的城邦勢力。這一切發生在佛羅倫斯的統治者洛倫佐・美第奇與英諾森建立家族紐帶之前，但這並不總是具有決定作用。因為在當時的義大利，前一天的合作夥伴，在第二天可能就反目成仇。

教宗請求利用外國援助對抗費蘭特引起了法國的興趣，因為安茹家族早就聲稱那不勒斯是他們的領土，儘管之前的種種努力帶來了災難性後果，但法國國王卻從未放棄這個念頭。法國即將介入的消息讓費蘭特驚慌失措，於是，就在他的包圍之勢令羅馬走投無路之際，他突然同意了簽署和平協定。他對教宗的退讓出乎眾人的意料，但後來他撕毀協定，推翻了所有條款，並再次大舉進犯，這樣就可以更好地理解他當初的行為了。

他在對教宗的致辭中滿含輕蔑，公開侮辱，與此同時，他還派出人員在各個教宗領地策動叛亂。由於同時要應對許多地方的起義和衝突，英諾森有些猶豫不定。他起草了一則聲明，要將那不勒斯王國及國王驅逐出教會，但他最後臨陣退縮，沒有發佈。費拉拉特使在一四八七年的報告中評論說，「教宗優柔寡斷，孤立無援，難當大任」，如果不能一鼓作氣將他罷免，後果將不堪設想。但費蘭特又一次完全改變了立場，偃旗息鼓並提出友好解決方案，教宗不顧之前所受的種種屈辱，興高采烈地接受了，不良後果自然也避免了。為了這來之不易且有些脆弱的友誼，英諾森將侄女嫁給了費蘭特的孫子。

這就是義大利當時的鬥爭，儘管有些輕率無聊，甚至毫無意義，但卻頗具破壞性，而教宗最終也難辭其咎。最嚴重的後果便是教廷的地位降低了。在與那不勒斯的整個衝突過程中，教宗國顯得微不足道，而教宗個人也不再像先前那樣深受愛戴，這反映出費蘭特的傲慢狂妄。奧西尼人在羅馬散發傳單，呼籲推翻教宗的統治，稱他為「熱那亞水手」，理應將其扔進台伯河。隨著外國列強日益侵蝕教宗威望，各國教會用他們自己任命的人員擔任聖職、截留收入，就是否服從羅馬教宗的法令爭吵不休。對這些，英諾森卻疏於阻抗。

他在梵蒂岡山上修建了著名的別墅和雕塑館，將能夠俯瞰永恆之城絕妙景致的地方命名為觀景閣（Belvedere），並委託平圖里喬（Pinturicchio）和安德莉亞・曼特尼亞（Andrea Mantegna）創作壁畫，似乎是為了反映他們贊助者的歷史地位，而這些壁畫後來都煙消雲散了。就贊助其他藝術領域或迫在眉睫的改革問題而言，英諾森並沒有充足的時間、資金或興趣。他在這一領域所集中關注的也是最不需要的，那便是十字軍東征。

誠然，輿論認為十字軍東征是偉大的復興運動。傳教士應邀每月兩次來到梵蒂岡，就像神聖的演說家那樣，每次佈道總離不開征討話題。他們提醒現任教宗，讓基督徒和平相處是他們的職責，也是該職位的一個重要組成部份；教宗當局的目的就是建立和平。佈道者們總是不厭其煩地呼籲各基督教國家之間結束紛爭，並要求基督教國王用武力去對付異教徒。只有勸服他們停止戰爭，世俗統治者們才能夠聯合起來對抗共同的敵人，即突厥人。用庫薩的尼古拉（Nicholas of Cusa's）的話來說，突厥就是「天啟怪獸」，是「大自然和人類共同的敵人」。有人認為對鄂圖曼土耳其發動戰爭是對義大利最好的防禦。無論是君士坦丁堡、聖地，還是其他失去的基督教領土，都可以重新奪回來。終極目標就是全人類信奉基督教並團結起來，而這需要首先打敗蘇丹。整個事業將使教會棄惡揚善，並重新恢復活力，或恢復王權。

英諾森不遺餘力地發動各個國家加入東征隊伍，而在君士坦丁堡陷落〔一四五三年〕的影響剛剛顯露之時，教宗庇護二世在這方面甚至更加投入。然而，由於歐洲列強並不團結，義大利各諸侯也意見不一，庇護及其前任〔嘉禮三世〕功虧一簣，這一問題現在仍懸而未決。庇護曾經寫道：「有什麼終極力量能夠讓英格蘭與法國、熱那亞與亞拉崗、匈牙利和波希米亞和諧共處呢？」無論是教宗還是國王都不再擁有至高無上的權威。那麼有誰能夠說服矛盾重重甚至相互敵對的國家為一個共同的事業攜手並進呢？假如沒有統一的指揮、嚴明的紀律，任何規模龐大的軍隊都會因為自身的混亂而分崩離析。除了這些困難之外，他們還缺少一個更根本的推動力量：只是進攻而沒有防禦。而這種進攻理念激發了他們的第一次東征。從那時起，因為與異教徒的貿易有利可圖，義大利城邦國家便定期通過談判的方式爭取蘇丹的援助，相互牽制，這從而使神聖的戰爭失去了公信力。

然而，英諾森經過神聖雅馬皇帝的同意，在一四八六年的一次聲明中宣佈東征，與此同時頒佈法令，對所有教堂、各個級別的有俸聖職和教會人士徵收什一稅，這可能就是其真正目的。在接下來的一年中，他成功地在羅馬召集了一次國際會議，進行了規劃目標、討論戰略、劃定行軍路線、商議各國部隊規模、任命指揮官等一系列行動。最後，沒有軍隊集結，更沒有從歐洲海岸線派遣武裝力量。之所以沒這麼做，是因為匈牙利爆發了內戰，法國神聖與羅馬帝國之間又生嫌隙，但這些都是缺乏動力的藉口。沒有哪一場神聖的戰爭能夠美化教宗。相反，在著名的傑姆王子（Priule Djem）事件中，羅馬教宗突然逆轉，極其反常地與基督教的敵人達成了妥協。

傑姆王子是蘇丹的弟弟，被蘇丹擊敗後，但作為蘇丹寶座可能的競爭者，仍對後者構成威脅。他曾遭到兄弟的報復，但成功逃脫，並帶領聖約翰騎士團穿越奈特海灣到羅德島避難。雖然最初成立的目的是為對付異教徒，但騎士團腦筋挺靈活的，認為傑姆是不可多得的籌碼，由此與蘇丹達成祕密協議，使他遠離戰場。作為交換，騎士團每年從蘇丹手中穫得四萬五千達克特。被稱為大特克（The Grand Turk）的傑姆立即成為了各方覬覦的杠杆。威尼斯和匈牙利、法國和那不勒斯，當然還有教宗，紛紛爭取他。在法國短暫地逗留了一段時間後，他被教宗爭取過來兼任兩個紅衣主教職位，一個是羅德島大團長，另一個是法國國王的候選人，他同時也獲得了相應的津貼。

英諾森打算利用傑姆作為對蘇丹發動戰爭的手段，他隱約覺得，如果由基督徒幫助傑姆登上王位，他就會從歐洲包括君士坦丁堡把突厥軍隊撤回。即使這一點真實可信，我們還是不清楚，用另外一個穆斯林取代這一個穆斯林何以會導致發動聖戰。

一四八九年，傑姆抵達羅馬，教廷給予他極高的榮譽；他收到了豐盛的禮品，騎著教宗白色的高頭大馬，由弗朗斯凱托陪同來到梵蒂岡。沿途擠滿激動萬分的民眾，他們好奇地駐足觀望，認為一個熟悉的預言變成了現實，即鄂圖曼土耳其的統治者將來到羅馬與教宗一起生活，這預示著天降祥瑞，舉世和平，而他們就是歷史的見證者。教宗和紅衣主教在人群中接見身材高大、面色陰沉、裹著白頭巾的客人，後者偶爾從半閉的眼睛中野蠻地掃視一下四周，算是鬆弛一下繃緊的神經。他與隨從人員被安置在專為皇室客人預留的梵蒂岡房間，「盡情享受各種娛樂消遣，諸如狩獵、音樂和宴會等等」。就這樣，「天啟怪獸」的兄弟大特克在基督教的核心教宗的宅邸中安頓了下來。

圍繞他進行的各種外交手段輪番上演。蘇丹害怕基督教用傑姆作為先頭部隊發起攻勢，於是主動向教宗示好，派遣使節帶著基督教珍貴的紀念物「聖矛」前來拜訪，據說該聖物曾刺破十字架上的基督身體的一側。羅馬舉行了盛大的儀式接收該聖物。對蘇丹而言，他的兄弟在教宗的庇護下現身羅馬至少令他有所忌憚，只要傑姆還活著，他就不敢貿然繼續對基督教領土發動進攻。在這個意義上，英諾森有所收穫，但他失去的更多。公眾對這種關係感到困惑不解，在他們眼裡，教宗對大特克禮讓有加，這讓他在人們心中的地位大打折扣。

英諾森的疾病日益頻繁地發作，到一四九二年，他很明顯已經時日無多。臨終前，他將紅衣主教們召喚到床前，說自己能力不足，請求他們寬恕，並叮囑他們選擇一個更好的繼任者。他的遺願與他整個的人生歷程一樣徒勞無功。被紅衣主教們推選到教宗寶座的這個人，被證明就像撒旦那樣窮凶極惡，而人類也將步入一個更加黑暗的年代。

三、腐敗墮落的亞歷山大六世（一四九二—一五〇三）

羅德里戈・波吉亞在六十二歲的時候，已經當了三十五年的紅衣主教和副司祭，他的性格、他的習慣、他的原則或者他所缺乏的原則、他對權力的運用、他發財致富的方式、他的情人以及七個孩子，教廷的同事們都一清二楚，以至於年輕的喬瓦尼・美第奇在第一次參加教宗選舉會議時，就對波吉亞被推選為教宗一事評論說，「快跑吧，我們現在是羊入虎口」。在更廣的範圍內，從義大利的王子到西班牙統治者，再到波吉亞的故土，以及其名聲所達的國外領土，一個盡人皆知的事實是儘管他彬彬有禮，魅力無窮，但卻玩世不恭，是非不分，不過是他腐敗墮落的名聲還未達到後來的程度罷了。他內心總是熱衷於一時的想法：一四九二年，也就是他當選的那一年，為慶祝摩爾人最終被西班牙從伊比利半島驅除出去，他並未舉辦感恩節讚美頌，而是在聖彼得的露天廣場組織了鬥牛表演，當場有五頭公牛被宰殺。

在教廷工作期間，波吉亞經歷過五任教宗，經歷了上次選舉的失利，他決定這次怎麼也不能讓機會溜走。他直接動用金錢收買兩個競爭對手，攫取了教宗聖座。這兩個人分別是紅衣主教德拉羅韋雷和阿斯卡尼奧・斯福爾札。後者愛金錢勝過信用，四匹騾子所馱的金塊就把他收買了。在教宗選舉會議期間，波吉亞將這些金塊從自己的宅邸秘密運送到斯福爾札的家中。在以後的歲月裡，隨著教宗對自己的習慣日益不加掩飾，幾乎所有醜陋不堪的故事都可能講到他並且被認為與他有關，而黃金馬車可能就是其中之一。然而，它之所以可信在於像阿斯卡尼奧・斯福爾札這樣富有的競爭對手，要收買的話，代價巨大，除金錢外，他還被任命為副司祭。

波吉亞自己就是裙帶關係的受益者，早在二十六歲時他就被他年事已高的伯父教宗嘉禮三世（Callistus III）提拔為紅衣主教。嘉禮三世（本名阿方索・德・博爾哈）直到七十七歲才當選為教宗，當時他已經老態龍鍾，教廷本來已打算推選其他人了。然而，嘉禮早就有足夠的時間提拔他的侄子，任命他為副司祭，因為波吉亞成功恢復了教宗的某些領土。通過教廷職位的收入，在西班牙擁有的三個主教職位，在西班牙和義大利分別擁有的修道院，作為副司祭每年的八千達克特津貼，作為紅衣主教每年的六千達克特津貼，再加上一些私人業務，波吉亞在這些年裡積累了足夠的財富，他因此成為羅馬教廷最富有的一員。在早年擔任紅衣主教時，波吉亞就已經取得足夠的財富為自己建造了一個三層宮邸，宮邸中間有一個庭院，宮邸裡到處是豪華的傢俱，紅色的綾羅綢緞和金邊的天鵝絨鑲邊，色彩協調的地毯，大廳裡掛著壁飾掛毯，黃金盤子，各色珍珠和成袋的金幣。據他自己吹噓說，這些東西數不勝數，足夠填滿西斯汀教堂。庇護二世曾經將波吉亞宮邸與不遠處的尼祿金殿相比，並認為二者不相上下。

據說在三十五年時間裡，除了生病或不在羅馬之外，波吉亞從未錯過紅衣主教的任何一商務會議。他對於教廷官僚機制的運作及其所蘊含的機會了然於胸。他聰明睿智、精力充沛，強化了與羅馬的關係，並且，作為西斯篤的使節，他完成了一項複雜的使命：說服西班牙貴族及各級官僚機構對斐迪南和伊莎貝拉的婚姻以及他們王國的合併予以支持。他大概是最能幹的紅衣主教。他身材高大、體魄強健、溫文爾雅，在相貌上也顯得莊嚴甚至高貴；他喜歡穿上好的紫色塔夫綢外套，深紅色天鵝絨襯衣，而貂皮條紋的寬度亦格外講究、恰到好處。

根據同時代人的描述，他通常面帶微笑，脾氣溫和，性格開朗，喜歡「以愉快的方式做不愉快的事情」。他能言善辯，飽讀詩書，詼諧機智，總是「煞費苦心地在談話中大放異彩」；他「處理問題技巧高超」，活力四射，頗有自信，具有西班牙人所特有的自豪；他天生有種不可思議的女人緣，「他對她們的吸引力比磁石對鐵的吸引力還強大」，這也表明他讓女人們強烈感受到了他的慾望。而另一位觀察員還多此一舉地說，他「十分明白金錢的魔力」。

作為一位年輕的紅衣主教，他先有了一個兒子和兩個女兒，有關她們母親的訊息無從查證；隨後，在他四十幾歲的時候，又與公開承認的情婦瓦納薩・卡特內（Vanozza de Cataneis）生了三個兒子和一個女兒，而據說瓦納薩的母親也曾是波吉亞的情婦。這些就是他公開承認的家庭情況。他為長子佩德羅・路易士（Pedro Luis）取得了西班牙甘迪亞公爵爵位，並讓他與國王斐迪南的堂妹訂立姻親。但佩德羅英年早逝，他的頭銜、土地以及未婚妻都一併傳給他同父異母的弟弟胡安（Juan）。胡安是波吉亞的最愛，但他註定以同樣的方式去世，這使得波吉亞家族成為人們的笑柄。凱撒和盧克雷齊婭作為著名的波吉亞家族成員，幫助家族建立了偉業，他們兩個與胡安和另外一個弟弟霍夫雷（Jofré）都是瓦納薩的孩子。在波吉亞擔任教宗期間所生的第八個孩子名叫喬瓦尼，即便家族裡的人似乎也不確定他的父親是誰。兩份連續的教宗詔書，第一份確認他為凱撒的兒子，隨後一份又確認他為教宗自己的兒子；而輿論卻認為，他其實是盧克雷齊婭的私生子。

無論是為了體面的面紗，還是與人偷情的歡愉，波吉亞喜歡他的情婦們都有自己的丈夫，在還是他的情婦時，瓦納薩就先後被安排了兩次婚姻，而在瓦納薩之後，波吉亞為他的另一情婦，美麗的茱莉婭・法爾內塞（Giulia Faroese）也安排了一次婚姻。茱莉婭擁有一頭金黃的頭髮，長度達到腳踝，在十九歲時嫁給了波吉亞官邸中的一位奧西尼人，並幾乎同時，成了這位紅衣主教的情婦。儘管荒淫無度的私生活在文藝復興高潮時期並不是什麼醜聞，但一位五十九歲的老人與比她年輕四十歲的女孩發生關係，實在令義大利人反感，或許在他們看來，這太不藝術了。這件事成為下流笑話的主題，也為玷污波吉亞的聲譽起到了推波助瀾的作用。

波吉亞當選為教宗後，憤怒失望的德拉・羅韋雷及其黨羽揭露了他們不光彩的交易，使波吉亞攫取教宗職位的手段盡人皆知。波吉亞自己也公開吹噓。這實在大錯特錯，因為買賣聖職是嚴重的罪行，將給新教宗的敵人反對他的把柄，而他們確實也很快利用了這一把柄。在此期間，此時已經成為亞歷山大六世的波吉亞，在恢宏壯麗的儀式中騎著高頭大馬穿過羅馬，去接手拉特蘭教堂。參加儀式的有十三支騎兵中隊和二十一位紅衣主教，每位主教後面有十二名隨從；還有各國大使及高官顯貴，他們衣著華麗，帷帳光鮮，在聲勢浩大的場面中相互攀比。街道兩旁裝飾著鮮豔的花環和凱旋拱門，鍍金的裸體青年構成的雕像惟妙惟肖，絢麗的彩旗迎風招展，一頭造型巧致的紅牛在金黃色的田地中肆意奔跑，亞歷山大六世的時代開始了。

在這一點上人們能夠感受到法國的影響超過了義大利。這一影響從外國列強入侵時代開始，將使教宗力量加速衰微，而義大利則面臨被外部勢力控制的風險。他們將對半島進行長達七十年的蹂躪，破壞它的繁榮，搶佔大片領土，削弱主權影響，使義大利實現統一的條件推遲了四百年到來，而這一切都是緣於參與的任何一方都沒有獲得永久的利益。各王儲之間永無休止的爭鬥將整個義大利半島搞得分崩離析，它令人垂涎，同時又脆弱不堪。在被滲透前夕，該地區並不像圭恰迪尼筆下所描繪的國家那樣寧靜祥和、商業繁榮且雍容高貴，但即便如此，它也因為城市所擁有的豐富資源而令人覬覦。這種入侵並非由於經濟需求，但統治者仍然希望通過戰爭從被征服領土上徵稅來獲得賠償和收入，為戰爭本身的開支找來源。還有一種可能是，中世紀最初的十字軍東征使豪臣貴族們侵略成性，而義大利的運動只不過代表了民族主義擴張的情緒。法國從百年戰爭中恢復了元氣，西班牙終於將摩爾人驅逐出去，兩者在這個過程中都加強了民族凝聚力。義大利沐浴在溫暖的陽光中卻自相紛爭，自然像一塊誘人的蛋糕，吸引了各種侵略力量。

在義大利，亞歷山大從其選舉醜聞中或許應該意識到，花些時間思考一下如何對宗教進行治理將有益無害。但是，他卻立即著手修建政治藩籬。他將女兒盧克雷齊婭嫁給了一位斯福爾札，並讓兒子霍夫雷迎娶了不斷製造麻煩的那不勒斯國王的孫女。在擔任教宗的第一年，他不顧紅衣主教的反對，擴大了羅馬教廷的人數，這令後者憤怒至極並對他恨之入骨，因為他們是眾所周知的德拉・羅韋雷的支持者，所以並沒有從中享受到任何好處。亞歷山大最終佔據上風，任命了十一位新紅衣主教，包括他情婦的弟弟亞歷山德羅・法爾內塞（Alessandro Farnese）；一位年僅十五歲的埃斯特斯家族子孫；還有他自己的兒子凱撒。凱撒顯然不適合教會職業生涯，所以很快就辭職，去從事更符合他個性的與戰爭、謀殺等相關的職業去了。其他被任命的成員都經過明智而審慎的精挑細選，以結交各國列強，法國、英國、西班牙、匈牙利、威尼斯、米蘭和羅馬各有一名，其中有幾個倒也虔誠而博學。通過這些新成員，亞歷山大加強了對教廷的控制。德拉・羅韋雷得知任命後，發出「一聲驚呼」，氣得大病一場。亞歷山大最終將總共任命四十三位紅衣主教，其中包括十七名西班牙人和五名他自己家庭的成員，每個人為該職位所支付的金錢的準確數額被布林夏德（Burchard）精心記錄在日記裡。

教宗們在前五十年中脫離於宗教事務，其聲譽因而日漸下降，他們還厭惡改革，所有這些讓本來就有侵略計畫的法國具備了更加充分的理由。在過去一個世紀以來，由於教廷的拼命榨取，教宗權威普遍弱化，收入逐漸減少，法國教會乘機贏得了相當大的自主權。與此同時，在其自己的領地內，教會的腐敗不斷帶來麻煩。傳教士在怒火中燒的佈道中對世風日下的現象大加撻伐，嚴肅的批評家們對此進行了討論，教會舉行宗教會議起草改革舉措，但似乎都沒有什麼實際效果。一位法國人寫道，這些年來改革是最為常見的話題。一四九三年，當人們熱議這場目的在於讓法國王室實現取得那不勒斯的要求的運動時，查理八世召集了人員在圖爾開會，就批准他行軍穿越義大利的方案進行準備，因為這個方案就像是以改革為目的的十字軍東征。儘管沒有明確表達出來，但據人們的理解，鑒於亞歷山大六世犯有買賣聖職罪，此舉的目的就是號召委員會廢黜他。這並不是國王一時心血來潮。作為已然搖搖欲墜的瓦盧瓦陣營中茫然無措的可憐蟲，查理八世還是整天夢想著騎士的榮耀以及對突厥人的征伐，而經過紅衣主教德拉・羅韋雷苦口婆心的勸說，他也開始關注起宗教改革事務來了。羅韋雷對亞歷山大恨之入骨，難以釋懷，早就造訪過法國，表達了要將之徹底摧毀的明確目的。對於這樣一個「在世人眼裡臭名昭著、惡貫滿盈」的教宗，必須被撤除，他向國王堅稱只有這樣才有可能選出一位新的教宗。

這一行動由紅衣主教發起並有法國的支持，人們對此褒貶不一；而在基督教的歷史上還從未有什麼事件給教會帶來如此無可挽回的傷害。不論亞歷山大的罪行開創了什麼樣的先例，德拉・羅韋雷及其陣營竟想著重複這樣的罪行，這本身就是除了愚蠢再也沒法做其他解釋的行為，而這樣的愚蠢已經感染了文藝復興時代的每個教會統治者。

亞歷山大有很好的理由害怕德拉・羅韋雷對法國國王的影響力，尤其是後者很快就要指揮這位頭腦昏庸的國王對教會進行改革。圭恰迪尼對教宗沒有絲毫欽慕與好感，而據他講，改革對於亞歷山大而言是「超越任何其他事情的可怕念頭」。考慮到隨著時間的推移，亞歷山大會毒害、監禁或以其他方式禁錮對他不利的對手，包括紅衣主教們，但他卻沒有將德拉・羅韋雷關起來，實在是一個奇跡。不過作為他的敵人及繼任者的羅韋雷也早就才華出眾、聰明過人，而且，小心謹慎地住在羅馬城外一個堡壘裡。

從法國發回的報告讓義大利城邦各國經歷騷動，進入瘋狂的合縱連橫，為抵禦外國人做準備，或者，如果必要的話，與他並肩作戰。對於教宗和世俗統治者來說，一個大問題是與那不勒斯站在一起或與法國結盟，哪個選擇能帶來更大的優勢。費蘭特的那不勒斯王國是法國覬覦的目標，現在他正與教宗和親王進行討價還價；但是，一生習慣陰謀詭計的他並未放棄秘密行動，暗中籌謀以削弱其盟友的力量。由於積勞成疾，他不到一年就去世了，兒子阿方索繼承了他的事業。阿方索的左鄰右舍互不信任，正如喬治・梅瑞狄斯（George Meredith）在一個完全不同的情境中寫道，他們「虛榮浮華，目光短淺，行為荒謬，密謀瘋狂」。

米蘭的舉動促使法國大舉入侵，而它也符合上述所有評價。米蘭的舉動始於費蘭特的孫女伊莎貝拉向他的抱怨。伊莎貝拉是阿方索的女兒，是米蘭的合法繼承人吉安・加萊亞佐・斯福爾札的妻子。她向費蘭特抱怨說，她和她的丈夫被剝奪了應有的地位，事事聽命於攝政王盧多維科・莫羅和他強勢霸道的妻子比阿特麗斯・埃斯特（Beatrice d'Este）。費蘭特聞此大為光火，並予以恐嚇，這讓無意辭去攝政地位的盧多維科意識到只有廢黜費蘭特並沒收他的宅邸，自己的地位才會安然無虞。於是盧多維科與早就心懷不軌與他有同樣目標的那不勒斯男爵們結盟，並且為了確保這一目標，他還邀請查理八世進入義大利，明確表示要攫取那不勒斯的王位。這是在冒極大的風險，因為法國君主通過奧爾良陣線是更想獲得米蘭而非那不勒斯。但是，本質上就是冒險家的盧多維科信心十足地認為他能夠防止出現這種威脅。事實證明，這是一個錯誤的決定。

出於這樣的動機和算計，儘管在最後一刻差點兒就不會發生，義大利還是被侵略者強行打開了大門。國王查理的顧問們對這一行動心存疑慮，反覆強調即將遭遇的困難，國王認為盧多維科和義大利人一般都不太可信，為此有些憂心忡忡，於是命令已經在行軍途中的軍隊停止前進。然而，德拉・羅韋雷及時出現了，經過一番熱切的勸導，國王重新燃起了熱情。一四九四年九月，由六萬名法國人組成的軍隊越過阿爾卑斯山，用圭恰迪尼那毫不誇張的話來說，他們帶來了「永無止境的災難的種子」。

一開始，在一番驚慌失措、猶疑不定之後，亞歷山大與佛羅倫斯和那不勒斯結成了防守聯盟，但這一聯盟在成立伊始即土崩瓦解。由於兩年前去世的「高貴的洛倫佐」的大兒子皮耶羅・美第奇臨陣退縮，佛羅倫斯發生變節。面對敵人的到來，皮耶羅突然變得膽小怕事，暗中與法國達成協議並打開了城門。就這樣，查理兵不血刃佔領了佛羅倫斯，隨後大軍長驅直入羅馬。絕望之中的教宗在經過一番痛苦的掙扎之後，不得不俯首稱臣。侵略者進入羅馬的軍隊花了六個小時才全部進城。騎兵們手持弓弩，長長的隊伍宛如火車；瑞士雇傭兵帶著戟和長矛，騎士們身披鎧甲，皇家衛士肩上扛著鐵權杖，隊伍的最後是三十六門大炮，在拉著經過鵝卵石道路時發出可怕的隆隆聲。大軍如潮水般湧入，整個城市都在顫動。曼圖亞特使描述說：「強取豪奪十分可怕，殘殺現象數不勝數，大街小巷哭爹喊娘。在人類的記憶中，教會從未陷入過如此惡劣的困境。」

征服者和羅馬教宗之間開始了緊鑼密鼓的談判。儘管亞歷山大被迫放棄那不勒斯，並交出傑姆王子（他不久後在法國的監押中死去），但他堅決反對兩項要求：他拒絕將聖安吉洛城堡交由法國控制；拒絕將那不勒斯王冠正式加冕給查理。儘管他不得不同意，法國有權經由教宗領土建立前往那不勒斯的通道，但在阻力重重的情況下，拒絕這兩項要求需要極大的勇氣。在談判的各個階段，唯一沒有爭議的話題便是改革。儘管德拉・羅韋雷主教及其黨派苦口婆心地勸誘慫恿，但煩躁不安、笨嘴拙舌的法國國王卻無力組建大公會議、贊助改革或廢除教宗。亞歷山大的職位得以保留；法國人兵不血刃地進駐那不勒斯；唯一的暴力行動是他們自己沿途攻城掠地，大肆劫掠。阿方索國王退位並躲進了一個修道院，避開了動亂；他的兒子費蘭特二世扔掉手中的利劍，倉皇逃走了。

法國人進入義大利南部，最終激起了各國的聯合抵抗，發起者是西班牙。西班牙想要控制那不勒斯，因此堅決不讓法國得逞，於是國王斐迪南就勸說早就對法國擴張憂心忡忡的神聖羅馬帝國皇帝馬克西米利安（Maximilian）與他結盟，同時提出把自己的女兒胡安娜嫁給馬克西米利安的兒子腓力（這一婚姻的歷史意義非常重大）。隨著西班牙與神聖羅馬帝國結盟，羅馬教宗和米蘭現在可以心安理得地對付法國了。後來威尼斯也加入進來，組成了威尼斯聯盟，並於一四九五年起被稱為「神聖同盟」。「神聖同盟」的成立使得早就在那不勒斯成為過街老鼠的法國人擔心自己被孤立無援地圍困在義大利。於是他們踏上了回家的路程，途中在倫巴第（Lombardy）的福爾諾沃（Fornovo）與盟軍發生戰鬥，那也是此次行動中的唯一一次戰鬥，由於只是騷擾性戰鬥，並沒產生決定性作用。隨後，他們回到了法國。阿方索和他的兒子立即捲土重來，恢復了對那不勒斯的統治。

儘管沒有人從這次愚蠢但意義重大的冒險行動中得到好處，法國尤其如此，但列強並沒有因為徒勞無功而就此罷手，而是一次又一次地回到同樣的舞臺為爭奪義大利而拼得你死我活。從這個時候起，戰爭、聯盟、戰鬥、錯綜複雜的外交斡旋，風雲變幻的分裂與結盟輪番上演，直到最後達到驚人的高潮。一五二七年，羅馬被西班牙皇家軍隊洗劫一空。在這場持續了三十三年的義大利戰爭中，每一次進展或轉折，每一次調兵遣將，都被忠實詳盡地記錄在歷史書中，以致有些內容在今天已經難以引起人們的興趣。戰爭對歷史產生了一定的影響，有些極其重要，有些微乎其微，但都令人難忘：佛羅倫斯人對皮耶羅的投降行為異常憤慨，於是奮起反抗，推翻了美第奇家族的統治，宣佈成立共和國；西班牙與哈布斯堡王朝的婚姻帶來了後來的查理五世，即下個世紀至高無上的皇帝；米蘭的盧多維科・莫羅為他的愚蠢行徑付出了代價，死於法國監獄；在最著名的帕維亞戰役中，法國國王法蘭西斯一世被俘，卻因為一句話而永遠被人們記住，他說：「除了榮譽，我已經一無所有。」

此外，義大利戰爭對教宗職位產生了顯著的影響，不僅把教宗更多地與政治聯繫起來，而且進一步降低了其影響力。教宗國家與任何世俗國家相比，迎來送往，生意往來，豢養軍隊，征戰討伐，與凱撒所做的事情並無不同，結果在人們看來，教宗國家比世俗國家也好不到哪裡去，這可能就是羅馬遭劫的一個重要原因。因為教宗大部份時間沉迷於建立凱撒式的王國，沒有多少時間和精力關注上帝的事務，而是始終忙於建立這樣或那樣的聯盟，這樣一來，他們比以往的教宗都更嚴重地忽略了教會及宗教共同體的內部問題，因此，當有跡象表明他們自己王國內部即將發生危機之時，他們幾乎茫然無知。

在佛羅倫斯，從一四九〇年開始，聖馬可（San Marco）之前的多明尼加修道士吉羅拉莫・薩沃納羅拉（Girolamo Savonarola）就大肆宣傳宗教，講述宗教的危難，他被教宗亞歷山大七世成功地壓制了七年；可他還是將教義傳播到城市各個角落並在整個義大利引起了共鳴。薩沃納羅拉還算不上是路德的先驅，後者思想狂熱，疾惡如仇，在任何風雨飄搖的年代都能夠引起共鳴，鼓動民眾揭竿而起。薩沃納羅拉只是代表了他自己那個時代，目睹教會腐敗墮落、低下卑微而極度反感，最後怒髮衝冠。他認為只有通過改革才能夠淨化神職人員，從而重新打開通向天堂之路。他預言，改革將為所有基督教徒帶來幸福和安康，這一論點產生了強大的吸引力。他既不宣講教義改革，也沒有號召教眾從羅馬分離，而是對民眾和神職人員的罪孽大力撻伐。在他看來，這一切都源於邪惡昭彰的教宗及教廷的等級制度。他的訓斥責罵，他對世界末日的預言，根據皮克・德拉・米蘭朵拉（Pico della Mirandola）的說法，「使人驚慌失措、涕淚俱下，城裡城外，大街小巷，人們茫然無措，感覺生不如死」。他曾預言，偉大的洛倫佐和英諾森八世都將在一四九二年去世，這一點不久就得到了應驗，兩人都駕鶴西去了，這更讓人們相信他法力無邊，值得敬畏。他燃起了篝火，人群中不時傳出哭泣聲、歇斯底里的叫喊聲，人們紛紛將他們的奢侈品和貴重物品，包括名貴的繪畫、精美的服裝、稀世的珠寶等扔進火堆。他發動成群的兒童逐家逐戶搜集「世俗享樂物品」扔到火裡燒掉，說是燒盡「虛榮和浮誇」。他呼籲他的追隨者改變自己的生活，放棄世俗的節日和遊戲，放棄高利貸，不再相互仇殺，並恢復宗教儀式。

當薩沃納羅拉斥責教會的時候，他的憤怒完全爆發了出來。「教宗和主教發言反對人們擁有雄心抱負，褫奪民眾的自豪感，但前者自己私下裡卻忙於實現自己的野心。他們宣揚貞潔，背地裡卻包養情人……他們只想到塵世和世俗的東西，根本不在乎靈魂的淨化和救贖」。由於他們的所作所為，教會已經「臭名遠播……就像是一個坐在所羅門寶座上的妓女，嚮往來的路人招徠挑逗。誰有錢都可以進來為所欲為，恣意尋歡；而一旦有人心懷善意，則遭到嚴詞拒絕，並被趕出門外。因此，荒淫無度的教會啊，你在全世界面前公然濫用職權，你的污濁氣息直沖天堂」。

儘管這句冗贅的話也有一定的道理，但由於羅馬早就習慣了吹毛求疵的狂熱份子，因而仍然對此無動於衷。然而，當薩沃納羅拉向〔法國國王〕查理八世歡呼致敬，認為後者是上帝派來執行改革使命的人時，他就成為危險的政治人物了。「正如我很早就預言過的，」他說，上帝派查理八世來為義大利療傷，並對教會進行改革。支持法國對他而言是致命的舉動，因為他威脅到了佛羅倫斯的新統治者，並引起了教宗的不快。前者要求對他進行壓制，而亞歷山大為了避免公眾的強烈抗議，並未貿然行動。當薩沃納羅拉毫不留情地譴責教宗本人及教會的等級制度，尤其是要求召開教會大會，以買賣聖職罪將教宗免職時，他才無法繼續袖手旁觀了。

起初，亞歷山大只想通過禁止薩沃納羅拉講道的方式讓他閉嘴，但先知言必談上帝，讓他噤聲並不容易。薩沃納羅拉對教宗的命令不屑一顧，認為亞歷山大罪行昭彰，已經失去了作為聖父的權威，並且「不再是一個基督徒。他是一個異教徒，沒有宗教信仰，已經不能稱其為教宗」。亞歷山大下令將他逐出教會，但薩沃納羅拉立即公然反抗，舉辦聖餐儀式，並主持彌撒。亞歷山大於是下令讓佛羅倫斯當局禁止薩沃納羅拉佈道，否則將把整個城市逐出教會。現在公眾已經對薩沃納羅拉表現出不滿情緒，就好像敵人已經將他拉到火裡去，而他堅持不下去了。佛羅倫斯當局將他監禁起來，嚴刑拷打，逼其承認欺詐行為；隨後教廷檢察官再次對他進行折磨，逼他承認發佈異端邪說，然後將其遣送回去由民事機構執行死刑。一四九八年，在暴徒的號叫和噓聲中，他被絞死並焚燒。雷聲沉寂下來了，但是薩沃納羅拉所表達的對教會等級制度的不滿和敵視卻並未煙消雲散。

巡迴佈道者、隱士和修士繼續宣揚他的思想。有的狂熱盲從，有的發瘋著迷，但都厭惡教會，並且回應了廣泛的公眾情緒。任何人，只要聲稱以宣揚改革為使命，肯定有人洗耳恭聽，這已經不是一個新現象。作為娛樂普通大眾的少有的形式之一，非神職傳道人員及佈道修士早就遊歷了各個城鎮，吸引了大量群眾耐心地聽講。由於教堂空間有限，人們只得聚集在公共廣場連續聽幾個小時冗長的說教。據說在一四四八年，多達一萬五千人到佩魯賈傾聽了著名的方濟會修士羅伯托・達萊切（Roberto da Lecce）的佈道，演講持續了四個小時。傳教士們鞭撻時代的醜惡現象，勸告人們拋棄罪惡，過上更有意義的生活，對激起的公眾的反應而言，他們是至關重要的存在。通常在佈道結束之際，很多人會「改變看法」，並向演講者贈予禮物以示感謝。「天使教宗」在世紀之交發出了最受人歡迎的預言，他宣導改革，認為只有通過改革才能讓世界變得更美好，薩沃納羅拉早就對此做出過承諾。由來自佛羅倫斯的大約二十名工人階級弟子選出了他們自己的「教宗」，該「教宗」告訴他的追隨者，在改革完成之前，去懺悔和告解是沒有用的，因為那些教士神父都名不符副實。他的這番話表明，某些偉大的變革即將來臨。

這個年代的人們已經習慣了窮奢極侈，而波吉亞家族的風流韻事卻仍令人們咋舌。亞歷山大認為與那不勒斯王室聯姻將對他非常有利，於是就廢止了他的女兒盧克雷齊婭與喬瓦尼．斯福爾札的婚姻，要把她嫁給那不勒斯王位繼承人阿方索。斯福爾札勃然大怒，斷然否認自己婚姻不圓滿，四處叫囂，公開抵制離婚，但在教宗的精心謀劃下，他在政治及財政方面均受到強大壓力，終於被迫屈從，甚至還將妻子的嫁妝也一併返還。在梵蒂岡的一片狂歡中，盧克雷齊婭嫁給了英俊瀟灑的新丈夫。而根據各方面的記述，她發自內心地愛這個人；但這卻是對斯福爾札的羞辱，也冒犯了神聖的婚姻，因此亞歷山大更加聲名狼藉。喬瓦尼．斯福爾札甚至認為亞歷山大之所這麼做，是因為他對自己的女兒有非份之想。雖然這一說法難以解釋盧克雷齊婭迅速再婚的事實，但從此圍繞亞歷山大的醜聞越來越多，而他兒子凱撒的胡作非為，更讓人相信醜聞的傳言是真的。

在盧克雷齊婭再婚這一年，有人在某天早上發現教宗的長子甘迪亞公爵胡安的屍體漂浮在台伯河上，身中九刀。他父親贈予他大片地產，他有許多敵人，因此究竟刺客為何人並無定論。然而事件過去的時間越長，流言蜚語越多，人們越發地將懷疑的目光投向凱撒，因為大家都認為他想要取代哥哥獲得父親的慷慨贈予，或者，也可能是他與哥哥和妹妹之間的三角亂倫關係引發了仇恨。有關羅馬的各種傳聞持續發酵，但幾乎都離不開波吉亞家族的腐敗墮落（不過有歷史學家後來認為凱撒並非殺害其哥哥的兇手）。

兒子的死令亞歷山大悲痛欲絕、目瞪口呆，但或許是受到了驚嚇，他整日懊悔莫及，竟少見地自我反省起來。「對於任何教宗而言，」他在一次紅衣主教會議上說，「最大的危險在於周圍的人總是對他阿諛奉承、恭維諂媚，從來不會有人告訴他，他到底是個怎樣的人，最後他也不希望聽到真話了。」歷史上每個獨斷專行的君主都不會聽到真話。在他的道德危機中，教宗宣佈他所遭受的打擊是上帝對他所犯罪行做出的判決，因此，他決定洗心革面，改革教會。「我們將從自我開始進行改革，然後進行到各級教會，直到完成全部工作。」他立即任命了一個委員會，由幾位最受人尊敬的紅衣主教組成，負責制訂一個計畫。但是，除了一項減少重複任職的條款外，幾乎並未觸及問題的核心。它要求從紅衣主教開始，將已經明顯攀升的收入減少到每人六千達克特；家庭人數減少到不超過八十人（其中至少十二人要有教會職務），陪同人員不得超過三十人；最大程度限制餐桌上食物的品類，每餐只能吃一份燉肉和一份烤肉，原先有樂師和演員參與的娛樂活動改為閱讀《聖經》。紅衣主教不再參加比賽或嘉年華會，不再出席世俗戲劇演出，也不能雇用各種「年輕人」作為貼身侍從。自這項體現改革精神的清規戒律頒佈十天之內，要解散所有姬妾，這項條款可能會影響教宗對該計畫的興趣。另外一個條款要求成立一個理事會，負責為改革制定相關法律，這就足以讓教宗回歸正常。然而這項改革計畫從未予以頒佈，而改革問題也被棄置一旁。

一四九九年，在新國王路易十二的帶領下，法國回到義大利戰場，並通過奧爾良支系要求獲得米蘭。身為盧昂大主教的另一位神父是國王的首席顧問，也是國王這一行動的幕後推手。他自己野心勃勃，想要成為教宗，並相信通過法國對米蘭的控制，他能夠極大推動教宗事業的發展。受上次戰爭的影響，亞歷山大在此次新的侵略戰爭中有些憤世嫉俗。路易的妻子是整日鬱鬱寡歡、一瘸一拐的珍妮，她是查理八世的姐姐。為了迎娶查理八世的遺孀，也就是他夢寐以求的布列塔尼的安妮，以便最終將她的公爵領地收入自己囊中，路易曾經申請自己的婚姻無效。

路易的這一請求馬上遭到已故國王的方濟會告解者奧利弗・梅拉德（Oliver Maillard）的譴責，對被拋棄的王后深表同情的法國人民也對他們的國王心懷怨恨。但即便這樣，亞歷山大還是對民意漠然置之。他看到了發財致富、穩坐金山的方法以及為凱撒加官晉爵的良機。此時的凱撒已經放棄了傳教士生涯，想要迎娶那不勒斯的阿方索的女兒。凱撒為此辭去了紅衣主教職位，這一前所未有的做法激怒了其他許多紅衣主教，以至於威尼斯書記長歎一聲，這樣總結了文藝復興時代的羅馬教宗：「這樣一來，如今在神聖的教會，一切都顛倒了。」為了回報凱撒的三萬達克特，並對他的計畫提供支援，教宗理所當然准許了路易的請求，同意他與布列塔尼的安妮結婚；同時，任命盧昂大主教擔任昂布瓦斯的紅衣主教。

從第二起可恥的廢止事件及其後果來看，各種愚蠢荒唐行徑相互交織，無以復加。凱撒披著公爵的光環，帶著豁免權前往法國，與國王商議在教宗支持下在米蘭發起一場運動。亞歷山大現在對兒子無比疼愛，與法國建立夥伴關係的目的也是為了自己親愛的兒子，但這一舉動卻引起眾多對手的憤怒，比如斯福爾札、克隆納斯、那不勒斯，當然還有西班牙的統治者。代理西班牙事務的葡萄牙使節拜訪了教宗，譴責後者的裙帶關係、買賣聖職的行為及對法國的政策，認為他這麼做會危及義大利和所有基督教國家的和平。他們威脅假如教宗不改變目前的方針政策，他們將召開主教大會。但教宗不為所動。雷厲風行的西班牙使節言出必行，儘管他們的政治目的就是阻撓法國，表面上看來還是為了教會的福祉。會議討論得非常熱烈；大會再次以改革作為威脅。一位怒火中燒的特使當面對亞歷山大說他的當選是無效的，他的教宗頭銜無人認可。亞歷山大針鋒相對，威脅要將他扔進台伯河，並用侮辱性言語責罵西班牙國王和王后，說他們干涉教會事務。

極其討厭這位追求者，凱撒的婚事告吹，法國聯盟面臨崩潰的危險，這令亞歷山大有些被拋棄的感覺。他感到危機四伏，以至於每次演講都要有武裝警衛陪同。在羅馬，有傳言說大國要撤軍，聯盟可能要分道揚鑣。然而，法國國王為凱撒安排了另外一場婚姻，迎娶那瓦勒國王的妹妹，這令亞歷山大喜出望外，於是作為回報，同意路易對米蘭的領土要求，並與法國一道加入了威尼斯的聯盟，而後者時刻準備對抗米蘭。法國軍隊再次越過阿爾卑斯山，並在瑞士雇傭兵的支援下對米蘭發動突然襲擊，對其造成重創。這一行動令整個歐洲側目，但亞歷山大對此置若罔聞。在戰爭與動盪的年代，趕到羅馬慶祝西元一五〇〇年千禧之年的朝聖者們發現，那裡並非一派祥和安寧，到處有襲擊和騷亂，搶劫和謀殺時有發生。

凱撒現在已經完全走上了軍事生涯，那些教宗國所轄區域已經越發地脫離教宗的統治，幾乎要實現自治了，而他就是要重新掌控這些地區。與他同時代的一些人認為他的目標是一個臨時轄區，甚至是為自己在義大利中部建立一個王國。他的軍事行動耗費了教宗收入的一大部份，一次是在兩個月間花費了十三萬兩千達克特，約佔教宗正常收入的一半左右；另一次是在八個月時間裡花費了十八萬兩千達克特。他是羅馬的最高統治者、冷酷無情的暴君、精明強幹的管理者，密探和線人隨時向他彙報，提供各種資訊；他武功高強，身手不凡，能一下子砍死一頭公牛。他也酷愛藝術，為詩人和畫家提供贊助，可如果一旦聽說有人散播關於他的笑話，他會毫不猶豫地割掉這人的舌頭，砍掉他的手掌。據說一個威尼斯人散發了一本誹謗教宗的小冊子，結果他的兒子被殺死並扔進了台伯河。無能為力的威尼斯大使敘述道：「每天晚上都會發現有四、五個人被殺害，有主教、高級教士，還有其他人，以至於所有羅馬人都戰戰兢兢，唯恐被公爵殺害。」他陰險歹毒，睚眥必報，使用最為直接的手段處置對手，並在他們中間挑起各種紛爭。無論是出於自我保護還是為了掩蓋他臉上的斑點，他每次外出都戴著面具，從不以真面目示人。

一五〇一年，盧克雷齊婭的第二任丈夫阿方索遭到五名凶徒的襲擊，儘管身負重傷，但他還是僥倖逃脫了。雖然盧克雷齊婭對他精心照料，但他確信凱撒就是幕後主使，凱撒還會試圖用毒藥毒死他。出於這種擔心，阿方索拒絕所有醫生的醫治。儘管如此，他還是逐漸恢復了體力，這時他從窗子看到他恨之入骨的姐夫正在下面的花園中行走，於是張弓搭箭射向凱撒，但似乎是命中註定，他射偏了。不到幾分鐘，凱撒的貼身衛士就上來砍了他的頭。亞歷山大現在或許深感養虎為患，自己也時常心驚膽戰，因此也只是袖手旁觀。

對於他的女婿，教宗並沒有太多的虧欠感。相反，從布林夏德的日記來判斷，過去的禁忌，即便有的話，現在也已經被拋到九霄雲外。阿方索死後兩個月，凱撒在梵蒂岡舉行了由教宗主持的盛大宴會，這就是色情史上著名的「栗子芭蕾舞」。根據布林夏德清晰的記錄，五十名高級妓女在晚宴後與客人翩翩起舞，起初還穿著衣服，後來乾脆就赤身裸體了。隨後有人將栗子撒在地板上的燭臺間隙，「那些妓女們手足並用在燭臺間爬行，將栗子撿起來；而與此同時，教宗、凱撒和他妹妹盧克雷齊婭則在一旁忘情觀賞」。緊接著，客人與妓女交合，「那些與妓女交合次數最多的人」獲得了精美的絲質長袍和斗篷作為獎勵。一個月後，布林夏德記錄了另外一個場景，人們將母馬和公馬趕進梵蒂岡的一個庭院，並誘使它們進行性交，而在陽臺上的教宗和盧克雷齊婭看得「津津有味，並開懷大笑」。後來，一群手無寸鐵的犯人像馬匹一樣被驅趕到同一個院子，而教宗與盧克雷齊婭則看著凱撒將這些人砍倒在地。

教宗揮霍無度，掏空了國庫。一五〇一年的最後一天，盧克雷齊婭穿著鑲滿珍珠、裝點了貂皮的深紅色絲絨，身披金黃色綾羅錦緞，在盛大華麗的儀式中嫁給了費拉拉的埃斯蒂斯繼承人，這是她的第三次婚姻。隨後一周他們舉行了歡樂華麗的慶祝活動，各種慶典和宴會、戲劇表演、比賽和鬥牛活動鱗次櫛比，慶祝波吉亞家族與義大利最有名望的家族喜結連理。亞歷山大自己拿出十萬達克特分發給新郎的兄弟們作為盧克雷齊婭的嫁妝。為了應對窮奢極侈的消費，為了給凱撒持續不斷的活動提供資金，教宗於一五〇三年三月到五月間在教廷新設立了八十個職位，每個以七八〇達克特的價格掛牌出售，此外還一次任命了九位新紅衣主教，其中有五位是西班牙人，單此項進賬就達十二萬至十三萬達克特。在同一時期，教宗還從死去的威尼斯主教喬瓦尼・米歇爾（Giovanni Michele）那裡攫取了巨額財富。富甲一方的喬瓦尼在腸痙攣兩天後一命嗚呼，人們普遍認為是凱撒為謀財害命而將他毒死了。

這是亞歷山大生命的最後一年。周邊各國都對他懷有敵意。奧爾西尼與許多游擊隊繼續與凱撒進行殊死戰鬥。西班牙軍隊已經踏上南部領土，為了爭奪對那不勒斯的控制正在同法國打得不可開交，並在不久之後即將取勝，由此確立西班牙在接下來三個半世紀對這一王國的統治。虔誠的神父們擔心會有信仰危機，更加堅持要召開主教大會，這是亞歷山大自己任命的紅衣主教聖喬治（Sangiorgio）的觀點，他認為如果教宗繼續拒絕召開這樣一個會議，將對教會造成傷害，並引起所有基督徒的憤慨；而假如所有補救措施都無濟於事，那麼紅衣主教們有責任自行召開這樣的會議。

一五〇三年八月，七十三歲的亞歷山大六世壽終正寢。當然，人們立刻想到他可能是被毒死的，其實並非如此；他可能由於年齡關係感染了羅馬的暑熱症。就像得知怪物死亡的消息，公眾情緒一下炸開了鍋，一些可怕的傳言流傳出來，說他屍體發黑，渾身腫脹，滿嘴白沫，舌頭吐出，十分恐怖，以至於沒有人敢去碰它，只好用繩子將其手腳捆綁起來拖到墳墓。據說，這位已故教宗出賣自己的靈魂與魔鬼訂立契約，以獲得三重冕的榮耀。而隨後每天都會有人將一些在羅馬人中喜聞樂見的黃色報刊掛在帕斯奎諾（Pasquino）的脖子上。這是一尊古代雕塑，於一五〇一年被挖掘出來，成為羅馬人匿名表達嘲諷的展示焦點。

沒有了羅馬的支持，凱撒無論軍事實力如何強大，也無法支撐下去；而且，波吉亞家族的一個老對手，已經接替他親愛的父親擔任了羅馬教宗。他四周現在危機重重。由於西班牙承諾保證他的安全，他在那不勒斯舉手投降了；然而，西班牙馬上就違反約定，將他囚禁在監獄。兩年後他逃了出來，輾轉來到那瓦勒，隨後不到一年，就在當地一場戰鬥中被殺。

亞歷山大的罪行罄竹難書，他同時代的人對他的判斷往往比較偏激，但他的司儀布林夏德既沒有反對他，也沒有為他辯護。從他沒有傾向的記述中可以看到，在教宗亞歷山大當政期間，教會的暴力、謀殺持續不斷，台伯河中時常有屍體浮現，各派系之間戰火紛擾，到處有焚燒和搶劫，逮捕、拷打和處決司空見慣，各種醜聞、輕率浮誇行為數不勝數，接待大使、王子和君主的儀式更是接連不斷——他們身穿華麗的服飾，佩戴耀眼的珠寶，注重佇列的禮儀，縱情享樂，組織激烈的賽馬，常有紅衣主教拔得頭籌——所有這一切都有流水帳記錄總體的花費和支出。

某些修正主義者對波吉亞教宗偏愛有加，努力通過複雜的論證，恢復教宗的名譽，說明對他的指控不過是誇大其詞、誹謗、流言蜚語，或出於難以言說的怨恨，直至所有言辭都煙消雲散。但這種做法卻無法解釋清楚一件事：那就是在亞歷山大去世之際，為什麼造成了如此廣泛的仇恨、厭惡和恐懼。

歷史書在談到教宗的時候，總是將他與政治鬥爭和陰謀詭計聯繫起來。對亞歷山大而言，除了偶爾遵守大齋節儀式，或通過對書籍進行審查以保持天主教教義的純潔之外，很少有史書談及他對宗教問題發表過談話。最後要提及的是維泰博的埃吉迪奧（Egidio），他是奧斯定會的將軍，改革運動的重要人物。他在一次佈道中說，教宗亞歷山大六世治下的羅馬，「沒有法律，沒有神明，只有黃金、武力和維納斯」。

四、驍勇善戰的儒略二世（一五〇三—一五一三）

紅衣主教德拉・羅韋雷兩次錯過了擔任教宗的機會，現在他又錯過了第三次。他最強的對手是法國紅衣主教昂布瓦斯（d'Amboise），一位傲慢自大的競爭者。凱撒・波吉亞掌控著十一位西班牙紅衣主教組成的陣營，牢不可破，成為第三股力量，強烈堅持推舉西班牙人擔任教宗，以便能夠與之結盟。法國、西班牙、波吉亞、奧爾西尼和義大利各派別的武裝力量紛紛施壓，試圖通過恐嚇的方式從中漁利。在這種情況下，紅衣主教們躲避到聖安吉洛城堡的高牆要塞中召開秘密會議，聘請了雇傭軍對他們提供保護後，才又重新回到梵蒂岡。

圍繞選舉事宜出現了各種情況。一些得票領先的候選人相互攻擊，結果紛紛落馬，然後意想不到地沖出一位黑馬教宗。由於西班牙發生騷亂，暴徒聲稱對波吉亞家族恨之入骨，導致西班牙的選票無效，也不可能再選舉另外一位西班牙人。德拉・羅韋雷對昂布瓦斯提出嚴重警告，說如果後者當選，教宗職位就得搬到法國，就此斷了他的念頭。義大利紅衣主教們雖然在教廷佔有絕對優勢，但選票卻分散在幾位候選人身上。德拉・羅韋雷獲得了多數票，但與所要求的三分之二票數還差兩票。在這種情況下，他轉而支援錫耶納的紅衣主教，也就是虔敬有加、可親可敬的弗朗切斯科・皮科洛米尼（FrancescoPiccolomini），此君年事已高，身體不佳，在位不會長久。在各方僵持的情況下，皮科洛米尼當選，名號為庇護三世，以紀念他的叔叔庇護二世，即埃涅阿斯・西爾維斯・皮科洛米尼（Aeneas Sylvius Piccolomini）。

新教宗皮科洛米尼在首次公告中說，他首要關心的是從教廷開始自上而下的改革。與他叔叔一樣，他也學識淵博，修行和睦，不過他更喜安靜，好學深思，已經擔任了四十多年紅衣主教職位。他曾為教宗庇護二世鞍前馬後，但自那時起，他與羅馬的世俗理念似乎有些格格不入，在過去幾任教宗時期始終待在錫耶納，不問政事。儘管很少有人知道他，但他卻以慈愛仁厚、樂善好施而聲譽頗佳。公眾渴望擁有一位「品行良好」的教宗，能與亞歷山大六世截然不同，新教宗讓他們如願以償。宣佈他當選之時，人們激動萬分，額手相慶。改革派高級教士也歡欣鼓舞，因為教會管理機構終於被託付給了一位他們心儀的教宗，他「集美德於一身，真正代表上帝的聖靈」。

阿雷佐主教寫道，每個人內心「都對教會改革寄予了厚望，期盼回歸和平」。新教宗篤信宗教，舉止謙恭，似乎將「在教會歷史上開啟一個新的時代」。然而，新的時代並沒有到來。對於六十四歲的庇護三世來說，他已經難以把握時代的變化，痛風這個疾病更讓他的身體每況愈下。另外，頻繁的演講，一個又一個紅衣主教會議，長時間的祭祀及加冕活動，令他精疲力竭，在就職二十六天後蒙主寵召了。

從人們對庇護三世的熱情和希望不難看出，他們渴望變革；另一方面，這也是一種警示，如果教宗只會短視，最終將損害教會的根本利益。如果這一點得到神聖教廷三分之一成員的認可，某一個人野心勃勃的計畫就難以得逞。在新的選舉中，朱利亞諾・德拉・羅韋雷通過「立誓為證，加官晉爵」以及必要的賄賂等手段，令所有人瞠目地掃除了所有派系紛爭，甚至將昔日對手網羅到他的陣營之中，終於攫取了教宗寶座。教宗選舉會議開了還不到一天，他就如願當選，創下有史以來的最快紀錄。他只將自己的名字改變了一個音節作為教宗名字，即朱利奧或儒略二世，表達了他強烈的自我意識。

儒略之所以躋身偉大教宗之列，是因為他在位期間取得了非凡成就，尤其重要的是與米開朗基羅建立了很有助益的合作關係，而藝術，是僅次於戰爭的能夠給人帶來不朽聲譽的最有效方式。然而，與他的三位前輩一樣，他也沒有注意到自己所管理的教會成員的不滿情緒。他熱情高漲地想做兩件事，一是恢復教宗國政治和領土的完整，二是通過輝煌的藝術成就粉飾他的所作所為，使自己名垂青史。通過不懈的努力，他在這兩方面都取得了重要成果，如同歷史上那些看得到的成就，後人看到了他的成果；而他統治期間的重要問題，即沒能夠關注宗教危機這一方面，也如同歷史上不為人知的事件一樣，被人們忽略了。他所制定的政策完全著眼於眼前。儘管他精力旺盛，卻沒有把握機會，正如圭恰迪尼寫道，「他是基督在世上的代理人，但錯過了促進靈魂救贖的機會。」

儒略性情激進、魯莽暴躁、任性草率、難以駕馭，他總是迫不及待地想要請教別人，卻幾乎很難聽進一句話。威尼斯大使報告說，無論從身體還是精神上，他「天生就是一個巨人。不論他前一天晚上想起什麼事，第二天一早就會立即付諸實施，並且他堅持事必躬親」。面對抗拒或相反意見，「他看起來嚴酷冷峻，每每搖動旁邊桌子上的小鈴鐺終止談話或打斷講話者」。他也患上了痛風病，還有腎病等其他疾病，但無論身體多麼虛弱，都不會影響他的精神。他雙唇緊閉，印堂發亮，雙眼炯炯有神，「令人不寒而慄」，一副英勇無畏、堅不可摧的神情。在義大利人眼中，他令人望而生畏。

在瓦解了凱撒・波吉亞的權力之後，他巧妙地安排德拉・羅韋雷的親戚與奧西尼和克羅那斯（Colonnas）家族聯姻，從而進一步削弱了羅馬派系之間的敵對情緒。他對教宗行政機構進行改組，加強了管理，採取嚴厲的措施打擊亞歷山大時期盛極一時的土匪、買兇和決鬥行為，改善了城市秩序。他雇用瑞士衛隊對梵蒂岡進行保護，並視察了教宗所轄領土。

為了鞏固教宗的統治，他首先發起一場運動，奪回曾被威尼斯從羅馬教廷佔領的羅馬涅（Romagna）

各城市，並在這次行動中與路易十二結盟，贏得了法國的援助。他遊走在各國之間進行外交斡旋：讓佛羅倫斯保持中立，讓國王做出保證，讓盟友行動起來，讓對手心慌意亂。儘管相互之間存在利益衝突，但在共同利益的主導下，所有義大利戰爭的參與方均各有打算，希望擴大在威尼斯的權益。一五〇八年，神聖羅馬帝國、教宗、法國和西班牙締結了「康布雷同盟」，一致同意對威尼斯採取聯合行動。在接下來的五年裡，康布雷同盟的戰爭與預期的節奏保持一致。戰爭主要針對威尼斯，但後來各方調轉矛頭對準了法國。教宗、帝國、西班牙和瑞士雇傭兵的一支主力軍參與了一個又一個陣營。教宗駕輕就熟地操控著金錢、政治及武裝力量，在衝突加劇時採取逐出教會等手段，最終成功地從威尼斯手中奪回了本來就屬於教會的資產。

與此同時，儒略棄所有勸誡於不顧，將戰火燒到博洛尼亞和佩魯賈，想要恢復對這兩個城市的控制，因為它們原本就是教宗管轄區域內最重要的兩個城市，而它們的暴君除了壓迫自己的臣民以外，對羅馬的權威幾乎置之不理。教宗宣佈他打算親自領兵，並不顧眾多紅衣主教的反對，於一五〇六年躍馬馳騁，帶領軍隊行軍北上，令整個歐洲大吃一驚。

多年的征戰討伐，有成功也有失利，激烈的爭論亦從未間斷。就在義大利政壇風平浪靜的時候，教宗封邑之一的費拉拉改變了立場，意圖謀反，而派去鎮壓叛軍的隊伍又出師不利。怒火中燒的儒略再次事必躬親，親自坐鎮指揮，衝鋒陷陣。此時的他剛剛大病初愈，與死神擦肩而過，甚至都已經秘密安排好了教宗選舉會議。在那個白雪皚皚的寒冷冬天，他率領軍隊將費拉拉圍困。他住在一個農民的小屋，堅持躍馬上陣，揚鞭馳騁，排兵佈陣，發號施令，時而怒目訓斥，時而慷慨鼓勵，並親自帶領將士穿過要塞缺口。「這樣一位大祭司，基督在世上的代理人……親自參與並指揮基督徒之間的戰爭……不為自己保留任何財物，徒留戰袍與英名，實在是難得一見的奇觀。」

因為圭恰迪尼對文藝復興時代的所有教宗都嘲諷有加，所以他的上述評價顯得極有價值，但是，對包括他自己在內的許多人來說，羅馬教宗鼓吹戰爭並發動了戰爭的說法實在有些難以服眾。品行良好的基督徒無不震驚憤慨。

因為一系列漫長的紛爭，法國現在已經成為儒略的敵人，並且與費拉拉結為盟友，這令儒略大為光火，於是他馬不停蹄，將戰爭繼續向前推進。咄咄逼人的紅衣主教昂布瓦斯在儒略成為教宗之前就對這一職位心生覬覦，早就說服路易十二，向儒略要求三個法國紅衣主教的職位作為提供援助的條件。儘管儒略極不情願，然而為了爭取法國的支持，他不得不答應下來。與老對手的關係令他痛苦不堪，現在又出現了新的分歧。據說，教宗與聯盟的關係好壞取決於他對昂布瓦斯的仇恨和對威尼斯的敵意哪個更深。當儒略支持熱那亞擺脫法國控制的時候，路易十二在昂布瓦斯的鼓動下要求在委任聖職時對高盧分配更多權益。隨著衝突範圍的擴大，儒略意識到只要法國在義大利比手畫腳，他將永遠無法建立穩固的教宗國。由於有過成為他們入侵的「致命工具」的經歷，路易現在處心積慮要將他們驅逐而後快。他改變了政策，要求一整套新的聯盟和協議，這令他的同胞甚至他的敵人大為錯愕。時任佛羅倫斯駐法國特使的馬基維利報告說，路易十二「決意維護自己的榮譽，哪怕失去在義大利所擁有的一切也在所不惜」。在道義和軍事步驟之間搖擺不定的國王有時威脅要「在教宗周圍成立一個管理委員會對其進行監管」，有時在昂布瓦斯的敦促下，威脅要「帶領軍隊去羅馬，親自廢黜教宗」。這樣一來，昂布瓦斯就不只是成功地打擊儒略，而是要取而代之，這令他欣喜若狂。此時的他，也感染了愚蠢病毒，或被這種病毒的主要成份——野心或貪婪沖昏了頭腦。

一五一〇年七月，儒略與國王路易斷絕了關係，向法國大使關閉了梵蒂岡的大門。威尼斯特使興高采烈地報導說，「在羅馬的法國人，像行屍走肉一般，灰溜溜地逃走了」。而儒略看到自己解救了義大利而將彪炳史冊，反而精神煥發。此後，「把野蠻人趕出去！」成了他的戰鬥口號。

他義無反顧地投入新的事業，調轉方向與威尼斯結盟共同對付法國。急於將法國趕出義大利的西班牙也加入進來，他們從而形成了新的組合，稱為「神聖同盟」。而隨著瑞士的加入，該同盟更是如虎添翼。儒略招募了一位崇尚軍事的西昂主教馬托伊斯・施納（Matthaus Schinner）作為指揮官，以每年提供補貼的方式與他簽訂了五年合約。他的神情豪氣與教宗頗有一拼，他對傲慢霸道的法國鄰居的憎恨，相比儒略有過之而無不及，無論從內心還是能力方面都竭盡全力要將法國一舉擊潰。他面容瘦削，鼻子很長，精力充沛，是一位英勇善戰的士兵，善於煽情的演說家，尤其是，他的戰前動員可以讓部隊「宛如暴風驅動海浪」。後來的法國國王法蘭西斯一世抱怨說，與可怕的瑞士長矛相比，施納的口才令法國更為頭痛。他一加入神聖同盟，儒略就任命他為紅衣主教。在後來的戰爭中，施納率軍與法蘭西斯一世對壘。他向部隊宣佈，他希望讓法國血流成河，隨後，他頭戴主教紅帽，身披戰袍，一馬當先，衝向戰場。

與施納同時被提拔為紅衣主教的還有另外一位擅長軍事的神職人員，即約克的斑布里奇大主教，他的任命讓人進一步認識到儒略沉迷戰爭的事實。伊拉斯謨問道：「頭盔和主教法冠有什麼共同之處？」儘管他非常謹慎，等到儒略去世後才這麼說，但顯然他指的就是儒略。「十字架和長劍之間，《聖經》與盾牌之間有什麼聯繫？身為一名信徒，主教怎麼敢用戰爭來訓練你的人民。」如果總是善於含糊其詞的伊拉斯謨能說得這麼直白，其他許多人聽了就會更加難受。暗諷身披鎧甲的聖彼得繼承人的諷刺詩句在羅馬流傳，而在國王的授意下，法國也出現了相應的漫畫和滑稽表演，他用儒略的戰士形象作為宣傳工具，對後者進行攻擊撻伐。據說，他「擺出一副武士的架勢來，而看起來卻像是穿著馬刺靴子跳舞的僧侶」。嚴肅認真的神父和紅衣主教對儒略的行為並不讚賞，請求他不要親自帶領軍隊。他們說這樣會引起各國的不滿，為那些鼓動他下臺的人增加口實，但儒略對此無動於衷。

為了達到目標，他對各種艱難險阻不屑一顧，反而更加鬥志昂揚，但他忽略了教會的主要目的。愚蠢行徑的其中一種表現，便是對不切實際的目標仍孜孜以求。此時，佛羅倫斯駐羅馬大使喬瓦尼・阿奇亞奧里（Giovanni Acciaiuoli）感覺到事態已經失控。這位曾在佛羅倫斯接受政治學理論教育的大使基於理性的思考發現，在儒略搖擺不定的政策中，在其惡魔般的行為中，有諸多令人不安的證據表明，事件的發展「已經完全違背理性」。

儒略是許多藝術品的贊助者，也是許多建築的建造者，他的政策和他對待藝術品的態度一樣充滿熱情，但他獨斷專行。他決定拆除舊的聖彼得基督教堂，代之以更為宏偉的巨大建築物，以此適應更偉大的羅馬教廷和羅馬城區，因為他想要將羅馬建為全世界的首都。更重要的是該建築物要用作他自己的墳墓，在他有生之年建造，由米開朗基羅設計。用瓦薩里的話來說，要「美輪美奐、富麗堂皇、裝飾精美、遍佈雕塑，超越古代任何帝王的陵墓」。該建築高三十六英尺，有四十座超過真人大小的雕塑，上面還有帶兩個天使的石棺。在藝術家看來，這將是他的傳世傑作；而在儒略看來，他將由此被人奉為神明。據瓦薩里的說法，由於墳墓的設計早於新教堂的設計，這令教宗興奮異常，他認為新的聖彼得教堂正好可以用來作為墳墓的外罩。正如他的崇拜者所言，如果教宗的動機是為了彰顯教會更輝煌的榮耀，那麼他其實是把它等同於至高無上的教宗，也就是他自己的榮耀。

人們普遍譴責他的這一決定，並不是因為他們不想要一個宏偉壯觀的新教堂，正如一位評論家所說，「而是因為他們對這一古老建築要被拆除表示痛惜。這裡埋葬著為數眾多的聖人，發生過諸多驚天動地的事件，莊嚴肅穆，輝煌壯麗，受到世界各國的敬仰。」

儒略一如既往，對反對意見視而不見，立即委託布拉曼特（Bramante）擔綱設計，同時雇用二千五百名工人將原有教堂拆除。他急不可待，不斷施壓，歷經數百年積累起來的古墓、繪畫、圖案、雕像等珍品未經清查保存就被丟棄殆盡，無法修復，布拉曼特也因此收穫了「破壞者」（il ruinante）的稱號。如果人們也這樣稱呼儒略，他根本就不會在意。一五〇六年，他爬下梯子來到一個陡峭通道的底部，這是專為新建築的底座而建造的，這裡將放置「世界大教堂」的基石，上面理所當然地刻有他的名字。教堂的建設成本遠遠超出了羅馬教宗的收入，為了籌集資金，教宗就想出了一個辦法，即向公眾出售贖罪券，這導致了災難性的後果。在下一任教宗統治期間，這一做法蔓延到了德意志，讓一位憤怒的神職人員覺醒，他所編撰的文件導致了教會歷史上最為嚴重的分裂。

從米開朗基羅在羅馬創作的第一座雕塑《聖母憐子》起，教宗就意識到他是一位無與倫比的藝術家。這是一部大理石塑成的安魂曲，從矗立的那一天至今，看到的人無不動容。該作品受一位法國紅衣主教委託，於一四九九年完成，主教希望自己在離開羅馬時向聖彼得呈送一部偉大的作品，這一作品也使米開朗基羅在二十四歲一舉成名。隨後不到五年時間，他又為自己家鄉佛羅倫斯的大教堂創作了偉大的大衛雕像。顯然，至高無上的教宗必須由曠世奇才般的藝術家進行讚美，但糟糕的是兩人的性格不合，發生了衝突。米開朗基羅花了八個月時間將精美的大理石從卡拉拉運來進行切割，準備作為陵墓石材，但儒略突然放棄了這一專案，拒絕支付報酬和同藝術家溝通。米開朗基羅一怒之下回到佛羅倫斯，發誓再也不為教宗工作。沒有人知道德拉・羅韋雷野蠻好戰的頭腦中究竟在想什麼，鑒於他傲慢狂妄的性格，他也不會向米開朗基羅做出任何解釋。

然而，儒略征服博洛尼亞之後，需要建一座紀念碑昭示勝利，這一工作除米開朗基羅外無人能勝任。經過一而再、再而三堅決的拒絕，後又經過中間人反覆勸說，米開朗基羅終於同意接手這一專案，儒略親自下達命令，要按照真人三倍大的尺寸為他打造一座巨型雕像。當雕像還處於黏土狀態時，米開朗基羅請儒略前來觀看並問他是否要在左手上放一本書，這位好戰的教宗說：「我是個粗人，就在那裡放一把劍吧。」戰爭期間，城市易主，這座青銅鑄成的巨大雕塑被推翻在地，熔化後造成了一門大炮，並頗有諷刺意味地被教宗的敵人命名為茱莉亞（La Giulia）。

儒略在擔任羅馬教宗期間，本著文藝復興精神，繼續著他叔叔西斯篤四世未竟的事業，傾注大量精力和資金進行城市改造。到處都能看到勞動者砌牆蓋瓦。紅衣主教們建造宮殿，擴建並修復教堂。新建和改建的教堂，如波波洛聖母瑪利亞教堂、聖母瑪利亞大教堂次第湧現。布拉曼特建起貝爾韋代雷雕塑公園，其長廊連接到梵蒂岡。有名的畫家、雕塑家、雕刻師和金匠等被召集起來進行裝飾工作。儒略拒絕住在他已故敵人亞歷山大住過的房子，而是佔用教堂作為教宗寢宮，拉斐爾在裡面畫滿壁畫，令教堂煥然一新。米開朗基羅拗不過纏繞不休的教宗，被迫在西斯廷教堂穹頂作畫，他沉迷在自己的藝術世界裡，獨自在腳手架上工作了四年，期間只允許教宗本人前來檢查他的工作進展。年邁的教宗爬上梯子來到工作平臺上，總會提出批評意見並與畫家爭吵不休。教宗剛好在有生之年看到了揭幕儀式，「全世界都跑來」一睹米開朗基羅令人驚歎的全新傑作並大呼其為奇跡。

由於主要興趣在於藝術和戰爭，並為之投入大量資源，因此教宗忽略了內部改革。雖然教廷外表繁榮光鮮，但其內部卻腐敗墮落。一件警示人們古代愚蠢行徑的東西此時奇怪地出現了：人們重新發現了古代拉奧孔的大理石雕像，正如其最初對特洛伊發出過警告，現在它似乎也在警告教會。一位名叫菲利斯・德弗雷迪（Felice de Fredi）的房主家有個葡萄園，四面是古城牆，靠近提圖斯浴室的原址，而浴室是建在古羅馬暴君尼祿的金殿廢墟上。菲利斯在清理葡萄園時挖掘到了這塊大理石，儘管已經斷裂為四大片三小片，但每一個羅馬人都能一眼就看出這是一個古典雕像。有人立刻把消息傳到教宗的建築師朱利亞諾・聖加洛（Giuliano de Sangallo）那裡，他立即騎馬前來，後面跟著他的兒子，還有剛好到他家拜訪的米開朗基羅。聖加洛一下馬，看了一眼尚有一半埋在土裡的碎片，驚呼道：「這就是普林尼筆下的拉奧孔啊！」現場人員焦急萬分，又激動不已，他們看著工人將雕像上的泥土仔細刮去，然後就報告給了教宗，教宗隨即支付了四一四〇達克特買下了雕像。

沾滿泥土的古老的拉奧孔雕像受到帝王般的禮遇。在歡呼的人群中，沿著鋪滿鮮花的道路，雕像被運送到梵蒂岡，並被重新拼接起來，與阿波羅・貝爾韋代雷（Apollo Belvedere）一同放置在貝爾韋代雷雕像公園，它們被稱為「世界上最早的兩個雕像」。德弗雷迪和他的兒子就這樣立了大功，教會為此每年給他們六百達克特（從城門收費中支付）作為獎勵，直至終老，並且在他死後的墓碑上也記錄了他的這一重要貢獻。

受這一古老奇跡的啟發，人們提出了諸多新的藝術概念。拉奧孔深受折磨的造型深深地影響了米開朗基羅的創作。一些頂尖的雕塑家前來觀察研究；金匠們對它進行了複製；一位詩意大發的紅衣主教為它寫了一首頌歌（「……瞧，從巨大的廢墟深處！/時間再次將拉奧孔帶回了家……」）；〔法國國王〕法蘭索瓦一世試圖從下屆教宗那裡把它奪過去，作為戰利品；在十八世紀，它成為溫克爾曼（Johann Joachim winckelmann）、萊辛以及歌德的主要研究對象；拿破崙在贏得短暫的勝利後將它放在了盧浮宮，但是在他倒臺之後，雕像又回到了羅馬。人們從藝術、風格、美德、鬥爭、古董、哲學等方面研究拉奧孔雕像，卻從未有人說起，它還是防止自我毀滅的一種警告。

儒略不同於亞歷山大，但他的獨裁統治和好戰性格引發了幾乎同樣程度的對立情緒。持不同政見的紅衣主教早就已經投奔路易十二的陣營，而路易十二決心在被儒略逐出義大利之前將他罷黜。人們一致同意罷黜儒略，就好像上個世紀教會分裂的慘痛經歷從未發生過一樣。教會正在世俗化；教宗的光環已然褪去，如果從政治角度而不是大眾的角度來看的話，最起碼已經與王子或君主沒什麼不同，他們也要按世俗條款處理事務。一五一一年，路易十二聯合神聖羅馬皇帝以及九名持不同政見的紅衣主教（其中三名後來否認曾表示贊同意見）召集了大公會議。大會要求高級教士、修士、大學、世俗統治者和教宗本人親自出席或委派代表團出席會議，會議的目的是「就教會領袖及成員事務對教會進行改革」。各地的人們普遍認為，這其實是委婉地對儒略宣戰。

他曾經試圖將亞歷山大逼入絕境，現在他也處於相同的境遇，法國軍隊在節節推進，教會代表大會即將召開。人們已經在公開討論罷黜教宗及分裂教會。主張分裂的紅衣主教認為儒略未能履行最初的承諾召開大會，因此由法國贊助的大會在比薩召開了。法國軍隊重新進入羅馬涅，博洛尼亞再次落入敵人之手。整個羅馬都在顫抖，厄運似乎就要降臨。已經六十八歲的儒略在前線衝鋒陷陣，疲憊不堪，疾病纏身，而他的領地和權威受到威脅。作為最後一搏，他採取了一項自己以及前任曾長期抵制的措施：在羅馬召集了由他絕對主導的大公會議。這是教宗這段時間在宗教事務方面做出的唯一重大努力的出發點，這並非出於堅定的信仰，而是絕望之中做出的選擇。雖然會議對議題嚴加限定，但它並未找到解決方案，而是成了探討各種問題的論壇。

正如會議名稱所示，第五次拉特蘭大會於一五一二年五月在聖約翰拉特蘭召開，這是羅馬首屈一指的教堂。有許多人認為，在教會歷史上，這一時刻還是來得晚了些，因為此時人們不僅感到迫切，而且已經近乎絕望。三個月前，既是學者又是神學家的倫敦聖保羅大教堂主持神父約翰・科利特（John Colet）在向一群神職人員講述改革的必要性時，曾大聲疾呼：「就教會的狀態而言，現在是最需要你們做出努力的時刻！」他說，教會想方設法增加收入，教士們為「各個有俸聖職爭得你死我活」，貪婪和腐敗不斷滋生，神父已經名譽掃地，信眾大為憤慨，教會早就顏面盡失，其影響力已經不復存在，比遭到異端邪說的入侵有過之而無不及，因為一旦神職人員物欲橫流，「精神生活的源泉就枯竭殆盡」。這的確是問題所在。

就在第五次拉特蘭大會召開之前，羅馬涅的一場慘敗增強了教會危機感。在周日復活節這一天，還沒等瑞士軍隊上陣衝鋒，法國人就靠五千名德意志雇傭兵在拉溫納戰役中取得勝利，用慘烈的代價擊敗了教宗及西班牙軍隊。這是一個凶兆。在教會代表大會召開前夕，一位博洛尼亞法學家在給教宗的一篇論述中警告說：「要是我們不三思而後行進行改革，公正的上帝本人將採取可怕的報復行為，而且這一天很快就會到來！」

維泰博的埃吉迪奧是一位奧斯定會的將軍，他在教宗出席的拉特蘭代表大會上致開幕辭，他是另外一位從拉溫納慘敗中領會到神意的人。他毫不猶豫地以排山倒海之勢對在聖座上怒目而視的老人發起質疑。埃吉迪奧說，失敗表明，人們因為虛榮心作怪而試圖通過世俗的武器贏得勝利，現在教會失敗了，我們應該重新使用它真正的武器——「虔誠、宗教、廉潔、祈禱」，以信仰為盔甲，以上帝之光照耀世界。就目前狀況而言，教會「就像是冬季的枯枝爛葉……一直躺在地上……有哪個時候人民比現在更加忽視和蔑視神聖的宗教、聖禮以及戒律呢？教會什麼時候有過更為災難性的分裂呢？戰爭什麼時候有過更為危險的時刻，有過敵人更為強大的時刻，有過部隊更為兇殘的時刻？……你看到殺戮了嗎？你看到破壞了嗎？你看到屍橫遍野的戰場了嗎？就在今年，你看到大地上四處血流成河了嗎？你有沒有意識到，大量基督徒的犧牲是多麼慘重的代價，假如他們活著，這種強大的優勢難道不足以捍衛我們的信念嗎？……」也就是對「基督的公敵」——穆罕默德發動戰爭。

埃吉迪奧繼續對大會的召開表示讚賞，說這是期待已久的改革先聲。他長期呼籲改革，寫了一本有關教宗歷史的書，旗幟鮮明地提醒教宗不要忘記他們的職責所在；與其他神父非常不同的是，他十分注重外在形象，據說他通過吸入濕的稻草的煙霧使自己面色蒼白，從而保持苦行僧的樣子。後來利奧十世將他提拔為紅衣主教。相隔四百七十年之後再次聆聽拉特蘭呼聲，我們很難分辨他這一番話究竟是經驗老到、口若懸河的著名教士所做的主題演講，還是慷慨激昂、飽含真情地呼籲儘快改變政策路線以免為時過晚。

儘管第五次拉特蘭大會莊嚴肅穆、儀式繁多，許多嚴肅認真、憂國憂民的演講者輪番登臺講經論道，但這次大會既沒有實現和平，也沒有推動改革。一直拖到下一任教宗繼位，教會才承認存在各種濫用職權現象，並在一五一四年的教宗詔書中承諾對此現象進行修正。這其中還像從前那樣，涵蓋了買賣聖職的「邪惡事件」，同時享有多份聖俸，任命不稱職或不合適的人員擔任修道院院長、主教及教區神父，怠忽職守，神職人員生活不檢點，甚至還有代領薪俸，最後這種做法此後只有在特殊情況下才被允許。作為一類特殊群體，紅衣主教被勒令不得奢靡，禁止加入王公貴族的派別並為之牟利，禁止使用教會收入假公濟私，禁止兼任多個聖職，不得怠工。他們還被告誡要生活嚴謹，恪盡職守，每年至少訪問一次各自名義上管轄的教堂和鄉鎮，並捐贈善款進行維護，為他們所負責的辦公室提供適當的神職人員，遵守為各個家庭和睦相處所制定的規則。從這裡可以看出教會的各個層次都出了什麼問題。

隨後的法令更關注對批評的掩飾而不是改革，此舉表明對傳教士的訓斥和責罵已經開始不再無關痛癢。自此，教會禁止傳教士就未來的反基督傾向或世界末日做出預言。他們要信守福音，不得對主教及其他高級教士的缺點或他們上級的錯誤言行做出誹謗性質的譴責，更不能點名道姓。另一項措施是對印刷書籍進行審查，旨在杜絕對身居「廟堂之上」的神職人員的攻擊行為。

如果大公會議的法令曾留下過記錄的話，也是少之又少。如果這些法令確有認真地付諸實施，或許也會給人留下印象，但事實上它們全都是一紙空文。當時主持會議的教宗利奧十世，正踐行教會禁止的所有行為，這表明其實並沒有人有這方面的意願。對路線的改變只能取決於最高層的意願或者無法抗拒的外部壓力。意願對文藝復興時代的教宗而言不存在；而壓力正悄悄來臨。

在拉溫納戰役中，至關重要的法國指揮官加斯東・德富瓦（Gaston de Foix）戰死，他率領的部隊失去了鬥志，沒能夠乘勝追擊。昂布瓦斯已經死了，路易猶豫不決，比薩大會因被認為製造了分裂而受到譴責，被教宗宣佈無效，逐漸失去各方支持。當兩萬名瑞士雇傭軍到達義大利時，形勢急轉直下。在米蘭週邊的諾瓦拉戰役中，法國人被一舉擊潰，並在瑞士人的逼迫下退出了公國；隨後在熱那亞的驅逐下，法國人被迫撤退到阿爾卑斯山基地，暫時「像日出前的霧霾一般消失得無影無蹤」。拉溫納和博洛尼亞返回教宗身邊宣誓效忠；羅馬涅大區全部重新納入教宗國範圍；比薩大會組織收拾行囊，翻越阿爾卑斯山逃到了里昂，逐漸銷聲匿跡，最終解散。由於擔心再次出現分裂局面，外加地位優越和高貴尊嚴給人高高在上的感覺，拉特蘭代表大會從未有過堅實的基礎。

不屈不撓的老教宗已經完成了他的目標。法國人逃走了，羅馬人額手相慶；人們在聖天使城堡中燃放爆竹、鳴放禮炮，以示敬意；因為他解救了義大利，解救了羅馬教廷，人群尖叫著「朱利奧！朱利奧！」向他致意；在盛大的感恩節遊行中，人們將他裝扮成世俗皇帝的形象，手中拿著代表至高無上權威的權杖，由裝扮為征服迦太基的西庇阿（Publius Cornelius Scipio）和從高盧人手中拯救了羅馬的卡米盧斯（Marcus Furius Camillus）等形象相伴左右。

政治依然佔據統治地位。當威尼斯與法國結盟，調轉矛頭對準熱那亞時，神聖同盟已經不再完整。在教宗生命的最後一年裡，他尋求與英國國王發展關係，而在他去世後不久，法國人折返回來，戰爭又重新開始了。然而，儒略曾成功地使教宗領土免遭被瓜分的命運，並暫時鞏固了教宗國的組織機構，單憑這一點，他就已經青史留名了。在參考書中，他被譽為「教宗國真正的創始人」，甚至是「教會的救世主」。但他的國家也因此動亂不斷，血流成河，所有暫時性的成就終究沒能阻止教會的核心機構在十年內分崩瓦解。人們在評價儒略時，根本沒有考慮到這些。

儒略於一五一三年去世，哀榮備至，許多人扼腕痛惜，因為在他們眼中，是他幫助他們趕走了令人痛恨的侵略者。在他去世後不久，伊拉斯謨斯在一次被稱為「唯我獨尊的儒略」的諷刺性對話中提出了相反的觀點。儘管該對話是匿名發表，但見多識廣之士普遍認為作者肯定是伊拉斯謨斯。在通往 聖彼得大教堂的天堂之門，儒略評價自己說：「……我為教會和基督教事業鞠躬盡瘁，勝過之前的任何教宗……我將博洛尼亞收歸羅馬教廷，我擊敗了威尼斯。我戲弄了費拉拉公爵。我召開了一個有名無實的大公會議，粉碎了妄圖分裂教會的陰謀。我將法國人趕出義大利，如果命運沒有將我帶到這裡，我也會把西班牙人趕出去。我親自任命了歐洲所有的君主。我曾經撕毀條約，保存大量作戰部隊，我在羅馬建了數不盡的宮殿教堂……所有這一切盡皆我一人之力。我無愧天地，無愧父母，因為我根本就不知道我的生父是誰；我沒有什麼可以失去，因為我本身就一無所有；我不羨慕青春年華，因為在我開始事業之際就已進入遲暮之年；我不希求萬人敬仰，因為周圍的人都對我心懷憎恨。……這實乃肺腑之言，我在羅馬的朋友皆認為我堪比聖賢。」

早在半個世紀之前，在巴塞爾大會上，一位主講人就曾說過：「沒有權力的美德只能成為被嘲弄的對象，如果沒有教會世代遺留的財產，羅馬教宗只能淪為王公貴族的奴隸。」也就是說，為了行使權力，教宗在實施改革之前必須首先強化自己在當下的權威。儒略二世的支持者認為他正是基於這樣的信念，才有意識地制定並執行一系列政策。這是實行強權政治頗有說服力的論據，但歷史也往往證明，從該論據必然會推出這樣的結論：尋求權力的人在奪取權力的過程中往往道德淪落，殘酷無情，無所不用其極；而當他大權在握後才意識到，他為此失去了美德，失去了為之奮鬥的道德目標。

五、新教分裂出去：利奧十世（一五一三－一五二一）

前紅衣主教喬瓦尼・美第奇（Gioranni de Medici），即現任教宗利奧十世（Pope Leo X），在給他的弟弟朱利亞諾的信中寫道，「上帝給我們設置了教宗職位，就讓我們盡情享受吧。」他是否真的說過這句話我們已經無從知曉，但他卻身體力行，完美地詮釋了這一態度。在利奧看來，生活就是享受。如果說儒略是一個戰士的話，新教宗則是一位享樂主義者，兩人唯一的相似之處在於他們都對世俗的東西表現出濃厚的興趣。偉大的洛倫佐在他最聰明的兒子身上傾注了大量心血，為他提供良好的教育和發展機會，使他有良好的教養，並且懂得如何享受生活，在積極促進藝術和文化事業進步的同時極力滿足自身興趣愛好，他對此不計成本，就好像他擁有某種可以自己隨時注滿金錢的神奇聚寶盆。利奧是這一時代中最為窮奢極侈的人之一，毫無疑問也是最放蕩不羈、肆意妄為的教宗，然而由於他出手闊綽，他在文藝復興時代的支持者對他崇拜有加，把他統治的時期稱為「黃金時代」。之所以會有如此溢美之詞，是因為笙歌豔舞、紙醉金迷的娛樂慶祝持續不斷，對聖彼得大教堂的重建和修繕徹夜不停，通過工程項目，閃閃發光的金幣源源不斷地流入他們的腰包。但是天上不會掉下銀子，這些錢只能由教宗在各地的代理更加變本加厲地壓榨，更加不擇手段地征費，無所不用其極，其後果，加上其他各種怨言，註定了讓利奧時代成為在羅馬教宗領導下團結統一的基督教走向分裂前的最後一個時期。

作為美第奇家族的一員，登上教宗聖座的利奧給家族增添了榮耀，也給自己帶來了金錢和權力，他還可時常光顧佛羅倫斯教堂，這也似乎預示著與儒略的血腥且嚴酷的時代截然相反的充滿和平與希望的快樂年代。為了強化這一印象，利奧對加冕典禮後前往拉特蘭的遊行進行了精心設計，將它打造成了文藝復興時代盛大空前的藝術節。在這最後的團結統一時刻，它代表了羅馬教廷對於教宗的意義所在——作為一尊龐大基座展示世界奇珍異寶，同時也以顯赫的勝利儀式慶祝美第奇家族成員登上教宗聖座。

一千名藝術家在街道上搭起了拱門、祭壇和花環，豎起了雕塑，擺放起美第奇家族用來釀酒的「當鋪球」複製品。遊行隊伍中的每一個團隊，包括主教、世俗貴族、大使、紅衣主教及其隨從、外國政要等都穿上了前所未有的華麗服飾，不論教士還是世俗人員都同樣耀眼奪目。各種展示教會神父與王公大臣紋章的橫幅被高高掛起。一百一十二名侍從身穿紅色絲綢和貂皮服裝，分列兩旁，簇擁著騎在白色高頭大馬上的利奧緩緩前行。他滿頭大汗，但喜不自勝。他的主教冠、三重冕以及十字寶球需要四名轎夫托舉起來。騎兵和步兵的加入讓遊行隊伍更為龐大。教宗侍從們向圍觀人群　灑金幣，以彰顯美第奇家族的慷慨大度。最後，教宗在拉特蘭舉行了宴會，並在返程遊行中點燃火炬，燃放煙火。整個慶祝活動花費十萬達克特，相當於儒略留下的國庫儲備金的七分之一。

自此，鋪張奢靡之風有增無減。教宗的聖彼得大教堂專案，由拉斐爾接替布拉曼特擔綱設計，估計耗資超過一百萬達克特。教宗安排弟弟朱利亞諾與法國王室聯姻，婚禮的慶祝儀式花了十五萬達克特，比教宗每年開支的一半還多，是儒略統治時期同樣活動花費的三倍。梵蒂岡上層大廳牆上的黃金和絲綢掛毯，在布魯塞爾定做，上面有拉斐爾繪製的漫畫，花費了他弟弟婚禮支出的一半之多。為了維持開支，在他任教宗期間，教廷主事官設置了二千多個用來出售的職位，其中包括四百個聖彼得大教堂的教宗騎士團名額。為了獲得這些頭銜及相應特權，每人需要支付一千達克特，此外還要每年在此基礎上繳納該價格十分之一的年息。出售所有這些職位的總收入估計達到三百萬達克特，是羅馬教宗年收入的六倍，但事實證明這樣還是會入不敷出。

為了光宗耀祖，給家鄉爭光，利奧決定設立一座紀念碑，用來表彰自己的豐功偉績，同時也表示對自己的佛羅倫斯同鄉「神聖工匠」的認可。為此，在他的提議下，米開朗基羅在埋葬美第奇家族三代成員的聖洛倫索教堂設計修建了美第奇禮拜堂，它成了利奧時代精美絕倫、前無古人的藝術精品。利奧早就聽說最漂亮的大理石產自彼得拉桑塔山脈，可是這裡位於其一二〇英里外的托斯卡納，米開朗基羅說開採及生產的成本非常昂貴，但利奧二話不說，立即下令動工。為了運輸大理石，他專門在杳無人跡的鄉村修建了道路用以運出一塊塊大理石，他成功地運出了足夠用來打造五個無與倫比的柱子。在這一階段，他發現米開朗基羅「無法相處」，而資金也已經用完了。他更喜歡親切友好、謙恭禮讓的拉斐爾以及他簡潔大方的藝術作品。禮拜堂的工作停了下來，並直到教宗利奧的堂兄朱利奧，即後來的克勉七世擔任教宗期間，這一工程才得以復工並完成。

利奧為羅馬大學招募了一百多名學者和教授，講授法律、文學、哲學、醫學、星相學、植物學、希臘文和希伯來文等課程，但由於在職務任命上腐敗問題不斷，且資金日益減少，這一事業像他的其他許多項目一樣，轟轟烈烈地開始，然後迅速消失了。他熱衷於收藏各種書籍和手稿，並常能大段背誦其中的內容。他還創辦了一家出版社，印刷希臘經典，以此愉悅身心。他就像狂歡節拋撒糖果那樣分發金錢和特權，給予拉斐爾無盡的恩惠和榮譽，並雇用大批藝術家作為助理來實施他的設計，其中包括教宗宮殿內的飾品、各種場景和人物、裝飾地板及刻有花紋的裝飾物等。他本來還打算任命拉斐爾為紅衣主教，但這位藝術家還未來得及穿上紅色長袍，就在三十七歲時據稱因為縱欲過度而早教宗一步去世了。

當權者為了達到某種效果而明顯浪費大量人力物力的做法在當時已經習以為常。一位名叫阿戈斯蒂諾・基吉（Agostino Chigi）的富豪舉辦了一場宴會，場面令人咂舌，盛有鸚鵡舌頭和來自拜占庭的魚的金盤子在使用過之後隨即就被扔到窗外的台伯河裡，而水面下方則張著網，用來回收這些盤子。在佛羅倫斯，錢幣上也灑有香水。最奢華的莫過於建造用於一五二〇年法蘭西斯一世和亨利八世會面的金縷玉衣展廳。為佈置該展廳，法國背負了四百萬里弗的債務，用了將近十年才還清。作為生來就揮金如土的美第奇家族成員，利奧如果是俗人或一般信徒的話，即便到了不花錢就手癢的地步，也不會因為反映出他那個時代的現實而廣受詬病。在展示極端物質享樂的同時，他並未察覺到自己的角色與言行之間的矛盾，或者從未認真考慮過，作為教會首領，身居廟堂之上，他的所作所為可能會對公眾產生負面影響。利奧性情隨和，聰明過人，卻又好逸惡勞，怠惰成性；他看似待人友好，善於交際，在行政事務上粗心大意，然而在宗教儀式方面卻一絲不苟，每天堅持齋戒，主持彌撒。有一次，在聽到奧斯曼土耳其的捷報後，他赤腳走在遊行隊伍的前列，手擎紀念物，穿過城市的大街小巷，祈求擺脫伊斯蘭教的威脅。只有在危急關頭，他才想到上帝。而平時，他領導的教廷總是一派輕鬆祥和。紅衣主教及教廷成員都要傾聽神聖演說家講經佈道，其間他們往往閒談暢聊，而在利奧時代，這一活動先是縮短為半小時，隨後又減少到一刻鐘。

教宗喜歡即興詩賦比賽，喜歡紙牌賭博，喜歡有音樂伴奏的宴會，如果再輔以各種形式的戲劇表演，他更會喜笑顏開。他愛歡笑，愛娛樂，正如當代傳記作者保羅・焦維奧（Paolo Giovio）寫道，「他可能天生就喜歡這種形式的消遣，或者在他看來，這樣可以避免煩惱和憂慮，從而延年益壽。」他的健康狀況令人擔憂，儘管他當選時才三十七歲，但肛門潰瘍讓他飽受折磨，尤其在遊行時更是麻煩。早在當選之前他就讓醫生傳出話去，說他不會長壽，這對他那些紅衣主教同僚來說不啻為非常有說服力的因素，從而在選舉時也幫了他大忙。米開朗基羅在美第奇禮拜堂中參考了利奧弟弟的身形來體現文藝復興時代理想的貴族男士形象，而利奧在身體上卻與他這位兄弟相差甚遠。（這位藝術家說，「千年以後，誰還在乎這些是否是真正的特點呢？」）利奧身材矮小，大腹便便，皮膚鬆弛，頭大腿短。但白嫩柔軟的手掌讓他自己引以為豪，他花了很大心思進行保養，而且還戴上閃閃發光的戒指作為裝飾。

他喜歡狩獵，喜歡有數百名隨從前呼後擁的感覺。他在維泰博用老鷹捕獵，在科內托捕殺牡鹿，在博爾塞納湖怡然垂釣。在冬季，羅馬教廷成員可以欣賞到音樂表演、詩歌朗誦、芭蕾舞劇，而戲劇則有阿里奧斯托、馬基維利以及利奧先前的導師貝爾納多·達比別納（Bernardo da Bibbiena）等人創作的淫穢喜劇。其中貝爾納多跟隨教宗到了羅馬並被提升為紅衣主教。當朱利亞諾·美第奇攜嬌妻來到羅馬的時候，紅衣主教達比別納在給他的信中寫道，「我們稱頌上帝，感謝神明，因為我們這裡應有盡有，唯獨缺少有女士的宮殿。」作為一位托斯卡納人，他聰明睿智，彬彬有禮，不僅是足智多謀、經驗豐富的外交家，而且鬥志昂揚，樸實無華，是教宗的親密夥伴和忠實顧問。

利奧偏愛古典戲劇和舞臺表演，盛大活動在羅馬數不勝數，令人眼花繚亂，異教信仰與基督信仰奇怪地混合在一起：從古代神話表演，到狂歡節化裝舞會；從羅馬歷史劇，到圓形大劇場的耶穌受難演出；從經典演說，到壯觀氣派的教會盛宴。而最令人難忘的當數葡萄牙國王為慶祝戰勝摩爾人而向教宗贈送禮物的儀式，這就是著名的白象慶典遊行。為了博得利奧歡心，一位摩爾人牽著大象，另外一位摩爾人騎在大象脖子上，而大象則馱著一個用寶石裝飾的轎子，轎子下面是一個箱子，外面是銀質古塔和城垛圖案，裡面裝有大量法衣、黃金酒杯以及裝訂精美的書籍。在到達聖安傑洛大橋時，大象導照指示向教宗行三鞠躬禮，然後向圍觀的人群噴水，儀式在眾人歡快的尖叫聲中達到高潮。

異教信仰偶爾也會入侵梵蒂岡。在一次神聖的演說中，演講者祈求得到希臘神靈的庇佑，聽眾中有人哄堂大笑，而有人則怒火中燒，但教宗卻聽得心滿意足，對這般口誤毫無責怪之意，這非常「符合他的本性」。在他看來，訓誡與佈道高於一切世俗學問，這一點彰顯了古典風格和內容。

利奧在政治上怠惰鬆懈，不僅毫無建樹，而且還破壞了儒略建立的一些成果。他的原則是儘量避免麻煩，順其自然。他效仿美第奇家族的治國之道，「在與一方達成協議之後，利奧曾經說過，沒有理由不與另外一方也達成協議。」儘管法國宣稱米蘭為其所有，他也承認了，但他暗中卻與威尼斯聯手粉碎了法國重新佔領米蘭的企圖。與西班牙聯盟時他也如法炮製，秘密勾結威尼斯將西班牙驅除出義大利。他慣於掩飾，這一點在羅馬教廷一步步陷入更深的危機時表現得更為明顯。他總是面帶微笑，但對各種問詢卻避而不談，一再推託，對政策方面也是三緘其口——實際上根本就沒有什麼政策。

一五一五年，三千名法國貴族騎兵在法蘭西斯一世的帶領下返回義大利。他們攜帶精良的火炮，外加一個德意志雇傭軍兵團，雄赳赳氣昂昂，要重新奪回米蘭。經過慎重的考慮，教宗加入了神聖同盟進行對抗，但各個成員國懶散乏力，只有瑞士軍隊還鬥志昂揚。不幸的是，在米蘭週邊的馬里尼亞諾的一場惡戰中，法國人大獲全勝。慘烈的戰鬥持續了兩天，儘管教宗的軍隊駐紮在不到五十英里外的皮琴察（Piacenza），卻並未參戰。

法國人又一次控制了北部公爵領地的大片土地，並趁機與瑞士簽署了「永久和平」協定，以此確認對該領地的所有權。他們現在兵強馬壯，教宗難以抗衡，於是，他明智地改變了立場，與法蘭索瓦一世在博洛尼亞會面，並與之達成了和解，其實在很大程度上是割讓領土。他放棄了長期以來與米蘭爭奪的帕爾馬和皮琴察，解決了與高盧之間長期以來懸而未決的有關教會職位任命及收入支配的權利問題。其中一個旨在提高人員素質的條款要求主教必須年滿二十七歲以上，接受過神學或法律培訓，但如果被提名者與國王或貴族存在血緣關係，這些資質條件就可以不予考慮。本著這樣的精神所進行的改革，就像拉特蘭代表大會那樣，實際並未有根本的改進。

總體上，儘管法國教會對《博洛尼亞協約》中的某些條款大為不滿，但協約的簽署標誌著羅馬教宗進一步放棄了教會權力，就像法國重新佔領米蘭標誌著義大利這一時期最終失去獨立。雖然對於像馬基維利和圭恰迪尼這樣尖刻的批評家來說這一結果顯而易見，但它卻並未令利奧心生困擾，他有沒有注意到這一結果都很難說。「把野蠻人趕出去！」不是他的戰鬥口號。他更喜歡祥和的氛圍。本著有求必應的態度，他答應了法蘭索瓦將拉奧孔雕像送給他，但他其實是用一個複製品蒙混過關，這就是後來從雕塑家巴喬・班迪內利（Baccio Bandinelli）那裡定做的那個（現位於烏菲茲）。他為一個兄弟和侄子洛倫佐各娶了一位法國公主，與法國保持著良好的關係。但一五一九年查理五世當上國王之後，他與西班牙和哈布斯堡王朝團結在了一起，權力由此轉移，教宗與法國的友好關係也就此終止。利奧審時度勢，再次改變立場，與新國王建立了盟友關係。戰爭還在繼續，主要是各國極力想把競爭對手踢出義大利的土地，而義大利各城邦國本來就處於根深蒂固的分裂狀態，如今夾在衝突之中無論怎麼洗牌都無濟於事。

歷任羅馬教宗均對家族事業情有獨鍾，他們似乎把家族財富看得比教廷還重，在這方面利奧也毫不例外。由於自己沒有孩子，他便下大力氣培養與他關係最親近的親戚，首先就是他的堂（表）弟朱利奧・美第奇，也就是被帕茲在大教堂殺害的朱利亞諾所生的私生子。利奧弄來份宣誓書，聲稱朱利奧的父母秘密合法結婚，從而掃清了他的出身障礙；隨後利奧將他提拔為紅衣主教，成為利奧的首席神父，並最終登上教宗聖座成為克勉七世。利奧共提拔了五位家族成員做紅衣主教，有兩位是他的堂（表）兄弟，還有三位分別是他三個姐姐的兒子。不僅如此，在他弟弟去世之後，利奧決定讓他們共同的侄子洛倫佐，也就是他已故的哥哥皮耶羅的兒子掌管家族財富，並傾盡全力為其獲得烏爾比諾公爵領地，這因而引起了麻煩。

教宗通過武力奪取了曾被他逐出教會的現任公爵的領地，將頭銜及領地給洛倫佐，並要求紅衣主教團批准這一行為。儒略的侄子，現任公爵德拉・羅韋雷與他叔叔一樣精力旺盛，在這種情況下奮起反擊。他派特使來到羅馬向洛倫佐發起挑戰，儘管有安全通行證書，但特使還是被逮捕並受到嚴刑拷打。為了與烏爾比諾作戰，教宗以公爵發動叛亂為由對所有教宗國徵收賦稅。這一無恥的舉動令輿論譁然，但是，就像儒略或任何其他獨裁者一樣，利奧對在公眾之中產生的影響視而不見。他冷酷無情，不遺餘力地進行了兩年之久的戰爭。在戰爭即將結束時，洛倫佐和他的法國妻子都已去世，只留下一個叫凱薩琳・美第奇的女嬰。令人意想不到的是，這位女嬰長大後嫁給了法蘭索瓦一世的兒子，並成為法國的王后和統治者。然而，財富如這般輪流轉，對利奧來說到來得太遲了；美第奇家族終究沒能免於衰敗。為了對抗烏爾比諾的戰爭，利奧總共耗費了八十萬達克特，並因此債臺高築，在財務方面千瘡百孔、岌岌可危。但是，肇事者並未緊縮開支節儉度日，反而通過更加隱晦曲折的手段，上演了這一時代最大的醜聞。

彼得魯奇（Petrucci）陰謀作為一起鮮為人知的惡性事件，迄今為止一直令人困惑不解。利奧宣稱，他通過一名背叛他的僕人發現幾個紅衣主教密謀要暗殺他。當時錫耶納年輕的紅衣主教阿方索・彼得魯奇（Alfonso Petrucci）因為個人冤情無處申訴，於是糾集了其他幾個紅衣主教，收買了為教宗看病的醫生，計畫在用刀子切開教宗臀部上的癤子時趁機注射毒藥。事情敗露後，許多人被拘捕，告密者受到嚴刑拷打，作為嫌疑人的紅衣主教被嚴加審訊。彼得魯奇和其他幾名受到指控的人被誘騙到羅馬，隨後被捕入獄。但利奧認為投毒者非常危險，因此沒有對該罪行予以寬恕。通過逼供，嫌疑人披露了可怕的秘密；有人在誘導下坦白交代；人們口口相傳的關於訴訟的報告令羅馬人迷惑不解，膽戰心驚。被迫認罪的紅衣主教彼得魯奇被一位摩爾人用紅色絲綢繩索套在脖子上勒死了，因為根據規定，基督教徒不能對紅衣主教執行死刑。面對這血淋淋的酷刑，其他受到指控的主教在繳納巨額罰金後被赦免，其中最富有的主教拉法埃萊・里亞里奧（Raffaele Riario）上交了十五萬達克特，他是西斯篤四世的一個侄子，是其裙帶關係中的又一個環節。

這樣的情節太過於牽強，以至於人們有理由推斷，或許教宗利用告密者吐露的機密，為收取罰金而誇大了整個事件。有人最近查閱梵蒂岡檔案發現，這一情節事實上可能是真的，但問題在於它當時產生了什麼樣的影響。鑒於利奧對烏爾比諾發動過戰爭，公眾早就對他極度憤慨，此時，彼得魯奇陰謀讓他更加名譽掃地，同時它也是對紅衣主教的一種警告和對抗。是消除他們的敵對態度還是避免破產命運，或兩者兼顧呢？利奧的手筆實在驚人，他一天內設立了三十一個新紅衣主教職位，從被錄用的人員那裡收取了三十萬達克特。大規模設立職位的做法據說是由紅衣主教朱利奧・美第奇構想出來的，當時的目的是為自己成為羅馬教宗鋪平道路。如今，道德敗壞如此嚴重，紅衣主教團中卻連一點兒反抗行為都沒有。

一貫和藹可親的利奧，由於沉迷於自己的交易中，變得不那麼慈眉善目了，或者他可能從來就沒有像人們普遍認為的那樣寬厚仁慈。彼得魯奇事件並非唯一令人不快的事件。為了將佩魯賈納入教宗國版圖，教宗必須要廢除王朝的統治者詹保羅・巴廖尼（Giampaolo Baglioni）。作為「罪惡昭彰的怪物」，巴廖尼不值得同情，但教宗還是再一次使用了背信棄義的手段。他邀請巴廖尼來羅馬，並提供安全通行許可證，但在後者剛到達時就將其逮捕、關押，並在嚴刑拷打之後將其斬首。

那個時代的人為什麼會信任安全通行證書呢？這是一個無足輕重的問題。更大的問題在於神聖的教宗及其四位前任，把他們自己視為基督教的何種使徒呢？作為忠實信徒的聖父，他們有義務向他們的選區負責，但他們似乎很少想到支持擁護他們的選民。那些信徒認為教宗是至高無上的神父，高大而聖潔，因此對他們崇拜有加，希望表達敬仰之情。這些人是怎麼想的呢？用圭恰迪尼的話來說，這就是「永久的教宗陛下」心理，這些教宗似乎只會關注有形的東西。他們沒有假裝聖潔，抑或做出任何宗教職業的姿態，而那些被他們所管轄的人也從來沒有強烈地要求他們這麼做。

利奧根本就無動於衷，對人們的憤慨不予理睬，也沒有收斂一下揮霍無度的習慣。他從未試過節儉度日，也從未想過減少家庭開支或放棄賭博。在一五一九年瀕臨破產時，他還組織了一場鬥牛表演，這是亞歷山大留給羅馬教廷的遺產。儘管早就債臺高築，且無力償還，但利奧還是為所有鬥牛士及他們的隨從捐贈了華麗的服飾。

彼得魯奇醜聞發生在一五一七年，歷史註定要在這一年翻開新的一頁。自該世紀初以來，對教會的不滿情緒與日俱增並逐漸蔓延，神職人員通過各種會議和傳道，尤其是諷刺性小冊子、書信、詩詞、歌曲來表達不滿，而傳教士則通過末世預言等來表達這種情緒。教會管理機構以外的每個人都心知肚明，不同政見者的大爆發迫在眉睫。一五一三年，一位義大利修道士認為這一情形已經近在咫尺，並預言羅馬將遭到滅頂之災，所有神父和修士都將被屠殺，任何不肖的神職人員都將無一倖免，據說三年不會有彌撒活動。由於教宗大肆揮霍、債務纏身，相當數量的中產階級義憤填膺；教宗橫徵暴斂、貪慾無度的做法更令每個國家的各個階層和團體怨聲載道。

在此期間，拉特蘭大會重新召開了，許多代表在訓誡佈道中明確表達了他們的不滿情緒。喬瓦尼・科蒂斯（Giovanni Cortese）是教廷的法律顧問，早在利奧當選為教宗時就曾勸誡過他，說改革任務沒有兌現的話，後果不堪設想，如今他再一次表達了這種憂慮。許多年以後，已經當上紅衣主教的科蒂斯起草特倫特（Trent）大會的日程，試圖在該會議上提出些補救措施。一五一七年三月，在拉特蘭大會閉幕式上，詹弗朗切斯科・皮克・米蘭朵拉發表了著名的演講。作為一個小公國的統治者，他對所有必要的改革進行了總結概括，簡潔地陳述了在世俗與宗教之間進行選擇的問題：「如果我們要讓敵人和背叛我們的人重新擁護我們的信仰，那麼首先要改變世風日下的狀態，恢復古代德治傳統，而不是用我們的戰艦橫掃黑海。」他最後說，「如果我們忽略應有的任務，人們對教會的看法將會大打折扣。」作為虔誠的基督教世俗信徒，皮克的發言表明，對教會的不滿情緒已經蔓延開來。

人文主義者和知識份子難以認可教宗的世俗價值觀，就像法國的雅克・勒菲弗（Jacques Lefèvre）那樣，他們轉而到《聖經》中去尋求信仰的意義所在，或者像伊拉斯謨斯那樣，訴諸諷刺手段，儘管是宗教方面的不幸促使他們這樣做，但這一行為卻有助於讓人們認識到教會的腐朽和墮落。「至於這些身居基督教會高位的至高教宗，」他在對話體文章中寫道，「如果他們足夠明智的話，應該想到這將給他們帶來多少不利影響！……他們將失去所有財富和榮譽，所有這些財產、大刀闊斧的進步、教會職位、特許權、下屬進獻的禮品以及贖罪券等等……」這將需要祈禱、守夜、研究、佈道以及「一千個同樣棘手的任務」。抄寫員、公證員、宣導者、秘書、騾夫、馬夫、銀行家、皮條客等等將要失業──「而我恐怕還要在這個清單中添加些儘管更粗魯但也更新的職業」。

教宗的戰爭也遭到了伊拉斯謨斯的嘲諷，並與以往一樣，直指教會所謂的敵人。「仿佛教會還有比驕橫不虔的教宗毒害更深的敵人一樣，他們的沉默讓基督被遺忘，他們唯利是圖的準則給基督套上鐐銬……而且各種荒淫無恥的生活更是重新將他釘在十字架上！」在一封私人信件中，他簡明扼要地總結說，「現如今羅馬教宗的君主政治，其實就是基督教世界的一場瘟疫。」

在同一階段，即一五一〇至一五二〇年，馬基維利發現「羅馬教會是我們信仰的中樞，但人們離它越近，就越是對宗教持懷疑態度」，他據此認為這就是教會頹廢的明證。不論是誰，只要仔細審視一下基督教賴以建立的原則以及教會目前的狀況，就不難發現教會實際已經偏離了最初的原則，從而「做出這樣的判斷，它即將遭遇滅頂之災，很快就將受到懲罰」。馬基維利之所以如此憤怒，是因為他難以忍受教宗對義大利造成的危害。「羅馬教廷邪惡昭彰，完全銷毀義大利人對宗教的虔敬態度」，導致了「無盡的傷害，一片混亂」，「讓我們的國家總是分崩離析」。這就是「我們之所以毀滅的根源」。教會自身實力不足，從未強大到擁有至高無上的霸權，因此害怕失去權力之時，總是尋求外部援助，「這種野蠻的統治手法令每個人都嗤之以鼻」。

圭恰迪尼用一句話對這一控訴進行了概括，他說，「人們已經徹底失去了對羅馬教宗的敬畏之心。」

因為濫用職權，將贖罪券商業化，反抗最終爆發了，而反抗爆發之地，眾所周知，即是德意志東北部的維滕貝格。由於與法國一樣，德意志沒有強有力的全國統一力量能夠對抗教宗稅收政策，德意志公國的反羅馬情緒最為強烈，抗議的聲音最為高昂。此外，由於自古以來與帝國的關係，加之教會在此擁有大量的地產，羅馬的苛捐雜稅較其他地方更為繁重。民眾不但認為教宗的代理人對他們橫徵暴斂，而且因為羅馬教會及教宗又惡行不斷，拒絕改革，他們還認為與教會有關的一切事物都褻瀆了他們的信仰。後來擔任主教及紅衣主教的吉羅拉莫・亞歷山德羅（Girolamo Alessandro）警告說，有可能會爆發反對教宗的叛亂。他在一五一六年給教宗的信中寫道，德意志有成千上萬人正等待時機，公開表達他們的訴求。此時的利奧醉心於金錢和大理石紀念碑，對此根本就置若罔聞。隨後不到一年，由於他的代理人約翰・台徹爾（Johann Tetzel）在德意志出售教宗贖罪券，人們期待已久的時刻終於到來了。

贖罪券並非新生之物，也不是利奧時代的發明。最初，對於有罪之人，神父會要求他們行善積德以達到苦修目的，有時會授予他們贖罪券免除他們所應進行的部份或全部修行，但後來，這種贖罪券逐漸被用來作為豁免罪行本身的手段。這種做法遭到了純化論者和異議人士的嚴厲譴責。更令人無法接受的是將精神上的恩典作為商品出售。曾經通過虔敬的捐贈維修教堂、修建醫院、贖回被突厥人俘虜的人以及做其他樂善好施的行為才能夠獲得的恩典，已經演變成為一種交易。由此所收到的款項有三分之一到一半流入羅馬，其餘則流入地方教會，擁有這種贖罪券的教宗代理和專門進行此項交易的人員分別按不同的比例從中提成。一五一三年，約翰・科利特宣佈教會已經成為一個賺錢的機器，它考慮的不是有罪之人的悔改之心，施仁布德的修善之舉，而是赤裸裸的收費。通過雇用江湖騙子，誤導輕信盲從之輩，這一交易成為宗教組織持續不斷的罪惡活動。

儘管教宗們從未有過明確表述，但批評者早就指出，贖罪券交易的存在本身就說明教宗們允許用這種方式為將來尚未犯下的罪行埋單，這就等於說教會幾乎是在鼓勵作奸犯科了。為了擴大市場，西克篤四世在一四七六年規定，煉獄中的鬼魂也可使用贖罪券，這就使得普通老百姓相信，他們必須付錢才能讓已逝的親人脫離苦海。祈禱之人越多，他們所購買的贖罪券越多，他們已逝親人身處煉獄的時間就越短。富人對這一條款趨之若鶩，窮人則自然心生不滿，希望摒棄所有官方聖禮，並迫不及待地等待這一時刻的到來。

儒略早就下令分發贖罪券，用所得款項支付新聖彼得教堂建設的部份費用。利奧在擔任教宗的第一年出於同樣目的再次頒發贖罪券，並又在一五一五年下令專門在德意志銷售，以補償他為烏爾比諾戰爭花費的金額。此次贖罪券據說能「完全免除一切罪惡」，有效期竟達八年之久。錯綜複雜的財務安排旨在讓一位年輕的貴族，也就是布蘭登堡選舉人的弟弟阿爾布雷希特向教宗支付兼任三個有俸聖職的費用。在二十四歲時，他就已經擔任了美茵茨和馬格德堡大主教以及哈爾伯施塔特主教，總共支付了約二萬四或三萬達克特。這一交易不僅屬於買賣聖職罪，還有兼任多個有俸聖職、候選人不合格等違規做法，但教宗在拉特蘭大會致力於取締這種做法之際公然完成了該筆交易。由於無法籌集到相應款項，阿爾布雷希特只得從富格爾家族借錢，而現在他要通過銷售贖罪券的所得來還債。

台徹爾（Tetzel）是多明尼加修道士，一個有可能讓巴納姆（Barnum，美國雜耍藝人）都甘拜下風的活動主持人。他每抵達一個小鎮，都會受到神職人員和平民的熱烈歡迎，他們手持旗子和點燃的蠟燭，在教堂鐘聲奏出的歡快曲調中傾巢而出，列隊迎接他的到來。他總是隨身帶著一個綁有黃銅樂器的箱子和一袋列印好的收據，作為他助理的男修道士手裡托著刻有贖罪券的天鵝絨墊子在前面開道。在主要教堂的中殿，有人專門為他樹起了一個巨大的十字架，上面懸掛著教宗的旗幟，而他就會在這個十字架前設立攤位。購買贖罪券的人將錢投進箱子上面的一個碗裡，台徹爾則從袋子裡抽出一張贖罪券給他們。與此同時，富格爾家族的一位代理人則會站在他旁邊，仔細計算收到的每一筆款項。

台徹爾會大聲說：「我這裡有通行證……能夠引領人類靈魂去天堂享受神仙般的樂趣。」對於十惡不赦的罪行而言，修行七年即可到期。「為了獲得這些寬恕言辭，誰還會在乎兩毛五分錢呢？」氛圍一旦鼓動起來，他會說，如果一位基督徒與他的母親發生了關係，然後把錢放在教宗的碗裡，「聖父會動用天地間的力量寬恕他的罪行，而上帝也一定會這麼做。」他代表死者說：「銀幣叮噹落進箱底，靈魂雀躍跳出煉獄。」

這些硬幣發出的迴響令路德教派忍無可忍。台徹爾就物質與精神的關係所做的比喻儘管粗俗，卻精准地傳達了過去五十年歷代教宗所傳達的資訊。這不是新教分裂出去的原因，而是新教分裂出去的信號，無論在教義、個人、政治、宗教還是經濟等方面，這些原因由來已久、錯綜複雜，並且經過了漫長的發展和演變。

針對台徹爾的宣傳售賣活動，路德在一五一七年將《九十五條論綱》釘在維滕貝格教堂的大門上，抨擊濫用贖罪券的做法，認為這是褻瀆神明，不過他並未暗示要脫離羅馬天主教派。同一年，第五次拉特蘭大會舉行最後一次會議，這也是改革的最後時機。路德的挑戰激起了台徹爾的反擊，他公開肯定了贖罪券的作用；隨後路德在用本地白話所寫的小冊子《論贖罪券與上帝恩賜》中做出了回應。他的同胞奧古斯丁（Augustinians）加入論戰，更多的對手也加入進來。還不到兩個月，身在羅馬的一位德意志大主教呼籲就異端邪說提起訴訟。一五一八年，路德被傳喚到羅馬，他請求在德意志本土舉行聽證會。鑒於即將召開的德意志議會（German Diet）將就稅收問題進行投票表決，為了不使雙方情緒惡化，教廷駐德意志使節以及世俗權威同意了這一請求。另外，隨後不久，皇帝馬克西米利安去世了，大會需要選舉一位繼任者，主辦方也不希望招致麻煩。

就像他的前任一樣，忙於義大利一系列事件的教宗沒有意識到各種問題，也無法理解為何會發生抗議行動。自威克利夫（Wycliffe）否認教士有赦罪權，並認為應該簡化教會儀式以來，這種抗議已經發展演變了一個半世紀之久。除了像往常一樣將此類言行當作異端邪說進行壓制以外，利奧幾乎沒有注意到德意志的喧鬧和紛爭。一五一八年十一月，他發佈公告，規定將所有不認可或不宣揚教宗赦罪權的人逐出教會。結果，這一法令就像克努特（Canute，曾統治英格蘭、丹麥、挪威及部份瑞典領土的維京國王）對海浪發出的警告一樣徒勞無功。然而，令利奧憂慮傷感的並不是路德的挑戰，他很快就對拉斐爾的去世黯然神傷起來。

一旦抗議行為公開化，反抗羅馬的行動就開始風起雲湧。在一五一八年的奧格斯堡（Augsburg）會議上，教宗要求就討伐突厥人徵收特別稅進行投票，大會代表們回應說，基督教真正的敵人是「身居羅馬的惡魔」。一五一九年在萊比錫舉行的聽證會上，路德否定了教宗和大會的權威，隨後在一五二〇年發表了他態度鮮明的新教立場聲明，即《致德意志民族基督教貴族公開書》。這封公開信認為每個人在接受洗禮時都會有一位神父直接為其贖罪，教宗及教會的各級機構罪惡滔天，理應受到譴責，各國的教會也應獨立自主，不要再受羅馬教宗的制約。其他反教會人士和改革者也參與進來，路德的教義通過插圖說明和小冊子等形式如滔滔洪流般蔓延開來，吸引了從不萊梅到紐倫堡的城市和鄉鎮的熱心讀者。在瑞士蘇黎世，一位叫烏爾里希・茨溫利（Ulrich Zwingli）的抗議者，早就已經在傳播與路德同樣的教義，現在擴大了抗議運動的範圍，然而這場運動很快陷入了教義糾紛，並在此後永遠地走向了分裂。

教宗的使節向他報告，持不同政見者越來越多。根據一五二〇年發佈的新訓令《主起來吧》（Exsurge Domine）中的描述，教宗感覺自己就像是在與「闖入地主家葡萄園的一頭野豬」打交道。經過仔細審查，這則訓令對路德進行了譴責，認為他所發佈的論綱中的第四一條屬於異端邪說或危險言論，並責令他放棄信仰。路德拒絕了，隨後被驅除出教會，且民事部門請求對他進行懲罰。年輕審慎的新皇帝查理五世不想引發眾怒，將這塊燙手的山芋交給了在沃爾姆斯舉行的大會。在一五二一年的大會上，路德再次拒絕公開認錯。作為一個虔誠的天主教徒，查理五世被迫對他表示譴責，與其說是為了維護正統觀念，不如說為了回報與教宗簽署的政治協定，因為根據該協定，教宗會與德意志一起將法國人逐出米蘭。根據《沃爾姆斯公告》，〔神聖羅馬〕帝國非常順從地對路德及其追隨者頒發了禁令，但在路德的朋友們的努力下，他又轉危為安，從而使這一命令很快落空。

一五二一年，帝國軍隊在米蘭戰勝了法國，他們與教宗的聯盟重新奪回了教會在北部的要塞帕爾馬和皮琴察。與以往一樣，利奧在十二月的某個晚上通宵舉辦宴會慶祝勝利，結果偶感風寒，發燒去世。據他的財務總監紅衣主教阿爾梅利尼（Armellini）估計，在利奧擔任教宗的七年時間裡，他共花費了五百萬達克特，並留下八十多萬達克特債務。從他死後到下葬這段時間，人們將他的財產搬的乾乾淨淨，以至於最後從新近去世的一位主教的葬禮上找到一支燃燒了一半的蠟燭，才得以照亮他的棺材。儒略時代的花費尚且有正當的政治目的，而利奧窮奢極欲的揮霍，連個正當的理由都沒有，只不過為了被他寵壞的兒子花錢，而身為收藏家及鑒賞家無盡的佔有慾也令他欲罷不能。與基吉的黃金盤不同的是，利奧時代的宴會上沒有在河中掛起打撈盤子的網。他這一時代誕生了不少永恆的藝術作品，但是，不論它們多麼熠熠生輝，都不該是教會的正當事務。

當代歷史學家弗朗切斯科・韋托里（Francesco Vettori）寫道，「由於路德教派的持續推進」，利奧時代的羅馬教宗及教會處於「有史以來聲譽最差的時期」。有篇諷刺文章甚至說，如果教宗再多活幾年，有可能把羅馬都給賣了，然後就是基督，然後就是他自己。當紅衣主教們前去召開教宗選舉會議，以推選出利奧的繼任者時，大街上的人們對他們發出一片噓聲。

六、羅馬遭劫：克勉七世（一五二三—一五三四）

在這遲來的一刻，教會彷彿受到命運的嘲弄，將一位改革者推選為教宗，而這位改革者並非有意為之，只不過在諸位競爭者勢均力敵陷入僵局的情況下僥倖當上了教宗。當時，無論是紅衣主教亞歷山德羅・法爾內塞還是朱利奧・美第奇都沒能獲得多數選票，而好戰的紅衣主教施納則以兩票之差落選。在這種情況下，他們建議提名某個沒有出席會議的人選，用圭恰迪尼的話來說，「只是打發一下上午的時光」。就這樣，荷蘭出生的烏德勒支紅衣主教阿德里安（Adrian）就被推舉出來，他是魯汶大學前任校長，查理五世的前任導師，目前任西班牙總督。除了生活簡樸、具有革新意識之外，人們對他知之甚少。就在眾人談論其優點美德之時，紅衣主教們開始——投票給他，結果突然間發現，他們已經讓他當選了。他其實是一個默默無聞的人物；更糟糕的是，他還是個外國人！誰也無法合理地解釋這個令人匪夷所思的結果，只能將其歸因於聖靈的干預。

羅馬教廷、紅衣主教、市民和所有對教宗提供過贊助並滿懷從中獲利之期望的人都感到驚愕萬分，羅馬人亦對一位非義大利人的到來義憤填膺，認為他不過是個「野蠻人」，而新當選的教宗本人則不急不躁，氣定神閑。然而，聽說過阿德里安良好聲譽的改革派卻歡欣鼓舞，對他寄予厚望。他們制訂了改革委員會施政計畫，出臺了一系列強制措施，用來貫徹長期以來被忽視的教會規則，並以此來清洗腐敗的神職人員。一位勸告者的警醒之言對他們這種做法進行了總結，他說，「在永恆詛咒的痛苦中，教宗一定要委派牧羊人，而非餓狼。」

部份由於瘟疫的爆發，阿德里安在當選近八個月之後，也就是一五二一年八月底，才抵達羅馬，他隨即清楚地表明瞭他的意圖。在由他主持的第一次紅衣主教團體會議上，他說，教宗和神職人員罪孽深重，用聖徒伯納德的話來說就是，「那些罪大惡極之徒，根本就不知道自己早就惡貫滿盈」。他說，臭名昭著的羅馬已經成為全世界的笑柄。他懇求各位紅衣主教摒棄腐敗奢侈的生活，與他一道致力於改革事業，為世人樹立良好的榜樣，並將之作為自己的神聖職責。聽眾對他的這一番話無動於衷，沒有人準備清心寡欲地擔任教職，沒有人願意放棄身兼多職所帶來的年金和收入。因此，當教宗宣佈對所有人實行緊縮措施時，無疑遭到各方憤懣而強烈的反抗。

阿德里安堅持己見。無論教廷官員還是前任教宗的紅人，乃至紅衣主教都被傳喚，有的遭到訓斥，有的受到審判懲罰。「教宗在八天時間內的所作所為，」威尼斯大使描述說，「令所有人都戰戰兢兢。」

他頒佈法令，禁止買賣聖職，減少開支，遏制銷售特許狀和贖罪券的行為，只任命合格的神職人員擔任有俸聖職，且一人只能擔任一個職位，因為在他看來，有俸聖職應該從教士中選拔任命，而不是反其道而行之。在他每次做出努力之時，都會有人告訴他說，這樣做將會使教會倒閉或者削弱教會的影響力。他只有兩位侍從，並因為不會講義大利語而難以與外界溝通，並且由於對藝術和文物缺乏興趣而受到人們的鄙視。他與義大利人格格不入，更無法讓他們接受自己。他給德意志議會寫了一封信，要求對路德教派進行壓制，這也是沃爾姆斯會議所頒佈的法令，但根本就沒人理會。與此同時，他坦承在羅馬教會，「神聖的事物遭到褻瀆和濫用，戒律法令屢屢受到踐踏，一切都朝著更壞的方向發展」。這種言論更疏遠了他與教廷的關係。面對公眾的抗議和示威、諷刺性雕像、牆上侮辱性的塗鴉、官員的排斥態度，阿德里安發現這個充滿問題的體系實在根深蒂固，令他難以撼動。他悲傷地承認說：「在這樣一個年代，我的各方面工作都被安排好了，我個人的努力又有什麼作用呢？」一五三三年九月，擔任教宗僅一年零兩周並積極行使職責的這位局外人，在徹底失望中去世了，沒有人對他的離去表示哀悼。

羅馬又恢復了正常。謹慎小心力求周全的紅衣主教團選出了另外一位美第奇家族成員，紅衣主教朱利奧。他剛愎自用地選擇了一個殺氣騰騰的名字——克勉七世（Clemens PP. VII），作為自己的教宗稱號。而這個名字，正是分裂活動中第一位偽教宗的名字。新克勉統治的時期可謂災難重重。新教的影響力繼續擴大。德意志各州從黑森到布勞恩斯魏克，從薩克森到布蘭登堡，逐一簽署了路德告白書，宣佈脫離羅馬，不聽從國王的命令。經濟利益與教義對他們具有同等的吸引力，他們通過沒收教會的財產，取消教宗稅收來獲得經濟利益。而對於教條的爭執，則反映了茨溫利（Huldrych Zwingli）和路德之間的爭吵，從運動開始就迷霧重重。與此同時，丹麥教會幾乎脫離了羅馬，而瑞典則一步步對教義進行了革新。一五二七年，亨利八世不顧可能引起的嚴重後果，要求教宗撤銷他與亞拉崗的凱薩琳的婚姻，這令克勉有些左右為難，因為凱薩琳畢竟是查理五世的姑姑。否則，他可能像他的前輩那樣，早就果斷做出了決定，因為在這種情況下，經驗往往比原則更為重要。但是，查理五世既是帝國君主，又是西班牙君主，似乎比亨利八世更加可怕，於是教宗一而再、再而三地拒絕同意這一離婚訴求，其理由，正如他所聲稱的那樣，是為了尊重教會法規。他做出了錯誤的選擇，並因此丟掉了英格蘭。

據教宗事務部披露，克勉並不像人們所期望的那樣能夠勝任教宗職位。學富五車、雷厲風行的下屬圭恰迪尼寫道，他在處理事務時有些膽小怯懦，優柔寡斷。作為美第奇家族的一員，他「從不施以小恩小惠，也不貪戀他人的財產，令羅馬人牢騷滿腹」，對他頗為失望，這樣一來，他就缺少了廣泛的支持。由於深感任重道遠，他總是「鬱鬱寡歡，愁雲滿面」，這倒也不足為奇，因為在他實施政策的過程中，每一個選擇都被證實是不明智的，而每一次冒險結果總是適得其反。韋托里寫到，他「從一個偉大而卓著的紅衣主教，變成了一個卑微渺小、遭人鄙視的教宗」。

現在，法國和西班牙哈布斯堡王朝在義大利劍拔弩張，對抗激烈。克勉試圖按照義大利以往的做法，坐山觀虎鬥，但結果不僅失去了雙方的信任，而且無法與其中任何一方建立可靠的聯盟。一五二四年，為奪回米蘭，法蘭索瓦再度發動戰爭並旗開得勝，儘管克勉最近與帝國簽署了協約，但鑒於法國一開始贏得了勝利，他被迫與其簽訂秘密協定，以便讓法國承諾尊重教宗國及美第奇家族對佛羅倫斯的統治，而後者是克勉首要關心的問題。在發現教宗的欺詐行為後，查理發誓要親自去義大利，「向那些傷害我的人，尤其是那個愚蠢的教宗報仇雪恨」。第二年，在決定性的帕維亞戰役中，擁護神聖羅馬帝國的西班牙人打敗了法國並俘虜了法國國王。得知這一消息後，克勉與帝國皇帝達成新的協議，同時還暗中希望法國在不久以後能夠東山再起，從而重新建立平衡，好讓他再次在兩者之間騰挪斡旋。他似乎在保持忠誠的過程中沒有看到有利條件，而在背信棄義時又沒有看到不利因素，只是在動盪的命運中做出瞬間的決定。

一年後，查理將法蘭索瓦從監獄中釋放出來，後者答應除割讓勃艮第外，還要放棄所佔有的米蘭、熱那亞、那不勒斯以及其他在義大利的一切領地。驕傲的法國國王根本就不可能信守這一承諾，尤其是讓他回到法國的土地上以後，就更加不可能了，他也確實沒有信守承諾。在重新奪回王位之後，他向克勉伸出了橄欖枝。儘管過去有過引狼入室的經歷，但此時的克勉看到了期待已久的將教宗從西班牙陰霾的大手中解放出來的機會。不過，他把法蘭索瓦當作與威尼斯和佛羅倫斯所建立的神聖同盟中的合作夥伴，這樣一來，他就能夠拿起武器與皇帝對抗，而同時又不用擔心因失信而受到譴責。不用說，義大利各城邦國都參與了所有這些協定，當雙方交戰時，它們都毫無疑問地遭到猛烈打擊和無情踐踏。

到一五二七年，義大利幾乎沒有哪個地方能免於遭受悲慘的命運，到處遭遇搶劫，饑荒肆虐，土地荒蕪，民不聊生，百姓流離失所。旅行途徑倫巴第大區的兩位英國公使報告說，「以盛產穀物和葡萄著稱的優美鄉村現在如此荒涼破敗，以至於所到之處根本就看不到人，沒有任何生機和活力，只有在較大的村莊才能看到五、六個人淒慘悲涼地生活著」，而在帕維亞，有的孩子在大街上嚶嚶啼哭，有的則早已餓死，慘不忍睹。

由於克勉的誤判，羅馬現在即將陷入戰爭的旋渦。由德意志雇傭兵和西班牙聯合組成的帝國軍團，在法國叛徒波旁公爵（Constable de Bowrbon）的指揮下，越過阿爾卑斯山，前去打擊神聖同盟並要佔領羅馬，俘虜教宗，搶先法國一步佔得先機。事實證明，早已力不能支的法國並未信守承諾，在那一年沒有派遣軍隊到義大利援助教宗。與此同時，也可能在查理五世的暗示下，親帝國的科隆納黨在紅衣主教蓬佩奧・科隆納（Pompeo Colonna）的帶領下在羅馬發動了起義。科隆納野心勃勃，對美第奇家族仇恨無比，計畫致克勉於死地，然後通過武力手段迫使紅衣主教團選舉自己為教宗。他率領的入侵者大肆破壞，屠戮同胞，洗劫梵蒂岡，所到之處血流成河。但他們沒有抓到教宗，因為後者已經通過亞歷山大六世時期為緊急情況所建的秘密通道逃到了聖安傑洛城堡躲了起來。科隆納的一些手下穿上教宗的長袍，在聖彼得廣場上大搖大擺地走來走去，以示對教宗的嘲諷。然後雙方達成了協定，入侵者撤出了羅馬；隨後，教宗明顯是為了要開脫自己的責任，違反協議並召集了足夠的人馬將科隆納的財產全部銷毀。

科隆納的突襲行動讓克勉意識到沒有必要組織防禦。他還是堅持通過談判解決問題。在接下來的幾個月，他機關算盡，與代表查理五世的西班牙大使以及諸多國家簽署了條約，但這些條約由於語義模糊，根本無法遵循，最後都無果而終。假如他與盟友協同一致，採取剛毅果敢的行動，早就在倫巴第大區將敵人打得落花流水，因為這些敵人不過是一群散兵游勇，不僅彼此敵對、無法無天，而且沒有報酬，經常饑腸轆轆。他們的指揮官曾許諾只要能打到羅馬和佛羅倫斯，他們就可以盡情擄掠，瓜分豐厚的戰利品，他們這才得以凝聚在一起。但問題在於神聖同盟能夠支配的力量也強不到哪裡去，同樣是一盤散沙，明顯缺乏領導。在西班牙正統觀念中長大的查理五世不願進攻羅馬教廷，以對方為其軍隊支付六萬達克特為條件，同意休戰八個月。這個推遲掠奪計畫激怒了眾人，部隊發生叛變，向羅馬開進。他們一路向南，沿途受到費拉拉和烏爾比諾公爵的熱情款待，因為兩人在美第奇家族擔任教宗時都曾遭受不公正對待，此番作為報復，他們不僅向這支軍隊提供食物，而且讓其暢通無阻。

帝國軍隊的指揮官們，深知手下的士兵一旦到達永恆之城，將如脫韁猛獸一般殘酷而野蠻，因而為此有些惴惴不安。但令他們詫異的是，一路上竟然沒有看到防禦跡象，沒有收到任何談判的提議，他們發出的最後通牒也沒得到任何答覆。此時的羅馬士氣低落；數千名武裝人員中，能夠組成一支隊伍實施防禦甚或是炸毀橋樑的不足五百人。克勉似乎指望依靠羅馬的神聖地位作為其防禦的盾牌，不然就是因他優柔寡斷而早已不知所措。「我們正處在毀滅的邊緣，」一位教廷國務秘書在給駐英國大使的信中寫道，「潘朵拉盒子已經打開，人為刀俎，我為魚肉，悲慘狀況無以復加。在我看來，我們已經被宣判了死刑，只是在等待執行而已，因為這一天不會拖延很久。」

一五二七年五月六日，西班牙和德意志侵略者摧毀了城牆，潮水般湧入羅馬。接下來，在聖彼得大教堂所在地，在作為基督教中心達一千二百年之久的這座城市，人類野蠻的狂歡開始了。從野蠻的程度可以看出，羅馬的統治者在多大程度上破壞了這座城市的形象。屠殺、掠奪、縱火、強姦，各種暴行肆虐，無人能擋；指揮官們已經無能為力，而他們的總指揮波旁公爵早在第一天就被從羅馬城牆上射出炮彈打死了。

在曼圖亞檔案館發現的一份報告「用戰慄的手」記錄道，兇殘的襲擊者嗜血成性，「連石頭都為之哀傷流淚」。士兵們挨家挨戶擄掠，對反抗者一律殺害。婦女不論年齡大小全都遭到侵犯。尖叫聲、呻吟聲充斥在各個角落；台伯河上漂浮著大量屍體。教宗、紅衣主教、教廷職員以及世俗官員趕緊躲入聖安傑洛城堡，在閘門落下之後，落在外面的一位紅衣主教被人用籃子吊了上去。富人成為勒索贖金的對象，施暴者設計了野蠻的酷刑來逼迫他們出錢，如果拿不出錢來，就將他們殺死。教士、修道士和其他神職人員遭受了更加嚴酷的懲罰，修女被拖到妓院或在大街上賣給士兵。宮殿遭洗劫一空後被付之一炬；教堂和修道院的寶物也盡遭劫掠，各種文物上的珠寶首飾被剝下後全都損毀。為了找到更多財寶，入侵者連墳墓也沒有放過，而梵蒂岡則被當作了馬廄。檔案館和圖書館都被燒毀，書籍和檔案散落一地，有的成了馬匹的墊子。甚至一位科隆納成員在目睹這一場景後都禁不住涕泣。一個威尼斯人描述，「羅馬城裡觸目驚心的場景與地獄相比有過之而無不及。」

雇傭兵中的路德教派對這一場景感到高興，他們笨手笨腳地模仿羅馬教宗的儀式，一人領頭扮演教宗騎著一頭驢子，其他人身著高級教士的盛大禮服，紅衣主教的長袍和帽子，浩浩蕩蕩在大街上遊行。第一輪屠殺持續了八天。隨後的幾周，羅馬到處硝煙四起，未被掩埋的屍體發出陣陣惡臭，被成群的野狗胡亂啃食。入侵者佔領羅馬達九個月之久，造成了不可挽回的損失。估計有二千多具屍體被扔進台伯河，九千八百多人被埋葬，掠奪的物品和贖金價值估計三、四百萬金幣。他們將羅馬變成了「臭不可聞的屠宰場」，直到瘟疫爆發、食物耗盡並導致饑荒，這群酒足飯飽的入侵者才撤退離開。

這也是對精神上至高無上權威的劫掠。西元四五五年曾侵入羅馬的汪達爾人是一群外國人和所謂的野蠻人，但這次入侵者都是基督徒，他們似乎對腐朽墮落的教會老爺們情有獨鍾，想要敗壞他們的名聲，因此才實施了此番暴行。特洛伊也曾經認為自己擁有神聖的金鐘罩；羅馬原希望神聖的地位能使其免遭塗炭，但當那一刻到來時卻發現，神聖的光環早已消失得無影無蹤。

所有人都相信，此番劫掠實則是上蒼對教宗及教會機構所犯世俗罪惡的懲戒，也幾乎沒有人質疑禍起蕭牆的看法。侵略者對此深表贊同。帝國軍隊代表對洗劫羅馬的行為深感震驚，擔心查理五世會由於「對天主教及羅馬教廷所實施的暴行」大為不滿，於是就給他寫信說，「事實上每個人都相信，這一切都是上帝對羅馬教廷的暴政和混亂所做的判決」。紅衣主教卡耶坦（Cajetan）是多明尼加將軍，拉特蘭大會上的革新派發言人，並作為教宗特使在德意志與路德打交道，他說，「我們本應維護這個世界上的公平正義，但現在我們已經腐爛不堪，除了外在的儀式外，我們已經一無是處了。」

克勉所受的屈辱還不止於此。他不得不接受勝利者強加的條款，並在贖金湊齊之前一直被囚禁在聖安傑洛城堡中；而與此同時，得知教宗已無力回天的消息後，佛羅倫斯立即將美第奇統治的代理人驅逐出境，並重新建立了共和國。另外，有輿論反對囚禁教宗，認為這有辱教規，因此查理五世叫人打開了聖安傑洛城堡大門。偽裝成商人的克勉被護送到奧維多（Orvieto）的一個簡陋住所避難，仍然希望法國能夠前來為他平反。第二年，法蘭索瓦真的來了，帶領大軍直撲那不勒斯，但這一次他再次被打敗，並再次被要求宣佈放棄對義大利的全部訴求。如此一來，教宗被迫與現在已經是義大利毫無爭議的統治者的查理五世達成協議。饑寒交迫、貧困潦倒的克勉一路睡著稻草鋪來到博洛尼亞，以期達成盡可能於其有利的協定，但如今他已經幾乎沒有迴旋的餘地了。他被迫加封查理為西班牙國王和那不勒斯國王，並加冕他為皇帝。作為回報，查理將向他提供軍事援助，以恢復美第奇家族對佛羅倫斯的統治。有一件事他還是沒有妥協：作為教宗，他仍然保留權力，拒絕按照查理的要求對教會進行改革。這其實是基於他的個人原因——他是朱利亞諾的私生子，利奧十世曾為他擔任主教掃除了教規上的障礙，但那也只是權宜之計；現在，他擔心一旦自己的身份曝光，就有可能會失去擔任教宗的資格。

此後，克勉的主要活動就是用戰爭奪回美第奇家族對佛羅倫斯的統治。帝國軍隊曾經洗劫羅馬，並圍困生他養他的城市，他在堅持十個月之後被迫屈服了；而現在，這支軍隊中的喪心病狂之徒又加入了此次行動。他就像當初利奧那樣，為了家族的權力，對這一事業傾注了大量心血。美第奇家族的繼承權問題讓他心煩意亂，因為現在有兩個家族私生子，其中一個是黑白混血的穆拉托人，身份都還難以確定。這樣一來，他根本無法集中精力應付新教的擴張，更不能認真地考慮教會的應對措施。在他生命的最後歲月，德意志各邦正式與教宗脫離了關係，形成了新教聯盟。

據圭恰迪尼記載，教廷對克勉極端輕視，各國君主不信任他，佛羅倫斯和羅馬人對他討厭至極。就這樣在各方的羞辱中，克勉死了。佛羅倫斯人點起篝火，歡呼雀躍；而羅馬人認為他應該為劫掠負責，因此罪有應得。他們將他的屍體從墳墓裡拖出來，砍去頭顱，肢解了軀體，並用一把劍插入他的心臟。

羅馬遭受的劫掠令人膽戰心驚，但顯然這似乎也是一種懲罰。新教的分裂並沒有對教會產生立竿見影的影響。人們得經過相當長的時間才能夠看清過去所走過的路。羅馬教宗更不會輕易承認自己的弊政。在克勉的繼任者保祿三世（前紅衣主教亞歷山德羅・法爾內塞）擔任教宗的中途，也就是路德公開表示決裂後不到三十年時間，教宗於一五四四年召集了特倫托大會（Concilium Tridentinum），從此就恢復「失去的寶貴財富」開始了長期艱苦的工作。

從文藝復興時代六位教宗的經歷中，我們可以總結出愚蠢行徑的根源是什麼。首先，我們必須認識到，他們對權力的態度以及由此所導致的行為，都是由於他們所處的時代和環境對他們產生了不同尋常的影響。當然每個時代的每個人也都是這樣，但就該時期的教宗們而言，這一影響尤為明顯，因為這一時期的義大利統治階級實際上受到諸多外來因素的影響。教宗在對外關係中、在政治鬥爭中、在教義傳播中、在禮儀舉止中、在人際交往中的種種行為都由當地傳統風俗文化要素所決定，而現在，他們希望將這些五花八門的東西淘汰掉，以便遵循一套亙古不變的原則。

教宗們愚不可及的地方在於，他們對適得其反的政策孜孜以求，以至於摒棄了政治或宗教方面穩定的抑或統一的政策，不然，他們早就改善了自己的處境或者遏止了日益高漲的不滿情緒。他們對在自己周圍逐漸形成的情緒和態度置若罔聞，對各種趨勢和動向視而不見，這是他們最為突出的愚蠢表現。他們不肯傾聽不滿言行，對由此引發的反對觀點漠不關心，對質疑的聲音無動於衷；他們的不端行為令人憤懣沮喪，他們的弊政陋習讓人怒火中燒，但他們毫不在意，依然愚蠢而固執地維持現有的腐敗制度。他們無法改變這一制度，因為他們就是這個制度的一部份，是這個制度的產物，而且還要依賴這一制度而生存。

他們毫無節制的奢靡之風，一心追求個人利益的做法，是第二個同等重要的主導因素。有一次，當有人責備克勉七世把教宗的世俗權力放在第一位，而將「包含基督教和平的真正的教會福祉」放在次要位置時，他回答說，如果他不這麼做的話，他可能早就被洗劫得一毛錢都不剩了，根本就「無法找回我自己的任何東西」。這可能是六位教宗共同的藉口。他們中沒有一個人睿智地認識到作為教會領袖，除了「自己的」追求以外，還有更偉大的任務。當私人利益被置於公共利益之上，當個人的野心、貪婪和對行使權力的蠱惑決定政策導向時，公共利益必定蕩然無存，這一點，在從西斯篤到克勉持續不斷的瘋狂行動中表現得再清楚不過了。教宗之間的承繼關係也造成了更為深遠的危害。六位教宗中的每一個人都一成不變地傳遞著對教宗職位的看法。對他們中的每一個人而言，尤其儒略更是如此，位於聖彼得大教堂的羅馬教廷，作為教會的中樞神經，就是超級提款機。在這六十年期間，從未有人對此表達過深刻的質疑，也沒有人得到啟迪和教化。隨著時間的流逝，這種行為被發揮到了極致。每一個時代都存在自私自利心理，但一旦有人用這種心態主導對國家或教會的管理，愚蠢行徑也就不可避免地產生了。

第三個愚蠢表現是他們幻想自己將統治千秋萬代，認為他們的權力和地位永遠不可侵犯。在位教宗總是認定教宗職位永世長存，如果有人膽敢挑戰他們的權威，他們能夠通過宗教裁判所、逐出教會甚至火刑等方式將其壓制下去，在過去千年他們一直就是這麼做的。他們認為唯一真正的危險來自於大公會議形式的至高無上的權威，但只需稍加防備或適當操縱即可高枕無憂了。六位教宗從來沒有費神去瞭解抗議活動發生的原因，從不承認自己脆弱不堪或已經眾叛親離。上帝任命他們來管理教會，但他們卻目光如豆，處心積慮為自己攫取利益，剛愎自用，無所不用其極。他們沒有任何精神上的使命感，他們沒有為廣大教徒提供任何有意義的宗教引導，他們沒有為基督教世界履行任何道德方面的義務。

所有的愚蠢行徑都有下述共同點，那就是他們都有三個最突出的態度：對教徒日益不滿的情緒視而不見；把強化自己的權力當作他們的第一要務；總是幻想自己的地位如銅牆鐵壁般牢不可破。就文藝復興時代的教宗而言，周圍的環境滋生了他們的這些意識，而他們的欲望也因此愈加膨脹，不論何年何月，所有這一切在統治者身上總是循環往復，周而復始。

特洛伊大開城門迎木馬

1. 西元前七世紀的一支大型雙耳陶壺，約四呎高，壺上浮雕可見：木馬的腳下裝有輪子，藏身於木馬的希臘戰士正從其中鑽出。西元一九六一年發現於希臘愛琴海米克諾斯島。

2. 在龐貝古城發現的羅馬壁畫上，木馬正被拖進特洛伊城。左上方，一名女子揮舞著火炬，可能是卡珊卓（Cassandra）；左下方，她或另一名女子，正急著阻止木馬入城。這幅壁畫，完成於西元前一世紀，雖然已斑駁褪色，卻因故事裡的悲壯和戲劇性，在龐貝城裡顯得十分特別。

3.浮雕版上呈現亞述王阿淑爾納西爾帕二世（Ashurnasipal II，西元前八八六年至八六〇年）圍城的機關。它結合破城槌和攻城塔，還裝上了輪子。故事大約發生在荷馬之前五十年。

4. 著名的大理石雕像「拉奧孔與兒子們」，呈現特洛伊祭司拉奧孔與他的兒子被海蛇纏繞而死的景象。推估創作於西元前五〇年代。

文藝復興教宗引起宗教分裂

1. 教宗思道四世；美洛佐・達・弗利作品。畫中教宗正在派任梵蒂岡圖書館館長（圖中下跪者）。中間站立穿著紅衣者，是教宗思道四世的姪兒，朱利安諾・德拉・羅弗雷樞機主教（Giuliano della Rovere），他未來成了教宗儒略二世。圖左是思道四世兩個荒淫的外甥，皮耶羅和吉羅拉莫・里亞里奧；後者在西元一四八八年帕齊陰謀事件中被殺身亡。

2. 教宗英諾森八世紀念雕像，畫家安東尼奧・德爾・波拉約洛（Antonio del Pollaiuolo）作品，位於梵蒂岡聖彼得大教堂。

3. 教宗亞歷山大六世在「基督復活」壁畫中。這是畫家平托瑞丘（Pinturicchio）的作品。是梵蒂岡圖書館波吉亞寓所信仰大廳裡知名的壁畫。

4. 教宗儒略二世，在「博爾塞納的彌撒」裡。畫家拉斐爾的作品，是梵蒂岡教宗宮內知名的壁畫。站在教宗正後方的兩位是義大利樞機主教拉斐爾・里奧里歐，以及瑞士樞機主教馬特烏斯・希納。

5. 教宗利奧十世圖像，畫家拉斐爾作品。

6. 教宗克勉七世圖像，畫家塞巴斯蒂亞諾・德爾・畢翁伯（Sebastiano del Piombo）作品。

7. 帕維亞戰役，西元一五二五年，布魯塞爾掛毯。

8. 不義的贖罪券交易，小漢斯・霍爾拜因（Hans Holbein the Younger）的木刻版畫。

9. 路德教派對教宗改革的諷刺，西元一五三八年木刻作品：教堂裡聽到的訓示。

英國丟失美洲殖民地

1. 西元一七九三年，英王喬治三世時期的下議院，畫家卡爾・安東・希克爾作品。畫中小威廉・皮特正在發表演說。

2.「我知道我可以拯救這個國家，而且我自己一人就能辦到。」威廉・皮特，查塔姆伯爵一世，英王喬治三世的首相。畫家理查・布朗普頓作品，繪於西元一七七二年。

3. 「喬治，當個像樣的王！」英王喬治三世肖像，艾倫・拉姆齊工作室作品，西元一七六七年。

4. 「他是全英國最聰明的人。」查爾斯・湯森，英王喬治三世的財政大臣，英國學校，畫者佚名。

5. 奧古斯都・亨利・菲茨羅伊的肖像，格拉夫頓公爵三世，畫家龐沛歐・巴托尼作品。他的情婦讓英國忘記了美國。

6. 「一個偉大的帝國，遇上眼光狹小的人，會一起生病的。」艾德蒙・柏克的肖像，約書亞雷諾茲爵士工作室作品。

7. 查爾斯・沃森・文特沃斯，羅金漢侯爵二世的肖像，約書亞雷諾茲爵士工作室作品，西元一七七一年。

8. 大莊園裡的娛興節目。查爾斯・倫諾克斯，里奇蒙公爵三世的賽馬，在公爵夫婦面前展開競賽。畫家喬治・史塔布斯作品，繪於西元一七六一年。

9. 「天哪，全都完了！」腓特烈，諾斯勳爵的肖像，畫家納撒尼爾・丹斯作品，繪於西元一七七〇年。

11. （右邊）能幹的醫生銅版畫，刊於倫敦雜誌，製作於西元一七七四年五月一日。畫中諾斯勳爵奮力將茶水倒進美國女士口中，而她將口中的茶水回敬噴向他臉上。從諾斯勳爵的口袋裡，露出了「波士頓港口法案」。倒在地上的美國被曼斯菲爾德勳爵抓住了手，三明治勳爵按住了她的腳踝。抓手的曼斯菲爾德勳爵身上穿著法官袍子，頭上帶著假髮。按住腳踝的三明治勳爵還掀她裙子，偷窺她裙底。左邊站著旁觀的是法國和西班牙，英國則掩面遮眼站在後方。被撕毀的波士頓請願書被丟在一旁的地上。

10.「狂妄的視而不見」，喬治・傑曼勛爵銅版畫像，草圖係由畫家喬治・羅姆尼繪製。

12. 高譚的智者和他們的鵝，銅版畫，發表於西元一七七六年二月十六日。大臣們正要宰殺那每天會生金蛋的鵝，牆上的圖畫俯看這一切，畫裡的獅子睡著了。畫的兩旁掛著解釋這一則寓言的詩句，其中有對聯寫著：「他們的愚行做得愈多；全都在她的翅膀和腳上留下印記。」地上有張地圖標示著「北美洲」，而一隻狗正朝著地圖撒尿。

美國在越南背叛自己

HOW WOULD ANOTHER MISTAKE HELP?

1. （圖）（法國在中南半島犯的錯誤）「就是學不乖？」漫畫家丹尼爾・費茲派屈克繪於西元一九五四年六月八日。

"WHAT'S SO FUNNY, MONSIEUR? I'M ONLY TRYING TO FIND MY WAY."

2. （圖）「先生，有那麼好笑嗎？我只是在找出路呀！”漫畫家比爾・毛爾丁繪於西元一九六四年十一月廿三日。

3. （圖）哥倆好。漫畫家赫布洛克繪於西元一九六六年七月廿一日。

4. （圖）「瞧我變出鴿子！⋯來隻鴿子⋯呃，就請各位當牠是隻鴿子吧！」漫畫家帕特・奧利芬特繪於西元一九六九年三月七日。

"Remember now, you're under strict orders not to hit any dikes, hospitals, schools or other civilian targets!"

5. （圖）「記住，現在嚴格禁止你們擊中堤防、醫院、學校，或是任何非軍事目標！」漫畫家比爾・桑德斯繪於西元一九七二年三月十四日

6. （圖）「他正在想辦法保住面子。」
漫畫家東尼・奧斯繪於西元一九七二年。

'He's trying to save face.'

8. 專案調查小組。麥斯威爾・泰勒將軍（General Maxwell D. Taylor）、沃爾特・羅斯托博士與越南野戰部隊司令楊文明（大明）將軍在西貢軍官俱樂部合影。攝於西元一九六一年十月。

7. （左圖）美國國務卿約翰・福斯特・杜勒斯（John Foster Dulles）走出日內瓦會議其中一場會議。攝於西元一九五四年四月。

9. 滾雷行動。美國國防部長羅伯特・麥納馬拉和參謀長聯席會主席厄爾・惠勒將軍，一同觀看飛機自獨立號航空母艦起飛，前往北越執行滾雷轟炸行動。攝於西元一九六五年七月十八日。

10. 滿臉的不信任。美國國會參議員詹姆士・威廉・富布賴特、約翰・斯帕克曼和韋恩・莫爾斯，在富布賴特聽證會上聆聽泰勒將軍對越南問題的證詞。攝於西元一九六六年二月。

11. 反戰示威人潮擠在五角大廈台階上。憲兵和前來支援的軍隊試著阻止人潮攻陷入口處。攝於西元一九六七年十月廿一日。

12. 詹森總統白宮週二午餐會。背景是薩拉托加戰役壁畫，從詹森總統左邊起，順時針方向，依序是國防部長麥納馬拉，惠勒將軍，白宮新聞秘書喬治・克里斯汀，國家安全顧問沃爾特・羅斯托（在克里斯汀旁僅露出一點側面），助理新聞秘書湯姆・詹森，中央情報局局長理查德赫・姆斯，以及國務卿迪安・魯斯克。攝於西元一九六七年十月。

第四章　英國失去美洲殖民地

一、權力爭鬥路線不明（一七六三—一七六五）

十八世紀大英帝國在美洲大陸的自身利益無疑就是維護自己的統治，一方面要謙恭友善，另一方面還要殖民地人民自覺自願，只有這樣才能夠維持穩定的貿易往來，維護和平共處的雙邊關係，從而獲得源源不斷的利潤收入。然而，在十五年時間裡，雙方關係持續惡化，最終迎來了震驚世界的槍聲。在這期間，一屆又一屆英國政府，對發生的一件又一件事情熟視無睹，對人們的一次又一次警告置若罔聞，一意孤行、變本加厲地採取各種傷害彼此關係的舉措。無論這些舉措在原則上有多麼充分的理由，它們日漸深重地破壞了所應展示的良好意願和自覺自願的紐帶關係，經由實踐證明是非常荒唐和愚蠢的，因而，除非訴諸武力，否則這些舉措根本就無法改變。只有仇深怨重的兩方才會動用武力，因此即便武力能夠成功，其代價也是相當巨大，得不償失。最終，大英帝國在那片原本寂靜平和的廣袤土地上引發了聲勢浩大的反抗運動。

我們都知道，問題主要出在議會對殖民地徵稅的權利上。在殖民地民眾看來，議會是國家的而非帝國的最高立法機構。宗主國聲稱擁有這項權利，而殖民地拒不承認。該「權利」本質上是否存在，即便現在都難以給出確切的答案，並且與這次探討的目的基本上是不相關的。利害攸關的，是身上流著英國人血液的一個精力旺盛、勤勞多產的民族所建立起來的擁有廣袤領土的帝國。作為當代的拉奧孔，艾德蒙・柏克是不能迴避的人物，他意識到了這一點，並且說，「無論從經濟、政治，還是道義上講，不論可能徵收多少賦稅，哪怕是所謂的憲法的任何原則，都無法與留住美洲的價值相提並論」。總之，儘管擁有這片土地的價值遠遠大於維護原則的價值，但為了一個不切實際的想法而犧牲了可能達成的結果，實在是撿了芝麻丟了西瓜。這就是政府最為常見的愚蠢行徑之一。

一七六三年，「七年戰爭」以英國大勝法國及印度結束，但這時麻煩也來了。隨著法國割讓加拿大及其腹地，英國擁有了俄亥俄河及密西西比河流域中遼闊的跨阿勒格尼平原，這裡住著野性難馴的印第安部落和大約八千至九千名法裔加拿大天主教徒。法國人並未被完全驅逐出美洲大陸，依然控制著路易斯安那和密西西比河口，並很有可能會捲土重來。對新的領土進行管理和防禦，意味著英國除支付國債利息外，總體支出也將增加，而戰爭的花費已經翻倍，從七千二百萬英鎊增加到了一億三千英鎊。與此同時，財政預算也上升了十倍，從一四五〇萬英鎊增加到了一點四五億英鎊。

戰爭勝利後，首要問題就是在北美建立一支一萬人的武裝力量，防止印第安人製造麻煩和法國人東山再起；同時還要從殖民地徵稅，用來支付對殖民地的管理和防禦費用，英國人也看到了這一點。就在英國打算建立常備軍的消息開始流傳時，那些政治上頗為敏感的殖民者立刻就警惕起來，因為在十八世紀人們的思維中，這是建立專制政體最為直接的表現。他們認為由於解除了來自法國的威脅，英國人現在懷疑他們心懷不軌，想要擺脫英國的枷鎖，因此，他們相信祖國正在計畫「建立一支龐大的軍隊，以保護我們作為幌子，其實是要監視制約我們」。正如另一位殖民地人士所寫，讓他們「處於適當的從屬地位」。儘管有些英國人肯定會這麼想，但實際情況似乎並不像整日提心吊膽的美洲殖民者想像的那麼嚴重。從國內政府的態度來看，與其說害怕殖民地叛變，倒不如說擔心殖民地繼續有這種倔強易怒的心態，不能讓殖民地對他們自己的防禦袖手旁觀，因此，現在需要採取措施讓殖民地承擔相應的防禦任務。

一聽說英國要對殖民地徵稅，北美大陸民眾同仇敵愾的情緒比聽說要設立常備軍來得更為強烈。到現在為止，幾個殖民地都是由他們自己的議會投票撥款支付地方政府的運行費用。英國為了自己的利益利用關稅對貿易進行調控，除此之外，並未對美洲殖民地的大城市徵稅，這樣一來，就讓殖民地民眾逐漸認為英國並沒有這種「權利」。殖民地人士認為既然他們在國會沒有席次，因此他們抵制英國政府對他們徵稅，從而做出了對任何新的賦稅都會有的普遍反應：我們不會繳稅。雖然承認效忠於英國國王，但殖民地認為他們不受英國議會制約，並且他們的議會與英國議會具有同等的權利。但是，雙方對這種關係中的權利和義務均沒有明確的表述，這樣一來，他們彼此都得過且過，免不了磕磕絆絆，但也沒有任何人對其中的規則了然於胸；然而，一旦有人提出要對殖民地徵稅，就像要建立常備軍那樣，殖民地民眾馬上就會提出譴責，因為在他們看來這違背了他們的自由權利，意味著暴政悄悄來襲。這就埋下了雙方衝突的導火線。

在此，需要提及一下本篇文章的界限、範圍和風險。作者在下文中不想為了文章構架平衡而再次描述導致美國獨立戰爭爆發的過程，因為這方面的文章早已卷帙浩繁了。我的主題範圍較窄：描寫英國方面所做出的愚蠢行徑，因為當時的英國政府始終追求與自身利益相左的政策。美洲人有些反應過度，有時誤入歧途，偶或爭吵反目，但總體上，他們的行動符合他們的自身利益，並基本保持正確的方向。如果我們這裡所涉及的愚蠢行徑就是違背自身利益的話，那麼在這個案例中，我們必須循著英國的腳步去一探究竟。

關於英美關係，第一件要說的事情便是，儘管英國一直認為殖民地對於自身的繁榮昌盛及在世界上的地位至關重要，但卻很少考慮它或關注它。雖說美洲問題一度變得尖銳，但除了廢除印花稅法而掀起的短暫風暴之外，在雙方真正爆發敵對行動之前，它始終沒有得到英國政壇足夠的關切。吸引各方廣泛關注的甚囂塵上、壓倒一切的問題是派別遊戲，是執掌政權，是操控形形色色的關係，是建立或打破政治聯盟。總而言之，比任何其他問題更為急迫、更為重要、更為熱切的，是誰上臺誰下臺的問題。在沒有固定政黨的情況下，政府組閣比以往任何時候都更依賴個人運作。霍蘭（Holland）勳爵是查理斯・詹姆斯・福克斯（Charles James Fox）的侄子，他寫道，在喬治三世擔任國王的最初十二年裡，困擾英國政壇的「議會中的陰謀詭計只不過是為了獲得權力和國王的寵幸而進行的鬥爭，與英美和英法戰爭所涉及的政策和原則等重大問題相比，卻引起了更多個體之間的腥風血雨和深仇大恨」。

第二個利益是貿易。貿易被看成是英國繁榮的血液，對一個島國而言，它代表了世界的財富，決定了國家的窮富。當時的經濟理念（後來被稱為重商主義的經濟哲學）認為，殖民地在貿易中主要是作為原料的來源和英國商品的市場，永遠都無法承擔生產製造功能。這種共生關係被認為是不可改變的。根據這種定位，殖民地農產品出口到英國進行加工，然後再次出口到國外市場，大約有三十條航海條例以及貿易理事會對此進行規範管理，由英國政府直接負責，目標明確、組織嚴密、運作專業。在航海條例的約束下，殖民地商人和船長連馬蹄釘這樣的商品都不能出口，在十八世紀上半葉英國無休止的戰爭中，他們又不能與敵人進行貿易，因此不得不頻繁走私劫掠，規避或無視關稅，結果英國財政部一年在殖民地收到的稅收還不到一千八百英鎊。一七六三年《巴黎條約》簽署之後，情況有所改善，入不敷出的財政有了增加收入的希望。

即便在「七年戰爭」結束之前，就有人曾試圖增加對殖民地徵稅的力度，但這引起了殖民地人民憤怒的呼號，這些呼聲成了未來抵制稅收的口號。為了強制徵收關稅，英國發佈了《協助收繳走私物品令》，或稱「搜查令」，允許海關人員進入私宅、商店和倉庫搜索查緝走私品。波士頓的商人們像所有東部沿海地區的人一樣，靠逃漏關稅進行貿易活動為生，他們請詹姆斯・奧提斯（James Otis）擔當律師，在法庭上對上述搜查令提出質疑。他在「滔滔不絕的雄辯」中對規避關稅行為進行辯護，並闡明了殖民地的一個基本原則，即「無代表權的徵稅行為就是暴政」。任何聽到奧提斯這番言語的人，都能夠明顯地感受到，其實從那時起，美洲已經發出了有事情要發生的信號。

這一說法並非是奧提斯的發明。殖民地總督中有很多英國政府的委託人，他們不認為殖民地各州有過或竟會有政治見解；而非英國本土委託的總督則非常清楚，美洲殖民地對任何外部力量施加的稅收都極為反感，並早在一七三二年就說，「議會會發現，將這樣的法案付諸實施絕非易事。」對於當時的首席政治家羅伯特・沃波爾（Robert Walpole）爵士來說，跡象已經非常清楚。當有人向他建議對美洲徵稅時，他回答說：「不！這一舉措對我來說實在太危險了；這個問題留給我的繼任者來解決吧。」「七年戰爭」期間，殖民地並未慷慨大方地提供人力財力支援戰爭，因此對殖民地徵稅的提案日漸增多，但議會一個都沒有採納，因為一旦這樣做，就很容易疏遠脾氣暴躁的粗野鄉民，當時的英國政府不敢冒這個風險。

奧提斯發出呼籲後的六個月，英國檢察總長（Attoveny General）在倫敦裁定，《協助收繳走私物品令》對於執行航海條例是合法的，這於是開啟了一連串搬石頭砸自己腳的行為。結果，因為疏遠了與美洲殖民地的關係而花費的成本遠遠超過了隨後徵收的關稅和罰款的收入。

在此期間，帶領英國贏得戰爭勝利的威廉・皮特成了民族英雄，由他主導簽署的一七六三年的《和平條約》由於讓步太多引起分歧，遭到了強烈反對。他發出了雷鳴般的怒喝，令整個下議院震撼異常，令大臣們惴惴不安，最終，該協議還是以五票對一票的多數通過，主要原因在於人們想要恢復到平時的開支，並減少土地稅。不過事實證明，這只是一種幻象。相反，被喬治三世選中用來替換皮特的比特勳爵，在戰爭問題上遭到否決後曾傲慢地離開，現在他在英國對蘋果酒徵收消費稅，帶來了災難性的影響。就像在美洲施行的《協助收繳走私物品令》一樣，該法案授權檢查人員到生產場所參觀，甚至與蘋果酒廠的業主同吃同住，記錄生產的加侖數。面對這種侵犯行為，英國人大喊專制，並舉行暴力抗議活動，以致政府不得不出動軍隊平定蘋果產區的騷亂。與此同時，遠在西敏市的皮特深受激勵，發出了他不朽的原則聲明：「住在自己村舍裡一貧如洗的農民可以蔑視國王的所有力量。他的農舍可能搖搖欲墜，也可能弱不禁風；但風可以進，雨可以進，唯獨英國國王不能進。哪怕斷壁殘垣，哪怕荒草野蔓，國王的任何士兵都不能跨過農舍的門檻！」這就是皮特所發出的聲音，要不是因為他極具悲劇色彩的性格缺點，他或許能阻止英國所有錯誤的決策。

沒有人對蘋果酒稅的預期收益進行計算，因此在人們的憎恨情緒導致政府垮臺之前，誰也不清楚這些收益能夠彌補多少財政赤字。擔任財政大臣的是一位傑出的放浪形骸的人物，法蘭西斯・達什伍德（Francis Dashwood）爵士，他將在不久後繼任第十五任勒迪本瑟男爵（Baron Le Despencer）。他在經過改造的一所修道院中創建了臭名昭著的「地獄之火（Dashwood's Hellfire）」俱樂部，但他對財政事務並不擅長：與他同時代的一個人介紹說，他在帳戶方面的知識也不過「僅只於計算酒館的帳單」，而五位數字的帳目對他而言已經是「天方夜譚了」。他似乎已經察覺到蘋果酒稅不會給他帶來榮耀。他說：「人們會指著我，大聲哭喊著說，看啊，這是我們見過的最差的財政大臣！」

在政府中擔任職務的貴族領主，在意識到他們心有餘而力不足時，通常都感到苦不堪言。很高的社會地位格外重要，這一點在十八世紀已經被從自耕農到國王的各個階層所接受；那個年代的啟蒙影響還並不廣泛。喬治三世說得很清楚：「諾斯勳爵不能鄭重其事地認為像彭頓先生這樣的平民能夠阻礙一位伯爵的長子的仕途，毫無疑問，如果這一想法言之在理，我的平生所知豈不要徹底顛覆！」

然而，儘管社會地位使人能夠擔任政府職位，但卻不見得令人信心滿懷。在十八世紀六〇年代，正是由於身份地位和身家財富，羅金漢侯爵和格拉夫頓公爵才擔任了首相職位，里奇蒙公爵成為國務大臣。甚至在擔任首席大臣（那時還沒有首相這一說法）時，羅金漢就很難站著講話，而格拉夫頓則經常抱怨對工作力不從心。紐卡斯爾公爵在十二個郡縣都有繼承地產，每年收入四萬英鎊，數次擔任首席大臣，掌控政治上的任免權達四十年之久，但他膽小怯懦、急切焦慮、猜疑嫉妒，並可能是有記錄的唯一一位總是希望自己受到冷落斥責的公爵。在關鍵時期的十八世紀七〇年代領導內閣的諾斯勳爵，經常提出抗議，連喬治三世本人都常常歎息，說他們責任重大，卻力所不逮。

在罷黜令人討厭的比特伯爵時，蘋果酒稅引發了最終的騷亂，因為他慫恿托利黨主張王室擁有「特權」，因而涉嫌顛覆國王。他於一七六三年辭職，由皮特的內弟喬治・格倫維爾（George Grenville）取而代之。雖然蘋果酒稅法案明顯失敗，並在兩年內被廢除，但千方百計增加收入的政府隨後將在美洲大地上嘗試使用同樣的徵稅方法。

喬治・格倫維爾五十一歲時就任首席大臣。他是一個嚴肅的人，與那些一知半解的人相比，他勤勉好學；與那些唯利是圖、心胸狹隘、自以為是、迂腐固執的人相比，他誠實可靠。他性情方面有點兒像經濟學家，給自己制定了一條規則，把薪水存起來，只靠其他基本收入生活。雖然他有些雄心壯志，但似乎天賦不夠。最知曉內情的賀瑞斯・沃波爾認為他「是下議院中最能幹的人」。雖然他不是貴族，也不是貴族子嗣，但他通過個人的背景及家族勢力，與在英國政壇一言九鼎的輝格黨統治家族結下了深厚的關係。他的母親是坦普爾人，通過母親的關係，他的哥哥理查繼承了頭銜，成為坦普爾勳爵；他的舅舅科巴姆（Cobham）子爵是斯托莊園的所有者，該莊園是當時最富麗宏偉的房產之一。喬治遵循傳統的路徑，在伊頓公學和牛津大學基督堂座堂接受教育，在皇家法律學院學習法律，並在二十三歲成為律師，在一七四一年二九歲時代表其家族選區進入議會，此後一直任該選區代表直至去世。為了擔任大臣職位，他孜孜不倦，致力於精通朝政要務，並在其姐夫皮特的庇護下擔任過眾多重要職位。與此同時，他也沒有忽略個人婚姻大事，迎娶了位高權重的國務大臣埃格雷蒙特（Egremont）伯爵的妹妹。

這就是英國大臣的典範。他們來自大約兩百個家族，在一七六〇年，這些家族有一七四位貴族。他們從小學到大學在一起讀書，彼此熟知，並通過堂表關係、姻親關係、繼父母、第二及第三次婚姻的兄弟姐妹等相互聯繫起來，迎娶對方的姐妹、女兒和遺孀，並不斷交換情婦（一位阿姆斯特德夫人曾先後成為喬治·傑曼勳爵的情人、他的侄子多塞特公爵的情人、德比勳爵的情人、威爾斯親王的情人、查理斯·詹姆斯·福克斯的情人，最後嫁給了福克斯），相互任命職位，為對方謀得職位或養老金。在一七六〇至一七八〇年期間擔任高級職位的大約二十七個人中，有二十人是伊頓公學或西敏公學的校友，然後有的繼續到牛津大學基督教堂或三一學院，有的到劍橋大學三一學院或國王學院繼續學業，大多數人隨後又到歐洲大陸教育旅行。在這二十七個人中，有兩位公爵，兩位侯爵，十位伯爵，一位蘇格蘭貴族，一位愛爾蘭貴族；有六名是貴族子嗣，只有五名來自平民家庭，其中就包括當時傑出的政治家皮特，還有三位通過律師途徑成為大法官（Lords Chancellor）。作為國內唯一面向貴族子嗣和平民紳士開放的專業教育（當兵服役和成為神職人員無須經過培訓），修讀法律是有雄心抱負的人士通往上層權利的途徑。

擁有舒適地產的貴族及其他土地所有者每年從租金帳簿、礦山及物業資源中獲得的收入可達一萬五千英鎊或者更多。他們管理著龐大的家庭、農場、馬廄、狗舍、公園和花園，招待無數客人，雇用大量的僕人、馬夫、獵場看守人、園丁、田間勞作的工人及手工業者。除了那些公爵以外，在這期間身居高位的最富有的人是羅金漢侯爵（Maquess of Rockingham），他每年從約克郡、北安普敦郡和愛爾蘭的物業所獲得的收入大約有兩萬英鎊。他住在英格蘭最大的豪宅，娶了一位女繼承人，擁有三個議會選區、二十三名文書、五位禮拜堂神父，自己還擔任約克郡西賴丁區及約克市的首席治安長官。

為什麼擁有財富、特權和巨額房產的人要進入政府？部份原因在於他們認為這一方水土養育了他們，管理政府是他們職責所在。地位高責任重的思想來源於封建義務，一開始，貴族不得不在國王的顧問團中任職，並長期在他們自己的家鄉作為地主和治安法官行使管理職能。管理活動與領土所有權相輔相成；這是士紳的職業，是擁有土地的貴族義務。在一七六一年的選舉中，有二十三位貴族長子進入下議院，其中只有兩位年齡還不到二十六歲，這是他們在年滿二十一歲後能獲得的第一次機會。

另外，身居高位，享有俸祿，使他們得以供養自己的家屬。因為按照規定，財產只能由長子繼承，因此私有財富很難養活小兒子、侄子、貧困的表兄弟以及品學兼優的家臣。「職位」是必要的，因為這些家屬沒有其他收入來源。除了學習法律之外，士紳們沒有其他經過培訓可以從事的職業。通過任命權以及在朝廷的關係，大臣能夠照顧自己的親屬。職責不清、薪水微薄的閒職倒是數不勝數。羅伯特・沃波爾爵士，在前任君主統治時期是一位說一不二的大臣，他有三個兒子，包括賀拉斯。他讓他們分別擔任交易所審計員、引導員及議會書記員，其中兩個兒子還共同擔任海關收稅員。喬治・塞爾溫是一位追求時尚的浪蕩公子，同時也是公開絞刑的行家裡手，被任命為巴貝多大法庭的登記員，但他卻從來沒有去過該島。從美洲海關獲得的收益杯水車薪的後果之一便是，被任命去擔任收稅員的那些人，往往自己在英國國內過著舒適愜意的生活，將具體工作交由那些報酬微薄的人員去處理，而這些人經不起誘惑，很容易就被收買。

不只是任免權，無論在哪個時代，不論舒適安逸還是窮困潦倒，權力和地位的誘惑始終令人難以把持。謝爾本伯爵作為當時一位聰明睿智的大臣，曾清楚地表示：「我認為，職業的唯一樂趣並非獲取利益，而是根據適合我的地位和能力做出恰當的行動，而我就是這麼做的。」十八世紀英國的貴族們與其他人無異，難以抵抗各種誘惑；即便是像紐卡斯爾公爵這樣對自己職位滿懷敬畏的人，正如賀瑞斯・沃波爾所言，也「對炙手可熱的權力趨之若鶩」。他們年紀輕輕就進入政府部門，對所要履行的義務大多沒有絲毫的準備或訓練，因此一旦碰到困難就可能焦躁不安或煩悶無聊，一年之中通常有一半時間回到他們的家鄉沉醉於聲色犬馬，混跡於賽馬養育場和獵場，縱情於山水風景。不論在哪個群體中，個人的性情和能力都各不相同：有的人盡職盡責，有的人疏於職守；有的人自由豪放，有的人保守反動；有的人吃喝嫖賭，有的人謹言慎行；有的人驕橫跋扈，有的人文質彬彬；有的人懦弱無能，有的人精明能幹。但總體上，他們看待政府的態度不夠專業。誠然，政府不是一個職業，單這個想法就會令那些身體力行之輩震驚異常。社交娛樂往往是第一位的，剩餘的時間才用來處理公務。無論是召開內閣會議，還是處理不定期出現的雜亂無章的事務，通常都是利用晚餐時間在首席大臣位於倫敦的宅邸中進行。人們並非總是有強烈的責任感，但謝爾本勳爵卻不同，他有一次深表同情地對一位同事說，讓卡姆登勳爵和格拉夫頓公爵「屈駕（到倫敦來）發表一通無關痛癢的意見，在內閣中以多數票否決你的議案」，實在有些發人深省。

當賭博成為時尚的寵兒，當女士們在報紙上刊登廣告在家中招徠牌局，當男人們在布魯克斯（Brooks）通宵達旦為紙牌投注鉅資，或就明天是否下雨或者下周歌劇演唱者姓甚名誰等毫無意義的問題賭個你死我活，當財富如流水般消失，債務已經司空見慣，那麼身為大臣的這些男人們怎麼能夠調整心態去處理存貨帳單上、稅率表上以及國債報告中那些冷冰冰的數字呢？

高貴的出身沒有培養出政府管理中的現實主義。在家裡，一句話或一個手勢，僕人就能代為完成任何工作。在無所不能的布朗或另外一名景觀設計師看來，波浪形的輪廓比平地更有觀賞性；於是他們就開挖出湖泊，創造了遠景，並種上了一排排的樹木；從湖邊到房子，到處都是梳理得整整齊齊的青草坪。設計師的規劃圖被中間的一個莊園打亂了，於是所有的居民都搬遷到兩英里之外的新房中，原有村莊被夷為平地，犁過之後栽種了樹木。在美國獨立戰爭中負責英國軍事行動的大臣喬治・傑曼勳爵，出生於薩克維爾，在諾爾之屋（Knole）長大，這處房產歸他家族所有，有七個院落，高低不一的各式屋頂，從遠處望去宛如一個小鎮。在他童年時期，他的父親一口氣種下兩百棵梨樹、三百棵海棠、兩百株櫻桃、五百棵冬青、七百棵榛子樹，另外又種了一千棵冬青作為果菜園的屏障，還在公園裡種了兩千棵山毛櫸。

興致趣味也並非全都侷限於戶外活動和俱樂部。中學和大學的教育理論上說會讓他們瞭解到拉丁古典和一些希臘文化，而到歐洲大陸的教育旅行讓他們有機會接觸到藝術，可能偶爾還會買些繪畫作品和古典雕塑帶回家裡。旅遊目的地通常都會包括羅馬，自文藝復興時代的教宗時代以來，這一點似乎並沒有很大的變化。羅馬政府「可能是最為糟糕的政府，」一位英國遊客寫道，「在全部人口中，有四分之一是神父，四分之一是雕像，四分之一無所事事。」

如果他們願意的話，英國的統治者們總能夠通過雇用傑出人士擔任顧問的方式，從他們狹隘的階層之外得到忠告或建議。羅金漢在突然間接替格倫維爾擔任首席大臣之後，或許是意識到自己的缺點，非常睿智地選擇了年輕的愛爾蘭律師艾德蒙・柏克作為他的私人秘書。謝爾本勳爵雇用了科學家約瑟夫・普里斯特利（Joseph Priestley）作為他的圖書管理員和文學侍從，並為他提供房子和終身年薪。亨利・西摩・康韋（Henry Seymour Conway）將軍，國務大臣及未來的軍隊指揮官，任命政治哲學家大衛・休謨作為他所在部門的副秘書長，並且經休謨的請求，他還為當時在英格蘭的讓——雅克・盧梭爭取到了每年一百英鎊的養老金。康韋自己偶爾寫點兒作品，並根據法語素材，改編並寫出了一齣喜劇，在特魯里街上演。達特茅斯伯爵在他同父異母的兄弟諾斯勳爵的內閣中擔任國務大臣，他是埃利埃澤・惠洛克（Eleazar Wheelock）的印第安人學校的首要捐助人，後來這所學校成為達特茅斯學院。他有十八幅坐姿的肖像畫，其中一幅由羅姆尼所創作；他積極為詩人威廉・柯珀提供贊助，為後者謀得一個閒差，尋得一處安靜的房子，並在其精神錯亂發作時悉心照顧。

儘管他們情趣高雅，但在這期間，上層統治階級幾乎沒有擁有傑出思想的人。詹森博士坦白說在他看來，「只有兩個人聰明睿智，鶴立雞群」，這就是威廉・皮特和艾德蒙・柏克，但這兩人都不是來自上層社會。皮特曾提出一個主觀因素，他說在他所認識的男孩中，幾乎沒有一個「不被在伊頓公學的生活嚇得屁滾尿流」。因此，他把自己的孩子留在家裡接受私人教育。蘇格蘭律師威廉・默里（William Murray）作為曼斯費爾德伯爵，也是未來的首席法官和大法官，他對普遍的精神狀態具有更為深入的瞭解。他曾經嘗試對其侄子——未來的羅金漢侯爵，在歷史、演講及古典文學的課程學習方面進行指導，但幾乎徒勞無功。他在後者二十一歲時寫信給他說，「你想要變得博學而英明，但你周圍充滿了愚蠢的誘惑和工具，你根本就不能提出比同齡人更為獨特的見解；在你心懷不滿的時候再去好好思考吧。」這就是一七六〇到一七八〇年的狀況，環境使你無法變得明智，使你無法進行冷靜的思考。但隨後，這種讓人明智思考的時期又有多少呢？

在這些年來，君臨天下的年輕君主並沒有受到多數人的尊敬。一七六〇年，在二十一歲的喬治三世登上王位時，賀瑞斯・沃波爾發現國王身材高大、器宇軒昂、「和藹可親」，但在和藹可親的背後又有令人心酸痛楚的一面。他十二歲就失去了父親，他的祖父喬治二世與他父親威爾斯親王弗雷德里克之間積怨很深，他就在這種環境中長大。儘管這種現象在皇室並不少見，但喬治三世因為對父親的孝順而對祖父產生了深仇大恨，在這種情況下，年輕的喬治對所有曾經服侍過他祖父的大臣都心懷敵意，深信他所繼承過來的王權如撒旦般邪惡，因此自己有義務從道德方面對其進行改善。他從小居住在萊斯特的宅邸中，家庭圈子狹小，沒有受過良好的教育，與外部世界接觸甚少，長大後固執己見，心胸狹隘，焦慮不安，常常自我懷疑。他喜歡回到自己的書房休息，他的導師沃爾德格雷夫勳爵報告說，他「在情緒不佳時往往鬱鬱寡歡」。他很少會做錯事，「除非他把錯誤的當成了正確的事情」，而一旦出現這樣的情況，「很難讓他清醒地認識到問題所在，因為他有不同尋常的惰性，並具有很強的偏見」。

病態的思維中產生的強烈偏見，對政府而言極其危險；如果這種情況與至高無上的權力結合起來就會更為糟糕。喬治在少年時代寫過一篇關於國王阿爾弗雷德（八七一—八九九年在位）的文章，當阿爾弗雷德登上王位時，「政府中幾乎所有人都是不稱職的，且通常在履行職責時都極其腐敗」。通過罷免那些屢教不改的人，對另外一些人進行「改造」，阿爾弗雷德利用全能的權力「提升了國家的榮耀和幸福」，將那些「驕傲自大、野心勃勃、謊話連篇的人的陰謀詭計一舉擊潰」。

喬治就是這樣看待他的大臣們，也是這樣制訂自己的計畫。他母親曾經說過，「喬治，當個像樣的國王」。他要實現母親所說的話，必須將這個體系清理乾淨，恢復自己的正義規則。輝格黨（whig）的那些地位顯赫的大人物，通過無所不在的任免權，沾沾自喜地控制著朝堂上下。喬治從上任伊始，就致力於罷黜這些輝格黨人，並將官員任免權逐漸控制在自己手中，他的目的就是要恢復在上個世紀的鬥爭中失去的王權專制主義，他的一系列舉動自然說服了很多人。

喬治需要一個人代替他父親的形象，他將目光集中在比特伯爵（Earl of Bwte）身上，並對其生發出一種神經質的崇拜和愛慕，其結果註定並確實成為不切實際的幻象。之後，在他發現讓他舒心的諾斯勳爵之前，他要麼不喜歡，要麼就鄙視每位首席大臣，要麼就過度產生一種依賴；因為他有權在一定範圍內任命或罷免這些大臣，他搖擺不定的心態也造成了政府的動盪。因為皮特曾經離開威爾斯親王的圈子，轉而為喬治二世效勞，因此喬治稱他「心腸歹毒」，是「真正的草叢中的蛇」，並發誓其他大臣「如若忘恩負義，定會遭到懲罰」。他經常向比特坦白懺悔，說對自己有些不信任別人，做事優柔寡斷，因而備受折磨，但與此同時，他也深信，自己秉持正義，這就使他形成了一個基本看法，認為他的願望是最好的，任何不同意他的看法的人都是流氓無賴。本著這樣一種心態，他不可能去理解或者試著去理解桀驁不馴的殖民地的想法。

英國政府的一個弱點是缺乏凝聚力和集體負責制的概念。國王任命個人為大臣，這些人在奉行自己的政策理念時通常不與同事協商。因為政府是由國王組建的，要想擔任某一職位，必須首先為國王效勞並獲得他的青睞，而事實證明，在喬治三世手下工作要比那些在國外出生的、思維有些遲鈍的第一批漢諾威人手下工作更加困難。在一定限度內，君主就是首席行政長官，任命儘管並不單純取決於皇室的喜好，但他有權選擇自己的大臣。首席大臣（First Minister）及其同事必須獲得選民的支持，在這個意義上，即使沒有一個政治黨派，他們也必須贏得議會多數，以此制定和批准政策。雖然這一點已經不是問題，但喬治三世在其統治的第一個十年中想法總是飄忽不定，時常情緒化地任免大臣。結果，在各派系為爭權奪利而鬥得你死我活的鬥爭中，這種情緒化行為除了培養出個人之間的仇恨外，還往往導致政府動盪不安。也就是在這十年，英國逐漸培育出與美洲衝突的萌芽。

內閣就像是個鐵打的營盤，成員不斷變換，卻沒有明確的政策指明方向。內閣首領被稱為首席大臣；自擔任這一職位達二十年之久的羅伯特・沃波爾爵士以來，反對使用「首相」這一頭銜就成為一種遺產保留至今，主要也是擔心權力重新集中到一個人手上，格倫維爾稱這種做法「令人作嘔」。就其行使的功能而言，該職位應該源於財政大臣。內閣成員由五、六個人組成，除了首席大臣之外，還有分別處理國內及外交事務的兩位國務大臣，負責法律的大法官，以及樞密院議長。樞密院成員並不固定，主要由現任大臣、前任大臣及重要官員組成。海軍大臣由於職位重要，有時也是內閣的核心成員，不過，並非總是如此。陸軍的戰爭部長不是內閣成員，其軍需部長控制薪酬及補給裝備，是政府各部門中最有油水的職位，但在政策委員會中沒有代表。在一七六八年之前，沒有哪個部門專門負責管理殖民地事務或執行與殖民地有關的政策。從務實的角度出發，殖民地事務由貿易和種植園委員會負責；也是出於同樣務實的考慮，一直與大洋彼岸的美洲保持聯繫的海軍負責執行對殖民地的政策。

上議院初級議員、副國務大臣、委員會及海關特派員等負責日常事務，向議會提供建議並起草法案。這些公務人員，低至文員，都是通過贊助以及官員之間錯綜複雜的關係任命的，連殖民地總督及工作人員和海軍部在殖民地的官員也毫不例外。官員之間錯綜複雜的關係將統治階級緊密聯繫起來，成為一張無形的網，常常對政府的職能造成損害。這一點並非沒有人注意到。紐卡斯爾公爵為了確保選票，曾請求海軍上將喬治・安森任命一位不合格的議員作為他的參謀，在慶祝環球航行之後成為海軍大臣的安森直陳這種行為對海軍的危害，他說，「我現在必須請求諸位大人，你們應該認真地考慮一下，如果海軍對各個選區頻繁推薦的人選來者不拒，那麼你們的艦隊將會是什麼情況」；「與在下議院失去選票的後果相比」，這種做法「對政府的危害更甚」。

在十七世紀，歷經革命、內戰、弒君、復辟及第二次罷黜王權等殘酷的鬥爭之後，議會終於贏得了凌駕於大臣和國王之上的權威。在外來的漢諾威家族（來自德意志地區）的統治下，各方最後偃旗息鼓，度過了一段平靜期，在這期間，下議院已經不再為了維護偉大的憲章的威嚴而爭論不休。它已經逐漸成為一個或多或少令人滿意的、比較穩定的團體，其成員的席位取決於官員之間錯綜複雜的關係以及由各家族所控制的「腐敗」選區；他們用金錢操縱選舉，政府用授予職位、給予利益以及直接支付金錢的方式對他們進行關照，而作為回報，他們也在投票中積極支援政府政策。據統計，在一七七〇年，下議院中有一九〇位成員在政府中擔任報酬豐厚的職位。儘管這一腐敗的制度經常備受詬病，但由於其觸角無所不及，人們也司空見慣，因此並沒有人覺得有所不安。

議會成員並不屬於有組織的政黨，也沒有明確的政治原則。他們來自不同地方、社會的不同階層，經濟狀況也不同：鄉村紳士，城市中的商人階層；來自蘇格蘭的四十五名成員都是西印度的種植園主，依靠他們在海島的收入生活，住在英國的家中。在下議院的五五八名成員中，大多數都是這種情況。從理論上講，成員們分為兩種：各郡或縣的騎士，其中每個縣一般選出兩名；另外就是代表選區的自由民，這裡的選區指的是根據憲章授權在議會擁有代表權的任何城鎮。要成為騎士，必須擁有每年價值六百英鎊的土地，因此，只有富豪士紳或者貴族子嗣才有這樣的實力。從利益方面與他們結合起來的是來自較小選區的成員，因為他們擁有的選民實在太少，所以成為收買的對象，或者因為他們微不足道，被當地大地主玩弄於股掌之中。他們一般選擇依附於富豪士紳，因為後者能夠代替他們在國會進一步提升權益。因此，擁有土地的富豪士紳或郡縣派別是下議院中最大的團體，聲稱代表民眾意見，但事實上，只有大約十六萬選民參與了他們的選舉。

較大的城市行政區幾乎都實行了民主普選，並舉行了競爭激烈、粗暴吵鬧的選舉。最後當選的成員有律師、商人、承包商、船東、陸軍和海軍軍官、政府官員以及在與印度的貿易中大發橫財的商人。雖然這些人在他們自己的圈子中頗有影響力，但所代表的選民數量少，幾乎不超過八萬五千人，因為在國家層面上的政黨設法剝奪了大部份城市人口的公民權。

據估計，大約有一半的席位可以通過贊助的方式進行買賣，諾斯勳爵在一七七四年換屆選舉時給財政大臣的指示中就曾對此有過生動的描述。他是要通知控制著康沃爾六個席位的法爾茅斯勳爵，諾斯同意以每個席位二千五百英鎊的價格由他提名填補三個席位；而且，「萊格先生只出得起四百英鎊。如果他要得到洛斯特威西爾，就得花費公眾二千幾尼（英國舊時金幣。）加斯科因如果付一千英鎊的話，應該會遭到特萊格尼的拒絕」；還有，「告訴庫珀，對埃奇庫姆勳爵的（五）個席位，你答應每個支付二千五百英鎊還是三千英鎊。我打算付給他一點二五萬英鎊，但是他非要一點五萬英鎊」。

政治上的贊助人有時依靠上議院貴族通過家族團體的方式控制著多達七十八個席位。上議院成員，儘管由於意見分歧針對某些問題往往會根據自己的理念投票，但一般而言，還是根據贊助人的指示協同行動。各縣的騎士選舉由於選民眾多，任何贊助人都無法控制，還有三、四十個行政選區並不是通過財產多少來控制的，因此這些騎士將自己視為鄉村黨。十七世紀的保皇黨被中央政府流放後，遺留下的保守思想現在已經變得日益執拗。各縣由於已經習慣了地方政府的管理，對來自倫敦的干涉極其反感，並在原則上藐視首都及王室，當然，這也與輝格黨大臣們的支持不無關係。各縣的成員，不屬於任何黨派，不追隨任何領袖，不謀求任何頭銜或「官位」，只為他們自己的選區服務，因此在投票時只考慮自身利益及他們自己的信念。一位約克郡的議會成員在一封信中寫道，他「在下議院一動不動地坐了十二個小時，但我對此相當滿意，因為從雙方唇槍舌劍的爭論中，我可以通過投票行使一些權力，清楚地表達我的意見」。只要有足夠的票數，獨立思考的人就能打敗那些金錢遊戲。

喬治・格倫維爾上任伊始關心的主要問題，是英國的財政償付能力。由於簽署了《巴黎和平協定》，他現在能夠將陸軍從十二萬人減少到三萬人；他還大幅削減船塢設施及維護費用，以犧牲海軍為代價發展經濟，但當需要以行動來檢驗時，此舉就引發了嚴重的後果。與此同時，他還準備通過立法對美洲貿易徵稅，也並非沒有預料到所可能引發的抵觸情緒。由於殖民地在議會沒有代表權，因此一些代理或說客留在倫敦代表他們的利益，但這些人通常就是議員本人或與政府有聯繫的其他人。理查・傑克遜（Richard Jackson）是一名傑出的議員，也是一位商人和律師，在不同的時間分別擔任過康乃狄克州和賓夕凡尼亞州、麻塞諸塞州和紐約州的代理，還是格倫維爾的私人秘書。他在給富蘭克林的信中寫道，「殖民地的任何朋友想要接觸什麼部門，我幾乎都有管道，但我並不清楚我所做的努力有多少是成功的。」他和他的同事們面對種種漠不關心的態度做了力所能及的工作，讓倫敦的官僚及民眾瞭解殖民地人民的心聲。

除了傑克遜這個管道以外，格倫維爾還定期與殖民地的總督及北方殖民地的海關總檢察官保持通信，在他起草執行關稅的法案之前，總要徵求後者的意見。英國已經很久沒有對美洲殖民地徵稅了，現在一旦強制收稅，美洲人勢必要進行抵制，這早已不是什麼秘密。一七六三年十一月，格倫維爾初步命令海關官員全額徵收現有關稅，麻塞諸塞州總督法蘭西斯・伯納德（Francis Bernard）在報告中說，這一命令在美洲引起「極高的警惕」，六年前法國逮捕福特・威廉・亨利（Fort William Henry）時都沒有產生這樣的後果。為鄭重起見，貿易委員會曾被要求提供建議，即通過什麼樣的「讓殖民地最易於接受、最簡單易行」的方法，才能讓他們甘心情願地為「文職人員及軍事機構」的支出貢獻力量。由於找不到讓殖民地坦然承擔重負的方法，而格倫維爾已在心中認定這些殖民地人民或許並未真的期盼得到政府正式的答覆。

如果未來的麻煩並未令政府部門寢食不安，那是因為格倫維爾已經講得相當明白，「沒有人希望徵稅」，而且無論如何，他已經下定決心，美洲能夠並且應該為它自己的管理和防禦開支埋單。他的兩個國務大臣哈利法克斯伯爵和埃格蒙特伯爵，勸阻不了他。哈利法克斯勳爵在二十三歲時繼承爵位，而他迎娶的妻子從她經營紡織品的父親那裡為他帶來十一萬英鎊的巨額財富。鑒於這些條件，他擔任了皇室侍寢官和狩獵主管，以及其他一些有名無實的王室職位。後來，由於政治的風雲變幻，他擔任了貿易委員會主席，在加拿大新斯科舍省成立之際，正好以他的名字命名了該省省會。人們認為他膽小懦弱但和藹可親，酒量驚人；由於患有早期衰老症，他在任職於其侄子諾斯勳爵的第一屆內閣時去世，享年五十五歲。

在那個年代，酗酒往往令人短命，能力下降。即便是受到人們普遍敬仰愛戴的格蘭比侯爵也難逃劫數，他在一七六六到一七七〇年擔任英軍總指揮官，是一位擁有崇高品格的高尚戰士。賀瑞斯・沃波爾曾說，「由於嗜酒成性，他在四十九歲時就過早地離開了人世。」查理斯・詹姆斯・福克斯自己本身並不太愛喝酒，在一七七四年的大選中，曾抱怨在拉票期間不得不招待別人。一個下午來了八位客人，從三點待到十點，喝了「十瓶白酒、十六碗潘趣酒，而每碗潘趣酒相當於四瓶白酒」，相當於每人喝了九瓶白酒。

格倫維爾的另外一位國務大臣埃格蒙特伯爵是他的姐夫，與他被稱為「驕傲的薩默塞特公爵」的祖父十分相像，無能又傲慢。一貫冷酷無情的賀拉斯評論說，「他驕傲自大，用心不良，出身高貴……（但）既沒有業務知識，也不具備在議會處理事務的能力」，可謂是個複合體，另外據說還不值得信任。他看不起北美的殖民者，但是就在《收入條例》的起草階段，他因為暴飲暴食（根據沃波爾的說法）中風而一命嗚呼，從而沒有處理美洲事務的機會。

他的繼任者是桑威克（Sandwich）伯爵，前後都擔任過海軍大臣，只是跟他在氣質上有所不同。桑威克精神飽滿，脾氣溫和，但腐化墮落，利用手中的海軍任命權及供應補給謀取個人私利。雖然他既不是外行，也勤奮能幹，對建立海軍艦隊熱情有加，但他營私舞弊的積習難改，這令船塢建設成為醜聞，提供補給的人員欺上瞞下實施詐騙，所造船只也經不起風浪。而海軍的情況在英國與美洲殖民地開戰時暴露無遺，以致上下兩院都對他投了不信任票。社交方面，他與達什伍德「地獄之火」（Dashwood's Hellfire）俱樂部的社交圈過從甚密，整日沉迷於賭博到了廢寢忘食的地步，因為忙於賭博而常常把肉片夾在兩片麵包中間食用，從而在西方世界流傳下以他的名字命名的速食，就叫三明治（Sandwich）。

在這些大臣們的支持下，議會緊鑼密鼓地籌備收入條例，並在這種沒有議會法案的情況下採取了一項並未達成一致意見的措施。一七六三年的公告禁止白人在阿利根尼山脈（Alleghenies）以西定居，將這些土地留給了印第安人。之所以發佈這則公告，是因為兇猛的印第安人曾發動被稱為「皮蒂亞克叛亂」（Pontiac's Rebellion）的起義，戰火從五大湖區蔓延到賓夕凡尼亞各部落，他們還一度威脅要將英國人從該區域趕出去。因此，發佈該公告的目的就是防止殖民者侵佔印第安人的狩獵場所，防止再次激怒印第安人而發動戰爭，以此安撫他們的情緒。另外一次印第安人起義，除了要求增加英國可能負擔不起的開支與之對抗外，可能只是向法國人施放的煙幕彈。上述動機的背後，是想要把殖民者限制在大西洋海岸，在那裡他們可以繼續進口英國貨物；另外，防止債務人和探險者越過山脈，在美洲中心地帶沒有英國王權的地方建立定居點。由於這裡遠離海港，他們勢必得自己生產製造必需品，那正應驗了貿易委員會的可怕預言，「將對英國造成無窮的損害」。

但是，殖民者根本不歡迎公告，因為，為了獲取利益，或者就像喬治・華盛頓和班傑明・富蘭克林那樣，為了獲得橫貫山脈的土地經營權進行投機，他們早就組建了股份公司鼓勵並推動移民。對於那些焦躁不安的自耕農來說，這種干涉令他們非常氣憤。經過一個半世紀艱難困苦的努力，他們終於將這一片片荒原開墾出來，這是他們用斧頭和步槍所征服的土地，而現在，遠在大洋彼岸由身穿綾羅綢緞的貴族所組成的政府說自己有權阻止他們佔有這片土地，他們怎麼能夠答應呢？他們在公告中沒有看到有關保護印第安人的條款，只有英國政府一系列腐敗的計畫，而根據這些計畫，政府將大片王室土地授予國王寵幸的大臣。實際上，殖民者自己的志願軍在皮蒂亞克叛亂中與印第安人浴血奮戰，戰鬥力遠非英國紅衣軍團可比。

相互認識應該能夠相互瞭解，而在同一戰壕中並肩戰鬥能夠鍛造同胞情感，然而在「七年戰爭」

中，正規軍與各殖民地的地方部隊之間的接觸卻產生了相反的結果。在戰爭開始之際，他們相互尊重，相互理解，彼此有好感，但在結束時，這種好景已不復存在。殖民地民眾對英軍的言行充滿憎恨，因為後者諂上欺下，軍官們不屑與殖民地同級軍銜的軍官協商，他們過份注意整潔、閃亮的儀容（英國部隊每年使用六千五百噸麵粉用來漂白士兵的假髮和馬褲），英軍將最高指揮權延伸到殖民地地方部隊，官兵普遍對殖民地軍民頤指氣使。在這種情況下，憎恨是很自然的，也是可預見的。

另一方面，英國對殖民地士兵不屑一顧，這是在那個年代最奇怪、最深刻也最傷害感情的誤判，並由此導致了雙方的衝突，而後者最終在法國的幫助下，迫使英軍繳械投降。沃爾夫將軍三十二歲時就攻佔了魁北克，並戰死沙場，成為英國英雄，他怎麼能稱那些與他並肩戰鬥的遊騎兵為「宇宙中最糟糕的士兵」呢？在另一封信中，他補充說，「美洲人總體上是最骯髒、最可鄙、最懦弱的狗，你把他們想得多麼壞都不過份……他們不會真正增加部隊的實力，反而會成為揮之不去的負擔。」所謂骯髒，肯定是將在叢林野地中摸爬滾打的遊騎兵與帶著白色假髮的英國紅衣軍團相比而言的。鮮亮絢麗的外觀已經成為歐洲軍隊的標準，成為人們判斷部隊好壞的基礎。傑佛瑞・阿默斯特（Jeffery Amherst）爵士對遊騎兵「評價很差」。而沃爾夫的繼任者詹姆斯・默里（James Murray）將軍則宣稱，美洲人「非常不適合戰爭，並且對戰爭極不耐煩」。另外一些曾在美洲叢林和營地中看到過遊騎兵服役的人，稱他們不過是一群烏合之眾，膽小怕事，缺乏士兵氣概。這種判斷在英國本土日益被放大，並逐漸演變為愚蠢的吹噓，比如，國王的侍從武官湯瑪斯・克拉克（Thomas Clarke）將軍就當著班傑明・富蘭克林的面說，「只需帶領一千名近衛步兵，他就能夠從美洲一端行進到另一端，一方面通過武力，另一方面通過哄騙的方式，就能將所有男性閹割完畢」。

之所以出現致命的誤判，一個可能的原因在於英國職業軍人的部隊服役經歷與本土鄉民不同，後者根據契約而由當地的議會招募起來，在一段的時間內、根據事先講好的報酬和供應情況執行明確的任務。當所有這些條件不復存在時——這在所有戰爭中都是必然會出現的情況——殖民地部隊就會猶豫不前，拒絕履行義務，而如果他們所抱怨的條件沒有得到滿足，他們往往不假思索，扭頭回家，並不是一個人偷偷地開小差，而是集體正大光明地對毀約行為進行抗議。而輕騎兵、輕龍騎兵團和近衛步兵第一團沉浸在所屬軍團的自豪和傳統之中，自然很難理解這種行為。英軍指揮官試圖應用戰爭規則和章程；殖民者都是頑強的平民軍人，他們意志堅定地認為沒有什麼東西能夠將他們轉化為正規軍，並固執己見地拒絕英軍指揮官的要求，在必要的時候甚至集體逃亡。就這樣，人們從此認為他們都是一群烏合之眾。

這種感受的另外一個原因在於，作為英國國教的聖公會要在新英格蘭建立一個主教轄區。由於宗教在鼓動人們的憎恨和敵意方面具有獨特的能力，因此其前景頗令美洲人感到懷疑。對他們來說，主教就是暴政的橋頭堡，是抑制良心和自由（這是新英格蘭人體驗最深、身體力行的東西）的工具，是通往羅馬天主教的隱蔽大門，更是支持等級制度的新的稅收來源。實際上，英國政府與教會不同，它並沒有打算支持一個獨立的美洲主教轄區。然而，「不要主教！」的呼聲就像「不要徵稅！」或後來的「不要茶葉！」那樣高亢有力。甚至因為《白松樹法案》，英國海軍的桅杆也成為衝突的來源。因為，為了將白松樹留下來製作桅杆，該法案禁止砍伐高大的樹木。

如果，在「七年戰爭」結束之際，英國能夠通過重組建立一個統一的管理機構的決議，並由此成立一個美洲部門來關注殖民地事務並進行不間斷的管理，那麼可能就已經平息了這些五花八門的爭吵。時間緊迫；還有一大片新的領土需要被納入；事實已經證明，殖民地形形色色的憲章麻煩重重。但需要並未得到滿足。比特動爵邪惡不公，隨後又操控其同僚和對手，無暇顧及殖民地事務。帝國的各種棘手問題被留給了貿易委員會去處理，而僅僅在一七六三年一年之中，該委員會大臣就走馬燈似的換了三任。

《收入條例》於一七六四年二月提交給議會，其所包含的條款註定要帶來麻煩。它減少了長期被忽視的對糖蜜所徵收的關稅，而該商品是新英格蘭貿易的支撐，但同時要求強制徵收每加侖三便士的新關稅；涉嫌違反該條例的人不在普通法法院接受審判，而要去位於哈利法克斯的一個沒有陪審團的特別海事法院，因為普通法法院的陪審團由不傾向於定罪的同胞組成，而該特別法庭的法官不容易被殖民地商人收買，這樣一來，被告需要長途跋涉到那裡為自己辯護。《收入條例》沒有掛羊頭賣狗肉，但宣稱，其目的是「為了在美洲募集收入，用於支付美洲的防禦、保護美洲人民的政策開支」。這就是它的危險信號。然而，事實很明顯，儘管美洲人會斷斷續續、或多或少地承認國王規範貿易的權力，但他們執意認為除了他們自行收稅以外，任何人都無權為提高收入而向他們徵稅。更有說服力的理由是他們怕貿易會一蹶不振，因為長期以來，在關稅不過是空中樓閣的情況下他們還有利可圖，而現在強制徵收每加侖三便士的關稅，則毫無利潤可言了。

殖民地在英國的代理人早就指出，貿易下滑對英國沒有任何好處；他們堅持認為，儘管商人可能會「悄悄地默許」兩便士[1]，但是對糖蜜的關稅如果超過每加侖一便士則令人無法容忍。在美洲，麻塞諸塞州和紐約州議會早就對違反他們徵稅原則的「自然權利」表示了強烈的不滿，並敦促康乃狄克州和羅

[1] 有證據表明商人們反對的聲音被無視了，因為在那個階段，殖民地代理中的傑出人物班傑明．富蘭克林難以忘懷的是，他美洲郵政副署長的職務，以及他兒子的新澤西州總督職位，都是國王龍顏大悅之餘任命的。——原註

德島州與他們一道，抗議「對這些殖民地的和平造成致命創傷」的行為。就像他們的錢袋受到真正威脅那樣，他們強烈抵制這些原則，因為他們相信一旦接受了國會徵稅的先例，就等於打開了通往未來稅收及其他不公平稅款的大門。然而，在這一階段，殖民地的意見並未被詳盡地彙報給倫敦當局，或者，倫敦方面並未認真加以對待。

貿易委員會將關稅定為三便士，議會於一七六四年四月頒佈了《收入條例》（就是後來眾人所知的《食糖法》），只有一位出生在波士頓的名叫約翰・哈斯克（John Huske）的議員投了反對票。

議會宣佈隨後將出臺《印花稅法案》，上述《食糖法》帶有始料未及的缺陷，不過目前尚未表現出來。這絕非意在折磨美洲殖民者的可怕方案，只不過是英國多如牛毛的稅收之一，但就一部《印花稅法案》，就要對信件、遺囑、契約、出售票據以及其他郵寄或法律文件徵收賦稅。在此之前，格倫維爾曾事先發出通知，因為他確實意識到議會對沒有代表權的臣民進行徵稅這一權利存在潛在問題，他自己認為這一權利是毋庸置疑的，並且他希望「看在上帝的份上」不要使之成為議會的一個問題。在那個疲於戰爭的年代，英國政府的一個前提便是其所制定的政策要被廣泛接受，不要去叫醒正在沉睡的狗，這也是各方長久以來的「共識」。格倫維爾並不太關心殖民地的反應，他不想對看起來很可靠的議會造成干擾。他在《收入條例》中提請人們注意《印花稅法案》，或許是希望通過頒佈該法案來確立議會徵收歲入稅的權利，而同時又不引起軒然大波，或者他可能打算暗示殖民地要他們自行徵稅，儘管他隨後的行動並未證實這一點。另外一個更加老謀深算的動機可能是，他非常清楚這一公告將煽動殖民地的抗議浪潮，如此一來，議會就會團結一致，同仇敵愾，共同維護君主的權威。

呼聲此起彼伏，甚囂塵上，但當英國方面聽到來自殖民地的呼聲時，它已經不得不把注意力放在將國內每只熟睡的狗都喚醒的事件，也就是威爾克斯事件（the Wilkes case）。並不是約翰・威爾克斯轉移了人們對北美十三個殖民地的注意力，因為根本就沒有可以轉移的東西。一七六三至一七六四年間所採取的措施並非不切實際，措施本身也並不愚蠢荒唐，但是在制定這些措施時，政府並沒有考慮到措施所實施的對象的素質、秉性以及他們關心的首要問題。殖民者並不是一群頭腦簡單舉止粗野的「原始人」，而是具有英國血統、意志堅定、勇於進取、開拓創新的一些持不同政見者的後代。本質上還是態度問題。不僅在行動上，更重要的是在思維方面，英國還是一派帝國作風，認為自己是高人一等的統治者。而殖民地人民則認為自己與英國是平等的，討厭來自英國方面的干預，對來自大洋彼岸的每一縷暴政之風都嗤之以鼻。

自由是那個時代最為強烈的政治訴求。人們不喜歡政府；雖然倫敦街頭經常發生襲擊和搶劫事件，但人們仍然極力反對建立警察部隊。在一七八〇年的戈登暴亂中，暴力活動猖獗，到處硝煙四起，哀鴻遍野，隨後幾天，謝爾本勳爵提出到了建立有組織的警察部隊的時候了。但人們認為他這一提法只適用於法國的專制主義。而人口普查的想法更被指責為是侵入家庭私有領地，令人無法忍受。向收稅員提供資訊的行為則早在一七五三年就遭到議會某一議員的譴責，認為「完全顛覆了英國的最後一絲自由精神」。如果有任何官員要求他提供家庭及家人的資訊，他會斷然拒絕，如果該官員堅持己見，他將把他扔進飲馬池。正是諸如此類的情緒，鼓舞並推動著人們對有關稅收及威爾克斯事件迸發出熾烈的熱情。

威爾克斯事件演變成為令人擔憂的嚴重的憲法問題，對美洲而言該事件的重要性在於美洲由此在「自由」事業中有了自己的盟友。因為由威爾克斯所描繪的議會權利與美洲的權利，都被視為自由問題，那些在該事件中反對政府的人後來成為美洲事業的朋友。約翰・威爾克斯本人就是議會成員，是一個機智而又粗俗的花花公子，因為惡言不斷而惡名在外。一七六三年，他在自己創辦的雜誌《北方英國人》中大肆抨擊在「七年戰爭」中與法國簽署的和解協議的條款，並攻訐國王喬治三世。隨後他因為煽動性誹謗而被以一紙空白搜查令逮捕，囚禁在倫敦塔中。鑒於他擁有議會特權，首席法官普拉特（即未來的卡姆登勳爵）下令將其釋放。政府以多數票將他驅逐出下議院，他逃往了法國。而在英國，他因為誹謗國王以及私下發表有關婦女的色情文章而被缺席審判。他以前的朋友桑威克勳爵在上議院堅持一字一頓地朗誦他的猥褻性文章。

這些關注證實了威爾克斯的罪行，他為此被宣判驅逐出境；同一時間，無須再為這個人辯護的議會反對派齊心協力提出一項決議，宣稱用空白搜查令逮捕威爾克斯為非法行為，就此引發了一場危機。該決議以十四票的微弱劣勢被政府多數派擊敗了，但投票結果表明，當議會意識到權利有可能被濫用的時候，贊助體制將變得脆弱不堪。國王怒不可遏，命令格倫維爾解除在皇室內府或政府部門任職的所有心懷不軌的選民的職位，這導致了力量日益壯大的反對派中堅力量的出現。喬治三世終究不是一位精明狡猾的政治家。

二、「明知不可為而為之」（一七六五）

一七六五年，喬治・格倫維爾通過了《印花稅法案》。歷史學家麥考利（Thomas Babington Macaulay，一八〇〇—一八五九）在彰顯自己的洞見時聲稱，人們直至「地老天荒」也不會忘記這件事。他寫道，這項法案註定要「引起一場偉大的革命，並對全人類產生持久而深遠的影響」。他指責格林維爾沒能預見到這些後果。這有些事後諸葛亮；即便殖民地代理人也做不到這麼先知先覺。但是當時英國人掌握的資訊應該足夠讓他們預見到，北美殖民地上的人民會堅決抵制這一做法，英國人將陷入嚴重的麻煩。

《倫敦紀事報》及其他幾份報紙收到了從北美發來的報告並予以發表，這些報告講述的都是殖民地人民如何痛恨《食糖法》，如何仇視《印花稅法案》。在麻塞諸塞州、羅德島州、紐約州、康乃狄克州、賓夕凡尼亞州、維吉尼亞州和南卡羅來納州，人們舉行了盛大的抗議遊行，每個州都堅決主張擁有自行收稅凡「權利」，認為議會沒有收稅的權利。命運多舛的麻塞諸塞州副總督湯瑪斯・哈欽森（Thomas Hutchinson）揭露了英國政府固有的荒謬立場，但他本人卻將在他所管理的殖民地遭受本不應由他所承受的痛苦。他寫了一本專著，寄給遠在倫敦的英國政府。他在這本專著中指出收稅行為實在荒唐之至，因為英國從與殖民地的貿易中獲得的利潤遠比通過稅收帶來的收入要多得多；而收稅這種惡意的行為，將會危及雙方之間的貿易。哈欽森實在是一個悲劇人物，兩面不討好。在北美大陸，他受到誹謗中傷，而英國方面又不待見他，這使他很早就認識到了英國的荒唐行徑。這一點在其他人看來也顯而易見。班傑明・富蘭克林在自己的備忘錄中寫道，「儘管美國人現在崇尚英國人的做事風格，模仿他們的風俗習慣，迷戀英國進口的商品」，但「接下來他們就會對這一切心生厭惡。貿易將要遭受重創，遠甚於稅收的損失」。他還加了一個竟然被英國政府奉為圭臬的觀點：「你有權去做的事，不一定非得去做（Everything one has a right to do is not best to be done）。」這句話實際上成為柏克後來的論點：當表述不合事宜時，則不必表述原則。

由於從北美殖民地向東橫渡大西洋至少需要四到六周時間，而向西所需時間則更長，因此等到抗議的消息和請願書到達倫敦時，格倫維爾已經在籌備《印花稅法案》了。為了阻止這項法案出臺，四位殖民地代理人急切地等待與他商議。他們是班傑明・富蘭克林、理查・傑克遜、下院議員兼馬里蘭州和南卡羅來納州的代理人查理斯・加思，以及新近從康乃狄克州來的傑瑞德・英格索爾。討論的焦點在於用什麼辦法來替代向殖民地徵稅。格倫維爾問他們是否能說一說每個州打算增加多少稅收，但幾位代理人由於沒有這方面的訊息，無法做出回答。其實格倫維爾並非真要他們給出答案，他想要的只是議會從今以後擁有向殖民地徵稅的權利，因此也沒有繼續追問這個問題，而對代理人們提出的關於稅收額度的問題也故意含糊其詞。

一開始還有一個可行的替代方案，如果英國向殖民地徵稅的目的純粹是為了殖民地的防禦經費支出（而這是完全合乎情理的），那麼它可以並且應該讓殖民地自行徵稅。殖民地也已準備好了對此做出積極回應。一七六四年，麻塞諸塞州議會請求總督法蘭西斯・伯納德召開特別會議，授權殖民地自行徵稅，而不是坐等英國議會來徵稅。然而，總督儘管也傾向於這一做法，但卻拒絕斷然處置，因為他覺得如沒有格倫維爾的具體要求，這樣做也無濟於事。賓夕凡尼亞州也指示其駐倫敦代理人表示，如果英國按照正當的程序要求殖民地繳納一定數額的稅收，該州也願意提高收入。按照代理人查理斯・加思的話說，

「大多數殖民地已經表示，從今往後，只要宗主國有適當的要求，他們願意提供力所能及的幫助。」

殖民地也同樣明確表示，反對英國議會直接徵稅。負責起草《印花稅法案》的財政大臣兼下院議員湯瑪斯・惠特利問殖民地代理人，美洲民眾對徵稅可能會做何反應，他們回答這一做法既不合時宜也毫不明智。康乃狄克州的代理人英格索爾表示在新英格蘭殖民地，人們對徵稅行為憂心忡忡；那些家財萬貫的紳士們早就說過，如果這一切真的發生，他們就將攜家帶口移居他國。惠特利不為所動，因為他曾堅決地表示，「有些稅收是絕對必要的。」他打算聽取更多英國駐殖民地代表的意見，而羅德島州的皇家總督史蒂芬・霍普金斯在一本公開出版的小冊子《被考驗的殖民地權利》（*The Rights of the Colonial Examined*）中表示，「除非像其他自由臣民一樣，由殖民地議會自行徵稅，否則陛下的美洲臣民堅決反對英國議會向殖民地人民徵稅。」羅德島議會把這本小冊子寄給其駐倫敦代理人，同時還將一份請願書一併寄給國王，以表達該州的訴求。紐約州議會同樣在給國王和國會兩院的請願書中表達了「最誠摯的懇求」，即除了必要的貿易管控，英國議會應該「把向民眾徵收所有其他稅負應急的權力交給殖民地自己的立法機構」。

顯然，由英國議會直接徵稅的做法勢必遭到殖民地的堅決抵制。但是這一點卻為人們所忽視，原因在於這些有決策權的老爺們視英國為君主，而視殖民地居民為臣民，並沒有把美洲殖民地人民當回事。就連格倫維爾和他的同僚們自己都懷疑是否可以如此行事，因而想通過建立議會徵用權的方式來獲取稅收。由於無視所有的負面影響，這件事最終成為弄巧成拙的典型案例。格倫維爾始終沒有向殖民地下達「從今往後」可以自行徵稅的正式命令，反而因為拒絕了這項替代方案而開啟了北美大陸獨立革命的大門。

殖民地的請願未在議會予以聽證就遭到了拒絕，因為在英國方面看來，請願所涉及的是一項不容反對的財政議案。傑克遜和加思在議院發言中指出，「除非或者直到北美殖民地民眾在英國議會擁有代表權」，否則議會便無權向殖民地徵稅。後來成為衝突的關鍵人物的貿易委員會主席查理斯·湯森德（Charles Townshend）起身回應，從而誘發了戲劇性的北美事件的第一波高潮。他說：「北美殖民地的人民就像我們親手撫育大的孩子，難道他們不應該貢獻綿薄之力來減輕我們肩上的沉重負擔嗎？」

曾在北美殖民地與烏爾夫和阿默斯特並肩作戰過的以撒·巴雷（Isaac Barré）上校是一位脾氣暴躁的獨眼退役軍人，他忍無可忍地跳起來說：「殖民地人民是在你們的關心下才成長起來的嗎？無稽之談！他們是被你們趕到美洲的。正是你們漠不關心，放任自流，才使他們生根發芽，茁壯成長。你們用武力保護過他們嗎？倒是他們以大無畏的精神拿起武器，為你們英勇抗敵。請你們相信我並且記住我今天說的話，當初激勵美洲人的那種自由精神將仍然激勵著他們，他們是珍惜自由的人們，一旦遭到侵犯，他們也會誓死捍衛自己的權益。但徵稅的議題太過敏感，我就不再多說了。」在英格索爾看來，巴雷激昂的言辭完全是出於即興的宣洩——「這番慷慨陳詞如此振聾發聵，同時又感覺意猶未盡。由於太過突然，整個議院都為之震驚，所有人都凝視著巴雷，沒有人回應。」這可能是第一次或許有少數幾個人意識到英國在美洲殖民地的前景堪憂。

早在魁北克作戰時，子彈穿透了巴雷的一隻眼睛並在他臉上留下了無法抹去的傷痕，他就用這張滿是傷痕的臉「怒視」世界；而現在，他將成為捍衛北美殖民地權利的傑出人物之一，反對英國對北美殖民地徵稅的請願者中的一員。巴雷的祖先屬於胡格諾派新教徒，他出生在都柏林並在那裡的三一學院就學（該學院被湯瑪斯·謝里登的父親形容為「半是熊園半是妓院」）。在國王否決了他的晉升提名後，巴雷離開了軍隊。在同樣出生於都柏林的謝爾本勳爵的幫助下，巴雷當選為議員。因為堅定地維護美洲殖民地的權利，他和另外一位志同道合之士一起受到賓夕凡尼亞州的威爾克斯—巴里市人民的永遠紀念。

第二次討論殖民地請願時，有人提出了更為具體的警告，康韋（Conway）將軍對將殖民地的請願置之不理的行為提出了強烈的抗議，並提議對此進行聽證。他說：「只有從殖民地代表的口中，我們才能瞭解到殖民地的情況，以及強行徵稅可能會產生的致命後果。我們難道還有其他管道嗎？」他的提議理所當然地遭到了大多數受過良好教育的議員的拒絕。作為一名職業軍人，他似乎第一個察覺到了可能會出現嚴重的後果。康韋將軍有一位表弟及密友叫賀拉斯・沃波爾（Horace Walpole），此君相貌堂堂，可親可敬，由於在威爾克斯事件中投票反對政府而讓皇室懷恨在心，不僅被罷黜了官職，而且連賴以謀生的軍團指揮官職務也一併被剝奪；不過，他拒絕接受朋友的資助，並與巴雷、理查・傑克遜以及謝爾本勳爵一起加入了一個行動核心，開始反對英國政府的美洲政策，而且還經常在謝爾本家裡碰頭，密商國事。

時年三十二歲的謝爾本（Shelburne）伯爵是威廉・皮特的學生中最有能力的人，而且是繼威廉・皮特之後最有獨立見解的大臣，這可能是因為他從來沒有在威斯敏斯特公學或是伊頓公學受過教育，儘管他曾說過他早期在愛爾蘭的教育「在極大程度上被忽視了」。由於他看起來太過聰明，而且又是「耶穌會」成員，同僚們對他敬而遠之，並不甚信任。但又因為用得著他的才幹，因此他從未長期賦閑在家；儘管不受信任，但他還是在一七八二年成為首相並趕上締約談判的時機，確認北美殖民地的獨立。同僚們不喜歡謝爾本的原因，或許是由於對他的一些想法深感憂慮；他總是有些憤世嫉俗，所提出的政策往往過於激進。他曾投票反對驅逐威爾克斯，贊成解放天主教徒，支持自由貿易。與柏克大相徑庭的是，他在法國大革命爆發時公開表示支持。

雖然謝爾本在愛爾蘭和英格蘭擁有大量租金帳本，並且還是身在海外的愛爾蘭最大的地主之一，但是按照傑瑞米・本瑟姆（Jeremy Bentham）的說法，他卻是唯一一位不懼怕人民的大臣；而且，在迪斯雷利（Benjamin Disraeli，一八〇四－一八八一年）看來，他還是第一個意識到中產階級正變得日益重要的人。他處處遵循貴族風格，請一位叫布朗的能工巧匠對其在鄉下的莊園進行綠化，並請羅伯特・亞當設計他位於城裡的房子；此外，還好幾次請約書亞・雷諾茲為他畫像。謝爾本的與眾不同遠不止這些，他平生還收藏了大量圖書、地圖和手稿，在他去世後光是這些藏品的拍賣就持續了三十一天。在議會的特許下，謝爾本還為國家購買了大量歷史文獻。像皮特和柏克一樣，謝爾本輕而易舉地就察覺到，對北美殖民地採取脅迫態度極不明智並毫不遲疑地提出了警告。

《印花稅法案》是第一個直接向殖民地徵收的賦稅，在第三次對此進行審閱時，該法案以二四九票對四九票獲得通過，這五比一符合通常的絕對多數。而對這多數人來說，按照賀拉斯・沃波爾的說法，他們對該法案「知之甚少……並且也沒怎麼仔細傾聽箇中詳情」。那些職業政客對此心知肚明。用惠特利的話來說，該法案是本次會議的「偉大舉措」，因為它從此確立了議會向殖民地徵收國內賦稅的權利。他的同僚副國務大臣愛德華・塞奇威克承認，面對北美殖民地各州的強大抵抗，這是有意為之的，「因為在北美各州看來，該法案的目的就是通過一個新的法律文件確立英國對殖民地徵稅的權利」。

北美殖民地民眾普遍做出了強烈的反應。因為《印花稅法案》不僅要在所有的印刷品以及法律和商業文件上貼印花徵稅，就連船舶入港證明、酒店營業執照甚至骰子和撲克牌也要徵稅。這就不僅只涉及新英格蘭了，而是觸及幾乎所有殖民地的所有階層的所有活動。《印花稅法案》再加上之前的《食糖法》

使殖民地民眾深信，英國人計畫首先破壞殖民地經濟，而後使殖民地永遠被奴役。維吉尼亞州市民議會（House of Burgesses）集會抨擊該法案，派屈克・亨利用臣子叛亂的史實提醒喬治三世別忘了凱撒和查理一世的下場。哈欽森寫道，當波士頓得知維吉尼亞州的堅定立場後，「所有人都萬眾一心」，哈欽森對他們表示支持，並確信，「如果印花稅法案實施的話，我們都將成為奴隸。」「自由之子」組織的成員在城市中聚集起來呼籲民眾進行抵制。各地民眾紛紛響應，全面參與運動，不僅發動暴亂，還劫掠並拆毀了稅官們的住宅，舉著印有稅官被絞死的畫像遊行，以逼迫他們辭職。因為忌憚這些警告活動，波士頓和紐波特的稅務官員到八月份便辭職了，因此當法案在十一月份正式生效時，已經沒有任何稅務官員還敢待在辦公室裡徵稅。

鼓動暴亂的人和小冊子的作者們仍然情緒高漲，從加拿大到佛羅里達的廣袤殖民地，儘管許多人並不清楚《印花稅法案》到底將威脅到他們的什麼利益，但該法案幾乎無人不知，無人不曉。有一位鄉紳的僕人在漆黑的夜晚不敢到牲口棚去，於是鄉紳問他：「你怕什麼呢？」僕人回答說：「怕印花稅法案。」埃茲拉・斯泰爾斯（Ezra Stiles）是一位傳教士，同時也是後來耶魯大學的校長，按照他的說法，在康乃狄克州，有四分之三的人準備拿起武器反抗。對一些能夠收到通報的英國人來說，更令他們吃驚和感覺不祥的是，十月份，九個殖民地在紐約召開了反《印花稅法案》大會並達成協議。經歷了短短兩周半的爭論之後，各殖民地便聯合起來要求英國廢除《印花稅法案》，同時也同意不再糾結於內外部稅收之間惱人的區別。因為在整個殖民地的爭論中，始終都是圍繞兩種稅收，一是以貿易關稅形式徵收的「外部稅收」，這是可接受的；二是針對國內生產或加工過程徵收的「內部稅收」，這是不可接受的；這兩種稅收的區別幾乎成為爭論的焦點。

除了聲明和請願之外，最有效的抗議形式是被稱為「禁止輸入（抵制英國貨）」的聯合抵制行動。這項行動本來在反對《食糖法》時就已經啟動，現在被波士頓、紐約以及費城的商團所採納，意在切斷進口英國商品的管道。這項號召迅速傳遍整個殖民地。婦女們帶著紡車來到官員的會客廳或政府所在地表示她們在家裡生產的土布數不勝數，完全可以替代從英國進口的布匹。她們用亞麻布做的襯衫「品質上乘，完全可以給美洲最優秀的紳士穿」。到這一年年底，進口總額從上一年的約二百萬英鎊驟減了三十點五萬英鎊。

英國又該採取什麼補救措施呢？按照許多人的想法，此時應該給予北美殖民地一直想要的議會代表權，然後繼續徵稅。這樣做原本可以一舉化解殖民地的反抗情緒。儘管引起衝突的要素還有很多，但沒有什麼能像錢那樣燃起人們的憤怒之火，而徵稅則是對北美殖民地民眾觸動最大的問題。他們已經為獲得議會代表權做了充分的準備，但事實上，他們在骨子裡並非真的想要這種權利。《印花稅法案》代表大會已經一致同意，宣佈這一做法「不切實際」。

在關於代表權的所有討論中，被提及最多的是英國和美洲之間的三千英里距離，通過海路傳遞命令到執行命令往往要幾個月時間。但同樣的距離並不妨礙美洲民眾購買英國的傢俱、服裝和書籍，追趕英國的時尚，送孩子去英國上學，與歐洲的同行定期通信，遞送植物標本，接納各種觀念以及保持密切的文化關係。與其說「浩瀚兇險的海洋」是天然障礙，不如說殖民地民眾越來越意識到他們真正想要的是更少的干涉和更多的自治。而在這之前，儘管殖民地人民並未考慮與大英帝國分離，更不用說獨立，但許多人並不想與英國有更緊密的聯繫，因為一想到英國社會的腐敗現象，他們就不寒而慄。約翰・亞當斯認為英國已經達到了與羅馬共和相同的階段，「城市腐敗，毀滅的條件已經具備」。到過英國的美洲人對那裡腐敗的政治、惡俗的社會以及巨大的貧富懸殊現象深感震驚。富人們過著「窮奢極慾、花天酒地、富麗堂皇的生活」，而窮人則「極其悲慘又苦難絕望」。如此種種，令人驚詫之餘又心生厭惡。

在美洲民眾眼中，這種庇護制度是自由的敵人，極其危險，因為如果政府依靠金錢交易獲得支援，那真正的政治自由便是一紙空文。英國人是唯一已經獲得自由的民族；這些年來美洲殖民地人民各種爭論的關注點便是美洲人作為繼承人的使命感，即為人類培育自由精神，並永遠維護這一精神。人們認為議會中的殖民地成員可能早已被英國的頹廢所腐蝕，而且，實際上也總是處於無能為力的少數派。還有一點十分清楚，如果殖民地在議會獲得代表權，他們便再沒有理由反對議會對殖民地的徵稅權了。美洲人比英國人更早意識到了這一點，而英國人著實從未認真考慮過接受美洲殖民地在議會擁有代表權，如果接受的話，這一舉措將會給自己帶來好處——將北美十三個殖民地留在英國。

英國人的傲慢態度是另一個難以逾越的障礙，他們無法想像美洲人居然能與他們擁有平等的權利。《紳士雜誌》驚呼：「難道我們應該邀請那些粗魯的鄉巴佬，那些被我們流放的囚犯所產下的野種，還有那些舉止比莫霍克人好不到哪去的暴亂煽動者來佔據我們大不列顛的最高議席嗎？」《早報》則在報導中寫道，「美洲人是愛爾蘭人、蘇格蘭人和日爾曼人的雜種與罪犯和流浪漢結合的產物。」比社會歧視更嚴重的，是對殖民地居民會引發階級平等之趨勢的擔心，因為一旦允許殖民地在議會擁有代表權，那些同樣沒有代表權的英國城鎮和地區也會紛紛效仿，要求在議會擁有席位，這樣一來，就會破壞自治城鎮的財產權利，進而徹底顛覆整個制度。

英國人想出了一種所謂「實質代表權」的便捷理論來糊弄沒有投票權或代表權的廣大民眾。他們聲稱，議會中的每位成員都代表著社會大眾的整體利益，並非只代表某一個具體選區的利益；如果曼徹斯特、謝菲爾德和伯明罕在議會沒有席位，倫敦僅有六席，而德文郡和康沃爾郡卻有七十席，那麼前者可能會心安理得地接受那些鄉下來的豪爽先生們作為「實質代表」。由於承擔著土地稅的重任，這些鄉下先生們總體上心甘情願地贊成向殖民地徵稅，並堅信應該維護議會的政治權威。

為避免爆發衝突，那些做事嚴肅認真的人們想出了一個方案，建議成立殖民地聯盟，隨後與英國建立某種形式的聯邦並且在帝國議會擁有殖民地代表。一七五四年，在聽取湯瑪斯・哈欽森意見的基礎上，班傑明・富蘭克林曾在奧爾巴尼會議（the Albany Congress）上提出了一個聯盟計畫以對付來自法國和印第安人的威脅，但並未得到採納。在《印花稅法案》危機期間，那些對殖民地負有管理責任並深恐與宗主國日益疏遠的人重又想起了這一提議。許多仁人志士提出了各種各樣的建議，主張對聯邦賴以存在的權利義務對等原則進行辯論，並借此以合理的方式建立殖民地政府，確立最終解決方案。這些人包括富蘭克林本人，前任麻塞諸塞州總督、現任下院議員的湯瑪斯・波納爾，還有對美洲事務十分熟悉的貴格會商人湯瑪斯・克勞利，以及現任麻塞諸塞州總督法蘭西斯・伯納德。在稍後的一七七五年的危機中，波納爾抱怨政府中沒人重視他的意見，他以後不會再提意見了。法蘭西斯・伯納德曾制訂了一項包含九十七條建議的詳細計畫並呈送給哈利法克斯勳爵及其他顯貴，哈利法克斯回覆，「這是他曾看到過的同類計畫中最好的一份，比其他計畫好得多」，然而之後卻再也沒有了下文。

班傑明・富蘭克林力勸他的英國同行，要認識到北美殖民地的成長與發展是不可避免的，不要妄圖通過法律手段限制殖民地的貿易和生產，因為自然擴張將會像狂風掃落葉般把它們拋進歷史的垃圾堆；相反，他們應該為建立一個橫跨大西洋兩岸美洲人與英國人享有平等權利的世界而努力，因為在這樣一個世界裡，殖民者將使他們的宗主國更加富裕，「使帝國擴張到地球的各個角落，並讓全世界都對它肅然起敬」。自提出奧爾巴尼聯盟計畫以來，這是個讓他著迷了很多年的燦爛遠景。許多年以後，富蘭克林在自傳中寫道：「直到如今我仍然認為，如果當初的聯盟計畫被採納，這對大西洋兩岸來說都將是件幸事。如此聯合起來的殖民地將有足夠的自衛能力，無須再從英格蘭調集軍隊了。當然後來的徵稅托詞以及由它引起的血腥對抗也都將得以避免。」富蘭克林最後感歎道：「但是這種錯誤也並非前無古人，在歷史上，由國家和帝王所造成的錯誤實在數不勝數。」

幾乎就在《印花稅法案》頒佈的同時，廢除該法案也成為英國的一大議題。因為「抵制英貨」行動使港口變得空空蕩蕩，托運人、碼頭搬運工以及工廠工人都無所事事，商人們損失了大把的鈔票，這使得英國從北美殖民地人民的抵制情緒中驚醒過來。在接下來的六個月裡，《印花稅法案》成為新聞媒體的主要話題。在十八世紀，由於人們熱衷於政治原則，從議會權利、無代表權徵稅的不公、「實質代表權」，到內外稅收，所有議題都會在各種評論、專欄和憤怒的來信中得到充分激辯。

貿易委員會委員索姆・傑寧斯（Soame Jenyns）公開出版的一本小冊子引起了巨大反響。傑寧斯認為，無論是徵稅的權利，還是為便利而實施徵稅權的做法，都是「毫無爭議，不言而喻的議題」，要不是因為論爭而有人「以傲慢無禮、荒誕不經的態度」對此加以質疑，根本就無須進行辯解。傑寧斯先生輕蔑地說，「英國人的自由」這一短語，最近已經被用來「作為褻瀆、猥褻、叛逆、誹謗和烈酒的同義語」，而美洲人認為未經他們同意便不能向他們徵稅的論點是「顛倒黑白，因為據我所知，還沒有哪個人是在徵得其本人同意後才被徵稅的」。

同賀拉斯・沃波爾一樣，賈斯特菲爾德勳爵喜歡從局外人的角度觀察事物，正如他向其侄子紐卡斯爾所教導的那樣，他善於穿透虛偽的表相直達事物的本質。他給紐卡斯爾的信中寫道，《印花稅法案》

的「荒謬之處」在於它就像是「一場惡作劇，明知無法行使某項權利，卻還大言不慚地堅持並維護這一權利」。他還寫到，即使印花稅得以實施，每年收上來的稅款亦不足八萬英鎊（政府的預測則不足六萬英鎊），這筆稅款遠不足以彌補英國在與殖民地貿易中所遭受的損失，即每年至少一百萬（每年貿易額為兩百萬）。湯瑪斯・蓋奇（Thomas Gage）將軍是英軍駐北美殖民地總司令，他在十一月的報告中透露了一個更加嚴峻的事實，即殖民地各處都掀起了反抗浪潮，「法案就算通過，並不會自動執行，只有動用大規模的軍隊才能使法案得以實施」。英格蘭的紳士們還不敢想像與殖民地的這群暴民當面對峙的情境。

格倫維爾的《印花稅法案》所導致的危機一觸即發時，他自己卻離職了。由於格倫維爾老是喋喋不休地對國王闡述經濟政策，喬治三世早就不勝其煩，心生惱怒；而這次，格倫維爾所屬的派系更是利用一七六五年年初國王生病[2]的機會起草《攝政法案》，並且出於不可告人的政治目的將皇太后的名字從中刪除了，這令國王大為震怒。喬治三世解除了格倫維爾的首相職務，但不幸的，此時他尚未尋得一位大臣來接替格倫維爾組織內閣，而這位大臣應有足夠的能力和智謀來應對《攝政法案》所引發的衝突。不知所措的喬治國王只好求助於他的叔叔坎伯蘭公爵，後者擁有漢諾威家族所沒有的才幹，並享有崇高的威望。坎伯蘭公爵推薦威廉・皮特出任首相，但皮特卻拒不出山，人們也搞不清楚這位性格複雜又有些神秘的人物不願出任首相的原因。或許他早已下定決心要廢除《印花稅法案》，但又不確定自己能否把控局面；另外，他自知性格倔強，不易妥協；或者，由於身體的病痛並且時常遭受精神方面的折磨，他已有一年時間沒有參與政務，實在也沒有餘力。

有歷史學家曾指出，如果皮特一七六五年執掌政府，接下來十年的情況可能會完全不同，但這只是建立在他在這十年裡持續掌權的假設上，然而事實很快證明，這一假設是錯誤的。皮特誓不妥協的精神以及過份要求自治權的做法，在與美洲殖民地的衝突中無疑削弱了政府的力量。由於深孚眾望、一言九鼎，加之對下院的掌控能力無人能及，他成為彪炳史冊的人物，幫助建立起大英帝國，但卻沒能夠阻止美洲殖民地從帝國分離出去。

皮特是被賈斯特菲爾德勳爵稱為「一個新式家庭」的次子，他的崛起得益於堅定果敢的性格及個人的真才實幹。他祖父被稱為「鑽石」皮特，是供職於東印度公司的富豪，脾氣粗暴，為人野蠻專橫，靠在印度做生意發家，並曾一度出任馬德拉斯（Madras）總督。使他成名的那塊鑽石後來被法國國王以超過兩百萬里弗的高價買下。在英格蘭，皮特家族獲得了威爾特郡有名無實的老薩姆選區，這使得威廉・皮特從一七三五年起便擁有了該選區的議席。皮特是在二十七歲時接替其兄長擔任該區議員，而其兄在將個人財富揮霍一空並疏遠了所有的朋友之後，「窮困潦倒」，只好遠遁他鄉，而且患上了間歇性精神病，「儘管沒有被限制自由，但也被迫過著一種隱居的生活」。不知是否因為祖父的遺傳，皮特的姐妹們也出現過精神失常狀況，其中一位不得不被關起來，另外兩位也或多或少被限制活動。

皮特從小到大一直都遭受著痛風病的折磨，這種病從他就讀伊頓公學時便令他痛苦不堪。這種病在青少年身上極為罕見，在那個年紀患上此病說明病情十分嚴重。反覆發作的疼痛症狀會引起痛風病人常見的暴怒脾氣，因而皮特不得不在他的馬車和轎子前部裝上緩解疼痛的腳凳和碩大的腳踢。

皮特在擔任軍隊的薪資主管時，盛傳他因為公然拒絕接受傭金或截留支付款項用來做個人投資而為其仕途帶來惡名，因為這兩種做法是當時擔任公職的人員獲得額外補貼的慣用方式。在「七年戰爭」

2 有關這是否就是國王精神錯亂的早期表現，人們已經寫了很多文章進行探討。他的精神病確切發病時間是在一七八八年，已經是二十多年以後了，在這之前並沒有其他症狀。因此可以認為在與美洲殖民地衝突期間，他始終是神智清醒的。—原註中，皮特擔任國務大臣，與首相紐卡斯爾公爵共同指揮作戰，兩人各司其職，配合默契，因為紐卡斯爾知人善任，於是負責處理自己擅長的人事任免一類的事務，而將制定政策及作戰方針的權力完全交給皮特。

皮特深信，英格蘭註定要確立海上霸權地位，而其豐富的資源可以用來摧毀法國貿易及採購基地，從而在與法國的競爭中佔據上風。為實現這一目標，皮特不遺餘力地動用資金和武裝力量，信誓旦旦地保證，甚至曾經說過「我知道，我能夠拯救這個國家，而且我一己之力足矣。」就這樣，他重新組建艦隊，配備人員，招募英國人代替外國雇傭兵，把有氣無力的戰鬥轉變成為全國戰爭並取得一場又一場的勝利。在布雷頓角的路易斯堡，瓜德羅普島、泰孔德羅加、魁北克以及在歐洲的明登，在比斯開灣，海軍取得了一系列勝利，正如賀拉斯·沃波爾寫道，「由於害怕錯過某場勝利，我們每天早晨都要自問，剛剛又取得了什麼勝利。」在民眾的歡呼聲中，繳獲的法國國旗被懸掛到聖保羅大教堂，所需後勤補給不經討論便投票通過。皮特主導著同僚，而且作為舉足輕重的下院議員，他還是公眾心中的偶像；因為他不慕虛名，人們對他大加崇拜，並且還認為他就是公眾的代表。甚至連新英格蘭的人們都有這種感受，據埃茲拉·斯泰爾斯所言，那裡的人們已經將他「神化」了。一七五八年從法國人手中奪取的杜肯堡（Fort Duquesne）被重新命名為皮特堡（Fort Pitt），而該地以生產木材為主的小村莊則被命名為匹茲堡（Pittsburg）。

後來，他想要和另一個海上對手西班牙開戰，這樣一來就勢必要增加稅收，於是引起了人們的極大反抗；與此同時，新的國王下定決心要將紐卡斯爾公爵的輝格黨人驅逐出去，由自己掌握官員的任免權。在這種情況下，皮特無法繼續發號施令了。一七六一年離任時，皮特乘馬車從皇宮出來，周圍都是歡呼雀躍的人群，女士們則佇立在窗邊向他揮舞手絹，平民們則「圍攏到馬車前，與男僕握手，甚至親吻馬匹」。

自那以後，皮特由於桀驁不馴、傲慢自負而難以再被任用。皮特對幫派之間的鉤心鬥角不感興趣，因此沒有屈從於這個體制。他想要做的是由他自己去實施自己制定的大政方針。在一七六一年離任之際，他曾對議會表示如果不採納他的意見，他只好袖手旁觀。他說過，「如果要負責，那我就要大權獨攬，對於我沒有管理權的事情，我一概不聞不問。」一位下議院議員認為這是「一位大臣所講過的最狂妄自大的話」，這的確是皮特一貫的態度。皮特是那種罕見的獨斷專行的人，他說：「我不屬於任何黨派，我現在是並且希望將來也是完全獨立的人。」在另外一個場合，他更是毫不掩飾地表示：「我不能容忍別人對我有任何比手畫腳。」也許這番話有些妄自尊大，他可能當時已經患上我們今天稱為妄想症和狂躁抑鬱症的疾病，但這種病在當時還沒有這樣的名稱，而且也沒有被認為是一種精神疾病。

皮特身材高大、面容白皙、鷹鼻瘦臉、雙目有神，因為痛風病的原因，足踝腫脹，給人一種步履蹣跚之感；他儀錶威嚴，傲慢自負，總是衣著筆挺，頭戴假髮，「處事果斷，令人敬畏，酷似羅馬時期的監察官加圖」。也許是為了隱藏內心的熱情或怒火，他慣於把自己偽裝起來，似乎總在裝腔作勢。他蔑視和憤怒的眼神常令對手膽戰心驚，而破口大　和冷嘲熱諷時又讓人感到極度恐慌，這種令人望而生畏的性格特徵與教宗儒略二世極為相像。皮特的演講很有魅力，儘管沒人能搞清楚為何如此，但這項天賦確曾一度使他在政治上十分成功，他講話妙語連珠、雄辯有力，同時又大膽潑辣、激情四射，從不墨守成規，他因而得以獲得議會中間派的支持。他的演講往往言過其實，極盡誇張之能事，就像一位出色的演員，對動作和聲調的拿捏恰到好處，並擅長使用「精彩紛呈、雋永秀雅的短語」。有一次他告訴謝爾本，在決定使用某個經典佳句之前他已經「三易其稿」；但其實他最為成功的演講都是即興創作的。即便他在竊竊私語，坐在大廳最遠處的人也能聽到他的聲音；而他敞開嗓門大聲講話時，聲如洪鐘，響徹議院禮堂各個角落，就算在入口大廳和樓下也能聽得一清二楚。當皮特站起來發言時，所有人都凝神屏氣，側耳傾聽。

皮特下臺了，坎伯蘭公爵（Duke of Cumberland）只好拼湊了一個內閣，該內閣三個主要職位由他在軍隊和賽馬場的熟人擔任，而這三人此前都沒有過在內閣任職的經歷。擔任首相的是年輕的羅金漢侯爵（Charles Watson-Wentworth, 2nd Marquess of Rockingham），他是英格蘭最富有的貴族之一，在三個郡擁有男爵封地，在愛爾蘭和約克郡還有大片地產，是其家鄉當地的代理長官，還是愛爾蘭貴族，並且擁有嘉德騎士和寢宮侍臣的頭銜。羅金漢時年三十五歲，是新生代輝格黨成員，既無執政經驗也無施政能力。康韋將軍和奧古斯都・亨利・菲茨羅伊出任國務大臣，前者曾是王叔坎伯蘭公爵的副官，後者是第三代格拉夫頓公爵，與羅金漢同是賽馬場的贊助人，他在賽馬俱樂部與坎伯蘭公爵相識。格拉夫頓公爵（Duke of Grafton）年方三十，性格懶散，胸無大志，無意名垂青史，對賽馬情有獨鍾，對政治漠不關心；但本著身在其位需謀其職的原則，倒也隨時準備盡職盡責，為國效力。一七六八年，由於其位高權重，他被一致推選為劍橋大學校長。《墓園輓歌》的作者，詩人湯瑪斯・格雷為此寫了一首頌歌，並打算配樂，以便在公爵的就職儀式上吟唱，而格拉夫頓公爵亦曾保證讓格雷擔任該校歷史教授。在就任內閣之職後，格拉夫頓鬱鬱寡歡，經常如坐針氈，並多次提交辭呈。

在由國王的朋友組成的內閣中，擔任大法官的是諾辛頓勳爵（Lord Northington），此君患有痛風病，脾氣暴躁，性格粗魯，常愛酗酒，而醉酒之後更是俗不可耐，但在過去九年裡他卻擔任過所有與法律相關的職位，並也樂於承認自己喝波爾特酒太多而造成了不良後果。他曾說過，「要是早知道我這兩條腿有一天能馱著一個大法官，從我還是一個小夥子的時候就會悉心照顧它們了。」擔任戰爭大臣的是巴林頓子爵（Viscount Barrington），他是應國王的盛情邀請而接受這一職位，他和藹可親，有兩個兄弟，一個是海軍上將，另一個任主教。他說曾給自己制定了一條原則，無論職位高低，來者不拒，因為他有一個理論，「某一天或許會時來運轉，最終讓我成為教宗」。巴林頓從此在戰爭大臣的位置上一待就是十三年，成為那一時期任期最長的大臣之一。在他接受這一職位時提出過一個條件，就是允許他對政府的《印花稅法案》和《普通撥款令》投反對票，從此內閣中不再強制取得一致意見。

由於各部門之間貌合神離，軟弱無力，新政府一頭陷入了《印花稅法案》危機中，僅僅四個月之後，坎伯蘭公爵便駕鶴西去，羅金漢侯爵痛失庇護，茫然無措。他試圖將皮特招至麾下，但遭到拒絕；隨後他又再三問計於皮特，求教如何廢除《印花稅法案》，然而皮特始終拒絕與他溝通交流。更加上他有神經衰弱之症，以至於在整個一七六五年他都不問政事。

「抵制英貨」行動使英國經濟形勢惡化，商人和普通勞工也備受煎熬，警示性的文章開始見報，工廠倒閉，大批失業工人準備挺進倫敦，向下議院威脅使用暴力，以此要求廢除《印花稅法案》，其實在多數情況下這都是受到一個有組織的商人廢法運動的鼓動。倫敦的商人們組織了一個委員會，給位於三十個製造業及港口城鎮的生意夥伴們寫信，敦促他們向議會請願，要求廢除《印花稅法案》。政府內部份為「徵稅派」和「反徵稅派」，羅金漢、格拉夫頓、康韋和老紐卡斯爾公爵贊成廢除法案，而反對廢除法案的人希望顯示議會的權威，認為一旦該法案廢除，將使英國政府顏面掃地，從而促使殖民地徹底走向獨立。諾辛頓勳爵公開反對羅金漢派系的主張，宣佈以後將不再參加內閣會議，但他不會辭職，他要留下來搞垮政府。

雖然羅金漢本人並沒有什麼懾服人心的意見，但他接受了秘書艾德蒙・柏克的政策主張，後者讓他相信，美洲民眾的激烈反應表明，強制實施《印花稅法案》的做法極為不妥：英格蘭的政策不夠明智，會令殖民地民眾心生怨恨，從而失去與他們的貿易往來；如果可以通過廢除《印花稅法案》恢復與北美殖民地的融洽關係，情況可能要好很多。柏克解釋說，輝格黨的兩大原則，即民眾的自由和議會的權威可以合二為一，協調一致。

由於大多數議員都想教訓一下殖民地，讓他們知道什麼叫「議會權威」，並且也想通過從美洲殖民地徵稅來減少他們自己所承擔的土地稅額，因此，通過議會投票來廢除《印花稅法案》希望渺茫。格倫維爾怒斥北美殖民地的「無恥暴動和叛亂」，諾辛頓勳爵則宣稱，通過廢法的方式來「放棄律法」對英國來說意味著「被美洲征服並且成為自己殖民地的一個省」。在耶誕節休會期間，羅金漢試圖再次從皮特那裡獲取些金玉良言，但無功而返，所以，到一七六六年一月十四日議會重新開張時，面對這樣一個已被內部紛爭搞得孱弱不堪的政府，羅金漢已經一籌莫展，無計可施了。

皮特出場了。議員席上鴉雀無聲。他對議員們說，當前擺在他們面前的議題「要比議院曾關注過的任何問題都更為重要」，因為他們自己的自由在上世紀的革命中曾危在旦夕，而「今天的討論結果將決定後世子孫如何評價帝國榮耀，如何評價當前政府的管理智慧」。徵稅行為「不應該是管轄權或立法權的一部份」；它是「議會主動饋贈的禮物」；所謂「美洲殖民地在議會擁有代表權的想法實在是無恥而卑劣的概念，完全不值一駁」。在談及格倫維爾譴責一些英國人鼓動殖民地反抗的言論時，皮特反駁說：「我很高興看到美洲奮起抗爭。三百萬人對自由的感受如此無動於衷，以至於心甘情願被人驅使，這豈不是助紂為虐，讓其他人也成為被奴役的對象嗎？」一位議員大聲怒吼，說應把演講者送進倫敦塔關押起來。據一位當時在場的人回憶，這一嗓子激起了「我從未聽到過的歡呼雀躍的掌聲」。皮特稍微顫抖了一下，但仍不為所動，繼續主張必須「立即完全徹底地」廢除《印花稅法案》，同時還要發佈一則聲明，「對殖民地昭示國家威權……使用最為強硬的措辭，並覆蓋立法的方方面面——我們可以約束殖民地貿易，限制殖民地生產製造，並且除了未經他們同意向他們徵稅以外，可以行使任何權力。」

這種說法讓人感到困惑。難道通過關稅的形式約束殖民地貿易不是未經同意便向他們徵稅的另一種方式嗎？如果議會擁有至高無上的立法權，徵稅怎麼就不能成為「議會權力的一部份」？格倫維爾提出了這些問題，並拒絕接受所謂外部和內部稅收的區別問題。皮特是一位堅定的重商主義者，他的回覆十分明確：「我們要一勞永逸地確定下來，徵稅是他們的事情，而制定商務邏輯是我們的事情。」他的這種區分法很難令其他人信服，喬治・傑曼勳爵在給一位朋友的信中寫道，「如果你明瞭其不同之處的話，就比我高明多了。但我向你保證，當我聽到這種說法時，感覺它真的妙不可言。」

這對羅金漢來說已經足夠了；他得到了暗示。於是經他授意，議會在起草廢印法案的同時，立即起草並發佈了《議會權威聲明》，希望能重拾信心。議會告知國王，要不就廢除《印花稅法案》，要不就採用武力實施該法案，而後者則需派遣更多的軍隊，軍餉難以落實。就這樣，國王勉強同意了。議會恢復了對該問題的辯論。在上議院，格倫維爾派的領導人物貝德福德公爵堅稱：「如果《印花稅法案》遭到廢除，那將意味著大英帝國在美洲的終結。」但羅金漢也找到了盟友，為了把焦點從充滿爭議的「權利」轉移到經濟影響上來，他鼓勵商人們的廢法運動。每天都有來自三十五個城市的地方長官和社會知名人士抵達倫敦遞交當地的廢法請願書，美洲商人寄給英國發貨人的信件紛至沓來，聲稱取消訂單，還有一百多名商人聚集在倫敦遊客畫廊以沉默方式施加壓力，有二十名騎手原地待命，隨時準備傳遞投票的結果。

四十名見證人被召集到議會就「抵制英貨」運動作證，這些人既包括殖民地代理人，也包括商人以及美洲遊客。在這些人之中，班傑明・富蘭克林在一七六六年二月的那次著名問詢中語氣堅定地告訴議會成員，「除非是在武力脅迫情況下」，否則北美殖民地民眾將永遠不會支付印花稅，但武力將毫無用處，因為「軍隊不可能強迫一個不繳納印花稅的人接受印花稅。他們找不到謀反的證據，儘管欲加之罪，何患無辭？」此番言辭可以說是對英國這十年的總結性評價，因為正如一位英國歷史學家說過，在富蘭克林講這番話之時，他同胞中的「絕大多數，從未有過與其宗主國斷絕關係的想法」。

目前形勢進退兩難。要保留《印花稅法案》，就會像見證人在作證時所說的那樣，註定引起殖民地長期的不滿，甚至「完全疏遠」大英帝國；而若同意廢除法案，將使英國在美洲殖民地威信掃地。賀拉斯・沃波爾兩年後在他的回憶錄中清晰地記載了這一窘境，並且加上了另外一個令人擔憂的因素：《印花稅法案》的實施有可能會「有激起叛亂的風險」，還可能會讓殖民地「倒向法國和西班牙的懷抱」；而另一方面，廢除稅收議案也是「史無前例，命運攸關」的事情。

《聲明法案》聲稱「大不列顛議會過去擁有、現在擁有，並且根據其權利應該擁有全部權力和權威來制定具有足夠強制力和有效性的法律和條例，以便在任何情況下對美洲殖民地及其民眾進行約束」，由此在下院獲得一致通過，在上院也僅有五票反對。十分有趣的是，投反對票的五個人包括康沃利斯勳爵。另外一位是普萊特前首席法官卡姆登勳爵，他是唯一一位反對《聲明法案》的大臣；他堅持反對的理由是沒有代表權卻要納稅的做法是非法的，而且「有些事情是不能做的」。事實上，《聲明法案》對作為爭論焦點的徵稅行為隻字未提，這一點遭到首席檢察官查理斯・約克的質疑。他建議加上「在徵稅事務中」字樣，但是，因為有了「在任何情況下」的保證，已經沒有這種必要，所以被否決了。這為廢印法案贏得了多數贊成票。但是，儘管《聲明法案》的頒佈十分順利，卻也頗為草率，因為這樣一來，議會所處的法定地位就使它無法做出妥協。在接下來的十年中，當羅金漢侯爵所領導的黨派極力避免戰爭時，該法案又反過來束縛住了當初投票贊成該法案的議員。《聲明法案》暫時達到了目的，廢印法案在下院以超過一六七票的多數獲得通過。但上院仍然負隅頑抗，最終，當國王聽從了勸說，將他贊成廢印法案的意見公之於眾之後，他們才鬆口表示同意。

此事就此告一段落。柏克記載了康韋將軍的臉上熠熠生輝，「就像天使的臉龐一樣光芒四射」。信使們帶著喜訊疾馳而去，布里斯托鐘聲嫋嫋，船長們升起了旗幟，莊嚴行禮，海港回蕩起陣陣歡呼聲。消息抵達美洲時，人們更是欣喜若狂。既是商人又是托運人的約翰・漢考克舉行了盛大的晚會，點燃鞭炮，暢飲馬德拉白葡萄酒。民兵們伴隨著悠揚的笛聲和喧鬧的鼓聲上街遊行，酒館裡人滿為患，紛紛飲酒慶祝，有人懸掛彩球，向國王和議會表達衷心的感謝。整個新英格蘭先後舉辦了五百場感恩佈道活動。人們又恢復訂購英國商品，戴著發癢的手織外套被送給了窮人。八個月後，約翰・亞當斯寫道，現在的人們「就像太陽底下任何民族一樣，對政府極盡恭謹順從之能事」；廢印行動「使得一波又一波民眾騷亂偃旗息鼓」。因為《聲明法案》沒有提及徵稅事務，沒有給人留下什麼印象。美洲民眾可能也認為，它只是英國感到顏面受損以後的表面姿態，不會付諸實施。

我們該如何評價《印花稅法案》及其廢除的意義呢？儘管明知制定該法案定會引火焚身，但它其背後的政策方針還不能算是典型的荒唐之舉，因為英國畢竟沒有固執己見到做出顯然南轅北轍的事。英國想從殖民地獲得稅收是自然而然的事情，而想方設法去獲取收入也在情理之中。同樣的道理，廢除該法案也並非愚蠢的行為，因為當時也確乎沒有明確的替代方案。強制執行既不可行，那廢除法案就不可避免了。這對英國而言實在是不幸之舉，因為無論美洲民眾多麼歡欣鼓舞，他們難免會認為，在暴動、騷亂和抵制活動面前，議會至上的原則不堪一擊。但是，除了少數激進分子，當時的絕大多數民眾都未曾考慮過反叛或分離；而且，如果不是後來英國進一步的挑釁，列克星頓（Lexington）可能永遠不會傳出槍聲。

三、愚政揚帆高歌猛進（一七六六—一七七二）

英國人確實錯了，現在不得不要求廢除法案以亡羊補牢。決策者們也極有可能懸崖勒馬，重新審視與殖民地的關係並捫心自問，應遵循什麼樣的路線才既能讓殖民地繼續對大英帝國忠心耿耿，進貢納稅，又能確保議會的權威不受侵犯。許多朝堂之外的英國人也在考慮這個問題，而將在不久之後執掌政權的皮特和謝爾本，在任職伊始即打算消除殖民地的疑慮，並修復英帝國與殖民地之間的關係。然而，正如我們將要看到的，事態的發展受到了干擾。

因為執政團隊尚未形成目標明確的磋商機制，國王還高高在上，他們之間也時有爭執，因此英國人並未重新考慮殖民地政策。其實，長期避免對美洲殖民地採取刺激性措施或許是明智的做法，這樣既能向殖民地民眾保證，英國尊重他們的權利，又可避免給煽動者落下口實，但他們從來就沒有這麼想過。殖民地對《印花稅法案》的過激反應不過證實了英國人的想法，即殖民地民眾在一幫「心懷叵測的傢伙」（上議院決議中的用語）的領導下正開始叛亂。面對威脅或者被視為威脅的某種東西，政府通常很少去調查分析、瞭解其來龍去脈、界定其性質及範疇，而是急欲將其瓦解清除。

根據一七六六年通過的《駐紮法案》，美洲殖民地每年要為英軍提供營地、給養和訓練，其中有一條，要求殖民地議會為駐守當地的正規軍建造兵營，提供物資，諸如蠟燭、燃料、醋、啤酒和鹽等。這不啻為一項新的刺激舉措。議會幾乎不用考慮就應該可以意識到，這其實是另一種形式的內部稅，殖民地民眾一定會對此恨之入骨，這一點很快在駐有大量軍隊的紐約印證了。殖民地民眾意識到，根據英國議會的「指示」，大英帝國很快就會要求他們為駐美英軍支付所有開支。紐約州議會拒絕撥付所需費用，英國對殖民地這種公然違抗命令和忘恩負義的新苗頭極為憤怒，查理斯・湯森宣稱，「一旦我們失去殖民地監護人的地位，那英國就完蛋了」，這番話在議會贏得了雷鳴般的掌聲。為此，議會通過了《紐約懸置法案》，指出在紐約州議會投票同意撥付資金以前，該議會的一切決議暫時無效。就這樣，宗主國與殖民地再度陷入爭執。

恰在此時，發生了一場政治變故。國王找到了藉口與羅金漢反目，並趁機順從上帝的旨意「解散內閣」。經過一系列複雜的協商，皮特受邀出任首相，組建了參差不齊的內閣，而受到羞辱的羅金漢成了反對派。與正常情況相比，新政府內部紛擾不斷，內閣成員各執一詞，這是皮特故意為之。因為就當時處境而言，他得拼命討價還價才能說服別人贊成他所堅持的條款；他決意要大刀闊斧地發號施令而不受任何羈絆，為此，經過精心謀劃，他拼湊了這個派系眾多的內閣，這樣他就能夠左右局勢而不懼任何「聯合」。為了說服那些任期屆滿而又不願退出席位的成員為繼任者讓位，新政府不得不給他們支付了可觀的退休金，花費了一大筆錢。

一方面，謝爾本出任國務大臣，負責殖民地事務；格拉夫頓和康韋繼續留任內閣；皮特圈子的另一核心人物卡姆登勳爵被任命為大法官。另一方面，代表國王的諾辛頓勳爵改任樞密院議長，比特勳爵的弟弟謀得了一席之地；令人捉摸不透的查理斯・湯森擔任了財政大臣；希爾斯伯勒伯爵被任命為貿易委員會主席，此君對殖民地態度極不友好，這一點與謝爾本截然相反。他曾很不友好地對待班傑明・富蘭克林，據後者描述，希爾斯伯勒是一個「狂妄自負，剛愎自用，固執己見，同時又情緒激動」的人。這些人私下各自為政，毫不掩飾，以至於令柏克極盡諷刺之能事稱該內閣為「由各種圖案拼成的馬賽克；

用花紋小瓦片鋪就的人行道……這裡一塊黑色石頭，那裡一塊白色石頭……」當然，柏克是心情失落的羅金漢的追隨者。

拼湊的內閣並非是導火線，但皮特病倒了，政府的愚蠢之舉由此開始。皮特接受了貴族爵位，離開了下議院，以查塔姆伯爵（Earl of Chatham）的身份進入上議院，這嚴重影響了他偉大光輝的形象。皮特之所以做出這一決定，部份原因在於健康狀況每況愈下，作為首相的他不想繼續擔任下議院領袖職位。在公眾看來，他這一做法就好像耶穌基督參與了教堂裡的權錢交易。歡慶英雄復職的活動被取消，市政廳懸掛的彩旗被撤了下來，有人開始印刷小冊子並發表諷刺作品攻擊皮特。在人們眼裡，這位始終代表平民形象的偉大的平民已經將人民拋棄在腦後；並且，為了一己私利，將自己賣給了朝廷。

作為一位出色的演講家，皮特在下院擁有眾多支持者；而到了上院，這位新伯爵的聽眾減少，反響也少了許多，因此，他的影響力大為減弱。隨著痛風病癒發嚴重，他脾氣愈加暴躁，時常悶悶不樂，對待同僚也更加粗暴專橫。

康韋將軍曾說，「查塔姆閣下的一些話在西方世界聞所未聞。」慢性病痛的折磨，公眾譴責的刺痛，失去偉大光環的傷感，美洲形勢急轉直下而導致的挫折感，這一切使皮特消沉抑鬱，因而深居簡出，不再參加內閣會議。不過他還是在一封信中直言不諱地表達對「紐約癡心妄想」的憤怒之情，指出「他們的反抗情緒必然會在我們這裡引起軒然大波……最近的《印花稅法案》已經嚇壞了那些敏感暴躁、蔭翳怨怒的人，使他們變得六神無主。」

失去了主心骨的英國政府亂作一團。班傑明・富蘭克林在給殖民地的報告中寫道，「政府內外黨派紛爭，陰謀不斷，魑魅魍魎，熱鬧非凡，各色事務，亂七八糟。」格拉夫頓公爵本來也是勉強答應擔任財政大臣一職，因為他覺得自己並不適合這一職務；但現在，為了讓皮特免受日常行政事務之苦，時年三十二歲的他又不得不肩負起了代理首相的職責。深感無所適從的他寧願「一兩周到一次倫敦，只到財政部簽署一些文件，並儘量少見國王」。他有一次為了參加紐馬克特的賽馬比賽而推遲了內閣會議，另外一次推遲會議則是為了張羅一場在他家裡舉行的大型宴會。政府這艘航船實際已無人掌舵。為了恢復與殖民地的友好關係，謝爾本勳爵已經通過殖民地代理人開始努力，但為此也與同僚爭吵不休。卡姆登勳爵除了處理一些法律事務以外，在政治方面基本是個外行，只能三緘其口。這樣，幾乎沒人能夠制約最最才華橫溢也最最不負責任的內閣成員查理斯・湯森了。

在柏克看來，「湯森是下議院所有人的開心果，是下議院的花瓶，也是所有民間社團的符咒」，甚至在醉酒的情況下，他都能發表一番精彩的演說。而根據賀拉斯・沃波爾的說法，如果湯森的毛病能夠有所減少的話，以他的智慧和能力，或許可以成為「那個時代最偉大的人物」。但事實並非如此。他傲慢輕浮、口無遮攔，而且還言而無信，甚至為了一點這兒蠅頭小利出爾反爾。

一次，紐卡斯爾公爵在考慮委任他何種職務時曾問道：「查理斯・湯森在戰爭部還是財政部造成的危害更小？」由於他的才幹多少還有點兒作用，湯森先後在貿易部、海軍部和戰爭部擔任過各種職位，偶爾也會辭職，或拒絕赴任。「他從未耐心仔細地研究過任何問題，」沃波爾曾寫道，「有時他瞬間就能融會貫通所有知識，以至於他好像不是在搜尋而是在創造。」他智慧超群，「對他而言，似乎無須時間去思考」。他耀眼的才華掩飾了實際知識的不足，正如大衛・休謨在談到湯森時評價道的，「他被誤認為是英格蘭最聰明的傢伙。」

湯森最壞的毛病在於「對名望的過份熱衷」，這可能跟他是家裡的次子有關，也可能與他那聲名狼藉、緋聞不斷、一直分居的父母有關。他那風流古怪的父親是第三世湯森子爵，按照沃波爾對一位朋友的話說，「是你老鄉中最為瘋癲的一個。」他兒子還有一種殘疾，就是會突發羊癲風，現在看來可能是患有癲癇病，但沃波爾卻對此輕描淡寫，說「他身體痙攣，突然倒下，隨後又蘇醒過來，在議院裡咆哮不止」。湯森試圖效仿皮特，但卻沒有皮特對大局的判斷力；他下定決心，「不參加任何政黨，不追隨任何領袖，絕對只聽從自己的判斷」。但不幸的是，他最為缺乏的恰恰就是判斷力。

湯森在貿易部的幾次任職經歷使人們認為他是在美洲事務上最有見識的人。早在一七六三年，他就第一個建議從殖民地徵稅用來支付那裡的防禦開支，並向殖民地官員和法官支付固定薪水，這樣一來，他們就「無須再看任何殖民地議會的臉色」。而這正是殖民地所擔憂的問題，並顯而易見地被認為是為壓制殖民地權利而做的準備。

現在，湯森又未經深思熟慮，草率地重提這兩個想法。一七六七年一月，他提出預算草案，要求將土地稅仍維持在四先令的水準，這引起了鄉村議員極大的不滿情緒。因為急於想要獲得支持，他又表示如果英國政府不必在對殖民地管理上花費四十萬英鎊，可將土地稅減少到先前的三先令。有鑑於此，絲毫沒有從《印花稅法案》吸取教訓的格倫維爾馬上就建議，只要他們在殖民地的防務和管理方面開支的大部份都能夠以殖民地的稅收支付的話，可以削減預算。湯森好像說了句「沒問題」，令其同僚頗為詫異。他又洋洋得意地「保證，會想出辦法在殖民地徵收到足夠的稅款來達到英國的目的」。他向議會保證他完全能夠做到這一點而「不會觸怒」美洲民眾，他的意思是對殖民地征外部稅；而與此同時，他又說「除美洲人以外，在所有人的觀念中」，外部稅和內部稅之間的區別是「荒謬可笑」的。此時，美洲人在反印花稅大會和公開的談論中實際上已經摒棄了所謂內部稅和外部稅的區別這樣的看法，但湯森根本就不想勞神去理解美洲人的意見。

既然能夠減輕他們自己的賦稅，議會便欣然接受了湯森的保證。他們之所以心甘情願這麼做，更是因為在《印花稅法案》聽證期間，富蘭克林在嚴謹卻又透著自滿的證詞中說過，殖民地不會反對外部稅收，即便是為了英帝國國家的收益也不會反對，政府對這番話印象頗深。已經失勢的羅金漢家族和右派的[3]貝德福德家族想要政府難堪，在他們的鼓動下，鄉村議員們提出一項動議，將土地稅從每鎊四先令減少到三先令，這樣政府每年收入減少五十萬英鎊，而財政大臣還必須兌現他的承諾。

在既沒有與內閣成員商議，也沒有將意圖告知他們的情況下，湯森提出對進口到美洲的貨物徵收一系列關稅，包括玻璃、油漆、鉛、紙張和各等級的茶葉等。據稱，其目的並非是為了控制貿易，而是為了增加歲入。根據湯森自己的計算，單茶葉稅的預期收益就可達兩萬英鎊，其餘商品的關稅收入略少於兩萬英鎊，總計約四萬英鎊，約佔殖民地管理總成本的十分之一，尚不足因土地稅減少所造成損失的十分之一。因為數額太小，徵收的成本反而會超過收繳上來的稅收總額，國家財政赤字不僅不會減少，而且還很有可能會有所增加。本來，廢除《印花稅法案》的目的就是緩和與殖民地之間的關係，但現在，湯森正準備讓這一努力前功盡棄。像大多數的愚蠢政策一樣，為了個人的一己私利而置國家根本利益於不顧。在沒有查塔姆伯爵的情況下，湯森看到了一條通往首相的光明大道，最終，他還可以借此提升其個人在下議院的聲望，而這裡，就是柏克所稱的「名望的殿堂」。

湯森的提議似乎讓其同僚們驚愕不已。格拉夫頓承認，儘管通過從殖民地徵稅來提高國庫收入的做法「與每位內閣成員已知的決定截然相反」，而且「像這種」由內閣大臣單方面做出的行為，「我相信，沒有哪個內閣會願意接受」，但實際上，內閣真的同意了。湯森威脅如果不讓他踐行諾言，他就辭職回家。在內閣看來，湯森辭職將會令政府垮臺，他們就只好乖乖地通過了。這是一如既往的做法，留得青山在，何愁無柴燒呢？

儘管已經有過自食苦果的經歷，但議會的大多數成員還是樂於再教訓一下美洲殖民地民眾。一七六七年五月，體現湯森關稅主張的《稅收法案》在上下兩院一致順利通過，甚至無須計算票數。似乎是為了故意刺激美洲民眾的神經，湯森在該法案的導言中宣示此次稅收的收益將用來提高國家收入，一方面幫助支付殖民地的防務開支，另一方面「用來支付司法行政的開銷以及王室的年奉」。此番言語一出，殖民地民眾震驚不已，幡然醒悟。假如沒有這番陳述，他的關稅主張或許不會激起驚濤駭浪。而現在，愚蠢行徑已經揚帆起航了。

情況怎麼會發展到這一步呢？湯森本來就是個不計後果、自大狂妄之人，真正應該為此負責的是政府和議會。格拉夫頓公爵在回憶錄中辯解只有查塔姆伯爵才有權力解除湯森的職務，當時「沒有什麼辦法能夠阻止這項舉措」，這一托詞實在不堪一駁。在面對成員的辭職威脅時，一個對政府具有責任感的團結內閣完全可以坦然接受，決不至於瓦解倒臺。況且，英國議會是歐洲最古老的議會，有豐富的治國經驗，在法案制定之前就應該能夠預見到可能產生的後果。實際上，就連羅金漢派也沒有對這一舉措發表任何反對意見。南卡羅來納州代理人查理斯•加思寫道，「美洲殖民地的盟友太少了，在與財政大臣的較量中無人幫忙。」有人在報紙上撰寫文章或出版小冊子，滿腔憤怒、氣勢洶洶地要求忘恩負義的殖民地承認英國的權威。政府和議會不但沒有安撫美洲殖民地，反而想要對其進行嚴厲的懲罰。湯森的稅

3 這是一個沒有史料支持的詞，當時沒有人使用過，但由於現代的讀者能從中體會到準確的含義，同時又沒有其他相應的詞彙，所以我決定試著這樣寫。——原註

收主張出臺得正逢其時。

但湯森並未親眼看到他提出的措施的命運。他在當年夏天感染了一種被稱為「熱病」的疾病，病情幾經反覆，最後在一七六七年九月不治身亡，年僅四十二歲。他的職業生涯短暫而變化無常，但對美洲殖民地而言卻產生了深遠的影響。他的一位同僚評論說：「可憐的查理斯・湯森啊，現在終於名垂青史了。」

在經歷了這一系列事件後，精明能幹的查塔姆伯爵閉門謝客，而焦頭爛額的格拉夫頓公爵一直在懇求見他一面，哪怕是半小時，甚至十分鐘，也好問計一二。而國王也不厭其煩地給他寫信，一封接一封，希望他能回應格拉夫頓的請求，甚至提出親自去探望病中的查塔姆伯爵。伯爵深深摯愛的查塔姆夫人代遭受病痛折磨且每況愈下的丈夫做出了答覆，她替丈夫婉言謝絕了，因為他「身體極度虛弱……病情日益嚴重……承受難以名狀的痛苦折磨」。同僚們起初都以為查塔姆只是裝病，但是當格拉夫頓經再三請求終於被允許進行片刻的會見之後，他看到的是一個病入膏肓的人，「精神和意志極其糟糕，令人唏噓……這位了不起的大人物終於低下了高昂的頭，因為神經紊亂，他已經徹底垮了」。

被隔離居住在彼森特的查塔姆，在他狂躁症狀加重的時候，命令園丁在有礙視野的荒山上都種上常青樹。有人告訴他「即便全郡所有的苗圃都提供不了所需數量的百分之一」，然而，他根本不予理會，命人到倫敦去採購，並從那裡用馬車把樹苗運了回來。彼森特本來是諾斯勳爵一位男性親戚的地產，此君性情暴躁，因為諾斯勳爵投票贊成徵收蘋果酒稅而大發雷霆，憤而燒毀了諾斯的蠟像，並更改了遺囑，將莊園贈送給了皮特這位國家英雄。為了住進新的莊園，皮特賣掉了自己在海斯的莊園，他在那裡已經花費鉅資買下了附近的房子，以便「不受鄰居的打擾」。現在，他又神經發作，迫切地要把海斯莊園贖回來。伯爵夫人只好求助於她自己的兄弟，試圖讓他們規勸丈夫，結果查塔姆卻與他們大吵一架。無奈之下，她只好說服了海斯莊園的新主人，把房子又買了回來，伯爵這才被安撫了下來。

深受痛風病折磨的查塔姆有些悲觀絕望，因此回到海斯後的心境並未好轉，且不能忍受與外界的任何接觸。他拒絕與任何人見面或是交流，不能忍受自己的孩子們待在房子裡，不與僕人們講話，有時候甚至也不與他妻子說話。飯菜得始終溫著，因為誰也不知道他哪一刻會搖鈴，那時得立即用小車給他推過去。他會為很小的過失大發雷霆。有一次，他一連幾天呆坐在房裡，茫然若失地盯著窗外。他拒絕接待任何人，卡姆登勳爵在得知他的狀況後說，「那樣的話，他就是瘋了。」其他人則稱其為「腦子裡的痛風病」。

在那個飲食過度和飲酒過量的年代裡，痛風病影響了一些國家的運數。在教宗居統治地位的文藝復興時代，它曾經導致了查理五世（神聖羅馬皇帝）的退位。威廉·卡多根博士是查塔姆時代一位出色的內科醫生，他認為患痛風病主要有三個原因，即「懶惰、酗酒和惱怒」（現在已經查明，痛風病主要是由於血液中的尿酸過剩，不能被吸收，從而引起炎症和疼痛），而積極儉樸的生活方式是最好的預防措施，還有可能因此而痊癒。通過身體鍛煉和素食飲食可以有效治療此病，這在當時也已經眾所周知。但查塔姆伯爵的主治醫生阿丁頓博士卻信奉與之相反的理論，這也是十八世紀最無益的醫學概念之一。作為精神病專家，確切來說是治療瘋病的醫生，他希望讓痛風劇烈發作出來，其理論依據是這樣可以驅除神經錯亂症。他開的治療處方是每天喝兩杯白葡萄酒、兩杯紅葡萄酒，這是查塔姆平時飲酒量的兩倍。此外，病人需要繼續吃肉並且避免戶外活動，這樣治療的結果自然是病痛狀況日益惡化。從一七六七年到一七六八年，查塔姆都沒有參與政治活動。然而，他竟然挺過了阿丁頓的治療方案，甚至後來神志清楚了。他的事例說明，人類在與藥物的鬥爭中，偶爾也能取得勝利。

狂躁症有時與痛風病有關，可能主要還是感覺疼痛，這種症狀在十八世紀的統治階級中並不罕見。與美洲危機相關的兩位主要人物就表現出這種症狀，一位是危機期間的查塔姆伯爵，一位是危機之後的喬治三世。而在美洲大地，曾一度舉止狂暴的詹姆斯·奧提斯在一七六八年徹底精神錯亂。沃波爾從其侄子奧福德伯爵那裡繼承了爵位，因為後者患有間歇性精神病。喬治·傑曼勳爵的兩個兄弟也是這樣，其中一位是薩克維爾（Sackville）伯爵爵位繼承人，砍光了諾爾的所有樹木，家族宣佈其精神失常，他最終「暴病而死」。另外一位患有精神憂鬱症的人是約翰·薩克維爾勳爵，他在歐洲四處流浪，在孤獨貧困中「與精神失常抗爭」。昆斯伯里的公爵夫人「天資聰穎，喜怒無常，只是沒有瘋瘋癲癲」。人們早就注意到詩人威廉·柯珀有些瘋癲，而不怎麼出名的克里斯多夫·斯馬特也是個精神病患者，詹森博士還曾到「伯利恒聖瑪麗醫院」（位於倫敦的一家瘋人院）去探望過他。領導了一七八〇年戈登暴亂的喬治·戈登勳爵通常也被人們認為是個瘋子。雖然根據回憶錄的記載，這裡所提及的幾個偶發案例並不能表明此類疾病在當時發病率很高，但這些例子說明其他沒有提到的人也很可能患有這樣的疾病。僅依據這些證據，我們還不能說統治階級中的精神失常現象具有深遠的影響，可是如果查塔姆身體健康、精神正常的話，美洲的歷史可能會完全不同。

湯森所提出的關稅法案並沒有立刻在美洲激起反響。許多公民和後來的保皇派受到《印花稅法案》危機期間威脅他們生命和財產的暴力行動的滋擾，開始擔憂「愛國主義」運動可能會成為「蕩平」階級差別的先鋒。他們並不急於挑起與大英帝國分離的行動。紐約州議會沒有接受懸置法案，而是清醒審慎地遵從了《駐營條例》。然而，很快就發生了衝突。為了管理新的稅收，議會通過了《湯森法案》，並同時成立了美洲關稅委員會，該委員會的代理人對殖民地民眾不斷進行騷擾。與此同時，隨著《協助收繳走私物品令》以法律形式確定下來，英國議會允許對民眾房屋或經營場所進行搜查。由於海關代理人急於想從罰金中大發橫財，他們以高度的熱忱投入工作，對水面上浮動的任何物體都會攔停下來進行檢查——登上每一個港口、每一條航道的每一艘船，甚至連農民乘自家的擺渡船運送小雞過河都不放過。

就在民眾怒氣集聚之際，醉心於美洲事業的人們突然找到了一個能讓所有人都傾聽的聲音。這個聲音最早出現在一七六七年一二月《賓夕凡尼亞紀事報》上的「農民來信」中，作者是費城的一位律師——約翰・狄金森（John Dickinson），他來自一個富裕的農民家庭，後來任大陸會議代表。這些信件羅列了殖民地所面臨的問題，有理有據，切中時弊，令人信服，與其他具有歷史意義的作品一道，說服並促使人們起而抗爭。殖民地的所有報紙都轉載了這些信件，麻塞諸塞州總督伯納德還將這樣一整套信件郵寄給了在倫敦的代理人理查・傑克遜，並告誡說，如果不能將信中的內容駁倒，它們就可能成為「美洲民眾眼中的《權利法案》」。

狄金森文章的主旨在於各殖民地有必要團結起來，共同抗議《紐約懸置法案》和《稅收法案》，他將前者稱為「可怕的瘋狂行為」。他斷言任何為增加國家歲入而徵稅的行動都是違反憲法的，從這一角度看，《湯森稅法》和《印花稅法案》之間並無區別。因為英國控制著與殖民地的貿易，並從中獲利甚豐，因此殖民地沒有理由為英國的管理成本埋單。用關稅收益來支付王室供奉和法官的薪水是最「卑鄙的行為」，只會徹底破壞對地方的管理，並有可能使殖民地淪落到與愛爾蘭一樣的地位。狄金森最主要的觀點在於他認為英國此次之所以徵收如此微不足道的關稅，是因為英國人希望在人們幾乎毫不在意的情況下通過法案；如此一來，可為將來的徵稅行為大開先河。因此，美洲人民必須立刻提出質疑，表示反對。

儘管狄金森在其論點中為湯森的政策提供了一個比湯森本人的理由更為合理的動機，讀者們還是採納他的觀點，紛紛付諸行動。美洲人往往認為英國所採取的每一步驟都是有意識、有計劃地約束並奴役他們，在他們看來，英國人做事非常理性；而在英國政府看來，美洲民眾總是桀驁不馴，試圖反抗。事實上，他們對彼此的看法都錯了。

「農民來信」點燃了美洲民眾的怒火，鼓舞他們奮起抵制《稅收法案》；薩姆・亞當斯（Sam Adams）因此開始四處巡迴演講，鼓動人們反抗；麻塞諸塞州議會也因此發函給其他各殖民地，呼籲他們抵制所有稅收。這一次，取代湯森做出回應的是英國另一位重要人物希爾斯伯勒勳爵，而他之所以受到命運之神的眷顧，似乎是上天為了確保在湯森去世後破壞英美關係的行徑能夠綿延不絕。其實，希爾斯伯勒此前已經取代謝爾本勳爵掌管美洲事務。情況是這樣的：格拉夫頓公爵需要國王的支援，需要與貝德福德派的結盟，而迫於他們兩方面的壓力，他不得不將謝爾本解職了。就這樣，格拉夫頓不費一兵一卒，將謝爾本所負責的事務分拆，設立了一個新的殖民地事務大臣職位，並任命希爾斯伯勒出任該職。作為愛爾蘭貴族，希爾斯伯勒擁有大量地產，由於擔心他的佃農會移民到美洲殖民地從而令自己收入銳減，他與其他眾多土地所有者一樣，反對軟化對殖民地態度。儘管希爾斯伯勒曾擔任過許多職位，但他做事並不機智練達，也不通情達理；甚至就連跟他具有同樣缺點的喬治三世也說過，他不知道「是否還有其他人擁有比希爾斯伯勒閣下更差的判斷力」。這一缺點的後果很快便顯現出來了。

在給殖民地的一封措辭強硬的信中，這位新任大臣命令麻塞諸塞州議會立即撤回給其他各州的通函，否則就解散該州議會；同時，他還通知其他各州總督，只要該州議會膽敢像麻塞諸塞州那樣煽風點火，同樣將遭到解散。信中語氣咄咄逼人，言外之意，要麼被迫接受徵稅的事實，要麼讓自己的議會關門大吉，這點燃了各州前所未有的怒火。麻塞諸塞州最先慷慨激昂，拒絕撤回通函；而先前拒絕聽從其召喚的賓夕凡尼亞州和其他各州現在也按照麻塞諸塞州的模式不顧希爾斯伯勒的命令通過了決議。希爾斯伯勒為了一己之利，在維護帝國的根本利益上舉措失當。

與此同時，關稅委員會變得愈發緊張不安，它於一七六八年二月請求英國派遣軍隊及一艘軍艦提供保護。於是，皇家海軍艦艇「羅姆尼」號從哈利法克斯抵達波士頓港口，關稅委員會於是壯大了膽子，扣押了約翰・漢考克的「自由」號輪船，並由此引發了騷亂。驚恐萬狀的關稅委員們不得不逃到「羅姆尼」號上以保全性命。由於擔心騷亂升級，蓋奇將軍派兩團士兵從哈利法克斯出發，前去維持秩序；另有兩團士兵在十一月從英國本土抵達波士頓。一位波士頓市民在目睹了英軍士兵列隊穿過波士頓大街後寫道：「好傢伙！竟然有常駐軍隊了！」「對已經嘗到自由甜頭的民眾來說，這實在糟糕之至！」「我們中的有些人到現在還貪圖安逸，反對獨立」，這一事件「無疑將加快獨立的步伐」。

在沒有任何計畫或決議的情況下，英國貿然使用武力壓制暴亂，從而引發了衝突。這一輕率的舉動讓許多英國人感到不安，其中就包括已經七十五歲高齡的紐卡斯爾公爵。他早年曾以國務大臣的身份負責殖民地事務長達二十五年，他認為在與殖民地打交道時應儘量避免使用「武力和暴力手段」。他在給羅金漢的信中寫道：「征服殖民地並強迫他們屈從的做法現在越來越深得人心。憑良心講，我反對這麼做。在採取具有如此破壞性的舉措之前，我希望我們的朋友們能夠三思而後行。」

由於國王派和貝德福德派勢力的滲入，內閣的重心正逐漸向另一邊偏離。康韋曾經獨自一人試圖阻止湯森的冒險行為並限制《紐約懸置法案》，但現在他已經辭去國務大臣一職，只保留了一個次要職務。代替他的是一位嗜波特酒如命的貴族，除了聽說他與貝德福德關係密切之外，人們對他知之甚少。此人便是韋茅斯子爵（Viscount Weymouth），他專好通宵賭博，卻往往輸得一敗塗地，他家裡總是坐滿了前來協調討債的執行官。當上國務大臣之後，他習慣未變，仍然在早上六點上床睡覺，睡到午後起床之時，「完全忘記了需要處理的公務，而大小事務則悉數交由他的副手伍德處理」。湯森死後空出來的財政大臣職位由諾斯勳爵接替，儘管他屬於不妥協派，但他性情溫良，為人隨和，常識豐富，極少發表極端意見。另外兩個職位由貝德福德派的兩位貴族擔任：高爾伯爵（Earl of Gower）頂替去世的諾辛頓勳爵；羅奇福伯勳爵（Earl of Rochford）接替謝爾本擔任國務大臣，他剛剛就任西班牙大使，但為了離開馬德里，他不得不將銀器和珠寶典當，換了六千英鎊償還了債務。作為唯一一位反對希爾斯伯勒對美洲殖民地實行高壓政策的內閣成員，謝爾本在國務大臣職位上堅守了八個月後，終於辭職了或者說被趕走了，由羅奇福德取而代之。身體狀況漸行康復的查塔姆，在獲悉謝爾本去職之後，交出了御璽，正式辭離了首相職務。

曾經的查塔姆政府現在改頭換面，成了布魯姆伯利（Bloomsbury）一派的天下，之所以會叫這個名字，是因為貝德福德的宅邸位於布魯姆伯利廣場。貝德福德公爵（Duke of Bedford）本人家財萬貫，在之前的從政經歷中曾擔任過很多職位，尤其在貝德福德郡更是地位顯赫，權傾朝野。除此之外，他非常看重身份，極其自信，這些都令他具有呼風喚雨的能力。據說，在皮特執掌大權的時代，他是唯一敢跟皮特叫板的人。他曾經擔任過樞密院議長，是格倫維爾政府的實際掌舵人，甚至有人稱當時的政府為貝德福德內閣；但現在，由於深受痛風病折磨，他大部份時間都待在家鄉烏邦修道院的家中，並通過其追隨者施加影響。他與妻弟高爾伯爵和女婿第四世瑪律伯勒公爵一道，總共控制著下議院的十三個席位。貝德福德雖然足智多謀且為人熱忱，但脾氣暴躁、剛愎自用，還有些固執己見。他的手下能人輩出，有的精於投機買賣，有的對競選拉票瞭若指掌，有的巧舌如簧，極力鼓吹對殖民地採取強硬手段進行壓制。他們不厭其煩地勸說國王，聲稱只要六艘護衛艦和一個旅的兵力就足以將美洲的囂張氣焰壓下去。

喬治國王對關乎殖民地的政策只有一個想法，那就是——「遵從大不列顛立法機構制定的法案是美洲臣民責無旁貸的義務」，並且，國王「希望並要求他們歡欣鼓舞地遵從大不列顛的法案」。在政府管理方面，喬治國王試圖效仿學生時代的偶像阿爾弗雷德大帝，對政府進行清理，因為他深信這就是國王的職責所在。但這樣一來，就產生了致命的影響。通過貝德福德派，國王現在比以往更多地染指政府各項事務，隨意任命和解除大臣的職務，控制任免權，在涉及各部門的事務時，只與某個負責該部門的大臣打交道，而對內閣的集體決策置若罔聞，甚至就下議院辯論中發言的人選提出建議。他通常選擇那些溜鬚拍馬口蜜腹劍之人為官，而這些民眾在治理政府方面的才能和歷練又不太可能超過他本人。

美洲民眾對每項稅收、每個舉措都極力反對，這使得貝德福德派深信，這些民眾已經決意要打破重商主義體制，實行自由貿易，並將對議會通過的每項法案高呼「暴政！」。如果一再妥協讓步，他們的抗議勢必變本加厲，大英帝國的權威將蕩然無存。

就貿易而言，貝德福德派的這些擔憂並非多慮。由於殖民地「抵制英貨」策略的成功，打破重商主義枷鎖並發展本地工業的想法著實深入美洲民眾之心。由於英國的挑釁，殖民地人民憤而改用本地生產的布匹和其他商品，這讓英國本能地想到了貿易獨立，因為這是它最不願看到並極力防止的結果。甚至對皮特而言，重商主義規則也一直是殖民地政策的本質所在。他為此曾宣稱，「就算是平頭釘或馬蹄鐵」也不應允許殖民地自行生產。現在，這個本能反應被重新激發出來。一七六八年八月和九月，波士頓和紐約的商人們達成協議，在《湯森稅法》廢除之前，停止從英國進口商品。幾個月之後，費城的商人也加入了該協議；在接下來的一七六九年裡，大多數其他殖民地州也都加入了這一協定。由「自由之女」團體所組織的本地紡織生產，事實上，自印花稅法案以來一直沒有停止過。一七六八年的哈佛大學畢業生以及一七六九年的羅德島學院（現在的布朗大學）首期畢業生和校長都穿著美洲當地織造的服裝參加了畢業典禮。

在英國國內，流亡法國的約翰・威爾克斯回到倫敦，被米德爾塞克斯郡選入議會，但卻被政府的多數派排擠出下議院，從而又一次喚起了反對政府的怒潮。所有反對國王特權的人們立刻重整旗鼓，要求議會改革的激進主義運動又有了生機和活力，他們希望以真正的選舉代替任命制度。所有的「自由」事業，包括反對高壓政治的美洲殖民地的朋友，都聯合了起來，互相支持，同舟共濟。

當威爾克斯再次代表米德爾塞克斯郡參加競選時，選民又將他選到議會，但他又被排擠出下議院；然後又再次當選，再次被排擠出來，如此往復達三次，不滿的人群大呼「威爾克斯與自由（Wilkes and Liberty）！」，呼聲久久不能平息。他由此成為憲法的象徵、深受人民愛戴的英雄，這令下議院議員對其恨之入骨。隨後，政府取消了威爾克斯的得票，提名了自己的米德爾塞克斯郡候選人，並宣佈此人當選。此時，整個倫敦群情憤慨，騷亂頻發，震撼全城。富蘭克林寫道，這座城市「每天都發生無法無天的暴亂事件，到處一片混亂，暴民們光天化日之下在街上逡巡，碰到有誰不高喊『威爾克斯與自由』，則立馬過去將其打倒在地」。煤礦工人、船員水手，以及形形色色的暴亂者推翻馬車，搶劫商鋪，強行闖入貴族的豪宅。而與此同時，內閣卻「眾說紛紜，各執一詞」，對事件的前景憂心忡忡。

昏庸無道的英國政府壓制米德爾塞克斯郡的選舉結果，激發了民眾蓄積已久的對自由的呼喚，這也是對政府的一大警告。美洲代理人非常活躍，不斷向威爾克斯郡民眾提議，希望與該郡自由人士建立聯繫，現在這一點得到了證實。在為一七六八年的選舉拉選票的過程中，一位從事麻布製造的倫敦選民說，「那些一心想要奴役美洲民眾的人，一旦得到權力，將會對我們也頤指氣使。」當選的二三六位市議員和二六位參事大多是店主和個體工匠，他們組成了倫敦政務議事廳，政府每出臺一項壓制殖民地的舉措，他們幾乎都會大力譴責。

帶頭提倡自由的是倫敦市長大人——威廉・貝克福德，是一位幹勁十足的商人，像美洲大多數黨派人士一樣，因為支持威爾克斯的立場而名聲大噪；在他看來，對政府的一面攻擊便是對它的兩面襲擊。貝克福德的祖上是富有的牙買加種植園主，並且是島上最大的地主，他在英國做生意積累了財富，從市政參事升到郡長再到市長，並曾代表倫敦市政當局當面向國王抗議，認為政府篡改米德爾塞克斯郡的選舉結果有失公允。沃波爾自命不凡地批評這一舉動，認為他的舉動不過是基於「一堆亂七八糟的知識……判斷極度錯誤，更因其浮誇虛榮之心而令荒謬言行盡顯無疑」。儘管如此，他在對英國的美洲政策持批評態度的人士中，還是大膽表述了立場。英國激進份子的行為體現了殖民地民眾的觀點，在後者看來，內閣在搞陰謀詭計壓制他們的自由。一位主要的激進份子喬賽亞・威治伍德（Josiah Wedgwood）認為，湯森法案就是為了這一目的而精心設計的圈套；不過他相信，此舉只會適得其反，因為，美洲殖民地的獨立運動將會因此提前一個世紀。

一七六八年八月的《倫敦期刊》將當前支持並制定「當前對美洲不明智政策」的人與十七世紀的國王及「劣跡斑斑的大臣」做了一個比較。「根據我們自己的觀察，我們可以大膽地說，甚至在英國，十人裡面有九人都是美洲人民的朋友」，並且認為，他們「有權站在美洲人民一邊」。十分之九的說法肯定有些言過其實；有些刊物估計的比例恰好相反。拉爾夫・伊澤德是一位居住在倫敦的美洲人，據他判斷，有五分之四的英國人反對美洲，而議會對政府美洲政策的支持，則如實反映了公眾的意見。當反對意見還不足八十票時，「你可以據此得出結論，人們並不認為這是一項糟糕的措施，因為腐敗還沒有達到那種深度」。從當時的出版物上很難對公眾輿論做出判斷，因為許多對美洲殖民地持支持態度的文章是由在倫敦的美洲人匿名或以筆名撰寫並投稿的。然而，正是因為公眾輿論中有相當一部份反對政府的政策，英國的印刷商才留出了適當的版面刊登那些親殖民地的文章。

還有一點要說的是，後人通常都會高估當時的政府對公眾輿論的關注。一七六八年，令統治階級真正感興趣的不是美洲人，甚至也不是威爾克斯，而是格拉夫頓公爵的醜聞，因為他「冒天下之大不韙」，公然當著已與自己離婚的公爵夫人和王后的面，陪同情婦南茜・帕森斯欣賞歌劇。但格拉夫頓至少已經離婚了，而大多數擁有情婦的男人根本還沒有離婚；不過流言蜚語並沒有因為這一點而偃旗息鼓。南茜是邦德街一位裁縫的女兒，此前還是一位西印度商人的情婦，結過婚，有時也被稱為霍頓夫人，但社會上對她的閒言閒語仍然不絕於耳。格拉夫頓在公眾面前「炫耀」南茜，並讓她和自己坐一桌上，這一做法讓人怒不可遏。這在當時是轟動事件，南茜的風頭完全蓋過了喧囂的殖民地民眾。

在英國議會，來自維吉尼亞、賓夕凡尼亞以及其他殖民地義憤填膺的抗議表明，對稅收法案的抵制行為正在四處蔓延，而冰冷的數字也證實了這一事實。一七六八年到一七六九年，英國對美洲的出口下降了三分之一，從二四〇萬英鎊下降到了一六〇萬英鎊。紐約的進口額減少到七分之一，即從一七六四年的四十八點二萬英鎊下降到一七六九年的七點四萬英鎊。波士頓的進口額被砍掉一半，其他對「抵制英貨」行動貫徹程度不盡相同的殖民地則少一點。湯森稅法實行的第一年，共收入一點六萬英鎊，而同期對美洲的軍事開支卻達十七萬英鎊。就連作為殖民地事務大臣的希爾斯伯勒也不得不承認，湯森法案「對商業十分不利，他希望該法案從來就不存在」，而新任財政大臣諾斯勳爵則表示，「湯森稅法荒唐之極，但竟然能在大不列顛議會獲得通過，實在令他驚詫不已。」兩位大人現在對該法案懊悔不已，但當初卻都投了贊成票。

政府不但沒有安撫殖民地以便儘快結束「抵制英貨」的行為，反而本能地認為要對殖民地進行懲罰。面對來自臣民的挑戰，它感到有必要展示一下權威；另一方面，它也在擔心，一旦美洲民眾的抗議行為得逞，英格蘭和愛爾蘭的暴民將大受鼓舞，紛紛效仿。希爾斯伯勒與羅波安的想法如出一轍，認為要展示權威，就要盡可能使用粗暴的手段。他重新使用亨利八世專制時期的一項法令，即凡被控在王國境外犯有叛國罪的人，都將在英格蘭接受審判；而貝德福德公爵提議將該法令作為議會決議，以對付麻塞諸塞州的冒犯行為。下議院一致通過了該項提案，政府中格拉夫頓集團的查塔姆輝格黨人似乎也沒有表示反對，於是，這條法令被適時傳達到了波士頓的伯納德總督那裡。人們的反應自然十分強烈。政府要將他們從當地抓走，然後押解到離朋友和辯護人三千英里以外的敵對環境中接受審判！這簡直就是赤裸裸的暴政！

而在英格蘭，人們一直擔心「抵制英貨」運動會鼓勵美洲殖民地發展本地工業，現在這種擔心正在變為現實。政府和議會魯莽草率的政策曾經激起殖民地的聯合抵制，而今它們開始考慮如何通過廢除法案減少損失。《印花稅法案》的歷史再次上演，英國的統治機構好像患上了賭徒強迫症一樣，不斷將籌碼放在此前輸掉的位置。從一七六九年三月到一七七〇年五月，廢除《湯森法案》的過程持續了一年多時間，在此期間，政府所採取的其他約束限制殖民地的舉措同《湯森法案》一樣，結果都適得其反。

到目前為止，人們已經完全認識到了政府接二連三的荒唐愚蠢行為，並在年度辯論中進行了明確公開的抨擊和嘲弄。反對派發言人們就議會驅逐威爾克斯代表一事表達了對政府的憤怒之情，因為在他們看來，這「違反了神聖的選舉權」，「顛覆了整個憲法體制」，要像對美洲一樣嚴厲地對政府進行懲戒。柏克對政府行為大加嘲諷，巴雷上校也表達了他的不屑；貝克福德市長大人認為，「殖民地每年總淨稅收只有二九五英鎊，但我們每年花費在那些稅務官員上的錢則有五十萬英鎊，這真是一項奇怪的政策。」但這些還不是最有份量的辯論，前總督湯瑪斯・波納爾的發言是基於他在美洲四個不同殖民地長達七年的任職經歷。他詳細闡述了自己的論點論據，非常令人信服，無可駁斥，他或許是唯一一位沒有一己私利，並真正有意恢復與美洲良好關係的發言者。而其他批評者，往往極盡嘲諷謾罵之能事，刻意表達對受壓迫的殖民地人民的同情，比如，巴雷上校的描述是，「那些誠實守信、忠心耿耿的麻塞諸塞州人民，身為大英帝國的子民，直到現在的行為都無可挑剔。」這些人更關心如何搞垮現任政府，而不希望政府與美洲和解。由於政府在議會中掌握絕對優勢，有些驕傲自滿，因此對這些批評意見置之不理。

波納爾一一列舉了政府的愚蠢行徑。因為《駐軍營地條例》一頒佈就引起了殖民地的抗議，因此不應該命令殖民地為英國軍隊安排營地、提供物資，而是應將決定權交由人民，「由人民按照他們自己的方式決定如何處理」，按照他們在「七年戰爭」期間的經驗，「遵循他們自己做事的模式」。部隊各級軍官應該有權與地方官員打交道，並通過雙方協商來解決軍隊駐紮問題。在提議廢除《湯森法案》時，波納爾說明，法案導言中宣稱徵稅的目的是增加國庫收入，維持公民政府的運行，這其實「徹底改變」了原有體制，因為殖民地借此通過他們自己的立法機構實現對公務人員的管理，而立法機構有權批准和支配政府開支。即使要改變這一體制，《湯森法案》也其實是多此一舉，因為《聲明法案》早已確立了議會的權威；另外，它也「毫無公平公正可言」。

關於貿易方面，波納爾解釋了《湯森法案》是如何「直接違背了與你們自己的切身利益相關的所有商業原則」——這項法案對美洲製造業非常有利，它鼓勵違法交易，鼓勵求助國外市場，使得「我們從殖民地的獲益一天天減少，我們對殖民地的優勢日漸衰微，並將最終使他們不再依賴我們」。如果失去這次糾正錯誤的機會，「那將永遠不再有機會了。如果議會在這次會議期間無所作為，那麼我們今後對美洲事務的處理將永遠不切實際。你們可以對他們發號施令，但你們絕不會令他們心悅誠服」。波納爾無意間說出了一條任何時期的任何統治者都應該注意的法則，那就是政府在實施對國家管理的過程中，必須考慮被管理者的感受，否則將危機四伏。

儘管波納爾的動議贏得一致贊許（也許正因為這樣），內閣卻抱怨現在提出該動議已經太遲了，這件事影響深遠，後果難料，他們還沒有做好準備，本次會議已經無暇對此進行辯論；他們之後通過了一個動議，將波納爾的議案推遲到下個會期再行討論。這其實是一種試探，因為他們只想儘快結束殖民地的「抵制英貨」運動。在休會期間，內閣開始處理這個問題。格拉夫頓及其所領導的派別投票贊成完全廢除《湯森法案》，但因票數少於希爾斯伯勒、諾斯和三個貝德福德派大臣而落敗，後者主張保留對茶葉的收稅，以便保留導言作為徵稅權的象徵。就這樣通過了一項費盡心機的決議——不應採取任何「有損大英帝國對殖民地立法權威」的措施；與此同時，議會也無意向美洲殖民地徵收「更多的賦稅」以增加歲入；議會打算在下個會期「取消對紙張、玻璃和塗料徵收關稅」。當希爾斯伯勒通知殖民地總督，英國打算廢除《湯森法案》時，他沒有使用「態度緩和、令人寬慰的表達方式」，有意減弱了預期效果，而之前經過格拉夫頓派的爭取，議會已經同意使用此種表達方式。由於對茶葉徵收關稅的做法尚未取消，這意味著作為一個整體的《湯森法案》並沒有被完全廢除，因此英國未能說服殖民地結束「抵制英貨」行動。

極度絕望的湯瑪斯・哈欽森在給理查・傑克遜的信中寫道，「如果你們在任何一個方案上都能夠踏實穩定，一如既往，我們就可以在殖民地問題上達成某種解決方案……我懇求你們，盡可能地廢除那些還在生效的法律吧，越多越好」，而去貫徹落實那些有用的法律。「你們拖延的時間越長，廢除的難度就越大。」他對波士頓的情況瞭若指掌，那裡的新聞報導說，三百名「家庭婦女」由於意識到她們消費茶葉的支出都供養了關稅委員會的老爺們以及「政府的其他權力工具」，一致同意不再喝茶，「直到這些傢伙連同波士頓常備軍一併撤走，並且《稅收法案》也被廢除為止」。

議會一被召集，有關美洲的辯論就重新開始了，因為一場危機，格拉夫頓內閣人去樓空，包括其名義上的首相以及他的幾名副手。查塔姆從幕後走出來，在其演講中警告美洲民眾成功地實現自給自足是一件非常危險的事；他還呼應波納爾所闡述的法則說，「二百萬[4]民眾的不滿情緒值得深思，但我們必須要消除造成這種不滿的根源。」這是阻止美洲「生產和組合」的唯一途徑。然而，查塔姆發言的重點卻是下議院排擠威爾克斯代表一事。他提出一項動議，譴責議會的這一做法，這時大法官卡姆登以其獨有的膽量和勇氣投票表示支持。身為內閣成員，現在卻投票反對政府，他理所當然地被解職了。或許他本人倒樂於有這樣的結果，因為他在議會中坦承，他在內閣中通常只是埋頭記錄對政府所採取措施的不同意見，並且他也很清楚，即便公開表示反對也無法阻止這些措施的出臺。

結果便發生了一場悲劇。格拉夫頓建議由查理斯・約克（Charles Yorke）入閣填補空缺，此君的父親曾擔任檢察總長和大法官，而且這也是他一生夢寐以求的政府職位，但此時他本人、他的家人和朋友都表示反對；然而，在國王的極力勸說下，他還是違心接受了任命，因為國王許諾加封他貴族頭銜。當天晚上，同僚們對他這一做法大加斥責，這使本就內心矛盾的約克無法忍受煎熬而自殺了。格拉夫頓大為震驚，自覺難辭其咎，加之無力掌控政策而萎靡不振，於是就辭職了。緊接著，康韋和格蘭比兩位將軍也辭職了。

新首相是為人和善的諾斯勳爵（Lord North），這個名字將永遠與美國獨立戰爭聯繫在一起。在擔任首相期間，他日益心煩意亂，並逐漸認識到首相所應具備的資格，而且他確信自己並不具備這樣的能力。他定期給國王寫信請求允許他辭職，其中一封信中寫道，首相一職應由「一位能力超群且對自己的能力深信不疑的人」擔任，此人應該「能夠做事雷厲風行、堅決果斷，通過發號施令，不折不扣地實施政策……還要能夠制訂明智的計畫，並將政府各個部門的力量整合調動起來」。這是對該職位非常到位的描述，信中最後說，「我顯然不是這樣一個人。」

然而，既然國王選定了他，無論多麼不情願，他也在這個職位上一待就是十二年，而且是至關重要的十二年；而在他之前的十年間，走馬燈似地換了五任首相。諾斯與國王喬治三世具有驚人相似的外貌，兩者都是雙頰飽滿、身體肥胖、兩眼外凸，這常常成為人們茶餘飯後的話題。人們普遍認為諾斯的父母與喬治三世的父親，即威爾斯親王弗雷德里克一家關係密切。在諾斯出生之際，他的父親吉爾福德伯爵擔任親王的寢宮侍臣。諾斯在洗禮時被命名為弗雷德里克，如果沒有更密切關係的話，那是因為親王是諾斯的教父。除了外貌相似以外，諾斯和喬治三世晚年都曾遭受失明的痛苦。

4 該數字與查塔姆一七六六年演講中所提到的三百萬有差距，可能反映出對事實資訊的瞭解還不夠精確，或者議會報告中的數字不夠精確，兩者都與當時的歷史條件有關。當時實際人口據估計大約二百五十萬人。——原註在性情上，諾斯勳爵卻與國王喬治三世大相徑庭，按照吉朋的說法，「他有舉世無雙的好脾氣」，這是眾所周知的。據說只有一位喝醉酒的愚笨的馬夫曾惹他發怒；這個馬夫並未有所改進，卻總能得到勳爵的諒解，並且直到去世，一直在諾斯家裡工作。諾斯家族控制著班伯里口袋選區[5]，在下議院擁有十三個席位，諾斯在二十二歲那年被選入下議院，直至去世，一直擔任該區代表。在被任命為首相時，他三十八歲，由於視力不佳，舌頭偏大，行動有些笨拙。由於舌頭的原因，他在講話時，「儘管不是完全不清楚，但多少有些含混不清」。得益於在伊頓公學、牛津大學的教育以及為期三年遍遊歐洲大陸的教育旅行，諾斯精通希臘語和拉丁語，也會講法語、德語和義大利語，當興致盎然時，還會用名物典故、外國習語、突發奇想和天才的幽默來點綴他的演講。

當諾斯無法躲避政務的襲擾時，他會在辯論期間躺在前排的長凳上睡覺偷懶。有一次，格倫維爾做了一個沉悶而冗長的演講，諾斯叫人在格倫維爾快講到現代社會的時候叫醒他，在格倫維爾正引用一六八八年的一個先例時，有人用胳膊肘輕推了他一下，他睜開了一隻眼睛，嘴裡咕噥著說「還有一百年呢，太早了」，然後又重新打起了呼嚕。他把這個習慣也帶到了內閣會議上，據一位後來跟他共事的大臣查理斯·詹姆斯·福克斯說，「在內閣會議上，諾斯絲毫不會引導其他大臣的意見，而且也很少發表自己的意見，一般來說，在與大臣們開會的大部份時間裡，他都在睡覺。」這肯定不利於形成強有力的集體決策。

雖然很少發言，但諾斯卻是個堅定的右派。他投票贊成徵收蘋果酒稅，贊成驅逐威爾克斯代表，贊成《印花稅法案》並反對廢除該法案。儘管他反對與美洲妥協，但在實際操作過程中他也準備通過和解促成可能的中間立場，在不放棄「我一直認為宗主國應當擁有向美洲徵稅的正當權利」的基礎上，如果他能夠做到的話，他「真誠地希望廢除整套（湯森）法律」。儘管他並非貝德福德派成員，但後者也能夠接納他，不然他也不可能被任命為首相了。他主要的難言之隱在於由於他父親長壽，活到八十六歲，且又自私吝嗇，他無法繼承一大筆財產；而等到他能夠繼承的時候，他自己也已年近花甲，雙目失明，不到兩年亦駕鶴西去。結果是他既要養活一大家子人，又要維持首相這一重要身份所應具備的形象，因此在整個政治生涯中始終都有些捉襟見肘，只能依靠年俸收入。而他感激於皇恩浩蕩，因為國王體貼到他的難處，巧妙委婉地給了他這位首相兩萬英鎊，使他得以清償債務。在這種狀況下，他不太可能保持獨立的思想和行動。

一七七〇年三月至五月，辯論重新開始，反對派發言人對政府進行了毫不留情的批評，他們認為自《湯森法案》以來，英國在美洲的一系列政策軟弱無力，各項措施自相矛盾，決策實施優柔寡斷，而且有時出現違反憲法的行為，做出違背英國利益的不當判斷，總而言之，都是愚蠢荒唐之舉。虎視眈眈的巴雷上校向內閣發難，認為政府在議會採取行動之前就將英國意欲廢除稅法的消息告知了美洲民眾，從而讓後者意識到「議會所採取的措施是多麼卑鄙無恥，管理這個合法政府的這批人是多麼蠢笨無能」。他進一步斥責政府恢復「亨利八世時期殘暴統治」的法令，然而「在險惡用心下他們卻孱弱無能……沒有雄心壯志將該法令付諸實施」。

波納爾解釋說，「冒犯了美洲民眾並令他們警醒」的是《湯森法案》的導言；他提議要刪除導言，必須廢除整個《湯森法案》，並將茶葉稅排除在外。格倫維爾承認自己是與美洲爭端的始作俑者，並提

5 口袋選區（pocket borough）：指由個人或家族控制的議會選區。

出了個沒用的意見，由於部份廢除法案不會讓殖民地滿意，而全部廢除法案又不能「保全國家的尊嚴」，因此他寧願在投票時棄權。獨立議員威廉・馬里帝茲爵士發現，政府「在幾乎每件事情上都堅持錯誤，剛愎自用，執迷不悟」，實在令人無奈。用德萊頓的話說，「他們從來就無法回到思維正常的軌道上，哪怕偶然做出一次適當的舉動也絕無可能。」他補充說，因為收繳的茶稅無法彌補徵收成本，英國不得不動用「國庫資金」予以補足，其結果只能是「劫掠我們自己」。儘管下議院在投票中以二〇四票對一四二票駁回了波納爾的動議，使得政府以人多勢眾而戰勝了常識，但常識也令人眼前一亮，因為這次的贊成票幾乎是平常親美洲選票的兩倍之多。

當辯論的重心總體上轉向美洲政策時，波納爾再次談到對美洲的侵略行為。他指出除了徵稅以外，殖民地真正擔心的是英國「企圖改變他們的公民憲法」，希爾斯伯勒解散殖民地議會的命令以及湯森法案的導言證實了他們的這一擔憂，他們由此害怕「自己的各個議會變得一無是處」。這時，波士頓大屠殺（Boston Massacre）的消息已經傳到了英格蘭，當地居民群情激奮，因此，為了防止發生更多類似事件，必須要撤離派去震懾波士頓民眾的英國軍隊，儘管這麼做不利於英軍的榮耀，但能確保波士頓港口的威廉城堡的安全。這次的撤退對於幽默風趣、智慧過人的艾德蒙・柏克先生可謂是千載難逢的機會，他是那個時代最為後世所知的演說家。

柏克的思想之所以得到廣泛傳播，主要得益於他對語言的精準把握和恰切運用。但如果他的觀點模稜兩可，即便是浮華的辭藻也無濟於事，巧的是他洞察敏銳，言辭潑辣，觀點鮮明，思想深刻。儘管柏克的評論常常有些囉唆，誇大其詞，但遣詞造句別具匠心，能成為格言警句。奧利弗・哥爾德斯密（Oliver Goldsmith）認為他在會話方面的技能可以與詹森博士（Samuel Johnson，一七〇九－一七八四年）相提並論，因為他「總是從容不迫，遊刃有餘地切入主題」。詹森博士本人對這一點也毫無異議。「柏克口若懸河是因為他思想豐富……任何思維正常的人，如果碰巧見識到柏克那滔滔不絕的口才，都會深信他就是英國第一人，這一點毫不誇張。」他經常慷慨激昂地發表長篇大論，以致議員們紛紛離席而去，四座皆空，他的朋友不得不拉著他的衣服下擺，提醒他控制情緒，但仍難以阻止他發揮睿智和才華。賀拉斯・沃波爾曾寫道，柏克在演講中抨擊英國美洲政策的言語「甚至令諾斯勳爵和大臣們自己也大笑不止」。當他講到哀婉動容之處時，連一向「鐵石心腸的巴雷也禁不住潸然淚下」；如果路人有幸聽到某些辯論，柏克對政府的冷嘲熱諷足以令他們熱血沸騰，從而「將走出議會大廳的諸位大臣們撕得粉碎」。柏克列舉了英國對殖民地一系列軟弱無力的懲罰措施，從而輕而易舉地令政府看起來愚不可及。這些措施包括：英國命令麻塞諸塞州議會撤銷其煽動性的決議，否則就將其解散，但最終不了了之；其他殖民地議會在受到同樣威脅的情況下，也公然藐視英國的處罰，而且「以極端不屑的態度對待國務大臣的信件」；亨利八世時期的法令「從未被付諸實施，而且眾所周知的是也永遠不會貫徹執行」；英國派遣軍隊和戰艦去波士頓控制局勢，結果現在「又從那裡撤了出來」；總之，「人們痛恨你們惡毒的意願，譴責你們軟弱的能力」，這些足以證明，「這是個缺乏明智之舉的政府」。

當然，政府的多數派擊敗了柏克的八項譴責性動議；而在上議院，年輕的里奇蒙公爵（Duke of Richmond）提出了一個類似的譴責動議，也遭遇了相同的命運。他是應美洲事業而新當選的重要議員，多少有些獨立性，並將成為反對政府政策的傑出代表。

里奇蒙是個光彩萬分的人物，他在許多方面都代表著十八世紀英國政府不切實際的幻想主義色彩。他運氣極佳，總是受到命運的青睞，以至於在執行任何一項任務時都難以徹底發揮他的才能。里奇蒙是查理二世的曾孫，是其與情婦樸資茅斯女公爵路易絲・德凱魯阿爾（Louise de Kéroualle）的後代，喬治三世曾經想娶的可愛的薩拉・倫諾克斯小姐是他的姐妹。他氣質高貴，謙恭有禮，英俊倜儻，與同樣來自公爵家庭的妻子一起成為了「英格蘭最為般配的一對夫妻」。里奇蒙十五歲時就承襲公爵爵位，二十三歲出任陸軍上校，三十一歲出任駐法大使並且在羅金漢內閣短暫出任國務大臣。他年輕英俊、富甲一方、位居高位、作戰勇猛、機智敏銳、剛毅果敢，在政界人脈甚廣，並「擁有從布魯斯到查理二世的所有王室血統」。

他剛直不阿，急性子，不屈從於他人或政治需要，不能容忍別人的缺點或不足，習慣跟家人、朋友及下屬爭吵，甚至在國王執政第一年便頂撞他並辭去在皇室的職位，從此與皇室結下恩怨。為了揭露相關部門濫用職權或胡作非為的行為，里奇蒙總是刨根問底，常令陸軍、海軍和財政部不勝其煩，避之惟恐不及。在即將進行某個辯論之際，他可以在當天一早到達城鎮，迅速調查研究，把握問題根源或本質，而後在當天下午有理有據詳盡闡述。但是，如果他的目標或意圖無法實現或遭受打擊，他會很快心煩意亂，反覆威脅說要退出政壇。他也有過幾次抑鬱和沮喪階段，一次是在一七六九年，他在給羅金漢的信中寫道，「當前心境不佳，我也說不出個所以然，我必須調養一段時間」。在蘇塞克斯郡的家裡，他花費鉅資在古德伍德莊園兩側修建了新的建築，並整日鬥狗賽馬，駕船狩獵，訓練兵丁；他繼承了一筆價值六萬八千英鎊的不動產，此外每年還有兩萬英鎊來自煤炭稅的收入，但他四十年後卻負債九萬五千英鎊。跟同類的其他人一樣，他對管理國家的興趣時常遠不如對其他事務那麼濃厚。他有一次寫信給柏克說，讓他在議會召集開會前到達倫敦實在是毫無道理。他的意見「無足輕重」，因此讓他去與政治方面的同僚共商國事沒什麼意義。「不，在會議召開之前，就讓我在這裡享受幾天吧。然後，我會按照你的要求到倫敦去待幾天，四處看看。」

在一七七〇年的辯論中，里奇蒙毫無顧忌地把內閣在美洲的表現描述為「狡猾多變的無賴或不可救藥的白癡」，而「大臣們令政府顏面盡失」。他提出了十八項譴責決議，內容涵蓋了一七六八年以來的所有法案和措施，最後總結說，「這些數量眾多並且欠缺考慮的行動是前述混亂現象的主要原因」。希爾斯伯勒忍無可忍，像往常一樣辯稱這是為了確立政府的權威，而後又附加了一條指控，「我們的反對派愛國者們」一直在激勵殖民地的抗議行動，並且「為了實現他們的愛國意願」而「不斷在通往和解的道路上設置障礙……事實上，各位大人，他們的整個所謂愛國精神實際上就是卑劣貪婪地覬覦權位……這樣他們就可以成功地取我們而代之」。

雖然明顯低估了殖民地本土的反抗力量，但希爾斯伯勒對反對派的動機還是言之有理。然而，反對派對權位的「貪婪」與政治組織的懶散怠惰相比，實在是小巫見大巫。他們的努力徒勞無功，因為長期的鬥爭和相互之間的差異，他們無法找到形成堅固陣線的共同基礎。里奇蒙在當時寫給羅金漢的信中曾說，「湯森（羅金漢內閣時曾任財政大臣）對查塔姆動爵極度不滿，而柏克脾氣火爆。」柏克無法接受查塔姆傲慢自大的態度，查塔姆也無法忍受一個與自己不相上下的有主見的知識份子作為自己的盟友。儘管羅金漢曾試圖延攬查塔姆入閣，在自己的領導下合作共事，但查塔姆提出條件，他必須得說一不二，否則決不接受。謝爾本長久以來始終屬於少數派，總是顯得孤立無援，他因而心生厭倦，在一七七一年與巴雷一起遠遁海外了。里奇蒙和羅金漢對他們在鄉下的田產無法釋懷，正如當時的一首諷刺詩所寫的：

牽著獵犬，吹著號角，

蹺課的學童四處遊蕩；
為了捉住一隻狐狸，
遠離了聖史蒂芬教堂。6

儘管英國方面保留了《湯森法案》的導言和茶葉稅，但美洲方面並沒有進一步的抗議活動。正如人們經常看到的那樣，事件的發展有時也不一定完全符合邏輯，形勢也會急轉直下，發生偏離。殖民地的有產階級由於擔心暴民劫掠造成社會動亂，開始減少他們對「愛國主義」運動的支持力度。運動的原動力萎縮了。由於厭倦了抵制英貨運動，紐約州建議召開北部海港會議來決定共同政策。波士頓和費城的商人們也希望恢復貿易，但被那些煽動此項運動的人阻止了。當提議的會議計畫落空後，紐約州抱著寧願被欺騙也不想「餓死在愛國主義的粗茶淡飯上」的態度，停止了抵制英貨，並於一七七二年開放了港口。其他殖民地也分別在不同的時間效仿紐約的做法，躁動的情緒逐漸平息，他們的行動團結一致。這一現象證實了英國之前的想法，即殖民地永遠無法形成統一陣線，煽動叛亂的念頭哪能抵得過效忠保皇的情緒和經濟上的利己主義呢。

隨著議會對威爾克斯事件的不滿情緒日益增強，諾斯勳爵的應對策略是儘量使下院避免討論美洲事務，加之此時殖民地風平浪靜，這一做法頗見成效。如果在這一階段做出積極努力，雙方本可以相互妥協，並有可能重新團結起來。殖民地正致力於解決各種不滿和抱怨情緒，尋求對自身事務的自治，而非獨立。與之相反的是，反印花稅大會已經聲明，他們「最為熱切地」希望「永久延續」與英國的固有關係。甚至在情緒上最為激烈、最有挑釁性的麻塞諸塞州議會也在一七六八年否認其有「最遙不可及的獨立念頭」，聲稱「如果讓他們選擇的話，殖民地會拒絕獨立，並且認為被迫接受獨立將是最大的不幸」。然而，喬治三世、諾斯勳爵、希爾斯伯勒和貝德福德派並未做出積極努力，或者對政府進行改革創新。在這段風平浪靜時期，愚蠢之帆暫時被收了起來——直至一七七二年「葛斯比」（Gspée）號事件發生。

6 聖史蒂芬代表議會大廈。—原註

四、「別忘了羅波安的下場！」（一七七二—一七七五）

「葛斯比」號是一艘英國稅收帆船，該船指揮官陸軍中尉杜丁頓（Dudington）勇猛好鬥，不折不扣地執行國王的旨意，要將納拉甘西特灣（Narragausett Bay）入口處及其周邊上千島嶼上的走私活動一網打盡。每有船隻經過，他都會登船檢查。對於膽敢反抗的船長，則威脅要將他們通通扔到海裡，此舉使羅德島居民產生了強烈的報復念頭。當人們發現「葛斯比」號在普羅維登斯擱淺時，他們認為這是天賜良機。於是，在數小時內，當地的船員們就分乘八艘小船襲擊了「葛斯比」號，打傷了杜丁頓中尉，並把他和其他船員丟到岸上，放火焚燒了這艘船。

與往常一樣，英國的反應虎頭蛇尾，一開始強硬，最後軟弱。檢察總長和副檢察長判定，對「葛斯比」號的攻擊是針對國王的戰爭行為，也就構成叛國，因此必須將罪犯繩之以法，遣送英國接受審判。首先，必須把這些人找出來。根據《皇家公告》，告密者將獲得五百英鎊賞金，並由國王赦免其罪行。緊接著，一個陣容龐大的調查委員會成立，以起訴嫌疑犯，成員包括羅德島州總督、紐約州首席大法官、新澤西州首席大法官、麻塞諸塞州首席大法官以及波士頓助理海事法庭大法官。這項公告讓人們重新懷疑這是英國的一起陰謀，意在剝奪殖民地人民的自由。羅德島州與最難駕馭的麻塞諸塞州齊聲高呼「暴政！」「奴隸！」等口號，《紐波特信使報》（*Newport Mercury*）用斜體字憤怒地宣告，「即使一萬人在祭壇上被斧子劈死」，也不願「在比埃及暴君更殘暴的國王統治下過著戴枷鎖的奴隸生活」。沒有人站出來告密；雖然鄰居們都知道誰參與了事件，但英國就是抓不到嫌犯。英國裝模作樣地在紐波特開了幾次庭之後，調查法庭窘迫難看地在全體法官面前宣佈休庭，隨後便再也沒有重新開庭。英國的懲罰措施又一次落空，進一步證實了英國既想推行專制又力不從心的軟弱形象。

「葛斯比」號事件的結果很重要，因為羅德島州抗議的怒吼為殖民地走向聯合跨出了決定性的一步。根據麻塞諸塞州在各個城鎮中建立起來的模式，維吉尼亞州公民議會邀請其他殖民地成立一個通訊委員會，就共同行動和反抗方式進行協商。湯瑪斯・傑弗遜和派屈克・亨利此時均在維吉尼亞州委員會任職。這是殖民地走向聯合發展的開端，而英國一直以來都信心十足地認為這種情況永遠都不可能發生。除了在對抗時刻之外，通訊委員會幾乎沒有引起英國方面的關注，而美洲事務總體上也是風平浪靜。德拉尼夫人是一位出身名門的大家閨秀，丈夫是英國聖公會的一位座堂牧師，她在這一時期與社交圈及文學圈中的朋友和親戚有大量通信，但在信中對美洲幾乎隻字未提。

英國政府中直接負責處理「葛斯比」號事件的兩位律政官員是首席檢察官愛德華・瑟洛（Edward Thurlow）和副檢察長亞歷山大・韋德伯恩（Alexander Wedderburn），兩個人都極令人反感。瑟洛脾氣暴躁，而且據說髒話連篇到在倫敦無人能及，此人在學生時代便極難管束，因為傲慢無禮和為非作歹而被劍橋大學除名，但他在法律方面卻自信過人。在查理斯・詹姆斯・福克斯看來，「人不可貌相」，低沉的嗓音和嚴肅的外表使他看起來有些陰險奸詐，但他其實還是很讓人欽佩。瑟洛在法庭上對被告往往咄咄逼人。在政策方面，他始終認為英國要向美洲殖民地展示權威，而且，儘管眾人皆知諾斯勳爵並不待見他，但由於他堅定不移地支持國王，國王最終任命他為大法官，並加封男爵。韋德伯恩在對待美洲事務上也同樣傾向於高壓政策，他是一位野心極大的蘇格蘭人，為了向上爬，他可以不擇手段，可以奉承或是背叛任何同僚。一位熟知他的人曾說，「這個人很有一套，即便對背叛行為都不會輕易相信。」雖然國王不喜歡他，但他最終也成了大法官。

瑟洛和韋德伯恩不屬於內閣成員，但下達命令成立調查法庭並傳喚嫌犯到英格蘭受審的卻是內閣，簽署該命令的正是希爾斯伯勒的繼任者「好好先生達特茅斯勳爵」。國家受到攻擊，必須做出回應，內閣認為此舉完全正當；從統治者的角度來看，這樣的舉動未嘗不可，但從現實政治來講，實在是愚蠢之至。眾所周知，美洲人對將他們遣送到英國審訊本就極為憤怒，而指望羅德島居民出賣自己的同胞更是妄想，因此，問題的要害還是「堅持認為自己擁有一項明知無法行使的權利」。在沿海通訊中心紐波特，這已經成為人盡皆知的事實了，宗主國軟弱無能的形象也從那裡迅速傳播開來。

雖然達特茅斯勳爵（Lord Darmouth）是諾斯勳爵同父異母的弟弟並且兩人一起長大，也在歐洲大陸遊學過，但他卻是美洲誠摯的朋友，這可能因為他是衛理公會教徒，該教會的主要活動之一便是在美洲傳教和講道。達特茅斯為人親切，對上帝十分虔誠，而且據說是撒母耳・理查森的小說《查理斯・格蘭迪森爵士》中善良的主人公查理斯・格蘭迪森的真實原型，還有個外號叫「聖歌手」。他曾出任羅金漢內閣的貿易大臣，儘管在該職位上被賦予的行政職權很小。後來，貝德福德派黨同伐異，使用陰謀詭計迫使希爾斯伯勒辭職，諾斯勳爵遂任命達特茅斯擔任殖民地事務大臣。富蘭克林曾寫道，作為內閣中唯一的親美人物，達特茅斯「誠摯地希望能夠與殖民地相互諒解，但他並沒有與之相匹配的實力，並且他所希望的最佳措施又只有加入了最糟糕的內容才能獲得通過」。漸漸地，由於美洲誓不妥協的態度屢屢使他的善意家長制作風受挫，他的態度也開始轉變，反對安撫，贊成鎮壓。

恰在這時，茶葉事件起了催化劑的作用。同威爾克斯事件一樣，東印度公司的財務困境，其臭名昭著的惡劣行徑以及該公司與英國皇室的複雜財務關係，許多年來一直是個難以處理的問題。之所以在此提及，只因為這些問題在英國與美洲爭端中造成了無法挽回的結局。為了規避茶葉稅，美洲人一直在走私荷蘭茶葉，這樣便使東印度公司的茶葉銷售量減少了幾乎三分之二。由於該公司每年最起碼要向倫敦償付四十萬英鎊債務，為了挽救它，諾斯勳爵想出了一項計畫，根據該計畫，堆積在東印度公司倉庫裡的多餘茶葉可以直接銷往美洲，這樣就不必先運到英國，也就避免了英國關稅。如果在美洲，茶葉稅減少到每磅三便士，那麼茶葉便可以每磅十先令的價格銷售，而不是原來的二十先令。考慮到美洲人對茶葉情有獨鍾，降低後的價格有望吸引美洲人大量購買東印度公司的茶葉，這樣便會瓦解他們出於愛鄉情懷而對茶葉稅的抵制行為。據報導，每天飲兩次茶的美洲人達百萬之眾，而且根據費城的一篇報導，「婦女們對茶喜愛頗深，以致她們寧願不吃飯也不能不喝茶。」自從抵制英貨運動煙消雲散，除茶葉以外的其他貿易的恢復已經平息了雙方的怒氣，許多人認為以前的不愉快已經一去不返了。因此，當一七七三年五月《茶葉法案》在英國議會順利通過時，議員們完全沒有料到此舉將再次激發美洲人的怒火。

英國堅決主張對美洲人民的統治，但是他們始終不瞭解美洲人民，而且也沒有刻意去瞭解，這就是英帝國與殖民地關係中的一個主要問題。直到大約十五年後，巴雷上校告訴麻塞諸塞州代理人喬賽亞・昆西，大英帝國有三分之二的人認為美洲人都是黑人。身在倫敦的美洲人主要是與商人和城裡人打交道，比如維吉尼亞州的亞瑟・李，他曾在英國受過一段時間教育，並且在雙方敵對之前在那裡度過了十年；還有來自查爾斯頓的富裕商人和農場主以及未來的大陸會議主席亨利・勞倫斯（Henry Laurens），以及諸如拉爾夫・伊澤德和查爾斯・平克尼等其他幾位來自南卡羅來納州的商人。儘管這些人與柏克、謝爾本以及其他黨派的人物關係還算友好，但他們始終未能進入英國貴族社會，反過來，貴族們對他們也一無所知。

雖然美洲的小冊子和請願書、狄金森的來信、傑弗遜的《英屬美洲權利綜論》（*Summary View of the Righi of British America*）以及其他許多關於殖民地問題和殖民地人民情緒的論爭內容都已在倫敦出版，但貴族和鄉紳們卻很少去讀這些材料，下議院時常以這樣或那樣的技術性理由拒絕像喬賽亞・昆西這樣的特別代理人列席會議。他在給美洲的信中寫道，「我每碰到一個人，都會不厭其煩地向其講述美洲大陸的真實狀況以及美洲居民的真實感情。」但他又說，無法保證這種努力能夠奏效。按照希爾斯伯勒的說法，「我們與生俱來高人一等」的感覺在英國人中根深柢固，在他們看來，美洲人就是一群行事粗野、不服管束的麻煩製造者，但他們完全沒有意識到在他們中間有個叫班傑明・富蘭克林的人，他才華出眾，智慧超群，政治敏銳，久經世故，各方面與任何歐洲人相比也毫不遜色，而且為了英國與美洲殖民地的和解目標而做著不懈努力。

美洲的盟友們態度也大相徑庭。羅金漢認為英國就是家長，而殖民地則「應該是安分守己的孩子」。查塔姆也持相同的觀點。但是，如果他們兩人中任何一人曾訪問過美洲，參加過殖民地議會，也瞭解過殖民地人民切身感受的話，那麼在離開時可能會糾正他們的這種認識。然而，一個令人驚訝的事實是從一七六三年到一七七五年，甚或在此之前和之後的時間裡，除了陸軍和海軍軍官之外，英國的內閣大臣中竟無人到訪過大西洋彼岸這片他們認為大英帝國賴以汲取營養的土地。

他們更加堅定不移地認為必須牢牢掌控這片土地，因為在他們看來，美洲人正在叛亂，而美洲的獨立則意味著英國的毀滅。查塔姆堅決主張採取安撫措施，因為他擔心如果美洲被逼到武裝反抗的地步，帝國也許會失敗，法國或西班牙可能會得到美洲殖民地，而「如果這一切發生的話，英國便完蛋了」。如果輸掉美洲這塊巨大的蛋糕，英國的發展將停滯，將不再是個世界強國。國王在內心隱約感覺到這種可能性，他表示，「在我們與鄰國作戰之前，必須把殖民地問題處理好。」

在另一種意義上，查塔姆同許多人一樣，也感覺到英國的命運與殖民地休戚相關，「如果自由在美洲得不到保障，它在英國也必將患病、衰弱直至死亡」。這就是關於自由的論點。而關於權力的論爭在於如果不向殖民地徵稅，許多英國技術工人和製造商有可能被吸引到那裡去發展，殖民地將逐漸繁榮起來，並且最終取得對英國的相對優勢，留給古老英國的只是「一個貧窮的遭人遺棄的可憐王國」。報上登載的一些來信表達了這種擔憂，有人預言美洲人口很快就會超過宗主國，「到時我們該如何統治他們呢？」甚至還有人說二百年後，帝國的首都有可能遷至美洲。一七七二年平安夜，《聖詹姆斯編年史》中這樣表述，如果美洲人口超過英國，那麼英國和美洲之間只剩下自然利益和某種聯邦形式的關係了，而如果二者聯合起來，他們或許能夠「以武力與世界對抗」。

《茶葉法案》的結果相當令人失望。美洲人並沒有興高采烈地勉強接受廉價茶葉，而是憤怒至極地爆發了；而這次爆發與其說是群眾的普遍感受，不如說是商人煽動的結果，因為東印度公司低價傾銷美洲人感覺自己作為茶葉批發商的地位被剝奪了，這就令他們的貿易毀於一旦。船主和造船工人以及船長和船員也感受到威脅，因為他們的生活主要依賴於走私，政治煽動者心中竊喜，認為機會將至，應該坦然面對。他們提出了聳人聽聞的口號，「壟斷者」即將通過一家英國公司控制美洲，而這家公司因「骯髒黑暗、橫徵暴斂」而臭名昭著。如果他們在茶葉上得手，很快就會擴展到香料、絲綢、瓷器和其他日用品上。因此，一旦美洲人接受了印度茶葉，三便士稅收便會「進入我們神聖自由的壁壘」，英國議會通過徵稅增加國庫歲入的目的也將會實現；「在徹底征服殖民地之前」，政策的制定者不會善罷甘休。

殖民地的和事佬們希望安排載運茶葉的船隻在卸貨及繳納茶葉稅之前返航。在除波士頓以外的港口，他們提出有暴民威脅，恐嚇東印度公司的代銷人，使他們不再承接茶葉的零售業務，這屢屢奏效。在波士頓，有兩位代銷人是哈欽森總督的兒子，他們堅決反對煽動者所散佈的言論，並準備提貨。一七七三年十二月一日，第一艘載運茶葉的船隻在波士頓碼頭靠岸，緊接著又有兩艘停靠。因為如果已卸船的貨物在規定時間內未被運走，有可能會被關稅委員會以未納稅為由而予以沒收，「愛國者們」擔心委員會可能會把沒收的茶葉私下出售以增加歲入。為了防止這種行為，或許也是為了恐嚇所有希望購買廉價茶葉的人，他們於十二月十六日晚上登上這幾艘船，強行打開茶葉箱子，把所有的茶葉都倒入了大海，這就是以後載入史冊的「波士頓傾茶事件」。

這則對英國財產發動罪惡攻擊的消息最早於一七七四年一月二十日傳到倫敦，令英國人大為震怒。這起事件破壞了悄無聲息地建立徵稅制度的計畫，使東印度公司的財務狀況危機四伏，也證實了麻塞諸塞州人是不可救藥的叛亂份子。英國從自身利益出發，此刻或許應該想到回顧在殖民地造成的一系列日益嚴重的負面後果，從而扭轉到目前為止令人擔憂的事件發展方向。這需要的是思考而不只是單純做出反應，但政府並沒有停下來認真思考的習慣。這一點，喬治三世的大臣們無一例外。

他們不但沒有認真反思，反而頒佈了一系列現在通常稱為強制法案的措施，該法案在美洲被稱為「不可容忍法案」，這項法案使本已跡象十分明顯的對抗狀態升級，錯過了另外一條結果也許完全不同的道路。

作為一場針對王室財產的戰爭行為，傾茶事件被判定為另一個叛國案件。內閣明智而審慎地決定，為了避免「葛斯比」號事件因為程式而造成難堪局面，他們選擇通過議會法案將波士頓作為一個整體進行懲罰。據此，有人提出了一項議案，在東印度公司和關稅委員會遭受的損失獲得賠償之前，在「和平與守法」得到充分保障之前，在人們可以安然無恙地進行貿易活動之前，在稅務部門能夠及時適當地收取關稅之前，關閉波士頓港口的所有商業活動。

自格倫維爾第一次提出徵稅以來的十年間，殖民地憤怒的抗議此起彼伏，而內閣卻沒有從中吸取任何教訓，而今在準備這項議案時，它也一如既往地沒有預見到任何麻煩。大臣們以為美洲其他殖民地會對波士頓人破壞王室財產的行為予以譴責，為了自己的利益，他們不會干涉英國對波士頓的懲戒，甚至可能會愉快地接收由於波士頓港關閉而轉到他們自己港口的茶葉。榆木疙瘩似的思維不會有清醒的時候。對發生在碼頭上的巨大盜竊罪斷然做出憤怒反應是自然的，也是正常的，但指望《波士頓港口法》能夠起到控制局勢的作用，起到維護帝國穩定的作用，抑或起到震懾麻塞諸塞州近鄰的作用，都是過於情緒化的表現，完全沒有考慮最近種種跡象所可能帶來的後果。

感情用事向來是導致愚蠢行徑的根源。在就哈欽森來信事件所進行的聽證會上，班傑明・富蘭克林成了野蠻攻擊的目標，而感情主義在此刻也得到了淋漓盡致的表現。哈欽森在這些寄給財政大臣湯瑪斯・惠特利的信中建議采取更加斷然的措施以鎮壓麻塞諸塞州的叛亂，但信件被富蘭克林秘密獲取並公開發表了，麻塞諸塞州人民因而對哈欽森發出憤怒，並向議會請願要求解除其總督之職。韋德伯恩在按請願書要求舉行的聽證會上主持對富蘭克林的審查，審查是當著三十五位樞密院委員的面在一間更適合被稱作戰場的內庭進行的，這是出席此類聽證會委員人數最多的一次。除此之外，還有一些熱心的觀眾，包括一些貴族、下院議員以及其他賓客。韋德伯恩時而嘲笑奚落，時而妙語連珠、惡語謾罵，把這位在倫敦最有影響力的美洲人描繪成小偷和叛國者，看客們則隨著韋德伯恩的節奏有時面露微笑，竊竊私語，有時毫無顧忌，開懷大笑。據說，諾斯勳爵是唯一一位沒有發笑的聽眾。第二天，國王解除了富蘭克林北美殖民地郵政副局長的職務，但這並沒有使這位強烈主張和解的人灰心喪氣，當然，他也永遠無法忘記這一天。四年後，當富蘭克林與法國簽署聯盟條約，確認他的國家成立時，他仍然穿著那件在接受韋德伯恩折磨時所穿的曼徹斯特絲絨外套。

政府中對抗波士頓的情緒相當強烈，以至於在前兩次對《波士頓港口法案》進行解讀時竟然無人表示反對；甚至連巴雷和亨利・康韋也發言贊成採取強硬的行動。在第三次解讀時，有人提出了反對意見，指出其他港口已經將茶葉退回了英格蘭，同時也主張在波士頓港被取消商業活動之前再給它一次支付賠償金的機會。最重要的陳述出自一位具有實際經驗的人物——佛羅里達總督喬治・約翰斯通，他警告說「提出這樣的草案定會促使殖民地普遍建立同盟關係以對抗國家的權力」，但幾乎沒人在意此番預言。作為反對派發言人之一的柏克承認，反對派發言人「沒有給人留下什麼印象」，以至於下院都無需分組投票。在上議院，謝爾本、卡姆登和里奇蒙公爵均對草案表示不贊成，但這並沒有產生更大的影響。《波士頓港口法案》如融化的黃油一般在議會輕易獲得通過。

緊接著議員們討論了另外三個《強制法案》，首先是《麻塞諸塞政府法》，該法案實際上廢除了海灣殖民地大憲章。包括選舉權，政府官員、議員、法官和陪審員的任命權，還有召集市鎮會議的基本權利在內的所有權利都由國王委派的總督接管，用柏克的話說，「通通只能聽從英國國內政府的安排」。自然，這種做法也向其他殖民地暗示，今天對麻塞諸塞州的懲罰也同樣會發生在他們身上。其次是《司法行政令》，該法允許那些在麻塞諸塞州被控有罪而又聲稱無法保證受到公平審判的皇家官員可以被移送到其他殖民地甚至英格蘭接受審判。鑒於波士頓已經矯枉過正地給予「大屠殺」中的指揮官普萊斯頓上尉一個公正的審判，由約翰・亞當斯為其辯護並已經宣判他無罪，《司法行政令》簡直就是對麻塞諸塞州的羞辱。再接下來，為防止任何拒絕提供兵營的行為，議員們在年度《駐軍營地條例》基礎上增加了新的條款，允許把士兵安排在居民的家中、客棧中以及其他建築中。與此同時，蓋奇將軍已經受命去波士頓接替哈欽森出任總督。

同時頒佈的還有《魁北克法案》，儘管該法案並不屬於強制法案之一，但卻是最令人更加憤怒的措施，因為該法案將加拿大邊界擴展到了維吉尼亞和其他殖民地也有領土主張的俄亥俄河。《魁北克法案》還規定了加拿大國民政府的組成條件，規定英國議會有徵稅權，可以按照法國方式進行沒有陪審團的審判，也允許天主教的存在。由於百分之九十五的加拿大人都是天主教徒，因此這是一項難得明智的寬容舉措，但它同時卻讓殖民者和他們的英格蘭朋友大為光火。針對「天主教會」的怒吼響徹雲霄。賓夕凡尼亞人預言將出現宗教裁判所，費城人則預言會出現「聖巴托羅繆大屠殺」，人們又想起了巴比倫妓女，卡姆登勳爵已經在描畫「教宗的軍隊」和「教宗的部落」，說他們似乎隨時準備毀滅清教徒殖民地的自由。至於廢除陪審團制度，《聖詹姆斯編年史》則宣稱，「如此可恥的條款不應當出自任何英國人之手。」這項法案給予加拿大人諸多優惠，但在此時通過實在有些令人費解，不合時宜，或許目的是希望讓加拿大人效忠大英帝國，使他們能夠協助遏制美洲出現的暴亂。但是，如果英國真想安撫殖民地並且最終與殖民地和解，那麼頒佈《強制法案》，尤其是《魁北克法案》的做法卻與這一目的完全背道而馳。

正如反對派所堅信的，難以說清楚政府的愚蠢舉動有多少是出於無知，又有多少蓄意尋釁的成份。無知肯定是重要因素，正如約翰斯通總督曾在下議院十分無助地評論說，他注意到「在這個議會大廳裡負責這項工作的人，大多數對美洲的體制一無所知」。

一七七四年三月至六月的一系列舉措令反對派真正擔憂起來，他們警告政府，也許會出現可怕的後果。人們已經隱約感到有可能涉及使用武力，而一想到準備對具有英國血統和傳統的人民動武，讓很多人為之震驚。約翰・鄧寧（John Dunning）是一位開明的律師，曾在格拉夫頓內閣擔任副檢察長一職，後來戰爭快結束時在著名的「鄧寧決議案」中對諸多問題進行了總結，通過強制法案看到了一種「針對我們自己臣民的戰爭、嚴厲的報復和仇恨」傾向。之所以別無選擇是因為其他方案成功的機會渺茫。曾在魁北克與烏爾夫一起攀越亞伯拉罕高地的威廉・豪（William Howe）少將在一七七四的競選活動中告訴他的選民，即使英國的所有軍隊加起來，也不足以征服美洲。同樣在議會任職的約翰・伯戈因（John Burgoyne）將軍也表示，他更願意「看到美洲被說服而不是被武力所征服」。

大臣們也收到了警告。當達特茅斯向亨利・勞倫斯詢問《強制法案》可能會產生怎樣的影響時，後者的看法與約翰斯通總督在議會的發言相近，他預言，「從喬治亞州到新罕布什爾州，人們將組成一個響應熱烈的聯盟和方陣進行抵抗」。迄今為止，在人們的印象中只有出現奇跡才可能發生這樣的事情。但是，當聽眾只願相信事情的另一面時，對政治事件的警告註定是徒勞的。在明確表述卡珊多拉的咒語時，古希臘人向我們表明，他們早就對人類的靈魂洞察入微。

在一七七四年四月十九日的辯論中，反對派提出一項廢除茶葉稅的動議，柏克在針對該動議的演講中闡述了他個人對美洲問題的看法。他對英國政府出臺一連串法案而後又廢除法案的行為進行了絕妙的總結，他認為英國人在美洲問題上猶豫不決、模棱兩可、空洞威脅、錯誤假設，殖民地政策的歷史一路狂奔，一方面退回到《航海法案》時期，另一方面又「以精力旺盛卻狂躁不安，愚蠢至極卻輕快敏捷的狀態快速奔向毀滅」。他說：「國家的公務員們從未以相互聯繫的觀點從整體上看待你們複雜的利益……他們從來沒有一套區分是非的體制，只不過偶爾憑空捏造一些可恥的謊言來逃避他們活靈活現誇大的困難……通過這樣的管理方法，軟弱無力的議會做出了很多難以挽回的決定……就這樣，他們已經撼動了經營活動遍及全球的商業帝國的基石。」在抨擊某些人一直主張的維護帝國權威（現在有時稱為信譽）的象徵意義時，他意味深長地說：「他們告訴你們說，你們的尊嚴與此密切相關……但這樣的尊嚴對你們來說實際是一種沉重的枷鎖，因為近來它已經與你們的利益、你們的公平正義以及你們所有的政策理念都發生了衝突。」

這個「沉重的枷鎖」千百年來一直困擾著決策者。班傑明・富蘭克林是一位智者，他從政治經驗中總結出原則，並能夠進行清晰的表述，這種人寥若晨星。他在《印花稅法案》危機期間寫道，有人認為「在制定了錯誤的政策之後一定要堅持己見，而不是在發現錯誤之後儘快採取糾正措施」，只有這樣才能夠更好地維護尊嚴和榮譽，這種看法其實是不對的。

在美洲，《波士頓港口法案》的頒佈讓殖民地團結起來。五月，羅德島州發出倡議，首次提出成立殖民地代表大會，而康乃狄克州各城鎮則舉行了抗議集會，宣誓將給予波士頓資金和物資援助，並在必要時「以我們心靈之血濺灑美洲祭壇」。年邁的印第安戰士，同時也是「七年戰爭」中的突擊隊員伊斯雷爾・派特南上校是康乃狄克州通訊委員會主席，他親自趕著一百三十隻羊從龐弗里特（Pomfret）的家中步行一百英里到達波士頓。巴爾的摩贈送了一千蒲式耳（容量單位）玉米，波士頓最終收到了來自所有十三個殖民地的禮物。「愛國者」領袖們要求所有美洲殖民地都拒絕用茶，對茶葉的走私也停止了，「造成傷害的垃圾」在鄉村草地上被付之一炬，取而代之的是同白水一樣索然無味的被稱作自由之茶的草藥沖劑。

召集殖民地代表大會的倡議迅速得到了紐約和費城的支持，到夏季還未結束時，便得到了十二個殖民地州的回應。正如傑弗遜給維吉尼亞代表大會的代表所寫的說明草案中所說，許多美洲人已經相信，「在經歷了幾屆政府的更替後」，英國政府「一成不變」地對美洲實行了一系列壓制措施，從而「明白無誤地證明，英國在精心謀劃並系統實施一個計畫，要讓我們所有人淪為奴隸。」

這篇文章在美洲深入人心。喬治・華盛頓對此十分贊同，因為裡面提到「一以貫之的系統計畫，要將奴隸枷鎖套在我們身上」。湯瑪斯・潘恩（Thomas Paine）則堅持認為，「英國內閣在每件事上都與美洲看法相左，這已經是他們固定的思維了」，其目的就是想廢止美洲憲章，控制美洲人口和財產的增長。這一指控非常恰當，因為這樣就證明美洲最終造反實在是迫不得已；誠然，如果英國確實一直在執行一項逼迫殖民地造反的計畫，以便能夠徹底征服他們的話，那麼它所制定並實施的各項政策就合情合理了。但這也有悖情理，這樣的解釋跟撤銷法案、出爾反爾、任意而為以及個人獨斷不相吻合。那些批評英國政策的人抱怨英國不但沒有「精心謀劃，系統實施」的政策，實際情況卻恰恰相反。柏克大聲疾呼，「什麼政策應該強制執行，什麼政策應該廢除；應該對什麼強硬，對什麼退讓；有哪些事情該做，哪些事情不該做；什麼事情要全力以赴，什麼事情可以張弛有度……在這個會期結束前，我們應該制定某種制度……我們還是採取一些能夠一以貫之的行動吧。」

相反，由於認為英國的政策是連貫的，美洲開始公開與英國決裂。正如兩個世紀後日本偷襲珍珠港一樣，《強制法案》把對手凝聚在了一起，使殖民地團結一致，成為一個整體，而這兩起事件最後的結局也是相同的。第一屆大陸會議於一七七四年九月在費城召開，有五十六名代表出席，代表了除喬治亞州以外的所有北美殖民地。會議宣告，自一七六三年以來英國議會通過的所有與殖民地相關的法案都侵犯了美洲人民的權利；代表們宣誓，恢復「抵制英貨」運動，直到所有相關法案被廢除為止。如果一年之內美洲的冤屈得不到伸張，他們將採取禁止貿易行動，也就是不但禁止從英國進口商品，也禁止向英國出口貨物。會議通過了有關自治政府權利的十項決議，包括由殖民地立法機構決定自行徵稅；同時，迫於激進派的壓力，簽署了由麻塞諸塞州薩福克郡提出的決議，該決議宣稱《強制法案》違反憲法，因此無效。同時授權當地民眾，在法案廢除之前不必遵行；並號召他們，一旦受到攻擊應武裝起來組成民兵自衛。與此同時，在承認效忠國王的前提下，他們認為自己是不受英國議會管轄的「自治領土」。為了不疏遠代表中的保守派，會議並沒有號召獨立。約翰・亞當斯聲稱，「獨立是擁有恐怖外表的妖怪，體質纖弱之人若膽敢直視其面容，恐怕會嚇得昏厥痙攣。」

然而，有些人準備選擇另外一種方案，即「慷慨大方地成立聯盟」，這也是傑弗遜在維吉尼亞代表大會說明中所用的措辭。他的條件是殖民地的對外貿易一定不能受到任何限制，「除殖民地自身外，世界上的任何力量」都不能對他們的財產徵稅或進行管制。賓夕凡尼亞州的約瑟夫・加洛韋是大陸會議上的保守派領袖，他正式提出了一個類似的被稱作「英國與殖民地之間建立聯盟」的提議，但幾乎沒有代表對該計畫表示支持。在代表們看來，英國腐敗墮落，懶散頹廢，視自由為敵人，因此他們無意與英國為伍。富蘭克林在寫給加洛韋的信中說，「我一想到在英國這個古老腐朽的國度，腐敗現象充斥社會的各個階層」，「政府官員人數眾多卻人浮於事，數額龐大的薪資、退休金、額外津貼、賄賂、無端無故的爭吵、愚蠢的探險、假帳目或者無帳目、合約以及工作揮霍掉國家所有稅收……」就擔心，如果與英國建立更密切的聯盟關係，殖民地將得不償失。

隨著雙方關係的進一步惡化，英格蘭的進步思想家中有人提出了建立聯盟的主意。一七七六年，亞當・斯密在《國富論》中提出，「為了繁榮昌盛的宏偉大業，為了大英帝國綿延長久」，應該建立這樣一種聯盟。同一年，非國教派知識份子領袖理查・普賴斯博士在他的作品《對公民自由性質及對美戰爭的意見》（*Observations on the Nature fo Civil Liberty and war with Americe*）中提出，在平等基礎上建立盎格魯—美洲聯盟。他借助啟蒙這一外表，將論點建立在「理智、公平及人類權利賦予」的公民自由基礎上。

儘管聲稱建立聯盟在當時切實可行的說法有點兒言過其實，但在一方強調使用武力，另一方拼命反抗的情況下，聯盟也不失為一種選擇。在大多數英國人看來，他們絲毫都不能容忍與美洲人擁有平等權利的想法，聯盟無論如何都不可能實現，因為英格蘭的實權人物中沒人願意放棄對貿易進行管控的權力。但是，並非每個人都這麼認為；如果雙方都有建立聯盟的願望和意向，或許逐漸建立某種形式的聯邦也未嘗不可。但當時談這些為時尚早，因為固有的觀念和偏見是反對建立聯盟的，而當時離大西洋兩岸直接通訊尚有一百多年的時間。

大陸會議將各殖民地團結了起來，英國對此大為不快，並將其視為叛國行為。到目前為止，訴諸武力的想法已經深入人心。蓋奇將軍一封又一封來信說明了日益嚴重的局勢。他報告說，「騷亂的火焰」正在迅速蔓延，而且已經不再只局限於「一小撮」煽動者了，麻塞諸塞州及其近鄰各州的大多數小業主和農場主都參與了進來，他們正在收集武器和彈藥，甚至大炮，整個新英格蘭地區一定會不可避免地進行公開叛亂。十一月，國王公開承認，無論殖民地打算仍然臣屬於英國還是準備獨立，「英國已決定實施打擊」，對於「行動方針目前似乎已計畫妥當」這一點，國王表示「並不遺憾」。

內閣決定派遣三艘軍艦前往美洲支援，但因為所有人都正忙於當年秋天的競選活動，行動被推遲到了新一屆議會召開的時候。同時，長期擔任戰爭大臣的巴林頓子爵不是在核心內閣就是在全體閣員會議上提出不同意見。儘管他以前也贊成對美洲實行強硬路線，但他是那種在任何群體中總是根據現實情況及其發展進行深入分析和思考的少數人之一。到一七七四年，他已經逐漸認識到，把殖民地逼到武裝反抗的地步將會產生災難性後果。不過，他沒有轉向親美洲立場，他對大英帝國仍然忠心耿耿；他在一七七四年十一月和十二月寫給達特茅斯的兩封信中解釋他只是得出了專業性的結論：在美洲進行陸上戰爭將徒勞無功、代價高昂，並且也無法獲勝。徒勞無功是因為英國顯然永遠無法徵收內部稅；代價高昂且無法獲勝是因為必須得派遣大量軍隊，修建許多要塞才能控制被征服的地區，「但這樣做所投入的成本將是個無底洞，最終會令我們功虧一簣」；而且，「內戰還會血流成河，讓人民驚恐萬分」。英國發動戰爭的唯一目的只是為了證明無法行使的權威；「我重申，我們的爭鬥只是為了一個面子問題」，而「我們為此付出的代價將遠遠超過勝利所能帶來的回報」。

巴林頓（Barrington）建議，不但不應該向麻塞諸塞州增派軍隊，反而應從波士頓撤軍，讓這座城市處於目前的「混亂狀態」，直到它更傾向於合作為止。沒有了小規模勝利和「迫害性暴力活動」的鼓舞，殖民地的反叛士氣將逐漸減弱，最終他們將願意回到談判桌前。

巴林頓在這裡清楚地闡述了許多明顯的愚蠢荒唐行徑，即付出與預期收益之間的不平衡，以及為獲得榮譽而必須承受的「沉重負擔」，但因為他不在其位，難謀其政，只能說說而已，因此他的觀點並未激起一絲漣漪。後來，內閣要求他執行一項他並不信服的政策，他只好請求辭職，但國王和諾斯對他極力挽留，因為他們並不希望讓外人看到他們隊伍中有人對政策持懷疑態度。

在城市，輿論普遍對殖民地強烈支持，以致倫敦的自由民選出了兩位美洲人擔任郡的司法長官，分別是長島的斯蒂芬・塞爾和維吉尼亞的威廉・李。競選倫敦選票的候選人被要求簽署一份文件，保證支持一項議案，而根據該議案，美洲有權選舉它自己的議會，有權自行徵稅。同樣也存在相反的意見，一位知名的倫敦人撒母耳・詹森博士也表達了他的觀點，認為美洲人是「天生的罪犯，理應感謝我們允許他們擁有除絞刑以外的任何東西」。表現詹森極端思想的小冊子《稅收並非暴政》使英國鄉紳、大學、聖公會教士以及所有反美團體感到欣喜若狂。然而，他私下向博斯韋爾承認說，「英國對美洲殖民地的管理軟弱無力，膽小怕事」；而隨著時光流逝，「我們政府的表現明顯愚鈍低能」。

一七七五年一月，當時傑出的政治家查塔姆閣下強忍病痛召集議會開會，提出了一項可行的方案，這是英國捍衛自己利益的最後一次機會。一月二十日，查塔姆提議立即從波士頓撤出英國軍隊，以此向殖民地表明，英國「為了維持與北美的和睦關係」，願意「率先做出讓步」。他表示，軍隊不僅起不到任何作用，反而只會火上澆油。他們可能會從一個城鎮挺進到另一個城鎮，迫使民眾暫時順從，「但如何才能確保軍隊離開後，這個國家仍然俯首貼耳呢」？「對你們隨意的徵稅制度」進行的反抗「早就應該能夠預見得到」。需要多少力量才能將反抗鎮壓下去呢？「我的先生們，難道是靠在美洲的幾個團和國內的一萬七千或一萬八千人嗎！這個想法實在荒唐可笑。」北美殖民地縱橫一千八百多英里，人口眾多，驍勇善戰，最重要的是他們嚮往自由，想要征服這片土地和人民實在是妄念。「試圖在如此強大的土地上建立專制主義制度只會徒勞無功，也一定會造成致命的後果。我們最終將被迫撤退：如果是那樣，就讓我們主動撤退吧，而不要等到迫不得已而為之。」

老皮特口才高超，但卻有些傲慢自大，他忽視了政治手腕，未能說服足夠的支持者投票贊成他的動議；而且除謝爾本之外，他甚至都沒有事先告訴任何人他打算發表演講或是提出動議。而他告訴謝爾本的，也不過是他打算喚醒「這個沉睡而糊塗的內閣」。他認識到冷酷無情的現實，他的遠見卓識擊中要害，但是議會不需要現實；議會只想要鞭笞美洲。沃波爾寫道，對於查塔姆出人意料的動議，「反對派盯著他，然後聳了聳肩；而那些大臣們只是盯著他笑了笑而已」。這項動議只獲得了十八張贊成票，有六十八票反對。

儘管查塔姆魔法般的統治地位已不復存在，但他仍然堅信「我知道我能夠拯救這個國家，而且我一人之力足矣」。在與班傑明・富蘭克林以及其他一些美洲人私下磋商後，查塔姆於二月一日提出一項解決美洲危機的議案，內容包括廢除《強制法案》；在未經美洲人民同意的情況下不得對他們徵稅；承認大陸會議並由其負責對殖民地的評估，決定是否自行徵稅以增加王室收入，用來支付王室的開銷；此外，殖民地擁有獨立司法權，設置陪審團，被告無須被遣送到英國接受審判。國王將保留對外部貿易進行管控的權利，和在必要時部署軍隊的權利。針對這樣一份議案，在貝德福德公爵去世後一直擔任該派領袖的高爾勳爵「憤而起身」對該議案予以譴責，認為它背叛了議會的權利。他說「所有相關的利益，每一個高貴的動機，一個健全政府的每一個原則」，都要「全部徹底、不折不扣」地維護「立法機關至高無上的權威」。

儘管查塔姆的解決方案遭到大多數議員的拒絕，但仍有三十二名貴族投票支持他，不過他終究無法拯救一個不願被救贖的帝國。由於在辯論中遭到嘲笑，查塔姆頗受打擊，他在一份控訴摘要中用語粗野、毫不留情地發洩對政府的沮喪不滿情緒，他說：「你們一系列的政治措施是那麼軟弱無力、魯莽冒失、專制臆斷、無用無知、疏忽大意、卑躬屈膝、毫無能力、腐敗透頂。」

第二天，政府提出了一項議案，宣佈新英格蘭為反叛地區並請求增派兵力迫使其就範。雖然該議案很快便獲得通過，但這次下院的反對票增加到了一百零六票；此外還附加了一項遏制法案，新英格蘭殖民地不能到紐芬蘭從事漁業，並且除了與英國港口進行貿易外，不得與任何其他港口從事貿易活動，以此施加經濟壓力。內閣任命了三名將官到美洲執行任務：他們是少將威廉・豪，約翰・伯戈因和亨利・克林頓。沒想到的是，後來他們三人有的被召回，有的向殖民地投了降。

同一時間，英國還派了三個團的兵力去增援蓋奇將軍。國王還讓「七年戰爭」中任英軍總司令的傑佛瑞・阿默斯特爵士（Sir Jeffery Amherst）再次指揮美洲的英軍部隊，因為，根據國王有些矛盾的理論，殖民地人民熟知阿默斯特，對他信賴有加，因此，他也許「用不著把刀架在殖民地人民脖子上，就能使這些受到蠱惑的人下跪臣服」。儘管國王許諾授予阿默斯特貴族頭銜，但他一方面可能對結果心存疑慮，另一方面也可能對政府的政策心生厭惡，他拒絕服役對抗「曾幫助過他，令他深懷感激之情的」美洲人民。他還不是最後一個說「不」的人。突然之間，諾斯似乎也有所動搖了。在仍謀求和平解決方案的達特茅斯的推動下，他提出了自己的和解建議；根據該建議，英國免除任何單個殖民地的稅收，但各殖民地要自行籌集由國王和議會批准的管理和防務支出費用。得知這一計畫後，「所有人臉上都流露出猶豫、錯愕、疑惑的神色」，但後來，人們才明白，這項計畫的目的是為了分化殖民地，讓它們互相為敵。但因為該計畫中並沒有提出廢除強制法案，因此無論如何都不會被殖民地所接受。

在此情況下，柏克也奮力一搏，發表了一通排山倒海般的演講，將最後獲得和平的機會又稍微擴大了一點。他的主要觀點在於，「以團結精神維繫帝國的和諧一致勢在必行」。但要做到這一點，就得擁有權威但並不頤指氣使。無論英國人喜歡與否，美洲人民的自由精神是存在的；他們的祖先正是靠著這種精神漂洋過海移民到了美洲，而這種精神在來自英國的殖民者中可能比來自世界上任何其他民族的殖民者都要更加強烈。「這種精神無法去除，用武力鎮壓也無濟於事，因此，唯一的方法就是順其自然，或者如果你們願意的話，姑且將它當作一場無法避免的災禍來坦然接受。」據此，柏克開出了他的藥方：

「政治上的寬宏大量往往都是真正的智慧，偉大的帝國會因為鼠目寸光的政客而病入膏肓。」廢除強制法案，讓美洲人民自行徵稅，我們應該「欣然同意而不是強其所難」。給他們自由，給他們機會，讓他們富裕起來，這樣他們就會給我們提供更多的資源，使我們有實力去對抗法國和西班牙。

寬宏大量需要虛懷若谷的情懷。喬治三世和他的大臣們，以及議會中的多數人，拒絕理性分析，置終極利益於不顧，繼續在鎮壓的道路上前行。顯然，即使他們能獲勝，也必將由於激起了美洲人民的敵意而損失慘重，而像阿默斯特和豪這樣經驗豐富的老兵對戰爭勝利持懷疑態度。這是顯而易見的感覺。沃波爾在當時寫給他的朋友賀瑞斯・曼（Horace Mann）的信中表示，「就這種戰爭而言，勝利會使我們傾家蕩產、」那麼，為什麼國王和內閣對這樣的結果視而不見呢？因為他們只想著維護權威，沒有深謀遠慮的思考，毫不考慮失敗的風險，想當然地以為從軍事上打敗「烏合之眾」易如反掌。面對大英帝國的武裝力量，美洲人肯定會俯首稱臣，對這一點他們深信不疑。這就是支配他們思想的關鍵要素。一位名叫格蘭特的陸軍上校表示，他在美洲服役多年，對美洲人瞭若指掌，他向下議院保證說，「他們不會跟英軍打的，他們永遠都不敢正面對抗英國正規軍，而且也不具備優秀士兵所必備的任何條件」。上議院也聽到了類似的說法。一位反對派成員警告殖民地將會征 召到無數的士兵，聽聞此言的桑威克勳爵自鳴得意地回應說，「那又能怎麼樣呢？他們不過是一群毫無經驗又缺乏訓練的膽小鬼而已。」這樣的人越多越好，因為「如果他們不逃跑，那就只能在饑餓難耐後束手就擒」。桑威克和他的同僚們很樂意展開這種無休止的爭吵，並始終相信最終英國將派兵征服美洲。對那些自認為英國實力更強的人來說，訴諸武力似乎總是最容易的解決方案。

此外，就像高爾勳爵所說的那樣，他們一直認定美洲人的叛亂就是「一些暴民聚眾滋事，外加幾個派系領袖煽風點火」，而且大陸會議的代表「遠未表達那些品行端正的選民的真實想法」，之所以選定他們參加會議，是因為「那些頗有影響的重要人物不敢參與此事」。關於那些頗有影響的重要人物，雖然高爾的說法可能有一定的道理，但他們絕對沒有如他所想像的那樣能起到決定性作用或是具有普遍影響。

正是這些假設使得英國疏於準備。儘管在上一年頒佈《強制法案》之際就應該能夠預見到雙方的敵對狀態，但在這過程中，英國並未在軍事方面採取任何準備措施。狂妄自大的桑威克伯爵一直以來就宣揚要採用武力，但作為海軍大臣（Fivst Lord of the Admiralty），他並沒有為海軍的戰備做一絲一毫的工作，而這對於戰時的運輸和封鎖都是至關重要的方面；事實上，到一七七四年十二月為止，他反而將海軍員額減少了四千人，這相當於海軍總兵力的五分之一。幾個月後，伯戈因將軍說道：「我們邁出了決定性的一步，這一步與凱撒帶兵渡過盧比孔河（義大利北部河流）具有同樣的意義；而現在，我們發現自己陷入了一場極其嚴重的戰爭，除了槍炮聲之外，我們沒有接到任何作戰的命令。」

一七七五年四月，蓋奇將軍獲悉在二十英里外的康科德鎮（Concord），叛亂份子藏有大量武器，於是他決定，派遣一支部隊前去摧毀儲藏武器彈藥的倉庫。儘管他試圖掩蓋行蹤進行偷襲，但隨著報警信號燈的閃爍，送信者快馬傳遞資訊，隨後民兵們馬上聚集在列克星頓，與英軍交火，但很快被驅散。在英軍向康科特鎮挺進之際，早已高度戒備的鄉民揭竿而起，人們帶上步槍從各個村莊和農場沖了出來，與正在返回的英軍發生槍戰。他們槍法精準，對英軍窮追猛打，直到從波士頓派出的兩個團到來，才把這些紅衣軍搭救回去。該事件的消息傳到倫敦時，斯蒂芬・塞爾沮喪地承認道，「可怕的悲劇開始了。」

戰爭已經真正打響，毫無挽回的餘地，而英國方面對此似乎仍有些將信將疑。衛理公會領袖約翰・

衛斯理得知消息後大聲疾呼，最後呼籲人們理智行事。他在六月十四日寫給達特茅斯勳爵的信中表示：「正確還是錯誤暫且不提，我要問的是，對美洲動武是否符合軍事常識？現在的問題不是兩萬人的軍隊，也不是三倍力量的軍隊，而是在三千英里之遙，遠離家鄉，遠離後勤補給，能指望我們征服一個為自由而戰的國家嗎？」從衛理公會在美洲的傳教士發回來的報告中，衛斯理瞭解到殖民地民眾不是一見到英軍或是一聽到槍響就拔腿逃跑的農夫，而是驍勇善戰，吃苦耐勞的拓荒者，不是那麼容易被擊敗的。衛斯理最後說：「不，尊敬的閣下，他們出了奇地團結……看在上帝的份上，想一想羅波安的下場吧！想一想腓力二世的下場吧！想一想查理一世的下場吧！」

五、「……有種疾病，叫精神錯亂」（一七七五—一七八三）

危機並不一定能消除愚蠢的制度，原有的習慣和態度根深柢固難以改變。政府在組織戰爭的過程中，總是遲緩怠惰、疏忽大意，有時矛盾重重、各執己見，甚至對敵情做出致命的誤判。國內粗枝大葉的管理作風也蔓延到戰場上的指揮調度。首先，豪將軍和伯戈因將軍一直對戰爭持懷疑態度；豪擔任總指揮時，因懶散頑劣而受人詬病。其他那些軍人也都對使用地面部隊征服美洲疑慮重重。時任副官的愛德華・哈威（Edward Harvey）將軍早就做出了判斷，認為與美洲的這場戰爭是「失去理智的瘋狂舉動」。

政府大臣們低估了任務難度和軍備需求。兵力和裝備遠遠不足，戰船不適合航行，熟悉海上戰鬥的人不足。與倫敦司令部之間的通訊需要兩三個月，一切為戰爭指明方向的指令都被大大延遲，倫敦方面對此卻無能為力。諾斯勳爵承認，「國民對這場戰爭的熱情遠不如所預料的那麼高漲。」這從徵兵結果中就可見一斑，三個月內應徵入伍者尚不足百人，導致英國必須從德意志雇用大量士兵（據統計，雇傭兵的比例達到英軍投入美洲戰場總兵力的三分之一）。當本國民眾不屑加入軍隊時，英國人習慣於在戰爭中使用雇傭兵。雇傭兵瘋狂鎮壓殖民地居民，強迫他們接受英國的暴政，強硬推行他們的方針。美國獨立戰爭有過失誤，有過失敗，有過陰謀，也有過怨恨，但是，因為英國方面處理不當，美洲革命最終取得了勝利。

在列克星頓和康科德戰役後四個月，邦克山（Bunker Hill）戰役消息傳到倫敦後一個月，英國才宣稱美洲已經「公開發動叛亂」，而在這期間，英國正忙於制定相互矛盾的政策，為政事和一些人慣例性的缺席而爭吵不休——他們在這個季節狩獵松雞和鮭魚去了。國王在此期間一直敦促內閣發佈美洲叛亂聲明，並要其下定決心，「不遺餘力地採用一切可能手段迫使受矇騙的殖民者俯首稱臣」。時任殖民地事務大臣的達特茅斯勳爵仍嘗試通過非暴力手段解決爭端；內閣外的溫和派以及經驗豐富的大臣的副手們希望避免與美洲決裂；貝德福德派則強烈主張採取行動；巴林頓勳爵堅持認為，單憑海軍對美洲實行封鎖並切斷貿易就可以迫使殖民地就範；豪將軍的兄弟——分別被任命為駐美洲陸軍和海軍總指揮官的威廉爵士和海軍上將理查傾向於通過談判而非戰爭來達成和解，並希望能一同被任命為和平委員會成員來完成這一使命；諾斯勳爵對各種意見都不為所動，極力拖延塞責，防止出現難以逆轉的局面。

迫於貝德福德內閣和國王的壓力，諾斯不得不讓步了。八月二十三日，國王陛下發佈了《鎮壓叛亂和暴動宣言》，聲明美洲人發動了針對國王的戰爭，犯下了「大逆不道」的罪行，儘管身在叛亂地的蓋奇將軍及各州總督發來的一系列報告已經說明叛亂者包括各個階層形形色色的人，但該《宣言》依舊認為叛亂是那些「危險異常、圖謀不軌的人」的陰謀。罔顧事實，一味堅持根深柢固的觀念，這就是自欺欺人的本源，這就是愚蠢行徑的特點。因為迴避現實，他們低估了所需做出的努力。

與此同時，大陸會議中的費城溫和派成功獲得了《橄欖枝請願書》，聲明效忠於國王，呼籲國王停止敵對行動，並廢除自一七六三年以來頒佈的鎮壓措施，希望尋求可能的和解方案。《請願書》於八月被送達倫敦，但喬治三世拒絕接收；而之後沒幾天，他就發佈了《鎮壓叛亂和暴動宣言》，堅定地回絕了本應值得考慮的美洲方面的提議。議會裡，反對派提出將《橄欖枝請願書》作為雙方談判的基礎，但是，像往常那樣，該動議被多數派駁回了。

繼《宣言》之後，國王解除了達特茅斯殖民地事務大臣的職務，改任其為掌璽大臣，其原有職位由喬治・傑曼勳爵接替，後者極力主張通過武力「迫使叛軍俯首稱臣」。他出生於諾爾的薩克維爾家族[7]，是多塞特第一伯爵及第七公爵的小兒子。他曾經在軍事法庭受到審判並遭到流放，但他克服重重阻力，用盡心機贏得國王的寵幸，並極盡甜言蜜語之能事最終在內閣攫取了對付美洲的這一關鍵職位。

在一七五九年的明登戰役中，喬治勳爵作為陸軍中將擔任英軍騎兵指揮官，但令人不解的是，他卻拒絕服從其上司布倫瑞克的斐迪南親王下達的帶領騎兵衝鋒的命令。儘管聯軍大勝法國，但喬治勳爵卻為此被稱為「懦夫」，不僅被解除了職務，還由於「不適合為國王陛下履行任何軍事任務」而在軍事法庭受到審判，宣判結果被記錄在英國每個軍團的訓練手冊中。「我總是跟你說，」他那可憐的半瘋癲的弟弟約翰勳爵寫道，「我的兄長喬治比我好不到哪裡去。」

在二十多年艱苦曲折的軍事生涯中，儘管這一怯懦的標籤始終伴隨左右，但喬治勳爵從不為其在明登戰役中的行為做任何解釋。他冷酷無情，傲慢自大，繼承了先輩的秉性，他的一位祖先曾經是「英格蘭最偉大的貴族」，他的祖父只是因為國王查理斯二世的說情而避免了謀殺指控，在喬治四歲的時候，他的父親被授予公爵，周日到他們家拜訪的人絡繹不絕，就好像是國王在接見朝覲的人群。喬治勳爵並不是一個討人喜歡的人，由於對同僚的批評，他早就樹立了一批政敵；但若干年後，在薩克維爾的支持下，憑著自己堅強的意志和強烈的進取心，他歷盡艱辛，克服恥辱，終於取得了與其地位和家族勢力相匹配的職位。他的經歷沒有使他更加明智，反而更加冷酷，而現在，他將成為積極發動戰爭的大臣。

就像內閣其他成員及國王的朋友們一樣，喬治勳爵反對做出任何調解努力，極力抵制和平委員會針對殖民地所擬定的計畫。諾斯勳爵先前曾承諾使用和平手段，在提及這一點的時候，傑曼堅持要起草指令。按照他的條件，在談判之前殖民地必須承認，「至高無上的立法機構有權對殖民地無論任何事務制定具有約束力的法律」。正是因為他們十年來始終拒絕這一原則，才導致他們叛亂犯上，因此，正如諾斯勳爵所指出的，這一模式顯然註定要使和平委員會失敗。達特茅斯直截了當地說，如果政府堅持這一指令，他將辭去掌璽大臣一職；諾斯勳爵也暗示如果他同父異母的兄弟的這麼做了，他也不想繼續任職了。

對條款的反覆討論內容如下：「無論任何事務」的措辭是否應包含在內，殖民地接受中央政策是否必須是談判的前提或談判的一部份，委員是否應該有自由裁量權；豪上將是否應同時擔任海軍總指揮及和平委員會成員。爭論的過程夾雜著各種爾虞我詐，比如應該由誰填補因反對戰爭而辭職的人員所空出的王宮及內閣成員的職位，與此同時，議會在一七七六年一月重新召開會議伊始，就對有爭議的選舉及因為雇用德意志軍隊而令德意志親王收取高額費用問題爭論不休。最終定下來的和平方案與一年前諾斯提出的和解計畫相比並沒有進一步的成效，同樣遭到大陸會議的唾棄。無論國王還是內閣，都絲毫沒有考慮讓美洲實行國王統治下的自治的可能性；設立和平委員會的主要目的還是為了平息公眾反應，而且他們仍然幻想將殖民地分而治之。在傑曼頤指氣使的指揮下，富蘭克林的朋友——科學家約瑟夫・普利斯特里博士寫道，根本沒法指望有「像理智和節制之類的品質」。「一切充滿了深仇大恨，絕望無助。」

等到一七七六年五月確定了條款，落實了任命之時，事件的發展已經超出了之前的預期。湯瑪斯・潘恩在其小冊子《常識》中，大膽呼籲獨立，激發了殖民者的鬥志，讓數千人認識到反抗的必要性，從而帶著毛瑟槍聚集到招募中心。喬治・華盛頓已被任命為統帥；提康得羅加要塞（Fort Ticonderoga）已經

7 他之所以採用傑曼這一姓氏，是因為一七七〇年從一位該姓氏的家族朋友那裡繼承了一筆遺產。——原註

向伊桑・艾倫的八十三人團投降；美洲人不可思議地將加農炮從提康得羅加拖曳到多賈斯特高地（Dorchester Heights），迫使威廉・豪將軍撤離了波士頓；在南方和加拿大，全副武裝的英軍士兵人數在增加。六月，大陸會議通過了維吉尼亞代表理查・亨利・李所提出的決議，即聯合殖民地「是自由獨立的國家，而且根據權利也應該如此」。七月二日，正式的《獨立宣言》投票表決時沒有任何異議，在七月四日第二輪投票時稍微做了些修訂。

九月，豪在長島戰役勝利後，他的海軍上將弟弟作為和平專員盡其所能安排了與大陸會議代表富蘭克林和約翰・亞當斯的一次會議，但除非殖民地重新效忠國王並撤銷《獨立宣言》，否則他就沒有談判的餘地，因此此次會議無果而終。就這樣，雙方又錯過了預防並扭轉破裂局面的嘗試。

儘管與支持戰爭的人數無法相比，但從一開始，反對戰爭的聲音就不絕於耳。在有了阿默斯特的先例後，陸軍和海軍中的其他人也拒絕對美作戰。海軍上將奧古斯都・凱佩爾經歷過整個「七年戰爭」，宣佈自己將不參與此次戰爭。埃芬厄姆伯爵從陸軍委員會辭職，因為他不願捲入這項「沒有明確目標的事業」。查塔姆最大的兒子約翰在加拿大某軍團服役，復員回家了；而另外一位留在駐美洲陸軍的軍官則表示，因為「這是一場不受歡迎的戰爭，有能力的男人不會積極參與其中，否則將使自己名譽掃地」。康韋將軍更在議會宣佈，儘管士兵在對外戰爭中應該絕對服從命令，但如果是國內衝突，他必須要明確這是正義的事業，而在當前的衝突中，他自己「永遠都不能拔出利劍」。這就從理論上說明，人們有理由自己選擇是否參與這場戰爭。

之所以要鼓動這樣的情緒，是因為人們相信美洲人正在為英國的自由而戰。反對派發言人約翰・卡文迪什（John Cavendish）勳爵說，英美雙方相互依存，它們要麼「同歸於盡」，要麼與山河共存。倫敦在議會的四名代表及所有郡的行政長官和市參議員都堅定地站在殖民地一邊。上下議院都提出動議，反對在未經議會批准的情況下雇用外國雇傭兵。一七七六年十二月，里奇蒙公爵提出向美洲方面讓步，以此達成和解，因為在他看來，美洲人的抵制行為「無論從政治還是從道義角度來看都是名正言順的」。人們還公開募集款項，救助那些「在列克星頓和康科德或附近被國王的軍隊殘忍殺害」的美洲人的遺孀、孤兒及父母。

由於意識到英國在對美戰爭中存在自相矛盾的利益，一七七六年的一則政治漫畫將英國描繪為一隻沉睡的獅子，而大臣們則忙於屠宰一隻下金蛋的鵝。像沃波爾這樣的觀察家也看到了諸如此類的矛盾。無論美洲是被征服抑或丟失，英國都不能指望從中「撈到好處」，因為，如果用軍隊去管理這個國家的話，不僅不會吸引人前來定居，經商貿易，而且這塊地方「還將被遺棄，像秘魯或墨西哥那樣成為我們的負擔，他們的礦產將悉數被西班牙所佔有……唉，那就相當於讓我們墜入萬丈深淵，這是多麼愚蠢，多麼瘋狂的舉動，簡直就是犯罪！」博斯韋爾甚至私底下也認為，政府採取的措施「缺乏考慮，囂張暴戾」，而「發動這場喪心病狂的戰爭」的內閣也實在是瘋狂至極。

支持戰爭的主流輿論沒有絲毫收斂，反而更加氣焰囂張。不過也不是所有人都附和詹森博士激情澎湃的咆哮，「我愛全人類，但美洲人除外」，或者像國王的朋友卡馬森侯爵那樣發出極端荒謬的言論，他在辯論中要求說：「除非（殖民者）將勞動果實交還給他們在英國的主人，否則他們到美洲去意欲何為呢？」人們或多或少都有這樣的情緒（在英國人的態度中，一個值得注意的因素是，他們似乎完全忘記了，殖民者是如何以及為何要到美洲定居）。

布里斯托是柏克所在的選區，他在《致布里斯托地方行政長官的信》中以不可挑剔的邏輯提到布里斯托對於商業方面的憂慮，但收效甚微，因為在繁忙的港口謀生的商人及神職人員給國王寄去一封效忠函，敦促國王對殖民地實行嚴厲的高壓政策。地方鄉紳和上流社會表示贊同。所有反對的動議都無一例外地被議會駁回，大多數議員繼續忠實地支持政府的決定，不只是那些拿了政府俸祿而對政府宣誓效忠的人，連地方黨派也一味認定必須要維護議會的權威，要讓殖民地俯首稱臣。

反對派只有區區一百多人，不僅權力有限，而且內部也缺乏凝聚力，因此勢單力孤，沒有影響力。查塔姆再次陷入神智衰弱，他從一七七五年春季到一七七七年春季都沒有參與爭論；但是，他就像哈姆雷特一樣，在危急時刻還是保持清醒的頭腦，能夠清楚地認清現實。美國《獨立宣言》發佈後，他對專門照顧他的阿丁頓醫生預言要是英國不改變政策，法國將會支持美洲人的事業。它只是在等待英格蘭更深地捲入這場「與自己作對的毀滅性戰爭」中，而後再採取公開行動。

然而，思維活躍時，查塔姆總是自行其是，還譏諷嘲弄反對派。由於他傲慢自大，拒絕作為反對派的領導人發揮作用，反對派面臨一盤散沙的局面，而他們的主要人物也行為怪異，反覆無常。里奇蒙已經成為上議院最為活躍、最直言不諱的成員，但他痛恨查塔姆，從氣質上講，他既不是領袖也不是追隨者。查理斯・詹姆斯・福克斯作為反對派中冉冉升起的政壇新星，就像曾經的湯森那樣，由於果敢機智、惡言謾罵而在下議院熠熠生輝，但他也只是孤軍奮戰，螳臂當車。其他人則態度曖昧，雖然相信美洲人民在為正義的事業而戰，但他們不由得擔心，美洲民主的勝利意味著對議會至高權威的威脅，也會刺激改革運動，實在是危險之至。

政府的態度令他們沮喪，而在投票中每每處於劣勢更讓他們有些氣餒。里奇蒙在給羅金漢的答覆中坦承了這一點，後者一直試圖維持反對陣線，並鼓動他就一項議案進行表決，即在叛亂期間禁止與十三個殖民地進行貿易活動。「我承認，我現在對美洲事件有些心灰意冷。」他寫道。繼續反對這項法案毫無用處，而且，「必須要反對整個體制」。他沒有前往倫敦，而是到了法國去處理與他的貴族頭銜相關的法律事務。這可能是「一件幸福的事情」，他在給柏克的信中寫道，因為「英國淪為一個奴隸制國家」的日子可能不遠了；如果他「也被剝奪了公民權利……而美國又不接納我們，或許還可以逃到法國，因此在這裡擁有貴族身份還是非常重要的」。豈不知，法國大革命即將在未來十年爆發，大概這是最為顛倒歷史的預言了。「就英國政治而言，」里奇蒙總結說，「我坦白地跟你說，實在是死水一潭，我已經厭倦了，心灰意冷了。」

作為領袖的羅金漢變得異常沮喪，於是他在一七七六年提議，讓反對戰爭的人士退出議會，也就是故意不參加會議，從而旗幟鮮明地抗議內閣的政策。但在這個問題上反對派並沒有團結一致，只有他自己的追隨者表示贊同。就這樣，羅金漢所率領的輝格黨抬頭挺胸地打道回府了，不過這一招並不奏效，一年以後他們又陸續回來了。他們都是一些「和藹可親的人」，查爾斯・福克斯在給柏克的信中寫道，但他們「並不適合以疾風暴雨的方式對根深柢固的體制發起攻擊」。柏克非常瞭解這些大臣，回覆說，正是因為他們擁有「巨額的財富，穩固的地位，舒適的豪宅」，所以才會和藹。

叛軍的投降遙遙無期。他們的劣勢在於裝備不足，物資短缺，隊伍鬆散，缺乏訓練；最大的劣勢是他們在短期內應召入伍，毫無經驗可言。然而，他們有為之戰鬥的事業，有英勇的總指揮，滿腔的豪情壯志，在諸如特倫頓（Trenton）和普林斯頓等地取得的精彩勝利更大大提振了士氣。英國在海外的敵人向美洲殖民者提供武器，英國人肆意破壞或大肆劫掠財產，招募印第安人實施恐怖襲擊，反而激發了他們的鬥志。英國人高估了來自保皇派的內部支持，而且由於他們自己並未將殖民者放在眼裡，因此沒能動員並組織起一支保皇派軍隊，這使得他們不得不依賴歐洲人進行跨大西洋的長途運輸。因為擔心法國和西班牙乘機從海上發動進攻或侵略，他們又得在本土維持足夠的軍隊進行防禦，並從牙縫中擠出少得可憐的船隻在周邊水域佈防。整個行動耗費巨大，震驚了很多人。因為支持諾斯而在一七七四年當選為議員的愛德華・吉朋寫道，「政府方面見解深刻的朋友一點兒都不樂觀。」

一七七七年二月，伯戈因將軍回國與傑曼一起制訂一項擊潰計畫。根據該計劃，從加拿大南下的英軍與從紐約北上的英軍在哈德孫河會合，切斷新英格蘭與其他殖民地的聯繫，從而在下個耶誕節之前結束戰爭。伯戈因返回美洲帶領北方部隊向奧爾巴尼（Albany）行進，但因為只有一支部隊，「鉗形攻勢」就有著致命缺陷。英軍南方部隊的總指揮是威廉・豪爵士並沒有效仿伯格因的做法，而是自行設計路線，帶領大部份士兵朝著與費城相反的方向行進。由於沒有主力部隊的支援，亨利・克林頓爵士所率領的其餘紐約部隊，無法沿哈德孫河而上。伯戈因在六月份就已經出發，隨著夏天的到來，他發回的報告令人不安：他所率部隊的供應嚴重匱乏，形勢危急；想要奪取本寧頓倉庫的突襲行動受到重創。一支美洲部隊力量日益壯大。豪在賓夕凡尼亞忙得一團亂麻，克林頓儘管幾度意志消沉，但是在絕望中的最後一刻，還是向北前進了一步。幾路軍隊沒有實現會合。在費城外率軍與豪激戰的華盛頓發現，前者掉頭向北的動向並不會給自己帶來危險，於是在得知本寧頓（Bennington）大捷後寫信給派特南將軍，希望現在「新英格蘭地區的所有武裝力量都傾巢而出……徹底粉碎伯戈因的軍隊」。

與這些事件相比，查塔姆勳爵更關心來自法國的威脅，一七七七年十一月二十日，他提出「立即停止敵對行動」。這一戰役是戰爭的分水嶺，亦將證明他對戰爭的判斷是正確的。而在尚未獲悉英軍此次失敗的消息之前，他在談及與美洲的衝突時就說，「我知道征服英屬美洲殖民地是不可能的。我敢說，你們根本就無法征服美洲……」美洲人民要保護他們不可剝奪的權利，這不是叛亂。這場戰爭，「就原則而言是不公正的，就手段而言是不可行的，就後果而言是毀滅性的」。雇用「唯利是圖的人進行搶劫和掠奪」會引起人們強烈的不滿，造成難以癒合的傷口。「作為英國人，如果我是美國人的話，當外國軍隊踏上我國的領土，我絕不會放下手中的武器，永遠，永遠，永遠都不會！」如果堅持要他們投降，英國將無法通過與殖民地的貿易獲利，在與法國的鬥爭中也無法獲得他們的支援，不僅將一無所獲，而且將重新陷入與法國和西班牙的戰爭。唯一的補救方法是停止敵對行動，通過談判達成和解。查塔姆並沒有請求將承認美國獨立作為達成和解的條件，因為直至他去世，他都始終相信殖民地與王權的關係是不可改變的，而且，按照他的一位繼任者的解釋，他會很高興地宣佈在他擔任英國首相期間，他沒有默許取消大英帝國這一稱號。但是，上議院對他與美洲結束敵對狀態的提議並不感興趣，以四比一的投票比例駁回了這一動議。

在下議院，查理斯・福克斯通過軍事分析得出了相同的結果，並得到了驚人的驗證。他說，征服美洲「從道理上講是絕對不可能的事情」，因為「他們在行動中犯了一個根本的錯誤，使得我們的將軍永遠不能取勝，」那就是他們相互距離太遠，無法相互照應。十二天後，信使送來可怕的報告，十月十七日，伯戈因將軍帶領疲憊不堪、饑餓難耐、寡不敵眾的殘餘部隊在奧爾巴尼附近的薩拉托加（Saratoga）向美國軍隊投降。克林頓將軍行進到距離阿爾巴尼五十英里的金斯頓（Kingston）就舉步不前，並早在前一天就返回紐約搬救兵去了。

薩拉托加大捷極大振作了美國人的士氣，穿透福吉谷（Forge）冬天的大雪和嚴寒，給歷盡苦難的人們帶來勝利的希望。英國在薩拉托加戰役中顏面盡失，伯格因所率領的總共近八千人的部隊傷亡慘重。

根據投降條款，他們要放下武器，被遣送回英國，同時保證不再參與對美戰爭。尤其是通過這一戰役，英國最大的恐懼變為現實，即法國與美國結成聯盟，並肩戰鬥。在英軍投降的消息發出後還不到兩周，法國擔心英國現在可能會向其前殖民地提出可接受的和平條款，趕緊通知美國特使，他們決定承認新生的美國，並在三個星期後表示願意與美國結成聯盟。雙方在不到一個月的時間內就通過談判達成協議，確立了一個嶄新國家的誕生，成為最重大的歷史事件之一。除了承認美國獨立之外，協議還包括平常的一些保持友好關係和進行商務往來的條款，而且還規定，一旦英法之間發生戰爭，協定雙方都不能單獨與英國簽署和平協定。

查塔姆曾預言法國會參戰，現在預言得到了證實；但即便在此之前，他就於一七七七年十二月十一日在上議院再次表示，英國自己陷入了一場「毀滅性的」戰爭。「通過巧妙的欺上瞞下，通過自己的輕信盲從，對前景抱有虛假的希望，對自己充滿掩耳盜鈴般的自豪感，聲稱對最不切實際最不可能的事情擁有無盡的優勢」，這個國家就這樣被出賣了，被拖入了戰爭深淵。這是查塔姆得出的振聾發聵的結論，可以適用於此前和此後許多年代的戰爭和愚蠢行為。

英軍竟然向殖民地投降了，這一令人難以置信的事實讓英國政府和公眾驚呆了，讓此前幾乎沒有關注過戰爭的許多人萌生了興趣。「你真想像不到這一消息對城裡人產生什麼樣的影響，」一位朋友在給喬治·塞爾溫的信中寫道，「那些之前從未有過這種感受的人，現在感受到了。那些對美洲事務幾乎無動於衷的人現在從睡夢中驚醒，發現我們已經處於非常可怕的境地。」股市下跌，整個城市「一片沮喪」，人們對「蒙受恥辱的國家」議論紛紛，紛紛談及更換政府。吉朋寫道，雖然多數派把持著議會，但「如果不是怕丟人的話，議會中至少有二十位成員準備投票贊成和平」，哪怕「以最最卑微的條件」

也在所不惜。

反對派發起了惡毒攻擊，苛責政府及諸位大臣對戰爭處理不當，沒有採取有效的措施防止戰爭。柏克指責傑曼對事實「故意視而不見」，從而失去了美洲；福克斯要求罷免傑曼；韋德伯恩為傑曼辯護，提出要與柏克決鬥；巴雷認為戰爭計畫「與英國大臣的地位極不相稱」，而且即便對一位「印第安酋長」來說也是荒謬之至。傑曼自己也有些心慌意亂，但在國王和諾斯的支持下還是頂住了狂轟濫炸。他們認識到，如果將責任歸咎於身處英國本土的傑曼的話，他們自己作為傑曼的上司恐怕也難辭其咎。

內閣精心謀劃了投票的構成，因此避免了重組的命運。儘管戰爭令黨派心神不安，但他們更不願發生變更；雖說戰爭消耗了大量錢財而沒有增加政府收入，但他們依然穩居職位。只有國王在公平正義的光環籠罩下，對公眾普遍的焦慮情緒無動於衷。「我知道我盡職盡責，因此永遠都不希望隱退，」他早在戰爭伊始就對諾斯這麼說，而且他知道這些就夠了。沒有什麼東西能讓光環黯淡。國王深信他是公正廉潔的，因此他的所作所為必然就是無往而不勝的。後來，隨著命運之花凋零，他認為美國贏得獨立則意味著在他統治下，帝國分崩離析了。於是他就向上帝祈禱，「指引我怎麼做吧，帝國曾經輝煌壯麗，受萬人景仰，我不希望因為大廈在我的手中傾倒，而被子孫後代所唾棄」。沒有哪個統治者在自己當政期間願意看到國家打敗仗，喬治沒有去面對戰敗的現實，而是心存勝利的希望，哪怕在希望破滅之後很久，仍然固執地試圖延長戰爭。

薩拉托加戰役失利後，豪辭職，伯戈因回國，克林頓疑神疑鬼，理想幻滅，各種責難和官方質問鋪天蓋地而來。儘管將軍們將失敗歸咎於政府部門的無能，但政府對他們還是寬宏大量，不僅因為人們普遍認為傑曼確實存在過失，而且因為這些將軍們都擁有議員身份，內閣也不想把他們逼到自己的對立面。在伯格因來到哈德孫河的情況下，傑曼沒能夠配合豪在費城的行動，這是此次失敗的關鍵，而就像他在明登時舉止怪異一樣，除了態度懶散之外，似乎也找不到合理的解釋。

隨後，為了平息人們對傑曼的普遍厭惡，政府就杜撰了一些緣由。最初制訂計畫之際，傑曼在趕回其鄉下莊園途中曾到辦公室停留以簽署緊急文件。他的副手威廉・諾克斯早前就向他指出，還沒給豪將軍寫信告訴他作戰計畫以及期望後者採取的行動。「伯爵閣下於是就開始寫，他的助理道雷就在一旁看著」，然後匆忙提出代替爵爺簽署那些文件。因為喬治爵士「特別反感在任何場合將他撇在一旁」，就粗暴地拒絕了，因為如果答應的話，就意味著「我可憐的老馬只得一直站在街上，而我則無所事事」。他指示道雷給豪寫信，同時附上伯格因的命令，「這樣就把他想要瞭解的資訊全部告訴他」。本來打算將這封信與那些簽署的文件經由同一艘船郵寄出去，但信寫完之後他們就錯過了開船時間，直到很久以後豪才收到這封信。

人們很容易認為英國是因為駕乘舒適的車馬才失去了美洲，但距離、時間、不確定的計畫以及不連貫的指揮才是更主要的原因。喬治動爵對待文件滿不在乎的方式只不過是粗枝大葉作風的一種表現。人們還容易認為的是，這種粗枝大葉行為可以追溯到喬治時期大臣們過於奢華的生活，但隨後，另外一個眾所周知的通信失靈的例子則是：當情報顯示日軍可能偷襲珍珠港時，為什麼沒有人對美軍指揮官們發出警告呢？通訊失靈好像是人類的普遍現象。

對英國而言，當前最要緊的，便是擺脫這場無利可圖的戰爭，這樣才有可能應對法國的挑戰；而擺脫戰爭的唯一方式，就是與殖民地和解。鑒於有傳言說法國將要與美國達成協議，在薩拉托加戰役後對勝利失去希望的諾斯試圖成立另外一個和平委員會，與傑曼、桑威克、瑟羅和其他頑固分子抗衡，因為後者始終拒絕與叛軍進行任何談判。諾斯絞盡腦汁考慮提出什麼樣的條件，既不能讓英國窘迫從而在議會被駁回，同時還得有足夠的吸引力讓美國人接受。然而，就在此時，他接到密報，說法國已經與美國簽署了聯盟協議。

十天後，諾斯向議會提交了一整套成立和平委員會的建議，包含了眾多讓步舉措，如果在戰前就做出如此讓步的話，英國完全能夠避免這場戰爭。這些建議與議會一年前駁回的查塔姆的和解方案幾乎如出一轍。英國放棄為增加國庫收入而徵稅的權利，同意視美國國會為憲法機構，暫停《強制法案》《茶葉法案》以及自一七六三年以來通過的其他令人不快的政策，討論美洲代表在下議院的席位問題，並任命和平委員，委員全權負責「對任何問題採取行動、進行討論並得出結論」。與查塔姆先前的做法一樣，根據這些條款，英國並未承認美國獨立，也沒有放棄對貿易的控制；他們的目的是為了恢復殖民地的附屬地位，而不是就此放棄。

諾斯用了兩個小時的時間，進行了詳盡的解釋，期間整個下議院「一片憂鬱，寂靜無聲」。他似乎已經放棄了政府在過去十年始終維護的原則。「任何國家都沒有因為這樣一連串的愚蠢的行徑蒙羞過。」詹森博士尖刻地評論說。朋友們大惑不解，對手驚異錯愕，沃波爾如夢方醒。他認為這是政府「不光彩的日子，同時也承認「反對派從頭至尾就是正確的」。在他看來，這樣的讓步美國人應該能夠接受，「但是，我的朋友，」他在給曼的信中寫道，「這一調解手段還有一個缺陷，那就是提出得太晚了。」法美已經簽署了條約，現在不僅和平無望，還將會有更大的戰爭。下議院準備「竭盡全力，毫不延遲」地批准該計畫，「但無論如何都無法彌補失去的時間」。他是正確的，歷史性的錯誤往往都不可挽回。

如果真想有所改變並有意識地貫徹實施，那麼放棄一項已經變味的政策不僅不會蒙羞，反而值得稱讚。諾斯始終和藹可親，但卻有些舉棋不定，不夠堅定。在暴風驟雨般的辯論中，面對內閣中頑固分子的怒火，他動搖了，對條款進行了修改，撤回了和平委員們的自由裁量權，並承諾不再討論獨立問題；以「臣民」身份對待美國人，否則他們「什麼都不是」。他定下十二個月的時間（從六月份開始，當時是三月）完成這項使命，其實就表明他並不急於成功。確實，戰場情況千變萬化，美洲的形勢也飄忽不定，這就使得國王和頑固分子深信，他們仍然可能佔據上風。

正如約翰・威爾克斯（在議會中坐在最後）所說，許多人懷疑成立和平委員會只是為了「讓這裡的人保持安靜……而不是要奪回殖民地」。為了不讓政府的支持者們漸行漸遠，需要安排一場表演。如果反對派的政治行動一直像他們講話那樣活躍，貝德福德派似乎有可能一蹶不振，並可能被迫退出了。他們在辯論中激情洋溢，但在美國獨立的實際問題上卻分崩離析，各持己見。查塔姆因為曾經在「七年戰爭」中帶領英帝國取得勝利，所以與其追隨者謝爾本等完全反對帝國的分裂，且這一立場從未改變。羅金漢和里奇蒙逐漸認識到他們已經永遠失去了美洲殖民地，他們唯一能做的就是「即刻公開」承認美國的獨立，以便將它從法國手中搶過來，從而集中力量應付英國最主要的對手。

一七七八年四月七日，里奇蒙在一次充滿激情和緊迫感的演講中提議，要求國王解散現任內閣，從殖民地撤軍，承認其獨立，通過談判「如果不能讓他們表示忠誠的話，就應當恢復真摯的友誼」。

查塔姆早就應該贊同，因為他的目標始終是集中精力對付法國，而且顯而易見的是除非通過軍事力量打敗殖民地，否則根本不可能讓他們廢止《獨立宣言》和《十三州聯邦憲法》，查塔姆本人也曾宣稱這是不切實際的。然而，個人的怒氣使他失去了理智；他無法容忍帝國的分裂。里奇蒙告知他自己，將要提出承認美國獨立的動議。查塔姆傾盡全力，發揮餘威，極力抵制，不僅違背自己所在陣營的意志，而且違背了歷史潮流，著實可悲可歎。

他一如既往地穿著禮服，腿上纏著法蘭絨，在十九歲的兒子和一位女婿的攙扶下，一瘸一拐地走到自己的座位。他的這個兒子就是小威廉・皮特，不久就會令歐洲刮目相看。查塔姆帶著巨大的長假髮，面容消瘦，深陷的眼睛仍然犀利有神。當里奇蒙公爵講完之後，他站了起來；但一開始人們聽不到他在說什麼，當聽清楚他講的話時，他們都糊塗了。他談到英國人「可恥地交出了」國家的「權利和最正大光明的財富」，並「在波旁王朝面前俯首稱臣」。然後，他就語無倫次了，一會兒不斷重複，一會兒又喃喃自語，周圍的同僚懷著憐憫和尊重，都面面相覷，大廳裡靜得出奇，似乎可以用手觸摸。里奇蒙彬彬有禮地對其做了答覆。堅強不屈的查塔姆又站了起來，張開嘴卻沒有說出話來，他一隻手搭到胸口上，暈倒在地板上。隨後人們將他送到附近的住所，在恢復了足夠的體力後他又被送到位於海斯的家中。在接下來的三周，他越來越虛弱，逐漸走向生命的盡頭。最後，他讓兒子給他讀《伊利亞德》中關於赫克托死亡的那段描寫。

儘管這位偉大的政治家也曾有過失，但他的隕歿讓全國人不知所措，對前途憂心忡忡。議會投票一致同意為他舉行國葬，並安葬在威斯敏斯特教堂。「他死了，」《朱尼厄斯的信》的佚名作者寫道，「國家因此失去了理性和個性，沒有了榮耀，沒有人能像他那樣對國家瞭若指掌了。」阿丁頓醫生認為，因為上天憐憫他，才讓他離開這個世界，「上天不能讓他拯救這個國家，因此就不讓他眼睜睜地看著它徹底毀滅」。

一想到失去美洲，人們往往就想到國家的毀滅，這實在是明顯而嚴重的錯誤，因為英國挺過了困境，在下個世紀繼續在世界上保持著支配地位，並達到帝國的鼎盛時期。謝爾本宣稱，如果承認美國獨立，「我們將不再是一個強大的或受人尊敬的民族」。在這一天，「大不列顛帝國將日薄西山」。里奇蒙預言，法美同盟「必定令我們徹底毀滅」。沃波爾在不同的信件中都表達了憂鬱的情緒，預言說，「不論這場戰爭以什麼樣的方式結束，對這個國家來說都是致命的」，或者在戰爭結束之前就預見到失敗的可怕後果——「我們將淪為一個可憐的小島，從一個強大的日不落帝國墮落為像丹麥或薩丁尼亞島那樣微不足道的小國！」沒有了貿易，沒有了航運，英國隨後將失去東印度，「而後就像我們當初對待愛爾蘭那樣，法國將對我們更加頤指氣使」。

這種消沉的態度來自當時的兩種看法：與殖民地的貿易往來對英國的繁榮至關重要；在波旁王朝統治下的法國與西班牙君主國對英國威脅巨大。儘管十一年後就爆發了法國大革命，但今天人們還難以想像；是英國人自己覺得處於衰落階段。柏克給羅金漢寫信抱怨公眾麻木不仁的態度，他說，如果不深刻改變民族的性格和領導階層，我們可能會「從原有的宏偉壯麗、繁榮富庶狀態一落千丈，成為一個愚笨無能、卑劣猥瑣的國家……我敢肯定，如果不立即採取措施，哪怕引起劇痛來防止這種局面的出現，這個國家必然會落得如此下場」。其實，如果一個國家真的衰落了，任何有意識的努力都無濟於事。因此，雖然柏克在這裡口若懸河，滔滔不絕，也不過是像他過去那樣，純粹是胡說八道。

查塔姆在五月去世，羅金漢因而有機會取得領導地位，團結各派系、爭取那些擁護政府立場的人，他們對戰爭及花費越來越持懷疑態度。有人早就向國王建議進行某些必要的變革，這對羅金漢來說機會難得，可以借此要求內閣出臺政策結束與殖民地敵對狀態並承認其獨立，因為這終究是不可避免的。福克斯試圖說服猶豫不決的侯爵遵循這一路線，建議他向國王提出替換部份內閣大臣，這樣就不至於讓國王心煩意亂，從而繼續獲得他的支持。如果「為了私人榮譽」拒絕就任，福克斯說，「不符合作為公眾人物所應具有的職責。」柏克也極力說明，始終如一地履行職責至關重要，但就羅金漢和里奇蒙而言，雖然他們都對問題洞若觀火，知道應採取何種補救措施，但當前景不妙或政治方面的基本需求令他們反感時，他們傾向於採取逃避態度。羅金漢的追隨者們尚未準備就緒，他自己的原則以及接受任命的條件使他無法就任這一職位。沃波爾寫道，反對派「慵懶怠惰」。他們錯失了良機，國王的大臣們「雖然成為過街老鼠人人喊打」，但在福克斯看來，「他們將繼續穩坐釣魚臺。」

一個以弗雷德里克・霍華德（Frederick Howard）為首的和平委員會臨危受命，霍華德是第五任卡萊爾伯爵，年輕、富有、時髦，擁有恢宏壯麗的霍華德城堡，另外還是高爾勳爵的女婿。即將協助他的是經驗更加豐富做事更腳踏實地的兩個人：前總督約翰斯通和威廉・伊登，前者支持反對派，後者是一位資深政治家，曾任副大臣，戰爭期間負責秘密情報工作，擔任過貿易委員會大臣，是卡萊爾求學時的同窗，也是韋德伯恩、傑曼及諾斯的朋友。該委員會成員的選拔過程以及將他們派往美洲的決定向人們證實，事件的發展還是沒有擺脫荒唐愚蠢的思想和行徑。在到達費城後，和平委員會成員要求與大陸會議代表開會協商，卻被告知，只限於討論英國撤軍和承認美國獨立問題。於是約翰斯通總督就試圖賄賂大陸會議的兩位主要成員，約瑟夫・里德和羅伯特・莫里斯，以便說服大陸會議接受英國的談判條件。這一行為一經曝光，就進一步加深了美國人對英國政府的厭惡情緒，約翰斯通因為該醜聞被迫從委員會辭職。與此同時，在未告知委員會成員的情況下，傑曼向豪的繼任者亨利・克林頓爵士發出密令，要他派遣八千人的部隊到西印度群島支援那裡的英軍對抗法國軍隊，從而將他在費城的武裝力量從一萬四千人減少到六千人，這使得該城市防守空虛，並最終讓他不得不從該城市撤出。

這種尷尬處境迫使卡萊爾向紐約轉移，傑曼沒有提前將意圖告知他，令他勃然大怒。如果美國人拒絕和解，就只有通過武力迫使他們接受和解條件，這也是唯一的手段，但現在隨著部隊撤出，他已然成了一隻沒有牙齒的老虎。他私下裡寫道，連他的小女兒卡洛琳都可以告訴內閣，說在這種情況下，和平委員會就是一齣鬧劇。「我們提出的和平條件，」他後來寫道，「就像是一個被征服的國家，由於精疲力竭而懇求別人同情憐憫。」一方面撤出軍隊，另一方面還試圖使敵人讓步，這種極度愚蠢的行為也不是最後一次。二百年後，天生具備這種愚蠢基因的美國在面對敵人時重複了這樣的行為，導致了同樣的後果，這不能不說是歷史的巨大諷刺之一。

卡萊爾和他的同事們竭盡全力粉飾自己的使命，指出現在沒有了繼續戰爭的理由，因為英國已經取消了茶葉稅及其他懲罰性法案，宣佈了「大英帝國議會免征任何稅收」，可以公開討論在議會的代表權問題，並且已經承認大陸會議本身為合法機構。但是，由於並未承認美國的獨立，大陸會議還是拒絕協商甚至探討。黔驢技窮的委員們最後竟繞過大陸會議領袖，向殖民地民眾呼籲單獨處理這個問題，因為他們相信大多數美國人確實希望繼續效忠大英帝國。他們於一七七八年十月三日發佈公開聲明，首先重申，對之前的種種不滿情緒不予追究，承諾赦免在該日期之前所犯的所有叛國罪行，隨後就試圖重新恢復懲罰行動作為威脅——因為當一個國家「自己及它所擁有的資源受到我們的敵人威脅的時候……英國會不惜使用一切手段徹底摧毀或瓦解妄圖使它滅亡的力量」。

卡萊爾在其聲明的第一個草案中提出，鑒於美國「背信棄義、惡意預謀」與法國簽訂協定，並頑固偏執地堅持叛亂行為，英國已經別無選擇，只能「在這痛苦危急關頭」採取「摧枯拉朽的手段」，並將動用其強大的軍隊和艦隊最大限度地摧毀敵人，令他們聞風喪膽，抱頭鼠竄。這一聲明中也表達了英國在威脅背後的真正意圖。卡萊爾認為這一提議「將會奏效」，有人建議他措辭要委婉一點，因為聲明會廣為人知，副本要發送給大陸會議的所有成員——喬治・華盛頓和所有將軍，所有州長和各州議會，傳播福音的牧師們，英軍及戰俘營的指揮官們。

之前，英軍和黑森雇傭兵每到一處就蓄意掠奪，大肆破壞房屋和財產，燒毀村莊和農場，使田地荒蕪，林地一片狼藉，所有殖民地無一倖免；而現在，英軍勢力漸微，所以這種威脅並未令殖民地恐慌。相反，大陸會議建議國家有關部門，在當地報紙上刊登英國的這篇聲明，從而「讓各州心地善良的人民更充分認識到英國和平委員會的陰險目的」。六個月後，徹底失敗的和平委員會，不論是有意還是因為錯誤，在十一月跌跌撞撞地打道回府了。

或許他們執行這個任務本來就沒打算要成功。然而，伊登還是寫信給他哥哥說，如果「單憑我良好的願望和深切的關注」就能完成這一使命，「這一崇高的國家……將很快再次屬於大不列顛」。他「從內心」感到遺憾的是，「我們的統治者，只是在歐洲大陸完成他們的教育之旅，而沒有沿大西洋西岸的海岸和河流走走看看，接受教育」。他在私底下給韋德伯恩的信中坦然道，「你根本就想像不到我在這個恢宏壯麗的國家所看到的一切，因為我們一連串不端行為和錯誤，我們失去了這個國家，這怎能不讓我近乎發瘋呢？」這番話實在令人驚訝。

這封信意義重大。這是政府核心圈子成員所講的話，不僅承認英國已經失去了殖民地，而且還坦承是政府的錯誤導致了這一結果。伊登的觀點揭示出愚蠢行徑悲劇性的一面：作惡者有時會意識到他們的所作所為，但他們卻無法打破格局。這場徒勞的戰爭將再繼續四年之久，犧牲更多人的生命，造成更大的破壞，加深雙方的仇恨。在這數年間，喬治三世根本意識不到他將要為戰敗負責。儘管議會和公眾對戰爭日益失望，但國王卻堅持要繼續下去，部份原因在於在他看來，帝國的瓦解將意味著恥辱和毀滅；而更多的原因在於他不能忍受自己在統治時期被永遠烙上失敗的烙印。

而且，在這過程中，美國人也時常有不少麻煩這一事實也能令他精神振奮。沒有了統籌資金，議會無法繼續為軍隊支付報酬或提供物資，這也就意味著，冬天缺衣少食現象比在福吉谷更為嚴重，食物配給只有平時的八分之一，士兵開小差，甚至不止一次發生叛亂。華盛頓被政治上的陰謀詭計搞得心煩意亂，班乃迪克·阿諾德（Benedict Arnold）背信棄義；查理斯·李將軍違抗命令；反對美洲獨立的人士與印第安各部落不斷騷擾，引發零散而野蠻的戰爭；美國本打算與法國艦隊聯合以奪取紐波特，但卻沒能成功，令他失望之極；英國在卡羅來納州勝利並佔領查爾斯頓，又使他灰心喪氣。另一方面，他有法國海軍和地面部隊強大力量的支持，打破了戰爭的平衡；而施托伊本男爵（Baron von Steuben）及其他歐洲職業軍人加入他領導的部隊，將衣衫襤褸的美國人訓練成了紀律嚴明英勇善戰的勁旅。一七七九年，大陸會議任命約翰·亞當斯為代表，在美國獨立與英國撤軍的基礎上就和平問題進行談判，但對國王和那些頑固強硬的大臣們來說，這仍然是不可想像的。

英國首相對自己的職位深惡痛絕，只盼望辭官歸隱不再與戰爭有任何關係；他所厭惡而且不信任的戰爭大臣傑曼仍在接受調查，因此，英國人並沒有準備好打勝仗。他們無法制定總體的戰略，只想著為國王拯救一些在南方的殖民地，並繼續執行騷擾策略，破壞雙方貿易往來，直到殖民地舉手投降。除國王之外，無論是指揮官還是各位大臣都知道，這不過是一種錯覺；征服這個國家對他們而言實在力不能及。與此同時，法國人已經出現在英吉利海峽。

儘管桑威克勳爵曾經誇口他準備好了三十五艘艦船整裝待發，可以隨時投入戰爭，但是，當法國參戰後，凱佩爾上將將會發現，「適合作戰的艦船」不超過六艘，而船塢內則空空如也。一七七八年六月的外桑島戰役雙方不相上下，但英國卻厚顏聲稱自己取得了勝利。

比戰爭更糟糕的是英國的政治進程。由於美國起義的助推，政治改革運動蔓延到全國，民眾要求議會每年召開會議，讓所有男性擁有選舉權，取消腐敗選區，廢除議員的閒職或掛名職務，取消與議員所簽署的協定。一七七九年的選舉令黨派間相互仇恨。政府多數派萎縮。在一七八〇年二月約克郡的請願中，抗議活動達到高潮，人們要求在實行改革前暫停撥款和發放養老金。隨後，在其他二十八個郡及許多城市，人們也開展了像約克郡那樣的請願活動，活動波及了西敏市。人們成立了永久性的改革協會，而且普遍認為國王是專制主義的推手。鄧寧對王權提出了大膽的決議，認為它「權力增加了，還在繼續加強，現在應該予以削弱」，該決議確實以微弱優勢得到了多數的支持，在投贊成票的人中有許多是來自村鎮的成員。六月，鑒於有人要求廢除針對天主教徒的某些刑法，以及喬治・戈登瘋狂煽動的行為，暴徒們聚集起來發動了可怕的騷亂。他們叫囂「不要羅馬天主教！」，要求廢除《魁北克法案》，並攻擊大臣，撕毀他們的假髮，襲擊並洗劫他們的房子，燒毀他們的天主教教堂，衝擊英格蘭銀行，全市一片恐怖，直到三天後軍隊才控制了局面。

政府不得人心，戰事日益升級，其他各種麻煩接踵而至。西班牙對英國宣戰，荷蘭向叛亂份子伸出援手，俄羅斯試圖阻止英國對殖民地的封鎖，而在美洲的戰爭本身也徒勞無益地一拖再拖。

一七八一年五月，南方軍團指揮官康沃利斯勳爵為了守住維吉尼亞而放棄了南卡羅來納，在位於切薩皮克灣海岸上的約克鎮建立了防守基地，以此鞏固其前線陣地。從這裡，他可以與駐紮在紐約的克林頓的部隊保持海上聯繫。現在，加上在該地區的其他英軍，他總共擁有七千五百名士兵。此時的華盛頓正駐守在哈德遜，而羅尚博伯爵帶領法國士兵從羅德島趕來與他會合，準備對紐約發動襲擊。這時，格拉斯上將從西印度群島發來電報，告訴他們說他正率領三千人的法國軍隊向切薩皮克灣航行，並有可能在八月底到達。華盛頓和羅尚博於是就調轉方向，向著維吉尼亞進發，並於九月初到達那裡，從陸上對康沃利斯形成了包圍之勢。

在此期間，英國艦隊在切薩皮克灣附近與格拉斯相遇，雙方激烈交火，互有損傷，隨後英軍返回紐約維修艦船，留下法軍控制約克鎮週邊水域。康沃利斯在陸地和海上的通道都被封鎖。絕望之中，他試圖用小船渡過約克河實現突圍，但計畫因暴風雨而受阻。他唯一的希望是英國艦隊能夠從紐約返回，搬來救兵。但艦隊沒有來。由大約九千名美國人和近八千名法國人組成的聯軍向約克鎮的紅衣軍團步步逼近，而等待救援的康沃利斯則逐漸收縮防線，雙方一退一進。三個星期後，英軍已然絕望，無計可施。一七八一年十月十七日，薩拉托加戰役時隔四年之後，康沃利斯提出投降談判；兩天後，雙方舉行了具有歷史意義的儀式，在樂隊演奏「世界改天換日」的曲子中，英軍放下了武器。五天後，克林頓率領其部隊從紐約乘艦船趕到，但為時已晚。

十一月二十五日，諾斯勳爵接到消息後痛哭流涕，「哦，上帝，一切都結束了！」這是一聲如釋重負的哭號。一切都結束了，並不意味著各地的戰事立刻都平息了。因鬥爭失敗而心力交悴的國王，此時開始要求結束戰爭。鄉村士紳由於害怕稅收越來越重，不再支持政府的戰爭行為，因此反對派提出一攬子終止敵對狀態的議案後，支援票數逐漸增加。在十二月，一項反對戰爭的議案獲得了一七八票支持。一七八二年二月，具有獨立思想的康韋將軍提出對這個問題進行最終表決。早在《印花稅法案》時期，他就第一個預見到政府一意孤行所採取的對美政策，最終將導致「致命的後果」，而現在，他馬上就要聽到他們的喪鐘了。他認為，「在北美大陸所進行的這場戰爭，其目的是要使美洲人民俯首稱臣，這是不切實際的，現在或許應該到了停止的時候了。」為了支持結束戰爭的議案，他在下議院發表了迄今為止最雄辯有力、最立竿見影的演講，令議員們群情激奮，最終以一九四比一九三的投票結果，與多數派只有一票之差。反對派終於團結了起來，對抗只有微弱多數支持的政府。議員們一個接一個地投出了譴責票，並在就康韋的議案所進行的投票中達到高潮，但政府稍後又贏得了足夠的票數，得以繼續留任。

應國王要求，諾斯勳爵繼續留任。當他請求議會再批准一大筆戰爭貸款時，下議院最終表示了反對，政府多數派發生了分歧，焦慮的國王起草了一則退位聲明，不過並未發佈。他在聲明中說，下議院情緒的變化使他無法繼續有效推行戰爭政策，也無法與敵人言歸於好，而與美洲和好不會破壞「英國的商業活動以及人民的基本權利」。同時他還表示自己忠於憲法，但忽略了一個事實，即除非他退位，否則，按照憲法的要求，他必須遵從議會的意見。

三月，內閣的立場終於有所鬆動。三月四日，議會一致通過決議，授權國王與美洲和解。三月八日，議會投票對內閣進行譴責，內閣僅以十票之差逃過改組命運。三月十五日，有人針對內閣大臣耗費一億英鎊卻丟掉十三個殖民地一事提出不信任案，雙方只有九票之差。隨後還有兩個不信任案。早些時候，諾斯勳爵終於毅然決然地告訴國王，他必須辭去首相一職。三月二十日，為了防止議會再次通過投票來顯示對內閣的信任程度，他帶領內閣一起辭職了。三月二七日，羅金漢領導的新內閣上臺，謝爾本與福克斯任國務大臣，卡姆登、里奇蒙、格拉夫頓、鄧寧及凱博爾將軍擔任其他職位，康韋將軍為總司令，柏克和巴雷分別擔任陸軍和海軍的主計官。

即便現在內閣主要成員都具有親美傾向（早先他們在反對派中就是這樣），英國也非常不情願去承認其前殖民地的國家地位。他們沒有任命大臣、貴族或者議會成員或者副大臣進行和平談判。唯一被派到巴黎去與富蘭克林展開初步會談的特使叫理查・奧斯維德（Richard Oswald），是一位成功的商人，英軍的承包商。他是亞當・斯密的朋友，並經後者推薦給謝爾本，他自始至終都是單獨與美方談判，而英國政府沒有派任何正式代表團為他提供支持。

一七八二年七月，羅金漢突然去世，謝爾本接任首相，但此時的他已經不再立場鮮明地承認獨立了。他現在考慮的是運用政治家的風範和睿智成立聯邦，其實英國早就該這麼做，但現在為時已晚。美國人堅持，英國要承認他們的獨立地位，這是不可改變的必要條件，沒有商量餘地。在拖延了一段時間後，英國在九月份正式開始了與富蘭克林、勞倫斯、亞當斯和約翰・傑伊的談判，並於十一月締結《巴黎協定》，該協定將於一七八三年一月生效。國王最後並沒有表現出寬厚仁慈的胸懷。他並沒有感到悲傷，在就「取消美國大英帝國的成員國身份」給謝爾本的信中，他認為，「流氓無賴似乎是美國人最顯著的特點，因此，將他們分離出去與英帝國不相往來或許最終不是一件壞事。」

綜上所述，英國的愚蠢行徑並不像羅馬教宗那樣有悖常理。大臣們並非對日益增加的不滿情緒充耳不聞，他們的對手在每次辯論中都表達出這種情緒，在面對暴徒製造的騷亂行動中，他們也每每受到這種情緒的強烈干擾。他們憑藉在議會中的多數優勢，很少做出積極主動的反應，但他們也擔心失去這種優勢，因此不遺餘力地花費鉅資維持自己的優勢地位；他們不像教宗那樣，總有一種錯覺，認為自己刀槍不入。儘管他們也像大多數人一樣，擁有雄心抱負，但他們並沒有貪婪和私慾這些最容易犯的錯誤。由於他們大多數出生高貴，對財富和特權習以為常，因此並沒有利慾薰心，將攫取財富作為首要目標。

從維護權威的目的來看，英國堅持稅收權本身是合理的；但一味堅持「你認為無法行使」的權利，並且在認識到這種企圖將會對殖民地自願效忠行為產生致命後果時仍不甘休，這就是愚蠢行為。此外，存在問題的是行事的方法而非動機。政府在貫徹政策方面越來越無能，起不到應有的作用，並最終挑起事端。最後，歸結到態度問題。

態度，在此就是一種堅不可摧的強烈的優越感。因為這種感覺抑制了好奇心，導致了對世界和他人的無知。從格倫維爾到羅金漢和查塔姆，再到格拉夫頓和諾斯，在十年時間裡英國與殖民地的衝突逐漸加劇，但各屆內閣都沒有派代表哪怕是某位大臣，穿越大西洋與北美殖民者會面，探討並找出破壞甚至威脅雙方關係的根源，以及如何更好地處理雙方的關係。他們對美國人不感興趣，因為他們認為美國人是烏合之眾，或者把美國人當小孩對待，根本不可能平等地對待他們，甚至把他們作為競爭對手。在英國所有的通信中，他們在稱呼對方總司令時從來不用華盛頓將軍這個稱謂，而只是稱之為先生。威廉・伊登在對過去的沉思中表示，「我們的統治者」在教育旅行中只去了歐洲而沒有到美洲，實在令人遺憾，因為在他看來，如果統治者飽覽了北美大陸的壯麗山河，他們就會更加急切地想要把它留在英帝國內部，而不是分離出去；但沒有跡象表明，他們會因此改善與人打交道的態度或方法。

美國人是這片大陸上的居民，也是殖民者，一旦失去這片對他們而言至關重要的土地，他們將遭遇滅頂之災；而英國人仰仗與生俱來的優越感，不去了解這片大陸，低估了這片大陸的價值，從而產生了致命的後果。在和平談判中領教到英國人優越感的約翰・亞當斯寫道，「英國的驕傲和虛榮是一種疾病，是精神錯亂，長久以來，無論是英國人還是其他國家的人都對英國極盡吹捧和奉承，令它無法客觀地看待任何事情。」

儘管有時會無意識地做出愚蠢的舉動，但政府不稱職是因為沒有一套健全的制度，在缺乏強有力的領袖的情況下，這種制度尤其脆弱。皮特在狀態最好的時候指揮若定，帶領英國在「七年戰爭」中取得勝利。他的兒子隨後牢牢地執掌內閣，有力地對抗拿破崙。在他們兩人任職的間隔，政府命運多舛，跌跌撞撞，錯誤百出。喬治三世統治時期的公爵和達官貴人沒有很好地履行自己的職責。格拉夫頓認為自己不適合擔任首相一職，做事猶豫不決，每週只參加一次內閣會議；湯森行事魯莽，不計後果；希爾斯伯勒傲慢自大，愚鈍遲緩；桑威克、諾辛頓、韋茅斯等人飲酒無度，嗜賭成性；傑曼傲慢無禮，能力有限；里奇蒙和羅金漢一貫冷面無私，一心為國；可憐的諾斯勳爵極端厭惡自己的工作，所有這一切如一團亂麻，即便最聰明睿智之人士恐亦束手無策。人們總是有這種印象，在一七六三到一七八三年間，無論是在民事還是軍事方面，儘管可能會有少數例外，英國人的智力和能力水準總體還是較低的。或許是運氣不佳，或許是由於決策位置幾乎全部由超特權階層所把持，這一點我們並不清楚。弱勢群體和中產階級往往也沒有更好的表現。毋庸置疑的是，當有人能力不足卻又自鳴得意時，結果很可能就是最壞的組合了。

最後便是尊嚴和榮譽造成的「可怕的阻礙」；宣稱這些很有價值並錯誤地認為是為了自身利益；當原則代表的是「一種你知道無法實施的權利」時，為了這一原則而犧牲其他可能性，也會造成「可怕的阻礙」。如果賈斯特菲爾德勳爵早在一七六五年就講出這番話，柏克和其他人反覆請求將其作為權宜之計，而不是象徵性地展示權威，那麼如果政府拒絕嘗試這麼做，就一定是愚蠢行徑無疑。他們堅持第一種追求，然後爭取一個目的，那麼不論輸贏，其結果都將是不利的。自身利益在於以善意保留殖民地，如果這一點被認為是英國繁榮昌盛的關鍵，但仍然不能與立法權威相容，那麼權威應該依然存在，許多人這麼建議過，但卻沒有付諸實施。羅金漢曾經說過，可以用「隱性契約」的方式實現和解，而其他問題「尚未確定下來」。

雖說戰爭和屈辱很長時間損害了英美關係，但英國也從中吸取了經驗教訓。五十年後，在經歷了與加拿大麻煩不斷的關係之後，英國人在《達拉謨報告》中開始使用「英聯邦」（Commonwealth）這一描述組織結構的詞彙，因為英國人認識到其他任何道路都會導致再次出現美洲叛亂然後獨立的後果。仍然困擾我們的問題是，如果喬治三世時期的大臣們完全是另外一批人，英美之間或許早就可以建立這種聯邦或聯盟形式的關係，這樣一來，橫跨大西洋的兩個大國就可能擁有無可比擬的優勢，從而遏制任何膽敢挑戰的國家，能避免一九一四到一九一八年的世界大戰以及隨後無休止的戰爭也未為可知。

曾經有人說過，如果將《哈姆雷特》和《奧賽羅》的主人公調換一下，就不會有悲劇發生：哈姆雷特可以一眼看穿伊阿高（Iago），而奧賽羅將毫不猶豫地殺死國王克勞狄斯。如果一七七五年前後的這些英國政治參與者是另外一些人，或許他們能展示出政治家的睿智和風範，而不是像現在這樣出臺一個又一個愚蠢荒唐的政策，那麼歷史的火車也就改變了軌道，一直馳騁到現在。假設總是魅力無窮，讓人浮想聯翩；但歷史的走向，終究還是由執政者的現實所決定。

第五章　越戰——美國背叛了自己

一、戰爭萌芽（一九四五—一九四六）

連續五任美國總統在越南所採取的行動並非簡單地出於無知，但後來這一點卻成了他們的托詞。他們或許不瞭解越南及文化，但是在美國實現政策目標的過程中，要說他們不清楚什麼該做、什麼不該做，實在令人難以信服。在美國捲入越南事務的三十年當中，我們不時認識到或者預見到阻礙我們成功的所有情況和原因。美國並非毫無預料地逐步陷入干預之泥潭。決策者也並非沒有意識到各種危險、障礙和事態的消極發展趨勢。美國有足夠的情報來源，有翔實而見解深刻的評論，這些都源源不斷地從戰場傳遞回首都，特別調查團被多次派遣出去，當輿論被專業人士的樂觀情緒所主導時，也從來不乏獨立的報導加以平衡。愚蠢行為並不源於追求目標的過程中對所存障礙的無知，而來自在諸多不利條件下對該目標固執的追求。這些不利條件包括：越來越多的證據表明該目標實在難以企及；行動之效果與美國利益毫不相稱，並最終還會損害美國社會、美國聲譽及美國在全球的可支配力量。

問題在於決策者為什麼對各種證據及其影響置若罔聞？這是愚蠢行徑的典型症狀：拒絕從證據中得出結論，沉迷於適得其反的政策不能自拔。回顧一下美國對越南政策的制定過程，或許就能清楚地看到這種拒絕和沉迷的「根源」。第二次世界大戰的最後幾個月，羅斯福總統起初不同意，當然更不會協助法國恢復其在中南半島的殖民統治。但這一政策的逆轉開啟了愚蠢行徑的大門。由於法國被德意志佔領後感覺顏面盡失，因此強烈要求維持其在中南半島的地位。而對美國人來說，隨著勝利的臨近，蘇聯的擴張成為華盛頓的心頭大患，因此有必要加強法國在西歐的核心地位以便對抗蘇聯的擴張。直到此時，羅斯福內心仍然非常厭惡殖民主義，並始終堅定地希望消除亞洲的殖民主義（這是與英國發生衝突的基本原因）。他認為，法國在中南半島的暴政是一種最為惡劣的殖民主義形式。中南半島「不應該重新由法國人統治」，他在一九四三年一月告訴國務卿赫爾，「情況非常清楚。法國對這個擁有三千萬人口的國家已經統治了將近一個世紀，而人民的生活水準卻每況愈下。（他們）有權過上更好的生活。」

邱吉爾對（外相）安東尼・艾登說，總統「對於這個問題比對任何其他殖民問題都更為坦率。我想，將中南半島從法國人手中解放出來，應該是他參與戰爭的首要目標之一」。的確如此。在一九四三年的開羅會議上，史迪威將軍在日記中用顯著的大寫字母記錄了總統的中南半島計畫：「不要回到法國統治的局面！」羅斯福建議採取託管統治，「就像菲律賓那樣，用二十五年左右的時間使其站穩腳步。」這一想法徹底驚醒了英國人，但並未引起曾經統治過越南的中國政府的關注。羅斯福告訴史迪威將軍說「我問蔣介石他是否想要中南半島，他斷然拒絕了，說『絕對不要！』（Under no circumstance!）就那個意思——『絕對不要！』」

在法國人到來之前，越南已經是一個獨立的王國，由交趾支那、安南和東京組成，並在反對中國統治的長期鬥爭中致力於建立自治政府。儘管如此，羅斯福卻似乎從未想到自治的可能性。羅斯福對這個問題認識不足，是源於當時對受壓迫民族的普遍態度。無論他們的歷史背景如何，在西方人眼裡，他們尚不「具備」自治的條件，得等到萬事俱備，在西方人的指導下，他們才可能實現自治。

英國堅決反對託管，因為這將作為一個「惡劣的先例」，成為自己重返印度、緬甸和馬來亞的障礙。羅斯福也沒有堅持。他並不希望在印度問題上火上澆油，因為每次提及這個問題，邱吉爾都會煩躁不安。此後，法國於一九四四年在桀驁不馴的夏爾・戴高樂領導下獲得解放，並堅持法國重返中南半島的「權利」；當時的而中國顯然過於孱弱，難以擔當託管重任。在這種情況下，總統有些束手無策。

由於缺乏廣泛的支持，國際託管計畫逐漸土崩瓦解。羅斯福的軍事顧問們之所以不喜歡託管計畫，是因為在他們看來，這可能會影響美國自由掌控作為海軍基地的前日本列島。國務院中一貫親法的歐洲派，徹底採納了法國外長喬治・比多（Georges Bidault）的假設，即除非「與法國通力合作」，否則，「由蘇聯所主導的歐洲將會威脅『西方文明』」。而所謂的合作，在歐洲派看來，就是滿足法國的要求。另一方面，他們在遠東（後來東南亞）的同僚極力主張，美國對越南的政策目標，應該是先採取某種過渡政府的形式，然後最終實現獨立。這個過渡政府，可以「教」越南人「重新履行自治職責」。

在為各種政策路線的選擇而進行的鬥爭中，亞洲的未來遠不及蘇聯對歐洲的影響力。一九四四年八月，在關於建立戰後機構組織的敦巴頓橡樹園會議上，美國在有關殖民地的提案中對未來獨立隻字未提，只是提出了軟弱無力的託管計畫，而這樣的託管計畫也得由先前的殖民帝國「自願」同意才可協商執行。

其實中南半島早就表現出對該方案的抵觸態度，這種態度在未來的三十年只會日益加劇。早在戰爭期間，通過與日本及維琪政府達成的協議，包括軍隊及文官的法國殖民政府就留在了中南半島執行代理統治職能。但在最後一刻，即一九四五年三月，日本人取而代之。這時，一些法國團體加入了越盟領導的本土抵抗組織。越盟是一個包括共產黨在內的民族主義團體組成的聯盟，自一九三九年以來就一直要求獨立，從事抗日活動。由英國控制的東南亞地區司令部（SEAC）與他們取得聯繫，並請求與之合作。由於對抵抗組織提供任何援助都將不可避免地有助於法國人的回歸，羅斯福對這個問題避而不談；他在一九四五年一月氣急敗壞地對赫爾說，他不希望在將中南半島從日本人手上解放出來的過程中搞得「一團糟」。在法國請求美國船隻運送法國軍隊到中南半島時，他斷然拒絕了。同時，他也不允許對抵抗運動提供援助。但隨後他又轉變了態度，說任何援助必須只限於抗日活動，且不能對法國有利。

但是，在抗日戰爭勝利後，誰來接管中南半島呢？過去一年與中國的交涉不太順利，而法國的要求也日益迫切，令人心煩意亂。一方面有來自盟友的壓力，另一方面又根深蒂固地認為法國不應「重返中南半島」，徘徊其間的羅斯福身心俱疲，生命也行將走到盡頭。他極力避免給出明確答覆，盡力推遲做出決定。

隨著勝利的臨近，同盟國的所有其他問題被逐漸提上日程。在這種情況下，雅爾達會議於一九四五年二月召開了。大會沒有討論中南半島問題，而是將它留給即將召開的聯合國組織會議。在籌備此次會議的過程中，羅斯福對中南半島問題仍然憂心忡忡，並與來自國務院的一名顧問進行了討論。現在，他又回到了最初的建議，即「只要最終目標是實現（中南半島的）獨立」，法國可以當託管者。當被問及他是否會允許讓中南半島獲得自治領地位時，他斷然否決了，說「必須是獨立……你可以在國務院引述我的話」。一個月後，一九四五年四月十二日，羅斯福與世長辭。

現在路線已經清晰，在羅斯福去世二十六天後，國務卿斯特蒂紐斯（Stettinius）在舊金山告訴法國代表說，美國並不質疑法國對中南半島的統治權。他這樣說是為美國駐法大使考慮，因為戴高樂先前曾十分生氣。戴高樂當時說，他手下有一支遠征軍，隨時準備向中南半島開拔；但由於美國拒絕運送這支部隊，他們始終未能出發。另外，「如果你們在中南半島跟我們作對」，法國將會「失望至極」，可能會因此投入蘇聯懷抱。「我們不想成為共產黨……但我希望你們不要把我們推過去。」這樣赤裸裸的敲詐，正合美國的歐洲派之意。五月，代理國務卿約瑟夫・格魯（Joseph Grew），這位精力充沛的前駐日大使和精幹老練的外事服務元老，在舊金山以異乎尋常的冷靜口吻向比多保證說，「找不到任何官方聲明能夠證明甚至暗示美國政府對法國在這一區域的主權有所質疑。」不質疑是一回事，而認可則完全是另外一回事。專家就是這樣通過咬文嚼字來制定政策的。

羅斯福的擔憂無疑是正確的，因為法國對中南半島的剝削和壓榨在整個亞洲可謂無出其右。法國當局大量生產並出口最有利可圖的商品，比如大米、煤炭、橡膠、絲綢、香料和礦物等，而同時又操縱當地經濟，使之成為法國產品的出口市場。有四萬五千名法國官員藉此過上了舒適愜意的生活，其中大多是平庸之輩。法國一九一〇年的一項調查發現，這些人當中只有三人可以講比較流利的越南語。他們從本地的上流社會中招募「可靠」的越南人當助理，擔任翻譯和中間商，為他們提供工作，獎勵他們土地，並為其中皈依天主教的人提供高等教育的獎學金。他們取消了傳統的鄉村學校，代之以法國式的教育。但由於缺乏合格的教師，學齡兒童入學率幾乎還不到五分之一。結果，據一位法國作家描述，越南人的「文盲率比在法國佔領前還要高」。公眾健康和醫療服務幾乎不起作用，每三萬八千人才有一名醫生，而在美國管轄的菲律賓，則為每三千人一名醫生。來自法國的法律條文取代了傳統的司法系統，中南半島成立了殖民地議會，佔少數的越南議員被稱為「被征服種族的代表」。最重要的是，通過開發公司所有的大型種植園和無視與法國合作的越南官僚的貪污腐敗，法國將擁有土地所有權的農民階層改造成了沒有土地的佃農，這一階層的人口數量在「二戰」前夕超過總人口的百分之五十。

法國人將他們的殖民制度稱為「文明的使命」（la mission civilisatrice），這符合他們眼中的自我形象，卻同現實相違背。在法國本土並不缺乏直言不諱的左派反對者，在殖民地也不乏善意的總督和公務員，他們不時做出努力，宣導改革，這有損於帝國的既得利益。

越南人民反對法國統治的抗議和起義從一開始就層出不窮。在古代，他們曾推翻中國上千年的統治，後來又結束了中國的短暫征服，屢次反抗本土王朝的壓迫並將他們趕下寶座，他們緬懷歷代革命英雄，歌頌游擊戰術的偉大壯舉，並為此感到自豪和驕傲，怎麼會被動地默許遠比中國人還陌生的外國人對自己的統治呢？在十九世紀八〇年代和一九一六年，越南的國王們自己也曾兩次支持起義，但均以失敗告終。當與法國沆瀣一氣的上流階層正從法國人的殘羹剩飯中大快朵頤之時，其他人卻在二十世紀民族主義的悸動中拋頭顱、灑熱血。各種教派和黨派、民族主義、憲政主義及准宗教秘密社團如雨後春筍般成立起來，他們舉行示威遊行，領導罷工，群情激昂，但很多人被投入監獄、遭到流放，甚至槍斃。一九一九年，在凡爾賽和平會議上，胡志明呼籲讓越南獨立，但代表們連聽都沒聽就把他打發走了。他隨後加入了中南半島共產黨，該黨派和中國共產黨同樣於二十世紀二〇年代在莫斯科的指導下建立，並逐漸掌握了獨立運動的領導權，在二十世紀三〇年代早期發動農民起義。成千上萬人被逮捕和監禁，許多人被槍決，大約五百人被判終身監禁。

法國人民陣線政府上臺後，被赦免的倖存者逐漸恢復並重新開始獨立運動，並於一九三九年成立了越盟。一九四〇年法國向納粹德意志投降，似乎正是再次起義的好時機。儘管這次起義同樣遭到殘酷鎮壓，但其精神和目標在隨後的抗日運動中重新燃燒起來，由胡志明領導的共產黨最為活躍。就像在中國一樣，日本將其侵略行為美化為民族主義事業，法國殖民地當局竟讓他們沒有費一槍一彈就進入這片土地。抵抗組織對法國的行為嗤之以鼻，並從中發現了新的機會。

戰爭期間，美國戰略服務局（OSS）活躍在中南半島，參與抵抗組織的活動並為他們提供幫助。他們為抵抗組織空投武器，空投的奎寧和磺胺類藥物幫胡志明治好了瘧疾和痢疾，著實救了他一命。在與戰略服務局成員交談時，胡志明說他瞭解美國反抗殖民統治爭取獨立自主的歷史，所以他相信「美國將幫助越南人民擺脫法國統治，建立一個獨立的國家」。美國對菲律賓的承諾令他異常感動，他認為「美國在全世界廣泛支持自由民選政府，反對一切形式的殖民主義」。此次談話當然並非沒有私心。他想傳達出更進一步的資訊；他所說的政府已經「組織起來，隨時可以行動」，因此他希望得到武器等援助。戰略情報局成員們表示贊同他所說的話，但他們的大中國區長官堅持認為「不能給像胡志明這樣的個人提供幫助，因為他們是眾所周知的共產黨，會製造許多麻煩」。

就在日本戰敗前的一九四五年七月，在波茨坦會議上，關於誰來接管中南半島及接受日本投降的問題，盟軍做出了一個秘密決定，即北緯十六度線以南的國家由英國管轄，十六度線以北的國家由中國管轄。由於英國明顯想要恢復殖民地，這個決定也保證了法國能分到一杯羹。美國之所以勉強同意，是因為羅斯福已經去世了，而從情感上來說，美國人更關心的總是讓美國的士兵回國，而不是戰爭之後對退伍軍人及傷殘士兵的照料；而且，歐洲實力已大不如前，美國不想與盟國發生摩擦。法國提出願為太平洋前線提供六萬兩千人的軍隊，由解放法國的英雄雅克・勒克雷爾（Jacques Leclerc）將軍任總指揮，在波茨坦召開的盟國參謀長聯合會議原則上接受了這一提議，他們主要基於這樣的想法：該法國軍隊在某個待定的區域將由美國或英國指揮，且到一九四六年春天才能將部隊運送到前線。這裡的待定區域就是中南半島，而軍隊的使命就是重新佔領並統治該地區，這幾乎毫無秘密可言。

這樣，允許法國恢復殖民統治逐漸演變成了美國的政策。雖然杜魯門總統打算貫徹羅斯福的政策，但他覺得自己沒有必要背負反對殖民主義的十字架，況且也沒有發現羅斯福留下的書面指令。而且，他周圍的軍事參謀，按照海軍參謀長歐尼斯特・金（Ernest J.King）上將的話來說，「絲毫不贊成讓法國人遠離中南半島的做法」。相反，他們想要讓西方軍事大國代替日本對該地區進行統治。

美國接受了這一做法，在八月戴高樂將軍訪問華盛頓時，杜魯門總統對此予以確認。總統此刻滿腦子都是蘇聯擴張的威脅，他說，「美國政府不反對法國軍隊重返中南半島，恢復對該地區的統治」。戴高樂第二天就迅速在記者招待會上宣佈了這一聲明，另外還說，「當然，（法國）也打算成立一個新政權」推行政治改革，「但對我們而言，主權仍然是首要問題」。

這一表述已經再清楚不過了。早在一九四四年一月，戴高樂就在布拉柴維爾會議上告訴自由法國成員，他們必須認識到戰爭加快了殖民地的政治演變；法國將以「高貴而大方的」姿態迎接這種變化，但在主權問題上決不讓步。就「殖民政策」而言，《布拉柴維爾宣言》認為，「文明使命的目標……就是排除任何自治的想法，排除法蘭西帝國集團以外發展的任何可能性。不論是現在還是遙遠的將來，必須防止在殖民地實現自治」。

一九四五年八月，在日本投降後一個星期，河內舉行了越盟大會，宣佈成立越南民主共和國（Democratic Republic of Vietnam），並在奪回西貢後宣佈獨立，還在宣言中引用了一七七六年美國《獨立宣言》的開篇語。在一份由戰略服務局傳達給聯合國的電文中，胡志明警告說，如果聯合國不能履行其憲章的承諾，准予中南半島獨立，「我們將繼續戰鬥，直到獨立」。

一向委曲求全的越南末代皇帝保大，先後服務過法國、日本，現在又謙和而友好地讓位於民主共和國。在以他的名義發給戴高樂的一封電報中，可以看到他對未來的預見：「如果你能親眼看到這裡發生的事情，親自感受到這裡每個人內心對獨立的渴望，你就會更好地理解這裡的境況，因為沒有任何人可以繼續抑制這種渴望。即便你們到這裡重新建立法國政府機構，也不再有人會服從你們的命令——每個村莊都將成為抵抗運動的策源地，每個之前的合作者都將成為你們的敵人，你們的官員和殖民者將會自己要求離開這片土地，因為他們在此將舉步維艱、寸步難行。」

這一預告再一次被無視了。戴高樂在華盛頓收到了這封電文，但毫無疑問，他沒有將內容轉達給美國，但即使他這麼做了，也沒有跡象證明美國會聽進去。幾個星期之後，華盛頓方面通知在河內的美國政府機構，說美國正在採取措施，以「幫助法國恢復（在中南半島的）統治」。

越南自行宣佈獨立不到一個月，一位英國將軍率領一批英國軍隊，以及零散的法國部隊，在錫蘭登上美國 C-47s 運輸機，於九月十二日進入西貢。兩天後，一支一千五百人組成的法國軍隊也乘法國軍艦抵達。同時，兩個法國師的大部份兵力搭乘兩艘美國運兵船分別從馬賽和馬達加斯加起航，這是美國第一次重大的援助行動。由於運輸聯營由盟國參謀首長聯席會議掌控，並且波茨坦會議已經就相關政策做出了決定，東南亞指揮部可以請求使用聯營中可運輸工具。隨後，國務院取消了這一做法，通知陸軍部說，「使用懸掛美國國旗的船隻或飛機，將任何國家的部隊運送到荷屬東印度群島或法屬中南半島或者從那裡運出來，或允許使用這種船隻或飛機向這些地區運送武器、彈藥或軍事裝備」的行為都違背了美國的政策。

在法國人抵達之前，西貢的英軍指揮官使用推遲解除武裝的日本軍隊對付叛亂政權[1]，越盟的一個代表團拜訪英軍指揮官道格拉斯・格雷西（Douglas Graey）將軍時，向他提出維持秩序的建議，「他們說，『歡迎』以及諸如此類的話，」他回憶說，「我感到非常彆扭，就立馬將他們趕出去了。」雖然這是典型的英式思維，但這句話也表明了一種態度。這種態度如果在越南蔓延開，它將慢慢影響到未來美國在越南的努力。使用諸如「亞洲人」和「東方人」這樣的詞彙，不僅反映出亞洲人不如白人的觀點，還反映了中南半島人不如日本人或中國人的觀點，因此他們對獨立的主張和訴求也遠沒有這兩個國家強烈。儘管日本人有令人不齒的暴行，但他們有槍炮、戰艦和現代工業；中國人一方面因為傳教士的影響而備受崇拜，另一方面又被當作「黃禍」而令人膽戰心驚；此外，中國廣袤的領土和眾多的人口也足以使人畏懼。而中南半島人因為不具備這樣的條件而得不到外人的尊重。格雷西將軍的話預示著，低估對手只會帶來致命的後果。

來自歐洲的法國師團在十月及十一月抵達，一些人身著美國頒發的制服，配備美式兵器。他們一來就採取以往的武裝鎮壓手段，大肆逮捕，瘋狂屠殺。儘管他們重新控制了西貢，逼迫越盟退到鄉村，但並未完全恢復對殖民地的統治。在分配給中國的北部地方，越南人用中國人從日本投降中繳獲而賣給他們的武器武裝起來，在胡志明臨時政府的領導下重新控制了河內。

令民眾和政黨困惑的是，戰略服務局各部門「缺少」來自華盛頓的「指令」，這反映出美國國內政策的混亂。傳統的反殖民主義政策造成了許多矛盾心理，但主導觀念認為，一個「穩定、強大和友好的」法國對於填補歐洲的真空是必不可少的，這種假設打破了政策的平衡。一九四五年底，美國將價值一億六千萬美元的裝備賣給法國用於中南半島，並指示仍駐留在那裡的戰略服務局作為「觀察員，密切關注對叛亂的越南人所執行的懲戒性任務」。在五個月時間裡，胡志明曾八次向杜魯門總統以及國務卿請求提供支援和經濟援助，但並沒有得到答覆，因為他的政府尚未被美國承認。

美國如此怠慢胡志明並非因為對越南形勢一無所知，美國駐河內情報服務處的亞瑟・黑爾（Arthur

1 戰區指揮官路易士・蒙巴頓勳爵，一九四五年十月二日向盟國參謀首長聯席會議報告說，避免英國／印度軍隊捲入的唯一辦法是「繼續讓日本人來維護法律和秩序，這意味著三個月內我還不能開始解除他們的武裝」。—原註。

Hale）在十月份的報告中明確指出，美國政策所依賴的法國對改革的承諾以及猶抱琵琶半遮面的自治，將難以令人滿意。當地人民希望法國人滾蛋。北部的每一個城鎮和每一個村莊都張貼著海報，上面寫著「獨立或死亡！」號召「不要放過眼皮底下的任何一個法國人」（Scream at the passerby from every wall and windows）。共產黨的影響處處可見；臨時政府的旗幟類似於蘇維埃國旗，官方辦公桌上放著馬克思主義的小冊子，但美國的影響力也同樣不可小覷。對菲律賓的承諾是一個持久的主題，人們熱切感受到美國在戰爭中所表現出來的英勇無畏的精神和先進超凡的技術，實用高效的能力以及技術和社會方面的進步。然而，考慮到美國對越盟方面愛理不理的，加之「法國軍隊最近由美國船隻運送到西貢」這類事件，人們已經感受不到美國的善意。黑爾的報告也同樣對未來有預警作用——即使法國打敗了越南臨時政府，「可以肯定的是，獨立運動也不會消亡」。這種篤定從一開始就存在。

其他觀察員也有同樣的見解。《基督教科學箴言報》的一位記者寫道，法國可能會佔領北方城市，「但是，非常值得懷疑的是，他們是否能夠完全撲滅獨立運動的火苗。他們沒有足夠的兵力來剷除北方的每一股游擊隊，他們也幾乎沒有展現出對付游擊戰的能力」。

國務院懷疑美國在亞洲的威望正「日落西山」，於是請查理斯・約斯特（Charles Yost）對此進行評估。這位當時駐曼谷的政治官員和後來駐聯合國的大使證實了國務院的看法，而且也援引了用美國船隻運輸法國軍隊，以及「這些部隊使用美式裝備」的事例。戰後，殖民地人民一直向美國表達友好的善意。但美國沒有支持民族主義運動，這一政策「似乎並沒有為東南亞地區帶來長期穩定局面」。約斯特警告說，恢復殖民政權不合時宜，「除非使用武力手段，否則這種局面不可能長久維持下去」。

然而，美國支持法國是兩害相權取其輕的無奈之舉。國務卿喬治・馬歇爾承認，「該地區存在過時的殖民觀點和方法，這是極其危險的」，但「另一方面……我們不希望看到殖民帝國當局被由來自克里姆林宮的意識形態以及由它支持成立並控制的政治組織所取代」。這就是問題的癥結所在。法國人不斷利用胡志明與莫斯科接觸的「證據」向華盛頓施壓。副國務卿狄恩・艾奇遜對此毫不懷疑。他通過電報告知一九四六年十二月到達河內的東南亞事務主管阿博特・洛・莫法特（Abbot Low Moffat）說：「記住，胡志明是國際共產主義的代理人，他的話絕不可信。」

對亞洲解放事業持支持態度的莫法特報告說，胡志明在談話中曾否認將共產主義作為自己的奮鬥目標，並且說，如果能夠實現獨立，他這一生就足夠了。「也許，」他不無挖苦地補充說，「五十年後，美國將成為共產主義國家，而後，越南也實現共產主義目標。」莫法特總結說，掌管越南這個組織「在這一階段首先是民族主義者」，而且先有民族主義國家，後有共產主義國家，共產主義國家的目標「在現階段必須放在第二位」。莫法特是否受到了蠱惑，歷史無法回答。但是誰又能肯定當胡志明尋求美國支持的時候，越南民主共和國會像事態發展的那樣，朝著共產主義方向，一如既往地走下去呢？

在經歷了第二次世界大戰的屈辱後，法國人有種恢復法蘭西帝國的強烈衝動，因為在他們看來，法國作為世界大國的未來危在旦夕。但同時，他們也意識到必須至少要在形式上做一些調整。在一九四六年與越盟臨時停火期間，法國試圖通過談判達成基本協議，承諾在某個並不明確的日期實現某種並不明確的自治，而其措辭中對主權問題卻隻字不提。按照國務院遠東事務局的說法，這些都是「紙上讓步」。由於法國的企圖未能得逞，他們又恢復了敵對行動，在一九四六年底，第一次中南半島戰爭，或稱法國的中南半島戰爭全面爆發。沒有人心存幻想。西貢的美國領事報告說，如果法國恢復過去的高壓措施和武力政策，「不要指望形勢會得到緩解，而在可預見的未來一段時期，階段性的游擊戰爭將不期而至」。被派去執行這次重新征服任務的法軍指揮官自己也看到或感受到了事實真相。在第一次勘察情況後，勒克雷爾將軍對他的政治顧問說：「這個任務需要五十萬人，而即便有這麼多兵力，也不可能完成。」他用一句話就刻畫了未來。二十年後，當五十萬美國士兵真正進入該地區時，他的判斷仍然有效。

早在一九四五—一九四六年間，美國政策就已經荒唐之極了嗎？即使以當時的思維來判斷，答案也必然是肯定的，因為大多數關心外交政策的美國人很清楚，殖民地時代已經過去，重建殖民地實在是逆歷史潮流而動。無論援助或支持法國的理由有多麼充分，但當各方面情報都顯示這是一項毫無希望的事業時，仍然繼續制定各種政策，就是愚蠢行徑。決策者們自我安慰說，他們並沒有將美國的命運寄託於這一事業。因為法國信誓旦旦地表示未來要在中南半島實行自治，或者認為法國缺乏恢復其帝國的能力，因而最終會與越南方面達成和解，他們為此頗感寬慰。杜魯門和艾奇遜都向美國公眾保證，美國的立場是「基於這樣一種假定，即法國是出於對未來事件的判斷而聲稱獲得了中南半島人民的支持」。現在為了表示美國在歐洲擁有強大的影響力而幫助法國，儘管是虧本生意，但起碼不是犯罪行為。

美國也有另一種選擇：在西方國家中建立誠信，讓他們唯美國馬首是瞻；通過與獨立運動合作以及提供支援，在亞洲傳播善意。如果對有些人，特別是遠東事務部來說，這種做法太過明顯，那麼對另一些人來說，這似乎並不令人信服。因為對於後者而言，歐洲的安全至關重要，而亞洲人的自治微不足道，因此不應該作為制定政策的基礎。在中南半島問題上採用這種選擇需要想像力——而這從來不是政府的長處——並且在共產主義仍然被認為是鐵板一塊時，還得甘願承擔支持共產份子的風險。狄托是當時唯一的異數，無法想像會出現另外一個。此外，它會分裂盟友的關係。政府最終還是選擇了支持一個不堪一擊（Humpty-Dumpty）的政策，一旦這一政策被採納實施，就必須承擔其後果。

在處理與越南關係的整個過程中，我們始終都在懷疑政策是否荒唐愚蠢，這總令人惶恐不安；而這一點，從有時被歪曲的政策指令中可見一斑。一九四七年，在為駐巴黎、西貢和河內的外交官準備的美國立場綜述中，法國事務局為喬治·馬歇爾起草了一份指令，其中內容盡是一廂情願的想法與不確定。它把代表著全世界四分之一人口（文章中這麼說）的東南亞新興國家的獨立運動，看作「影響世界穩定的重大因素」；它認為要防止這場鬥爭受到共產主義的影響、防止其傾向於反西方思想，最好的辦法就是繼續與前殖民帝國結成同盟；一方面，它認為這種同盟「必須是自願的」，另一方面，它又認為中南半島戰爭只會破壞自願合作，並「不可挽回地疏遠越南」；它說美國希望提供幫助，而同時又不願干預或提出自己的解決方案，還「不可避免地關注」中南半島局勢的發展。外交人員是否從這份檔中受到啟迪，實在值得懷疑。

二、自我催眠（一九四六—一九五四）

一九四六年三月，邱吉爾在密蘇里州的富爾頓（Fulton）發表了「鐵幕」演說，這標誌著「冷戰」正式開始。邱吉爾在該演說中指出，沒有人知道蘇聯及共產國際「為改變人們的信仰而變本加厲的做法究竟會瘋狂到何種地步，不知是否存在底線」。

形勢非常緊張。羅斯福關於戰時同盟結成戰後合作夥伴以維持國際秩序的幻想已經徹底破滅，他在華盛頓度過了最後一天，在其生命的最後時刻，他終於承認，「史達林早已打破了在雅爾達所做的每一個承諾」。直至一九四六年，蘇維埃的統治已遍佈波蘭、東德、羅馬尼亞、匈牙利、保加利亞、阿爾巴尼亞，並且波及南斯拉夫。出現在法國和義大利國內的共產主義黨派成為一種隱患。喬治・肯南在駐莫斯科大使館表示「要長期地、嚴厲地、高度警覺地對俄國的擴張趨勢進行遏制」。一九四七年，國務卿馬歇爾呼籲，美國方面應該要培養一種對「世界秩序和安全的責任感」，為了達成此項使命，美國無論成敗，都應「勢不可擋」。對此，莫斯科方面通過宣言做出回應，號召世界上所有共產主義黨派團結一致共同抵抗美帝國主義。接著，美國出現了杜魯門主義，承諾支持自由民族抵禦來自「少數武裝力量」或外部勢力的鎮壓或侵略，並推行馬歇爾計畫以便為戰爭中被削弱的歐洲諸國提供經濟援助，使其早日恢復活力。這一重大努力成功阻遏了共產主義在希臘和土耳其的傳播。

一九四八年二月，蘇聯將捷克斯洛伐克納入麾下。美國重新制定了徵兵草案。同年四月，俄國對柏林實施封鎖。華盛頓方面果斷利用空運為柏林補給所需物資，這種空運行動持續了一年，直至封鎖解除。一九四九年，北大西洋公約組織成立，共同抵禦對其任何成員國的進攻。

一九四九年十月，中國共產黨在中國的勝利打破了各方勢力的均衡，其所帶來的衝擊不亞於珍珠港事件。美國沉浸在「失去」中國的歇斯底里；而無論在國會還是商界，院外援華集團發言人的極端言論，都是美國政治生活中壓倒一切的聲音。而這一衝擊之所以更加令人驚恐，是因為早在幾周之前的九月份，俄國就已經成功試爆了一顆原子彈。一九五〇年初，參議員約瑟夫・麥卡錫宣稱其持有一份包含有二〇五名受雇於美國國務院的「真正」共產黨員的名單，他認為共產黨已經滲透到美國社會各個階層；而在接下來的四年中，美國人不僅沒有反對這一誹謗，而且還為其吶喊助威。一九五〇年六月，朝鮮戰爭爆發，杜魯門總統下令美國根據聯合國授權採取軍事行動。在這個動盪不安的年代，羅森伯格夫婦（Julius and Ethel Rosenberg）因叛國罪受到審判並於一九五一年被宣判。因為艾森豪總統拒絕對死刑進行緩期執行，兩人隨後被處決，他們的兩個孩子成了孤兒。

「冷戰」的這一系列動作決定了中南半島的命運。其核心理念便是，每一次打著共產主義旗號的運動意圖都是在蘇維埃俄國的領導下征服世界。毛澤東在中國的勝利似乎令人擔憂地證實了這一點；而隨後的助拳出兵南韓更導致美國對亞洲的政策進入恐慌期。現在美國國家安全委員會「清楚」的是，「東南亞地區是由克里姆林宮指揮的協同進攻的目標」。中南半島之所以被視為重心，部份原因在於那裡早就硝煙四起，歐洲軍隊正在與共產黨領導的本土武裝力量打得不可開交。中南半島被稱為「關鍵地區」，一旦它陷入共產主義的魔掌，緬甸和泰國也將不可避免。最初，人們認為是蘇維埃俄國發動了共產主義進攻。在中國軍隊加入韓戰後，中國被看作是主要發起方，而越南則是它的下一個目標。胡志明和越盟與共產國際合作，對美國表現出了敵意。當中國共產黨的作戰部隊奪取了一直被蔣介石佔領的瓊州灣的海南島時，警戒等級隨之提高。於是，杜魯門總統於一九五〇年五月八日宣佈給予法國和中南半島相關國家總計一千萬美元的首批直接軍事援助撥款。

早在前一年，法國就根據《愛麗舍協定》組建了包括老撾、柬埔寨和越南在內的法屬印度支那聯邦，該協議承認越南「獨立」，並恢復了越南末代皇帝保大國家元首的地位。隨即，一九五〇年二月，在美國承認保大政權之後，蘇聯和中國立即宣佈承認河內的民主共和國為越南合法政府。然而越南人民並沒有因為《愛麗舍協定》而獲得實際的行政權力，法國仍像從前一樣控制著越南軍隊。保大政權腐敗無能，其行政人員疏於政府管理卻精於貪污腐敗。儘管如此，美國人還是極力相信，保大政權能夠有效替代胡志明政權，而法國是支持保大政權的，這樣美國就可以通過援助法國來支持保大而不必背殖民主義的黑鍋。然而，事與願違，保大政權的領袖也承認，政府只是一個空殼。他對顧問潘光誕博士說，「目前的政治形勢無法讓人民和軍隊相信，他們擁有值得為之一戰的東西。」如果他像美國極力宣導的那樣擴充自己的軍隊，可能會很危險，因為這樣一來，他們就集體背叛了越盟。更毋庸置疑的是，潘光誕博士是一位熱誠的民族主義者。他說，越南軍隊實際上聽從法國人的指揮，沒有自己的領導人物，他們「沒有意識形態，沒有目標，沒有熱情，沒有戰鬥精神，沒有人民的支持」。

美國政府對這一事態並非一無所知。美國駐越南技術和經濟代表團代表羅伯特•布魯姆（Robert Blum）彙報說，保大政府「能力有限，難當大任，或者說難以贏得人心」，而當時的形勢也「顯示不出任何有實質性改善的跡象」。在這種情況下，法國不可能取得任何決定性的軍事勝利，從而得出令人沮喪的結論，即「美國要實現目標還遙遙無期」。在歷經十八個月的挫折之後，布魯姆終於在一九五二年打道回府。

美國政府各部門一方面不斷相互保證說，中南半島「真正的民族主義的發展」對於其防禦至關重要，並不厭其煩地極力推動法國及消極被動的保大本人為此採取更為積極主動的措施；而另一方面，他們繼續無視自己掌握的情況可能帶來的後果。儘管保大政權缺乏廣泛的支持，但出於對不斷推進的共產主義的恐懼，他們還是要求法國進行援助，以對抗越盟。朝鮮戰爭剛一爆發，杜魯門就宣佈派遣美方首批人員到中南半島，也就是美國軍事援助顧問團。該顧問團在戰爭之初只有三十五人，後來增加到約兩百人，意在推廣美軍作戰訣竅並監督美方設施（第一批貨物於七月份被空運到西貢）的使用情況。法國方面並不想要這些援助，而且始終很排斥。由於法國方面堅持如此，物資沒有被送到法屬印度支那聯邦，而是直接運到法國人那裡，這就清楚地說明，所謂的獨立只不過是天方夜譚。

由於美國已經踏上爭端之地，決策者們感到有必要維護美國的國家利益，從而為接下來的行動找到充分的理由。於是，政府炮製了一個又一個政策聲明，強調東南亞地區有著至關重要的意義，「對於自由世界的未來舉足輕重」，其戰略位置及豐富的自然資源必須為自由國家所支配，決不能落到國際共產主義手中。杜魯門總統在一次廣播中告訴美國人民，克里姆林宮里的共產黨領袖們策劃了一個「可怕的陰謀，企圖在世界範圍內消滅自由主義」。一旦他們得逞，美國將會成為「首當其衝的受害者」。他認為當前處於「千鈞一髮的緊急關頭」，並且提議召開慕尼黑會議，其主旨便是：如果自由國家能夠協同行動，及時粉碎獨裁者的侵犯，第二次世界大戰或許就不會爆發了。

情況確實如此，但人們並沒有吸取經驗教訓。二十世紀三〇年代，法西斯國家公然用飛機和炮彈武裝侵略中國滿洲、中國華北、衣索比亞、萊茵高地、西班牙和蘇台德區，隨之駐紮軍隊；而一九五〇年為防禦中南半島而進行的這種想像式進攻，在觀察家們看來則源於一種自我實現的心理狀態。一九五〇年二月，在對局勢所做的一次公開評估中，國家安全委員會（NSC）聲稱，對中南半島的威脅僅僅是「預料之中的」共產主義「佔領整個東南亞」計畫中的一個環節。然而，一九四八年調查共產主義對東南亞滲透情況的美國國務院調查小組並未發現克里姆林宮在中南半島地區的活動蹤跡。該小組報告說，「如果東南亞地區存在莫斯科方面領導的陰謀活動的話，中南半島就不是現在這個樣子了。」

然而，俄國對世界構成的威脅是確實存在的，共產主義制度與美國的民主和利益處於對立的狀態，蘇維埃共產主義大肆擴張，意圖囊括鄰近國家及其他弱不禁風的小國，這一切都是毋庸置疑的。因此，人們很自然地認為，它與共產主義中國結成了侵略夥伴關係。但這種結論實在有些言過其實，並將很快被證明是錯誤的。對美國的政策制定者來說，為了國家利益對共產主義進行遏制阻撓等，無疑是正確的、適當的。但是，認為共產主義制度通過中南半島威脅到美國的安全卻完全是一個愚蠢荒謬的推斷。

隨著事態的發展，中國加入韓戰，杜魯門總統認為「共產主義侵略」將美國置於了「極度危險」之中，美國安全至此受到威脅。毫無疑問，麥克阿瑟將軍越過「三八」線進入共產黨控制的領土範圍，由此致使中國軍隊的介入，因為從中國的角度來看，這一行為嚴重威脅到中國的安全；但是對於戰爭的偏執狂而言，他們極少從對方的角度考慮問題。從中國軍隊開始打響抗美援朝戰爭的那一刻起，華盛頓方面就始終認為，中國軍隊正開始行軍，並將出現在與中國南部邊界接壤的中南半島。

艾奇遜在其「周邊」（將朝鮮置於該周邊之外）演講中指責杜魯門政府「失去」了中國，並引發其對朝鮮的進攻。焦頭爛額的杜魯門政府於是決定武裝對抗共產主義陰謀，顯示自己大無畏的英雄氣概。對整個東南亞地區的威脅成為至高無上的教義。杜魯門在宣佈對東南亞提供九點三億美元的軍事及經濟援助的特別諮文中對國會議員們說，蘇維埃統治者早已將中國當成了附庸國，而同樣的命運也將落到朝鮮、中南半島、緬甸和菲律賓等國家頭上，並威脅要「將東方的人力資源和至關重要的自然資源納入蘇維埃征服世界的計畫中」。這種做法將會「使許多自由國家失去他們賴以生存的原材料」，將東方國家數以百萬的愛好和平的人民變為「克里姆林宮的爪牙」。表面上文質彬彬的艾奇遜也在眾多場合積極回應這番言辭。他在蘇維埃和中國承認胡志明政府的行為中找到了共產主義陰謀的證據，這應該能夠「消除」對胡志明民族主義的「所有幻想」，並揭露其「作為中南半島民族獨立運動的死敵的真面目」。

作為負責遠東事務的助理國務卿，狄恩・魯斯克（Dean Rusk）將證明自己是越南問題的所有政策制定者中最堅定、最確信、最誠摯、最固執且最有韌性的一個，他提出的新見解，為人們重新審視越南爭取獨立自主的鬥爭，即令美國如此搖擺不定的根源，找到了新的方向。他告訴參議院外交關係委員會說，問題的關鍵並非法國殖民主義，而是越南人民是否會被「蘇維埃共產主義帝國以武力手段納入新的殖民主義範疇」。越盟將是「共產黨政治局的一個工具」，因此也是「世界戰爭的一部份」。

基於這些理由，美國政府確信將中南半島排除在共產主義勢力範圍之外事關美國切身利益；因此，無論法國是否通過殖民戰爭的方式在中南半島地區取得勝利，這對於「維護自由世界的安全而言都是必不可少的」。（「如果越南的確是為了『獨立』而戰，那麼法國參戰的意義何在」這一問題並不在討論之列）。這一立場通過《紐約時報》社論傳達給美國公眾，宣稱「現在所有美國人民都應該明白，對於整個自由世界來說，法國駐守在極其重要的前線地區」。儘管並沒有派遣軍隊的衝動，但美國決意要「為西方國家守住東南亞的糧倉、佔據戰略要衝，並維護其良好的聲譽。不然，從整個東南亞一直到突尼斯和摩洛哥，所有這一切都將岌岌可危」。就在此時，國家安全委員會甚至設想了日本曾經從馬來半島和印尼獲取橡膠、錫和石油，以及從緬甸和泰國進口大米的途徑被切斷的情況下垮掉的情形。

從這一自我催眠的過程，我們得出如下合乎邏輯的結論：如果使中南半島地區免受共產黨控制對美國利益的而言確實如此重要，那麼我們不應該積極投身於該地區的防禦嗎？鑒於韓戰的教訓，我們害怕武裝干預有可能引起中國的軍事反彈，因此美國軍方不會去這麼做。「在亞洲不要發動地面戰爭」是美國軍隊中流傳已久並且深信不疑的信條。其實並不乏警告勸誡的聲音。早在一九五〇年，中國介入韓戰之時，一份由共同防禦援助辦公室副主任約翰・奧利（John Ohly）起草的美國國務院備忘錄就建議我們應該適當重新審視一下我們在中南半島地區的行動方向。我們不僅有可能一敗塗地，浪費大量資源，而且當我們的職責「傾向於取代法國而非與之相輔相成」時，我們就會極力維護這種局面，這樣我們就將成為法國的「替罪羊」而不得不直接出面干預。奧利總結說「種種境況一如滾雪球。」。與眾多有先見之明的備忘錄的命運一樣，奧利的忠告（如果曾為上層所知悉的話）對上層決策者並沒有產生任何效果，而是靜靜地躺在資料夾堆，唯有歷史最終驗證了其中的每一句話。

在這份備忘錄被發出之前，杜魯門政府採納了一份由國家安全委員會提供的政策文件。該文件建議，一旦中國公然干涉中南半島，美國就派遣海軍和空軍支援法國，並攻擊中國大陸的目標。但該文件對地面力量卻隻字未提。

在一九五二年的總統大選中，艾森豪將軍領導的共和黨上臺，新政府得到極端右翼反共分子和援華集團的支持。新任助理國務卿沃爾特・羅伯遜（Walter Robertson）在一次講話中將援華集團的主張進行了簡要概括。沃爾特強烈支持蔣介石，而後者在收到中央情報局對新中國鋼鐵產量的估算時，怒不可遏地回答說，這一數字一定是錯誤的，因為「像中國共產黨那樣的政權，根本不可能生產出五百萬噸鋼鐵」。來自加利福尼亞州的參議院多數黨領袖威廉・諾蘭（William Knowland）是極端份子的領軍人物，他指責民主黨「將亞洲置於被蘇維埃佔領的危險中」，並經常譴責紅色中國，還發誓說，如果毛澤東領導的人民共和國被聯合國所接納，那美國政府將負有不可推卸的責任。極右勢力始終不厭其煩地對政府施壓。林登・詹森，儘管所受的壓力要小得多，但在近十五年之後就極右勢力的力量進行作證時說，它就是「令人恐懼的龐大怪獸」。

共和黨還任命了一位專橫跋扈的人物負責外交事務的決策，他就是約翰・福斯特・杜勒斯，一個因職業訓練和性格特質而一味採取攻擊行為的人。如果杜魯門和艾奇遜對冷戰論調有些過於言聽計從的話，至少部份原因在於有人指責他們是「叛黨」（麥卡錫就是這麼稱呼民主黨的），他們不得不予以回應；另一方面這也是對「失去」中國的美國民眾狂熱情緒的安撫。而新任國務卿杜勒斯則是天生的冷戰極端份子、本性恃強淩弱的吹鼓手，處心積慮地表現出嗜勇好鬥的一面，因為在他看來，外交關係就應該這麼處理。他發明了「邊緣政策」，採取反攻而非遏制的策略，並信奉「激情洋溢，掌控一切」。

一九四九年，隨著國民黨在中國大陸的失敗，時任參議員的杜勒斯說，「我們的太平洋前線」現在「完全處於東方的包圍之中……現在形勢危急萬分」。他所謂的包圍是指中國共產黨向臺灣挺進，並從那裡一直到菲律賓；而且，一旦允許他們邁出中國大陸，將具備「前進並繼續前進」的能力。當麥克阿瑟的部隊在朝鮮半島被中國志願軍擊退的時候，杜勒斯對敵人的預測更加令人心驚膽戰。菲律賓的胡克農民起義、胡志明在中南半島領導的戰爭、馬來亞共產黨的崛起、中國的共產主義革命和抗美援朝戰爭，都是「精心策劃了三、五年的暴力模式的內容」，並最終導致了貫穿整個亞洲的「戰爭與混亂狀態」。

將東亞各國混為一談，而不考慮各國的國民性、歷史、差異或各自的國情，這是無知膚淺的表現，也可能明知錯誤而蓄意為之。但無論如何，這種想法演變成為骨牌理論，並成為一種教條。在西方人眼中，東方國家總體上都差不多，因此希望它們採取相似的行動，並像骨牌那樣，動作要領完全一致。

作為長老會牧師的兒子、傳教士的親戚以及虔誠的教徒，杜勒斯擁有這些家庭背景所賦予的一腔熱血和沉著鎮定的品質，當然這並不妨礙他在處理某些官方問題時表現出無賴行徑。在他看來，蔣介石和李承晚「這兩位紳士就好像是現代社會的教會創始人。他們是虔誠的基督徒，為了信仰而遭受苦難」。與其說他們的信念是苦難的源泉，倒不如說已經成為力量的源泉。

一九五二年，杜勒斯在《生活》雜誌上發了題為「大無畏政策」的文章，他堅信面對共產黨所統治的國家，美國必須表明「它想要並期盼這些國家的解放」——「解放」當然是指推翻共產主義政權。作為當年共和黨政綱外交政策的起草者，杜勒斯摒棄了遏制政策，認為這種政策「消極、沒用且不道德」，他用一種低沉壓抑的語調說，要鼓勵「解放那些被壓抑的國家」，這勢必會造成壓力，從而使「統治者無力繼續並最終結束其殘暴行徑」。如果此番言辭不僅僅是選舉之年政黨綱領的鼓吹手段的話，那麼它其實表現出了杜勒斯的性格特徵。在接下來的七年時間裡他將一直擔任國務卿，對他而言不僅身居高位，而且制定政策。在其任職期間，杜勒斯成為美國對越南事務進行干涉的最為重要的涉外官員。

一九五三年三月，史達林去世，日內瓦會議於一九五四年召開，拉開了通過國際力量結束中南半島戰爭的序幕。新上任的俄國部長會議主席格奧爾基·馬林科夫在史達林葬禮的致辭中表示要「和平共存」，這令歐洲的緊張態勢有所緩和。隨後，外交部部長莫洛托夫提議大國召開會議。艾森豪總統發表演講予以回應，對俄國發出的緩和信號表示歡迎，同時也表達了美國人民的願望，即只要朝鮮半島的戰爭能夠「體面地結束」，那麼整個亞洲以至於全世界都能迎來「真正的全面和平」。杜勒斯對這一表態嗤之以鼻。《真理報》和《消息報》將艾森豪這番演講印刷出來，大力贊許。杜勒斯曾試圖借機讓克里姆林宮明確承諾結束越盟的叛亂，並以此為條件簽署韓戰的停戰協定；他像往常一樣想當然地認為，莫斯科在幕後操縱了河內的一切行動。不過這一次，他的建議沒有被採納；但在他心目中，蘇聯是世界陰謀詭計的罪魁禍首這一認知從未動搖。

一九五三年七月，隨著《關於朝鮮停戰協定》的簽訂，韓戰結束。新的警報隨之而來，中國軍隊可能會轉戰越南，幫助越南共產黨取勝。越盟已成功開闢了通往中國的補給線，藉此從中國接收的燃料和彈藥等物資從每月十噸增加到了五百噸。這時，美國是否派兵介入的問題在政府內部引起激烈爭論。因為一旦開戰，地面戰爭將不可避免，而在這方面，美軍在朝鮮戰場上已然吃了大虧，這樣一來，軍隊難免心存顧慮。參謀總部的規劃部請求「重新評估中南半島和東南亞地區的重要性以及拯救該地區可能付出的代價」，這一問題正中要害。巴林頓公爵（Lord Barrington）也曾有過同樣的憂慮，他認為，如果英國在殖民地發動戰爭，「即便我們取得勝利，最後也是得不償失」。正如英國對殖民地所發動的戰爭那樣，就越南戰爭而言，從未有人回答過相對價值這樣的關鍵問題。

參與討論的幾位海軍和空軍指揮官極力主張作戰，而國防部長的對外軍事顧問、海軍中將大衛斯（A.C.David）則認為，「應該盡一切可能避免」捲入中南半島戰爭；但如果美國政府決意參戰，就「不應該自欺欺人地認為可以淺嘗輒止，只投入海軍和空軍力量」。他提醒在座人員說，空中力量至關重要，但必須要有地勤的支持；而地勤基地又需要地面部隊，這些都需要有地面作戰部隊提供保護。「我們必須明白，一旦參戰，毫無省錢省力可言。」

由此看來，「局部參戰」成為人們反對的主要理由也不無道理。五角大樓的官員們在給總統的建議中強烈譴責對中南半島的「靜態」防禦，並認為對侵略者要迎頭痛擊，「這次指的是共產黨領導的中國」，就是美國在亞洲的敵人；而越南人民，在五角大樓看來，不過是中共的爪牙。官員們還警告說，「一旦美國開始調撥軍隊，發揮其威望，勝利就將手到擒來。」

華盛頓方面獲悉了可能妨礙戰爭勝利的因素，也就是說，我們假定各部門主管和負責人能夠充分利用派出的特工人員所獲取的情報。中央情報局的一份報告在談到當地人的「仇外」情結時說，「即便美國打敗越盟的地面部隊，他們也會通過游擊戰的形式與我們無休止地周旋下去」，以阻止非共產黨政權對該地區的控制。在這種情況下，美國「或許在接下來的很多年都將不得不保持在中南半島地區的軍事力量」。

國務院、國防部、國家安全委員會和情報機關等部門為此爭論不休，結果還是一籌莫展，毫無良策，糾結於「要是……該怎麼辦」的一團紛亂中：要是中國捲進來怎麼辦；要是法國要求美國積極參戰怎麼辦；或者恰恰相反，法國政府迫於本國民眾的強烈要求，從中退出而將中南半島拱手讓予共產黨政權怎麼辦。他們仔細考慮了每一種可能性。跨部門工作小組還提供了詳盡的研究報告，情況同樣不容樂觀。各部門普遍認為，法國只有與越南人民建立真正的政治軍事夥伴關係，才有可能贏得勝利。然而，考慮到法國不會願意移交手中的權力，這種可能性微乎其微；除共產黨之外，該地區尚未出現其他合法的地方領導機構；法國的處境日益艱難，單純憑藉美國海軍和空軍的力量也難以扭轉這種局勢。艾森豪總統由此得出結論，美國武裝干涉必須滿足三個條件：與同盟國聯合行動，獲得國會的批准，法國要「加快」法屬印度支那聯邦獨立的步伐。

與此同時，隨著法國在越南的形勢一落千丈，危機迫在眉睫，美國加大了援助力度。轟炸機、運輸機、艦艇、坦克、卡車、自動武器、輕武器和彈藥、炮彈、無線電臺、醫院和工程設備以及經濟援助都於一九五三年源源不斷地運送到位。在此前的三年時間裡，共有三五〇艘（或者以每週至少兩艘的數量）艦船作為軍需物資運到法國部隊手中。然而在一九五三年六月，美國一家情報機構根據評估報告做出判斷，認為在接下來的十二個月裡，法軍的各種努力最終「很可能使結果更糟」，並且如果當前這種趨勢繼續下去，局勢只會「迅速惡化」；「公眾的冷漠態度」不會有所好轉，而越盟「將保持軍事主動權」。不論是聽從建議，從這一開始就危機重重的事業中抽身而退，還是增加援助，繼續對法國予以支持，情報機構的這份評估至少應該引起美國當局再次審慎的思考。但是美國方面並沒有這樣做，因為他們害怕一旦停止對法國的援助，法國在歐洲大陸將不再與美國合作。

艾奇遜所說，「法國人敲詐了我們」；對法國在中南半島的戰爭進行援助成為法國加入歐洲防禦共同體的條件。美國對歐政策與該方案捆綁在一起，目的是與主要國家結成統一聯盟；而法國對此憂心忡忡，極不情願，因為該體系也包括不久前曾侵佔過法國的德國。如果美國想要法國成為歐洲防禦共同體的一員，並希望法國的十二個師成為北約的軍事力量，那麼它就必須為法國在抑制共產主義在亞洲的蔓延所做出的努力付出代價，並順帶維護其在該地區的帝國威望。只有法國加入歐洲防禦共同體，該體系才能夠有效運作。美國方面對此做出承諾，並答應了法國的要求。

法國擁有超強的人員配備，還有美國提供的充足的後勤物資，但表現卻如此不如人意，原因不言自明。殖民地軍隊中有兩萬多人來自中南半島，此外還有八萬法國人，四萬八千名北非人和兩萬外籍兵團成員，他們沒有理由為法國英勇獻身。美國人總是談論沒有共產主義的自由，而越南廣大人民所要的自由是擺脫法國及本國的剝削者。讓全人類擁有西方的民主自由價值觀不過是美國的一廂情願妄想。艾森豪總統曾在就職演說中說過，「我們在歐洲所珍愛並守護的自由，與亞洲危機四伏的自由並無二致」。他錯了。人類或許有共同之處，但與生俱來的生存環境會導致不同的需求和願望。

沒有人會幻想能夠改變法屬印度支那聯邦缺乏鬥志的狀態。湯瑪斯・特拉普內爾（Thomas Trapnell）少將是一九五四年從軍事援助顧問團退役的高級軍官，他彙報說，這是一場充滿矛盾的戰爭，「越南方面並沒有要贏得勝利的普遍願望」，而「與越南國家領導相比，越盟領袖更受民眾的愛戴」。然而，儘管他承認軍隊缺乏鬥志，但他還是建議將戰爭進行到底。艾森豪總統在一次記者招待會上也不得不承認越南「缺乏我們希望看到的興致和熱情」。在其一九六三年（恰逢其繼任者帶領美國參戰之前）出版的回憶錄中，他承認「大多數人站在敵人一方」，因此法國不可能依靠越南軍隊取勝。美國的援助「無法改變這一劣勢」。

到一九五三年，法國國內對這場無休止的、令眾多法國人難以接受的戰爭越來越持厭煩的態度。人們日益堅信，法國不可能在維持中南半島的軍事行動及歐洲的防禦任務的同時滿足國內百姓的生活需求。儘管美國承擔了大部份費用，但經過共產黨的大力宣傳，法國人民反戰的呼聲越來越高，並不斷施加強大的政治壓力要求政府通過談判的方式解決爭端。

此時的杜勒斯不顧一切地要使法國繼續戰鬥下去，以免中南半島落入共產黨手中，造成不堪設想的後果。一九五四年初，四十架 B-26 轟炸機將兩百名身著便衣的美國空軍技術人員運送到中南半島。國會先後撥款四億和三點八五億美元對亨利・納瓦爾（Henri Navarre）將軍制訂的進攻計畫提供資金支持，幫助法國採取最後一次用盡全力的軍事行動。從一九四六年以來，到幾個月後發生在奠邊府的那場災難為止，美國在中南半島的戰爭中總共投入二十億美元，為法國承擔了百分之八十的軍事費用，還不包括為維護法屬印度支那聯邦政權的穩定及加強反抗越盟的力量而提供的援助。像大多數的類似援助一樣，大部份資金流入了借機牟取暴利的官員的腰包。正如奧利備忘錄中曾經預言的那樣，不管美國是否願意，它都將不可避免地逐漸取代而不只是協助法國參與到這場殖民戰爭之中。

明知問題所在，美國官員們還是在內部轉發的大量政策文件以及給法國聲援的建議中強調，必須切實「加快」獨立進程。這是明顯的愚蠢行為。一方面讓法國更為賣力地戰鬥以實現對越南的控制，而另一方面又讓它信誓旦旦地保證越南最終會真正獨立，這怎麼可能呢？如果他們意欲讓越南保持獨立，卻為什麼又花費大量的精力像控制殖民地那樣牢牢地控制著它呢？

法國人十分清楚這一矛盾，但不論贊成還是反對這場戰爭，他們都希望獲得某種形式的有限主權，以便使中南半島仍為法蘭西聯盟的成員，該聯盟是戰後人們對法蘭西帝國的委婉稱呼。法國的自豪、法國的榮耀、法國所做出的犧牲，還有法國的貿易，這一切都需要中南半島；更為重要的是，法國擔心一旦中南半島脫離聯盟，它將成為另一個阿爾及利亞。美國在制定政策時，既希望法國繼續戰鬥，又希望法國能放棄殖民地，這種看似荒謬的做法之所以成為可能，是因為美國只從對抗共產主義的角度考慮戰爭，這可能涵蓋了爭取獨立自主的鬥爭；但另一方面，它對與獨立自主相矛盾的垂死的殖民主義卻置若罔聞。

杜勒斯和參謀首長聯席會議主席海軍上將亞瑟・雷德福（Arthur Radford）以及其他人都擔心中國會加以干涉，不過，他們認為只要對中國進行必要的警告，比如使用像核武器那樣的大規模殺傷性武器進行報復，或對中國大陸採取其他軍事行動，使其不敢貿然出擊，中南半島的局勢就會朝著對法國有利的方向發展。很顯然，這種想法忽略了越盟以及越南人民一個世紀以來高漲的民族主義情緒，而直到最後，美國也沒有改變這一錯誤的判斷。

與此同時，制定政策的人很清楚，在亞洲人看來，美國人作為這場由白人發動的戰爭的同盟，已經聲名掃地，這在他們措辭焦慮的備忘錄中已經表露出來；而法軍憑藉納瓦爾計畫取勝只是一個假象；也就是說，儘管美軍軍事援助顧問團主席、「鐵血麥克」奧丹尼爾（O'Daniel）將軍表達了他的樂觀態度，但增加軍需物資供應並不能確保納瓦爾將軍一定獲勝。美國的援助其實並沒起到什麼作用。他們清楚地知道，中國對越南的軍需物資供應已達到每月一千五百噸，除非這批供應被切斷，否則河內方面不會投降；而令他們焦躁不安的是，法國公眾和國民議會（Assemblee nationale）的不滿情緒日益高漲，因此戰爭很有可能會因為政治危機而被迫終止，令美國前功盡棄，或者獨自繼續這一結果不明的事業。他們知道，沒有美國的支持，法屬印度支那聯邦難以為繼。既然瞭解並意識到了這一點，美國還有什麼理由繼續將大筆金錢浪費在遠在地球另一邊且無法自食其力的國家身上呢？

美國先是認定中南半島是共產主義侵略的主要目標，而後又在每一個政策建議和公開聲明中再三重申：防止中南半島落入共產黨魔掌對美國安全至關重要——結果它落入了自己的宣傳陷阱中。對「冷戰」言過其實的宣傳最終令決策者也思路混亂。美國政府認為或者說在杜勒斯的諄諄教導下早就確信，當務之急是阻止共產主義勢力滲入東南亞。而且，在「丟掉」中國之後再「丟掉」中南半島無疑會引發政治危機。自由主義者也這麼認為。最高法院法官威廉·道格拉斯在一九五三年訪問東南亞五個地區之後，得出了自己的判斷：「共產主義蓄意擴張蘇維埃帝國版圖，這個意圖在每一個前線戰場都確實表現得淋漓盡致……今天越南的淪陷將會使整個東南亞陷入危險之中。」國會議員邁克·曼斯費爾德在對外政策方面始終具有相當影響力，而且他還是外交關係委員會的資深成員，他從擔任遠東歷史教授時就對亞洲特別感興趣。他在一九五三年結束前線視察回國後，向參議院報告說，「共產主義在遠東地區的擴張所到之處」，「世界和平懸而未決」；「因此，中南半島地區比朝鮮半島更關乎美國的安全」。正是由於認識到中南半島對「不受共產主義控制的地區以及美國自身的國家安全至關重要」，我們才為當前的衝突提供援助。

這番極盡誇張的言論是處於巨獸爪子威脅下的談話。麥卡錫主義和眾議院非美活動委員會主導的政治迫害行徑、共和黨右翼勢力及援華集團中的告密者、黑名單和暴力份子，對中斷職業生涯人員的追蹤調查，這一切令所有人擔心，美國陷入極度恐慌之中。每個人都焦躁不安、戰戰兢兢，隨時隨地準備出示反共憑證，甚至連杜勒斯也不例外。據一位同事所說，杜勒斯一直生活在恐懼之中，擔心麥卡錫的下一個矛頭可能會指向自己。這一運動也逐漸波及了總統，當麥卡錫抨擊馬歇爾將軍時，艾森豪也只是默然以對。麥考利（Thomas Babington Macaulay）曾經寫道，英國公眾週期性出現的道德滑坡實在荒唐至極，而現在可以再加上一句，美國民眾在二十世紀五〇年代所表現出的膽小懦弱更是前所未有。

艾森豪政府時期，軍事戰略被「New Look」所取代。這一「New Look」便是核武器。根據戰略專家和內閣成員組成的委員會所制定的核構想，在與共產主義的對抗中，這種新式武器將會在未來給對手造成更為嚴重的威脅；而且，與依靠大規模傳統武器裝備和「過時的戰爭方式」相比，戰爭本身也會變得更激烈、更迅速，成本也更低。艾森豪非常關心未來的預算赤字，財政部長喬治·韓福瑞也同樣憂心忡忡，後者直截了當地說，「無視國家的資源和經濟發展問題，單純為了保護一個已經垮臺的國家而耗費鉅資建立浩大的防禦體系，這樣的軍事計畫不會起到防禦作用，只會帶來巨大的災難。」（這已經是三十年前的事了。）「New Look」的出現一方面是受到國內經濟的刺激，另一方面也受到「冷戰」思維的影響。

一九五四年一月，杜勒斯在題為「大規模報復」的演講中公佈了這一戰略，目的是為了向莫斯科發出警告。美國藉此向所有「潛在的侵略者」清楚地表明，美國不會對任何侵略行為坐視不管；人們對這一演講歡呼雀躍，混亂和喧囂蓋過了武器的威懾力。世界上有一半國家認為這只是虛張聲勢，另一半則心存畏懼。正是在這一背景下，中南半島的形勢逐步陷入危機。

一九五三年十一月，納瓦爾將軍派遣一萬兩千名法國軍隊攻佔了靠北的奠邊府要塞地區，直到河內西部。他的目的是將敵人引誘至正面戰場，然而他選擇的這個位置，四周都是高地且大部份已在越盟的掌控之下，這個草率的選擇最終導致了災難性後果。幾乎同一時間，在柏林舉行的外交部長會議上，莫洛托夫提議擴大討論範圍，即召開包括中華人民共和國在內的五大國會議討論亞洲問題。

奠邊府戰事的失利、國內民眾要求結束戰爭的巨大呼聲令法國政府焦頭爛額，它於是緊緊抓住這個談判機會。五大國的提議令杜勒斯感到擔憂，因為在他看來，與共產黨達成任何協定都是不可接受的，與中國人坐下來談判更令人難以置信，因為那樣可能就意味著承認中華人民共和國政府。他認為自從馬林科夫發表共存演說以來，蘇聯所提出的種種建議都不過是「精心設計的假和平」策略，旨在使對手放鬆警惕。於是他用盡渾身解數，利用軍火庫進行恫嚇，抵制五大國會議；而另一方面，他努力使法國全心繼續戰爭，不要顧及美國方面的壓力而危及歐洲防禦集團。法國政府為了從政治上挽回些面子，決意要將中南半島問題提上日程。杜勒斯要一味堅持，就得與其爭吵不休，但他拉不下這樣的臉面，因此不得不讓步。最終，五大國會議定於四月底在日內瓦召開。

承認共產黨在越南的存在和法國放棄戰爭這兩點在美國政策規劃諸多單位引起了軒然大波。於是，美國開始正式制訂武裝干涉的應急計畫以取代法國，而幹勁十足的參謀首長聯席會議主席為參加日內瓦會議準備了一份政策文件，更極盡誇張之能事。「二戰」時曾任航母指揮官的海軍上將雷德福是空中力量和核武器的強烈支持者，但其在政治方面的認知卻實在難以令人恭維。在談及美國武裝干涉的理由時，他說，一旦允許中南半島落入共產黨之手，那麼接下來整個東南亞都「逃脫不了」被征服的命運；長此以往，這將會對美國在遠東地區最根本的安全利益構成「巨大威脅」，進而「甚至危及歐洲的安全和穩定」。可能出現的結果就是「日本被赤化」。一旦共產黨領導的中國控制了東南亞的水稻、錫礦、橡膠和石油以及被赤化了的日本的工業生產能力，它就能「建立起規模龐大統一的軍事組織，甚至比二戰前的日本更加可怕」。那時，中國將會控制整個西太平洋地區和亞洲大部份地區，其威懾力甚至會波及中東地區。

海軍上將雷福德頭腦中湧現出來的各種恐懼念頭，至今尚未成為現實，但對於研究愚蠢行徑卻提出了一個重要問題。在制定政策的過程中，對事物的認識究竟要達到何種程度，有多少虛構或者想像的成份在裡面？在對現狀的合理評估外有多少是天馬行空般的臆想？對有關事實或資料要令人信服到何種程度，或相反，要刻意誇大到何種程度才會在決策中起作用？論點是否有人相信，或者是否有人編造了這樣的言論用來貫徹想要的行動路線？

我們無法確定是雷德福的觀點受到杜勒斯的影響還是杜勒斯的想法被雷德福所左右，但不論哪種情況，他們都小題大做了。杜勒斯現在正竭盡全力，以確保日內瓦會議在河內問題上不會有絲毫妥協，法國不要有任何鬆懈，並希望其國民能夠清楚地明白會議中潛藏的可怕危機。他召集國會議員、新聞記者、商界人士及其他權威或知名人士，就美國在中南半島的利害關係進行了簡要介紹。他向他們展示了一幅標示共產主義影響範圍的彩色圖表，紅色波浪由內向外，從中南半島向泰國、緬甸、馬來半島和印尼輻射開來。他的發言人列舉了那些將會被蘇聯和中國獲取而西方無法得到的具有戰略意義的原材料，並進一步強調說，如果美國無法守住中南半島地區，那麼整個亞洲從日本到印度都將被共產黨所佔領。據一位現場的聽眾說，杜勒斯的講演給人留下了這樣的印象，既然美國不能使法國留在前線浴血奮戰，那麼我們就要動用自己的力量參與這場戰爭。領會到杜勒斯講演精神的副總統尼克森，預料到總統將要發動戰爭，他在一次被廣泛引用的可能是非正式的講演中說，「為了避免共產黨在亞洲和中南半島的進一步擴張，我們必須要冒險派軍隊進入該地區，我認為總統先生不得不採取在政治上並不受歡迎的決定，並一以貫之。」

在一九五四年四月七日召開的記者招待會上，艾森豪總統使用了「骨牌效應」一詞來描述一旦中南半島第一個倒下後所帶來的一系列後果，從而加速美國進入催眠狀態的過程。在這一點上，他功不可沒。這一理論認為，東南亞周邊國家將會借由某些亙古不變的自然法則一個又一個地屈從於共產黨的領導。該觀點早已有之，但艾森豪在新聞發佈會上對之加以概括，從而，它就像當年「門戶開放」政策那樣被迅速載入史冊。雖然這一說法在國外遭到質疑，但在國內，卻沒有人懷疑其可行性，艾森豪在其回憶錄中也證實了這一點。「我們的主要任務就是讓全世界相信，東南亞戰爭是共產黨企圖征服該地區全部領土的侵略行為。」美國人「以及法屬印度支那聯邦國家的人民必須要瞭解這場戰爭的真正含義」。簡言之，必須要擴大催眠狀態的影響範圍，並且，要由局外人將戰爭的「真正含義」傳達給那些在自己的領土上已經遭受「七年戰爭」之痛的人民。但這一提法還需要更多的解釋和依據，這就說明它一開始就存在破綻，且隨著時間的推移，漏洞會越來越多。

對即將召開的日內瓦會議，越盟集結大批軍隊展示實力。他們通過突襲和炮擊的方式將奠邊府包圍，並在一九五四年三月破壞了法軍的飛機跑道，切斷了他們的物資供給線；並且利用中國日益增加的物資供應（戰爭期間每月最多達四千噸），徹底摧毀了法軍的防禦工事，使他們舉步維艱。

華盛頓方面不得不對此做出回應。法國參謀總長保羅・埃利（Paul ELY）將軍抵達華盛頓，明確請求美軍空中打擊，解救奠邊府。為了應對這一緊急情況，海軍上將雷德福調派B-29轟炸機編隊從馬尼拉的克拉克空軍基地出發，發動空襲。他曾試探性地詢問幾位從國務院和國防部選出來官員，是否可能請求法國在原則上同意使用戰術原子彈，挽救奠邊府危局。五角大樓一個研究小組早就得出結論，只要投放得當，三顆原子彈將足以粉碎越盟的所有努力，但這一做法不僅沒有得到法國的同意，甚至提都沒被提出來過[2]。雷德福建議使用傳統的空軍力量予以干涉，雖然在歷史上獲得了「禿鷹行動」的神聖代號，但這次行動總體上卻並沒有得到參謀首長聯席會議的授權，因此，正如這位海軍上將後來所說的那樣，它僅僅是「概念上的」。就這樣，美國除了承諾再提供二十五架轟炸機供法軍使用外，並沒有其他明確的答覆。埃利就這樣回國了。

與此同時，杜勒斯也在密切關注事態的發展，以便如果法國崩潰，之後由美國進行武裝干涉。他召

2 我們已經說過，雷德福意在挑起針對中國的軍事行動，從而促使中國在還未強大到威脅美國的安全之前與美國一決雌雄。他建議在中南半島使用核武器，他的助理將這一建議口頭提交給時任國防部顧問的道格拉斯・麥克阿瑟將軍，後者對此堅決反對。「如果我們與法國接洽，」他向杜勒斯寫道，「這肯定會洩露出去……從而在整個自由世界的議會中引起軒然大波，」特別是北約盟國，尤其是英國。美國將不得不做出保證，將來在未經協商的情況下不得使用核武器。此外，蘇聯的宣傳機構將「把我們希望在中南半島使用這種武器的想法」描述為客觀證據，「說我們用當地老百姓試驗武器」。—原註

集了包括參議院多數黨領袖威廉・諾蘭和少數黨領袖和林登・詹森在內的八個國會議員舉行秘密會議，要求他們起草一份參眾兩院聯合決議，允許美國在中南半島地區動用空軍和海軍力量。雷德福在會上解釋了突發事件的性質，並提議從停駐在中國南海的航空母艦上派出兩百架飛機進行空襲。杜勒斯面色凝重，詳細闡述了他對未來的預測，一旦中南半島地區淪陷，亞洲將會面臨四面楚歌的境地。與會的國會議員們發現，雷德福的計畫並沒有得到參謀首長聯席會議其他成員的首肯，而杜勒斯也並沒有找到採取統一行動的同盟。他們只能表示，除非美國能找到同盟國，且法國能夠承諾留在戰場並「加快」該地區的獨立步伐，否則他們不可能達成這樣一項決議。

遠在巴黎的法國內閣於周日讓大使道格拉斯・狄隆（Douglas Dillon）召開緊急會議，要求「美國立即派遣航空母艦進行武裝干涉」。他們表示，東南亞以及即將召開的日內瓦會議的命運「目前都依賴於奠邊府事件的解決」。與杜勒斯和雷德福會見過後，艾森豪仍堅持其出兵干涉的前提條件。他的立場基於兩點：一、他與生俱來的對政府憲法程序的尊重；二、他認為空軍和海軍作戰必將引發地面戰爭，而且他一直堅決反對地面戰爭。他在三月召開的記者招待會上表示，「除非通過憲法程序由國會發表聲明，否則美國不會介入這場戰爭。現在我們就要弄清楚這一點；這就是我們要給出的答案」。此外，他贊同相關的軍事預測，即沒有地面部隊的協助，空軍和海軍不可能完成預期目標；同時他堅信，如果不能像在朝鮮戰場那樣取得決定性勝利，美國不會動用地面部隊參與戰爭。

在此次軍事討論中，曾在朝鮮戰爭中扭轉戰局的陸軍總參謀長馬修・邦克・李奇威（Matthew B. Ridgeway）將軍堅決反對地面作戰。在那次戰爭中，他被派去接替麥克阿瑟將軍，帶領第八軍擺脫了混亂不堪的局面，並一舉挫敗了北朝鮮佔領整個朝鮮半島的企圖。這如果不能算是勝利的話，最起碼使局勢恢復到了之前的狀況，並遏制了共產主義勢力的擴展。李奇威的態度非常堅決。在美國是否參戰的緊急關頭，他於六月派調查小組前往中南半島地區，回饋的結果更加堅定了他的看法。該小組由計畫和發展部部長詹姆斯・加文將軍率領，在調查報告中說，美軍地面部隊作戰將遭受「慘重的傷亡」，且在戰事開始之際需要五個師的兵力，而全面參戰則需要十個師。該地區「幾乎沒有現代化地面戰爭所必不可少的設施。用於推進現代化地面戰爭的諸如遠端通訊、公路、鐵路等，幾乎全都沒有」。而要修建這樣的設施，需要花費鉅資「進行大量的工程建設，提供巨大的後勤服務」，因此該調查小組認為，「不應勉力為之」。

艾森豪對此表示贊同，當然不只是出於軍事原因。他認為美國單方面進行干涉將會帶來政治性災難。「美國無論如何都不應單獨表示對法國殖民主義的支持，」他對一位同事說，「在這種情況下，美國採取單方面行動將會摧毀我們。」他強調，一旦中國方面公然發動侵略，美國應採取聯合行動予以對抗。與共產主義妥協的威脅令杜勒斯氣急敗壞，情急之下他糾集同盟國，尤其是英國，採取聯合行動，讓法國繼續戰鬥，用發動核武器戰爭的暗示恐嚇中國不要插手；防止與胡志明政府結盟，防止地區分割，防止簽署停戰協議或其他任何妥協行為，並且從各方面阻撓日內瓦會議的召開，或者在其後破壞會議的成果。

就像纖維布料會吸收染料而著色那樣，華盛頓的決策者們如今已經被徹底蠱惑了，三人已然成虎，將中南半島從共產主義魔掌中解救出來具有至關重要的意義，他們對此深信不疑，並隨時準備採取行動。誇誇其談的言論已經變成了一種信條；同時，由於此次危機的刺激，總統中南半島問題特別委員會就日內瓦會議提出一項政策建議，該建議有可能讓頭腦簡單、驕傲自大的希爾斯伯勒公爵（Lord

Hillsborough）起死回生。委員會由國防部、國務院和中央情報局等部門組成，其成員包括國防部副部長羅傑・凱斯（Roger Kyes）、海軍上將雷德福、副國務卿沃爾特・比德爾・史密斯（Walter Bedell Smith）、助理國務卿沃爾特・羅伯遜（Walter Robertson）和艾倫・杜勒斯以及中情局陸軍上校愛德華・蘭斯岱爾（Edward Lansdale）。四月五日，該委員會提出其首要原則——「美國在中南半島的軍事行動必須取勝，不能失敗。」考慮到美國並非窮兵黷武的國家，一個出於想像的威脅此時已成了具體的要求。

其次，如果無法就此獲得法國的支持，那麼無論法國同意與否，美國都應該「立刻與法屬印度支那聯邦各國政府一道採取行動，積極參與戰爭，將其繼續下去」。更直白地說，這就意味著美國應該接受法屬印度支那聯邦各國政府的請求全面接管戰爭。此外，在「勝利來臨之前，中南半島戰場決不能停戰」，無論這場勝利源自「成功的軍事行動還是共產黨明確承認戰敗」。因為，隨著奠邊府的淪陷，軍事行動幾乎沒有成功的可能性；因為讓越盟承認戰敗只不過是空中樓閣式的假設；因為美國沒有資格決定是否要停火，所以此一宣亦沒有任何意義。最後，為了解決美國的被動立場，委員會敦促做出「特別」努力讓「東南亞地區的人民認識到，對於東南亞的每一個國家而言，共產帝國主義都是前所未有的威脅」。

這份文件最終命運如何，是否被討論、摒棄或採納，並無相關記錄。但這無關緊要，因為之所以能夠制定這一政策，就已經說明政府的想法，或者說政府的思路，為局勢的發展提供了條件，也為美國未來對越南的干涉做了鋪墊。

杜勒斯召集統一行動的努力無功而返。一向比較頑固的英國並不相信美國所認為的澳大利亞、紐西蘭及馬來亞等國都會成為骨牌上的名單，於是在日內瓦會議結果出來之前，堅決拒絕採取任何行動。法國儘管受危機所累，並請求美國空中打擊支援，但拒絕邀請美國參與他們的戰爭，它認為草草與美國建立夥伴關係有損法國聲望，在這一點上，法國的看法可謂獨樹一幟。他們希望將中南半島問題當作自己的內部事務處理，而不是反共產主義統一戰線的一部份。這樣看來，英法兩國都不願附和杜勒斯的提議，部份原因還在杜勒斯本人，因為他在早一年的一月份發表「大規模報復」的演講引起了普遍的恐慌，這就使盟國擔心美國會發動核戰爭。

五月七日，奠邊府淪陷。越盟大捷，舉世震驚，這令他們在日內瓦會議上更有底氣地堅持自己的訴求。然而，杜勒斯對此不以為然，他在一場記者招待會上信誓旦旦地說，「即便沒有越南、老撾和柬埔寨，東南亞地區也照樣安全無虞」——換句話說，骨牌不會像預料的那樣倒下去。

奠邊府淪陷的消息傳來的第二天，有關中南半島問題的日內瓦會談在陰沉抑鬱的氛圍中拉開了帷幕。會談的級別很高，法國總理約瑟夫・拉尼爾（Joseph Laniel）親自出席，其他各國均派外交部部長出席——安東尼・艾登和莫洛托夫共同擔任主席，美國代表是杜勒斯和副國務卿比德爾・史密斯，中國派的代表是周恩來，越盟派的是范文同，老撾、柬埔寨和法屬印度支那聯邦也有代表參會。會議劍拔弩張，因為拉尼爾需要一紙停戰協定來挽救法國政府，而美國方面卻極力要阻止停戰協定的簽訂。歐洲諸國咄咄逼人，很難討論出雙方都接受的條款；他們放棄了成立聯合政府的努力，轉而尋求分而治之；分界線和撤離區成為激烈爭論的焦點；各方唇槍舌劍，互不相讓；代表們各執己見，群情激昂。

幾個星期後，拉尼爾政府倒臺，取而代之的是皮埃爾・孟戴斯—弗朗斯（Pierre Mendes）領導的內閣。皮埃爾認為，如果繼續中南半島戰爭，「與其說會阻止共產主義勢力在亞洲的蔓延，倒不如說會使戰火波及法國」。他宣佈將在三十天以後（七月二十一日）結束戰爭，否則就辭職。同時他直言不諱地告訴國會，如果日內瓦會議不能達成停戰協定，那麼國會有必要授權頒佈徵兵令，為此刻正在中南半島的部隊補充兵源。他說在辭職前要做的最後一件事，就是為此目的提出一項法案，並要求國會於當天對此進行表決。實際上，戰爭本就不得人心，而國會議員們更不願關心並考量頒佈徵兵令。這一招還真管用，孟戴斯—弗朗斯於是立刻前往日內瓦，宣佈法國自願接受這一停戰日期。

會議在喋喋不休的吵鬧中繼續進行。分割越南被認為是將交戰國分離開來的唯一方式；法國要求以北緯十八度為分界線，而越盟開始要求北緯十三度，後來又改為十六度，這樣就可將古都順化包括在其管轄區域之內。中南半島相關各國對於所有協議都表現得猶豫不決。杜勒斯由於拒絕任何向共產黨讓步的行為，離開了日內瓦，之後又返回。在回到華盛頓期間，他又重新開始鼓吹中國干涉理論。「如果再次出現如此公然的軍事侵略，」他在一次公共演講中說，「那將是對美國的蓄意威脅。」就這樣，他堅定地相信，美國的安危與中南半島地區的局勢緊密相連。

孟戴斯提出的最後期限日益臨近，無論是分割線還是擇機最終重新實現統一，都可能因為談判破裂而前功盡棄。各方在幕後你來我往，討價還價。史達林去世後，蘇聯希望與各國緩和關係，以此向胡志明施壓，促其和解。中國代表周恩來則告訴胡志明，要擺脫法國並將美國拒之門外，取一半領土對其利大於弊，而且他最終將會收復失地。就這樣，胡志明極不情願地同意以北緯十七度線作為分界線，並且在舉行選舉前有兩年的過渡期。七月二十一日，各方終於按時達成協議，並發表宣言，從而結束了戰爭。至此，法國不得不承認戰敗，將越南一半領土讓與越盟；而如果它從一開始就主動這麼做，也不至於如此蒙羞。美國後來，也犯了同樣的錯誤。

《日內瓦協議》宣佈停戰，並且在國際各方支持下承認老撾和柬埔寨的獨立，同時將越南劃分為南北兩部份，並明確規定「該軍事分界線是暫時的，任何人不得以任何方式將之理解為政治或領土分界線」。該協議還准許法國軍隊繼續駐留越南，直至應法屬印度支那聯邦國家的要求離開，但其前提是一九五六年七月舉行選舉，對外國軍事基地、武器裝備及人員進行監管和限制，並由國際監察委員會對條款的實施情況進行監督。河內政府、西貢政府以及美國政府都沒有在協議上簽字，因為該協議只不過是一紙沉悶的聲明，並不能防止某些國家「威脅或使用武力」來破壞協定的內容。

《日內瓦協議》結束了一場戰爭，並避免了中國和美國更大範圍地參與其中。但是，由於各方對會談結果並不滿意，幾乎沒有哪個國家對該協議鼎力支援；相反，他們極力要改變這一結果，因而，該協議從一開始就漏洞百出。對此最為不滿的莫過於美國了。

日內瓦會議表明杜勒斯的中南半島政策全面失敗。他未能阻止共產黨在北越建立政權，未能說服英國或任何其他國家採取統一行動，未能讓法國繼續戰鬥，未能讓總統同意美國進行武裝干涉，甚至未能成功組建起歐洲防禦共同體（法國國會在八月份毫不客氣地拒絕了這一計畫）。然而這些結果對他而言似乎無關痛癢，因為他並不打算從中總結經驗教訓，重新審視所制定的政策。在這一點上，他跟當年的腓力二世非常相似，「無論其政策如何失敗，都無法撼動他堅定的信念，即自己本質上卓爾不群」。他在日內瓦舉行的記者招待會，不是為了「緬懷過去」，而是，正如他自己所說的，「抓住未來的機會，防止因為失去北越而導致共產主義勢力滲透至整個東南亞及西南太平洋地區」。這種遏制政策還是一如既往。不過，他還是從這次經歷中得出一個結論：「抵抗共產主義需要民眾的廣泛支援……並且應該讓人民認識到，他們正在捍衛自己的國家體制。」這一結論深刻而扎實，再也不可能有更好的表述了。然而事實將會證明，他儘管說得很好聽，但並沒有從中吸取任何經驗教訓。

三、培植代理人（一九五四—一九六〇）

在這一階段，美國已經花了八年多時間援助法國，結果卻一事無成；法國也同樣慘遭失敗，付出了沉重的代價，法蘭西聯邦[3]有五萬名士兵陣亡，十萬名士兵受傷。美國可能看到從中南半島事務中抽身而退的契機。在中國徒勞無功的例子尚歷歷在目，美國在那裡花費了更長的時間，付出了更多的努力，為中國命運指引方向，但結果卻像大漠中的沙子一樣，被共產主義革命運動的風潮吹得煙消雲散。從西方國家在中國的經歷來看，他們的意願或許不適合這裡的情況，對外政治也只能針對可能發生的事情，因此，並不能推導出值得借鑒的結論。實際上讓美國政府徹夜難寐的並不是中國的革命抑或越南民族主義本身，而是國內激進右翼勢力的恐嚇以及公眾對共產主義的畏懼。這種畏懼心理產生的社會和心理原因不是我們要討論的主題，但是從這些原因中，我們能夠找到美國制定越南政策的依據。

美國既不想從中南半島抽身而退，也不願勉強同意日內瓦解決方案。在杜勒斯看來，他最直接的任務包括兩方面：首先，成立一個類似於北約組織的非殖民東南亞公約組織，該組織應事先提供武裝力量，以便通過集體防衛的形式防止共產主義在該地區的挺進，或者維護集體的形象和利益；其次，在南越建立民族政府，確保其有效地運作，使其能夠擋住北方的進攻，並最終奪回對全國的統治。在《日內瓦宣言》發佈之前，國務卿已經開始著手這兩方面的工作。

早在五月份，杜勒斯就已經開始鼓吹簽署東南亞國家相互安全協定，這是他用來抵消《日內瓦公約》影響的活動的一部份。不論是有意還是無意，此舉將使美國逐漸取代原先的殖民帝國，實現對該地區的控制。他想為干預行動尋找國際法律基礎，一如韓戰期間要為突破聯合國所劃定的邊界而找到充分的理由一樣。其言外之意令眾多觀察家憂心忡忡，其中《聖路易斯郵報》在《日內瓦公約》規定的停火之前為此刊發了一系列社論，拷問杜勒斯，說他的目的是不是「開一個後門，使美國由此可以介入中南半島戰爭」。「組織武裝力量鎮壓挑起中南半島戰爭的內部叛亂分子」是美國人民所希望的嗎？《聖路易斯郵報》給出了否定的回答，並重申「這是一場不能介入的戰爭」。它預言說，一旦美國介入，將發動一場「有限」戰爭，而這場「有限」戰爭，「只有擴大為無限戰爭才可能會取得最終勝利」。為了進一步強調立場，該報紙又刊登了丹尼爾・菲茨派屈克（Daniel Fitzpatrick）的漫畫，其中「山姆大叔」正凝視著一片黑暗的沼澤，沼澤上方寫著「法國在中南半島的錯誤」。說明文字是：「再犯一次錯誤於事有補嗎？」該漫畫贏得了普立茲獎，從而有力地證明，早在一九五四年，該報紙就已經毫不隱諱地傳達了其對美國在越南問題的立場上所持有的態度。

同年，一位密切關注美國與亞洲關係的觀察員就看到了遠比錯誤更為嚴重的悲劇。這個人就是愛德溫・賴孝和（Edwin O. Reischauer），遠東問題專家和未來駐日大使。他在自己寫的《尋求：我們在亞洲的政策》一書中認為，悲劇的原因在於西方國家允許中南半島的民族主義發展成為共產主義事業。這就是美國支持法國的後果——「極力要維持現狀，但卻無濟於事，並最終不可救藥」。結果表明，「我們不去幫助亞洲民族主義，反而與之對抗，是多麼荒謬絕倫的錯誤」。

經過杜勒斯一番不遺餘力的組織，一九五四年九月在馬尼拉召開了旨在建立「東南亞公約組織」的

3 法蘭西聯邦（French Union，一九四六—一九五八）：法國同其在非洲的殖民地組成的政治聯盟。一九五八年九月，根據法蘭西第五共和國憲法，改為「法蘭西共同體」。

會議。由於只有三個亞洲國家參加，其中只有泰國和菲律賓兩個國家來自東南亞（還有一個是巴基斯坦），且只有一個國家與中南半島接壤，而來自中南半島本身的則一個也沒有，因而此次會議從一開始就缺乏可信度。其他成員分別為英國、法國、澳大利亞、紐西蘭和美國。杜勒斯像以往一樣殺氣騰騰地告訴與會代表，他們的目的是提前同意做出這樣的回應，即「團結一心，排除萬難，立場堅定，摧枯拉朽」，任何膽敢侵犯公約所界定區域的人都將有去無回。由於與會的亞洲成員沒有足夠的軍事實力，其他國家有的由於地緣關係沒有在該地區部署力量，有的已經從該地區撤出軍事力量，而美國自己尚未就東南亞的防衛問題做出派駐軍隊的承諾，因此國務卿的要求不過是一種模擬演練。在公約的第四款，即執行核心中，每個成員國均承諾「依照規章程序應對共同的危險」。所以，這並不是可以隨時出鞘的亞瑟王的「王者之劍」。

在一個單獨的協議中，杜勒斯成功地將中南半島聯邦納入第四條款的保護之下，並且令他滿意的是還將其義務界定為「簽署國家清晰明確地同意」對任何受到侵犯的成員國提供援助。而實質上，正如國防部代表海軍中將大衛斯所說，該公約使東南亞地區「在對付共產主義侵略方面，並沒有比以前有更好的準備」。

同一時間，美國早就為南越安排了一位新總理，從一開始到通過暴力方式退場，始終是美國的代理人。他不是從越南國內選出的，而是從在外流亡的越南人中選出來，經由美國和法國的操縱而被提拔起來。在此過程中，法國並非心甘情願地配合了美國。為了激勵南越自力更生、艱苦奮鬥，美國決定將法國趕出去。但是，在打造起一支可靠的越南軍隊取代法國武裝力量之前，還是有必要保留法國的軍隊。根據《日內瓦協定》，法國人有義務監督停戰協定和最終的選舉，並且他們很自然地認為，在過渡期間，可以保持並發展當地的商業、管理及文化紐帶，並最終使中南半島自願加入法蘭西聯邦。

美國的想法正好相反，他們找到了符合他們要求的人——吳廷琰（Ngo Dinh Diem）。吳廷琰來自信仰天主教的官宦家庭，是個狂熱的民族主義者，他的父親曾在安南王朝出任朝中大臣。吳廷琰本人曾在法國殖民地擔任省長，又在保大政權中擔任過內政部部長。但是，為了抗議法國統治，表示對法國取消所承諾的改革的不滿，他於一九三三年辭官歸隱。隨後他去了日本，後來又返回越南。一九四五年，日本邀請他成立一個以保大領導的政府，但被他拒絕了。作為一個狂熱的民族主義者，他也不遺餘力地反對共產黨，因此也同樣拒絕與胡志明為伍，哪怕後者為他提供高官厚祿。因為他的這種不合作態度，越盟將其逮捕並扣留了半年。作為非共產主義派別的民族主義領袖人物，他以有損主權為由拒絕接受《愛麗舍協議》，並於一九四九年再次流亡日本。一九五〇年，他來到美國，通過一個擔任天主教主教的哥哥的關係，結識了紐約紅衣主教斯佩爾曼。

紅衣主教將吳廷琰介紹給達官貴人，使他得以在華府與法官道格拉斯見面，後者不久前剛發現了東南亞的「五大戰線」。在吳廷琰看來，越南不僅要實現獨立，而且要進行社會改革，這種對國家未來的願景給道格拉斯留下了深刻印象，因此他認為已經找到了能夠真正替代法國傀儡保大和共產黨人士胡志明的人選。他將這一發現傳達給中央情報局，並把他的人選介紹給同為天主教徒的參議員曼斯費爾德（Mansfield）和約翰・甘迺迪。就這樣，吳廷琰閃亮登場了。

這就是美國最終選定的人選，一個貨真價實的越南民族主義者。因為他的法國文化恐懼症，人們在他身上找不到任何殖民主義傾向；而紅衣主教斯佩爾曼的批准，又為其反共行為披上了合法外衣，參議員麥卡錫也沒法找他的麻煩。一九五三年，他去了歐洲，目的在於向在法國的越南同胞宣揚其候選人資格，並於一九五四年利用日內瓦談判期間急需找到一位前途無量的領導人之際在巴黎積極遊說。法國肯定不會選擇吳廷琰，但在其迫切需要停火的情況下，對他的厭惡也就不那麼強烈了。在美國的支持下，經流亡法國的越南同胞各方斡旋，加上孟戴斯內閣所承諾的最後期限的臨近，吳廷琰被勉強接受了。當時還舒適愜意地隱居在里維艾拉住所的國家元首保大，經過一番說服動員，在《日內瓦協議》簽署之前，同意任命吳廷琰為總理。

在接下來的九年中，各方集中精力、財力、物力，圍繞這個人構建一個可行的自給自足的南越民主國家，但最終，所有努力都付諸東流了。吳廷琰裝備落後，喜歡高談闊論，對建立民族獨立政府毫無經驗可言；與大多數人一樣，他對法國懷有敵意，但他所屬的階層受益於殖民統治，他從而又繼承了殖民遺產；在一個佛教居主導地位的社會中，他是一個虔誠的天主教徒；他不得不用私人軍隊和強盜式的手段與各分裂教派和黑社會性質的派別進行你死我活的鬥爭。他剛愎自用，不會妥協，沒有民主觀念，除了頒佈法令或使用武力外，不知如何面對反對派或持不同政見人士。令人遺憾的是，因為一次由高級軍官出於善意而發生的背叛行為，促使他成為一位獨裁者，但他卻沒有獲得獨裁者應有的鐵腕力量。

現在，除了軍事援助顧問團之外，美國在西貢設立了功能完備的大使館，派駐了大使，增加了顧問人數，擴充了辦事機構，並將訓練一支英勇善戰當然也希望忠誠可靠、鬥志昂揚的越南軍隊作為其首要任務，這些都使政策的目的性變得更強。顧問團認為美國將藉此展示出與法國截然不同的影響力，因此想在沒有法國參與的情況下獨自完成這一使命。我們〔美國〕沒有考慮到的是越南人對任何白人的入侵都極為反感。美國人自認為他們與法國人「不同」，他們衷心希望越南獨立，因此應該受到歡迎；而事實上，正是美國讓法國重新回到越南戰場，並對其提供資助，這一點被美國處心積慮地掩藏了起來。通過幫助獨立的南越建國立業，他們好像就能夠證明自己的意願良善。

鑒於軍事訓練需要滿足的必要條件，華盛頓的軍事決策者們對於是否更進一步介入有些猶豫不決。但只要有任務，出色的士兵總是會一絲不苟地完成。援助團司令官奧丹尼爾將軍制定了訓練計畫和程式，列出了訓練方案所需要的裝備和設施，並請求在《日內瓦協議》規定的停止增加人員條款生效之前派遣更多人員對顧問團加以擴充。

在收到大量有關越南軍隊士氣不振、軍心不穩的報告後，參謀首長聯席會議對形勢完全持懷疑態度；他們不想對失敗負責，或者更糟的是如果發生衝突，不想讓美國軍隊去營救一群蝦兵蟹將。在一九五四年八月的一份立場鮮明的備忘錄中，他們做出結論，認為「成立強大穩定的適當文官政府來掌控局勢」是「絕對必要的」，而且，如果這個國家不能有效地履行招募兵員及維護穩定等所有職能，那麼就「不要指望單純通過」一個美國軍官訓練團取得成功」。他們認為，如果法國軍隊撤出，那麼越南將是「完全的軍事真空狀態」；而如果美國接手，則勢必「對計畫中的任何閃失負責任」，這是美國不希望承擔的。因此他們最後得出結論，美國「不應該參與其中」。

他們用政府顧問特有的審慎態度（即永遠不要過於肯定）又趕緊補充說，如果「政治上的考慮壓倒一切」，他們將「同意軍官訓練團的任務」。在正式的程序中，所給的意見往往是靈活易於變通的，否則決策者就沒有了選擇。緊接著是喋喋不休的爭論，主要是關於接受訓練的部隊的層次，維持法國軍隊所需的開支（一九五五年一億美元，一九五六年一點九三億美元），以及法國分階段撤出的時間表；而參謀首長聯席會議對美國能否成功的疑慮也日益加重。一九五四年十一月，在越南內部政局混亂之際，他們發現「沒有把握對吳廷琰政府提供忠誠有力的支持」，或者難以確保「南越內部的政治和軍事穩定」。除非越南人民自己表現出對抗共產主義的強大意志，否則「任何外部壓力和援助都難以阻止共產黨在南越的勝利」。事後看來，難免要問這樣的問題——美國政府派出人員通過調查回報意見，但在決策時為什麼對這些建議置若罔聞呢？

內部對手的競爭，無能和腐敗，持不同政見者，這些都令吳廷琰焦頭爛額；另外，根據《日內瓦協定》中允許南北方可以在三百天時間內交換人口的規定，有近一百萬難民從北方湧入南方，這也是吳廷琰必須要應付的問題。由於在天主教的宣傳中流傳著這樣的話，「基督已經南遷」，「聖母瑪莉亞已經南遷」，這種大規模人口遷徙中有百分之八十五是天主教徒。然而，這也說明相當部份人口不想生活在共產黨統治的地區；儘管吳廷琰在政府職務安排上偏袒天主教徒並由此引發敵對情緒，但大批天主教徒的南遷卻也有助於鞏固他的統治。美國人挑起了重擔：海軍運送了三十萬難民；而難民安置所需資金則主要由天主教慈善機構等組織籌集解決。

據一份報告說，「來自華盛頓的高官們」在考察西貢後私下得出結論，認為「美國將可能因為虧本而放棄越南」。美國決策者們受到反對派的強烈抨擊，他們不得不艱難地應對一個又一個問題，比如，如何加強吳廷琰的實力從而穩定其統治，如何讓法國軍隊留下來同時排除他們的利益，在訓練越南軍隊方面做出何種決定，總體上對越南進行多大程度的投入。而與此同時，他們也發現美國政策已經陷入了泥潭。從來沒有對吳廷琰有過好感的法國人，在報導他時引用法國總理福爾的話說，「不僅愚蠢無能，而且魯莽狂熱。」而另一方面，參議員曼斯費爾德在完成第二次實地調查後彙報說，吳廷琰是一個真正的民族主義者，他的存在對美國政策至關重要。然而，曼斯費爾德向參議院的報告遠不如上一年令人鼓舞。他說，由於所有人都「一致低估」了越南獨立同盟會的政治和軍事實力，情況已經「嚴重惡化」。

由於對吳廷琰政策的不滿，現在出現了一種說法，即「在不久的將來實現我們在中南半島的目標希望渺茫」。曼斯費爾德認為如果吳廷琰倒臺，他的繼任者們的民主觀念更差。一旦出現這種情況，美國「應考慮立即停止對越南及在那裡的法國聯盟部隊的援助」。最後，他用冰冷的常識總結說，「除非按照合理的預期我們能夠實現目標，否則我們沒有必要繼續耗費美國公民的資源，這也是不可原諒的。」

艾森豪猶豫了。他在十月份給吳廷琰寫了一封信，表達了他對越南前途的深深憂慮。他說越南「暫時被一個人為的軍事集團分裂開來」（不是他的繼任者所喜歡使用的「國際邊界」），但他表示準備與吳廷琰一起努力，制訂「一項美國直接向你所領導的政府提供援助的計畫」，但前提是一旦援助到位，吳廷琰必須確保其政府能夠維持「業績標準」。由於對承諾幾無信心，總統派勞頓・柯林斯（J.Lawton Collins）將軍——一位「二戰」期間令人信賴的同事，率領特別代表團，前去解決與法國的關係，以及期望吳廷琰所能達到的「標準」問題。

柯林斯的報告是消極的。他希望吳廷琰「充分展示自己能夠實現國家統一的那種領導權威，從而有機會與強硬果敢、一呼百應的胡志明分庭抗禮」，但實際卻發現吳廷琰對此「完全沒有思想準備」。在柯林斯看來，美國決策者能夠選擇的，要麼就是支持吳廷琰更長一點時間而不做出承諾，要麼，如果他不能取得任何進展，則重新扶植保大；而如果這不能接受的話，「我建議重新評估我們對東南亞的援助計畫，尤其要考慮先前的建議」，即「逐漸撤出我們對越南的援助」。這是「最不理想的情況；但開誠佈公地說，以迄今為止我在這裡的所見所聞來看，這可能是唯一的解決方案」。

五個月後，當柯林斯被要求留下來與埃利（Ely）將軍共同制定一個援助方案時，他重申了自己的意見。他報告說，除非越南、美國和法國之間能夠全心全意配合協調，制定完善的政治、經濟和軍事改革方案並真正落實到位，否則，越南難以脫離共產主義的控制。如果這一點做不到的話，「據我判斷，我們應該從越南撤出」。

面對所有這些懷疑和否定，美國為什麼沒有利用這個機會撤出呢？它之所以沒有這麼做，因為總是出現這樣的觀點——如果美國撤回援助，南越政權將會瓦解，中南半島的反共產主義戰線將會崩潰。而恰在此時，中國近海的金門馬祖島嶼問題導致的台海危機使杜勒斯極為偏執地認為，美國已經處於與紅色中國爆發戰爭的「邊緣」（他的用詞）。因為這場危機，美國無法再心平氣和地以現實主義態度看待越南問題或考慮柯林斯將軍的替代方案了。

柯林斯本人，儘管相信吳廷琰能力有限，但還是幹勁十足，努力為吳廷琰的政權爭取美國的支持；並且，面對來自各方的壓力，他主持制定了土地改革方案，任命臨時大會起草憲法。華盛頓方面看到了這些進展，同時也希望挫敗法國想要扶植吳廷琰對手的提議，便正式確認美國對吳廷琰的政府提供支持。與此同時，在一九五五年二月，美國政府決定負責訓練一支「完全自主」的越南軍隊，美國由此更深地陷入了越南事務之中。

隨著美國在越南承擔更多責任，它已悄然開始了各種形式的干預計畫和秘密活動。一個自稱西貢軍事特派團的戰鬥隊在奧丹尼爾將軍的指導及蘭斯岱爾上校的指揮下，早就已經開始了在北越的行動。蘭斯岱爾上校時任空軍指揮官，後來到了中央情報局，並曾在菲律賓領導過抗擊胡克游擊隊的活動。軍事特派團的構想和組織工作在《日內瓦協定》之前已經完成，在《日內瓦協定》的條款規定此類特派團的活動為非法之後，該特派團又繼續活動了一年時間。特派團最初的任務就是「對敵人發動准軍事進攻」，雖然從技術上來講，美國作為一個非交戰國是沒有「敵人」的。日內瓦會談之後，特派團的目的變為「從方法和手段上為准軍事行動做準備」。為此，在蘭斯岱爾率領下，該特派團開展了大量破壞卡車和鐵路的活動，為南越兩支秘密的「准軍事」隊伍招募人員、組織訓練及協助滲透工作，還為他們存放走私物資、武器和彈藥。由於《日內瓦協定》中規定，一九五四年七月二十三日以後，禁止運送戰爭物資和人員到越南；而美國也已承諾不「破壞」這些規定，因此特派團在該日期之後的所作所為違反了美國的承諾。儘管這些行為本身並非罪大惡極，且對於正在發生戰爭的國家來說也極為正常，但「千里之堤，潰於蟻穴」，一系列錯誤由此開啟並愈演愈烈，直至完全吞噬了美國的聲譽，損害了美國的自尊。

對於一個優柔寡斷的當事人而言，找個適當的人取代他也並非不可能，而實際上，法國人也嘗試這麼做了。法國人如今公然表示要與河內和解，這不僅是出於法國在南北越的投資及商業利益考量，而且也是借機檢驗一下孟戴斯—弗朗斯的和平共處政治哲學。駐法國大使道格拉斯・狄隆稟報說，法國「越來越希望探討並考慮與北越最終建立友好關係」，而且為此還將一位重要人物讓・聖特尼派到河內。此人先前曾任殖民地官員，戰爭期間是自由法國組織軍官，並在中南半島戰爭期間任法國駐北越專員，與胡志明一直保持密切關係。從表面上看，他在河內的使命是保護法國的商業利益，但狄隆大使瞭解到，聖特尼早就讓法國政府相信南越政權註定要失敗，並且「要想獲得一線生機，就要利用越盟，爭取讓越盟與共產黨脫離關係，其目的在於建立一個狄托主義的越南，從而與法國合作，甚至奉行法蘭西聯邦的政策」。

雖然狄托主義解決方案現在看來好像有些虛無縹緲，但美國的想法也並非行之有效。美國想把吳廷琰政權建成一個不同於胡志明體制的強大的民主政體，與法國的方案一樣，都可以輕而易舉地進行嘗試。法國的方案之所以沒有開花結果，是因為孟戴斯・弗朗斯於一九五五年下臺；而法國商人受共產黨諸多限制無法獲得利潤，從而逐漸從北越撤出；與此同時，由於美國的介入，法國在當地的影響也日漸衰微。

不過，失敗並不一定意味著目標遙不可及。胡志明此時的首要目標就是贏得並保持越南的獨立，使越南擺脫法國的束縛，與狄托將軍脫離蘇聯的控制而贏得南斯拉夫的獨立如出一轍。既然美國能夠幫助狄托，那為什麼非要挫敗胡志明的理想呢？答案就是自我催眠：由於模糊地感到像中國共產黨那樣的「黃禍」如潮水般鋪天蓋地洶湧而來，他們認為亞洲的共產主義似乎極其險惡。而作為亞洲共產主義在越南的代理，北越理所當然成了「敵人」。

這位當事人的表現並不盡如人意。吳廷琰的對手在一九五五年四月發動了一起未遂的政變，內閣危機重重，他的參謀長總是心懷二心，這些都重新令美國焦慮萬分。據一位《紐約時報》記者報導，吳廷琰政府「已被證明軟弱無能、極不稱職、不得人心」，「拯救它的可能性微乎其微」，「內戰的陰雲有可能使國家四分五裂」。即使杜勒斯也曾在柯林斯將軍前去就職之際說過，「我們改變局勢的可能性不到十分之一。」鑒於更多吳廷琰的棘手問題，他現在總結說，「我們尚未解決的唯一的嚴重問題，就是土生土長的領導人。」這一評價著實令人震驚，但他並沒有想到其所蘊含的意思。

華盛頓方面有些左右為難，徒勞地想要找個人取代吳廷琰，更為是否要為這個搖擺不定的政權提供更多的援助而焦躁不安。柯林斯將軍被召回華盛頓進行協商。在一次記者招待會上，他講話猶豫不決，幾度停頓，令艾森豪總統對他投去幾乎是痛苦的一瞥，他說，「我們在越南遭遇了很多困難。有人從內閣離職，還有……情況有些難以預料，令人幾乎莫名其妙……至於我們未來政策到底如何，我也不好說。」

這是又一個脫身的機會。吳廷琰政府沒有達到「業績標準」，而這是艾森豪先前設定的美國提供援助的前提條件。法國戰敗，英國拒絕參與聯合行動，北約國家之間的夥伴關係若有若無，在這種情況下，在國內享有崇高威望的艾森豪總統所領導的政府為什麼沒有綜合考慮這些因素，從一項註定要失敗的事業中抽身而退呢？毫無疑問，在官僚體系中，確實沒有人綜合考慮這些因素；此外，害怕被冠以「對共產主義軟弱無能」的思想佔了上風。

藉由美國訓練的部隊幫助下，吳廷琰成功地挫敗了政變，這給了他一個喘息的機會。他借機將其三個兄弟安插到政府中來，取代了先前的競爭對手，由此加強了對政府的控制，也讓他給人一種強硬果敢的印象。美國人暫時如釋重負，公開重申對他的支持，主要還是害怕他倒臺將產生的後果。新任大使唐納德·希斯（Donald Heath）在闡述這一選擇的理由時說，為了保住一個自由的越南而投入「三億多美元，外加美國的聲譽」，就是一場賭博；但停止援助的結果更糟，因為那樣會有助於共產黨佔領整個越南。這種選擇，往往都是兩害相權取其輕。

而政府之所以做出選擇，往往是由於害怕國內強烈反對的聲音。據說資深議員曼斯費爾德「相信吳廷琰」。而對於紅衣主教斯佩爾曼來說，假如有他的門徒被拋棄，可以想像，他的反應肯定令人不快。他曾在日內瓦會議之後聲明說，「唉！對剛剛遭受背叛的數百萬中南半島人而言，他們現在一定會從他們野心勃勃的共產黨主人那裡瞭解到被奴役的殘酷事實」，這實際上是「紅色蘇聯野蠻殘忍的專制制度下可憐的受害者遭受創痛和惡名」的重演。共產主義一直遵循「精心設置的時間表，目的是實現他們解放全人類的計畫」。紅色統治者知道他們想要什麼，「目標清晰，令人恐怖」，而且他們為達目標「堅韌不拔，不擇手段」。紅衣主教一直這樣宣傳共產主義，以至於在美國退伍軍人協會召開的一次會議上，所有人都覺得毛骨悚然。一九五五年年中，當艾森豪正準備競選第二個任期之際，他也絲毫無意放棄這種慷慨激昂的演說。

根據在日內瓦達成的協議，南越要於一九五六年舉行全國大選。現在吳廷琰拒絕選舉無疑是致命的決定，而美國選擇他作為代理人則表明對他這一做法的支持。與南越一千二百萬人口相比，北越有一千五百萬人，而且眾所周知的是越盟在北越有更為廣泛的基礎，因此它也一直希望通過選舉來實現對整個國家的控制。一九五五年七月，北越邀請南越政府就選舉的準備進行磋商，吳廷琰斷然拒絕了，因為他認為，河內政權統治下的北越不會有自由選舉，這樣經過操控的選票肯定會大大超過南越的選票，而且無論如何，他都不會遵守《日內瓦協議》的相關條款。儘管他的反對也不無道理，但很快就失去了意義。因為三個月後，南越舉行全民公決，罷黜了實際並無實權的國家元首保大的職位並授予吳廷琰總統一職。吳廷琰使用「駭人聽聞」（一位外國觀察員的話）的手段，獲得了百分之九十八點八的選票支持，達到了他所想要的結果。顯然，不論在南越還是北越，都難以指望選民自由表達意願，在一個缺少民主經驗的國家，也不可能會有其他的結果。作為避免越南內戰的解決方案，本該由沒有武裝手段的國際指導委員會予以監督的選舉，不過是日內瓦會議上採取的權宜之計，就像是看手勢猜字謎遊戲一樣，只是為了在越南實現臨時分界和停火。

如果舉行選舉的話，正如一位官員所說，「絕大多數越南人會投共產黨的票」，這一點無可置疑。在一次反對共產黨政權獲得平等地位的講話中，參議員約翰·甘迺迪承認，胡志明所領導的黨派在「整個中南半島」「大受歡迎，無處不在」，這似乎是美國不允許它參與聯合政府的原因。艾森豪從顧問那裡得知胡志明肯定會贏得選舉之後，「堅決反對」（據李奇威將軍所說）發生這樣的事。而吳廷琰在這個問題上不需要美國的建議，他之所以拒絕選舉是基於美國的援助。到一九五六年，有跡象表明，北越採取了更嚴厲的措施，包括大規模打擊地主。在選舉中使用恐怖手段也不難設想。一九五六年六月，國務院正式宣佈：「我們完全支持吳廷琰總統留任，只要存在恐嚇或脅迫行為……自由選擇就無從談起。」

其後果便是，通過選舉實現統一的想法破滅了。北越於是轉而採取其他方式，即鼓動叛亂，緊隨其後的是所謂的解放戰爭。在這件事上，可以說美國並沒有太過份的愚蠢行為。但是，由於支持吳廷琰的決定，在戰爭批評者看來，美國似乎是在公然壓制人民的意願，從而迫使北越除了叛亂之外別無選擇。其實壓制倒也談不上，因為在何種情況下，人民都無法自由地表達他們的意志。沒有舉行選舉是再次發動戰爭的藉口而不是原因。北越副總理范文同曾在日內瓦警告說，「我們將實現統一」，「世界上沒有任何力量，無論是內部還是外部，能夠使我們偏離自己的道路」。

在接下來的五年中，美國支付了南越預算的百分之六十至七十五，包括其軍隊的全部花費，維持其貿易逆差，使南越獲得了異乎尋常的繁榮和發展。法國軍隊迫於美國咄咄逼人的壓力，逐漸分階段撤出，直至一九五六年二月法國在越南的最高統帥部解散。越南的美國朋友，在天主教救濟服務組織和國際救援委員會（成立最初是為拯救納粹主義的受害者，從信箋抬頭往下有一列最受人尊敬的慷慨捐助人的名單）的組織下，在西貢的一家公關機構的協助下，以每月三千美元的報酬，大力宣傳南越「奇跡」。南越好像在這五年時間裡，各方面都取得了很大進展，這一投機冒險行為也將開花結果。

在奇跡背後，事實卻難以令人滿意。土地改革由於計畫不完善不僅沒有幫助農民，反而疏遠了與他們的關係；根據「譴責共產黨」計畫，鄰里之間要相互揭發，忙碌腐敗的官員於是無休無止地干擾農民的生活，對吳廷琰的抵觸情緒由此產生。批評家和持不同政見者要麼被逮捕，送到「再教育營」，要麼保持沉默。由美國出資進口的大量商品被當作政治工具，都被慷慨地供應給了中產階級，以贏得他們的支持。由美國政治學家所做的一份研究報告指出，南越「正在成為一個永久的乞討者」，完全依賴外部的支持，並得出結論說，「美國的援助如同沙上建塔」。

農民的不滿為叛亂分子的行動提供了土壤。出生於南方，劃界分治之後一直留在後方的越盟成員組成了游擊隊，那些在南北分區之時跑到北方去的游擊隊員也加入了進來。他們在經過訓練和思想教育之後，又越過邊界滲透回來。到一九五九年，叛亂份子控制了越南南方的廣大地區。「如果你橫貫南越地圖刷上一筆的話，」一位情報人員告訴參議員曼斯費爾德說，「刷子上的每一根毛都會碰到一個越盟成員。」

同期的北越也有過不滿和叛離現象，部份原因在於南方切斷了大米供應造成糧食短缺，還部份原因則是共產黨的壓迫。在一九五六年一次向黨內同志公開認罪中，武元甲將軍承認說：「我們處死了太多誠實正直的人……採取恐怖手段……使用紀律處分……酷刑。」內部的壓力使河內政府過於糾結於領土上的問題，以至於無暇發動對南方的戰爭，但統一仍然是其固有的目標。一九五五年到一九六〇年間，在挫敗各種反抗行為及實現對北部的控制之際，河內擴充了軍隊，加強了訓練，儲存了中國援助的武器，並逐漸與南方叛亂份子建立了聯繫。

到一九六〇年，被西貢政府稱為「越共」——也就是越南共產黨——的約五千到一萬名游擊隊員，估計要在南越採取行動。南越軍隊根據美國的建議，主要沿南北分割線駐紮，以防止類似韓戰那樣的攻擊行動，而此時，叛亂份子則到處破壞，製造混亂。據西貢政府的消息，他們在過去的一年裡，暗殺了一千四百名官員和平民，綁架了七百人。吳廷琰最為嚴酷的措施，主要包括將恐怖份子、顛覆份子和「謠言傳播者」判處死刑；將農民聚居的村落搬遷到四周有防禦工事的村莊，但事實證明，所有這些都無濟於事。人們既不忠於吳廷琰，也不擁護共產主義，更對統一沒有興趣。他們想要安全，想要土地，想要收穫莊稼。「情況可以簡要概括為，」一九六〇年一月美國大使館記錄道，「事實上，當地政府總是用懷疑的眼光對待民眾，或者對他們採取強制和脅迫手段，而民眾只好用冷漠和怨恨予以回應。」

在這一年，包括十位前內閣成員在內的「進步與自由委員會」發佈了《十八人聲明》，要求吳廷琰辭職，政府要進行大刀闊斧的改革。吳廷琰將這些人全部逮捕。半年後發生的一場軍事政變試圖推翻他的統治，因為人們認為吳廷琰已經「證實自己無法拯救國家於危難之中，無法抵禦共產主義的進攻，無法維護民族團結」。在從西貢城外召集的部隊的幫助下，吳廷琰只用了二十四小時就將政變鎮壓了下去。華盛頓方面對他表示祝賀，並希望隨著力量的加強，他現在應該能夠著手「迅速實施根本的改革了」。美國人將自己的想法一五一十地告知吳廷琰，後面總要加以暗示，根據吳廷琰的「表現如何」決定是否繼續提供援助。然而，當改革沒有如期進行時，美國並未停止援助，因為害怕一旦撤回援助，吳廷琰就完蛋了。

一九五七年，蘇聯發射第一顆人造衛星進入距地面五六〇英里高的軌道，並以每小時十八萬英里的速度繞地球飛行，美國的信心再一次遭受打擊。在實現這一令人震驚的壯舉的前一年，蘇聯軍隊已經佔領了匈牙利；而杜勒斯只知誇誇其談，令美國處於消極被動狀態。在蘇聯發射人造衛星一年後，菲德爾・卡斯楚領導的共產黨取得古巴革命的勝利，雖然距離美國只有九十英里遠，但美國也只能同樣眼睜睜地看著古巴共產黨登上領導寶座。然而，遠在萬里之遙的越南共產黨卻被視為是對美國安全的直接威脅。

華府與西貢方面進行了磋商，制訂了反游擊或反叛亂計畫，以便協調美國機構與越南軍隊之間的工作。為此，軍事援助顧問團人數翻了一番，達到六八五名。新任大使艾爾布里奇・德布羅（Elbridge Durbrow）有些擔憂。他認為，假如沒有政治方面的改善，就不應該提供計畫所要求的更多的軍事援助，或者就不應該生效。但吳廷琰極盡死皮賴臉之能事：他的麻煩越大，他所要求並收到的援助就越多。在這樣一種依賴關係中，被保護者總能以倒臺或瓦解相威脅，實現對保護者的控制。

一九六〇年九月，共產黨在河內召開代表大會，號召推翻吳廷琰政權和「美帝國主義統治」。隨後在十二月，越南南方民族解放陣線成立了。雖然名義上是在南方成立的組織，但它與號召推翻吳廷琰政權和「美帝國主義殖民偽政權」的聲音遙相呼應，並打著慣用的「民主」「平等」「和平」與「中立」口號宣佈了一項馬克思主義社會改革的《十點方案》。就在新任美國總統約翰・甘迺迪就職之際，越南內戰爆發了。

四、「厄運難逃」（一九六〇—一九六三）

新一屆政府上臺了。他們設立了智囊團，多了些務實，少了些意識形態。然而這屆政府卻是二十世紀裡以最為微弱的優勢取勝的選舉，只比對手多出千分之五的選票。總統及其同僚們都是比較激進的人，受危機的刺激，急於採取積極措施。就記錄顯示而言，他們並未舉行特別會議，就所承襲的越南政策進行重新審視，也沒有就美國在越南所介入的程度或者所涉及的國家利益的深度進行反思。從卷帙浩繁的備忘錄中可以看到，儘管他們就各種選擇方案進行了無休止的討論，但從未從長遠角度考慮制定長遠戰略。相反，他們所制定的政策似乎總是朝令夕改，得過且過。當時在白宮任職的一位官員後來被問及美國一九六一年在東南亞的利益是如何界定時，他回答說：「很簡單，這是我們的既定方針，我們認為沒有問題，不容置疑。」這種既定方針就是不論哪裡出現共產主義，我們都要阻止其前進的步伐。而越南正是當時對抗的前沿陣地。如果不能在此阻止共產主義，下一次它就會變本加厲，更加強大。

早在擔任國會議員期間，年輕的甘迺迪就曾於一九五一年親自訪問過中南半島，並得出了對大多數美國觀察員而言顯而易見的結論，即要遏制共產主義向南部的推進，最為根本的是「在當地人心目中構築起他們對共產主義的強烈反感」。「偏離並無視固有的民族主義目標註定要失敗。」令人沮喪的事實是，在對越南所採取的長期的愚蠢行動中，自始至終，美國人都在不斷對結果做出預言，但在實際行動中卻將自己的深謀遠慮和真知灼見拋到九霄雲外。

一九五六年，甘迺迪已經逐漸趨向於「冷戰」的正統思維，越來越少談及「強烈的本土情緒」，更多地用各種隱喻談論骨牌：越南是「自由世界在東南亞的基石，是自由拱門的基石，是自由之壩的閘門」，在「因為共產主義紅潮流入越南」而將要倒下的一般鄰邦名單中，他加上了印度和日本兩個國家。華麗的修辭使他落入兩個陷阱：越南是「亞洲的民主試驗場」，是「檢驗美國在亞洲的責任和決心的工具」。

在甘迺迪入主白宮兩周前，蘇聯總理尼基塔·赫魯雪夫發表聲明說，民族「解放戰爭」將是推動共產主義事業前進的手段，從而向美國發起了在當時具有決定性的挑戰。他說，這些「正義的戰爭」，無論發生在古巴、越南還是阿爾及利亞，都將得到蘇聯的全力支持。甘迺迪在就職演說中對此進行了回應，說要在自由受到威脅的「最危急時刻」堅決捍衛之。此言一出，震驚世界。

不幸的是，第一次考驗就遭受了莫名其妙奇恥大辱般的慘敗。一九六一年四月，由艾森豪發起的這一行動試圖在豬玀灣將古巴從共產主義手中解放出來。這也是古巴流亡份子與中央情報局採取的聯合行動，但此次行動過於輕率，既缺乏足夠的手段，在計畫執行過程中又過於自信。儘管該計畫並非由甘迺迪制訂，但他在上任前聽取了相關彙報，並批准執行。這也是不得已而為之，因為在當時的情況下，執行該計畫比叫停這個愚蠢的行動更加容易，而這也是他的職責所在。此次入侵低估了對手的實力，也預示了越南戰爭的結局。事實證明，卡斯楚政權組織嚴密、精於防範、時刻警惕，隨時準備作戰。登陸行動很快就被發現並遭到激烈阻擊；原先預料的具有反共色彩的起義有的被有力鎮壓下去，有的根本就沒有發起。事實上，比起美國所支持的流亡者，卡斯楚更受古巴民眾的擁護，這一情形也將在越南重現。甘迺迪的意志令人欽佩，他做出了艱難的決定，派遣空軍和海軍陸戰隊參與救援，許多反政府武裝力量因而被消滅。新政府在執政的前三個月出師不利，促使其所有政府成員痛下決心，要在與共產主義的較量中證明自己的力量。

甘迺迪既非自由主義，也非保守派，但他思維敏捷，雄心勃勃，在高談闊論之時口若懸河，激情洋溢，往往令人心悅誠服，但他在實際行動中卻總是頗有紙上談兵之味道。在政府主要部門和白宮工作人員安排上，他傾向於挑選頭腦靈活、能力出眾，盡可能意志堅定的人以便符合他的要求。他們大多數四十多歲，與他年齡相仿，都不是羅斯福新政時期那樣的社會哲學家、革新派及理想主義者。在甘迺迪陣營中，他們通常把理想主義者與「懶蟲」或者「菩薩心腸」等詞彙聯繫起來。新政是另一個時代；世界大戰和「冷戰」迷霧重重，極右翼勢力甚囂塵上。而政府中的新成員，無論他們是羅德學者（Rhodes Scholar），還是哈佛大學和布魯金斯學會的學究，抑或是從華爾街、政界及法律界招募的成員，都要求注重實際，經驗豐富，作風強硬。儘管性格和能力千差萬別，但強硬的作風必不可少，這是甘迺迪團隊的工作基調，就像王宮上下圍繞著君主，或是工作團隊服從團隊領袖那樣，每個成員根據所任命的職位各司其職。

羅伯特・麥納馬拉（Robert Strange McNamara）是哈佛商學院高才生，「二戰」期間空軍「系統分析」奇才，後來更平步青雲，成為福特汽車公司總裁，是國防部長的出色人選。他思維縝密，從容自信，頭髮光滑平整，戴一副無框眼鏡，是「統計控制」管理專家，這一點他在空軍和福特汽車公司已經表現得淋漓盡致。任何可以量化的東西，他都可以信手拈來。儘管有人說他就像《舊約》裡的先知那樣真摯誠懇，但為了成功他可以冷酷無情；他是統計天才，人類所知的變數無不在他掌握。在他看來，大千世界也沒有不可預知的事物。物質就是工具和手段，他對此深信不疑，信心滿懷。他曾經在五角大樓的新聞發佈會上說，「我們有能力將任何一個組織或社團趕出二十世紀。」正是這種確定無疑地把握事物的稟賦，讓先後兩任總統都將其視之為不可多得的人才，並讓他去檢驗戰爭的好壞。

阿德萊・史蒂文生（Adlai Stevenson）儘管沒有被選為國務卿，卻也毫不遜色。由於做事深思熟慮，他被視為「哈姆雷特」式的人物，但他也像哈姆雷特一樣，猶豫不決，優柔軟弱——這是不可原諒的缺點。儘管黨內埃莉諾・羅斯福一派極力支持由他執掌國務院，但這一職務最終還是給了狄恩・魯斯克。魯斯克嚴肅穩重，審慎精明，少言寡語，並不契合甘迺迪的風格，但他有在國務院任職的經驗，同時擔任洛克菲勒基金會主席，而且，他絕不會像史蒂文生那樣，可能給總統製造難題。他在戰爭期間曾負責中國－緬甸－印度戰區的戰爭規劃，因此得到機會積累了一些美國在中國的作戰經驗。但是，這些經驗讓他產生了對中國共產主義明顯而又強烈的反感。在韓戰期間，魯斯克作為負責遠東事務的助理國務卿，曾堅定並錯誤地預測中國將不會參戰，因此，他對後來美國遭受的損失深感自責。

掌管國家安全委員會的麥喬治・邦迪（McGeorge Bundy）來自波士頓，在白宮擁有一席之地。此人沉著自信，做事無懈可擊，睿智果敢。他在格羅頓的同學說，他在十二歲時就準備當學校的校長。而實際上，他在三十四歲時成為哈佛大學校長。儘管邦迪在政治上屬於共和黨，且其家族曾兩次投票支持艾森豪而非史蒂文生，但這並沒有阻礙他的提名；對甘迺迪而言，這也是一個不錯的選擇，因為他也想與這樣受人尊敬的右派建立聯繫。如薄紙般的勉強委任，在參議院六個席位的微弱優勢，這些都讓甘迺迪覺得，本屆政府的問題將主要來自右派，因此他感到必須得採取主動。他任命約翰・麥科恩（John McCone）為中央情報局局長則是另一個更為極端的做法。約翰來自加利福尼亞州，是一位非常保守的共和黨百萬富翁，崇尚大規模報復行動，在舉止粗魯的（Neanderthal）參議員斯特羅姆・瑟蒙德看來，「美國之所以偉大，正是因為有麥科恩這樣的人物」。

總統的許多幕僚就像他本人一樣，曾經參加過第二次世界大戰，有的曾擔任海軍軍官和飛行員，有的做過轟炸機的轟炸手和導航員；而負責遠東事務的新助理國務卿羅傑・希爾斯曼（Roger Hilsman），曾在緬甸負責戰略情報局部隊，活躍在日本戰線後方。他們在戰爭中打過勝仗，戰後又有良好的職業發展，因此對成功習以為常，更希望在華盛頓有一番建樹。這些新來的佼佼者中，沒有一個是經過選舉擔任職位。權力和地位讓這些人及他們的隨從歡欣鼓舞；他們熱衷於處理政府的緊急事務，即便筋疲力盡也樂此不疲；他們喜歡稱自己為「危機管理人員」；他們盡職盡責，充分運用自己的技巧和智慧，被譽為「卓越超群、絕頂聰明」（the best and the brightest）的一個群體；而他們也會像之前和之後的人一樣，悲哀地發現，他們並沒有掌控局勢，而是深陷其中難以自拔。用他們其中的一員——加爾布雷思（J.K.Galbraith）的話來說：政府，只不過是人們基於「兩害相權取其輕」而做出的一種選擇。

五角大樓早先已起草了一份行動計畫，意在支持南越對抗民族解放陣線的鬥爭。甘迺迪上任不到十天就批准了該計畫，從而使美國的行動開始升級。根據該計畫，美國將增加人員和開支以訓練並裝備三萬兩千名越南國民警衛隊對抗游擊活動；同時給越南軍隊擴增兩萬人。總統之所以批准這項計畫，是因為蘭斯岱爾將軍在報告中說，越南民族解放陣線的活動日益頻繁。儘管蘭斯岱爾認為吳廷琰的統治是必要的，但他已經處於節節敗退狀態，對突如其來的戰鬥毫無防備，而且，他由於害怕交出權力，不願進行政治改革。他的越南顧問和美國顧問都不明白，要對付敵人的游擊戰和宣傳攻勢，不能僅靠簡單的軍事行動，戰略戰術也極其重要。甘迺迪在看了這份報告後說：「這是我們最糟的情況了，是嗎？」

蘭斯岱爾主張徹底改變顧問的角色，把「真正瞭解並喜歡亞洲和亞洲人」的那些經驗豐富、樂於奉獻的美國人派到越南，讓他們與越南人共同工作、生活，並「盡力影響並引導他們朝著美國的政策目標努力」。他就工作流程及人員派遣制訂了一個計畫。甘迺迪對該計畫非常感興趣，於是打算讓蘭斯岱爾本人來負責推進這項計畫的實施或負責一個跨部門的華盛頓對越特遣部隊，但這一想法遭到了國務院和國防部官僚們的抵制。蘭斯岱爾的計畫沒有付諸實施，但即便真的實施了，哪怕是滿懷真誠與同情，也不過是被迫完成一種使命，引導越南走向「美國的政策目標」，而不是越南人自己設定的目標。甘迺迪也意識到了這個缺陷及其可能導致的後果，因此他說：「如果這場戰爭演變成為白人的戰爭，我們就會像十年前的法國人一樣，以失敗告終。」這是一個經典案例，即人們在計畫中看到了事實真相，但是在實際行動中卻沒有參照執行。

包括外籍軍團在內，裝備精良的法國軍隊敗給了身材矮小、皮包骨頭、衣衫襤褸的亞洲游擊隊，而美國人居然未能從中吸取任何教訓，這是當時人們巨大的困惑之一。奠邊府戰役怎麼就被如此忽略了呢？當曾經報導過法國在越南戰爭的哥倫比亞廣播公司的記者大衛・舍恩布倫（David Schoenbrun）試圖讓總統認識到戰爭的現實，告訴他每年犧牲的法國軍官的數量相當於法國聖西爾軍校一屆的畢業生時，總統回答說，「舍恩布倫先生，你說的是法國人。他們在為殖民地而戰，為一個不光彩的事業而戰。而我們是為自由而戰，是為了將越南人從共產黨和中國人手中解放出來而戰，是為他們的獨立而戰。」美國人自認為他們「不一樣」，但他們忘了，他們也是白人。

在捨棄了蘭斯岱爾方案後，美國定期增派人員到軍事援助顧問團，使人員數量增加到三千多人，從而加快執行訓練計畫；與此同時，美國還從位於布拉格堡的特種作戰訓練中心抽調了四百人，派遣到越南參與鎮壓叛亂。這一行動違反了《日內瓦公約》，但美國認為，北越也越境向南越滲透武器及人員，因此這樣做也無可厚非。

甘迺迪入主白宮後，軍事理論和軍事戰略經歷了重大的轉變。艾森豪執政時期，軍方奉行「大規模報復（massive retaliation）」思想，並以此為基礎制訂了一系列計畫，因為他們聲稱這樣可以快速解決問題，而且還能夠減少投入。甘迺迪對此深感震驚，於是和麥納馬拉轉而在主張防禦的學者的新學說中尋求理論基礎，這就是他們的有限戰爭理念。該理念的目的不是征服，而是壓制；只有經過合理的計算和評估以後才會使用武力改變敵人的意願和能力，從而讓他們認識到「結束衝突遠比繼續衝突有利得多」。這樣就等於向敵方傳遞一種訊息，而敵方在面對自己哀鴻遍野、斷壁殘垣的局面也會做出理性的回應，從而結束自己的敵對行動，就此實現了對戰爭的理性「管理」。這一理論的奠基者威廉・考夫曼（William Kaufman）寫道，「我們已經進入一個受理性約束的時代。」這種情形正好契合積極宣導理性管理的國防部長麥納馬拉。然而，事物的另一面卻被遺漏了。戰爭是具有兩面性的，如果另外一方對我們所傳遞的壓制訊息不是以理性的方式來回應會怎麼樣呢？麥納馬拉並不太瞭解人性因素，人類行為有時並不是理性的，它們荒誕怪異，難以捉摸，因此沒有成為分析考量的要素。

由於赫魯雪夫對解放戰爭的質疑，有限戰爭理論的副產品出現了——反亂作戰。這一理論在甘迺迪執政時期風靡一時，而總統本人也是這一理論的宣導者。他那些一貫謹言慎行的幕僚對這一理論大加讚揚。這表明他們已經清醒地意識到對抗形勢已經今非昔比。他們將在叛亂者的領土上與他們針鋒相對，應對發展中國家因叛亂而滋生的社會和政治問題，就像輝格黨人迪斯雷利曾經說過的，趁共產黨人沐浴之際，拿走他們的衣服。

受蘭斯岱爾報告的激發，甘迺迪閱讀了毛澤東和格瓦拉有關游擊戰的論述，並要求在軍隊中傳閱。

他下令制訂了一項反叛亂特別計畫，意在讓「美國政府上下都意識到，顛覆性叛亂（解放戰爭）是政治軍事衝突的主要形式，它與常規戰爭具有同等的重要性」。這一理念需要在對美國武裝力量及國外民間機構進行組織、訓練和裝備中反映出來，以確保制定並順利實施預防、擊敗叛亂或間接侵略行動的方案，尤其是越南、老撾和泰國。在發現布拉格堡的招募人數還不到一千人後，總統下令將這一任務進行擴展，恢復了綠色貝雷帽特種部隊，以其作為新方案的標誌。總統特別軍事代表麥斯威爾・泰勒（Maxwell Taylor）將軍對這一理念進行了不遺餘力的宣傳，其他人也如信徒般對其進行大力傳播，甚至連身為總檢察長的羅伯特・甘迺迪也毫不例外。

來自麻省理工學院的教授沃爾特・羅斯托（Walt Rostow），位居國家安全委員會二把手。此君能言善辯，就該理論和方法發表了大量論文。一九六一年六月，在布拉格堡的畢業演習上，他談到游擊戰爭，將第三世界的「革命過程」稱為「現代化」，並將其納入美利堅體系之中。他說，美國致力於這樣一種信念，即「應該允許每個國家根據自己的文化和願望塑造其想要的現代社會」，美國尊重「每個社會的獨特性」，尋求讓各國都「挺直腰板……保護自己的獨立自主」，並承諾「保護目前正在前進中的革命進程的獨立性」。這就是美國的真正原則，連湯瑪斯・傑弗遜本人也沒有如此完美地表述過，羅斯托在這裡講了出來，但他始終認為這些原則在實踐中是相互矛盾的。

儘管該理論強調採取政治措施，但在實踐中，人們往往會採用軍事手段對叛亂活動進行鎮壓。軍方並不歡迎來自精英階層的命令，也不喜歡他們的例行事務受到干涉，他們的任務就是訓練軍人進行操練射擊，改革只會妨礙他們的日常活動，因此他們打心眼兒裡並不太贊成這一理論，這樣在實際操作中，對叛亂進行壓制的行動並不能達到該理論所設想的良好效果。所有的話題都圍繞「贏得人民對他們政府的擁戴」，但是，如果一個政府指望由外人幫其贏得人民對它的愛戴，這樣的政府不要也罷。

事實上，美國和吳廷琰為這些無動於衷、異化疏遠的人們做了些什麼呢？防洪、農村開發、青年團體、貧民窟整飭、沿海運輸的改善、教育援助等等，都是美國援助計畫的內容，所有這些都值得去做，但這些並沒有解決實質性問題。要成功地應對叛亂，就得將土地和財產、官吏和黑手黨手中的權力重新分配給農民，解散佈滿西貢監獄的安全部隊。總而言之，就是要改造舊政權，開創新事業，就像蘭斯岱爾所說的那樣，「其對人民的吸引力遠遠勝過共產主義事業」。但是，吳廷琰和他的家人，尤其是他的弟弟吳廷儒和弟媳吳夫人，以及他們統治階層的成員，都沒有這樣的意向，他們的美國後臺也無意為之。

美國仍然要求實行改革，並以此作為提供援助的交換條件，就好像那種可以「贏得人民擁護」的意義深遠的改革幾個月內就可以完成似的。西方國家政府用了二千五百年的時間，才開始從窮苦人民角度出發考慮問題，而東方國家這種改變的步伐還要緩慢得多。吳廷琰之所以從未對美國要求其改革的呼聲予以回應，是因為改革與他自己的利益相左。他抵制改革的原因與文藝復興時代的教宗如出一轍，因為這樣只會削弱他的絕對權力。美國堅持要求他獲得民眾的支持，在他看來不過是聒噪之音，與亞洲的情況毫無關係。亞洲國家的領導人認為服從政府是公民的義務；而在西方民主社會，政府是公民的代表。這二者沒有交集，也不可能有。然而，由於南越是共產主義事業的障礙，美國對顯而易見的現實情況視而不見，堅持要使吳廷琰政府不辜負美國的期望。對這種「堅持謬誤」的用處，艾德蒙・柏克曾經說過：「我實在看不出來。」

隨著「失去」老撾這一危機的爆發，一九六一年五月，參謀首長聯席會議建議如果要阻止共產主義席捲東南亞，就應部署足夠的美國部隊以阻止北越和中國的行動，並協助訓練南越部隊，使他們更積極地投入反叛亂行動。在五角大樓，人們開始討論「一旦美國承諾派遣軍隊到越南，應派出多少兵力，採取何種建制」。這只是個應急計畫，因為這年夏天人們關注的焦點是老撾而非越南。

老撾就是隻騷動的老鼠，這個狹長的內陸山地國家，橫亙於越南和泰國之間，人口據信不超過兩百萬，這裡活躍著另一個共產主義幽靈，那就是巴特寮（Pathet Lao：一九五〇年建立的老撾左翼民族主義集團。）巴特寮是越盟在老撾的翻版，也信奉民族共產主義。因為老撾北部與中國接壤，南部與柬埔寨相接，它作為一條長廊，在外人看來，著實是個戰略要衝，因為在未來某一天，胡志明和毛澤東的共產黨人可能會經由該走廊，洶湧而來，將他們的紅色浪潮向前推進。老撾人民過著悠閒自在的生活，幾個政權之間的鬥爭和更迭並沒有對他們造成嚴重的干擾。在這些勢力集團中，實力最強的當屬梭發那・富馬親王（Prince Souvanna Phouma），他是老撾的合法統治者，曾在「冷戰」期間保持中立；其次是他的同父異母兄弟，巴特寮集團的領導者，也是位親王；第三位靠政府供養的是美國的代理人，任職已經頗有一段時間，是由中央情報局操控上臺的，但後來遭到了罷黜。

因為這對同父異母的兄弟正在協商成立聯合政府，老撾從而有可能成為中立國家，巴特寮也可能控制山中的通道，因此在艾森豪和杜勒斯執掌白宮時期，老撾突然成了東方的小魯里坦尼亞王國（Ruritania：虛構的浪漫的王國。）——「自由世界舉足輕重的要素」、「抗擊共產主義的要塞」、「維護自由的堡壘」。美國的金錢和物資被源源不斷地送來，令老撾的統治者眼花繚亂。在甘迺迪總統就職典禮之前，艾森豪在其述職報告中認為老撾是第一張骨牌，他說：「如果我們讓老撾淪陷，我們就不得不放棄整個東南亞地區。」他建議盡一切努力說服東南亞條約組織成員加入共同行動，但如果他們不同意的話，就得考慮「我們單獨進行干預」。由於老撾地形複雜，美國駐太平洋的海上和空中力量無法到達，因而顯然難以展開有效的戰鬥。艾森豪曾反對介入比老撾更容易抵達的越南，此番言論與之前形成巨大反差，說明老撾有些特別之處令人欲罷不能。

局部的狂熱有時也會令國際關係陡然升溫，到一九六一年，當地局勢已經演變成為由一系列陰謀所引發的危機。老撾聯合政府威脅要宣戰，英國和法國懇請援用《日內瓦協定》，並隨之在日內瓦重新召開了有十四個國家參加的會議。在華府，總統召集人員在白宮開會，從白天一直持續到深夜。對僅僅幾天前的豬玀灣慘敗仍心有餘悸的甘迺迪，決心要向世人表明，美國反對共產主義的行動絕非妄言，如果聯合政府能夠成功，就得儘量防止右翼的公開抗議。他授權第七艦隊進入南中國海，派遣直升機和作戰部隊進入泰國，並命令在沖繩的美國軍隊保持警戒。

參謀首長聯席會議新任主席萊曼・萊姆尼策（Lyman K. Lemnitzer）將軍向總統建議，如果中國和北越膽敢干涉的話，可以用核武器予以遏制，這讓甘迺迪頗為震驚，因為他覺得應該更加冷靜地看待這個問題。他決定接受老撾的中立立場，並允許梭發那・富馬親王重掌權力，同時還派資深外交官威廉・埃夫里爾・哈里曼（William Averell Harriman）前去日內瓦就此簽署相關協定。該方案之所以可行，是因為一方面，蘇聯和美國都能夠接受；另一方面，老撾也希望獨善其身，不想參與戰爭。儘管讓老撾保持中立阻斷了外部勢力干預的可能，但這一做法也帶來了負面效應：讓巴特寮保持原狀令該地區東南亞條約組織國家產生了疑慮，他們開始懷疑美國是否會堅定履行在亞洲抗擊共產主義的承諾。由於大張旗鼓的宣傳，這些疑慮深深觸動了即將到訪的副總統林登・詹森。

一九六一年五月，詹森被派往臺灣、南越和東南亞條約組織周邊國家，重中美國對這些國家和地區的支援。副總統對外交事務不怎麼感興趣，相關經驗也少之又少，但是作為參議員和多數黨領袖，他又不得不去關注這些問題，因此他調整了自己的態度，以適應傳統的「冷戰」思維。詹森最關心的不是外交事務，而是他自己的升遷，且他的思想和行為也被「冷戰」思維所左右。他的公開聲明都是針對最底層的普通民眾，比如在西貢時，他宣稱吳廷琰是「亞洲的邱吉爾」。他給總統的報告倒不是如此荒唐，他建議勇敢堅定地進行干預。他已經準備好讓美國擔負起對亞洲的責任。「亞洲人在維護東南亞自由方面所作所為的關鍵，」他寫道，「就是對美國的信心。美國在東南亞的領導作用不可替代。實現對單個國家的領導……主要基於對美國的實力和意志的瞭解和信任。」儘管這番言語幾乎完全忽略了亞洲領導者賴以生存的根基，但卻充分表達了對美國無所不能的力量的讚頌，因為美國就是據此在「二戰」後崛起的。我們曾經遠渡重洋，粉碎了德國和日本的戰爭機器，恢復了歐洲的秩序，實現了對日本的統治，因此，我們是橫跨兩個半球的保羅・班揚（Paul Bunyan：美國民間傳說中的伐木巨人）

「我建議，」詹森繼續強調說，「我們應該立即行動，大力幫助這些國家捍衛自己的主權……我還要再次強調，在這次任務之後，其他的措施、行動和努力要立刻跟進，這一點非常重要。」當然，這裡他指的應該是軍事行動。他採取了平時並不經常主張的現實主義的態度，建議說，在做出決定的時候「必須充分意識到美國在人力、物力方面所做的持續的大量投入，以及美國的威望」，而且，「在某些時候，我們可能還要做出進一步的決定，即一旦我們的其他努力前功盡棄，我們是要向該地區派遣大批美國軍隊，還是為減少損失而大舉撤退」。

他警告說，「毫無疑問，事態最近的發展已經在老撾產生了深遠的影響……讓人們對美國在整個東南亞的意圖產生了懷疑和憂慮。」東方人講話習慣於拐彎抹角，得透過一大堆模棱兩可的話揣測其意圖，有時往往還不得要領，詹森顯然不諳此道，對聽到的話不假思索，信以為真，所以敦促說他的使命

「必須要產生立竿見影的效果」，這是「極其重要的」。他還建議「通過富於想像力地運用美國科學和技術能力」，來戰勝「真正的敵人」——饑餓、無知、貧窮和疾病，並總結說，「在東南亞抗擊共產主義的戰鬥必須要有實力和決心才能取得成功，否則，美國必將不可避免地放棄太平洋，從而把防線撤回到舊金山。」這裡，他不僅將六千英里的海洋，還將沖繩、關島、中途島和夏威夷一併棄之九霄雲外。

這裡混合了各種美國特色的想法。這種要麼擊敗共產主義，要麼放棄太平洋的簡單化思路，可能沒有對總統產生影響，因為他根本就不贊成副總統的做法，而後者也不支持他。但有人對美國的堅定態度表示懷疑，這令詹森頗有些不快，但由此也引發了美國的信用危機。隨著這一問題的發酵，到最後我們的所有行動似乎都是圍繞這一問題了。

信用問題始於那年夏天的柏林危機，當時甘迺迪剛與赫魯雪夫在維也納舉行了一場會談，雙方劍拔弩張，火藥味十足，隨後甘迺迪對詹姆斯・賴斯頓說，「現在有個問題，得讓人相信美國的實力，越南似乎是個不錯的選擇。」但越南從來就不是理想的選擇，因為美國政府本身從來就沒有完全相信自己所做的一切。與柏林的對比再清楚不過了。那年七月，甘迺迪這樣說道：「我們不能也將不會允許共產黨人逐漸或以武力把我們趕出柏林。」根據他的幕僚的說法，他自己已經下定決心，為此不惜冒戰爭甚至核戰爭的風險。儘管所有人都信誓旦旦，但在美國政策中，越南從未有過與之相當的地位；而與此同時，美國歷屆政府中也沒有一個願意放棄越南。正是這種政策的矛盾和彷徨，令美國各種努力左右搖擺，舉棋不定，而始作俑者正是甘迺迪本人。

用助理國防部長保羅・尼茲（Paul Nitze）的話來說，從柏林危機中我們看到的另外一個事實就是，「最重要的一點在於，保衛柏林對於西方的價值遠遠超過奪取柏林對於蘇聯的價值。」他的評論或許讓我們認識到對於為保家衛國長期奮戰的北越而言，贏得對國家的掌控對於他們的要義，遠遠高於挫敗他們的種種努力對於美國的價值。他們是在自己的土地上戰鬥，並決心最終成為這片土地的主人。不論是好是壞，河內當局對目標堅定不移，也正是因為它不屈不撓，它終將可能佔據上風。不論尼茲還是任何其他人，都沒有覺察到這種對比。

一九六一年八月，記者希歐多爾・懷特（Theodore White）在給白宮的信中寫道，南越的「情況每況愈下，一周比一周糟」，這讓他想到了重慶。「游擊隊現在幾乎控制了所有的南部三角洲，即使在白天，如果沒有軍隊護送，就沒有美國人願意開車把我送出西貢。」這與軍事援助顧問團現任團長的萊昂內爾・麥加爾（Lionel McGarr）將軍的「悲觀評估」如出一轍，而據將軍估計，吳廷琰只控制著南越百分之四十的土地，其百分之八十五的軍隊不得不整日疲於應付叛亂分子。

懷特在信中進一步說，「政治格局將會發生嚴重動盪」，而令他自己都迷惑不解的是，與此同時，二十英里之外，「二十至二十五歲左右的年輕人卻還在西貢夜總會裡笙歌豔舞，盡情娛樂」。「共產黨那邊倒似乎有人甘願為他們的事業而犧牲。」這種差異也開始令其他觀察員感到不安。最後，懷特問道如果我們決定進行干預，「我們有適當的人員嗎？我們有適當的器械嗎？我們對至關重要的問題進行了適當的澄清和說明嗎？」

甘迺迪舉棋不定，但還是派出第一個使團對越南情況進行評估，這也是眾多高級官方使團中最為出名的一個。後來，國防部長麥納馬拉在兩年當中去了不下五次，而稍低級別的使團則像蜜蜂進出蜂房一樣來往穿梭於西貢。美國大使館、軍事援助顧問團、情報和援助機構都早已在越南駐紮並定期向國內彙報情況，但華盛頓方面仍然要求提供源源不斷的新的評估，這足以證明白宮在越南問題上猶豫不決。

一九六一年十月，應吳廷琰的請求，由麥斯威爾・泰勒將軍和沃爾特・羅斯托所率領的使團奔赴越南。吳廷琰請求簽署雙邊防禦條約，並且可能的話，引入美國作戰部隊，而他此前一直是反對這麼做的。越南南方民族解放陣線的進攻一浪高過一浪，很有可能穿越老撾邊界，這讓他寢食難安。儘管甘迺迪徘徊不定，但為了美國在越南的聲譽，他於此時贊成美國加強工作力度，並希望得到肯定而不僅僅是情報，他在使團的選擇上不就是這樣嗎？選擇泰勒的目的顯然是為了在軍事方面做出評估。泰勒英俊倜儻，彬彬有禮，加上一雙敏銳的藍眼睛，被公認為「軍人政治家」。他能講幾種語言，時常引述波里比烏斯和修昔底德的著作，並且還寫了一本書，題為「飄忽不定的喇叭聲」。第二次世界大戰期間，他曾指揮第一〇一空降師，擔任過西點軍校的負責人，在韓戰中曾接替李奇威，在杜勒斯主政白宮的後期擔任過參謀首長聯席會議主席。由於不贊成大規模報復思想，他在一九五九年退休，擔任紐約林肯表演藝術中心主任。這樣一位博學涵養之士自然受到甘迺迪的關注。然而作為一位智慧超群的將軍，而非王公權貴，他的想法和建議卻往往有些因循守舊。

與他同行的沃爾特・羅斯托（因沃爾特・惠特曼而取此名）堅定地相信美國有能力引導並開發貧窮落後的國家。在「鷹派」這個詞出現之前他就已經是一個遏制共產主義的鷹派，並早就提議向越南派遣二萬五千名美國士兵。在歐洲戰爭期間，他的任務是選定目標，從那時起，他就非常信奉空中力量。但是，戰後對戰略轟炸的效果所做的調查發現，空中力量的有效性尚無法確定。羅斯托是個實證主義者，一位潘格羅斯博士式（Dr.Pangloss）的人物，正如一位同僚所描述的那樣，即便得知曼哈頓受到了核攻擊，他也會向總統彙報說，市區重建的第一階段已經完成，而且沒有花財政部一分錢。由於學生時代曾參加過左翼活動，他進出白宮的安全許可總是被無端延誤，甘迺迪為此抱怨說：「為什麼他們總是找沃爾特的碴，說他是個軟蛋？天呀，他可是我手下最偉大的冷戰鬥士。」為了推進他的越南計畫，他會找出種種理由，這已是意料之中的事情。

十月十八日至二十五日，由國務院、國防部、參謀首長聯席會議和中央情報局官員組成的代表團對南越進行了一周的訪問，然後飛往菲律賓，並在那裡撰寫報告。這份文件連同泰勒發給總統的「絕密」電報，以及代表團其他成員的附件和補充，徹底否決了之前各種管道所做出的一致結論。報告可謂面面俱到，結合了正反面的觀點，既有悲觀，也有樂觀。總體來說，在列出了許多限定條件後，報告認為，要將「拯救南越」計畫付諸實施，只有派遣美國軍隊深入腹地，從而雙方才會相信我們是嚴肅認真的。報告建議立即部署八千名美軍士兵，「以阻止南越政權的頹勢」，同時，「組織大規模聯合軍事行動以應對越共的侵略」。這份報告相當準確地預見到了後果：美國已經捲入其中，並將越陷越深；如果我們的最終目標是消除南越的叛亂活動，「那我們承擔的義務可能將永無止境（除非我們進攻在河內的叛亂源頭）」。這裡，無論是兩種情況中的哪一種，報告已經指出了未來的軍事問題。

該報告還包含了其他一些同樣過於簡單的結論，需要認真加以甄別。儘管泰勒並沒有查看過敵人的地形地勢或他們的工業基地，但他卻在報告中說，越南北部「極易受到常規轟炸」。還很少有人像他這樣僅憑想像就在軍事方面做出判斷。

報告將河內政府界定為越過「國際邊界」的侵略者，並選用了自己發明的言辭來描述越南問題。《日內瓦宣言》早就明確指出，南北越分界線只是「臨時性的」，不應被理解為「政治或領土的邊界」。艾森豪也曾明確承認這一點，別無它解。然而，像「至關重要的」國家利益一樣，「國際邊界」也是決策者的發明之一，他們用這些詞來證明干預的合理性，甚或就是讓他們自己相信他們並非無中生有。羅斯托在布拉格堡的講話中早就使用過這一措辭。而在泰勒之後的三個月，魯斯克又在一次公共演講中繼續使用該話語，並且這次更有過之而無不及地使用了跨越「國際邊界」的「外來侵略」這樣的表述。通過再三使用，分界線搖身一變，成為國際邊界，並最終演變成為規範用語了。

報告認為南越的軍事表現「令人失望」，並例行公事般地承認「只有越南人可以打敗越共」。本著這樣一種態度，泰勒認為美國人「作為朋友和夥伴，可以教他們如何完成目標」。美國人就是憑著這種錯覺和挑起這份擔子而盡力地投入了越南事務。

被選中的顧問們就這樣擬定了軍事干預應該要遵循的模式。沒有人像當年李奇威那樣立場鮮明地表示反對。使團中來自國務院的成員在附件中對情況的描述，是隨著越共取得越來越多的勝利，形勢在不斷「惡化」。他們還指出共產黨是從社會的最底層，即村莊開始發動工作，這才是「決定戰爭勝負的關鍵」所在；除非「美國畢其功於一役，消除越共的威脅」，否則即便外國軍隊能夠提供幫助，他們也無法贏得這場戰鬥。然而，該份報告的執筆人，跨部門越南特遣部隊主席斯特林・科特雷爾（Sterling Cottrell），完全支持泰勒和羅斯托提出的參與更深的方案。下級官員通常寧可附和上司的意見，也不願承認這種輕而易舉就能夠推斷出來的結論。

儘管國防部長魯斯克信誓旦旦地表示要阻止共產主義，但他也認為，為了他所稱的「一場失敗的戰爭」而令美國深入泥淖實在不可取，而且會因此影響美國的聲譽。越南方面的危機讓他如坐針氈，因為在另外一個場合，在參議院外交關係委員會做證時，他面對鏡頭侃侃而談，表述了自己的想法。在他看來，美國總是與孱弱的舊政權結成盟友，因此，美國需要下定決心，「當你內心深知那個舊政權已經風雨飄搖、日暮西山時」，在什麼情況下，「你能夠或者還應該繼續為它付出」。對於美國的外交政策，還從未有人問過這麼意義重大的問題，而最終也沒有人回答這個問題，這也在意料之中。

包括麥納馬拉在內，各部門對泰勒的報告褒貶不一。多年的訓練和思維習慣讓麥納馬拉堅定地認為，只要有必要的物資和裝備，再輔以對相關因素正確無誤的統計分析，就沒有完成不了的任務。他和參謀首長聯席會議在回應中指出了最根本的一點，軍事干預需要釐清明確的目標，在越南問題上，這一目標就是要防止南越落入共產主義手中。考慮到蘇聯和中國可能做出的反應，他們估計需要派遣至多六個師或二十萬五千人的部隊。同時還要警告河內，如果他們繼續在南越支持越共的叛亂活動，美國「將對北越發動報復性打擊，以示懲罰」。

甘迺迪對採取軍事行動非常謹慎，並且可能曾口頭要求對建議進行修改。麥納馬拉心領神會，重新考慮了一下，隨後與魯斯克聯合提交了第二份備忘錄。在該備忘錄中，他們建議暫時推遲作戰部隊的部署，但應做好準備，以便伺機而行。兩位部長的想法不盡相同，但是在備忘錄中，他們都認為不論選擇兩種方案中的哪一種，如果南越方面不全力以赴，「面對冷漠無情、虎視眈眈的人民大眾，單憑美國軍隊的力量難以完成自己的使命」。另一方面，南越如果淪陷，將會「損害美國在其他地方的威望和聲譽」，並「引發國內的爭議」。這種避重就輕、模棱兩可式的宏觀大論，正好符合甘迺迪猶豫不決的態度。一方面，他對「白人戰爭」的效果心存疑慮；另一方面，泰勒曾告誡過他，增援部隊將會不可避免地面臨壓力，因此，他並不希望萬里之遙希望渺茫的一團亂麻成為他所領導的美國政府的羈絆。然而要想隔岸觀火、袖手旁觀，往往只會雪上加霜，因為這樣的話，國外會對美國的庇護能力喪失信心，而國內也會指責政府在對抗共產主義問題上軟弱無能。

甘迺迪天性謹慎，做事往往瞻前顧後。起初，他聽取建議同意推遲部署作戰部隊，從而避免明確地表達反對意見，因為那樣很可能會引起右派的暴怒。他通知吳廷琰，美國將派遣更多顧問和工程部隊，希望他們能夠「激發」越南人民的鬥志，從而更加勇往直前地戰鬥，因為「任何額外的援助都無法替代越南人自己的努力」。派遣作戰部隊的方案就這樣被暫時擱置起來。對於經常提及的政治和行政改革，總統要求「具體展示」一下所取得的進展，並提醒說，「白人軍隊更適合做顧問的工作，而不是找出混跡於越南人中間的越共分子」，這一點毋庸置疑，但卻十分虛偽，因為這正是前去平定叛亂的特種部隊所肩負的使命。甘迺迪向吳廷琰保證說，「我們願意幫助越南共和國保護本國人民，維持其獨立自主的狀況。」他用這種模糊但又模糊得不夠徹底的語言將自己禁錮起來。實際上，他堅持既定目標，卻未採取任何行動。

按照美國大使的說法，吳廷琰氣急敗壞，「似乎想要知道，美國是否準備撤回對越南的援助，就像我們在老撾所做的那樣」。美國必須要維護自己的聲望，阻止局勢的惡化。在沒有任何明確的決定或任務計畫的情況下，部隊就出發了。美軍顧問團需要作戰部隊支援，空中偵察需要戰鬥機護航和直升機編隊，應對叛亂需要六百名綠色貝雷帽士兵訓練越南人如何與越共作戰。裝備也要同時跟進——突擊登陸艇和海軍巡邏艇、裝甲運兵車、短距離起飛飛機和運輸機、卡車、雷達裝置、匡塞特小屋（Quouset huts）和機場等。所有這些都用來為南越（越南南方軍）的作戰提供支援，但需要配備美方人員進行操作，他們無可奈何地捲入了這場你死我活的戰爭。當美國特種部隊指揮南越軍隊抗擊游擊隊並遭遇炮火時，他們也英勇還擊。而武裝直升機在受到敵人攻擊時也毫不示弱地予以反擊。

一個訓練指揮部已經難以支援日益頻繁的軍事活動。一九六二年二月，由三星上將保羅・哈金斯（Paul D.Harkins）擔任總指揮的越南軍事援助司令部取代了軍事援助顧問團。在朝鮮戰爭中，保羅曾擔任麥斯威爾·泰勒的參謀總長。如果要確認美國參與越南戰爭的開始時間，那麼就應該是後來眾所周知的軍事援助司令部的組建之日。

一九六二年年中，美軍在越南的人數有八千人；到年底，超過一萬一千人；十個月以後，達到了一萬七千人。從營到師和參謀總部的各個級別，美國士兵與南越政府軍部隊並肩作戰。他們策劃軍事行動，與越南軍隊一起深入戰場，每次六至八周的時間。他們用飛機運送部隊和補給，在叢林中修建跑道，駕駛直升機執行救援任務，指揮醫療隊伍疏散傷病人員，訓練越南飛行員，協調炮火和空中支援，在西貢北部指揮打擊敵人的飛機。他們也遭受重創：一九六一年死傷十四人，一九六二年死傷一〇九人，一九六三年死傷四八九人。

這是一場總統發起的戰爭，並沒有經過國會的授權。由於總統斷然否認或顧左右而言他，所以儘管有人注意到了蛛絲馬跡，但公眾對這場戰爭還是知之甚少。共和黨全國委員會指控甘迺迪政府在美國干預越南的問題上沒有「對美國人民開誠佈公」。而當有人問道，現在是否還不到「撕下顧問的虛偽面具」的時機時，甘迺迪顯然被激怒了，並在一九六二年二月的一次新聞發佈會上回答說，「按照我們通常理解的詞義來說，我們尚未派遣作戰部隊。我們只是擴充了顧問團，加強了後勤保障……」就其「盡可能坦率」的態度而言，這一表述與屢試不爽的托詞「我們在該地區的安全需要」一脈相承。這當然沒有令公眾滿意。「美國現在在南越已經不宣而戰，」詹姆斯·賴斯頓（James Reston）在同一天寫道，「除了美國人民以外，蘇聯人、中國共產黨人和其他所有相關人員早就對這一點十分清楚了。」

美國的援助在加強越南戰鬥力、鼓舞越南士氣方面曾經一度卓有成效，令他們在一系列戰鬥中勢如破竹。由吳廷琰的弟弟吳廷瑈發起的「戰略村」計畫，在當年廣為稱頌，並受到美國方面的高度重視，儘管這一計畫沒有為吳廷琰政府贏得廣大農村村民的擁護，但在許多地區成功地將越共擊退了。「戰略村落」計畫的目的在於切斷游擊隊與人民群眾的聯繫，使他們缺衣少食，無法招募新兵，為此，它要將大約三百戶人家強行搬遷到四周壁壘森嚴的「農莊」。這些村民大多衣衫襤褸，兩手空空，而他們的房屋也被焚燒殆盡，夷為平地，防止被越共人員用來遮風擋雨。儘管安土重遷，鄉音情重，但該計畫不僅對此沒有理會，還強行徵用勞動力修建「農莊」。雖然經過精心策劃並被寄予厚望，但該「戰略村落」計畫在為他們帶來安全感的同時也疏遠了與人民群眾的情感。

隨著美國派出更多使團，加強對南越政府軍的指導，越共的叛逃人數越來越多，很多根據地因此被丟棄，南越軍隊由此恢復了信心。一九六二年西貢政權大獲全勝，但令人意想不到的是，也就是這一年，它將走上窮途末路。美國人的樂觀情緒不斷膨脹，軍隊和使館發言人所發佈的聲明也信心滿懷，人們認為戰爭已經「轉危為安」。越共與南越政府軍的傷亡比率估計是五比三。哈金斯將軍始終看好戰爭前景。國防部長麥納馬拉在七月的一次考察中的講話頗有代表性，他說，「每一項定量測量都表明，我們正在贏得這場戰爭。」回國途中，他參加了設在檀香山的太平洋司令部的一次軍事會議，會上他提出計畫，到一九六五年逐漸撤出美國在越南的軍事行動。

而在戰場上，上校軍官、非指揮人員及新聞記者對戰爭形勢疑慮重重，加爾布雷思也是其中之一。此人在一九六一年十一月，也就是泰勒報告出爐之際，被派往印度出任大使。途中，甘迺迪讓他在西貢做短暫停留，對當地局勢再做一次評估。加爾布雷思感覺甘迺迪想要一個負面的報告，於是便毫不留情，直陳時弊。當地的情況確實「一團亂麻」。吳廷琰的部隊是「毫無鬥志的散兵游勇，許多人佯稱生病消極怠戰」。地方部隊指揮官既是軍事首領，又是當地政府首腦和政治領袖；有關叛亂活動的情報根本就「子虛烏有」。吳廷琰處心積慮，防止可能推翻他的政變發生，但對越共給國家造成的危害卻置若罔聞，使得政治上的情形像「一潭死水」。他領導的政府軟弱無能，無人擁戴，嚴重影響了美國援助的效果。當吳廷琰的車隊通過西貢時，其舉動讓人聯想到日本天皇，「沿街所有晾曬的衣服都要收起來，所有窗戶都必須關上，居民必須待在家裡，所有的街道都被清場，車隊四周有一大群摩托車手保護他快速通過」。吳廷琰「既不會有效推行行政改革，也不會推行政治改革」，因此美國用承諾援助來換取改革的努力只能是癡人說夢。「改革對他而言實在是勉為其難，如果對他寄予厚望只能說明政治上的幼稚可笑。在吳廷琰看來，他絕不能放權，因為那樣一來，他就會被掃地出門。」

加爾布雷思認為，對任何施壓派遣美國軍隊的行為都要堅決抵制，因為「這種致命的弱點不是我們的士兵應該處理的問題」。他並不贊成吳廷琰不可替代這種說法，但除此之外，對於「我們目前所處的困境」，他也沒有良好的解決方案。他認為儘管沒有人能保證安全平穩的過渡，但當務之急是更換吳廷琰，推倒重來，「我們現在已經是厄運難逃」。

同樣是在一九六二年三月，他寫信敦促美國政府，對於與河內可能達成的任何政治解決方案，美國都應該持開放態度。一旦出現這樣的機會，就要「立刻抓住」。他認為尼赫魯將會助一臂之力，或者由哈里曼與俄羅斯接觸，來搞清楚如果美國撤軍並就越南最終的統一談判達成協議，河內是否願意解散越共組織。同年四月回國以後，他向甘迺迪建議，通過國際協商，按照老撾模式在越南建立不結盟政府。他預言說，如果繼續支持軟弱無用的政府，「我們將會取代法國成為該地區的殖民力量，並會像法國人一樣付出血的代價」。與此同時，應杜絕所有讓美軍參戰的行動，並且最好停止諸如噴灑落葉劑和「戰略村落」等不受歡迎的做法。

加爾布雷思的書面建議被參謀首長聯席會議扣壓了，因為在他們看來，「美國在東南亞旗幟鮮明地反對共產主義，這一立場已是眾所周知」，如此建議就等於讓美國放棄承諾，自打耳光。他們引用了明顯的證據，即總統在聽信讒言後向吳廷琰保證要維護越南共和國的獨立。他們認為不僅不應改變美國的政策，而且還要「大刀闊斧，積極推進，直至圓滿成功」。這在當時是普遍的共識，甘迺迪也並未提出異議。加爾布雷思的建議就這樣銷聲匿跡了。

圓滿的結局早就漸行漸遠。不滿情緒就像沼澤中的薄霧彌漫在吳廷琰周圍。西貢政府以全日制兵役制度替代了半年服役半年回家耕作的傳統，從而進一步疏遠了農民。一九六二年二月，兩名持不同政見的空軍軍官對總統府進行了轟炸和掃射，企圖刺殺吳廷琰，以失敗告終。美國記者深入探究其中的漏洞，發現官方簡報中充斥的樂觀情緒與現實有很大差距，且謊話連篇。他們逐漸失去了信心，撰寫的報告也越來越具有諷刺意味。其中一位記者很久以後寫道，「許多被新聞記者認為是謊言的東西，恰恰被特派團信以為真並彙報給華盛頓」。因為吳廷琰的指揮官告訴他們的就是這樣的內容。由於美國的情報機構遍佈越南，他們會對吳廷琰手下的指揮官所說的話完全信以為真難以令人信服；但問題在於，美國已經選擇了吳廷琰，就像當初選擇了蔣介石一樣，官員們也都同樣不願承認他難當此任。

結果就演變成了一場新聞戰爭：記者們越是出離憤怒，越容易寫出更多「不合政府口味的文章」。白宮於是派出國務院負責公共事務的助理國務卿羅伯特・曼寧（Robert Manning）到西貢，對局勢進行現場調研。回國後，曼寧準備了一份坦誠的沒有偏見的備忘錄，其中彙報說，新聞戰爭的根源之一在於政府的政策一直是「儘量減少美國對越南的干預程度，甚至對現實中的真實情況輕描淡寫」，他因此敦促改變這一政策。雖然公眾很少關注美國在越南的軍事行動，但還是有少數人意識到美國在萬里之遙的行動出了點問題。各地開始出現反對的聲音，但規模很小，很分散，沒有形成氣候。對公眾而言，他們總體上隱約知道美國正在亞洲的某個地方與共產黨作戰，他們基本對此持贊成態度。越南是個遙遠的看不見摸不著的地方，只不過是報紙上的一個名字而已。

有一位學識淵博、地位顯赫的獨立批評人士，就是參議員邁克・曼斯菲爾德，現任多數黨領袖，並且是對亞洲形勢最為關注的參議員。他認為由於過去傳教士的所作所為，美國一味熱衷於改善亞洲的狀況，而為維護理想發起的反共產主義聖戰又為國家注入了新的活力，這種行為最終將導致兩敗俱傷。一九六一年十二月，他應總統的請求到越南考察參觀，這也是自一九五五年以來他首次到訪。結束行程回國以後，他向參議院報告說，「美國用七年時間花費二十億美元對越南進行援助……如今，南越局勢似乎還不如當初穩定。」他給了樂觀主義者一記耳光，也對「戰略村」的做法予以了否定，他認為，「迄今為止，南越中央政府的做法令人憂心忡忡。」

在與甘迺迪私下談話時，他更加直言不諱。他說，美國軍隊的介入將會引發一場與我們無關的內戰。如果接過這個燙手的山芋，「不僅有損於美國在亞洲的威信，而且對南越的獨立自主也於事無補」。就在曼斯費爾德滔滔不絕之際，甘迺迪變得越加不安，臉頰漲紅，他突然暴跳如雷地吼道：「你覺得我會對你的話信以為真嗎？」像所有的統治者一樣，他希望人們能肯定他的政策。但曼斯費爾德完全與他唱反調，令他異常惱怒。不過他事後向助手坦承，「我對自己也非常惱火，因為我發現我完全贊同他的意見。」

什麼都沒有改變。總統派出了其他調查人員，有國務院情報部門負責人羅傑・希爾斯曼，以及邦迪手下的邁克爾・福里斯特爾（Michael Forrestal），與泰勒・羅斯托的觀點相比，他們的觀點更接近曼斯費爾德。他們在報告中說，戰爭將會比預期持續更長時間，花費更多金錢，付出更多生命，「這場戰爭的負面影響將會是巨大的」。但是，作為政府官員，他們不像曼斯費爾德那樣有獨立的選民基礎，因此沒有對現行政策提出異議。

希爾斯曼深入而又詳細的報告中有許多具體的負面報導，但政府並沒有根據調查團帶回的情報採取相應的調整，因為那將痛苦不堪。對於一個統治者來說，一旦形成了某個政策體系，維護該體系相對更容易一些。而對於其下屬而言，為了保住自己的位置，最好不要興風作浪，不要硬是去找令上司難以接受的證據。心理學家將這種過濾掉不和諧資訊的過程稱之為「認知失調」，這是一個「不要用事實來混淆視聽」的學術幌子。認知失調就是試圖「將在組織內造成衝突或引起心理痛苦的問題予以壓制、掩飾、淡化或混淆」。這使得人們「不去選擇」替代方案，「因為即便是對替代方案稍加考慮也會造成衝突」。在政府內部，之所以存在下級與上級關係，目的就是制定人人都滿意的政策。這有助於統治者實現如意算盤，往往被定義為「在評估可能性時發生的無意識的變化」。

甘迺迪也不是榆木疙瘩；他對這些負面因素心知肚明，也感到有些心煩意亂，但他沒有做出調整，他那些首席顧問中也沒有一個人建議他這樣做。政府部門中沒有人主張從越南撤軍，部份原因在於害怕那樣會助長共產主義的氣焰，有損美國的威信；另一部份原因則是害怕引起國內反對派的抨擊。此外，還有一個原因，也是在美國愚蠢政策歷史上最經久不衰的原因，那就是個人利益，這裡就是指總統第二任期。甘迺迪聰明過人，早就看出失敗的跡象，能夠感受到美國在越南接二連三的災難。他為深陷其中而懊惱，為不能自拔而煩擾，焦躁不安地期望第二任期不會因此受到影響。他也希望能夠贏得勝利，哪怕是找到一種合理的相當於勝利的方案，以便減少損失，抽身而退。

一九六三年三月，在白宮的一次國會早餐會上，曼斯費爾德進一步闡述了自己的觀點，至此形成了美國對越南問題的思路。或許因為總統知道這位頗具影響力的議員想聽什麼話，於是將他拉到一邊，對他說，他打算同意完全撤軍。「但到一九六五年我連任之前，還不能這麼做。」如果連任之前撤軍的話，會招致保守派的激烈討伐。甘迺迪又對他的助手肯尼士・奧唐奈（Kenneth O'Donnell）重複說，「如果我現在就設法完全撤出，很可能會出現另一次喬・麥卡錫恐怖事件」；他斬釘截鐵地補充說，只能在連任以後，「所以我們最好確保我能連任」！他向其他朋友表示了他的隱憂，但堅持認為，他不能夠將越南拱手讓給共產黨，然後讓美國選民投他的票。

如果不是一時逞強的話，他的態度還是很務實的。離再次競選尚有一年半多的時間，在此期間將美國資源繼續耗費在他已不再抱有太大希望的事業上，即便備受煎熬也要確保連任，這實在是出於一己之利而非從國家利益考慮。只有極其罕見的統治者才不會這麼做。

在這期間，美國政府靈活巧妙地處理了古巴導彈危機，挫敗了赫魯雪夫，極大提振了美國政府的信心，維護了美國的聲譽。從蘇聯在古巴危機中退縮可以看到與柏林事件中同樣的道理，在古巴部署導彈只是一個大膽的賭博行為，並非關係到蘇聯的切身利益；而阻止蘇聯在離美國咫尺之遙的地方部署導彈對美國而言「性命攸關」。基於切身利益定律，可以預見的是美國最終將在越南問題上做出讓步，而北越將會取得勝利。

美國給了古巴共產主義一記重拳，大大提升了自身的威望，此時從越南抽身而退完全可以壓倒國內反對派的叫囂。但這時官方樂觀主義甚囂塵上，沒有任何撤出的舉動。甘迺迪確實也大約在這個時候，指示邁克爾・福里斯特爾準備一個大選後從越南撤軍的計畫，因為要獲得國會及亞洲和歐洲盟國的認可還得需要一年的時間。該計畫最終沒有下文。但當有人私下問他，如何能夠做到從越南全身而退卻又不損害美國的威望時，他回答說：「這很簡單，在那裡成立個政府，以它的名義讓我們離開就是。」而他在公開場合的說法卻是，美國撤出「不僅意味著南越，而且整個東南亞都將土崩瓦解。因此，我們打算留下來」。他一會兒這麼想，一會兒那麼想，總是徘徊不定。

在制定政策的過程中，一個始終要考慮的因素就是中國的反應。當時，中蘇關係的破裂已經非常明顯，而隨著國際局勢的緩和，蘇聯對美國威脅的減弱，處在幾種複雜關係背後的中國，似乎比以往更加陰森可怕。韓戰的慘痛教訓還歷歷在目，炮擊金門、馬祖，與印度的邊境戰爭，所有這些拼湊在一起，勾勒出一副窮兵黷武、好戰搗亂的中國形象。在一次電視採訪中，當記者問甘迺迪是否有理由懷疑骨牌理論時，他說，「不，我相信，我相信……中國在邊境虎視眈眈，如果南越戰敗，不僅會讓中國獲得有利地形利用游擊戰進攻馬來西亞，而且也會讓人覺得，中國和共產主義浪潮將在未來席捲整個東南亞。」

事實上，如果美國人當時能夠接納一個帶有強烈的民族主義情緒的北越，那麼它是否由共產黨領導也就不再那麼重要了。因為，一個充滿活力、獨立自主並具有強烈反華意識的越南，將會構成對抗令人恐懼的中國擴張的堅實屏障；而假如越南四分五裂、戰事紛擾，就無疑讓中國有機可乘，能夠越過邊境大肆干涉。那些最優秀最聰明的人沒有想到這一點。無論如何，當時的中國因為「大躍進」而陷入經濟泥淖中不能自拔，還沒有實力到國外去冒險。在任何敵對關係中，「知彼」都是最重要的信條。但是，在處理紅色威脅時，美國卻斷絕與中國的關係，極盡盲人摸象之能事，這成了美國特有的習慣。

為了完成麥納馬拉在檀香山下達的命令，軍方機構正忙於從浩如煙海的備忘錄和紙質文件中收集資訊，以制訂詳盡的計畫。根據該計畫，美國要在一九六三年底撤出一千人，還要資助並組建南越政府軍，使他們經過訓練和擴充，能夠達到接手戰爭的水準。當軍事援助越南指揮部、太平洋指揮總部和國防部忙於統計數字、編寫縮略語及文件交換之際，南越形勢惡化，引發了危機，最終導致了吳廷琰政權垮臺，生命終結，令美國在道義上也備受譴責。

吳廷琰的統治從未被各派系、各宗教派別及各階層民眾完全接納，在一九六三年夏天爆發的佛教徒起義中，他所領導的政權終於徹底瓦解了。法國殖民當局和吳廷琰政權均對天主教徒給予了優惠待遇，倍受歧視的佛教徒長期以來心存憤恨，最終爆發起義，當地民眾積極回應。五月，西貢政府禁止慶祝佛祖誕辰，引發了騷亂，政府軍向示威者開槍，造成數人死亡。隨後，一名和尚在西貢廣場自焚，極端行為引起新一輪的暴亂，政府發佈戒嚴令。抗議行動開始向四處蔓延，各類反政府人士紛紛加入：反天主教人士，反西方份子，中下階層持不同政見者。據說在吳廷琰的弟弟吳廷瑈領導下，鎮壓力度加強了，暴力行為因此升級。政府突擊搜查了主要佛教寺院，並逮捕了數百名僧侶。政府外長和駐美大使辭職以示抗議；吳廷琰政府開始崩塌。

美國情報部門似乎沒有訓練過如何解讀民眾感情，因此並沒有預見到此次暴亂。暴亂發生兩周前，國務卿魯斯克被軍事援助越南指揮部濃厚的樂觀情緒所蒙蔽，在談話中還說南越正在「平穩地向基於民眾支持的憲政制度過渡」，而有關士氣上升的證據表明南越人民正「昂首闊步邁向成功」。

吳廷琰在軍隊中也不乏宿敵。一位將軍正暗中醞釀政變。政府因疲於應對顛覆陰謀而減少了軍事行動。吳廷瑈和陰險毒辣的瑈夫人開始出現在情報中，情報說他們暗中通敵，懷疑是想通過法國仲介達到讓越南「中立」的目標，以攫取個人財富。美國所有的投入似乎危如累卵。這就是那位備受美國青睞的幫越南建國的首選人物？這就是那位要阻止與南越勢不兩立且野心勃勃的北越進攻的美國可靠人選？

華盛頓內部對美國該採取何種措施的討論異常激烈，而由於政府根本不知道該走哪條路線，形勢變得更為撲朔迷離。有能替代吳廷琰人選嗎？如果有的話，他能平定叛亂嗎？各種觀點都集中在吳廷琰去留的利弊以及如何去除吳廷瑈的問題上，卻沒有人反思美國在這場困境中的所作所為。之所以要根除吳廷瑈之流，倒不是因為他們壓迫佛教徒，而是因為他們想要採取中立立場。美國希望通過審慎地中斷援助的方式迫使吳廷琰就範，但吳廷琰深知美國反對共產主義的決心，因此這樣的威脅對他而言猶如隔靴搔癢。國務院上下侷促不安，焦慮萬分，因為吳廷琰有可能從中看到某種信號，認為美國即將對他和吳廷瑈採取行動，從而「做出難以置信的極端舉動，比如請求北越予以協助將美國人驅逐出境」。這種種奇思怪想表明，華盛頓方面對於自己在越南的角色定位也有些心虛氣短。

決策者們逐漸得出結論，他們並沒有認清南越不會是阻擋共產主義擴張的屏障；而是認為必須在美國協助下將吳廷琰趕下臺。換言之，華盛頓應對推翻吳廷琰的軍事政變提供支援。這實際是一種收歸權利的行為（或者說，如果不是權利的話，是應對當務之急的務實行為），目的在於保護對一個客戶公司的投資，防止因為管理不善而蒙受損失。

中情局王牌特工盧・科奈恩（Lou Conein）上校首先與密謀政變的將軍們建立了秘密聯繫。新任大使亨利・卡伯特・洛奇（Henry Cabot Lodge）完全相信美國應該結束與「這個四處燒殺掠奪、無惡不作的專制政權」的夥伴關係，責無旁貸地擔負起行動的指揮任務。對於他的建議，華盛頓方面指示說，如果吳廷琰不能除掉吳廷瑈及其同夥，「那就再明顯不過了——我們不能繼續支持吳廷琰了」，並授權他告訴

「那些具體負責的越南軍事指揮官，在中央政府機關癱瘓的過渡時期，我們將直接向他們提供支持」。白宮用政府發佈指令所慣有的「是與否」的風格告訴洛奇，「不要主動採取暗地裡鼓勵政變的積極措施」，但是，另一方面，應「暗中抓緊行動」，從而「與可能擔當領導角色的人進行接觸」，當然，這些行動一定要「安全可靠，而且能夠徹底撇清關係」。

作為上屆共和黨副總統候選人，洛奇被任命為駐越大使不僅是因為他的政治才能和流利的法語，而且是讓共和黨也捲入越南困局的一種手段。洛奇並不是一個易受擺佈的人，他將甘迺迪政府的言行仔細記錄在案，以防他們將來死不認帳。「我們出發了，」他在電報中說，「開弓沒有回頭箭，我們的目標就是推翻吳廷琰政府。」他告訴國務院，科奈恩上校已經與政變領導人「閔大個子」將軍取得了必要的聯繫，將軍列出了三個可能的行動計畫，其中第一個就是「暗殺」吳廷琛，讓吳廷琰繼續執政，「這個計畫最容易完成」。

在華府舉行的會議上，一個比吳廷琰和吳廷琛的命運更大的問題不時地浮現出來。羅伯特・甘迺迪提出，當前主要問題是「有沒有任何政府能夠阻止共產黨的兼併行為。如果沒人能夠阻止這一趨勢，那麼現在正是美國從越南完全撤出的大好時機，不應該再繼續等待」。如果換一個政府就能夠阻止共產黨擴張行為的話，我們應該繼續執行更換計畫，但他認為，「目前還沒有人回答」這個最基本的問題。

有些人曾試圖回答。曾與南越政府軍並肩作戰的一些校級軍官通過慘痛的經歷認識到，受過美軍訓練並配備美式裝備的南越軍隊還是缺乏鬥志。在哈金斯將軍極力壓制對戰爭的負面報導的情況下，這些軍官還是竭盡全力，設法繞開他，利用在國防部做述職報告之際講述了南越政府軍的糟糕表現。尤其是一九六三年一月發生在艾巴克（Ap Bac）的一場戰鬥，南越方面有二千人，配備有火炮和裝甲運兵車。本來以為他們裝備精良、火力強大，再加上如果有頑強的鬥志，肯定能大獲全勝。然而令人大跌眼鏡的是，他們在遭到二百名越共游擊隊的突襲後，一個個蜷縮在降落地面的直升機後面，拒絕站起來射擊，更不聽從反攻命令。而負責指揮國民警衛隊的一位省長則拒絕讓他的部隊加入戰鬥。在這場屠殺中，有三名美國顧問被打死。儘管指揮部命令所有人閉嘴，但艾巴克戰鬥還是暴露出南越政府軍的無能，美國援助計畫的失敗，以及樂觀情緒的不實。上校約翰・范恩是艾巴克戰鬥中的美方高級軍官，一九六三年夏天，他返回五角大樓並試圖將實情告知總參謀部。但由於麥斯威爾・泰勒是哈金斯將軍的靠山，始終維護後者立場，所以范恩的意見不了了之。一名國防部發言人宣佈，「我們已經完全越過轉捩點，正在邁向勝利。」美軍太平洋指揮總部則預言，越共「必定」會被擊敗。

美國對外援助人員也對越南的狀況表示沮喪。魯弗斯・菲力浦斯（Rufus Phillips）——一位鄉村援助項目主管——描述道，「戰略村」計畫已經成為「爛攤子」。他還指出，這場戰爭並不主要是軍事鬥爭，而且是爭取民眾擁戴的政治衝突，而吳廷琰政權正一步步走向失敗。約翰・麥克林（John Macklin）是美國新聞處主任，一九六二年，他請假以《時代週刊》記者的身份來到越南，試圖為越南人民的反共事業提供幫助。但二十一個月後，他申請辭職，他的任務也在「心灰意冷」中結束。在一次有魯斯克、麥納馬拉、泰勒、邦迪和副總統詹森等人出席的會議上，國務院越南跨部門工作小組組長保羅・卡滕伯格（Paul Kattenburg）的建議讓與會人員頗感震驚，他說，鑒於吳廷琰肯定不會與他的兄弟分道揚鑣，民眾對他的支持也越來越少，他因而會「逐漸走下坡路」，因此，美國最好現在就決定撤出。在場人員中沒人同意他的觀點，而魯斯克也堅決制止了這個問題，並表示，基於「不贏得勝利，我們不會撤軍」這一信念，應繼續執行美國的既定政策。隨後，卡滕伯格被從工作組調離到另一個職位。離職之際，他預言說美國將在這場戰爭中投入五十萬軍隊，而且戰爭將會持續五至十年。

此時，有人隱晦地表達了自己的觀點：夏爾・戴高樂提出了一個中立的解決方案。他在法國內閣會議上所做的一份內部聲明罕見地授權全文出版，這顯然是為了讓海外人士獲悉。戴高樂表示，希望越南人民「全民族共同努力」，實現國家統一和「不受外來影響的獨立自主」。他有些飄忽不定的話語表達了法國對越南的關注，並表示為了這一目的，法國願意傾力合作。外交官們在研讀了他的報告後認為，他的行動方針就是按照老撾模式的「中立」解決方案，使越南獨立於共產主義中國和美國。「權威人士」表示，北越已顯示出他們願意接受這一方案，而法國官員已將其觸角從河內轉移到其他國家首都。

這本來有可能是美國「抓住時機」通過談判達成解決方案的良好開端，正如加爾布雷斯曾經建議過的那樣。如果華盛頓足夠明智想要尋找一個脫身機會的話，戴高樂無疑就提供了這樣一個退出路徑。但是據報導，美國政府對戴高樂傲慢自大的態度總是「極度厭煩」，這一次也毫不例外。然而，南越政府在吳廷琰領導下分崩離析，軍事無力，沒有任何實質進展，垮臺就在眼前；戴高樂願意就所提議的方案進行居中協調，而河內也已對他頻送秋波，美國政府本來可以利用這個大好機會來表明，它已經盡其所能提供了援助，現在已經無能為力；接下來應該由越南人民自己解決。這樣做就意味著南越遲早要由共產黨佔領。由於未來無法預見，由於一九六三年美國人對自己的實力仍信心滿懷，他們仍然不能接受這樣一個結果。

政變計畫還在按預定方案進行。這種行為違反了外交關係的基本準則，但對於甘迺迪及其同僚這些現實主義者來說，這並未影響他們的決心。美國人一再重申「越南戰爭是越南人自己的戰爭」，這全然是胡說八道，因為他們似乎根本就沒有考慮過這一點。「他們的」戰爭成了百用不厭其煩的緊箍咒；杜勒斯說過，艾森豪說過，魯斯克說過，麥斯威爾・泰勒說過，所有的大使說過，甘迺迪自己也多次說過：「說到底，這是他們的戰爭。只有他們才能去贏得或輸掉這場戰爭。」如果這是他們的戰爭，那麼這也是他們的政府和他們的政治。對於民主的捍衛者來說，與政變策劃者密謀行事，不論有多麼令人信服的理由，也不能使美國的行為方式彪炳史冊。這是朝自欺欺人的愚蠢行為又邁進了一步。

甘迺迪為自己在越南問題上所扮演的角色深感不安，另外他也似乎覺察到即將陷入的困境，於是派出了另外一個實情調查團，也就是如今傳統的政府政策智囊團。調查團由維克托・克魯拉克（Victor Krulak）將軍及國務院的約瑟夫・門登霍爾（Joseph Mendenhall）率領，前者是麥斯威爾・泰勒的特別顧問，現任總參謀長和參謀首長聯席會議主席；後者是一位經驗豐富的越南通，與當地很多平民都頗為熟識。調查團對越南進行了為期四天快速而密集的訪問。在返回華府後，兩人分別給白宮提交了調查報告，一份基於軍方情報的報告認為前途光明，令人神清氣爽；另一份則尖酸刻薄，令人悲觀沮喪。兩份報告差異如此之大，令甘迺迪困惑不解，禁不住問道：「你們兩位訪問的是同一個國家嗎？」緊接著，他又派出由泰勒將軍本人和國防部長麥納馬拉率領的最高級別的代表團，任務是搞清楚南越的政治混亂在多大程度上影響了軍事行動。在他們於十月二日提交的報告中，儘管對軍事前景積極樂觀，但政治方面的諸多不利消息，令他們的希望蒙上陰影。隨後經總統批准，麥納馬拉在一份公眾聲明中宣佈，美國在當年年底能夠從越南撤回一千人，並且「美國的主要軍事任務在一九六五年年底可以完成」。就這樣，報告中充斥的所有矛盾被一抹了之，實情調查所發現的令人惶惑的問題也絲毫沒有用來對政策進行清醒的分析和修正。

十一月一日，南越的將軍們成功實施了政變。讓美國人感到震驚和不快的是，吳廷琰和吳廷瑈均在政變中意外遭到暗殺。不到一個月後，甘迺迪總統也遇刺身亡。

五、總統的戰爭（一九六四—一九六八）

根據某位與林登・詹森熟識的人所說，從詹森擔任總統那一刻起，他就下定決心，絕不「失去」越南。其實早在一九六一年任副總統時，他就提出過這樣的建議，因此這樣的態度也在意料之中；另外，受「冷戰」思維的影響，這甚至更多地關係到他對自我形象的要求，這一點很快就昭然若揭了。在甘迺迪去世後不到四十八小時，回國就吳廷琰死後南越局勢進展進行彙報的洛奇大使就會見了詹森，向他講述了令人苦不堪言的形勢。他說，從吳廷琰繼任者身上，看不到從政治方面進行改進的希望，而且很可能會發生更多的衝突；軍事方面，部隊岌岌可危，隨時面臨被消滅的危險。美國要是不更積極地參與到戰爭中去，南越可能就要被共產主義佔領了。洛奇坦率地告訴總統這是個艱難的決定，但必須要面對。詹森的回答直言快語：「我不想成為第一個打敗仗的美國總統（I am not going to be thr first President of the United States to lose a war）。」這句話後來在報導中變成了「我不想失去越南。作為美國總統，我不想看著東南亞步中國後塵（I am not going to lose Vietnam. I am not going to be the President who saw Southeast Asia go the way that China went）」。

由於突然接替總統職位，詹森還有些惴惴不安，總覺得應該表現得「強大有力」，指揮若定，尤其是不能籠罩在甘迺迪——無論是活著還是死後——的光環中。他沒有想到必須要表現出足夠的智慧，做事要三思而後行。但他擁有與生俱來的歷史感，以及至少對事物進行某種程度反思的能力，不像甘迺迪那樣充滿矛盾心理。他堅強剛毅，但又盛氣淩人，自以為是，他性格中的三個要素影響了他對越南政策的制定和執行：永不滿足，從未有安全感的自我；毫無節制，濫用職權；一旦確定行動路線，便嫌惡任何相反的徵兆。

吳廷琰被暗殺後，南越各方都在考慮某種中立解決方案，而假如沒有美國的話，西貢方面有可能已經與叛亂份子達成協議了。越共秘密電臺播出一則消息，建議就停火進行談判。隨後對外廣播情報服務處在華盛頓又播發了一條消息，建議說，如果西貢新總統，即推翻吳廷琰的政變領導人楊文明將軍與美國脫離關係，那麼可以達成和解。這些建議看起來並不那麼令人難以接受，而且或許也只是探測一下西貢的政治亂象。西貢方面也想知道華盛頓下一步的舉動。這位身高六英尺的總統，號稱「大明」的將軍，曾是一位篤信佛教的農民，儘管樂善好施，深孚眾望，但面對一群競爭對手卻無能為力；而且據傳他還正考慮與越共進行接觸。上臺三個月後，他也被政變推翻了。在接下來的數月，繼任者們似乎都受了同樣的魔咒，一個接一個上臺，又一個接一個被政變推翻罷黜。對這樣的現象，美國大使館及其特工人員千方百計設法避免。

此間，緬甸籍的聯合國秘書長吳丹（U Thant）正嘗試接受一個中立的聯合政府。雖然雙方勢不兩立，聯合之事幾近幻想，但也算是一種臨時解決方案。該方案並未打動華府。參議員曼斯費爾德於一月份提出了一個極端的建議，即由西貢政權與越共對南越分而治之，從而為美國撤出開闢道路。儘管詹森一直要求其顧問們提供「解決方案」，但這些與共產主義妥協的方式並不在他的考慮之中。

做出決定的過程著實不易。十二月，麥納馬拉帶領實情調查團回國後報告說，除非在「接下來兩到三個月」內能夠扭轉當前局勢，否則「最理想的情況便是中立，更可能的結果是國家被共產黨掌控」。他告訴總統說，要使南越完全不受共產黨的影響，這種可能性太小了，「據我判斷，我們必須繼續盡一切努力來贏得這場鬥爭」。

前途未卜，卻勇往直前，這是一種新的自我催眠方式。讓北越贏得勝利，就會縱容世界各地的共產主義，削弱對美國的信心，促使國內右派發動政治迫害。《紐約時報》在一篇社論中的預言令人毛骨悚然，它說：如果南越淪陷，東南亞一連串國家，包括老撾、柬埔寨、緬甸、泰國、馬來西亞、印尼都將無一倖免；「盟軍在西太平洋的整個地位將岌岌可危」；印度將「四面受敵」，而紅色中國將「極度膨脹」；全世界都將懷疑美國是否有能力保護其他國家免受共產主義侵犯；革命運動會受到深遠的影響；中立主義將肆虐傳播，讓人感覺到共產主義可能將大行其道。截至一九八三年，只有越南被共產黨統治長達八年之久，而除了老撾和柬埔寨，這些行為無一得逞。

從美國自日內瓦會議後開始拯救南越到一九六四年，十年時間倏然逝去。星光斗轉，世易時移。在柏林和古巴導彈危機中，蘇聯敗下陣來；而其對歐洲共產主義黨派的影響也日薄西山；北約成立，並確立了穩固的地位。為什麼仍然將萬里之遙無關緊要的越南看得如此重要？共產主義曾經在歐洲昂首闊步，但似乎並未像在亞洲那樣引起我們如此歇斯底里的反應。如果說共產黨在哪裡的挺進都讓人如臨大敵，為什麼單單在打擊古巴和對抗越南方面如此氣勢洶洶？或許，偏偏是因為這是在亞洲？來自康乃狄克州的參議員湯瑪斯・多德認為美國在越南對付的不過是「區區數千名裝備原始的游擊隊員」，正是基於這種心理，美國想當然地認為可以在這裡肆意妄為。因此在亞洲遭受挫敗是無法讓人接受的事情，它必須行使霸權，展示「威信」。儘管過去有忠告，說在亞洲發動地面戰爭不可能贏得勝利；在中國及韓戰中失敗的慘痛仍刻骨銘心；而就在這同一片土地上，法國戰敗的經歷還歷歷在目，但所有這一切，都無法改變美國維護權威的霸權思維。

獨立戰爭時期，英國人認為一旦失去美洲殖民地，他們將一蹶不振；而現在，有人據此預言如果美國失去越南，後果亦將不堪設想，這種誇大其詞的說法令政策制定者更加憂心忡忡。詹森在第一次談到將美軍撤回到舊金山時就表示過這種擔心；而魯斯克在一九六五年給總統的建議中也表達了同樣的意見，他認為如果撤出的話，「美國將厄運難逃，而且幾乎肯定會引起大規模戰爭」；一九六七年，在一次新聞發佈會上，他畫了一幅畫，畫中是「用核武器武裝起來的十億中國人」，他以此重申了自己的觀點。《紐約時報》軍事記者漢森・鮑德溫（Hanson Baldwin）在一九六六也表達了同樣的立場，他在文章中寫道，美國從越南撤軍將導致「政治、心理和軍事災難」，意味著美國「決定放棄作為一個大國的職責」，並「心甘情願地從亞洲和西太平洋撤出」。在參議院外交關係委員會任職的參議員約瑟夫・克拉克（Joseph Clark）也對這種似乎被施了魔法的幻覺深感恐懼，「嚇死我了」，他說，「我們正在走向第三次世界核武器大戰。」

北越的正規軍現在正越過分界線，意欲從南越的解體中漁翁得利。為了防止美國「代理」的崩潰，詹森總統和他的幕僚們以及參謀首長聯席會議一致認為時機已到，他們必須開始著手準備戰爭了。儘管據瞭解，這將不可避免地需要動用地面部隊，但這仍將是一場空中的較量。鑒於西貢局勢日益不穩定，地方各部門和軍事機構開始制訂作戰計畫；然而，由於詹森要在一九六四年參加總統大選，美國無法先行採取行動。而且因為他的對手是好戰的參議員貝禮・高華德（Barry Goldwater），他得給人一種與之相反的維護和平的形象。他開始唱「他們的」戰爭之讚歌：「我們將……儘量讓他們以自己的力量贏得自由」，「亞洲男人應自食其力，有所擔當，我們不會派遣美國戰士跨越千山萬水，背井離鄉，去為他人作嫁衣裳」，「我們不想讓我們的美國青年去為亞洲男人拋頭顱灑熱血」。六個月之後，儘管情況並未出現顯著的變化，但在人們對這些歌詞還記憶猶新之際，美國卻派兵參戰了，這令詹森自己的信譽受到影響。由於長期以來在政治上謊話連篇已經成了習慣，他已經忘記了，他這個職位非同小可；而且當謊言曝光並像白宮那樣成為萬眾矚目的焦點時，遭受損失的是總統形象和公眾對政府的信心。

以高華德為代表的鷹派譴責「沒有勝利保證」的政策，而詹森則維護其和平締造者的形象，這樣一來，在兩者的競選活動中，公眾的反應就逐漸一邊倒。「二戰」及韓戰以後，受原子彈陰影的影響，美國人儘管反對共產主義，但也不希望發生戰爭。女性選民在投票時尤其對詹森偏愛有加，這證明反戰情緒高漲。政府本來應對此小心謹慎，但卻沒有如此，因為它始終相信，只有右翼勢力才會給政府製造麻煩。

在向選民發出一種信號的時候，詹森得給河內發出另外一個意圖更為強烈的信號——希望面對挑釁能有所克制，至少也要等到選舉之後。包括「馬多克斯」號驅逐艦在內，駐紮在東京灣（Gulf of Tonkin）的海軍部隊很快就針對海岸發起了「破壞性」行動，這已經遠遠超出了情報搜集的範圍；這被認為是向河內發出一個信息，即「停止實施侵略政策」。而其所傳達的真正信息，當時幾乎所有人都相信是必要的，就是美國的轟炸行動。

六月，詹森、魯斯克、麥納馬拉和泰勒將軍飛往檀香山，與洛奇大使和太平洋艦隊總司令開會，考慮美國空中行動方案，以及下一步可能採取的地面作戰。之所以要進行轟炸，有三分之二是出於政治考量：應洛奇的強烈要求，提振南越日益消沉的士氣；打擊北越的戰鬥意志，迫使他們不再支持越共的叛亂行動，並最終通過談判解決問題。從軍事角度，目的在於阻止北越的滲透和供應。他們對各種建議和警告進行翻來覆去的討論和辯論，因為作為規劃者而言，即便假裝認為是「外來侵略」，他們也並不希望亞洲在近期之內爆發內戰。在南越迅速落敗的情況下，這樣做是為了扭轉軍事平衡，使美國不至於在談判中處於劣勢。在達到這樣的目的之前，任何意欲談判的舉動都會「被認為承認遊戲結束了」。

核武器是個令人不安的問題，沒有人對此表示支持也是必然的。使用核武器的唯一情況，正如人們所看到的，便是應對共產黨統治的中國一旦怒而參戰所可能帶來的巨大危險，他們甚至從理論上對此進行了周密的設想。一談到這個話題總是興奮異常的國務卿魯斯克認為鑒於中國的龐大人口，「我們不能局限於使用常規武器浴血奮戰」。這意味著，如果局勢升級而令中國發動大規模進攻，「我們也將使用核武器」。不過他意識到亞洲領導人都反對這麼做，因為他們從中看到了種族歧視的影子，「有些事我們只針對亞洲人，而不對西方人」。會上也簡要討論了戰術性使用核武器的情況。新任參謀首長聯席會議主席厄爾·惠勒（Earle Wheeler）將軍對此並不怎麼感興趣；國務卿麥納馬拉則認為「想像不出考慮使用核武器的情況」，這件事就此被束之高閣了。

轟炸的作戰計畫已經起草好了，但行動命令卻遲遲沒有發出，因為大選尚未開始，必須維護詹森的和平形象。在成立一個可靠的政府掌控住西貢風雨飄搖的政治格局之前，更嚴重的地面作戰問題不得不被暫時擱置起來。此外，正如泰勒將軍所指出的，必須要讓美國民眾瞭解美國在東南亞的利益所在。國務卿麥納馬拉以他一貫的精准態度認為，這「將需要至少三十天時間」，就好像這是在向公眾推銷一種新型汽車那樣。

詹森擔心中國干預，從而擴大美國交戰態勢。然而，如果必須讓戰爭升級的話，他希望得到國會的授權。在檀香山，他與幕僚們對決議草案進行了研讀和討論，並在返回華盛頓的途中準備提交國會審議。一九六四年八月七日通過的《東京灣決議》經過了徹底詳盡的審查，這樣，即使態度草率隨便些，也可以高枕無憂了。該決議的重要性在於總統藉此獲得了夢寐以求的國會授權，國會卻因為無計可施而突然間變得可憐兮兮，並在一定程度上有些憤恨不平。儘管東京灣既非薩姆特堡，也不是珍珠港，但其戰略意義也同樣重大；在國家利益尚難界定的情況下，它就是美國政府發動戰爭的空白支票。

發生衝突的起因是美國聲稱在其認定的三英里範圍以外，北越魚雷艇在夜間襲擊了「馬多可斯」號驅逐艦及其他海軍部隊。而河內則認為離海岸十二英里內都屬於其主權範圍。隨後在第二天又發生了第二次衝突，而此次衝突的原因至今都沒有完全搞清楚。後來，在一九六七年的重新調查中，該衝突被認為是子虛烏有。

白宮到西貢的通信障礙重重。詹森立即要求國會通過一項決議，授權「採取一切必要措施擊退武裝進攻」，而參議員威廉・富布賴特（J.William Fulbright）作為參議院外交關係委員會的主席，答應在參議院進行斡旋。儘管他意識到這樣做並非是全力維護憲法所賦予國會的權威，但他對詹森信誓旦旦無意擴大戰爭的保證深信不疑；而且他還認為該決議不僅有助於總統回應高華德對於實行空中打擊的籲請，還可通過對共產黨的強硬態度壯大民主黨的氣勢。

建議中也提及了人們經常談到的經世治國的個人抱負問題，因為富布賴特在總統大選後有望取代魯斯克擔任國務卿，而能否如願以償，則取決於對詹森聲譽的維護。無論此番言論是真是假，在富布萊特看來，該決議的目的之一就是展示實力，爭取右派支持。就這一點而言，他無疑是正確的。

來自威斯康辛州的參議員蓋洛德・納爾遜試圖通過反對「任何延長當前衝突」的修正案以限制通過該決議，但富布賴特說，總統根本沒有這樣的打算，修正案是多此一舉，並宣佈該做法無效，從而粉碎了這一企圖。來自北卡羅來納州的參議員薩姆・歐文，在談到美國整個介入事件時，挑著他那標誌性的眉毛問道：「有沒有一種合理的藉口使我們能夠全身而退，既不丟臉也不令人尷尬？」這其實是對那些內心焦躁不安的參議員的一種暗示。最直言不諱的反對者莫過於參議員韋恩•摩爾斯，他直接譴責該決議為「提前發佈的戰爭宣言」，並且在接到來自五角大樓某位官員的告密電話後，緊接著就有關美國海軍在東京灣的可疑行動質問麥納馬拉。麥納馬拉堅決否認「知道」或者與任何敵對行動「有牽連」。摩爾斯常常是正確的，但美軍各種犯行實在數不勝數，他又總禁不住怒目斥責，久而久之，其威懾力也大打折扣。

參議院有三分之一的人在尋求連任，因此，在全國投票之前的兩個月，他們並不希望讓總統難堪，也不能顯示自己對美國人的生命漠不關心。經過一天的聽證，外交關係委員會以一四票對一票通過決議，隨後經兩院批准，授權總統「採取一切必要措施」。美國認為越南問題「對美國國際利益及世界和平，對維護世界和平與安全至關重要」，該決議正是基於這樣有些牽強的理由，理所當然地認為要授予總統發動戰爭的權力。無論從內容還是從意義上，該決議都沒有說服力可言。參議院曾精心維護憲法所賦予它的宣佈戰爭的權力，現在卻以默許的方式將這一特權拱手讓給了總統。與此同時，面對雷達和聲納技術人員在第二次衝突中收集到的令人困惑的證據，詹森私下說，「哦，那些蠢笨如牛的水兵只不過是在朝飛魚開火呢。」美國就這樣在越南開戰了。

此時也並非別無選擇。吳丹提議重新召開日內瓦會議；而戴高樂也呼籲再次召集和平談判。戴高樂提議由美國、法國、俄國和中國召開會議商討解決方案，隨後讓整個中南半島的所有外國軍隊撤離，而且大國要保證老撾、柬埔寨和越南南北方的中立。該提議是一種可行的並且在當時也是能夠實現的方案，但由於不能確保南越不受共產黨統治和影響，因此美國並未加以理會。

早在幾周前，美國就派出副國務卿喬治・鮑爾（George Ball）作為特使向戴高樂解釋說，當前南越危在旦夕，任何關於談判的言辭都可能使其士氣低落，甚至分崩離析；就美國而言，「除非在戰場上完全佔據上風，敵人才可能做出必要的讓步，否則對方不會想通過談判解決問題。」戴高樂對此做了斷然否定。他告訴鮑爾說，就是同樣不切實際的幻想，讓法國深陷困境；越南是一個「令人絕望的戰場」「腐敗透頂的國家」，美國傾盡國力也不可能贏得戰爭。武力解決不了問題，只有談判才是唯一出路。

儘管看到美國重蹈法國的覆轍可能有些幸災樂禍，但戴高樂也有更深層次的考慮。他和其他歐洲人在隨後的諸多努力中之所以不遺餘力地使美國從越南脫身，是因為他們害怕美國不再關注歐洲，並將資源轉移到亞洲這樣貧困落後的國家。

與此同時，吳丹還通過蘇聯方面的管道瞭解到，河內有興趣與美國談判，於是他將這一情況告知了美國駐聯合國大使阿德萊・史蒂文生。吳丹建議越南和老撾都停火，由美國負責起草相關條款，並宣佈以此為準。在傳達這一信息的過程中，華盛頓各方對史蒂文生極盡拖延之能事；而在總統大選後更是對他屢屢回絕，原因在於美國通過其他管道得知，河內對和談並不真的感興趣。而且，魯斯克說美國不會派代表前往仰光參加由吳丹安排的會談，因為一旦暗示要採取這一舉動，就會引起西貢的恐慌，或者美國其實畏懼且並未言明的意思是，會有人因此重新試探中立主義立場。

吳丹毫不掩飾他對美國立場的不滿，他在二月份的一次記者招待會上尖銳地指出，在東南亞繼續流血是沒有必要的，只有通過談判才能「使美國體面地從那個地方抽身」。這個時候美國已經開始了代號為「滾雷」（ROLLING THUNDER）的轟炸行動，並且，隨著美軍空襲所造成的破壞和殺戮進一步加劇，體面撤出的機會已經一去不復返了。

其實詹森早就錯過了一個更好的抽身而退的機會，那就是當選總統的時候。他以美國歷史上最大優勢的多數選票擊敗了高華德，民主黨在參議院獲得六十八個席位，共和黨獲得三十二個席位，民主黨在眾議院獲得二九四個席位，而高華德的共和黨一三〇個席位，他從而毫無懸念地贏得了國會多數席位。這樣的選舉結果一方面源於共和黨內部以洛克菲勒為首的溫和派與以高華德為首的極端份子之間的分裂，另一方面源於人們對高華德好戰行為的普遍擔心。這樣一來，繼續執政的詹森就可以為所欲為了。他希望通過福利計畫和公民權利的立法，建立一個擺脫貧困和壓迫的偉大社會。他想成為比羅斯福更偉大、與林肯平起平坐的人民的大救星並因此彪炳史冊。但是在這一刻，他沒有抓住機會讓美國從國外的這一團亂麻中抽身而出，儘管這並非他一個人的決定，但這一愚蠢行為卻難以彌補。他的內閣主要顧問與他一致認為主張戰爭會受到左派的譴責，而從越南撤軍則會受到右派更為猛烈的抨擊。對自己的能力胸有成竹的詹森認為他能夠同時搞定國內和國外。

來自西貢的報告說，戰爭態勢逐漸惡化，暴動和腐敗層出不窮，反美情緒日益高漲，佛教徒的中立主義運動此起彼伏。一位在西貢的美國官員說：「我感覺自己就像是站在鐵達尼號的甲板上。」這些信號並沒有讓華盛頓的美國政府認為他們的努力無濟於事，應該快刀斬亂麻減少損失，反而使他們更加堅定地認為要加倍投入，努力恢復平衡並取得優勢。無論政府官員、平民還是軍事人員，都認為有必要以空中力量進行干預，迫使北越放棄佔領南越的企圖。沒有人懷疑美國是否能夠以絕對優勢實現其戰略目標。

跟甘迺迪一樣，詹森也認為，失去南越就意味著失去白宮。正如他後來所說，這將意味著一場毀滅性的辯論，即「動搖我的總統寶座，折磨我的政府部門，破壞我們偉大的民主」。因為我們失去中國，美國出了個麥卡錫；但是「與失去越南所可能造成的損失相比，那不過是小巫見大巫」。羅伯特・甘迺迪會站出來告訴所有人，說「我是一個懦夫，軟弱無能，沒有骨氣」。更為糟糕的是，一旦莫斯科和北京察覺到美國的軟弱，他們將「把他們控制的魔爪伸向我們離開後留下的權力真空……於是將開始第三次世界大戰」。他對此確信不疑，就像「幾乎任何人都可以確定什麼事情」。世上只有無知的人才會對自己所做的假設如此信心滿懷。

根據選舉委任狀，一種可行的替代方案或許是贊同吳丹對河內的提議，甚至利用他的影響力在西貢成立一個政府（甘迺迪曾經有過這樣的建議），這樣就會促使美國撤出，從而讓越南自己去尋求解決方案；如此一來，美國就得以擺脫沉重的負擔，但鑒於這將不可避免地導致共產黨佔領南越，所以美國拒絕考慮這一路線。

稍加分析就會發現，美國已經失去了對越南事務進行干預的理由。總統曾要求中央情報局對這一至關重要的問題進行評估，即如果老撾和南越被共產黨掌控，是否所有的東南亞國家都會步兩國後塵？答案是否定的；也就是說，除了柬埔寨，「該地區沒有其他國家會因為老撾和越南的淪陷而可能迅速屈從於共產主義統治」。共產主義在東南亞的蔓延「不會高歌猛進，勢不可擋」，而美國在太平洋的島嶼基地「仍將使我們能夠在該地區運用足夠的軍事力量阻止河內和北京的行動」。畢竟，我們不必撤回到舊金山去。

在十一月的選舉之後，由來自國務院、國防部、參謀首長聯席會議及中央情報局各機構代表組成的越南工作小組給出了另外一個大膽的建議，即「實事求是地考慮我們的總體目標和風險」。他們在經過長時間慎重分析之後，前所未有地發出了嚴重的警告：「如果美國不能承諾全力以赴從軍事上擊敗北越甚至共產黨領導的中國」，那麼就無法確保南越不會受到共產黨的侵略或佔領。這樣的軍事行動可能導致重大衝突，「甚至可能在某種程度上涉及到使用核武器」。

與此同時，篤信歐洲為美國第一要務並且是解決經濟問題方面專家的副國務卿喬治・鮑爾對整個越南事件非常不滿，並不遺餘力地阻止發動越戰的可能。他在一份長長的備忘錄中認為，不勸說北越放棄其目標，而是使用轟炸手段迫使其就範，有可能促使河內派遣更多地面部隊，而這正是他們最大的資源；這樣一來，美國將不得不同樣派出更多部隊予以應對。鮑爾說，我們的盟國早就認為美國「在越南捲入了一場沒有結果的戰爭，如果再擴大到地面戰爭的話，將會影響我們與歐洲的關係。我們最害怕的是，因為自身的判斷力而令各國普遍失去對美國的信心」。他建議對西貢發出警告，如果其在戰場上一敗再敗，美國將可能抽身而退。這就可能促使他們與叛軍達成協議。鮑爾私下認為，這是可以實現的最好的結果。

在討論中，鮑爾發現三名政府高層負責人，麥喬治・邦迪、麥納馬拉和魯斯克極力反對他的意見，且他們只關心一個問題——「如何使戰爭升級，直至迫使北越放棄」。當他將備忘錄提交給總統時，結果也是一樣。詹森隨手翻閱了一下，讓鮑爾逐條解釋了一番，隨後就返還給了他，不置可否。

為什麼來自中央情報局及工作組的顧問們和副國務卿的意見如此不受重視？根據收集的情況提供建議是中央情報局和工作組的職責所在，而工作組更是具體針對越南事務的機構。可以這麼說，政府機構撰寫報告並非只是希望做做表面文章。如果詹森看過了報告的話，那麼就是他對其所傳達的信息置若罔聞。在他們看來，鮑爾不過是個「足不出戶的魔鬼代言人」，因而對他容忍有加；另外一方面，他們也利用他來顯示白宮對持不同政見者的開明態度。而最高層的頭腦中始終不能脫離一九五四年的思維，認為胡志明是共產主義世界的代理人，綏靖政策的教訓說明不能有任何屈服和退讓，美國決心挫敗北越控制整個越南企圖的做法是正確的，必須一以貫之。在面對詹森所稱的那個「骯髒落後、蠢笨如驢的四流國家」時，怎麼可能會不成功？儘管工作組一再警告，但總統、他的閣員以及參謀首長聯席會議都一致確信，美國有能力迫使北越放棄行動，並可小心翼翼地避免與中國發生衝突。

河內也可能受到了蠱惑。在美國大選的前兩天，似乎是為了挑起戰爭，越共專門針對一處美國設施發動進攻，利用迫擊炮轟炸邊和機場。這是美國的一個訓練基地，由老舊的B-57組成的飛行中隊最近剛被從菲律賓轉移到此進行訓練任務，目標很明顯。此次進攻摧毀了六架飛機，五名士兵陣亡，另有七十六人受傷。在確認該進攻是由河內發起之後，時任駐西貢大使的泰勒將軍致電華府，請求授權立即採取報復行動。在華盛頓的所有首席顧問也一致同意。但由於詹森正在等待選舉結果，他把這件事壓了下來。並且，因為擔心中國的介入，無論有關越南的報告如何講述西貢加速衰敗的情況，他都還得繼續將行動拖延三個多月。

為慎重起見，猶豫不定的詹森派出了麥喬治・邦迪和麥納馬拉的助理秘書約翰・麥克諾頓（John McNaughton），讓他們去考察一下是否真有拯救南越的必要性。正值他們在南越期間，越共再次發動進攻，目標是美國在波來古的兵營，造成了八人死亡，一百零八人受傷。在視察滿目瘡痍的戰場時，據說邦迪對越共的蓄意挑釁氣急敗壞，並立即打電話向總統彙報，請求進行大規模報復。不論他有沒有這樣做，情感並非決定因素。在與泰勒和威廉・魏摩蘭（William C. Westmoreland）將軍一起回國途中，邦迪起草了一份措辭冷酷強硬的備忘錄：如果「美國不採取新的行動，南越似乎不可避免會遭受慘敗……越南已經處於極其危險的境況……美國的國際聲譽危在旦夕……目前與北越妥協簡直是癡人說夢，不會有任何結果」。因此，按照預定計劃「逐漸加大力度繼續推進報復政策」是最為有效的方針。除非越共立刻結束暴力行動，否則不應接受任何形式的談判。

這就是構成美國政策的基本要素：風險很高，第一要務是保護美國的威望免受損害，戰略訴求是將轟炸行動逐漸升級，除非北越難以承受懲罰措施而偃旗息鼓，否則絕不通過談判來妥協。在解釋漸進式轟炸時，麥斯威爾・泰勒後來寫道，「我們想要胡志明和他的顧問們有時間去好好思考一下被炸成斷壁殘垣的家園的未來」。約翰・麥克諾頓之前是法律教授，他察覺到了問題的根源，並以常人少有的遠見卓識羅列出戰爭的目標，其中之一便是，「只要能夠擺脫危機，可以無所不用其極」。

在波來古（Pleiku）受到攻擊之後的數小時內，美國就立即展開了報復行動。多數黨領袖及眾議院議長都被召集到白宮，見證做出決定的過程。又經過三周焦灼的討論，三月二日，代號為「滾雷」的歷時三個月的轟炸行動就此拉開了帷幕。

由於不知道蘇聯或中國對美國轟炸行動容忍的底線，詹森有些擔心，因此要求白宮直接對「滾雷」行動進行監督。每週，太平洋指揮總部都會把接下來七天的作戰計畫，包括運送軍火、倉庫、油庫、維修站及其他目標進行描述並詳細定位，連同需要出動飛機的架次等一併發送給參謀首長聯席會議，該部門再發給麥納馬拉並由其呈遞到白宮。最初由總統、國務卿、國防部長及國家安全委員會負責人組成的最高領導小組在每週二午餐時碰頭，對每週的作戰計畫進行仔細審查。他們日理萬機，在距越南九千英里之外所做出的決定通過同樣的路線傳達到戰場。隨後，每架次作戰的結果由飛行員彙報給基地指揮官，經過校對整理後將資料傳遞到華盛頓。麥納馬拉總是消息最為靈通，因為據說從五角大樓驅車到白宮的路程中，他比別人多八分鐘時間研究他的目標清單。

二樓餐廳的壁紙描繪的是在薩拉托加（Saratoga）和約克郡取得革命大捷的場景，而這裡就是週二午餐會的所在地。詹森一直渴望能夠名垂史冊，因此邀請了哥倫比亞大學歷史教授亨利・格拉夫（Henry Graff）參加了幾次週二午餐會並採訪與會成員。隨後的記載並沒有為他樹立他所希冀的豐碑。根據他自己的說法，或許是為了加強效果，總統徹夜未眠，擔心美國的行動可能促使北越與其盟友簽署「秘密協定」。有時他甚至在淩晨三點鐘穿著睡袍到樓下的作戰指揮室，因為那裡牆上懸掛的地圖上標著空襲的戰果。

一個遠比中國更大的威脅來自美國國內。儘管民眾情緒到目前為止一直關注並從總體上對戰爭持支持態度，但轟炸行動令校園裡的各種異議集中爆發。三月在密西根大學舉行的第一個「師生討論會」意想不到地吸引了三千多人參加，而這一做法迅速蔓延到東西海岸的各個大學。在華盛頓召開的會議通過電話連接到一百二十二所大學。這次運動與其說是突然關注亞洲問題，不如說是六〇年代早期爆發的民權運動、言論自由和其他學生激進行為的延伸。這些群體現在發現了一個新的動因並迸發出巨大的組織能量。在加州大學柏克萊分校，有二十六位教職員工共同起草了一封信，聲稱「美國政府在越南犯下滔天罪行」，並表達了他們的羞愧和憤怒，「以我們的名義發動戰爭」。儘管受到敵對派系的猛烈攻擊，並且大部份都是盲目的舉動，但這次抗議為在野黨增加了巨大能量。

其實決策者早就預見到，在採取軍事行動的同時，需要「向公眾提供令人信服的資訊」，但他們在這方面的努力卻收效甚微。由政府派到大學去進行辯論的演講團只不過為人們提供了更多抗議的機會，而演講團的官員們也被學生們問得張口結舌。國務院發佈的題為「來自北部的侵犯」的白皮書，本來是為了表明北越的武裝人員的滲透是「侵略戰爭」，但結果卻事與願違。在所有的公開理由中，總統、國務卿和其他發言人總是喋喋不休地用「侵略」「武裝侵略」「武裝進犯」等字眼，總是拿因為沒有阻止侵略行為而導致「二戰」的爆發做比較，總是暗示越南也是一個外來侵略的例子。他們總是不遺餘力地闡述這樣的觀點，使得有時也說得非常明白，正如麥納馬拉在一九六六將它稱為「最明目張膽的外來侵略行徑」。越南可能確實因為意識形態的不同而造成難以解決的分治問題，這就如同美國內戰期間的南北對抗，但在美國歷史上從來沒有將北方阻止南方退出聯邦的戰爭視為「來自外部的侵略」。

到四月份，「滾雷」行動顯然並未動搖敵人的戰鬥意志。對老撾補給線的轟炸並沒有阻止滲透行動；越共的突襲也沒有退縮的跡象。派遣美國地面作戰部隊的決定似乎是不可避免的，而參謀首長聯席會議也建議這麼做。由於完全意識到這一舉動將危機四伏，無論軍方還是文職人員都對此進行了詳盡的討論，有人信心滿懷，有人猶疑矛盾。四月和五月所做的決定有些頭痛醫頭，腳痛醫腳，其戰略主旨在於繼續轟炸並輔以地面進攻，目的在於通過「對北越和越共予以沉重打擊，使他們失去勝利的希望，最終因無力抵抗而祈求談判」，以此瓦解敵人的意志。美國認為可以通過消耗戰讓敵人疲於應付，也就是消滅越共有生力量，而不只是擊敗他們。為此，首先要將美軍戰鬥部隊人數增加到八萬兩千人。

詹森既要戰斧又要橄欖枝，他於四月七日在約翰霍普金斯大學發表了重要講話，提出在越南廣大農村實行復興計畫，並在湄公河流域建設防洪工程，為此美國將提供十億美元資金，如果北越接受和平的話也可以獲得援助。美國將「永遠以尋求和平解決方案作為第一要務」，詹森宣佈並準備進行「無條件的討論」。這聽起來開誠佈公、慷慨大方，但是根據美國的思維，這裡的「無條件」指的是北越被打得筋疲力盡、苟延殘喘而不得不準備退讓。

而對方也同樣針鋒相對，一如既往地堅持既定的前提條件。雙方一成不變的立場將在接下來的三年時間令所有各種提議化為烏有。

價值十億美元的援助計畫似乎並未奏效。在對詹森的提議表示拒絕之後，河內在次日提出了四個先決條件：一、撤出美國軍隊；二、南北雙方都不能與外國結盟或接納外國軍隊；三、南越採納國民解放陣線或越共的計畫；四、在沒有外來干涉的情況下由越南人民自己實現國家的統一。由於第三點恰恰是南越和美國極力反對的，因此顯然不會被接受。指望從衝突的調停中獲利的國際各方發現此路不通。由狄托元帥召集的十七個不結盟國家會議呼籲通過談判解決爭端，也無疾而終；來自加拿大的國際管理委員會委員布雷爾・西伯恩試圖與河內聯繫，但沒得到任何回應；大英國協的四位總理提出到與戰爭有關的各國首都敦促談判，遭到了莫斯科、北京與河內的拒絕。幾個月後，英國特使本著相同使命獲准來到了河內，結果並未有絲毫改觀。

一九六五年五月，美國自行提出暫停轟炸行動，希冀藉此引發河內的談判意願。與此同時，魯斯克向北越駐莫斯科大使館傳遞了一張便條，指出減少「武裝行動」對彼此都有利無害。但便條被退了回來，且沒有任何答覆。幾天後，美國又恢復了轟炸。

六月九日，白宮公開宣佈重大決定，授權美國地面部隊對南越進行「戰鬥支援」，其措辭意在表明，這只是行動的升級，而並非根本變化。六月二十八日執行了第一個「搜索並摧毀」任務。七月，總統宣佈了增加配額的草案，並增加五萬人的部隊，將在越南的武裝力量增加到十二萬五千人。隨著人員的進一步增加，到一九六五年底達到了二十萬人。這樣做的目的，正如泰勒將軍後來向國會所解釋的，是讓「越共游擊隊繼續擴大損失，直至無力補充」，通過這樣的消耗戰，來讓北越明白，它不可能贏得在南方的軍事勝利。「理論上，到一九六六年底，他們的兵員幾乎就要消耗殆盡。」從這一點來看，不用通過談判，就可能讓他們放棄佔領南越的企圖而最終退出。正是在為達到這一目標的過程中，陣亡人數統計成為這一戰爭中令人不快的地方。五角大樓對越共人數損失進行了複雜的統計分析，卻沒料到，擁有四十多萬正規軍的北越，實際可以動員任何數量的人員對越共進行替換和補充。

現在雙方交戰已經是不爭的事實。美國士兵不斷殺戮，自己也成為戰場的冤魂；美國飛行員越過防空火力向下俯衝射擊，但在飛機墜毀時，則被抓獲成為戰俘。開弓沒有回頭箭，戰爭已然開始，沒有哪方承認失敗，將一發不可收拾。美國人走進了自己設置的陷阱，困難重重，成功的希望渺茫。捲入無益的戰爭中的人員往往會發現，只有妥協才可能終止戰鬥。戰爭造成破壞和死亡，除非迫不得已，否則決不使用。在過去，發動戰爭一定要有莊嚴的聲明，即「出師有名」。在中世紀，需要聲明是「正義的戰爭」，在近代則要發佈《戰爭宣言》（但日本是一個例外，往往用偷襲手段）。然而不論戰爭的理由多麼荒謬，多麼似是而非，這種墨守成規的做法都用來說明事由並無意之中擴大政府的影響力。

詹森決定不發佈聲明，一部份原因在於從國防角度來說，美國發動這場戰爭的原因和目標都不甚明瞭；還有部份原因在於他害怕一旦發佈聲明，可能引發蘇聯或中國的強烈反對；而最主要的是他擔心這樣會分散人們對於國內計畫的注意力，減少對這些計畫的投入，他還希望以此青史留名呢。如果南越日益惡化的境況被公開，右翼派別將會大力支持侵略行動並主張對北越進行毫無限制的大規模轟炸，這是詹森不願看到的，因此對美國在越南的陷入程度一定要秘而不宣，這也是更深層次的原因。詹森認為他可以發動戰爭而不讓國民知曉。他沒有要求國會發佈聲明，是因為他被告知或他擔心國會有可能拒絕發佈；他也沒有要求對《東京灣決議》重新投票，因為他害怕由於多數派減少而令自己陷入尷尬境地。

面對考驗，要求國會承擔起憲法所賦予的發動戰爭的責任，這才是本來應有的明智做法。總統也本應要求增加稅收以平衡戰爭成本和通脹壓力。但為了不引起人們的抗議，他沒有這麼做。因此，他在越南發動的戰爭始終是不合法的。他沒有發佈聲明，為持不同政見者留下了抨擊的口實；他犯了一個對其總統職位來說致命的錯誤，那就是沒有獲得廣泛的公眾支持。

繞開聲明的做法是甘迺迪政府時期形成的有限戰爭概念的產物。當時[4]麥克納馬拉在一項著名的聲明中曾經說過，「越南的最偉大貢獻……是鍛煉了美國打一場有限戰爭的能力，在不引起公眾憤怒的情況下投入戰爭的能力。」他認為這一點「在我們的歷史上幾乎是必需的，因為我們在未來五十年都可能面臨這樣的戰爭」。

有限戰爭基本由總統決定，而「不引起公眾憤怒」指的是與公眾脫離，不讓他們注意到，也就是說，放棄政府對人民的代表性這一原則。有限戰爭並非比全面戰爭更好、更仁慈或更正義，這只是支持它的人的說辭。因為最終的結局都是殺戮。此外，當一方是局部戰爭而另一方是全面戰爭時，很可能是不成功的，習慣於非理性思維的統治者已經察覺到了這一點。一九五九年，敘利亞和約旦敦促埃及對以色列發動一場有限戰爭，埃及總統納瑟回答說，如果他的盟友能讓本—古里安（Ben-Gurion，以色列總理）保證，不會發動全面戰爭，那麼他願意這麼做。「是否為局部戰爭要取決於另一方。」

大選剛一結束，詹森就訴諸戰爭，保羅・康拉德在一幅漫畫中對此進行了適當的評論。在該漫畫中，詹森正往鏡子裡看，結果鏡子裡卻是高華德與他面面相覷。從這時起，雖然持不同政見者還主要侷限於學生、極端份子與和平主義者，但他們的聲音也日益響亮，持續不斷。人們成立了旨在結束越南戰

4 該聲明先前在兩個學術作品（見注釋）中曾引用過，麥納馬拉先生沒有想起來。歷盡千辛萬難，終於在有證明文件的原始資料中找到了它。現在把它放在這裡是因為無論當時還是現在，這一表述都是真實可信的，並產生了嚴肅而深遠的影響。—原註

爭的全國協調委員會，組織抗議集會，並召集了四萬人越過白宮周圍的警戒線。一個叫大衛・米勒的年輕人當著聯邦特工的面公然燒毀自己的征兵證，結果遭到逮捕並被判兩年監禁。但其他人對此紛紛效仿並四處蔓延。可怕的是，一九六五年十月二日，在五角大樓的臺階上，一名來自巴爾的摩的教友派信徒模仿佛教僧侶將自己活活點燃。一周後，在聯合國大廈前，又發生了第二起這樣的自殺事件。這樣的行為似乎太過瘋狂，不可與反戰的示威抗議同日而語，除了產生負面影響之外，這些都難以真正影響美國民眾的思維。

如果說持不同政見者熱情有加的話，廣大民眾還遠未達到這個程度。勞工總會與產業勞工組織理事會表達了頑固的保守意見，表現了美國工會組織與國外同類組織的不同之處。在一九六六年的中期選舉中，該理事會不加掩飾地警告國會議員說，「那些否認我們的軍事力量所起到的鼎力支持作用的人，實際上是在幫助我們國家的共產主義敵人。」工黨也受到這種情緒的大力感染。在一九六六年的選舉中，密西根州迪爾伯恩市持非正統思想的市長在福特郊區將請示書貼到市政選票上，呼籲在美國撤軍之後雙方停火，「以便越南人民能夠解決自己的問題」，結果絕大多數人投了他的反對票。

但是一些有影響力的人也開始聲援持異議人士。甚至沃爾特・李普曼也放棄了自己精心培育的與總統的情誼，轉而要求獲知事件真相。他否定那種「外來侵略」的論點，他認為，從來就沒有兩個越南，只有「一個國家的兩個地區」。他對全球化政策大加嘲弄，認為這只不過是讓美國承擔世界警察角色而進行的「無休止的解放戰爭」。《紐約時報》現在反對美國更深地捲入越南事務，該報紙與李普曼的轉變令反對派更加受人尊重；而與此同時，在政府內部，人們開始公開懷疑戰爭是否能夠通過軍事手段得到解決。作為總統親信的新聞秘書比爾・莫耶斯（Bill Moyers）總是將一些職位較低的軍官、特工及觀察員的低沉幻滅情緒向總統彙報，試圖從週邊戰勝政府最高層的那些強硬派。莫耶斯最初是應詹森的要求建立起這一網路，目的是為了提供相反的意見；但由於總統不喜歡「不和諧」的聲音或面對多種選擇，因此後來這些觀點令他極不舒服。仿佛是教宗亞歷山大六世靈光一閃，在他片刻的自責中，他也承認這個問題，即統治者永遠聽不到真相，並且「最後不想聽到真相」。詹森希望他的政策獲得批准，而不是受到質疑，並且隨著問題日益棘手，他儘量避免聽取莫耶斯的彙報。

顧問們擔心戰鬥將會不可避免地升級，於是提出了一些替代方案。麥斯威爾・泰勒負責美國駐西貢大使館的工作。儘管他負責第一次作戰計畫，但並不主張擴大交戰範圍。一九六五年初，他提出一項計畫，即「停止參與越南事務」。根據該計畫，美國應回到日內瓦，用逐步減少在越南的軍隊、對越共實行「特赦和公民權」以及由美國贊助在整個中南半島實行經濟發展的計畫等作為討價還價的籌碼。該計畫由泰勒的副手、職業外交官亞歷克西斯・詹森起草，約翰・霍普金斯在演講中曾有所暗示。喬治・鮑爾隨後在備忘錄中又反覆提及，敦促與西貢脫離利害關係，以免將來出現重大災難而失去選擇的餘地。在給某國一位總統的通信中，加爾布雷思寫道，「他很可能永遠都不會看到這些內容」。

深受總統敬重的兩個人分別是來自喬治亞州的參議員理查・拉塞爾和杜魯門的前白宮顧問克拉克・克利福德（Clark Clifford），他們試圖使其改變對越政策。拉塞爾直到一九六九年一直擔任擁有至高無上權力的撥款委員會和軍事委員會主席，而且是詹森擔任參議員期間的多年同事，如果不是因為詹森早於他成為總統的話，很多人期望他能夠成為第一位來自南方的總統。儘管是公開的鷹派人物，但在一九六四他曾私下告誡詹森不要插手亞洲事務；而現在他又罕見地且富有創造性地提出在越南城市中進行民意調查，瞭解一下那裡的人們是否需要美國的幫助，如果結果是否定的，美國應該從越南撤出。確定越南人對於美國越俎代庖行為的看法非常有原創性，此前並沒有人想到這一點，但是，儘管這一做法由深受總統器重的權威人士提出，它仍然沒有得到採納。

從越南村民的眼中，我們應該能夠看到這一問題的端倪。據曾經在歐洲報導過戰爭的記者回憶，當美國大兵經過義大利解放區時，當地人民面帶微笑上前與他們擁抱，並高興地拿出美酒讓他們品嘗。然而在越南，當美軍士兵在大街上或村莊裡碰到村民時，後者總是低頭側目，毫無歡迎之意。「他們就想讓我們回家。」這就是一種虛榮的「建構國家」。有哪個國家是從外面建設自己家園的呢？

克利福德是來自華盛頓的資深律師，與詹森私交甚篤，曾私下寫信警告總統說，基於中央情報局的評估，若繼續集結地面部隊，則會成為「公開的義務……實際沒有最終勝利的希望」。他建議說，與其這樣，總統不如尋求各種可能解決問題的途徑。「這不會是我們想要的東西，但我們可以學會忍受它。」一位外國觀察家，瑞典著名經濟學家貢納爾・米達爾（Gunnar Myrdal）證實了克利福德與其他顧問的看法，他在一九六五年七月的《紐約時報》中寫道，「美國以外的所有國家都普遍深信，這一政策終將失敗。」

除了鮑爾提要讓出美國徹底撤出外，美國顧問們從未公開表述他們的疑慮，反而建議在不使事態升級的情況下繼續執行這一政策，並同時尋求通過談判解決這一問題。然而，談判是死路一條。除了先決條件之外，如果沒有能夠使河內最終合併南越的聯盟或其他形式的妥協，它不會接受任何協議；對美國而言，任何這樣的妥協都將意味著承認失敗，而這是美國政府所不能接受的，況且現在它還搭上了自己的軍事力量。為了自己以後能體面撤出，為了保證南越不受共產主義統治，美國將自己與越南綁在一起。但現在目標已經有了微妙的變化，從阻止共產主義變為挽救自己的面子。麥克諾頓作為美國政府官員，向來鄙視自欺欺人的行為，當他把美國一連串的戰爭目標列出來時，他挖苦性地將第一個目標列為，「百分之七十的努力在於確保我們的聲譽，避免恥辱的失敗」。

在這一階段，政府開始研究「獲勝」的可能性。就軍事任務來說，如果軍人們相信自己，並自然而然地要求增派軍人，那麼他們就得相信能夠圓滿完成該任務，達到既定目標。他們的聲明積極向上，人員需求也很大。面對不斷升級的態勢，麥納馬拉問參謀首長聯席會議主席惠勒將軍，「如果我們盡一切努力，」美國如何確保「在南越取得勝利」。惠勒說，如果「勝利」指的是鎮壓所有叛亂活動並消滅南越的共產黨份子的話，將需要投入七十五萬人並花費七年時間。如果「勝利」指的是向越共表明他們不可能取勝，則不需要投入那麼多人。無論人員多寡，投入這些部隊的理由並沒有在討論之列；政府只是一味向前，因為它不知道還能另外做什麼。當意識到所有的可能性都沒有良好的結果，決策者們轉而尋求「撬動杠杆」而非去理智思考。

詹森希望戰爭與談判能同時進行。困難在於，單單想要迫使北越從南越撤出局部戰爭，就無法通過局部戰爭的方式實現。北越向來無意向沒有共產黨的南越讓步，既然只能通過戰爭的勝利才能夠迫使北越這麼做，而在不發動全面戰爭的情況下美國無法實現這樣的勝利，可是美國又不想發動全面戰爭，那麼這樣一來，美國又何談戰爭目標呢？如果有人認識到這一點但又沒有付諸行動，那是因為沒有人願意承認美國的失敗。政治活動家可以相信轟炸有可能成功；持懷疑態度的人可能隱約中希望出現某種解決方案。

令總統不快的是，阿德萊・史蒂文生在倫敦突然去世，這為回絕吳丹調解的情況帶來一線曙光。艾瑞克・塞瓦賴德（Eric Sevareid）在報告史蒂文生去世前對他所說的話時，首次透露，河內實際上已經同意吳丹提議召開的會議，而詹森在最近一次記者招待會上告訴媒體說，另一方「絲毫」沒有表明對會談感興趣。《聖路易斯郵報》隨即回憶說，在美國積極投入戰爭的前一年，詹森或他的白宮發言人不下七次發表聲明說，美國並未尋求擴大戰爭。總統的個人信譽因此受到質疑。

除了史蒂文生的故事以外，另外一個失敗的和平提議也為眾人所知。應美國的請求，義大利外交部部長，時任駐聯合國代表的阿明托爾・范范尼，安排兩位義大利語教授到河內，其中一位早前與胡志明相識。正如范范尼在給詹森的信中所說，據兩位教授的報告，胡志明「非常希望找到和平的解決方案」，他的條件除了之前發佈的四點外，還包括在整個越南領土範圍內停火。然而，他還同意開始談判，且並未要求美軍撤出。因為一旦停火，北越部隊就可以留在南越，這是美國不能接受的。但是魯斯克所傳達的美國拒絕的理由是美國發現河內方面「並非真心實意想要無條件談判」。但有人想讓媒體知道這件事的時候，它就被適時地洩露了出去。

由於自己對和平不感興趣的事實被公開，詹森有些驚慌失措。於是下令在耶誕節之際停止轟炸，並派出了蔚為壯觀的「飛行馬戲團」以推進和平。官員們就像信鴿一樣被派往世界各國首都，表面上是尋求談判路徑——哈里曼被派到華沙、新德里、德黑蘭、開羅、曼谷、澳大利亞、老撾和西貢；史蒂文生之後美國駐聯合國代表亞瑟・戈德堡被派往羅馬、巴黎和倫敦；麥喬治・邦迪去了渥太華；副總統休伯特・韓佛瑞去了東京；兩位助理國務卿分別去了墨西哥城和非洲國家。然而這種表演並未產生任何效果，反而引發了公眾更大的不滿，人們要求詹森延長停止轟炸的時間。隨後這一時間被延長了三十七天，但正如美國政府所宣稱的，這一行動目的是為了試探河內是否願意談判。但這一招並未奏效，因為河內志不在此，它幾乎不指望談判能有什麼進度。

轟炸又重新開始了，而戰爭也變得更加嚴酷，不過尋求解決方案的努力並未停止。一九六六年中在華沙與波蘭中間人的會談似乎就要取得進展，但就在這個微妙時刻，美國首次針對河內及其周邊目標的空襲行動，使得北越停止了接觸。該事件表明，雙方基本上都不希望談判取得成功。麥克諾頓毫不留情地闡述了美國的困境：以勝利為目標，可能最終結果是妥協；以妥協為目標，可能最終結果是失敗，因為「目標從勝利降低到妥協……會讓北越認為有機可乘」。

隨著凝固汽油桶爆炸燒死的人越來越多，大量農田被炸得滿目瘡痍，囚犯被折磨得鬼哭狼嚎，戰死人員屍橫遍野，戰爭越來越令人深惡痛絕。另外，花費也越來越多，現在每月消耗達二十億美元。由於戰事逐步升級，到一九六六年四月，部隊人員增加到二十四萬五千人，需要國會撥付一百二十億美元補充戰爭費用。在戰場上，美國作戰部隊的到來阻止了越共前進的步伐。據說叛亂份子因為失去了避難所，被迫四處流離，很難重新組織起來，最終因士氣低落，紛紛逃竄。據美國方面的統計，叛亂份子連同北越軍隊的傷亡人數不斷上升，對俘虜的審訊顯示他們已經喪失鬥志，美國似乎很快就要實現其目標。

這場戰爭的代價便是表明法國人「腐爛戰爭」的觀點是正確的。在追求消耗戰的過程中，魏摩蘭部署了作戰部隊，用以引誘對方發動攻擊，這樣美軍炮兵和空軍可以將敵人封鎖起來大開殺戒，並可以計數敵軍屍體。「搜索並摧毀」任務使用坦克、大炮轟擊和空中飛機轟炸的方式，摧毀了良田和村莊，難民居住在沿海骯髒潰爛的難民營中，心中對美國的仇恨日益增加。轟炸戰略也是通過破壞堤壩、灌溉溝渠和農業設施等手段製造饑荒，達到消耗對方的目的。密集轟炸用三到五天時間就可以摧毀三百英畝水稻，五至六周時間就可以摧毀同等面積的叢林。凝固汽油彈就像政府恐怖主義，令人失去理智，只需輕輕按下發射按鈕，就可看到「大片棚屋在橘黃色火焰中騰空而起」。在持久的軍事對抗中，有關戰爭的報告被不斷發到國內。從未見識過戰爭的美國人現在看到了他們的同胞在其他國家製造的一幕幕慘象，有身負重傷的人，無家可歸的人，還有被燒焦的兒童屍體。甚至當《女性家庭雜誌》也刊發了配有凝固汽油彈受害者圖片的文章時，諾頓所希望的「沒有任何污點」的結局已然成為空中樓閣了。

雙方你來我往的進攻令情況不斷惡化。越共蓄意使用火箭彈、炮擊村莊、詭雷、綁架和屠殺等恐怖主義手段，旨在增加人們的不安情緒，並證明西貢當局無法為人們提供保護。儘管美國的武裝干預令叛亂份子無法取勝，但並沒有挫敗他們。局勢依舊毫無進展。南北平衡發生了動搖後，俄國和中國為北越輸送了更多補給，使其恢復力量。從戰俘身上推導出對方士氣低落不過是對東方斯多葛主義和宿命論的一種誤解。在美國軍隊中，一年短期服役的規定本來是為避免士兵產生不滿情緒，但這也使他們無法適應與平時標準訓練大相徑庭的叢林戰，令傷亡人數大增，處於最初幾個月服役期的士兵傷亡率總是最高的。美軍的適應能力無法應對實際戰爭。美軍戰術設計都是基於大部隊機動作戰，使用空中力量對工業目標進行打擊。在實際操作中，一旦這些要素不復存在，其軍事機器就無法進行有效調整。美軍的心態源於其力量優勢，但坦克在驅散黃蜂方面卻無計可施。

軍事之外的需求也不容忽視。「綏靖」計畫是美國方面一手推行的，意在加強南越的社會和政治結構，實現民主統治。它的目標是在西貢建立起人們的信心，並打造穩定的社會基礎。但是從漢、基到阮文紹將軍的歷屆政府，都痛恨他們依賴的這位贊助人，因此無意與美軍合作。白人部隊雖然擁有豐富的物質資源，但也不想作為代理人為美國「贏得人心」。這個計畫，對戰場上的美國人來說是沉重的打擊，因為儘管華盛頓方面投入大量精力和資源，可還是在一些方面讓人對西貢和美國產生了反感情緒。

人們越來越公開地反對將軍們的政權，要求實行平民統治，制定憲法章程。佛教徒的反政府運動再次興起並又一次在西貢與軍隊發生衝突。在古都順化，示威者洗劫並焚燒了美國領事館和文化中心。

美國的情緒也在發生變化，在耶誕節短暫的停火之後，轟炸又重新開始，這令反戰情緒明顯上升。麥斯威爾・泰勒發現，之前作為大使返回華盛頓向國會議員介紹情況時，他們「相當耐心，沒有任何批評意見」；而現在，他們的意見正在發生分歧。在停火期間，大多是民主黨派的七十七名眾議院成員敦促總統延長停火時間並將衝突提交聯合國討論。當轟炸重新開始時，十五名民主黨參議員給總統寫了一封公開信，反對繼續轟炸。當參議員摩爾斯建議廢除作為對越撥款議案修正案的《東京灣決議》時，三名參議員（富布賴特，明尼蘇達的尤金・麥卡錫和俄亥俄州史蒂芬・楊）也加入了堅定不移的摩爾斯陣營支持他的舉動。但這一提議以五票對九十二票沒有獲得通過。

雖然規模尚小，但這是黨內反對總統的信號。這是和平團體行動的開端，他們將在越南問題上把民主黨分裂開來，但無論在眾議院還是在參議院，他們都沒有一位令人信服、堅決果斷的領袖人物能夠隨時對多數派進行反擊。

這種政治上的不滿情緒遠比票選失利來得更嚴重。國會對撥款繼續順服地投贊成票，因為選擇其他道路意味著美國承認失敗的情況，因此大部份議員無法對政府決策說不。此外，他們在很大程度上都深深留戀由艾森豪建立的軍工複合的超級大國。國防合同就是貨幣，五角大樓在國會山豢養的三百多位說客就負責操縱這些貨幣。軍隊提供了貴賓旅遊、晚餐、電影、發言人、飛機、週末體育活動及其他特權，尤其為參眾兩院的高級委員會主席提供更高規格的待遇。國會有四分之一的成員都召開過預備委員會。對軍事採購的批評使得國會議員一不小心就會被指控破壞國家安全。在一九六五年召開的第八十九次國會議員代表大會上，向來潑辣大膽的副總統休伯特・韓佛瑞向新議員建議說，「如果你想要站出來發表攻擊越南政策的言論，你還是省省吧」。他說，在第二或第三個任期之後，他們可以獨立發表言論，「但是如果你想在一九六七年再回到這裡，最好還是不要那麼做」。

富布賴特投票贊成摩爾斯的修正案，這意味著他與詹森公開決裂。美國積極投入戰爭的行為與詹森之前的保證完全相反，他感到被出賣了，他有一天承認參與《東京灣決議》的簽署是他最為後悔的事情。一九六六年一至二月間，在連續六天電視直播聽證會中，他當著參議院外交關係委員會的面，在官方層面組織了第一次鄭重的美國干預越南事務的公開討論。會議沒有歌功頌德，而是將基本問題一一列出，例如美國承諾的義務、國家利益、付出與利益不相稱，開始承認美國自相矛盾等。國務卿魯斯克和泰勒將軍代表政府發言；喬治・肯南大使、詹姆斯・加文（James M. Gavin）將軍、富布賴特本人以及幾位同事代表反對人士講話。

國務卿魯斯克一如既往地堅持認為，根據《東南亞條約組織協定》以及艾森豪給奠邊府所寫的信，美國已經「明確並直接承諾」確保南越免受「外部攻擊」，這樣一來，美國就有干預的「義務」。他以虔誠的信徒所特有的口吻宣稱，「我們真心實意承諾維護世界各地的和平。」參議員摩爾斯戳破了這一自以為是的謊言，因為艾森豪最近否認「曾經單方面對南越做出承諾」。他這麼一說，魯斯克又改變了立場，說美國是由《東南亞條約組織協定》「授權」對越南事務進行干預，而且這一承諾源於一個又一個總統所做的政策聲明以及國會本身投票通過的撥款決議。泰勒將軍在受到質疑時承認，就我們使用地面作戰部隊而言，「當然只是在一九六五的春天」才做出相應承諾。

關於國家利益，泰勒聲稱美國在戰爭中具有「至關重要的利益」，但至於是什麼利益，他卻並未加以解釋。他說共產黨領導人一心想要佔領南越，因此希望削弱美國在亞洲的地位，並借此證明民族解放戰爭行之有效，而美國有義務向他們表明，他們的這種期望「註定要竹籃打水」。參議員富布賴特反詰說，難道美國革命不是一場「民族解放戰爭」？

加文將軍質疑，鑒於美國在國外的所有其他事務，越南是否值得美國投入。他認為我們現在是「鬼迷心竅」，而預計投入五十萬兵力的做法，會削弱我們在其他地方的力量，表明我們的政府已經毫無章法可言。南越其實並不是那麼重要。

公眾反對戰爭就意味著意志「軟弱」並一蹶不振（二十世紀八〇年代的修正主義者如今又再次提及這個問題）的指控，泰勒將軍援引法國民眾否定戰爭的例子證明「軟弱」的說法，以此作為簡短的回應。參議員摩爾斯回答說，「現在離美國人民否定我們在東南亞戰爭的時日也不遠了」，法國也打過仗，當他們否定戰爭的時候，是否是一種「軟弱」的表現呢？

肯南大使清晰冷靜地提出自相矛盾的問題。在他看來，在戰場上，即便能夠贏得戰爭，其結果也非常空洞無聊，因為美國發動大規模的戰爭會對「窮苦潦倒、無依無靠的人造成嚴重的傷害，尤其是對一個不同的種族和膚色的民族更是如此……這種慘烈的場面會令全世界數以百萬計的人民產生強烈的反感，從而破壞美國在他們心目中的形象，而這與我們在全世界樹立正面形象的做法背道而馳」。只有「堅決果斷地放棄目前毫無根據的立場」而不是固執己見一味繼續自己的行為才能夠贏得更多的尊重。他引用約翰・昆西・亞當斯的格言：無論自由之花在世界何處開放，「總會少不了美國的牽掛……但它無須跨出國門去將自己毀滅。」將她毀滅意味著無休止的戰爭，而在戰爭中「（美國）政策最基本的特點就是不知不覺地從放任自由到使用武力」。在這次聽證會上，事實真相已經說得再清楚不過了。

儘管富布賴特聽證會觸及了美國在越南戰爭的真相，但至多是集思廣益對美國政策進行審視，並沒有產生根本的作用，因為只有投票反對撥款才是最為有效的行動方式。總統批准戰爭所導致的長期嚴重後果，直到聽證會後才在富布賴特出版的序言中得以系統闡述。在總統戰爭中之所以存在默許行為，他寫道，是因為人們認為政府擁有機密情報，使它在確定政策時具有很深的洞察力。這種觀點值得推敲，而且重要的決策「並非基於手頭事實，而是根據人的判斷」，由此來看，決策者並不比聰明的公民高明多少。國會和公民可以判斷出「大規模部署軍隊，犧牲本國人員和財富是否能夠服務於國家的整體利益」。

儘管富布賴特能夠把主要問題提出來，但他畢竟是個老師而不是領導者，因此並未準備好在關鍵時刻發揮他的投票權。聽證會結束一個月後，當國會開會審議為越南戰事提供四十八億美元的緊急資金時，只有兩個始終持反對意見的摩爾斯和格里寧投了反對票，而富布賴特服從了大多數人的意願，使得法案得以通過。

就在這個時候，紐約州州長納爾遜・洛克菲勒（Nelson Rockefeller）表達了「政府對事態最為清楚」這一觀點。他在恢復轟炸後說，「我們都應該支持總統。他最瞭解我們的對手，也掌握著所有相關的情報。」這一假設令人無比欣慰，也讓人不會因為立場問題而憂心忡忡。但這種說法通常是站不住腳的，尤其在外交事務上更是如此。貢納爾・米達爾在經過二十年的研究後得出結論說，與國內因素相比，「外交政策方面的決定，通常更多地受到非理性動機的影響」。

「二戰」後由科學家、經濟學家和其他方面專家所做的一個「戰略轟炸調查」得出結論，戰略轟炸在歐洲戰區（與配合地面行動的戰術轟炸有所不同）並沒有達到理想的或預期的效果。它沒有極大地削弱德國的戰鬥能力，或使他們儘早投降。調查發現，轟炸後德國以驚人的速度恢復且士氣並未受到影響；事實上，轟炸反而可以提高士氣。一九六六年三月，原定持續三個月的「滾雷」行動已經延長到一年多，但並未明顯地「摧毀敵方意志」。這時，來自麻省理工學院和哈佛大學的一些知名科學家，包括先前曾參與過調查的人員，對越南的轟炸效果提出了類似的觀點。受國防分析研究所的委託，由四十七名來自不同學科的專家組成的代號為「JASON」的機構，對國防部、國務院、中央情報局及白宮的簡報進行了歷時十天的詳盡研讀和討論，隨後又進行了兩個月的技術研究。該小組得出結論，轟炸對北越士氣的影響以及在河內繼續戰鬥的代價評估「沒有取得實質性的」效果。轟炸並沒有對交通、經濟和士氣造成嚴重影響。調查發現，不能貿然得出結論說「轟炸的間接懲罰將在這些方面產生決定性的效果」。

該機構認為空襲沒有起到理想效果的主要原因，是「轟炸目標沒有多大價值」。該研究得出結論，「對某個社會進行直接正面攻擊」往往會令其萬眾一心、同仇敵愾、積極防禦、迅速修復。這種效應並非不可預測，德國有過這樣的例子；而眾所周知的是英國，一九四〇至一九四一年間德國對倫敦的恐怖轟炸不僅沒有令英國人退縮，反而使其士氣大振，愈加堅定了抗戰的決心和毅力。

作為轟炸的替代方案，「JASON」建議在越南和老撾長達一六〇英里的地段建設「反滲透」屏障。該研究提出了各種詳細的技術方案，包括雷區、牆壁、溝渠和據點，用帶有電子監控和倒鉤的鐵絲網連接起來，某一側佈置長長的落葉帶，該方案估計費用為八億美元。這一招是否管用無人知曉。太平洋艦隊的空軍指揮官們不可能同意這樣的方案，對此嗤之以鼻，該方案從未實施。

就像其他「不和諧」的建議一樣，「JASON」一頭撞到南牆之上。空軍考慮到自己未來的處境，不肯承認他們的空中力量可能無濟於事。這樣一來，戰略並未有任何改變。太平洋艦隊基於對人類行為進行計算的「壓力理論」得出的痛苦指數，繼續加大轟炸的懲罰力度。他們認為：河內的行為導致了疼痛，而現在它應該對此有所回應，停止這樣的行為。國防部一位官員後來說：「我們預料他們會像正常人一樣做出合理的反應。」到一九六六年底，每年投下的炸彈達到了五十萬噸，比在「二戰」期間投給日本的還要多。河內方面並沒有做出合理的回應，而是像英國遭受德國轟炸時那樣憤怒、桀驁不馴。這也是人之常情，因為如果美國受到如此的轟炸，無疑也會有此反應。轟炸並沒有將敵人趕上談判桌，反而令他們更加堅定不移：他們現在堅持將停止轟炸作為談判的籌碼。

有人通過加拿大的賈斯特・朗寧（Chester Ronning）和其他調停機構繼續提出建議，因為到如今各方都希望結束戰爭，而每一方都有自己的如意算盤，仍然難以協調統一。華盛頓從到訪河內的人員那裡得知如果轟炸停止，河內就願意談判，美國方面由此得出結論，轟炸給對方造成的打擊還是非常有效的，因此應該加強力度達到預期效果。結果當然是河內的立場變得更加頑固了。

「JASON」在南牆上終於撞出了一個至關重要的豁口。國防部長麥納馬拉開始的一些疑慮得到了證實。他自己在國防部的系統分析顯示，軍事效益與投入的經濟成本根本不成正比。雖然他沒有公開表示，但在私下裡似乎開始承認失敗。在他寫給總統的信中，認為「令人滿意的解決方案」前景並不好，因此宣佈支持使用反滲透屏障作為轟炸以及進一步增加地面部隊的替代方案。但是他沒有能夠實踐自己的觀點。

在政府的其他部門，這種徒勞情緒已經四處蔓延，有一些人離開崗位。少數人辭職；大多數人被總統略施小計予以免職。無論自己有什麼樣的疑慮，總統也不希望其他人存在這樣的想法，它有時被毫無顧慮地講出來，有時則不言而喻。希爾斯曼於一九六四年被解除在國務院的職位，福里斯特爾於一九六五年離開白宮，麥喬治·邦迪在一九六六年年初離開國家安全委員會，隨後喬治·鮑爾和比爾·莫耶斯分別在同一年的九月和十二月自願離職。所有人都靜悄悄地離開，無一例外，就像沒有發出任何聲響的拉奧孔，沒有人在此時發出警告，更沒有人喊出他們的反對意見。

團隊成員悄悄離開對政府而言非常重要。即便在離開後再說出實情也無異於離群索居；因為這樣一來就表示他們不夠忠誠，就無法再回到這個圈子。正是基於同樣的原因，他們不願辭職。政府官員總是相信，只有在這個圈子中才能夠施加更多的制約作用，而且還要默認順從，以免失去權力。美國總統在行政機構中擁有至高無上的任命權力，因此使得他常常驕傲自大，專橫跋扈。顧問們難以對總統說「不」，或者就某一政策進行爭論，因為他們深知他們的地位，他們下次能否被邀請到白宮參加會議，都取決於對總統的態度。如果他們是內閣成員，那麼根據美國的制度，他們不能在議會中擁有席位，反而可以在政府中保留自己的觀點，而無須擔心自己在議會的席位。

魯斯克仍頑固地堅持己見。如果他有疑慮，作為一名優秀的公務人員，他能夠說服自己，相信美國政策是正確的，並且重申，儘管有這樣那樣的考量，但使南越不受共產主義統治這一根本目標是不能改變的。有人對他這一堅定立場深表敬意，就在部門的電話亭裡塗寫了「魯斯克是錄好的政府報告」一字樣。沃爾特·羅斯托取代了邦迪，他曾預測越共的暴亂自一九六五年起將逐漸消停，他對此非常樂觀。可是身居高位的詹森就沒有這麼樂觀了。有一次被問及戰爭還將持續多久時，他回答道：「誰知道會打多久，要花多少錢呢？重要的是，我們是對是錯。」一方面戰爭還在繼續，造成巨大傷亡和破壞，另一方面詹森卻還在提出這樣的質疑，這種做法，無論對公眾，對他自己的總統職位，還是對歷史而言，都是不明智的。

由於戰事一次又一次升級，戰爭通過征兵也直接影響到了一般公眾。一九六六年年中，五角大樓宣佈派駐越南的部隊到年底將達到三十七萬五千人，而在隨後半年中將再增加五萬人。到一九六七年年中，這一數字達到四十六萬三千人，而魏摩蘭要求再增加七萬人，使總數達到「最低基本力量」五十二萬五千人。對此詹森宣佈，將「滿足」指揮官的需要和要求。對適齡的年輕人，尤其是那些認為這場戰爭卑鄙齷齪、可恥下流的人而言，征兵行動並未引起他們的重視。每個人都極盡所能利用征兵延長期繼續自己的學業，只有那些學業不佳的人才不得已穿上軍裝。不公平的征兵制度是越戰後方的第一起罪行，本來旨在緩解社會上的不滿情緒，可造成輿論分裂之餘又使得美國社會也產生了裂痕。

公眾舉行各種抗議集會，校園裡的反戰遊行也愈演愈烈，甚至逐漸上升到暴力行為。人們揮舞著河內的旗幟，喊著支持胡志明的口號。一批集會人群在五角大樓的臺階上與身著軍裝的士兵發生衝突，許多抗議者被捕入獄，婦女遭到毆打。因為在公眾心目中，抗議行為與二十世紀六〇年代的毒品、長髮和反叛文化是聯繫在一起的，所以並沒有激發出強烈的反戰情緒，反而延緩了它的出現。根據一項民意調查顯示，就全體公眾而言，他們認為反戰示威「讓共產黨越戰越猛」；逃避兵役和焚燒國旗行為讓愛國者憤怒。然而，在認識到戰爭的殘酷和荒唐之後，一種不安的感覺正在四處蔓延。對一個小小的亞洲農村國家進行轟炸，姑且不論其是否在共產黨統治之下，都不能被視為理所當然。哈里森・索爾茲伯里（Harrison Salisbury）根據親眼所見向《紐約時報》提交了一份報告，描述了美軍對河內平民區的打擊。空軍對此先是否認，隨後予以承認，掀起了軒然大波。在民意調查中，公眾對詹森處理戰爭的方式持反對意見，並且他再也沒有獲得多數支持。另有報告說囚犯被美軍從直升機上直接扔下來，還有其他麻木無情的殘忍行為，這些都讓美國人意識到他們的國家也可能犯有暴行。國外的咒罵聲，我們最為親密的盟友——英國、加拿大和法國的不信任，讓美國人感覺到了這一切。

戰爭應該是使人民萬眾一心，但如果戰爭引起人們的不滿情緒，就像一九〇〇年的菲律賓或英國的波爾戰爭（Boer Wars）那樣，其所造成的國家分裂就比正常的分裂更為深遠。隨著新左派與其他激進分子的攻擊性越來越強，他們與受人尊敬的中產階級的分裂日益加深，並加劇了工會與強硬派之間的仇恨和相互之間的暴力行為。一九六七年賴孝和在《超越越南》這本書中曾經問過這樣的問題：對於「精神困惑」，我們還能忍受多久？對一些人來說，他們開始厭惡自己的國家。全國教會理事會聲稱，美國「被視為一個以白人為主的國家，並使用我們的超強力量殺死更多的亞洲人」。馬丁・路德・金恩說，每當對自己的民族所做出的暴力行為加以責備之時，總禁不住對「當今世界暴力傳播的罪魁禍首」口誅筆伐，而這一罪魁禍首就是我們自己的政府。

認識到這一點非常可怕。猛然間發現我們自己就是世界之巔的「壞蛋」，而始作俑者就是「我們自己的政府」，這一傾向帶有嚴重的後果。人們對政府的不信任甚至厭惡反感最為嚴重，並開始不願參加投票。在紐約的一次反戰集會上，有一條標語寫著：「你一九六四年投票並讓詹森上臺了，還操什麼心呢？」人們在史丹福大學對副總統韓佛瑞進行了毫不留情的質問。早在十八世紀，孟德斯鳩就在他的《論法的精神》中寫道，「每一個政府的墮落，都始於它賴以建立的原則遭到破壞」。

政府對戰爭的報導令其在國內的聲譽大打折扣，而人們的責難大多關於軍事。兵不厭詐這一思想本來是為誤導敵人，現在儼然成了習慣。每一個機構及主要指揮官無不為「國家安全」利益而操縱新聞，或為美化自己，或為贏得不同軍種之間的某輪競賽，或掩蓋所犯錯誤，或美化某位指揮官。在憤怒的媒體急於要揭露真相的情況下，公眾已經不像以往那樣對花言巧語所掩蓋的卑鄙伎倆一無所知。

對戰爭的異議蔓延到了當局。一九六六年，沃爾特・李普曼（Walter Lippmann）花了一個晚上說服《華盛頓郵報》發行人，同時也一直是頑固的鷹派人物的凱薩琳・葛蘭姆（Katharine Graham），「正派人物可能不再支持這場戰爭了」。幾十億美元的戰爭成本令人震驚，不僅預支了未來的支出，而且造成了通貨膨脹和國際收支逆差，這令商界人士憂心忡忡。一些商人組成了反對派團體，雖然與整個商界相比規模很小，但是，當作為重量級人物的前聯邦儲備委員會主席馬里納・埃克爾斯（Marriner Eccles）公開表示支持由加爾布雷思和小亞瑟・施萊辛格（Arthur Schlesinger, Jr.）所組建的「現在談判」的團體，這些小規模反對派組織大受鼓舞。前政府官員偶爾的表態打破了沉寂。詹姆斯・湯姆森（James Thomson）是政府內部持不同政見的人，並在一九六六年離開國務院遠東事務部。他在給《紐約時報》的一封信中說，「建設性的替代方案」一直是有的，並且作為對柏克的回應，他還說，美國作為地球上最強大的國家，「有能力丟臉，有能力承認錯誤，有能力做出寬宏大量的舉動」。

李奇威將軍不喜歡戰爭，這是眾所周知的。另外一個與他具有同樣氣質與威望的大衛・舒普（David M. Shoup）將軍是海軍陸戰隊指揮官，他一退休就與李奇威一道加入了反戰行列。在他看來，政府所持的越南對美國利益「至關重要」的論點是胡說八道；整個東南亞都不「值得美國犧牲一條人命……我們為什麼不能讓那裡的人民自己決定真正想要的生活方式呢」？被認為是總統宿敵的參議員羅伯特・甘迺迪呼籲停止無效的轟炸，他在另外一次令白宮大為震怒的演講中提出，任何談判都應該有民族解放陣線的參與。當來自威斯康辛州的參議員蓋洛德・納爾遜加入勢單力孤的摩爾斯和格里寧，與後兩者一起投票反對為越戰新增一二〇億美元撥款的法案時，情況發生了里程碑式的變化。在眾議院，來自加利福尼亞的喬治・布朗（George Brown），提出在該法案的基礎上增加一項決議，也就是「國會應該達成這樣的共識」，即其所授權的資金一分一毫都不能用於「針對北越的軍事行動」。雖然這只是一個決議，總統沒有義務去執行，但它還是以十八票對三七二票的懸殊結果慘遭淘汰。

從杜魯門時代起美國就發佈聲明，說東南亞的利益對美國「至關重要」，因此阻止共產主義蔓延的行動勢在必行，但二十年過去了，廣大民眾對該戰爭的目的仍然不甚瞭解。一九六七年五月，蓋洛普民意調查問受訪者，他們是否知道美國在越南打仗的原因，有百分之四十八的人回答「是」，也有百分之四十八的人回答「否」。如果美國發佈了《戰爭宣言》，情況或許就會有所不同。

此次戰爭的目的並非保家衛國，也不為漁翁得利。如果是其中之一的話反而容易理解了，因為通過領土征服或消滅敵人軍隊及資源的方式結束戰爭遠比以優越的力量確立一種原則並稱之為勝利更加容易。美國的目的是要表明，為了保護一個人為建立起來的、缺乏強烈動機且隨時可能會消亡的國家，它要阻止共產主義並且自己具備這種能力。我們所全力維護的社會在本質上存在固有的缺陷，儘管我們在不遺餘力地「建設國家」，但「它並沒有發生根本的改變」。

在這一前景黯淡、無利可圖且又具有潛在危險的衝突中，美國如何停止浪費資源呢？由於自信滿懷地認為北越一定會受到重創，有可能會屈從於美國的意願，政府在一九六六—一九六七年間多次嘗試與河內談判，使其答應美國的條件。這些條件看似是非常開明的「無條件」，但卻忽略了一個事實，也就是河內一直所堅持的一條：停止轟炸。美國曾多次承諾，在北越從南越撤軍並停止使用暴力之後，美國將「儘快且在半年內」停止轟炸，不再增派軍隊。所有這些承諾能否落實，取決於河內的舉動。而在河內看來，轟炸行動不先停止的話，它也不會有實質行動。

其他各種力量也加入進來。教宗保羅呼籲雙方停戰、進行談判。吳丹應華盛頓的請求進行斡旋，他敦促美國和越南南北雙方在英國領土上進行談判。對無論何方所做出的提議或表態，河內通過胡志明和其他官員的公開聲明以及來訪記者的訪談表示，始終堅持將美國「無條件」停止轟炸、停止所有其他戰爭行為、撤出美國軍隊以及接受「四點要求」作為談判的前提條件。儘管河內對其他條件會不時做出修改，但停止轟炸這一基本條件從未改變。

總理范文同在一次講話中將「四點要求」作為「解決問題的基礎」而非先決條件，此時，美國認為他們從中發現了一個信號，如果美國停止轟炸，河內將「審核並研究談判建議」。就這樣，美國和北越各自駐莫斯科的代表最終會面了。但是，因為與此同時美國未停止轟炸以示誠意，所以會談並未取得任何成果。

此外，兩名與河內領導人有些私交的美國人，帶著由國務院起草的口信飛赴河內，信中建議雙方在「某種相互克制」的基礎上進行秘密會談，措辭謙恭溫和。但飛機沒有著陸，並一度被驅離河內區域。他們沒有得到北越方面的回應，無功而返。美國於是首次對海防、鐵路貨場及首都的其他目標進行了打擊。吳丹建議停止一切手段，公開投石問路。他敦促美國停止轟炸來「冒險一試」，認為這樣只需「數周時間」對方就會答應和平談判。但美國並未做出這樣的嘗試。

就國內而言，詹森總統說，「在所有的停火、停戰或和平談判中」，美國隨時準備「盡我們最大努力與北越會談」，但「盡我們最大努力」並不包括出動 B-52 戰略轟炸機。詹森在直接寫給胡志明的信中重申了互惠條件：「只要向我做出保證，立即停止對南越的海陸滲透」，美國將停止轟炸，不再增派軍隊。而胡志明在答覆中也重申了之前的互惠條件。

華盛頓方面對北越的答覆進行了分析，認識到，「河內方面深信，由於戰爭開銷巨大，我們的決心會逐漸動搖」。這一分析是正確的。河內毫不妥協的信念確實是因為在它看來，無論是從成本還是日益蔓延的不滿情緒來看，美國都會首先洩氣。當國務卿魯斯克義憤填膺地增加了二十八項和平提議時，他只對了一半；除非能夠答應河內提出的條件，否則他們並不想要和平。因為美國的提議不僅沒有滿足河內所要求的任何條件，而且也從未說明通過政治途徑最終將問題解決到哪一步，以及問題的性質，因此河內並不感興趣。

當蘇聯總理阿列克謝・柯西金到英國與哈樂德・威爾遜首相會晤時，事情似乎有了轉機。作為雙方首腦之間的調停人，他們幾乎都安排好了雙方都同意的會談。然而在最後時刻，當柯西金已經在離開倫敦的路上時，詹森無緣無故地改變了官方公告最後的措辭。由於已經沒有時間再與雙方協商，此次努力終又化為泡影。「和平幾乎勢在必得了」。威爾遜遺憾地說。這一點有些值得懷疑。在人們根深蒂固的印象中，詹森總是極盡所能地安撫國內外的批評聲音，但是他和對他言聽計從的顧問們仍然想要通過絕對優勢與河內進行談判。

國內逐漸被烏雲所籠罩。戰事逐步升級，就像人的胃口越來越大，永無止境。對於一個人們只是有點兒模糊認識的戰爭而言，總歸要對其有所質疑，否則如何令人信服呢？魏摩蘭要求一次增加七萬到八萬名士兵，由此推遲了召集預備役的事務，但是，正如麥克諾頓曾告誡過總統的，它被推遲到了一個更為不合時宜的時間，那就是正值大選的一九六八年。麥克諾頓提請注意公眾日益不滿的情緒，因為美國的傷亡人數在不斷上升（一九六七年陣亡九千人，受傷六萬人），公眾擔心戰爭可能會擴大，「越南南北雙方的人民遭受的痛苦會日漸深重」。「人們普遍並強烈地感到政府當局失去了理智……這件事我們做得有些過火了……大多數美國人並不知道我們如何到了這一步……所有人都想要戰爭結束，並希望他們的總統結束戰爭。不論是贏得勝利也罷，其他方式也罷，都沒關係。」

如果「其他方式」的意思是「讓他下臺」的話，那替代方案並非不可想像。對詹森來說，事情慢慢變得清晰起來，即令人糾結的越南問題決不會朝著對他有利的方式結束。在當前任期剩下的十八個月內，他不可能通過軍事勝利的方式結束戰爭。在選舉迫在眉睫的情況下，他不能抽身而出，「失去」越南。他將不得不面對預備役招募、人員傷亡、公眾的抗議。他深陷其中而不能自拔，據莫耶斯判斷，「他知道這一點。他感覺到戰爭將會摧毀他的政治生命，破壞他的總統任期。他既可憐又可悲。」

右派的反對及軍方日益不滿的情緒也給了詹森壓力，而軍方的發言人也在盡力克制地勸阻他們。一九六七年八月，由參議員約翰・斯滕尼斯（John Stennis）主持的軍事委員會的小組委員會聽證會成為公眾發洩憤懣的論壇。還沒等聽取證詞，斯滕尼斯就陳述了自己的觀點，說中止或限制轟炸的行為都是「致命的錯誤」。

太平洋總部的空軍司令尤利西斯上將在為空中力量據理力爭時進一步闡述了這一論點。他公佈了B-52戰略轟炸機的輝煌戰績，包括摧毀兵營、彈藥庫、電廠、鐵路貨場、鋼鐵廠及水泥廠、飛機場、海軍基地以及橋樑，並總體上對「經濟活動」和交通「造成了廣泛的破壞」，而且還破壞了收成，令糧食短缺更為嚴重。如果沒有轟炸，他說北越在南越的部隊可能已經增加了一倍，因此，為了達到戰略平衡，他要求美國增派八十萬士兵並撥款七五〇億美元。他譴責所有暫停轟炸的建議，因為這樣一來，就使得敵人可以有機會修復供應線，為其在南越的軍隊增加補給，並建立起強大的防空網路。他毫不掩飾地嘲諷說，對平民目標的選擇過於緩慢，而且偏離太多。在提及眾所周知的週二午餐會制度時，他肯定地說，如果由文官執政的政府聽取軍隊的意見，解除對在至關重要的河內及海防區域內「可以得分」的目標的限制，消除對轟炸目標進行審批時的長久拖延，轟炸行動會有效得多。停止轟炸是一場「災難」，將會無限期地延長戰爭。

國防部長麥納馬拉的證詞使這一切都受到質疑。在一份發人深省的報告中，他引用的證據表明，轟炸計畫沒有從根本上減少人員和物資的流動，他對軍方所提議的解除限制、擴大轟炸範圍的做法不敢苟同。「我們沒有理由相信，這樣做將擊垮北越人民的意志或動搖他們領導人的決心……或者令我們相信可以通過轟炸將他們趕到談判桌上去。」因此，國防部長承認，美國的整個戰略都是徒勞的。這一證詞由於揭示了文官與軍人的公開分歧，引起了轟動。

參議員斯滕尼斯在就聽證會所寫的報告中對文官干預行為進行了大肆攻擊。他說，文官的意見否決了軍方的提議，「限制了空中力量的真正潛力」。現在所需要的就是做出艱難的決定，「冒該冒的風險，運用所需要的力量完成這項任務」。

詹森決定不冒任何這樣的風險，因為仍然令他心有餘悸的是，美軍在北越某個港口意外擊中蘇聯商船，他已經向克里姆林宮表示了歉意。他也不能將停止轟炸作為實現和平的手段，因為他的軍事顧問早就向他擔保過，轟炸是令北越屈服的唯一方法。在斯滕尼斯主持聽證會後，他認為有必要召開新聞發佈會，否認其政府內部存在分歧，並聲明自己支持轟炸方案，而且自己並未放棄選擇轟炸目標的權力。為了表示對軍方的敬重，詹森隨後邀請參謀首長聯席會議主席惠勒將軍定期參加週二午餐會；而由於麥納馬拉的意見被駁回，轟炸的目標範圍逐漸北移，海防成為重點打擊的目標。

由於麥納馬拉的證詞，詹森政府已經支離破碎。作為到現在為止最強有力的支撐，從甘迺迪時代繼承下來的團隊中最冷靜務實的成員，負責戰爭的最主要人員，麥納馬拉對戰爭喪失了信心，並從此失去了對總統的影響力。在一次內閣會議上，他說轟炸不能防止北越的滲透，而且還「破壞南方農村，造成永遠的仇恨」。在他講這番話時，他的同事們不安地盯著他，一言不發。反戰的民眾等待著，希望他能站出來否定戰爭，但未能如願。信守政府遊戲規則的麥納馬拉像一九一七年德國的霍爾維格那樣，繼續在五角大樓主持著一個他認為徒勞無功、荒謬錯誤的戰略。如果去做其他事，大家就會說這表示他不相信政府決策，會讓敵人得逞。問題在於你的職責是什麼：忠誠還是真理？麥納馬拉選擇了中間立場，但並未持續多久。在斯滕尼斯主持聽證會三個月後，詹森在沒有徵求麥納馬拉本人意見的情況下，提名他出任世界銀行行長。這位國防部長心領神會地悄悄離開了。

此時從國內角度來講，政府追求的是防禦性戰爭。為了穩住自己的政治地位，恢復公眾對他的信任，詹森把魏摩蘭將軍、洛奇的繼任者埃爾斯沃思・邦克（Ellsworth Bunker）大使及其他重要人物召回國內，讓他們對未來做出樂觀的預測，並聲明對「戰勝共產主義侵略」這一使命的堅定信念。公眾對從前線傳回的消息一無所知，這些消息並不令人歡欣鼓舞。中央情報局推斷認為河內對任何空軍或海軍行動都無動於衷，「實在令人難以忍受，必須停止戰爭」。該機構還以美元為單位對轟炸成本進行計算，結果發現對北越造成一美元的破壞，美國需要投入九點六美元的成本。國防部的系統分析還發現，每當我們阻斷了敵人的補給線，他們總能「以更快的速度」構建新的補給線。而且，美軍人數越多，結果可能越適得其反，尤其對南越經濟而言更是弊大於利。國防分析研究所在對「JASON」研究進行修訂後，並未發現新的證據來支持其修改先前的結論；而且，該機構坦率地表達了與空軍相反的看法，認為「我們無法制訂一個能夠減少滲透人員流動的針對北越的轟炸計畫」。

當客觀證據證明堅定的信念並不正確時，在研究「認知失調」的理論家看來，人們並不是拋棄這樣的信念，而是堅決固守並試圖為反證找到合理的說明。結果就是「認知僵化」；用通俗的話來講，愚蠢的結扣變得更加結實緊固。轟炸行動就是這樣。越是對河內採取懲罰措施，美國政府就越是難以通過談判結束戰爭。一九六七年底，國防部公佈在北越和南越上空投放的炸彈總噸位超過一五〇萬噸，比「二戰」期間美國陸軍航空隊在歐洲戰場所投放的炸彈總噸位還多七萬五千噸。這些炸彈有一半多一點投放在北越，超過投放在太平洋戰區的總量。

現在已經達到了一個限度。七月份，詹森已經將地面部隊增加人數的上限定為五十二萬萬五千，剛好超過二十一年前勒克萊爾（Leclerc）將軍聲稱所需要的人數，「但即便那時也難以達到如此目標」。與此同時，美國提出了一個新的建議，對此前所堅持的互惠條件稍微有所鬆動。雷蒙・奧布拉克（Raymond Aubrac）和赫伯特・馬可維奇（Herbert Marcovich）都是法國人，前者過去曾經是胡志明的朋友，兩人都非常希望幫助雙方結束戰爭。他們在帕格沃什會議上通過與季辛吉的溝通，提出擔任特使到河內去做說服工作的建議。在與國務院協商之後，他們給河內帶去消息，說只要河內保證與美國談判，並且作為互惠條件減少對南越的滲透，美國將停止轟炸。河內的回答似乎表明，雙方可能會在此基礎上進一步討論。然而，在夏普將軍發動大規模空襲阻斷河內與海防之間的聯繫，並切斷他們的供應線之後，河內憤然取消了進一步的對話。在星期二的午餐會上對那一天的轟炸目標進行選擇時，他們一定是在打盹；不然這種粗心大意的行為一定是另有圖謀。

一個月後，不同政見的呼聲日益強烈，而且有證據表明，總統在民主黨內部的政治地位正逐漸受到挑戰。於是，他決定奮力一搏。九月二十九日在聖安東尼奧的演講中，他公開重申了布拉克和馬可維奇河內使命的原則，他說，「我們和我們的南越盟友今晚萬事俱備，只等談判……如果北越能夠與我們進行富有成效的討論……美國願意完全停止轟炸越南北方。」美國「理所當然地認為」在談判進行期間，北越不會利用轟炸暫停的間隙搞小動作。河內認為這是「假和平」，是「赤裸裸的欺詐」，因此斷然拒絕了美國的提議。與他們有所溝通的威爾弗雷德・貝卻敵（Wilfred Burchett），一位親共產主義的澳大利亞駐河內記者報導說，河內對來自華盛頓的試探無論是官方的還是私人的都「大為懷疑」。「詹森總統老是說，他真的想要結束戰爭，讓越南人民自己去解決他們的內部問題。我還沒有聽說過有哪個領導人相信，這是詹森的肺腑之言。」

這次是河內愚蠢地錯失良機。如果北越接受了詹森的提議，他們就可以敦促他執行，檢驗結果如何。如果能從當前的混亂中重新獲得和平，他們的國家將免受痛苦之災。但是轟炸行動使他們過份懷疑敵人的動機，在察覺到敵人的一點兒讓步之後，他們反而決心與之打持久戰，直至能夠通過實力進行談判。

不到幾天工夫，在美國發生的事件使反戰運動從發表不同意見演變為政治挑戰。一位同是民主黨的總統候選人站出來表示反對詹森。反戰的組織者們深知，沒有政治上的挑戰，這場運動幾乎不會有進展，而他們也一直在積極尋找這樣的機會。羅伯特・甘迺迪儘管在圈內呼聲很高，但不會自己表態。十月七日，來自明尼蘇達州的參議員尤金・麥卡錫，在眾多該地區發長起來的無黨派人士中，宣佈自己參選，從而填補了這一空缺。反戰團體的熱情籠罩在他的四周。不論是激進分子還是溫和派，不論他們的政治信念如何，想要結束戰爭的人都聚集在他的周圍。大批學生從學校裡蜂擁而出，為他的競選活動鞍前馬後。在第一場初選之前，詹森和他的支持者一直對麥卡錫的追隨者大加鄙視，認為他們就是一群業餘者，因此並未認真看待。事實上，這標誌著結束的開端。一個月後，作為美國中產階級喉舌的《星期六晚間郵報》在一篇社論中將美國對越南事務的干預和盤托出，該社論說，「美國在越南的戰爭是詹森一手造成的錯誤，而他濫用職權，將這一錯誤演變成為國家的戰略性錯誤。」

一九六八年一月底，正值越南春節，敵人突然發起攻勢，這令美國反對戰爭以及反對總統的輿論瞬間積聚了力量。與越共之前進攻鄉間村莊的戰爭不同的是，這是一次針對南越一百多個城鎮的大規模協同突擊作戰，大部份叛亂份子如同神兵天降。現在，經過疾風暴雨般的進攻，他們成功地滲透到了美國駐西貢的大使館，美國電視觀眾看到了巷戰，看到了美國管轄區濃濃的炮火和慘烈的死亡景象，令人觸目驚心。古都順化曾一度被越共佔領數周，在被奪回之前成千上萬名居民遭到屠殺。戰鬥持續了一個月，許多城鎮被包圍，情勢危急，而人們似乎並不清楚哪一方佔據上風。但是，已經被炸得體無完膚苟延殘喘的敵人竟然能夠組織起如此強大的攻擊，無疑摧毀了美國所有勝券在握的判斷和評估，令魏摩蘭名譽掃地，也令美國公眾和政府大為震驚。

此次進攻的目的可能是為了引發起義，或者攻佔重要據點，或者展示強大的實力作為談判的籌碼。儘管進攻並沒有摧毀南越，且令越共和北越人員傷亡慘重（估計大約三萬至四萬五千人），但它成功地起到了震撼作用。一種災難感彌漫美國，而更令人們憂心忡忡的是那句四處流傳的關於戰爭的話語：「為了拯救城鎮，就必須毀掉它。」在美國陸軍少校看來，這句話意思就是要徹底消滅越共，就必須摧毀城鎮。但他這句話似乎意味著美國通過摧毀保護對象，以免其受到共產主義的統治。當戰鬥結束，《華爾街日報》發出了清醒的聲音，宣稱，「我們認為如果美國人民還沒有思想準備的話，他們應該準備接受這樣的事實，即整個越南可能將厄運難逃。」

魏摩蘭立刻要求緊急空運一萬零五百名士兵；隨後，經惠勒將軍和參謀首長聯席會議同意，他請求再增派二十萬六千名士兵，遠遠超過了詹森曾在七月份設定的上限。在越南這一區域的軍事力量正好低於五十萬人。如此大規模的升級，必定會在國內引起強烈抗議。總統必須在這一刻做出抉擇，是擴大戰爭還是採取非軍事解決方案。大選在即，接受魏摩蘭的請求有些冒險，然而由於內心始終相信必須使用優勢力量壓倒敵人，因此詹森決不願意以可能被視為「失敗」的條件進行談判或撤出。

他任命了以國防部長克拉克・克利福德為首的工作組，負責對動員另外二十萬名士兵的花費及效果進行審查。當被問及增加軍隊人數對勝利和僵局有什麼意義，參謀首長聯席會議無言以對。雖然工作組恪盡職守，絕不逾矩，但仍不斷出現一些「根本問題」，比如：在國內召集預備役，延長服役時間，為履行職責延長派駐海外的時間，額外花費數十億的資金，增加稅收，控制工資和價格；在軍事方面，無法回避的事實是，九萬名北越人已經於一九六七年滲透到了南方，目前的速度是上一年的三、四倍，所以敵人數量的增加每次都能超過我們，轟炸行動顯然無法阻止他們，他們部隊的減員率還沒有被證明「不可接受」。在春節攻勢的慘烈進攻中，以及在一些地方的自殺式進攻中，敵人對生命大義凜然，毫不吝惜，有時傷亡率達到百分之五十。什麼樣的減員率才會令他們覺得「不可接受」呢？

在參謀首長聯席會議和總統幕僚的核心人物中，魯斯克、羅斯托、惠勒和泰勒將軍都是工作組成員，但不論他們還是其他人似乎都沒有從這些事實中推導出什麼結論。他們固守著過去三年以來的看法，不惜一戰，對魏摩蘭有求必應。用喬治・肯南的話來說，他們「就像是在夢遊」，對「他們自己的行為所造成的後果」無法做出「實事求是的評估」。克利福德及其他人持懷疑態度，主張對戰事有所克制並通過談判尋求解決方案。撤退並不可取，因為經過三年毀滅性戰爭和破壞，北越有可能要大肆報復，美國現在不可能拍屁股走人，徒留南越人民被他們的敵人肆意屠戮。由於有些事情尚未達成一致意見，工作組在三月四日建議增派一萬三千五百人以解燃眉之急；而報告的其餘部份，據一位成員說，「意在引起總統的注意，讓他專注於更為廣泛的問題。」

在失去了麥納馬拉的支持後，詹森選擇克利福德來支撐他的政策；但是諷刺的是，克利福德剛一上任就流露出與麥納馬拉一樣的消極情緒。其實早在前一年夏天，在他前往東南亞條約組織國以督促他們派遣更多軍隊時，各國對他的冷漠態度就已經讓他心灰意冷。所謂的盟軍，其實就是公認的「骨牌」，他們並未嚴肅認真地對待越南問題。擁有三千萬人口的泰國儘管面臨近在咫尺的威脅，但只有二千五百人的小分隊在越南。克利福德發現這些國家尊重並支持美國所做出的努力，但並不打算派出更多軍隊，也沒有表示密切的重視。東南亞國家內部對其自身形勢的看法引發了我們思考一個嚴肅的問題，美國保衛的是什麼？

進入五角大樓後，克利福德發現沒有奪取軍事勝利的作戰計畫，只有一系列阻止勝利的制約條件：不入侵北越，不進入老撾和柬埔寨，不對海防港進行轟炸。他還發現在他的文官助理和副部長中存在普遍的失望情緒，從湯森・胡普斯（Townsend Hoopes）關於《軍事勝利不可行》的備忘錄，到保羅・尼茲提出辭職而不向參議院捍衛政府的戰爭政策。他讀到了系統分析部門起草的報告，其中指出，「儘管美國派出多達五十萬人的軍隊，每年投下一五〇萬噸的炸彈，每年多達四萬次的進攻，三年中殲滅敵人二十萬，我方陣亡二萬，如此等等，但現在我們所控制的農村和城市區域基本上還是一九六五年八月前的水準。」

此外，克利福德還發現，每次戰事升級都對公眾輿論產生可怕的影響，而且預計一九六八年預算將增加二十五億美元，一九六九年為一百億美元。他看到在越南的巨大投入使美國無暇顧及歐洲和中東事務；而且，美國在戰爭中投入越多，南越對美國的依賴性就越大，越不願意自食其力。他確信「我們正在遵循的軍事路線不僅遙遙無期，而且毫無希望」。戰爭已經走到了盡頭。克利福德不是一個在失敗的事業中隨波逐流，埋沒自己過人天資，毀掉自己一世英名的人，他決意要讓總統放棄自己頑固的立場。面對核心成員中「夢遊的人」，他是以一對八，但現實站在他這一邊。

政治力量也在協助他。反戰情緒已經上升到反對民主黨人，因為詹森就是民主黨成員。戰爭已經成為沉重的負擔，以至於來自馬里蘭州的參議員米勒德・泰丁斯（Millard Tydings）告訴詹森的演講撰稿人說，「如果今天就舉行選舉，任何德高望重的共和黨人都可以狠狠地揍我。」泰丁斯的顧問告訴他，只有抨擊總統才能拯救自己。儘管他不會這麼做，但他必須得「大聲疾呼反對戰爭，因為戰爭正將美國連同民主黨一起拖下水去」。他還說出了其他幾位參議員的名字，據他們所言，他們州的情況也是一樣。加利福尼亞國家民主委員會已經證實了這一點，並將有三百個成員簽名的電報發給總統。電報中說，根據他們的判斷，「能夠避免民主黨派一九六八年在加州遭受重大損失的唯一行動，就是立即竭盡全力通過非軍事手段解決越南戰爭問題」。此間的民意調查顯示，在即將到來的選舉中，現任總統落後於其潛在的六位共和黨對手中的所有人。

一個更強大的信號來自沃爾特・克朗凱特（Walter Cronkite）於二月二十七日所播出的節目，他剛從因春節攻勢而「被燒得遍地狼煙，被炸得斷壁殘垣，被拖得疲憊不堪」的土地上歸來。他在節目中描述了約四十七萬新難民的情況，他們住在「令人難以置信、到處污穢不堪」的小木棚中，而此前已經有八十萬人被正式列為難民。在政治方面，他說，「過去的表現無法讓我們相信，越南政府能夠應付這些問題。」他說春節攻勢要求實現「該來的都來吧」，談判必須要公正，「而不是口授和平條款。因為現在看來比以往更加確定的是，越南的血腥經歷將要以雙方的僵持狀態而結束」。唯一「合理的出路」便是通過談判確定我們如何退出，而「不是」——他再次警告說——「當勝利者」。

國家的「大叔」已經做出判斷，而「衝擊波」，總統新聞秘書喬治・克里斯蒂安（George Christian）說，已經「通過政府管道」傳遞到最高層。總統說：「如果我失去了沃爾特，等於我失去了半個美國。」一周之後，參議員富布賴特宣佈，參議院對《東京灣決議》重新調查的結果表明，該協議是用「虛假陳述」獲得通過，因此是「無效的」。據說總統正在考慮魏摩蘭增派二十萬名士兵的請求，並且已經同意參謀首長聯席會議招募五萬名預備役作為戰略後備隊。有人將此消息洩露給了新聞界，引起了意料之中的強烈反對。如果新聞評論準確反映事實的話，對戰爭大為不滿的公眾比政府更樂意放手東南亞事務，並且，在《時代》雜誌看來，公眾更樂意承認「在越南取得勝利，甚或達成有利的解決方案，可能都不是世界上最偉大的國家所能夠做到的」。這一見解標誌著在越戰時代，人們的思想趨於成熟。

參議院外交關係委員會先前一度處於消極被動狀態，現在仍不太積極熱衷越南問題，但還是召開了聽證會。在聽證會上，富布賴特在其開場白中宣稱，美國正在目睹其年輕人的「精神反叛」，因為「在他們看來」，美國「已經背叛了傳統的價值觀」。在其他參議員的支持下，富布賴特對總統的權力提出了質疑，因為他「沒有徵得國會的同意就擴大戰爭」。委員會成員私底下對克利福德和惠勒將軍說：「我們其實不可能支持對越南增派如此多的部隊，但是如果我們不對總統的決策予以支持，誰來做這個工作呢？」當被要求在聽證會上作證時，魯斯克沒有改變自杜勒斯以來的目標，但是他承認政府正在「從頭到尾」對越南政策重新審視，並正在考慮替代方案。

次日，在新罕布什爾州的初選中，參議員麥卡錫贏得了驚人的百分之四十二的選票，而更糟的情況接踵而至。羅伯特・甘迺迪在其他人試水之後意識到運勢將至，於是宣佈自己的提名總統候選人身份。魔鬼（在詹森的眼裡）上場了，而且借著甘迺迪的名望，他是個比參議員麥卡錫更現實的政治威脅。現在他們兩人作為和平候選人，正在全國拉票。而詹森現在就好像高華德，只不過沒有鮮明的信念。擺在他面前的是一項選舉運動，民主黨將被分裂，而他這位現任總統，將永遠處於挨打的局面，試圖為沒有任何成功光芒的政策找尋正當的理由。現在沒有了「JASON」，沒有了麥納馬拉的背叛，沒有了毫無結果的消耗戰略，沒有了春節攻勢，沒有其他任何事情能夠讓他重新思考，一切事物只是令「認知僵化」更為嚴重，他最需要考慮的就是自己的政治前景了。

這並沒有動搖他對戰爭的決心，因為現在已經過於僵化難以改變了，但它會讓人聯想到國內慘敗後狼狽不堪的前景。與此同時，羅伯特・甘迺迪宣佈狄恩・艾奇遜——詹森在春節攻勢後曾私下問他對戰事的看法——得出了他的結論。在摒棄了「千篇一律」的簡報，並諮詢了自己在國務院、中央情報局和參謀首長聯席會議的情報來源後，艾奇遜告訴詹森說，軍方正在追求難以企及的目標，正如工作組在一九六四年就曾說過的，如果我們不能無限地投錢在軍隊上，我們就無法贏得勝利；而詹森的演講與現實嚴重脫節，公眾不再相信他，國家也不再支持戰爭。

這是一個詹森既不能反駁也不能忽略的評價，而且事實上這個評價來自一個他還非常尊重的人；不過，他現在還難以接受有人告訴他，他錯了。就在同一周，他向全國農民聯盟發表了一個鼓吹戰爭的講話，其間他敲打著講臺，用手指著觀眾，要求「全國努力」贏得戰爭與和平。他說他不會因為共產黨在軍事上的勝利而改變他在越南的政策，並譴責那些「縮起尾巴違反承諾」的批評家。他最初曾發誓絕不成為第一個打敗仗的總統，這是他最後氣急敗壞的吶喊，沒有人對此表示讚賞。他的老朋友兼顧問詹姆斯・羅（James Rowe）向他報告說，在他演講後很多人「氣勢洶洶」打來電話，對他指責他們的愛國主義表示憤慨，而且對他「贏得戰爭」的叫囂無動於衷。「事實在於，」羅毫不客氣地總結說，「現在幾乎沒有人對贏得戰爭感興趣。每個人都想結束戰爭，唯一的問題是如何結束。」三天之後，詹森突然宣佈召回魏摩蘭，並召集副司令克賴頓・艾布拉姆斯回國與參謀首長聯席會議進行磋商。在磋商期間，他決定反對增派二十萬人的部隊，但在政策方面沒有任何明確的改變。參謀首長聯席會議徵得了詹森的同意，招募六萬人作為戰略預備役部隊。

為了讓總統對美國在越南的前途完全死心，克利福德提出召集前資深政治家開會研討做出決斷。後來人們稱他們為「智者」，這些人包括：三位傑出的軍事人物——李奇威將軍，奧瑪爾・布雷德利和麥斯威爾・泰勒，前國務卿艾奇遜，前財政部長道格拉斯・狄隆，前大使洛奇，前德國問題高級專員約翰・麥克洛伊，朝鮮停戰談判代表亞瑟・狄恩，資深外交官羅伯特・墨菲，喬治・鮑爾，賽勒斯・萬斯，亞瑟・戈德堡及其在最高法院的繼任者大法官阿貝・福塔斯，後者也是詹森的好友。這些人都是法律、財政和政府權力核心的精英，並非持不同政見者、反戰分子或長頭髮的激進分子；他們積極維護這個體系的既得利益，與外部世界有廣泛的聯繫；與之相比，現任總統深居白宮，過著幾乎與世隔絕的生活。

他們在討論中尤其關注對美國經濟日益深重的損害，以及美國公眾越來越多的不滿情緒。雖然有些人支持繼續轟炸，但大多數人並沒有那麼做；多數人認為堅持軍事勝利的想法使美國深陷戰爭泥潭，繼續下去只會變得更糟，這不符合國家利益。李奇威認為，如果有理由說明越南領導人是可塑之才，美國可以提供支援，給他們兩年時間完成過渡，而且要告知西貢方面這一時間點；然後，「我們開始分階段撤出我們的軍隊」。儘管會上並未達成堅實的共識，但傳達給總統的主要信息是政策的改變是不可避免的；不言而喻的建議就是談判和撤出。

總統定於三月三十一日做全國電視講話，對越南春節期間的戰事進行解釋。克利福德會見了「夢遊的人」中的幾位成員，包括魯斯克、羅斯托和威廉・邦迪；此外還有總統演講撰稿人亨利・麥克弗森（Henry Macpherson），後者跟他一樣有清醒的認識。在會談中，克利福德堅持認為這次講話必須徹底脫離過去的政策。就目前獲得的證據來看，這將是一場「災難」。他告訴他們說，顧問們仍然不明白的是，那些權傾一時的人已經「不怎麼表示支持，或許是對越南春節期間戰事的反應，或許感到我們處於難以自拔的沼澤。而繼續向沼澤深處前進，在他們看來是瘋狂的舉動」。他繼續堅定而冷酷地說，國家生活中的主要群體，「商業界、新聞界、教會、專業團體、大學校長、學生和大部份學術界都已經反對戰爭」。

為了平息公眾的不滿情緒，演講調轉方向，鄭重提出通過談判實現和平並單方面停止轟炸。但政策背後的意圖卻仍未改變。軍方早就讓詹森放心，因為雨季來臨，越南方面的軍事行動有所減少，因此暫停轟炸不會對美國有任何影響。而且，白宮幕僚和參謀首長聯席會議認為和談提議不會妨礙美國利用武力達到目標，因為河內肯定會拒絕和談。在給美國駐東南亞條約組織國家大使的一封重要電報中，他們用簡單平實的話語表達了這種思維。政府在電報中指示大使們說，在通知他們所在國家的政府時，應該「明確指出，河內方面很有可能對該方案予以譴責，而之後不久，我們就可以自由行動了」。顯然，詹森及其幕僚們並未打算改變戰爭行為；問題就在於如何面對即將到來的選舉和國內公共輿論。本著相同的精神，政府也將這一做法告知了太平洋總部和西貢的指揮官們。惠勒將軍告訴他們，在與「總統所做決定密切相關」的因素中，不可忽略這樣一個事實，那就是，在春節攻勢以後，公眾和國會對戰爭的支持「急轉直下」，而如果這種趨勢持續下去的話，「公眾對我們在東南亞目標的支援將微乎其微，我們的努力就會前功盡棄」。但他總結說，希望總統暫停轟炸的決定「能夠扭轉公眾日益不滿的情緒」。

詹森如期發表了恢宏大度的公共演講。「我們準備通過談判立即邁開通向和平的步伐。所以今晚，為了儘早開始和談，我採取的第一個措施，就是減少衝突……而且即刻單方面這樣做。」飛機和艦艇已接到命令，停止進攻北回歸線二〇度以北的北越地區，只進攻非軍事區的重要戰場，因為「敵人繼續在那裡集結，直接威脅盟軍的前沿陣地」。不受轟炸的區域涵蓋了北部人口的百分之九十以及主要的人口聚集地和糧食產區。「如果河內以同樣的克制態度回應我方」，轟炸可能就完全停止。詹森呼籲日內瓦會議的聯合主席英國和蘇聯，幫助推動單方面減少衝突的做法，直至實現「亞洲的真正和平」，並說服胡志明主席「做出積極正面的回應」。假如河內拒絕這一提議，或者美國隨後又發起攻擊，結果如何？詹森對此隻字未提，而是期盼「基於一九五四年《日內瓦協議》」的和平，使南越「不受任何外來控制或不容許我們或任何其他人的干涉」。對於增派二十萬人的請求，詹森也三緘其口；仍不排除未來戰爭升級的可能性。

在做出令人為之動容的關於分裂和統一的結束語之後，詹森出乎意料地宣佈了一件震動整個國家及世界大部份地區的事情：他將不「允許總統捲入在這個大選之年日漸形成的黨派分歧」，因此，「我不會尋求連任，我也不接受我所在的民主黨提名我擔任下屆總統職位」。

這就是說詹森決定要辭職了。並不是因為認識到戰爭是死路一條或要放棄戰爭，而是意識到戰爭影響了他現實的政治前途。詹森在骨子裡就是一個政治動物。現在顯而易見的是他不受歡迎，而且還拖累了民主黨。作為現任總統，詹森並沒有打算去拼命爭取重新獲得提名的機會，並且他很可能要失去這樣的機會；他不能忍受這樣的屈辱。在學生四處抗議的威斯康辛州，初選活動定於四月二日，提前了兩天。現場特派員電話中直言不諱地預測說，總統將落後於尤金・麥卡錫和羅伯特・甘迺迪。他曾經義正詞嚴地講過，「今晚我們所有人都存在分歧」，治癒傷口、修復歷史、信守美國的承諾以及其他值得稱道的恢復性工作，這些都曾是他的職責所在；而現在，他選擇了一個良好的時機，堂而皇之地退出了比賽。

三天之後，即一九六八年四月三日，河內做出了令對手大跌眼鏡的舉動，宣布願意與美方代表接觸，以確定「無條件停止」轟炸和所有其他戰爭行為，「從而開始可能的會談。」

打從美國軍艦將法國軍隊運回中南半島到如今已經過去了二十二年，儘管愚蠢政策還沒結束，但總算使戰爭停止了。在接下來的五年時間，美國極力試圖從越南體面地撤出，這將會令愚蠢行為更加嚴重。在缺乏目標，堅持不懈卻徒勞無功，並最終自我戕害的情況下，由詹森政府所發起並一味追求的戰爭是一種愚蠢至極的行為，因為可以說它絕對沒有帶來任何好處；除了喚起「公眾的憤怒」之外，沒有任何良好的結果。太多的美國人已經逐漸意識到戰爭是錯誤的，不僅不成功，而且完全不符合美國利益。民粹主義者喜歡說「人民的智慧」；美國人民並沒有聰明到這個地步，而是受夠了，厭倦了，這在某些情況下也是一種智慧。總統認為政府可以無需徵得民主國家人民的同意而發動戰爭；而一味的倒行逆施，終究會失去公眾的擁護和支持，歷史又一次通過越南戰爭證明了這一點。

六、撤退(一九六九—一九七三)

在第一次世界大戰中使用的芥子氣現在已經不再用了，因為這種氣體用起來飄忽不定，有時會往回吹到施放者身上。美國在越南戰爭的最後階段也同樣引火焚身，各方冷眼旁觀，越來越不相信政府，而政府也逐漸對人民產生了敵對情緒，後果相當嚴重。雖然詹森總統所受的教訓顯而易見，但是他的繼任者並未擺脫荒唐政策的糾纏。由於仍然沒有更好的辦法讓敵人接受美國所提出的條件，新政府跟舊政府一樣，除了訴諸軍事手段進行壓制之外，別無他法。其結果便是早就被大部份美國人所排斥的戰爭，現在又延長了，在新總統的整個任期內，對國內造成了無盡的損害。

在詹森任期的最後一年，儘管暫停過轟炸，河內也曾同意談判，但戰爭並沒有絲毫結束的跡象。所謂的各種會議都是討論在哪裡舉行談判，簽署什麼樣的協定或草案，南越和民族解放陣線是否參加，談判時座位的擺放甚至桌子的形狀。北越始終將「無條件停止」轟炸作為談判的前提條件，不會從程序跨越到實質內容。美國在停止對北緯二〇度線以北進行轟炸的同時，以三倍的力度對該線以南的滲透路線予以空中打擊，並將「搜索並摧毀」任務發揮到極致，以改善西貢在將來和談中的地位。在這些戰鬥中，每週有兩百名美國人犧牲，而一九六八年美國在行動中的死亡人數達到一萬四千人。

這一年，國內暴力頻繁發生，仇恨加劇，先是羅伯特・甘迺迪和馬丁・路德・金恩雙雙遇刺身亡，隨後暴亂發生，緊接著出現激進學生的無政府狀態和故意破壞公共財產的行為，爾後是在芝加哥民主黨代表大會期間發生了暴力對抗和員警的野蠻鎮壓。國內情報機構擴大了對可能的顛覆份子的監控和調查，拆看私人郵件，雇用線民，一旦懷疑某位公民對國家構成危險則編制卷宗，建立檔案。

為了在越南談判中取得進展，美國代表哈里曼大使和賽勒斯・萬斯（Cyrus Vance）敦促總統宣佈全面停止轟炸，可詹森斷然拒絕了，因為河內並未以減少軍事活動作為互惠條件，而且還堅持要求美國先停止轟炸，否則拒絕減少軍事行動。由於大選臨近，在民主黨近乎絕望的哀求下，詹森於十一月一日宣佈全面停止轟炸。但隨後，由於南越總統阮文紹期待美國共和黨上臺後對他提供更大支持，於是臨陣退縮，拒絕參與會談，打亂了美國的計畫。一九六九年一月，當實質性談判最終舉行，美方負責談判的已經是理查・尼克森總統及其外交政策顧問亨利・季辛吉所率領的團隊了。

艾森豪在競選總統時曾許諾「到朝鮮去」結束一場不得人心的戰爭，現在尼克森在總統選中所說的話又使人想起了艾森豪的許諾，他向選民保證說，「我們將結束這場戰爭，贏得和平。」他沒有說如何結束，主要基於這樣的理由：一方面他不想表達任何意見，那有可能影響詹森在巴黎的談判；另一方面，他也不能「採取將來讓我毫無迴旋餘地的立場」。他似乎採取了一種現實主義的觀點。「如果我當選總統六個月後，戰爭還在繼續，」他私下告訴一位記者說，「這就是我的戰爭了。」他說他決心「不要落得詹森那樣的下場，蜷縮在白宮裡，都不敢到街上露面。我將儘快結束這場戰爭」。如果真有這番豪言壯語，則表明一種基本常識，有種高處不勝寒的意味。但當尼克森成功地入主白宮後，他所做的結束戰爭的承諾在他的頭腦中演變成為延長戰爭了。人們發現新總統跟其前任一樣，不願接受一場失敗的戰爭，並且也同樣深信，只有增派軍隊才能迫使敵人答應條件。

尼克森從前任手上接過來一個燙手的山芋。他任命季辛吉領導國家安全委員會，如果他們在考慮問題的時候能時刻吸取前任的教訓，就好比在牆上釘一個牌子，上寫「不要重複已經失敗的老路」，那麼他倆就可以避免很多錯誤了。這樣的話，他們可能就會重新審視一下奠邊府戰役；清楚地評估一下敵人的利害關係，它為之戰鬥的意願和能力；仔細研究一下詹森時期始終沒能夠實現談判的原因。在此基礎上所做的反思可能使他們得出這樣的結論：為了鞏固南越獨立政權而繼續戰爭，其結果是徒勞的，也無益於美國的安全；由於不想無限制使用武力，因此，試圖通過對敵人寸步不讓的談判來達到目的是浪費時間。即便通過軍事施壓實現了談判並取得了預期結果，也沒人能保證它維持多久，賴孝和早在一九六七年就曾指出過這一點，他說十年或二十年後，「南越的政治局面不會因為我們的介入而有所改變」。

符合邏輯的方針是減少損失，不要再去努力避免南越受共產主義影響，不與敵人談判而自行離開，但要附帶一個條件，那就是告訴對方美國承諾撤出的時間點，與對方交換戰俘。這一方案實際是應白宮的要求由蘭德公司專家所提交的幾種建議中最為緩和的一種意見；但在這些建議被提交給總統之前，季辛吉及其軍事顧問就把該方案淘汰了；其實，即便尼克森看到了這一方案，他也不會感興趣。戰爭一開始被誇大為威脅到美國國家安全，到現在演變成為對美國威望和聲譽的考驗，而且，正如總統肯定會看到的，也是對他個人的考驗。尼克森也是一樣，不希望在自己當政時期接受戰敗的事實。

他確實有一個計畫，而這個計畫確實徹底顛覆了詹森的路線。其目的是通過結束徵兵活動，下令美國地面作戰部隊回國，從而化解國內的抗議。這並不意味著放棄戰爭目標，而是加強美國對越南的空中打擊，並且如果必要的話，進一步擴大對北越的供應線和位於柬埔寨的基地的打擊。為了彌補美國的撤軍計畫，他主持制定了一個大力增加援助的方案，把南越軍隊武裝起來，進行訓練並灌輸思想，使他們借助美國持續的空中支援贏得戰爭的勝利。這就是眾所周知的「越南化」。這一努力在一直被認為是「他們的」戰爭中或許來的有些太遲。根據這一理論，南越利用大量的供給將會以某種方式完成過去二十五年始終沒有完成的使命，即至少在一個「可接受的間隔期」內創建一支士氣高漲並有能力維持獨立自主的非共產主義國家的戰鬥力量。

除了安撫美國人，單方面撤軍的目的也是為了向河內表明「我們在認真地尋求外交解決方案」，從而鼓勵敵人就可接受的條款進行談判。然而，如果北越一意孤行，美國將提高懲罰力度，直至確信在可能勝利的條件下，迫使他們最終放棄或任由戰爭自生自滅。為了幫助說服河內，美國通過蘇聯向河內暗示說，將要對他們的供給線及在柬埔寨和老撾的避難所進行封鎖轟炸，並加強進攻。為了表明這一姿態，美國於一九六九年三月對柬埔寨進行了第一次秘密轟炸，此時距離尼克森上臺僅有兩個月；他們隨後在四月份進行了第二次轟炸，到五月份，轟炸已經成為家常便飯。

「越南化」在實施過程中逐漸擴大了範圍並將南越政府軍武裝了起來。美國對南越提供武器、進行訓練、思想灌輸已達十五年之久，卻沒有產生明顯的效果；從這一點來看，現在指望這些行為讓南越政府軍接管戰爭實在有些癡人說夢，完全夠得上榆木腦袋式的思維了。回想起一九七〇年的情況時，一位曾隸屬南越某部隊的美國海軍陸戰隊中士說，「我們總是有一半人擅離職守，南越政府軍的連排級軍官大部份始終見不到人影。」軍官們「整天偷雞摸狗，販運毒品」，士兵也因此毫無鬥志。

更嚴重的愚蠢行徑在於中途扭轉戰爭行為，也就是說，一方面撤出美國軍隊，另一方面還要通過轟炸和空襲不斷對敵人加大懲罰力度（或者稱為「負面強化」）。除了基於國內方面的考量，只有同時放棄最初想要達到的目標時，撤出地面部隊的舉動才會有意義。

通過撤出作戰部隊來贏得一場戰爭，甚或希望以此達成對自己有利的解決方案，實在是一種不同尋常的方式。這種計畫一旦開始就難以停下來，並且就會像戰事升級那樣勢頭越來越強；而隨著部隊人數的減少，最終不可逆轉。美國軍方也認識到這一做法的弊端，認為這樣一來就毫無獲勝的可能；而且，因為他們對「越南化」信心不足，甚至不可能實踐出一個完美的解決方案。但現在也只能這麼做，因為戰爭必然會引起公眾的憤怒，那種悄無聲息偷偷摸摸發動戰爭的想法已經成為泡影。儘管尼克森和季辛吉精明強幹，但他們顯然還存在另外一種幻想。他們似乎認為美國完成撤出地面作戰部隊的任務不會削弱南越早已弱不禁風的士氣，不會再次證實北越的毅力和決心。當然，這兩點北越都做到了。

正如豪將軍撤離費城那樣，減少軍事行動的努力並沒有讓敵人意識到美國方面嚴厲果斷的意圖，而是恰恰相反。美洲殖民者從豪將軍的撤離中看到將英國人趕走的趨勢，並且知道無須對卡萊爾和平委員會做出妥協。河內收到了同樣的資訊。當尼克森於一九六九年六月宣佈撤軍方案，並且第一批二萬五千人的美國部隊於八月份乘船回國時，北越知道這次戰爭將以對自己有利的局面結束。他們能做的，只有不惜一切代價堅持下去。就像是夙願終了，胡志明在經過半個世紀的鬥爭後於九月份去世了。

在國內，尼克森計畫並沒有意識到，人們並不僅僅是對戰爭的傷亡人數痛楚憂慮，因為，許多人認為這是一場錯誤的戰爭，違反了美國的行為準則；隨著部隊撤回國內，抗議活動一度有所減少，但戰爭本身必然會導致沉重的感受，而且隨著交戰行為的繼續，這種感受將會變得愈加強烈。

由於深信美國人就像當年法國人那樣，將禍起蕭牆，河內方面毫不妥協。在憤怒和沮喪中，美國轉向「負面強化」戰略，起草了冠以各種稱謂的計畫，如「野蠻打擊」或「致命一擊」或「十一月方案」。根據計畫，將對北越進行封鎖，對港口、河流和沿海水域進行轟炸，對堤防進行爆破，對河內進行地毯式轟炸。「我就不相信，我們永遠打不垮一個像北越這樣小小的四流國家。」季辛吉在制訂計畫的過程中這樣說。從任何事物都存在忍耐的極限來講，他是正確的；就看需要多大程度的力量對它進行檢驗。

文職分析家們認為，這個提議將不會顯著削弱北越在南越的戰鬥能力，因而對此表示反對；而這樣的方案有可能激起季辛吉所稱的「休眠猛獸，即公眾的抗議」，這令他們惴惴不安。鑒於這兩方面原因，「十一月方案」被取消了。

在瘋狂實施「越南化」的過程中，南越政府軍的數量增加了一倍，配備了大量武器、軍艦、飛機、直升機，有一百多萬支M-16步槍，四萬多件榴彈發射器，二千枚重型迫擊炮和榴彈炮。雖然有多達一萬名南越政府軍軍官、飛行員、機械師及情報分析人員被送到國外接受先進技術的培訓，但無奈大勢已去。在這個過程中，南越暫時穩住了陣腳，主要是因為在春節攻勢以後，越共元氣大傷，尚未恢復過來；但是隨著十五萬美軍在一九七〇年陸續撤出，並且接下來更多的美軍還要撤離，現在看起來就像是「越南化」和撤退行動爭相上場。

抗議活動遠未停止，並沒有銷聲匿跡。一九六九年十月，在一場有組織的「暫停越戰日」活動中，全國各地舉行遊行示威，要求「現在就要和平（peace now）」，十萬人聚集在波士頓公園，聆聽參議員愛德華・甘迺迪的演講，他呼籲美國在一年內撤出所有地面部隊；三年內，也就是到一九七二年底，撤回所有空軍及地勤部隊。舊金山的一名示威者手中拿的牌子上寫著：「停止越戰，讓士兵們回家（Lose the war in Vietnam—Bring the boys home）。」在為「暫停日」事先準備好的回覆中，總統通過全國演講呼籲那些他認為支援他的「沉默的大多數」，向他們承諾，儘管還沒有明確的時間表，但美國將按照預定計劃完全撤出軍隊，並且「以我們能夠贏得和平的方式結束戰爭」。

如果存在這樣沉默的大多數的話，主要還是出於人們的漠不關心；而抗議活動熱火朝天，喧囂異常，並不幸成為尼克森攻擊的對象，他稱抗議人士為「遊民」。在十一月的另一個「暫停越戰日」中，主辦方在華盛頓動員了二十五萬名示威者參加。尼克森當律師時的合作夥伴，現任總檢察長約翰·米契爾（John Mitchell）從陽臺上望去，感覺「就像是俄國革命」。就這樣一語成讖，政府對反戰運動進行了界定，不是把它作為大部份民眾要求國家摒棄某一政策、表達不同意見的合法活動，而是將它視為惡意行為和顛覆威脅。正是本著這種觀點，政府出臺了「黑名單」。

因為不同意見是通過媒體發出並傳達到政府當局的知名人士那裡，所以尼克森認為這是「自由主義者」反對他政治存在的陰謀；在他看來，這些「自由主義者」「自阿爾傑·希斯（Alger Hiss）案件以來就一直試圖毀滅他」。有些躁動不安並常常無名火起的季辛吉在回憶錄裡辯解，他將抗議活動視為對外交事務的干擾，從民主角度來講是雞肋，必須要忍受，但不應影響到嚴肅的政治家的決策，抗議活動對尼吉森而言並沒有向他傳達任何資訊，甚至連哈佛大學教員組成的代表團所發表的意見也沒有實質內容。抗議活動並未向總統傳達任何他認為值得傾聽的內容。兩個人都認為並沒有從人們的異議中聽到任何有理有據的論點。就像疾呼改革的喧囂充斥文藝復興時代羅馬教宗的耳朵，從統治者自身利益來看，沒有哪種意見讓他們覺得需要迫切做出積極的回應。

不論是季辛吉與河內密使黎德壽（Le Duc Tho）之間的秘密會議，還是在巴黎的四方會談，這些談判都不可能取得任何進展，因為雙方都始終堅持對方不能接受的條件。北越要求罷黜阮文紹（Thieu-Ky）政府，以包括民族解放陣線在內的名義上的「聯合政府」取而代之。這就等於讓美國放棄其代理人，遭到美國的斷然拒絕；而美國反過來要求北越從南越撤出其全部軍隊。但北越從未將南越視為另外一個國家，認為自己有權利在南越的任何地方駐紮，要求撤出無疑就侵犯了他們的權利，因此也堅決不同意。雖然他們的這種理念與亞伯拉罕·林肯堅決維護聯邦統一不可分裂的信念如出一轍，但美國人並未予以理會，而是認為必須通過武力手段迫使河內放棄要求。

「以我們能夠贏得和平的方式結束戰爭」，也就是維持一個不受共產黨統治的南越，這是美國談判的思路和基石。這與信譽具有同等的重要性，現在被稱為「不失體面的和平」，尼克森和季辛吉曾無數次予以強調。「不失體面的和平」已經成為美國在越南問題上的「可怕負擔」。「給出一個你據理力爭的理由，」艾德蒙・柏克曾經說道，「從常識來進行判斷，你將用什麼方式來實現有益的目標，而後我會心滿意足地給你所想要的尊嚴。」美國的做法恰恰相反，正如前法國駐河內總代表讓・聖特尼（Jean Sainteny）根據自己長期在越南的經驗告訴季辛吉說，美國現在所拼命爭取的是「毫無希望的事業」。如果季辛吉多讀一些柏克而非塔列朗（Charles Maurice de Talleyrand-Périgord）的書，那麼他的政策路線或許就會大不相同。

其他方案，比如：用美國並不情願使用的一定程度的武力對北越進行猛烈打擊，直至將它擊敗；或者，美國放棄先前的條件，通過「越南化」將南越打造到足夠強大時，讓它實現自我防禦，正如季辛吉自己所正視的，「在不與河內簽訂協定的情況下從越南撤出」。由於河內方面在開出的條件沒有得到滿足的情況下拒絕妥協，美國戰俘成為解決問題的主要障礙。河內認為，只要美國答應在某個最後日期前撤退所有空中及地面作戰部隊，他們就同意釋放戰俘。為了迅速結束戰爭，為了美利堅民族的健康發展，這一方案是可行的，況且還有那麼多人在大聲疾呼。但這一方案最終被駁回了，因為政府方面認為這樣有損美國的聲望。但是減少損失，回到美國的正常發展軌道上來，對美國聲望而言反而有益無害，這一點在政府決策過程中並未予以考量。在猛烈打擊和放棄條件之間，尼克森和季辛吉選擇了一條到那時為止並非有效的中間路線，即試圖通過加強進攻強度，讓「河內認識到與其繼續戰爭，不如和平解決」。

這一方案已經存在多年了。

美國現在加大了轟炸強度，目標並不是北越的領土，而是它在柬埔寨的補給線、基地和避難所。因為柬埔寨中立等複雜的原因，轟炸次數在軍事記錄上被統一篡改了。但由於敵人已經長期違反中立協議，找個藉口易如反掌，因此，對此次轟炸秘而不宣或許更多地是為了向美國公眾掩飾戰爭延長這一事實。鑒於新聞界及許多政府官員的反戰情緒，最高決策層認為可以嚴守轟炸的秘密這一想法實在有些掩耳盜鈴。《紐約時報》派駐五角大樓的一位記者找到了證據，對轟炸行動進行了報導。儘管該報導並未引起公眾的注意，但是卻讓柬埔寨成為尼克森報復的目標。尼克森認為這是秘密轟炸行動的「洩露」，有些惱羞成怒，於是他召來了聯邦調查局特工，後者在季辛吉的指導下在莫頓・霍爾珀林（Morton Halperin）的辦公室安裝了第一套竊聽設備。而這個莫頓是總統班底人員，可以閱讀到機密報告。就這樣，在美利堅共和國歷史上第一次導致總統辭職的一系列事件拉開了帷幕。

尼克森在越南的秘密軍事行動仍不為人所知，但是，一九七〇年四月，當美國地面部隊與南越政府軍一起侵入柬埔寨時，人們的怒火如岩漿般迸發出來。在國內民眾呼籲減少而不是擴大戰爭行為之際，美國將戰火燃燒到了另外一個名義上中立的國家，這就像羅波安叫被奴役勞工的監工去平息以色列人的怒火一樣，是在當時情況下做出的可能最具挑釁性的舉動。這一行動本來完全是為了懲罰作惡者，結果政府似乎難以抗拒地做出了愚蠢荒唐的決定，就像是受到命運的捉弄而只為博得上帝的開心。

此次入侵在軍事上似乎有充分的理由：由於預計北越可能會發起進攻佔領柬埔寨，從而將軍隊駐紮到那裡，在美國撤出之後對南越構成嚴重威脅，美國不得不採取先發制人的措施；為「越南化」贏得時間；切斷連接柬埔寨西哈努克港的主要供應線；支持金邊新政權，因為它罷黜了有左派傾向的西哈努克親王，並且對美國更加友好。然而，如果是出於尼克森和美國的利益而結束戰爭的話，政府的智囊人物同樣可以找到反對軍事行動的有所依據的理由。

尼克森以為他先前宣佈的將在一九七〇年撤出十五萬軍隊的時間表會讓抗議者偃旗息，結果不然，如果「那些狗娘養的自由主義者」再製造麻煩，他就像一隻替狼受過的羊。在一次類似戰鬥檄文的演講中，他宣佈了這一軍事行動，作為對北越「進犯」的回應，並再次老生常談，說在他當政期間，絕不會讓美國蒙受戰敗的羞恥。這次侵略行動的代號為「南越中央辦公處」，據說其目的就是要摧毀所謂的敵軍司令部，也就是「神經中樞」。由於戰術運用得當，侵略行動成功繳獲了北越大量武器，摧毀了碉堡和避難所，殲敵二百人，給敵人造成了重創，足以迫使敵人將所聲稱的進攻推遲一年。即便神秘的「神經中樞」從來沒有被發現，儘管所用的縮寫形式看上去那麼莊嚴宏偉，但這又有何妨呢？但總體來看，結果並不盡如人意：金邊政府實力削弱，需要保護；土地和村莊受到破壞；三分之一的人成為無家可歸的難民；親共產黨的赤棉力量大大增強。北越又折返回來，侵佔了大片地區，將叛亂份子武裝起來進行訓練，為中南半島另一個國家遭受悲慘的命運埋下了禍根。

美國的侵略行徑在國內引發了軒然大波，引起政治上極端份子的對抗，引起了慷慨激昂的辯論，點燃了持不同政見者對政府的憎恨。儘管民意調查往往顯示很多人支援尼克森採取積極主動的措施，但反戰的呼聲更高，新聞媒體也公開表示了敵對情緒。《紐約時報》將尼克森發動侵略的原因稱為「又一次軍事上的幻覺」，並斷言說，「時間和痛苦的經驗已經讓美國人警醒，不再輕信政府的謊言。」幾個月前披露的美萊村（Mylai）大屠殺，讓美國公眾大為震驚。在那次屠殺中，美國士兵以瘋狂殘忍的手段殺死了二百多名手無寸鐵的村民，包括老年人、婦女和無助中哭泣的孩子。讓人更加難以置信的是，在美軍侵略柬埔寨行動之後，發生了美國人射殺美國人的事件。五月四日，在俄亥俄州的肯特州立大學，州長叫來國民警衛隊，鎮壓在他看來有潛在危險因素的校園抗議行為。國民兵向示威群眾開槍，打死四名學生。一位女生跪在死去的同伴身邊，滿臉痛苦和迷茫。這一照片成為人們心中永遠的痛，自美國將國旗插到硫磺島上以來，還沒有哪幅照片比它更加令人震撼。戰爭確實又吹回到了美國大地。

在肯特州立大學事件之後，抗議活動進一步升級。學生罷課、遊行，校園裡遍佈篝火。近一萬名憤怒的人群聚集在白宮四周的公園裡，六十輛滿載員警的公車圍成一圈，將示威人群包圍起來，就像對抗印第安人的排成一圈的貨車。在國會山，越戰老兵舉行集會，每個人都向空中拋擲動章。在國務院，二百五十名工作人員簽字聲明反對延長戰爭。所有這一切都被指責為倒行逆施，是激勵敵人堅持下去，這一點兒都不假；而說他們不愛國，也確實如此，因為最令人悲哀的後果是，年輕人不再有這種珍貴的感受，他們對愛國主義嗤之以鼻。

在無腦的言辭和無法無天的破壞行為中，確實有極端出格的抗議活動，這激怒了那些正直人士，並不是因為他們是強硬派，而是因為在他們看來，這種行為侵犯了法律的尊嚴，破壞了社會秩序。當頭戴安全帽的建築工人在華爾街攻擊示威的學生時，他們用隨手找到的器具充當武器對學生進行毆打，這種身體上的衝突集中體現了兩種言論之間的對抗。十月份，尼克森到聖約瑟，為一九七〇年的中期選舉活動發表演講，此時抗議活動達到了高潮。暴徒們對他尖叫咒罵，污言穢語；當他離開大廳時，人們向他投擲雞蛋和石頭，並使他受了擦傷。這是美國歷史上首次總統受到暴徒襲擊。在隨後譴責暴徒行為的一則聲明中，他說，「我們可以看到他們臉上的仇恨……聽到他們言語中的憤恨」，這些「暴徒」代表著「美國最壞的一面。」

其實在聖約瑟事件之前，對總統柬埔寨行動蜂擁而來的批評就已經令他惱羞成怒，加重了他本來就比較強烈的迫害心態。一位叫查理斯・科爾森（Charles Colson）的白宮職員說，「一種被包圍的感覺」彌漫在白宮上下。「現在是『我們』對抗『他們』」據另外一個人所見，白宮警衛「確實相信，非常可能發生左翼革命」。對「敵人」進行秘密監視，用臥底的方法進行恐嚇和間諜活動，破門而入，毫無根據地竊聽，這些方法都很普遍。被派去監視激進恐怖組織活動的一位成員起草了一份計畫，準備動用員警力量和未經授權進入私人區域作為執法手段。這一方案經總統簽署成為一項政策，但只執行了五天就在聯邦調查局的勸說下放棄了，可能是聯邦調查局怕該政策威脅到自己的特權。針對轟炸行動洩密根源的調查範圍擴大了，最後甚至在十七位國家安全委員會成員以及幾位記者的辦公室及家中安裝竊聽設備。對於飄忽不定的南越中央辦公處，沒有發現任何漏洞；報告最後被證明不過是新聞界正常的職業行為。

異議權是一種絕對的美國政治制度。國家元首想要對此進行壓制並派人付諸實施，而且還堂而皇之地啟用非法程式，這為「水門」事件埋下了伏筆。由於在談判中繼續受挫，由於戰爭延長至新的一年，此類程序越來越多，並在一九七一年六月五角大樓文件的出版方面達到了無以復加的地步。麥納馬拉當初批准了一系列機密文件，意在披露美國介入越南事務的根源；但這批政府檔被現在極力推崇反戰信念的理論家、前五角大樓官員丹尼爾・埃爾斯伯格（Daniel Ellsberg）竊取，並提供給媒體和參眾兩院的某些成員。儘管這些檔案記錄的都是一九六八年以前的事件，但尼克森——季辛吉團隊對於洩密事件卻極度敏感，尤其是因為他們正在秘密著手與中華人民共和國建立關係，與莫斯科舉行高峰會議，他們不希望人們將華府視為軟弱無能的孬種，從而無法與二者建立親密無間的信賴關係。他們首先在白宮旁邊的一間地下辦公室成立了一個「水管工」小組來查找洩密管道，並且根據「直接來自橢圓形辦公室」（根據後來的證詞）的命令，要在埃爾斯伯格身上做些文章。其結果便是有人闖入埃爾斯伯格心理醫生的辦公室盜竊，目的在於將他誣陷成為蘇聯特工。這件事是否有用值得懷疑，因為一旦成功的話，有可能會阻止尼克森與蘇聯舉行高峰會談。他們的雇主還算幸運，因為水管工們空手而返；但無論他們在埃爾斯伯格身上可能發現什麼證據，都無法質疑十四卷影印政府文件的真實性。顯然，最高層做出了愚蠢荒唐的事情。在這裡，在對違法行為沒有絲毫忌憚的情況下，文藝復興時代教宗的道德準則又死灰復燃了。

到目前為止，國會一直還是一副氣定神閒的狀態，對應令舉國上下心急火燎的越南事件不過是冷眼旁觀；但現在，來自國會的令人不安的信號越來越多。一位國會成員說，國會「是一群追隨者，而不是領導者」。可以這麼認為，國會總是遵循輿論趨向，因此其麻木懶散的作風表明，在美國進攻柬埔寨之前，沉默的大多數確實就是多數。當尼克森在執政的前六個月沒有實現他在競選中所承諾的停火協議，反戰的參議員諸如曼斯費爾德、甘迺迪、蓋洛德•納爾遜、查理斯•古德爾（Charles Goodell）等等，開始公開呼籲政府採取行動結束戰爭。在沒有國會授權的情況下入侵柬埔寨的行為促使參議院重申自己與行政權力平起平坐的特權，此前放任政府行事令自己元氣大傷。在五角大樓文件所披露的內容裡，其中一項就是，在任何有關確定國防及外交政策的討論或文件中，明顯沒有考慮徵求國會的意見。在入侵柬埔寨已經成為既定事實以後，尼克森向從參眾兩院挑選出來的人員保證說，在沒有徵求（他沒有說獲得）國會批准的情況下，美國軍隊不會深入到三十英里到三十五英里以外的距離，並且所有部隊將在七周內撤回。

參議員們並不放心。他們提出撥款法案修正案、切斷資金修正案、以某種方式限制軍事介入或設定時間限制修正案等，這些都經委員會批准，在議會大廳進行了激烈的辯論，並以絕對多數票通過。每一次，在眾議院超級鷹派人物所把持的委員會的專橫操縱下，這些修正案總是在會議中被掐頭去尾或棄之一旁，或者被議會戰術圍追堵截，最後未經辯論即胎死腹中。《東京灣決議》最後被廢除了，但那也只是總統領導的政府在智勝對手後自己做出的選擇，因為政府認為總統作為總司令有權發動戰爭，這是憲法所賦予的權力。這一理由有些牽強，因為在沒有宣佈戰爭狀態的情況下，他是事實上的總司令嗎？但是最高法院在面對幾次考驗時，小心翼翼地繞過了這個問題。

然而，下議院的反戰選票不斷增多。一五三位代表投票反對擱置《庫珀教會修正案》，這一修正案旨在於七月份以後切斷戰爭資金，這是迄今為止數量最多的選票，這一票數產生了極大的殺傷力，反對的聲音如雷鳴般轟響。在接下來的一年裡，贊成《曼斯費爾德修正案》的人數上升至一七七位。該《修正案》最初將撤退的最後期限設定為九個月（經眾議院修改為「儘快」），暫停派出軍隊。儘管規模不大，但這一上升趨勢表明反戰的力量日益強大，甚至或許在令人難以想像的時刻，國會可能會對總統的行為「叫停」。

一九七一年，儘管沒有美國地面部隊的協助，但是南越政府軍在美國空軍的支持下，像侵略柬埔寨那樣入侵了老撾。對南越政府軍實行「越南化」的代價，是百分之五十的傷亡率，而且政府軍越來越感到，現在戰鬥和死亡的目的就是讓美國人離開。而華盛頓方面宣佈，所有軍事行動都要以「拯救美國人生命」為目的，這種趨勢更令他們加深了這一看法。反美國主義在越南傳播，隨之而來的便是與民族解放陣線秘密合作，並公開要求政治和解。抗議活動重新興起，但這次是反對阮文紹取代吳廷琰。尚未撤回的美國軍隊士氣低落，部隊逃避作戰或拒絕作戰，士兵們使用毒品，還有一些聞所未聞的事情——蓄意殺傷上級軍官或同伴，有時還有用手榴彈謀殺軍官和軍士的現象。

在國內，民意調查顯示，大多數人開始支持到年底前撤回所有部隊的做法，哪怕出現南越被共產黨控制的結果也在所不惜。多數人首次同意這種觀點，即「美國在越南的戰爭從道義上講是錯誤的」，對越南戰爭的參與首先就是一個「錯誤」。公眾總是反覆無常，民意調查也是曇花一現，而答案或許反映了問題的根源。不道德的行為之所以被發現，正如諾斯勳爵在談到他的戰爭時說，「邪惡的勝利最終會遭人唾棄，到那時，人們就會呼喚和平」。

到一九七二年，戰爭持續的時間已經超過美國歷史上任何一次對外衝突，而尼克森給自己定下的六個月時間已經拖延到了三年之久，又有一萬五千名美國人傷亡，而戰爭到底何時結束仍是個未知數。

巴黎會談的一切努力和季辛吉的秘密任務均以失敗告終，主要原因在於美國試圖通過談判，從根本就無法取勝的戰爭中脫身而出，同時還要維持體面。對於戰爭的延長北越也負有同樣不可推卸的責任，但雙方的動機不可同日而語。這是他們的土地，他們的未來在此一舉，他們的生命危在旦夕。一九七二年三月，當美國戰鬥部隊大多已經撤走後，北越展開了猛烈的攻勢，最終促使戰爭結束。

十二萬北越軍隊駕蘇聯坦克，攜帶野戰炮，穿過非軍事區，撕破了南越政府軍的防線，勢如破竹地突進西貢周邊的人口密集地區。美國在地面無計可施，便重新啟動了早在一九六九年制訂的「野蠻打擊」的第一波計畫，派遣 B-52 戰略轟炸機到北越上空，對河內及海防的燃料庫和運輸線進行狂轟濫炸。尼克松宣佈此次行動為「結束戰爭的決定性軍事行動」。一個月後，季辛吉提出了一個就地停火計畫，該計畫首次無視了北越的要求，決定從南越撤軍，並宣佈美國願意在北越遣返俘虜後的四個月內撤出全部軍隊。政治和解的大門並未關閉。四個月的最後期限本可能讓河內理智地接受條件，但由於一直抗拒在被轟炸的情況下談判，他們又一次拒絕了。

隨著總統大選迫在眉睫，尼克森對敵人頑固不化的立場暴跳如雷，當著幕僚的面發誓說，「這次要讓這些狗娘養的徹底嘗一嘗轟炸的滋味。」有人害怕此舉會激起國內民眾的反抗，而蘇聯也可能為此取消原定於兩周後的莫斯科高峰會談，這樣一來，經過千辛萬苦的談判才好不容易達成的《限制戰略武器會談協議》的簽署就成了問題。但尼克森對此全然不顧，宣佈了「野蠻打擊」計劃的另一半，即動用海軍對海防港進行封鎖，佈置水雷，並用 B-52 轟炸機進行全天候打擊。因為一直擔心對蘇聯及其他國家的船隻造成損害，美軍過去始終避免使用封鎖和水雷等手段，也怕引起國內輿論的強烈譴責。興奮異常的白宮工作人員，認為這一決定「要麼樹立、要麼打破總統的威望」，於是從選舉經費中花費了八千多美元，發出一封又一封通過批准的假電報，並在報紙上編造廣告，這樣一來，白宮就能發佈支持總統競選的輿論。他們本來可以不必如此費力；儘管新聞界和異議人士對政府的封鎖行為予以譴責，但公眾輿論不僅沒有義憤填膺，反而似乎對美國面對北越頑固不化的立場所做出的強硬舉動表示欣賞。

另外一個極端事件隨後不久東窗事發。與曾經搜查過埃爾斯伯格的兩位主要特工（霍華德・亨特和戈登・利迪）有關聯的總統競選連任委員會的五位特工，在水門大廈的民主黨全國委員會總部盜竊文件並安裝竊聽電話時當場被捕。直到第二年，在對這五名特工進行審判並由參議員歐文率領的特別調查委員會所舉行的聽證上，人們才獲悉總統也參與了這一事件。他們將要揭示連篇累牘背後的秘聞，包括掩飾罪行、綁架勒索、唆使串供、賄賂、間諜、破壞、使用聯邦權力對「敵人」進行騷擾、雇用大約五十人使用「骯髒伎倆」對民主黨總統候選人的競選活動進行破壞顛覆，或者用白宮工作人員的話來講，就是「暗中非法破壞對方」。最後可公訴的罪行清單包括入室盜竊、賄賂、偽造、偽證、偷盜、陰謀和妨礙司法公正，其中大多數屬於過度反應，而且，就像使高樓大廈轟然倒蹋的磁帶，根本就是無事生非、自我戕害。

性格再次決定命運。因為被越南問題所困擾，尼克森的性格，以及他所挑選的幕僚們的性格，令他所領導的政府陷入無盡的麻煩之中，並進一步損害了政府的形象。在世界歷史上，某位統治者的恥辱並不是什麼大不了的事情，但如果政府蒙羞，則會對人們的精神造成致命傷害，因為一個不受尊重的政府無法有效運行。

儘管「水門」事件醜聞迄今所顯示出來的只是冰山一角，但越南的戰事現在有了結果。經過一段時期的封鎖，加之對燃料和彈藥庫的破壞，北越的物資供應銳減。事實證明，與河內的期待相比，俄國人更關心的是改善與美國的關係。他們在莫斯科歡迎尼克森的到來，並建議他們的朋友妥協讓步。中國也希望減少衝突。在最近由尼克森與季辛吉所確立的嶄新的中美關係中，中國方面想要借助美國力量對抗蘇聯。在這種情況下，毛澤東利用民族解放陣線領導人造訪北京之際奉勸後者放棄始終堅持的推翻阮文紹的立場，到現在為止，這一直是他們談判的必要條件。「按我說的去做，」他說，「我曾經在必要的時候與蔣介石達成協議。」民族解放陣線相信，他們也終將會有這一天，於是就點頭應允了。

北越在 B-52 戰略轟炸機的打擊下，也準備屈服於政治條件。從美國民意調查的結果來看，民主黨候選人勝選的希望渺茫，這使河內意識到尼克森會在接下來的四年裡繼續執掌白宮。因此，他們認為在大選前，有可能從他那裡爭取到更好的條件。這樣，雙方又重新啟動了談判。經過一番討價還價，美國做出了艱難的妥協和退讓，簽署了錯綜複雜的協定，在表面上確保阮文紹無恙的情況下美國得以抽身而出，這讓季辛吉在十月三十一日（後來證明為時尚早）宣佈，「和平已經近在咫尺」。

阮文紹堅決拒絕接受條約草案。根據該草案，十四萬五千名北越軍隊將留在南越；草案還承認民族解放陣線以剛成立的臨時革命政府的名義參與未來政治解決方案。考慮到如果不拒絕的話等於默認了自己下臺，阮文紹的立場也可以理解。在這個關鍵時刻，尼克森以絕對多數的優勢成功連任，這是有史以來優勢最明顯的總統選舉，這對他而言也是一個非同凡響的勝利。但不久以後，他將被迫向美國人民保證，「我不是一個騙子」。這一壓倒性勝利有很多原因：他的對手——參議員麥高文（McGovern）軟弱無能、搖擺不定；麥高文在聲明中極不恰當地說，他將「跪著」爬到河內，並建議給每個家庭發放一千美元的福利，這令選民們頗為反感；尼克森「骯髒伎倆」的成功實施，在初選中摧毀了一位強大對手；公眾在期盼和平的過程中最後那種如釋重負的感覺；或許還有時代的背景，因為當時以長頭髮、嬉皮士、毒品和激進份子為代表的叛逆文化暗中對主流價值觀構成了威脅，而美國中產階級對此強烈反對，這在總統選舉上表現了出來。

繼續執掌大權的尼克森精力充沛，對越南雙方都施加了最大壓力，尋求南北和解。他在給阮文紹的信中保證說，阮文紹對北越軍隊繼續留在南越表示擔心，這是可以理解的；但是，「我絕對保證，如果河內不遵守本協議的條款，我將迅速採取嚴厲的報復行動」。他之所以這麼說，無疑是因為《巴黎協議》並沒有承諾從附近水域的航空母艦或從位於泰國和臺灣的美軍基地撤離空中力量。實際上，參謀首長聯席會議已經根據指示制訂了可能利用駐守泰國的空中力量進行報復行動的計畫，而且價值十億美元的武器也奉命送到了西貢。阮文紹還被告知如果他繼續負隅頑抗，美國可能會繞過他與北越和談。阮文紹對此無動於衷。在與北越重新開始的秘密談判中，季辛吉不再考慮已經達成的約定；他現在要求北越象徵性地從南越撤軍，降低民族解放陣線的地位，以及其他一些變動；同時還威脅說美國將重新動用軍事手段。

由於堅定地認為美國總是背信棄義，河內拒絕做出必要的調整。現在已經不再擔心公眾抗議行為的尼克森決心對河內窮追猛打，這就是臭名昭著的耶誕節轟炸，也是美國在此次戰爭中最猛烈的軍事行動。在十二月的十二天裡，美國空軍向北越投放的炸彈數量比過去三年的總和還要多，將河內和海防地區夷為一片廢墟，破壞了河內的機場、工廠和發電廠。還有一些不良後果：由於北越採用地對空導彈進行密集防禦，美國損失了不少飛機，並有九十五名至一百名飛行員成為戰俘；此外還損失了十五架重型轟炸機（河內的統計資料是三十四架）。耶誕節的轟炸有兩個目的：其一，極大削弱北越的力量，使西貢政府延續足夠長的時間，讓美國撤離；其二，借此證明美國的決心，克服阮文紹的抵抗情緒，或者為撇開他繼續行動提供藉口。「我們已經陪他走過了最後一程，」根據後來的解釋說，「因此我們不依靠他也能夠解決問題。」

在戰爭行將結束之際展開的猛烈進攻令美國在國內外名譽掃地，同時又讓人們進一步認清了其殘暴好戰的本質。在民主黨初選中根據修訂的規則選舉出來的國會新成員承諾即將過問此事。隨後，參眾兩院民主黨領導層秘密會議於一月二日和四日分別投票，決定「立即」停火，並切斷用於中南半島任何國家軍事行動的所有資金，只有在釋放戰俘和安全撤離美國軍隊時才可以動用資金。由於國會長期以來總是低眉順眼，少有反抗；由於「水門」事件在大法官約翰・西里卡（John J. Sirica）的法庭上所披露出來的內幕越來越多，尼克森政府提出如果河內願意恢復和談，美國將取消轟炸。河內同意了；於是雙方又恢復了一度陷入僵局的談判；雙方起草了條約，並給阮文紹發出明確的最後通牒，如果他不遵守這一條約，美國將終止對他的經濟和軍事支持，並撇開他與河內簽訂條約。

在最後的條約中，雙方放棄了曾經將戰爭拖延至四年之久的兩個條件：一個是推翻阮文紹政權；另外一個就是北越軍隊撤出南越。雙方在條約中承認了現在演變成左翼激進黨的前越共的政治地位，不過考慮到阮文紹的感受，並沒有明確表述；河內曾要求予以抹去的非軍事區或分界線，現在得以保留，但還是按照先前《日內瓦協議》的條款，作為「臨時的而非政治或領土邊界」。雙方含蓄地承認越南的統一，並在某一條款中規定，通過各當事方和平討論的方式「推進越南的統一」，從而排除了跨越「國際邊界」進行「外部侵略」的可能性。就這樣，美國多年來開戰的理由被扔進了歷史的垃圾堆。

阮文紹起初以死相逼拒絕和解；但在尼克森通牒的最後一刻，他還是屈服了。一九七三年一月二十七日，各方簽署了協定。根據協定的規定，越南的狀況與十九年前在日內瓦會議上達成並不牢靠的解決方案時並沒有什麼不同之處。但事實上，在這期間，越南南北雙方有五十多萬人因戰爭死亡，成千上萬人受傷，百姓家徒四壁；很多兒童被燒傷，落下殘疾；很多農民失去土地；大量土地遭到砍伐蹂躪，彈痕累累；而民族因為相互的仇恨而變得四分五裂。但是，人們普遍公認的是南北雙方達成最終協定的程式是行不通的，遲早還將訴諸武力。美國為了實現南越不受共產黨統治的目的，將中南半島炸得體無完膚，而且還背叛了自己；但除了令尼克森和季辛吉信心滿懷之外，沒有任何人從中獲得啟發，而他們兩人深信，如果有必要，美國仍能夠力挽狂瀾。根據該協議，沒有被摧毀的是一個臨時的幕牆，而美國得以在這個幕牆後面趕緊抓住一個破衣爛衫般的「體面的和平」逃之夭夭。

之後的事，盡人皆知，河內在兩年內佔領了西貢。當尼克森因「水門」事件毀了前程，國會終於用足夠的票數通過決議，切斷了資金，防止美國再次干預越南事務；此時，北越發起了最後的攻勢，而早已灰心喪氣的南越沒能承受住如此猛烈的襲擊。儘管有些軍隊誓死頑抗，但作為一支國家軍隊的南越政府軍，用一名美國士兵的話來說，「就像沒有根基的房子，倒塌是很自然的事情。」共產黨實現了對整個越南的統治，而類似的結果也同樣出現在柬埔寨。假如美國從來沒有干涉過越南事務，那麼很多年以前它的政治秩序差不多就是這個樣子，只不過現在的他們更加復仇心切，更加殘酷無情。也許最大的荒唐來自於河內，為了一個事業堅定不移地戰鬥了三十年之久，然而贏得勝利之後，卻建立了殘暴的專政統治。

國會拒絕讓美國重新干預越南事務，這顯示出國會的功能，而不是季辛吉所哀歎的「我們的民主政治進程的崩潰」。這並不是美國人意志薄弱無法將某個任務進行到底直至完成，而是亡羊補牢，認識到這一做法明顯違背並傷害自身利益，從而根據自己在政治上的責任予以終止。然而，這一行動來得太晚了，以致美國還是受到了懲罰。當人們相信曾經為某個事業奉獻的時候，人身傷亡尚在可承受之列；但是像這種情況，四萬五千人死亡，三十萬人受傷，卻沒有任何意義，令人無比痛苦。在近十年中每年花費約二百億美元，總計一千五百多億美元，遠遠超過正常的軍事預算，導致經濟發展無法正常運行，直到現在都還沒有糾正過來。

比物理效應更為重要的是，人們不再那麼相信政府，政府威望大為降低。越南戰爭之後，國會在立法中總是對總統的行政權力施加限制，因為在它看來，如果沒有這些限制，政府在運行過程中則毫無章法可言。公眾也學會了懷疑，很多人認為白宮工作人員戈登‧斯特羅恩（Gordon Strachan）的兩個字表達了他們的態度——當歐文的委員會問戈登，對於那些想到政府部門任職的其他年輕人，他會給他們什麼樣的建議時，戈登回答說：「遠離」。對許多人來說，他們本來相信國家的公平公正，而現在也轉向犬儒主義的玩世不恭態度。自從越南戰爭之後，在談及美國的時候，誰還敢簡單地相信美國就是「地球上最好的最後的希望」？美國在越南戰爭中所失去的，用一個詞來概括的話，便是「美德」。

產生這一結果的愚蠢行為始於連續的過度反應：杜撰了危在旦夕的「國家安全」，杜撰了「切身利益」，杜撰了迅速推及它自己生命的「承諾」，對杜撰的始作俑者施加了魔咒。在這一過程中，杜勒斯起到最主要的推波助瀾的作用，他著手破壞日內瓦會議上所做出的妥協約定，確定了美國要維護南越的利益而不遺餘力地打擊北越的政策，使得隨後的各個總統都紛紛效仿。他在外交政策方面就像薩沃納羅拉那樣虔敬熱情，令他的幕僚和繼任者深深折服，因此人云亦云地不斷強調「國家安全」和「切身利益」，他沒有那麼多針對「冷戰」的「口惠而實不至」的信念，或者極少用恐嚇手段從國會獲得撥款。一九七五年，福特總統對國會說不願意投票援助南越將會損害作為一個盟友的「信譽」，這「對於我們的國家安全至關重要」。兩個月後，季辛吉在一次新聞發佈會上重複了這一主旨，他說，如果任由南越照目前的趨勢走下去，那麼「在一段時間內，它將會對美國的安全構成根本威脅」。

過度反應總是無處不在，誠如用咒語召喚或驅趕鬼神，骨牌倒下，關於「毀滅」的幻想，放棄太平洋而撤回舊金山，像來無影去無蹤的越南共產黨南方局這樣的小怪物，以及最後白宮因妄想症引發了「水門」事件。更為嚴重的是過度反應導致政府相關部門以極度愚蠢或荒唐的行為濫用美國權力和資源，與所涉及的國家利益極不相稱。令人驚訝的是，人們沒有對這個問題進行理智的思考，因為，正如李奇威將軍在一九七一所寫的，「這本來無須擁有遠見卓識就應該能夠認識到……根本就沒有所謂的至關重要的美國利益……而且承諾採取重大行動就是一個巨大的錯誤」。

第二種愚蠢行徑便是，幻想自己無所不能，這與教宗認為自己刀槍不入不分伯仲；第三種愚蠢行徑是榆木腦袋式的思維和「認知失調」；第四種愚蠢行徑是用「為達目的不擇手段」替代思考。

就無所不能的幻想而言，美國決策者想當然地認為對一個給定的目標，特別是在亞洲，美國可以擁有至高無上的支配力量。這一假設來源於白手起家建立起來的國家所具有的「無所不能」的性格，以及源於「二戰」時期能夠勝任任何工作並具備超強能力的意識。如果這是「權力的傲慢」，那麼用參議員富布賴特的話來說，它還不是那種曾擊敗雅典和法國，以及在二十世紀擊敗德意志和日本的致命的狂妄自大和過度擴張，因為它只是由於人們沒有明白，其他民族之間也存在各種問題和衝突，單純使用美國的軍隊或者美國的技術甚或美國的良好意願，都無法化解這些問題和衝突。「建國」是最膽大妄為的幻想。北美大陸上的定居者從普利茅斯的岩石，到福吉谷（Vally Forge），到開墾完畢的邊境，建立起一個國家；但是他們沒能從成功的經驗中學習到的是與北美大陸一樣，在其他地方，也是只有那裡的定居者才能夠通過努力實現自己的夢想。

榆木腦袋式的思維，那種「不要把我與事實混淆起來」的習慣是一種普遍的愚蠢行為，這種愚蠢行為在美國政府上層就越南問題的處理方面表現得再明顯不過了。其最大的錯誤在於低估了北越對不達目的誓不甘休的堅忍和信念。美國在縝密的計算中卻沒有考慮敵人的動機，因此華盛頓方面才能夠罔顧事實，無視民族主義熱情和為獨立而鬥爭的激情，而早在一九四五年，河內就曾宣佈「沒有任何人類的力量能夠抑制」這股力量和激情。華盛頓方面可以無視勒克雷爾將軍的預言，即征服北越需要五十萬人，而「即便那樣仍然無法完成任務」。它可以無視北越所展現出來的銳氣和能力，他們在奠邊府戰勝了擁有現代武器的法國軍隊；它還可以無視所有後來接二連三的事實和證據。

那些對越南問題負責的人解釋說，美國之所以在決策中沒有考慮敵人的意願和能力，是由於不瞭解越南的歷史、傳統和民族特性：用一位高級官員的話來說，當時根本就「沒有這方面的專家」。但是越南長期反對外來統治的鬥爭從任何一本有關中南半島的歷史書中都可以瞭解到。法國政府的一些官員曾經在越南生活過多年，美國完全可以向他們悉心求教來彌補專業知識上的欠缺。在前方開始向決策層提供報告之際，即便是對於該地區浮光掠影的認知也可以成為可信的情報。所以問題並不在於對該地區是否瞭解，而是拒絕相信事實情況，並且更重要的是始終沒有將這個「四流」亞洲國家放在眼裡，這都是決定性因素，與英國當時對美洲殖民地的態度如出一轍。又有誰能避免歷史的嘲弄呢？

一方面低估南越，而另一方面又高估南越，因為南越是美國援助的受益方，因為根據華盛頓方面的措辭，任何非共產黨集團都是「自由」國家，因此使人錯誤地認為自由國家的人民，為了他們的「自由」，隨時準備利用自由所賦予的意志和力量去戰鬥。這就是我們的政策所定下的基調；必須摒棄不和諧的證據，不然這些證據早就會明白無誤地表明，該政策猶如沙上建塔。當不和諧的聲音擾亂了對於敵人或代理人的態度時，在榆木疙瘩式的思維的支配下，這樣的態度逐漸變得僵化而難以變更。

最後一種愚蠢行徑是，從來不去反思我們的所作所為到底是為了什麼，我們的計畫和措施對於我們致力追求的目標是否有效，美國及其盟友之間可能的利益和損失以及損害之間的平衡點在哪裡。另外一個共通點是缺乏對總統職權的理性思考，由此引發一個問題，在現代國家，政治和官僚生活中是否有某些東西妨礙了智囊團的運作，臣服於「為達目的不擇手段」的做法，而忽略了理性的預期。這種現象似乎永遠無法杜絕。

持續時間最長的戰爭已經結束了。我們或許可以隱約聽到二百年前查塔姆對一個民族自欺欺人行為的概括，他說：「通過強制接受的方式，通過自己的輕信盲從，通過虛假的希望，虛假的自豪感，承諾最為浪漫的結果，未必會產生質的改變。」來自密西根的國會議員唐納德・里格爾（Donald Riegle）則從當代的角度對此進行了總結。他所在選區的一對夫婦的一個兒子在越南戰場上犧牲了，但是在跟這對夫婦談話時，他突然痛苦地意識到他根本想不出什麼言語來說明這個孩子死得其所。「這場戰爭究竟是對他們有好處，對國家有好處，還是對任何個人有好處？我實在無法回答。」

結語

「船尾的明燈」

如果經受一次又一次挫折卻明顯不思悔改是一種不理性的行為，那麼愚蠢行徑的主要表現則是拒絕理性思考。在斯多葛派看來，理性是「思考的火焰」，是世間萬物運行的航標，而國家的國王或統治者被認為是「神聖理性的奴僕」，上帝派他來是為了「維護地球上的秩序」。該理論的初衷令人欣慰，但現在「神聖理性」往往被非理性的人類弱點，比如野心、焦慮、追名逐利、愛面子、幻想、自我妄想、成見等左右。雖說人類的思維方式是從前提到結論的邏輯過程，但這並不能證明它始終循規蹈矩、完美無缺。

特洛伊人一覺醒來，發現希臘軍隊全部消失得無影無蹤，只在他們的城牆外留下一個奇異而可怕的巨大怪物，此時，理性的思考明白無誤地告誡特洛伊人，這可能是希臘人的詭計。他們至少應該採取理性措施，檢查一下木馬中是否藏有敵人，包括老者拉普斯、拉奧孔和卡珊多拉在內的人都曾急切地提出過這樣的建議。這一做法很容易想到、毫不費力，但最終沒人這麼做，特洛伊人從而走上了自我毀滅之路。

就文藝復興時代的教宗來說，他們可能很難做出理性的抉擇。他們貪婪無度，巧取豪奪，為了一己私欲而肆無忌憚。按照他們的思維方式，根本就不會對支持者的要求做出理性的回應。那需要一種完全不同的文化和價值體系。或許有人會認為本著普通人自我保護的本能，他們也應該像看到腳下的洪水那樣注意到這種日益不滿的情緒，但他們是以世俗的、短淺的眼光看待教宗職位，而且他們沉浸在王公貴族之間的爭鬥中，耀武揚威、大肆揮霍，對暗流湧動的不滿情緒無動於衷。教宗的荒唐之處並不在於行為偏僻性乖張，而是徹頭徹尾地怠忽職守。

英國對美洲殖民地及美國對越南相繼採取的措施都是基於先入為主的成見，決策者對中肯的建議置若罔聞，對合理的推論視而不見，經常做出違背常理的事情，這種愚蠢荒唐的行為實則是一種自說自話。

如果政府在管理國家的過程中缺乏理性，將會導致非常嚴重的後果，因為這將影響國家範圍內從公民、社會到文化的方方面面。這也是創立西方社會思想基礎的希臘哲學家所深切關注的問題。歐里庇得斯在他最後的劇作中承認，道德的善惡非常神秘，像被蜘蛛咬了一口這樣的外部因素，或者諸如神仙聖靈的干預等，都無法對此做出合理的解釋。這是人類與生俱來的東西，必須要時刻面對。他的美狄亞（Medea）知道自己往往會頭腦發熱，「全然不顧自己的目的」。大約五十年後，柏拉圖拼命教導人類要牢牢把握「神聖理性」，但最終他也不得不承認，他的同胞們的生活被感性所左右，一個又一個欲望和恐懼令他們一驚一咋，就像被操縱的木偶發出陣陣痙攣。他說，當理性的判斷不符合欲望的要求，人們的靈魂就深感不適，「當靈魂與作為自然法則的知識、見解或動機作對時，我稱之為愚蠢荒唐行徑」。

當談及政府時，柏拉圖認為明智的統治者最在乎他最鍾情的東西，也就是最符合他自己利益的東西，而這就應該是國家最高利益。但柏拉圖並不確信統治者是否總是這麼循規蹈矩，於是就建議在國家未來統治者當政之前，應對他們進行考察檢驗，以此作為警示程序，確保他們按照規則發號施令，施展抱負。

隨著基督教的出現，人們又將個人責任返還給外部和超自然的力量，把自己交給上帝和魔鬼處置。十八世紀曾經有過短暫的理性統治的輝煌時期，但隨後佛洛德又將我們帶回到歐里庇得斯所說的時代，黑暗的統治力量重新抬頭。不論人們有多麼良好的意圖、多麼合理的願望，隱藏在靈魂深處不受理智約束的力量還是積習難改、一成不變。

影響政治方面愚蠢行徑的最主要因素是權力慾，塔西佗稱之為「最明目張膽的慾望」。只有淩駕於他人之上的權力才能滿足這種慾望，因此政府是實現這一欲望的最佳介質。經商也能帶來某種權力，但只限於為數極少的頂尖成功人士，而即便他們也難以享受公職人員的權勢和頭銜，也沒有後者紅毯鋪地、摩托車開道等威風凜凜的氣勢。其他職業，比如體育運動、科學研究，專業人士、創意和表演藝術等，能夠獲得各種形式的滿足感，但卻無從接近權力。他們是名人，能夠獲得追求地位的人員的青睞，提供香車美女和前呼後擁的崇拜，但這也只是權力的外在表現，而非權力的本質。愚蠢行徑主要集中在政府部門，人們只有在這裡才能夠盛氣淩人、頤指氣使，但往往也因此而得意忘形、忘乎所以。

湯瑪斯・傑弗遜比大多數人都位高權重，而他對官職的看法也最尖酸刻薄。他在給一位朋友的信中寫道，「如果有人覬覦官職，他的行為就開始墮落。」大西洋彼岸與他同時代的亞當・斯密看法更加尖銳，「就這樣……人們把生命中的一半精力都耗費在官職上；他們的貪婪和野心讓這個世界紛擾不斷，四處喧囂，劫掠橫行，事事不公，而這一切，都是為了爭奪一官半職。」他們兩人講的都是道德方面的缺失，而不是能力。當某人在道德方面出現問題，其他政治家不會對他有良好的評價。二十世紀三〇年代，參議院要找一個人擔任主席，負責對軍火工業進行調查，和平運動的一位領袖徵求參議員喬治・諾里斯的意見。諾里斯認為自己太老了，就先將自己排除在外，然後他順著同事的名單一個一個往下找，有的懶惰成性，有的愚笨無能，有的與軍方走得太近，有的卑鄙懦弱，有的操勞過度，有的健康欠佳，有的利益衝突，有的即將連任。他看完名單後，在全部九十六人中只選出一個人。他認為此人職位相當，有獨立見解，完全勝任該任務。另外有一次，美國討論在歐洲建立基地維護歐洲安全時，認為需要富有激情和靈感的領導人，艾森豪將軍多次表達了同樣的看法。他認為根本就沒有這樣的人選，因為「每個人都謹小慎微、惴惴不安、懶散怠惰，就個人而言又野心勃勃」。在這兩個例子中，慵懶行為都是異常突出的表現。

權力放縱是愚蠢行徑更大的誘因。柏拉圖在《理想國》中對哲學家與國王之間的關係前進行了美妙的設想，然後開始懷疑並得出結論，認為法律才是維護公平正義的唯一屏障。在他看來，無論給誰過多的權力，就像一艘船的船帆太大，都是極其危險的；中庸已經不復存在。權力放縱一方面導致混亂，另一方面導致不公。沒有人能夠在靈魂深處能夠抵禦專制權力的誘惑，而且「在這種情況下，任何人都會做出愚蠢荒唐的行為，這是最為嚴重的疾病」。他的王國將被削弱，「他將失去所有的權力」。這確實就是文藝復興時代教宗的命運，他們在當政時期有一半時間，如果不是全部的話，與命運抗爭；路易十四也是如此，不過直到他死後才這樣；如果我們認為美國總統權力過大的話，那麼還有習慣說「我的空軍」的林登・詹森，他認為總統職位使他有權撒謊和欺騙；當然，最臭名昭著的當屬理查・尼克森了。

統治者及決策者為了維護他們思想體系的完整性，往往安於現狀、不思進取，這種狀態容易滋生愚蠢行徑。蒙特祖瑪就因此迎來最為悲慘的命運。以亨利・季辛吉的權威為例，政府的領導者總是囿於與生俱來的信念：「只要他們當政一天，就會以此作為決策施政的智力資本」。從經驗中學習是一種能力，但幾乎沒人付諸實踐。美國曾經支持在中國不受民眾擁護的國民黨，最後慘遭失敗，但在越南問題上為什麼沒有以此為鑒呢？而在越南的慘痛教訓為什麼絲毫沒有用到伊朗問題上呢？為什麼沒有人從以上經驗中得出任何推斷，從而防止美國現政府在薩爾瓦多做出愚蠢的舉動呢？「如果人類能以史為鑒，我們能從歷史中汲取多麼深刻的教訓啊！」賽繆爾・柯勒律治（Samuel Coloridge）曾感慨萬千，「但是慾望和黨派蒙蔽了我們的眼睛，我們從經驗中汲取的教訓就像是船上的尾燈發出的微光，只照亮身後泛起的波浪。」美好的形象卻誤導前行的方向，照射在我們剛剛經過的波浪上的燈光應該讓我們能夠推斷出前方將遇到什麼樣的波浪。

在第一階段，僵化思想定下了處理政治問題的原則和界限。在第二階段，當出現不同意見，機構無法運行時，沒有人對最初的原則進行調整。這時，如果決策者足夠睿智，就有可能重新審查並思考進而改變路線方針，但這種情況寥寥無幾。由於思想僵化，缺乏變通，為了自我保護，不得不增加投入；基於錯誤的舉動制定的政策導致了更加嚴重的後果，但決策者卻一味堅持，從不放棄。倡議方投入越多，陷入越深，越是難以抽身而退。在第三階段，雖一敗塗地卻不知悔改，損害日益嚴重，直至造成特洛伊淪陷，新教脫離教宗，大英帝國失去美洲，美國在越南顏面盡失。

問題的癥結在於頑固地堅持錯誤。政府官員在錯誤的道路上勇往直前，就像聽命於具有神奇力量的梅林（Merlins）的指引。早期的文學作品中也有關於梅林的描述，主要是為了對人類偏離正軌的行為做出解釋，但除非我們把佛洛依德的潛意識理論作為新的魔法，不然就會發現人們確實存在選擇的自由。統治者總是要為糟糕或錯誤的決定尋找正當的理由，正如一位追隨約翰・甘迺迪的歷史學家在描寫這位總統時說，「他實在別無選擇」，但無論兩害相權是多麼接近，只要決策者在道德方面有足夠的勇氣，他總是可以自由地選擇改變或中止適得其反的路線。他畢竟不是由荷馬作品中諸神心血來潮創造出來受命運所支配的生物。然而，認識到錯誤，減少損失，並改變路線方針，這是政府最為不情願的做法。

對於一個國家的首腦而言，承認錯誤幾乎是不可能的。美國在越戰期間的悲劇就在於缺乏一位自信的總統指揮大撤退。我們再回到柏克所講的話，「政治上的寬宏大量往往是真正的智慧，而一個偉大的帝國卻與眾多胸無大志的人一起病入膏肓。」如果認識到堅持錯誤的做法已經變成自我破壞行為，這就是一種檢驗。馬基維利說，君主應該始終不厭其煩地瞭解形勢，耐心傾聽所詢事情的真相，如果發現有人顧慮重重而有所隱瞞，他應該雷霆震怒。政府需要的就是想要瞭解每件事真相的人。

拒絕從消極的跡象中得出推論，也就是「榆木疙瘩思維」，在本書中佔了相當篇幅，而喬治・歐威爾在其《一九八四》，這部近代最悲觀的作品中意識到了這一思維方式，並稱之為「犯罪中止」。「犯罪中止，指的是在危險念頭剛一出現，就好像出於本能而突然中止的一種能力。它包括不領會類比的能力，不能察覺到邏輯錯誤的能力，對哪怕最簡單的理由產生誤解的能力……以及對能夠導致旁門左道方向的思路感到厭煩或排斥的能力。總之，犯罪中止指的是一種保護性的愚蠢行為。」

問題是，一個國家在制定政策的過程中，是否能夠或者如何才能避免出現保護性愚蠢行為，而這個問題反過來又提出了另外一個問題，即政府是否也可能需要學習。柏拉圖的方案裡，既包括培養，也包括教育，但這一點我們從未有所嘗試。而中國文化中曾有過顯著的嘗試，這就是他們的科舉考試，但並沒有產生非常理想的效果。清朝官吏必須經過多年的學習和實習，參加一系列嚴格的考試，許多人被淘汰，但中舉的人照樣有人貪污腐敗，懦弱無能。最終，這一制度由於收效甚微而頹廢衰落，逐漸退出了歷史舞臺。

另一個這樣的方案就是使用外國人。土耳其親兵（Janissaries）是一個更大的機構—卡皮．庫拉銳（Kapi Kullari），也稱奴隸集團，其成員擔任從宮廷廚師到大維齊爾的各個職位。這些人主要由基督教兒童組成，他們從小離開父母，由奧斯曼土耳其人撫養長大，並在迄今為止最為完備的教育體制中接受方方面面的任職培訓。他們是蘇丹合法的奴隸，皈依伊斯蘭教，不得成家或擁有自己的財產。由於心無雜念，人們認為他們能夠一心一意地為國家及君主效力，他們也完全借此獲得報酬和生活必需品。蘇丹以此培養出的這批人之中不僅有一流的管理者，而且他們還強烈支持他的專制統治。儘管該制度運行良好，但並未阻止奧斯曼帝國逐漸衰敗的命運；而且到最後，該制度連自身都難保。隨著時間的流逝，軍事機構日益強大，而且公然違抗婚姻禁令，獲得了繼承權，並逐漸發展成為永久的佔主導地位的集團，最終，不可避免地它也向統治者發起挑戰，企圖公開叛亂奪權。奴隸們遭到了屠殺，集團被悉數摧毀，該奴隸制度的其餘部份也一併被廢棄，而大特克（Grand Turk）也日薄西山了。

在十七世紀的歐洲，歷經「三十年戰爭」塗炭後的普魯士還在布蘭登堡統治時期決定用一支紀律嚴明的軍隊和訓練有素的公務員隊伍建立一個強大的國家。為了消除貴族對軍隊的控制，申請公務員職位的人都從平民中選拔，並且必須完成一系列課程的學習，這些內容涵蓋政治理論、法律及法學、經濟學、歷史學、刑罰學和法規。只有通過各個階段的考試和任職試用期後，他們才會得到正式任命，明確任期，並有升遷機會。較高職位的公務員隊伍採取另外一種選拔制度，不從中下層職員中提拔晉升。

普魯士制度被證明是非常有效的，無論是一八〇七年被拿破崙打敗，還是經歷了一八四八年的革命浪潮，國家都沒有遭受滅頂之災。但那時它就像中國清朝官吏那樣，已經開始失去活力，很多具有先進思想的公民移民美國，大量人才流失。然而，普魯士運用多年積聚的能量，在一八七一年成功地團結德意志各邦，組成了以普魯士霸權為主導的帝國。但也正是這一成功埋下了毀滅的種子，因為它就此滋養了自負傲慢的心態和對權力的渴望，並在一九一四至一九一八年的第一次世界大戰中轟然倒塌。

政治上的衝擊讓英國人開始關注這個問題。無論是失去美洲大陸還是法國大革命的風暴都沒有撼動英國的政治體制，但是在十九世紀中葉，隨著自下而上的改革呼聲日益高漲，一八四八年歐洲大陸發生的革命終於波及了英國。有人可能以為當局會驚慌失措而採取反動的逃避方針，但難能可貴的是他們審時度勢，責令對政府自己的做法進行調查，隨後幾乎都在保護有產階級的私有財產。結果，調查部門報告國家需要根據教育和特長建立長久的公務員制度，目的在於從長遠角度進行連續管理和維護，而不是依據政治上的激情來處理短暫的問題。雖然遭到了強烈抵制，但該制度在一八七〇年獲得通過。一批傑出的公務員脫穎而出，當然也出現了伯吉斯、麥克萊恩、菲爾比和布倫特這樣的人物。英國政府在過去一百年來的歷史表明，除公務員隊伍的素質外，其他諸多因素也決定著一個國家的命運。

在美國，設立公務員制度主要是為了防止政治捐款和為一己之利的財政撥款，而不是發掘優秀人才。到了一九三七年，總統委員會發現該體制存在問題，於是督促有關部門制定「真正的公務員職業發展計畫……招募那些忠心耿耿、精明能幹、經驗豐富、訓練有素、有一技之長且能連續穩定任職的人員」。經過多方努力，他們取得了一些進展，但仍未達到目標。不過即使達到了既定目標，該計畫也不會影響當選官員和對高級職位的任命，也就是說，不會影響政府高層。

在美國，選舉過程主要是展示籌集款項及打造形象的商業技巧，經過了一輪又一輪這樣的過程，美國的選舉跟大流士成為波斯國王的過程幾乎別無二論，對候選人的資質毫不在意。據希羅多德記載，大流士與他的六位同謀推翻了暴君之後，他們就建立什麼樣的政府進行了討論，有人認為採取一人統治的君主制，有人認為由一群最聰明的人組成寡頭政治。大流士認為他們應保持一人統治的原則，同時「在全國範圍內選拔最優秀的人才」組成最廉潔高效的政府。其他人都被說服了，他們一致同意第二天一早一起騎馬上路，誰的馬第一個對日出發出嘶鳴，誰就將成為他們的國王。大流士暗中讓一位聰明的馬夫將其馬匹最喜歡的一匹母馬拴在至關重要的地方，這樣一來，他所騎的馬就適時地第一個發出了嘶鳴，而這匹馬幸運的主人，就這樣脫穎而出登上了王位寶座。

隨機選擇之外的其他因素減弱了「思維之火」對公共事件的影響。對現代社會的國家元首而言，政府部門頭緒繁多，各種問題多如牛毛，難以對其中任何一個進行全面深入的瞭解，而且在一刻鐘的會談與閱讀三十頁的簡報之間幾乎沒有時間思考，這使他對問題的認識十分有限，只能做出一些十分保守又愚蠢的決策。與此同時，官僚機關，為安全起見今天重複昨天的所作所為，就像一台龐大的電腦，日復一日，一成不變地機械運作，然而一旦程式錯誤，則只會永無止境地重複這些錯誤。

首先是職位的誘惑，在美國指的是波托馬克狂熱，令政府難以更好地發揮作用。官僚政客夢想飛黃騰達，高級官員希望擴展權力範圍，國會議員和國家元首想要連選連任；為了這些追求，他們的一個指導原則便是儘量多取悅人，少得罪人。明智的政府會要求身居高位的職員在制定和執行政策時必須根據自己的最佳判斷，運用淵博而專業的知識，謹守兩害相權取其輕的原則。但他們頭腦中想的是連選連任，他們的所作所為也就以此為準繩。

這裡充斥著野心和貪腐，必須要學會控制自己，因此，在尋求建立更明智的政府的過程中，我們或許應該首先對公職人員的品格進行評估，而主要就是英勇無畏的德行。蒙田補充說，「野心勃勃之人未必剛毅果敢，只有兼具智慧和理性且循規蹈矩之人，才可能具備如此品質。」《格列佛遊記》中的小人國在公職人員的選拔方面也有類似的標準。「他們認為良好的德行比出眾的能力更為重要，」格列佛報告說，「因為人類有必要對自己進行管理，因此他們相信……對公共事務的管理從來就不是只能由極少數超凡脫俗的天才才能明白的深奧玄虛的事情，畢竟這樣的天才每個時代都寥若晨星。他們認為每個人都應能夠判斷真理和正義，對慾望有所節制：除了需要進行一定階段的學習之外，只要誠心敬意，溫良謙恭，輔以相應的經驗，任何人都有資格為其國家服務。」

雖然每個人都可能擁有這樣的美德，但在我們的制度下，它們遠遠比不上金錢和冷酷無情的勃勃野心，只有後者才決定著選票的多寡。也許教育選民要識別哪些人品行端正從而對他們進行獎勵和肯定，同時摒棄魚目混珠、招搖撞騙的行為，比教育政府官員更重要。或許時勢造英雄，明智的政府更需要一個生機勃勃、求實創新的社會的滋養，而不是一個紛爭不斷、令人困惑的社會。如果約翰・亞當斯是正確的，即政府「現在與三四千年前相比一點兒都好不了哪裡去，」我們自然不要指望有多大的改善。我們只能像三四千年前那樣，有時雲開初霽，有時烏雲密佈，時而輝煌壯麗，時而衰落沉淪，就此稀裡糊塗地過且過罷了。

Chapter One

PURSUIT OF POLICY CONTRARY TO SELF-INTEREST

REFERENCE NOTES

p. 5 JOHN ADAMS: Letter to Thomas Jefferson, 9 July 1813, in *The Adams-Jefferson Letters*, ed. L. J. Cappon, Chapel Hill, 1959, II, 351.

5 ENGLISH HISTORIAN, "NOTHING IS MORE UNFAIR...": Denys A. Winstanley, *Lord Chatham and the Whig Opposition,* Cambridge, 1912, 129.

7 PLATO ON PHILOSOPHER-KINGS: *Republic,* V, 473.

7 HISTORIAN ON PHILIP II: *Encyclopaedia Britannica,* 14th ed., anon.

8 OXENSTIERNA: *Bartlett's Familiar Quotations.*

10 "AMPLE IN FOLLY": *Ecclesiasticus* (*Book of Sirach*) 48:6.

11 MONTEZUMA: William H. Prescott, *The Conquest of Mexico,* New York, 1843; C. A. Burland, *Montezuma,* New York, 1973.

13 THIRTEEN MUSKETS: *New Cambridge Modren History,* I, 442.

14 VISIGOTHS: Dr. Rafael Altamira, "Spain Under the Visigoths," in *Combridge Medieval History,* II, chap. 6.

17 SOLON, "LEARNED SOMETHING NEW": Plutarch's *Lives.*

18 SCHLESINGER, SR., QUOTED: *The Birth of a Nation,* New York, 1968, 245-6.

20 VILTAIRE QUOTED: M. A. François, *The Age of Louis XIV,* Everyman ed., New York, 1966, 408.

21 DAUPHIN'S CAUTIONS: G. A. Rothrock. *The Huguenots: Biography of a Minority,* Chicago, 1973, 173.

21 SAINT-SIMON'S COMMENT: *Memoires* in Sanche de Gramont, *The Age of Maginficence,* New York, 1963, 274.

22 HUGUENOT OFFICERS JOIN WILLIAM III: Estimate submitted to the King by Marshal Vauban in 1689; Rothrock, op. cit., 179.

23 FRENCH HISTORIAN ON "GREAT DESIGNS": C. Picaver in *La diplmatie au temps de Louis XIV,* 1930; q. Treasure, op. cit., 353.

23 EMERSON: *Journals,* 1820-72, Boston, 1909-14, IV, 160.

24 CHARLES X WOULD RATHER BE A WOODCUTTER: Alfred Cobban, *A History of Modern France,* 2 vols., Penguin ed., 1961, II, 72.

24 300 FRANCS FOR QUALIFICATION: ibid., II, 77.

25 CHIEF OF STAFF TO CHANCELLOR, "IT WAS MORE LIKELY...": Fritz Fischer, *Germancy's Aims in the First World War,* New York, 1967, 184-5.

26 BETHMANN, "INEVITABLY CAUSE AMERICA...": Speech in Reichstag, 10 Jan 1916, q. Hans Peter Hanssen, *Diary of a Dying Empire,* Bloomington, Indiana Univ. Press, 1955.

26 "GASPING IN THE REEDS...": in Reichstag, 31 Jan 1917, q. Hanssen, op. cit., 165.

26 HELFFERICH, "LEAD TO RUIN": *Official German Documents Relating to the World War,* 2 vols., Carnegie Endowment for International Peace, New York, I, 150.

26 TWO LEADING BANKERS: Max Warburg and Bernhard Dernburg, see Fischer, op. cit., 307.

27 ZIMMERMANN, "TO RISK BEING CHEATED...": Fischer, op. cit., 299.

27 CONFERENCE OF 9 JAN 1917, ALL QUOTATIONS: A verbatim report of the conference is in *German Documents,* I, 340, 525,; II, 1219-77, 1317-21.

28 BETHMANN, "FINIS GERMAINIAE": q. G. P. Gooch, *Recent Revelations of European Diplomacy,* London, 1927, 17.

28 RIEZLER, "GERMANY IS LIKE A PERSON...": q. Fritz Stern, *The Responsibility of Power,* ed. L. Krieger, and Stern, New York, 1967, 278.

30 ADMIRAL YAMAMOTO QUOTED: Gordon W. Prange, *At Dawn We Slept,* New York, 1981, 10, 15, 16.

31 ADMIRAL NAGANO DOUBTFUL IF JAPAN WOULD WIN: from the diary of Marquis Kido, Lord Privy Seal, 31 July 1941, q. Herbert Feis, *The Road to Pearl Harbor,* Princeton, 1950, 252.

Chapter Two

PROTOTYPE: THE TROJANS TAKE THE WOODEN HORSE WITHIN THEIR WALLS

WORKS CONSULTED

APOLLODURUS. *The Library* [*and Epitume*]. 2 vols. Trans. Sir James George Frazcr. London and New York, 1921.

ARNOLD, MATTHEW. "On Translating Homer" in *The Viking Portable Arnold.* New York, 1949.

BOWRA, C. M. *The Greek Experience.* Mentor ed. New York, n.d. (orig, pub. 1957).

DICTYS OF CRETE AND DARES THE PHRYGIAN. *The Trojan War.* Trans. R. M. Frazer, Jr. Bloomington, Indiana Univ. Press, 1966.

DODDS, E. R. *The Greeks and the Irrational.* Berkeley. Univ. of California Press, 1951.

EURIPIDES. *The Trojan Women.* Trans. With notes, Gilbret Murray. Oxford Univ. Press, 1915.

FINLEY, M. I. *The World of Odysseus,* rev. ed. New York, 1978.

GRANT, MICHAEL, AND HAZEL, JOHN. *Gods and Mortals in Classical Mytholoby.* Springfield, Mass., 1973.

GRAVERS, ROBERT. *The Greek Myths.* 2 vols. Penguin ed. Baltimore, 1955.

GROTE, GEORGE. *History of Greece.* 10 vols. London, 1872.

HERODOTUS. *The Histories.* 2 vols. Trans. George Rawlinson. Everyman ed. New York.

HOMER. *The Iliad.* Trans. Richmond Lattimore. Chicago, Univ. of Chicago Press, 1951.

——. *The Iliad.* Trans. Robert Fitzgerald. New York, 1974.

——. *The Odyssey.* Trans. Robert Fitzgerald. New York, 1963.

KIRK, G. S. *The Nature of Greek Myths.* Penguin ed. Baltimore, 1974.

KNIGHT, W.F.J. "The Wooden Horse at the Gates of Troy." *Classical Quarterly.* Vol. 28, 1933, 254.

MACLEISH, ARCHIBALD. "The Trojan Horse," in *Collected Poems.* Boston, 1952.

MACURDY, GRACE A. "The Horse-Training Trojans." *Classical Quarterly* (O.S. 1923). Vol. XVII, 51.

QUINTUS OF SMYRNA. *The War of Troy.* Trans., with intro. And notes, Frederick M. Combellach. Norman, Oklahoma Univ. Press, 1968.

SNELL, BRUNO. *The Discovery of the Mind: Greek Origins of European Thought.* Cambridge, Mass., 1953.

SCHERER, MARGARET S. *The Legend of Troy in Art and Literature.* New York and London, 1963.

STEINER', GEORGE, AND FAGLES, GROBERT. *Homer: A Collection of Critical Essays.* Englewood Cliffs, N.J., 1962.

VIRGIL. *The Aeneid.* Trans. Rolfe Humphries. New York, 1951.

REFERENCE NOTES

Note: Numerals in reference notes to the *Iliad, Odyssey and Aeneid* refer to lines (which vary somewhat according to translation), not too pages.

p. 36 STORYTELLER, "WHAT HAS HAPPENED...": Powys, preface to "Homer and the Aelther" in Steiner and Fagles, 140.

37 DEMODOCUS' TALE OF THE WOODEN HORSE: *Odyssey,* BK VIII, 499-520.

37 HOMER'S SUCCESSORS: The verse narratives between Homer and Virgil, which exist mainly in fragments or epitomes, are: the *Cypria,* c. 7th century B.C.; the *Little Iliad* by Lesches of Lesbos; *The Sack of Ilium* by Arctinus of Miletus. Post-*Aeneid*

treatments of the Trojan War are: Apollodorus; Hyginus' *Fabulae;* Quintus Smyrnaeus' *Posthomerica;* Servius on the *Aeneid;* Dictys the Cretan; and Dares the Phrygian.

38 POSEIDON AND APOLLO AS BUILDERS OF TROY: from Servius, discussed in Frazer's Notes to Apollodurus, II, 229-35; Murray's Notes ot Euripides, 81.

38 WOODEN HORSE BUILT ON ATHENA'S ADVICE: *Aeneid,* Bk II, 13-56; Lesches' *Little Iliad,* q. Scherer, 110; Graves, II, 331.

39 HORSE SACRED TO TROY, AND SACRED VEIL: *Odyssey,* Bk VIII, 511, ff.; *Little Iliad,* q. Knight; *Aeneid,* Bk II, 234.

39 EPEIUS: Quintus, 221-2, 227.

39 "HALF WAY BETWEEN VICTORY AND DEATH": Quintus, 227.

39 THYMOETES AND CAPYS: *Aeneid,* Bk II, 46-55.

39 PRIAM AND COUNCIL DEBATE: Arctinue, *sack of Ilium,* q. Scherer, 111.

39 CROWD CRIES "BURN IT!...": *Odyssey,* Bk VIII, 499; Graves, II, 333.

39 LAOCOON'S WARNING: *Aeneid,* Bk II, 56-80, 199-231; Hyginus, *Fabulae.*

40 SINON: *Aeneid,* II, 80-275; Quintus, 228.

40 SERPENTS: *Aeneid,* Bk II, 283-315.

41 PLINY ON STATUE: q. Scherer, 113.

41 OTHER PORTENTS: Quintus, 231-2.

41 CASSANDRA: *Aeneid,* Bk II; Quintus, 232-3; Hyginus and Apollodorus, q. Graves, II, 263-4, 273; Frazer's Notes to Apollodorus, II, 229-35.

42 "TREMBLING IN THEIR LEGS": Odysseus reports this to Achilles in Hades, *Odyssey,* Bk XI, 527.

42 FATE OF TROJANS AFTER THE FALL: *Aeneid,* Bk II, 506-58.

44 PAUSANIAS AND SIEGE ENGINE: Grote, I 285; Graves, II, 335.

45 A MILITARY HISTORIAN: Yigael Yadin in *World History of the Jewish People,* Rutgers Univ. Press, 1970, II, 159; also *Art of Warfare in Bibilcal Lands,* London, 1965, 18.

46 PRIAM, "TO THE GODS I OWE...": *Iliad,* Bk III, c. 170.

46 ZEUS, "WHEN IT IS THROUGH BLINDNESS...": *Odyssey,* Bk, I, 30; ON AEGISTHUS: ibid., 32 ff.

46 ATĒ: appears first in Hesiod, predating Homer; sometimes called Eris or Erinys; sometimes figures as daughter of Eris, Goddess of Discord; in *Iliad,* Bk IX, 502-12; Bk XIX, 95-135; in various classical dictionaries.

47 FLOOD LEGEND: Kirk, 135-6, 261-4; Graves, II, 269.

48 LITAI: *Iliad,* Bk IX, 477-80, Fitzgerald translation.

48 AGAMEMNON BLAMES ATĒ: *Iliad,* Bk XIX, 87-94.

48 BRUTUS' VISION: Shakespeare, *Julius Caesar,* Act. 3, Sc. 1.

Chapter Three

THE RENAISSANCE POPES PROVOKE THE PROTESTANT SECESSION: 1470-1530

WORKS CONSULTED

The most inclusives source for the history of the Papacy in this period, to which all later studies must be indebted, is Ludwig von Pastor's *History of the Popes from the Close of the Middle Ages* in 14 volumes, first published in German in the 188os and '90s. Jacob Burckhardt's classic *The Civilization of the Renaissance in Italy,* first published in German in his native Switzerland in 1860, is equally indispensable.

Primary sources, on which the following works are based, are the Vatican archives; letters, diplomatic correspondence and reports and other miscellaneous sources collected in Muratori's *Annals;* individual chronicales, especially the diary of John Burchard, Vatican Master of Ceremonies under Alexander VI and Julius II; and the major contenmporary histories, Guicciardini's *Storia d'Italia,* Francesco Vettori's *Storia d'Italia,* Machiavelli's *The Prince* and *The Discourses,* Vasari's *Lives of the Painters.*

AUBENAS, ROGER, AND RICARD, ROBERT. *L'Eglise et la Renaissance.* Vol. 15 of *Histoire de l'Eglise.* Ed, A. Fliche and V. Martin. Paris, 1951.

BRION, MARCEI. *The Medici.* Trans. New York, 1969.

BURCHARD, JOHN. "Pope Alexander VI and His Court" (Extracts from the Latin diary of the Papal Master of Ceremonie, 1484-1506). Ed. F. L. Glaser. New York, 1921.

BURCKHARDT, JACOB. *The Civilization of the Renassance in Italy.* Vol. I. Colophon ed., New York, 1958.

CALVESI, MAURIZIO. *Treasures of the Vatican.* Trans. J. Emmons, Geneva, 1962.

CATHOLIC ENCYCLOPEDIA, 1907-12, and NEW CATHO.LIC ENCYCLOPEDIA, 1967.

CHADWICK, OWEN. *The Reformation.* London, 1964.

CHAMBERLIN, E. R. *The Bad Popes.* New York, 1969.

CHAMBERS, DAVID SANDERSON. "The Economic Predicament of Renaissance Cardinals," *Studies in Medieval and Renaissance History.* Vol III. Lincoln, Neb., 1966.

COUGHLAN, ROBERT. *The World of Michelangelo: 1475-1564.* New York, 1966.

DICKENS, A. G. *Refornation and Society in 16th Century Europe.* New York, 1966.
ERASMUS, DESIDERIUS. *The Praise of Folly.* Trans. H. H. Hudson. Princeton, 1941.
FUNCK-BRENTANO, FRANTZ. *The Renaissance.* Trans. New York, 1936.
GILBERT, FELIX. *Machiavelli and Guicciardini.* Princeton, 1965.
GILMORE, MYRON P. *The World of Humanism, 1453-1517.* New York, 1958.
GREGORIVIUS, FERDINAND. *History of Rome.* 13 vols. Trans. A. Hamilton. London, 1894-1902.
GUICCIARDINI, FRANCESCO. *The History of Italy.* Trans. S. Alexander. New York, 1969.
HALE, J. R. *Renaissance Europe: 1480-1520.* Berkeley, 1971.
HIBBERT, CHRISTOPHER. *The House of Medici: Its Rise and Fall.* New York, 1975.
HILLERBRAND, HANS J. *The World of the Reformation.* New York, 1973.
HOWELL, A. G. FERRERS. *S. Bernardino of Siena.* London, 1913.
HUGHES, PHILIP. *A History of the Church.* Vol III. New York, 1947.
HUIZINGA, JOHAN. *Erasmus and the Age of the Reformation.* Trans. New York, 1957.
JEDIN, HUBERT. *A History of the Council of Trent.* Vol I. Trans. London, 1957.
LEES-MILNE, JAMES. *St. Peter's.* Boston, 1967.
LOPEZ, ROBERT S. *The Three Ages of the Italian Renaissance.* Boston, 1970.
LORTZ, JOSEPH. *How the Reformation Came.* Trans. New York, 1964.
MACHIAVELLI, NICCOLO. *The Prince and The Discourses.* Modern Library ed. New York, 1940.
MALLETT, MICHAEL. *The Borgias: The Rise and Fall of a Renaissance Dynasty.* New York, 1969.
MATTINGLY, GARRETT. *Renaissance Diplomacy.* Boston, 1955.
MCHALLY, ROBERT E., S.J. *Reform of the Church.* New York, 1963.
MITCHELL, BONNER. *Rome in the High Renaissance: The Age of Leo X.* Norman, Univ. of Oklahoma Press, 1973.
The New Cambridge Modern History. Vol I. *The Renaissance: 1493-1520.* Cambridge, 1957.
OECHSLI, WILHELM. *History of Switzerland, 1499-1914.* Trans. Cambridge, 1922.
OLIN, JOHN C. *The Catholic Reformation: Savonarola to Igatius Loyola, 1495-1540.* New York, 1969.
O'MALLEY, JOHN, "The Discovery of America and Reform Thought at the Papal Court in the Early Cinquecento," in Fredi Chiapelli, ed., *First Images of America.* Vol I. Berkeley, 1976.
——. *Praise and Blame in Rome: Renaissance Rhetoric, Doctrine and Reform in the Sacred Orators of the Papal Court, 1450-1521.* Durhan, N.C. Duke Univ. Press, 1972.
OWST, G. R. *Preaching in Medieval England, 1350-1450.* Cambridge, 1926.
PARTNER, PETER. "The Budget of the Roman Church in the Renaissance Period," in *Italian*

Renassance Studies. Ed. E. F. Jacob. London, 1960.

——. *Renaissance Rome, 1500-1559*. Berkeley, 1970.

PASTOR, LUDWIG VON. *The History of the Popes from the Close of the Middle Ages*. Vols. V-IX. Trans. Ed. F. I. Antrobus and R. F. Kerr, London and St. Louis, 1902-10.

PORTIGLIATTI, GIUSEPPE. *The Borgias*. New York, 1928.

PREZZOLINI, GIUSEPPE. *Machiavell*. New York, 1967.

RANKE, LEOPOLD VON. *History of the Pope... in the 16th and 17th Centuries*. 3 vols. Trans. London, 1847.

RIDOLFI, ROBERTO. *The Life of Niccolò Machiavelli*. Trans. Chicago, 1954.

RODOCANAHI, E. *Histore de Rome: Le pontificat de Jules II*. Paris, 1928. *Les pontificats d'Adrien VI et de Clément VII*. Paris, 1933.

ROUTH, C.R.N., ED. *They Saw It Happen in Europe, 1450-1600* (anthology of eye-witnesses' accounts). Oxford, 1965.

SCHAFE, DAVID S. *History of the Christian Church*. Vol 6. Grand Papids, Mich, 1910.

SCHEVILL, FERDINAND. *The Medici*. New York, 1949.

——. *History of Florence*. New York, 1961.

TODD, JOHNM. *The Reformatien*. New York, 1971.

DE TOLNAY, CHARLES. *The Medici Chapel*. Princeton, 1948.

ULLMANN, WALTER. *A Short History of the Papacy in the Middle Ages*. London, 1972.

VASARI, GIORGIO. *Lives of the Artists*. Ed. Betty Burroughs. New York, 1946.

YOUNG, G. F. *The Medici*. Modern Library ed. New York, 1930.

REFERENCE NOTES

The wars, politics and interational relations of the Papacy and the Italian states, and the circumstances of Luther's break and its aftermath, are not an-notated below because they are amply recorded in standard secondary histories and studies of the Renaissance and Reformation.

p. 55 "STAKE IN A GAME OF TENNIS": G. G. Coulton, *Social Life in Britain from the Conquest to the Reformation,* Cambridge, 1918, 204.

55 "STARVED FOR THE WORD OF GOD": q. Owst, 31-2.

55 "IF THE PREACHER": q. Howell, 251-2.

56 "TO TRANSFORM ALL CHRISTIANS": Todd, 97; Olin, xxi.

56 DOMENICHI'S *Tractatus*: O'Malley, 211-14, "BABYLON, THE MOTHER OF...": q. ibid., 211. "DIGNITY OF THE CHURCH": q. ibid., 86, n. 33.

57 MACHIVELLI, "SUPREME FELICITY": *The Prince,* Bk II, chap. II.

58 JACOB THE RICH: Gilmore, 60. AGOSTINO CHIGI: Funck-Brentano, 37.

59 ASSASSINATION OF GLULIANO DE MEDICI: Burckharot, 78.

59 "CRUELEST, WORST...": q. ibid., 52.
59 "FULL OF CONTEMPT": q. ibid., 42.
60 HE "LEFT THE HOSPITAL": Burchard, 130.
60 PANDOLFO PETRUCCI: Burckhardt, 50. FEDERIGO OF URBINO: ibid., 65.
61 NICHOLAS V, "TO CREATE SOLID...": q. Less-Milne, 124, and Mallett, 47.

1. Sixtus IV

p. 62 "THREE EVIL GENIUSES": *New Cambridge,* 77.
62 SIXTUS' CAREER AND CHARACTHER: Burckhardt, 123; Hughes, 398-90; Mallett, 53-6; Aubenas, 87-90.
63 SIXTUS MADE 34 CARDINALS: Chambers, 290; Jedin, 88.
63 ARCHEPISCOPAL SEES TO BOYS OF EIGHT AND ELEVEN: Hughes, 442.
63 CARDINAL RIARIO'S BANQUET: Pastor, IV, 243-5.
63 PIUS II'S LETTER TO BORGIA: q. Routh, 83.
64 MANIFESTO EQUATING SIXTUS WITH SATAN: Abuenas, 88, and Pastor, IV, 136, n. 2.
64 PAZZI PLOT: Aubenas, 76-7; Hughes, 393-4.
64 "PLEASE GOD THAT YOUR HOLINESS...": q. Aubenas, 77.
64 ARCHBISHOP ZAMOMETIC, FORTUNES OF: Jedin, 105.

2. Innocent VIII

p. 66 INNOCENT'S CHARACTER AND HABITS: Pastor, V, 246-70; Burckhardt, 126.
66 BORGIA BRIBES OF 25,000 DUCATS: Mallett, 100. "SO FALES AND PROUD": q. Pastor, V, 237.
67 "SEND A GOOD LETTER...": ibid., 242.
67 MORTGAGED THE PAPAL TIARA: Ulmann, 319.
67 "THE LORD DESIRETH NOT...": q. *New Cambridge,* 77.
67 FORGING FIFTY PAPAL BULLS: Hughes, 402.
68 CARDINAL ANTOINE DUPRAT: ibid., 447, n. 1.
68 LIVES OF THE CARDINALS: Pastor, V, 354, 370; Chambers, 291, 304, 307.
69 GIOVANNI DE' MEDICI'S ECCLESIASTICAL ADVANCEMENT: Chamberlin, 211.
69 LORENZO'S LETTER TO HIS SON: q. Pastor, V, 358-9; Olin, xv; Mallett, 52. First published in Fabroni's *Life of Lorenzo,* 1784.
70 GENOA "WOULD NOT HESTATE...": q. Pastor, V, 246.
71 "PUSILLANIMITY... OF THE POPE": q. Pastor, V. 269.

71 “GENOESE SAILOR”: q. ibid., 269.

72 “THE BEAST OF THE APOCALYPSE”: q. O’Malley, 234.

72 “WHAT MORTAL POWER”: q. Hughes, 345.

73 PRINCE DJEM, RIVALRY FOR AND SUBSIDIES: Guiccardini, 70; Aubenas, 140.

73 DJEM’S ARRIVAL IN ROME: Pastor, V, 299.

74 INNOCENT’S DYING WISH: Pastor, V, 320.

75 “FLEE, WE ARE IN THE HANDS...”: q. Mallett, 120. BULLFIGHT: Schaff, 442; Mallett, 108.

75 FOUR MULE-LOADS OF BULLION: Mallett, 115, from Stefano Infessura’s *Diario della città di Roma.* Borgia’s buying of votes, with sums and promises given to each of the cardinals, is detailed in Pastor, V, 418.

75 CALIXTUS’ SENILITY: *Cambridge Medieval History,* VIII, 175.

75 BORGLAŚ CHARACTER, RICHES AND CONDUCT: Guicciardini, chaps. II and XIII Rough, 92-3; Mallett, 84-6; Ulmaun, 319; chambelin, 166-71.

76 “DO UNPLEASANT THINGS”: q. Burchardt, xix, “TOOK PAINS TO SHINE”: Sigismondo de Conti, q. Burchard, xvii. “BRILLIANTLY SKILLED”: Jacopo Gherardi da Volterra, q. Mallett, 84. “IRON TO A MAGNET”: q. Routh, 93. “UNDERSTOOD MONEY MATTERS”: q. Burchard, xvii.

76 BORGLAŚ FAMILY: Guicci ardini, 124; Ulmann, 319. VANOZZA REPLACED HER MOTHER: Burchard, xv.

77 PATERNITY OF THE EIGHTH CHILD: Mallett, 181.

77 ALEXANDER’S PROCESSION TO THE LATERAN: Burchard, q. Mallett, 120.

78 ELEVEN NEW CARDINALS: Chamberlin, 199.

78 DELLA ROVERE, A “LOUD EXCLAMATION”: Pastor, V, 418.

78 TOTAL OF 43 CARDINALS: Jedin, 88.

79 REFORM THE MOST FREQUENT TOPIC: Chadwick, 20.

79 CHARLES VIII’S PLANS FOR INVASION OF ITALY: Guicciardini, 46-8. INTENTION TO DEPOSE POPE: *New Cambridge,* 302. CARDINAL DELLA ROVERE’S ROLE: ibid., 348-50.

79 “SO FULL OF VICES”: Guicciardini, 69.

79 “TERRIBILE BEYOND ANYTHING”: ibid., 68.

80 GEORGE MEREDITH: *The Egoist.*

80 LUDOVICO IL MORO INVITES CHARLES VIII: *New Cambridge,* 296.

80 “INNUMERABLE CALAMITIES”: Guicciardini, 48.

81 ARMED PARADE OF THE FRENCH IN ROME: Pastor, V, 451-2.

81 “REQUISITIONS ARE FEARFUL”: ibid., 454.

82 SAVONAROLA: Aubenas, 130-36; Schevill, *Florence,* 433-55.

83 "CAUSED SUCH TERROR": q. Coughlan, 69. HIS PROPHECY: ibid.

83 "POPES AND PRELATES": Pastor, VI, 14-15.

83 HAILED CHARLES VIII: Schevill, *Florence,* 444.

84 POPE "NO LONGER A CHRISTIAN": q. Jedin, 40.

84 15,000 HEAR ROBERTO DA LECCE: Pastor, V, 177.

84 TWENTY IN FLORENCE ELECT OWN "POPE": Pastor, V, 215.

85 DEATH OF JUAN, DUKE OF GANDIA: Mallett, 154-5; Chamberlin, 187-90.

85 "THE MOST GRIEVOUS DANGER": q. Jedin, 126.

85 PROPOSED PROGRAM OF REFROM: Hale, 228; Hughes, 450.

86 LOUIS XII: Guicciardini, 139; Aubenas, 143-4.

86 "*Tutto va al contrario*": Marno Sanuto, *Diarii,* Tom. I, Venezia, 1879, p. 1054, para. 127.

87 PORTUGUESE AND SPANISH ENVOYS: Pastor, VI, 62-4.

87 CESARE'S CAREER: Pastor, VI, 61-8. MURDERS; ibid., 75; Burckhardt, 132. WEARING A MASK: Burchard, xxii.

88 ALFONSO HACKED TO DEATH: Mallett, 177-8.

88 BALLET OF THE CHESTNUTS: Burchard, 155. MARES AND STALLIONS: ibid.

89 100,000 DUCATS FOR DOWERY: Burchard, 157. EIGHTY NEW OFFICES: Hughes, 413-14.

89 CARDINAL SANGIORGIO: Jedin, 97.

89 CHASTLY TALES: Burchard, 186-7; Jedin, 97; LETTER OF FRANCESCO GONZAGA, 22 DEC 1503: q. Routh, 95.

90 "NO LAW, NO DIVINITY": q. O'Malley, 187, n. 2.

4. Julius II

p. 91 CONCLAVE IN CASTEL SANT' ANGELO: Pastor, VI, 186.

91 ELECTION OF PICCOLOMINI: ibid., 199-201.

92 PUIS III, "STOREHOUSE OF ALL VIRTUES": q. ibid. "HIGHEST HOPES": ibid., 2000.

92 "IMMODERATE... PROMISES": Guicciardini, q. Routh, 99.

93 JULIUS, CHARACTER AND CONDUCT: Pastor, VI, 213; Guibert, 125-7. LITTLE BELL ON TABLE: Gilbert, 124.

94 IN HELMET AND MAIL: Guiccairdnin, q. Routh, 100-1. "CERTAINLY A SIGHT VERY UNCOMMON": ibid.

95 "DETERMINED TO VINDICATE": Paster, VI, 329-31. "TO HANG A COUNCIL": ibid. "TO LEAD AN ARMY TO ROME": ibid.

95 "THE FRENCE IN ROME...": q. ibid "Fuorii barbari!": Aubenas, 156.

95 MATTHÄUS SCHINNER: Pastor, VI, 325; Oechsli, 33, 54.

95 ERASMUS ON JULIUS: *Querela Pacis of 1517,* q. *New Cambridge,* I, 82; Aubenas, 243.

96 "A MONK DANCING IN SPURS": q. Pastor, VI, 360.

96 "OUTSIDE OF ALL REASON": q. Gilbert, 123.

96 CRITIC QUOTED, "BECAUSE THEY GRIEVED": q. Young, 276.

96 BUILDING ST. PETER'S: Vasari; Ullmann, 317; Mitchell, 52.

97 *Il ruinante:* Lees-Milne, 142.

97 JULIUS AND MICHELANGELO: Vasari, chap. On Michelangelo, passim.

97 "PUT A SWORD THERE": Vasari, 266.

98 REDISCOVERY OF LAOCOON: Pastor, VI, 488; Calvesi, 125; Hibbert, Notes, 325; Coughlan, 103; Lees-Milne, 141; Rodocanachi, *Jules II,* 58-60.

99 CARDINAL WROTE AN ODE TO IT: Rodocanachi, *Jules II,* 60, n. 2. FRANCIS I TRIED TO CLAIM IT: Hibbert, 222.

100 JOHN COLET'S SERMON: Olin, 31-9.

100 BOLOGNESE JURIST WARNED: Giovanni Gozzadini, q. Jedin, 40.

100 EGIDIO OF VITERBO'S ORATION: Olin, 44-53; Pastor, VI, 407.

101 PRESERVE HIS ASCETIC PALLOR: Burckhardt, 169.

101 DECREES OF THE FIFTH LATERAN: Hughes, 480; *New Cambridge,* 92.

102 FRENCH "VANISHED LIKE MIST": q. Pastor, VI, 416.

102 THANKSGIVING PROCESSION: Aubenas, 165.

103 ERASMUS, *Julius Exclusus:* q. Hale, 226.

103 "VIRTUE WITHOUT POWER": q. Pastor, VI, 452.

5. Leo X

p. 104 "LET US ENJOY IT": Pastor, VIII, 76.

104 LEO'S CHARACTER AND CONDUCT: ibid., 71 ff.; Guicciardini and Vettori, q. Routh, 104-05; Chamberlin, 209-48.

104 LEO'S LATERAN PROCESSION: Gregorovius, VIII, 180-8; Lortz, 92.

105 LEO'S EXPENDITURES: Pastor, VII, 341; VII, 99-100; Hughes, 434.

105 MARBLE FROM PIETRASANTA: Vasari, 271, "IMPOSSIBLE TO DEAL WITH": de Tolnay, 4.

106 WOULD HAVE MADE RAPHAEL A CARDINAL: Vasari, 231.

106 CHIGI'S BANQUET: Gregorovius, VIII, 244; Pastor, VIII, 117.

106 LEO'S HABITS AND APPEARANCE: Pastor, VII, VIII, passim; Calvesi, 149. PAOLO GIOVIO QUOTED: Chamberlin, 218.

107 MICHELANGELO, "A THOUSAND YEARS FROM NOW": de Tolnay, 68.

107 CARDINAL BIBBIENA: Pastor, VIII, 111-12. "GOD BE PRAISED": Ranke, I, 54; Mitchell, 14.

107 PROCESSION OF THE WHITE ELEPHANT: Pastor, VII, 75.

108 GREEK "IMMORTALS" INVOKED: Mitchell, 88.

108 "HAVING MADE A TREATY...": q. Chamberlin, 228.

108 CONCORDAT OF BOLOGNA: Hughes, 448-9.

109 PLANNING TO PALM OFF A COPY: Gregorovius, VIII, 210.

109 LEO'S NEPOTISM: Young, 297, and others.

109 ENVOY SEIZED DESPITE A SAFE-CONDUCT: Chamberlin, 231; WAR ON URBINO: Aubenas, 182; Pastor, VIII, 92.

110 PETRUCCI CONSPIRACY: Hughes, 431; Mitchell, 109-14; Schaff, 486.

110 CREATED 31 CARDINALS IN A DAY: Young, 299.

111 BAGLIONI BEHEADED: ibid., 300.

111 LEO'S BULLFIGHT: Pastor, VIII, 173.

111 RISING DISSENT: ibid., VIII, 177; Hughes, 491.

111 CORTESE AND PICO DELLA MIRANDOLA: Pastor, VIII, 407.

112 ERASMUS, "AS TO THESE SUPREME PONTIFFS": *Colloquies,* 33, 98-9. "PESTI LENCE TO CHRISTENDOM": q. Huizinga, 141.

112 MACHIAVELLI CASTIGATES CHURCH: *Discourses,* Bk I, chap. XII.

113 "THIS BARBAROUS DOMINATION": *The Prince,* chap. XXVI, "REVERENCE FOR THE PAPACY": Guicciardini, 149.

113 COLET, CHURCH A MACHINE FOR MAKING MONEY: Hale, 232.

114 INDULGENCES FOR FUTURE SINS: Schaff, 766.

114 TETZEL'S SALES: Dickens, 61. "I HAVE HERE...": q. Chamberlin, 241-2.

115 LEO MORE CONCERNED BY RAPHAEL'S DEATH: Lees-Milne, 147.

116 "HELL-HOUND IN ROME": q. Dickens, 23.

116 LEO'S DEATH AND DEBTS: Hughes, 431, 434; Rodocanachi, *Adrian VI,* 7; Vettori, from his *Storia d'Italia,* q. Routh, 104-05. LAMPOON: Mitchell, 122.

117 CARDINALS HISSED: Mitchell, 125.

6. Clement VII

p. 118 CARDINAL SCHINNER MISSED ELECTION BY TWO VOTES: Oechsil, 25.

118 ELECTION OF ADRINA: Pastor, IX, 25-31, 45; "JUST TO WASTE THE MORNING": ibid., 329. ATTRIBUTED TO THE HOLY GHOST: Guicciardini, 330. HIS CHARACTER: Mitchell, 126; Burckhardt, 169.

118 "UNDER PAIN OF ETERNAL DAMNATION": q. Pastor, IX, 91.

118 “THOSE STEEPED IN SIN”: q. ibid., 92.

119 “EVERYONE TREMBLES...”: q. ibid., 94-5.

p. 119 ADRIAN’S MEASURES: Ranke, I, 73-4; Pastor, IX, 52, 70-4 ff. “SACRED THINGS... MISUSED”: q. Lortz, 95. “HOW MUCH... DEPENDS”: Ranke, I, 74; Pastor, IX, 125.

120 CLEMENT’S CHARACTER: Guicciardini, q. Chamberlin, 258; Routh, 104. “GIVES AWAY HOTHING”: Marco Foscari, q. Chamberlin, 260. VETTORI, “FROM A GREAT...”: from his *Sommario,* q. Gilbert, 252.

120 CHARLES V ON POPE’S DOUBLE DEALING: q. Chamberlin, 265.

121 TWO ENGLISH ENVOYS: q. Lopez, 39.

121 COLONNA UPRISING: Guicciardini, 372.

122 “WE ARE ON THE BRINK OF RUIN”: Giberti, q. Chamberlin, 273.

122 SACK OF ROME: Pastor, IX, 370-429; Partner, *Renassance Rome,* 31. “A STONE TO COMPASSION”: Pastor, IX, 399, and n. 4.

123 “HELL HAS NOTHING TO COMPARE”: ibid., 400.

123 COMMENTS OF IMPERIAL ARMY COMMISSARY: Mercurino de Gattinara, q. Routh, 106-09. CAJETAN: q. Hughes, 474, n. 4.

124 CLEMENT’S SIEGE OF FLORENCE: Brion, 167, and others.

124 CLEMENT’S DEATH: Guicciardini, q. Chamberlin, 285. CORPSE HACKED: Brion, 167.

125 “UNABLE TO RECOVER ANYTHING OF MY OWN”: q. Chamberlin, 285.

Chapter Four

THE BRITISH LOSE AMERICA

WORKS CONSULTED

Primary Sources

ALMON, JOHN. *Anecdotes of the Life of William Pitt, Earl of Chatham.* 3 vols. London, 1793.

BARRINGTON, SHUTE, BISHOP OF DURHAM. *The Political Life of William Wildman, Viscount Barrington,* by his brother. London, 1814.

BURKE, DEMUND. *Correspondence.* Ed. C. W. Fitzwilliam and R. Bourke. 4 vols. London, 1844.

——. *Speeches and Letters on American Affairs.* Ed. Canon Peter McKevitt. London, 1961

(orig. 1908).
——. *Writings and Speeches.* 12 vols. Boston, 1901.
CHESTERFIELD, PHILIP STANHOPE, 4TH EARL. *Letters.* Ed. Bonamy Dobrée. 6 vols. London, 1932.
DELANY, MARY GRANVILLE. *Autobiography and Correspondence.* Ed. Lady Llan-over. 6 vols. London, 1861-62.
FITZMAURICE, LORD EDMOND. *Life of William, Earl of Shelburne.* 3 vols. London, 1876. (Includes letters and diaries.)
FRANKLIN, BEN JAMIN. *Autobigraphy.* Ed. John Bigelow. Philadelphia, 1881.
——. *Letters and Papers of Benjamin Franklin and Richard Jackson, 1753-85.* Ed. Carl Van Doren. Philadelphin, 1947.
GEORGE III. *Correspondence, 1760-1783.* Ed. Sir John Fortescue. 6 vols. London, 1927-28. (All citations refer to this edition uncless otherwise noted.)
——. *Correspondence of, with Lord North.* Ed. W. Bodham Donne. 2 vols. London, 1867.
GRAFTON, AUGUSTUS HENRY, 3RD DUKE. *Autobiography and Political Correspondence.* Ed. Sir William Anson. London, 1898.
HANSARD. *Parliamentary History of England.* 36 . L, 1806-20.
PITT, WILLIAM, EARL OF CHATHAM. *Correspondence.* Ed. William S. Taylor and John H. Pringle. 4 vols. London, 1838-40.
ROCHINGHAM, CHARLES, 2ND MARQUESS. *Memoirs.* Ed. Earl of Albemarle. 2 vols. London, 1852.
STEVENS, B. F. *Facsimiles of Mss in European Archives Relating to America.* 25 vols. London, 1889-95.
WALPOLE, HORACE. *Memoirs of the Reign of George III.* Ed. Denis Le Marchant. 4 vols. London, 1845.
——. *Last Journals, 1771-83.* 2 vols. London, 1859.
——. *Correspondence.* Ed. Wilmarth Lewis. 48 vols. New Haven, Yale Univ. Press, 1937-83.

Sencondary Sources

ALLEN, H. C. *Great Britain and the United States: A Hisotry of Anglo-American Relations, 1783-1952.* New York, 1955.
AYLING, STANLEY. *The Elder Pitt.* New York, 1976.
——. *The Georgian Century, 1714-1837.* London, 1966.
BAILY, BERNARD. *The Ideological Origins of the American Revolution.* Cambridge, Mass., Harvard Univ. Press, 1967.
——. *The Ordeal of Thomas Hutchinson.* Harvard Univ. Press, 1974.

BARGAR, B. D. *Lard Dartmouth and the American Revolution.* Columbia, Univ. of South Carolina Press, 1965.

BEER, GEORGE L. *British Colonial Policy, 1754-65.* Gloucester, Mass., 1958.

BELOFF, MAX. *The Age of Absolutism, 1660-1815.* London, 1966 (orig, 1954).

——. *The Debate on the American Revolution, 1761-1783.* London, 1949.

BONWICK, COLIN. *English Radicals and the American Revolution.* Chapel Hill, Univ. of North Carolian Press, 1977.

BOULTON, JAMES T. *The Language of Politics in the Age of Wilkes and Burke.* London, 1963.

BREWER, JOHN. *Party Ideology and Popular Politics at the Accession of George III.* Cambridge, Cambridge Univ. Press, 1976.

BROOKE, JOHN. *King George III.* New York, 1972.

BROUGHAM, HENRY, LORD. *Historical Sketches of Statesmen in the Time of George III.* 2 vols. Philadelphia, 1839.

BROWN, WELDON A. *Empire or Independence; a Study in the Failure of Reconciliation, 1774-1783.* Baton Rouge, Louisiana State Univ. Press, 1941.

BUTTERFIELD, SIR HERBERT. *George III and the Historians.* New York, 1959 (orig. 1936).

CLARK, DORA MAE. *British Opinion and the American Revolution.* New Haven, Yale Univ. Press, 1930.

COPEMAN, DR. W.S.C. *A Short History of the Gout.* Berkeley, Univ. of California Press, 1964.

DERRY, JOHN W. *Charles James Fox.* New York, 1972.

Dictionary of National Biography. 22. vols. London, 1908-

FEILING, KEITH GRAHAME. *The Second Tory Party, 1714-1832.* London, 1938.

FORSTER, CORNELIUS. *Charles Townshend and His American Policy.* Providence, R.I., 1978.

GIPSON, LAWRENCE H. *The British Empire Before the American Revolution.* 15 vols. New York, 1958-70.

GRIFFITH, SAMUEL B., II. *In Defense of the Public Liberty: Britian, America and the Struggle for Independence, 1760-81.* New York, 1976.

GUTTRIDGE, G. H. *English Whiggism and the American Revolution.* Berkeley, Univ. of California Press, 1942.

HARLOW, VINCENT T. *The Founding of the Second British Empire, 1763-1793.* Vol. 1. London, 1952.

HINKHOUSE, FRED J. *The Preliminaries of the American Revolution as Seen in the English Press, 1763-75.* New York, Columbia Univ. Press, 1926.

HOFFMAN, ROSS J. S. *The Marquis; a Study of Lord Rockingham, 1730-1782.* New York, 1973.

HYAMS, EDWARD. *Capahility Brown.* New York, 1971.

JARRETT, DEREK. *England in the Age of Hogarth.* New York, 1974.

JESSE, JOHN HENEAGE. *Memoirs of the Life and Reign of George III.* 3 vols. London, 1867.

KNOLLENBERG, BERNHARD. *Origin of the American Revolution: 1759-1766.* New York, 1960.

——. *Growth of the American Revolution: 1766-1775.* New York, 1975.

LABAREE, BENJAMIN W. *The Bosto Tea Party.* New York, 1964.

LAVER, JAMES. *The Age of Illusion: Manners and Morals, 1750-1848.* New York, 1972.

LECKY, WILLIAM E. H. *History of Engliand in the 18th Century.* Vols. III & IV. London, 1921 & 1923.

MACAULAY, THOMAS BABINGTON, LORD. "William Pitt, Earl of Chatham," in two parts, *Critical and Historical Essays.* Vols. II & III. Boston, 1901.

MACKESY, PIERS. *The War for America, 1775-1783.* Cambridge, Mass., 1964.

MEAD, WILLIAM E. *The Grand Tour in the 18th Century.* Boston and New York 1914.

MILLER, JOHN C. *Origins of the American Revolution.* Stanford Univ. Press, and London, 1959 (orig. 1943). (All citations from Miller refer to this book unless otherwise noted.)

——. *The Triumph of Freedom.* Boston, 1948.

MINGARY, G. E. *English Landed Society in the 18th Century.* London, 1963.

MORGAN, EDMUND S. *Birth of the Republic, 1763-89.* Chicago, Univ. of Chicago Press, 1956.

——. *The Gentle Puritan: A Life of Ezra Stiles, 1727-95.* New Haven, Yale Univ. Press, 1962.

——, AND MORGAN, HELEN. *The Stamp Act Crisis.* Chapel Hill, Univ. of North Carolina Press, 1953.

MUMBY, FRANAK A. *George III and the American Revolution.* London, 1923.

NAMIER, SIR LEWIS. *The Structure of Politics at the Accession of George III.* 2nd ed. London, 1957.

——. *England in the Age of the American Revolution.* London, 1961 (orig. 1930.)

——. *Crossroads of Power; Essays on 18th Century England.* New York, 1962.

——, AND BROOKE, JOHN. *Charles Townsbend.* Lond, 1964.

NICOLSON, HARDLD. *The Age of Reason, 1700-1789.* London, 1960.

OLSON, ALISON. G. *The Radical Duke: Charles Lennox, Third Duke of Richmond.* Oxford, 1961.

PARES, RICHARD. *King George III and the Politicians.* Oxford Univ. Press, 1953.

PLUMB, J. H. *England in the 18th Century, 1714-1815.* London, 1950.

——. *Chathan.* Hamden, Conn, 1965.
——. *In the Light of History.* Boston, 1973.
RITCHESON, CHARLES R. *British Politics and the American Revolution.* Norman, Univ. of Oklahoma Press, 1954.
ROBERTSON, SIR CHARLES GRANT. *Chatham and the British Empire.* London, 1946.
SACHSE, WILLIAM L. *The Colonial American in Britain.* Madison, Univ. of Wisconsin Press, 1956.
SAINSBURY, JOHN. "The Pro-Americans of London, 1769 to 1782." *William and Mary Quarterly.* July 1978, 423-54.
SCHLESINGER, ARTHUR, SR. *The Colonial Merchants and the American Revolution, 1773-76.* New York, 1939.
SHERSON, ERROL H. S. *The Lively Lady Townsbend.* New York, 1927.
THOMAS, PETER D. G. *British Politics and the Stamp Act Crisis.* Oxford Univ. Press, 1975.
TREVELYAN, SIR GEORGE OTTO. *The American Revolution.* 3 vols. London, 1921-22.
VALENTINE, ALAN. *The British Establishment, 1760-1784; An Eighteenth Century Biographical Dictionary.* 2 vols. Norman, Univ. of Oklahoma Press, 1970.
——. *Lord George Germain.* Oxford, 1962.
——. *Lord North.* 2 vols. Norman, Univ. of Oklahoma Press, 1967.
VAN DOREN, CARL. *Benjamin Franklin.* New York, 1952 (orig. 1938).
WATSON, J. STEVEN. *The Reign of George III.* Oxford Univ. Press, 1960.
WICKWIRE, FRANKLIN B. *British Subministers and Colonial America, 1763-1783.* Princeton Univ. Press, 1966.
WILLIAMS, BASIL. *The Life of William Pitt, Earl of Chatham.* 2 vols. London, 1966 (orig. 1913).
——. *The Whig Supremacy.* Oxford Univ. Press, 1962 (orig. 1938).
WINSTANLEY, DENYS A. *Lord Chatham and the Whig Opposition.* Cambridge Univ. Press, 1912.

REFERENCE NOTES

The well-known events and developments of British politics, of colonial affairs heading to the Revolution and of the War of the Revolution itself are not an-notated as they can easily be found in the relevant sources listed above. Reforences are reserved for quotations and for the compartatively less well-known facts and incidents. The source for biographical facts and matters of personality, if not otherwise stated, may be understood to be the *DNB* or Valentine's *Estah lishment.* Statements in Parliament may be found under the given date in the relevant volumes of Hansard's *Parliamentary History:* XVI (Jan 1765-Nov 1770), XVII

(Feb 1771-Jan 1774), XVIII (Nov 1774-Oct 1776), XIX (Jan 1777-Dec 1778).

1. Who's In, Who's Out

p. 128 BURKE, "THE RETENTION OF AMERICA": q. Allen, 239.
129 "TO FIX UPON US...": q. Knollenberg, *Origin,* 91. "IN PROPER SUBJECTION": ibid., 92, 318, n. 17.
130 "PARLIAMENTARY CABALS": q. Brooke, 226.
131 "TORRENT OF IMPETUOUS ELOQUENCE": John Adams, q. Baily, *Ordeal,*56.
131 1732, "PARLIAMENT WOULD FIND IT...": q. Morgan, *Stamp Act*, 4.
131 WALPOLE, "NO! IT IS TOO HAZARDOUS...": q. Jesse, I, 251.
132 PITT, "THE POOREST MAN": Hansard, XV, 1307.
132 DASHWOOD, KNOWLEDGE OF FIGURES: Rockingham, *Memoirs,* I, 117. "PEOPLE WILL POINT AT ME...": q. Walpole, *Memoirs,* I, 152.
133 GEORGE III, "LORD NORTH CANNOT SERIOUSLY THINK": q. Pares, 57.
133 GRENVILLE, "THE ABLEST MAN OF BUSINESS": Walpole, *Memoirs,* IV, 188.
134 MARS. ARMSTEAD: Valentine, *Germain,* 471, n. 3.
135 23 ELDEST SONS OF PEERS: Namier, *Struture,* 2.
135 GEORGE SELWYN NEVER WENT TO BARBADOS: Laver, 73.
135 SHELBURNE, "THE ONLY PLEASURE": q. Fitzmaurice, I, 88.
135 WALPOLE, "PASSION FOR THE FRONT RANK": *Memoirs,* II, 164.
136 SHELBURNE, "COME DOWN WITH THEIR LOUNGING OPINIONS": q. in Grafton, Introduction by Anson, xxxiv.
136 LADIES ADVERTISED THEIR CARD PARTIES: Sherson, 44.
136 VILLAGE OF STOWE RELOCATED: Hyams, 15. PLANTINGS AT KNOLE: Valentine, *Germain,* 5.
136 ROME'S GOVERNMENT "THE WORST POSSIBLE": q. Mead, 317.
137 DARTMOUTH SAT FOR EIGHTEEN PORTRAITS: Bargar, 6.
137 DR. JOHNSON, "BUT TWO MEN": q. Lecky, III, 385-6.
137 PITT, "COWED FOR LIFE": q. Fitzmaurice, I, 72.
137 MANSFIELD, "YOU COULD NOT ENTERTAIN ME": q. Hoffman, 11.
138 WALDEGRAVE ON GEORGE III: q. Brooke, 222; Namier, *Crossroads,* 131.
138 GEORGE III ON KING ALFRED: q. Namier, *England,* 93.
138 "BLACKEST OF HEARTS" AND "SNAKE IN THE GRASS": q. Watson, 4.
140 ADMIRAL ANSON, "I MUST NOW BEG": q. Namier, *Structure,* 34.
141 LARD NORTH'S INSTRUCTIONS IN ELECTION OF 1774: q. Trevelyan, I, 201.
141 YORKSHIRE M.P. "SAT TWELVE HOURS": q. Namier, *Crossroads,* 32.

142 RICHARD JACKSON, "I HAVE ACCESS TO": *Letters and Papers of Franklin and Jackson,* 138.

142 BOARD OF TRADE ASKED TO ADVISE ON "LEAST BURTHENSOME": Beer, 275.

143 GRENVILLE, "ALL MEN WISH NOT TO BE TAXED": q. ibid., 285.

143 WALPOLE ON GRANBY: *Memiors,* IV, 179.

143 FOX, "TEN BOTTLES OF WINE": q. Trevelyan, I, 205.

143 WALPOLE ON EGREMONT: q. Valentine, *Establishment,* II, 950.

144 "TO THE INFINITE PREJUDICE": q. Knollenberg, *Origin,* 105.

145 6500 TONS OF FLOUR: T. H. White, *Age of Scandal* (London, 1950), 32.

145 WOLFE ON AMERICAN SOLDIERS: q. Knollenbergo. *Origin,* I, 120, 330, n. 17. AMHERST ON SAME: ibid., 120. GENERAL MURRAY ON SAME: *Letters from America, 1775-80, of a Scots Officer, Sir James Muray, During the War of American Independence,* ed Eric Robson. Manchester University Press, 1951. GENERAL CLARKE, "WITH A THOUSAND GRANADIERS": q. Benjamin Franklin. *Writings,* IX, 261.

145 DIFFERENT NATURE OF MILITARY SERVICE: This point, drawn from impressive original research, has been made very persuasively by F. W. Anderson in "Why Did Colonial New Englanders Make Bad Soldiers?," *William and Mary Quartery,* XXXVIII, No. 3, July 1981, 395-414.

147 FOOTNOTE ON FRANKLIN'S MOTIVATION: suggested by Knollenberg, *Origin,* 155.

147 "IN GOD'S NAME": Morgan, *Stamp Act,* 54, n. 3.

148 RESISTANCE TO POLICE FORCE AND CENSUS: Jarrett, 34, 36.

148 THE SPEAKER ON THE CENSUS WAS SIR WILLIAM THORNTON IN PARLIAMENT: Hansard, XIV, 1318-22.

2. "Asserting a Right You Know You Cannot Exert"

p. 150 MACAULAY, "AS LONG AS THE GLOBE LASTS": III, 647.

150 HUTCHINSON'S TREATISE: Bailyn, *Ordeal,* 62-3.

150 FRANKLIN, "A DISGUST OF THESE": q. Van Doren, 333.

151 GRENVILLE'S DISCUSSIONS WITH THE AGENTS AND THEIR OFFERS: Morgan, *Stamp Act,* 53-70. MASSACHUSETTS ASSEMBLY: ibid., 60. GARTH'S STATEMENT: ibid., 58, n. 15. INGERSOLL ON "DREADFUL APPREHENSIONS": ibid., 62. WHATELY, "SOME TAXES": q. Wickwire, 103. GOVERNOR HOPKINGS'S PAMPHLET: Morgan, op. cit., 36.

152 NEW YORK ASSÈMBLY: ibid., 37.

152 HEARINGS IN PARLIAMENT, JACKSON, GARTH, TOWNSHEND, BARRE, 6-7 FEB 65: Hansard, XVI. INGERSILL'S COMMENT: q. Knollenberg, *Origin,* 224.

153 TRINITY COLLEGE, "HALF BEAR GARDEN": q. Valentine, *Germain,* 10.

153 SECOND READING, CONWAY: 15 Feb 65, Hansard, XVI.

154 STAMP TAX ENACTED, COMMENTS ON: WALPOLE, "LITTLE UNDERSTOOD": *Memoirs,* II, 49; WHATELY: q. Knollenberg, *Origin,* 225; SEDGEWICK, ibid.; HUTCHINSON, "WE ARE ALL SLAVES": q. Bailyn, *Ordeal,* 71.

155 "AFRAID OR WHAT?": ibid.; EZRA STILES' REPORT: q. Morgan, *Stiles,* 233.

155 HOMESPUN FLAX "FINE ENOUGH": Mason, George C., *Reminiscences of Newport,* Newport, 1884, 358.

155 "SEAS ROLL AND MONTHS PASS": Burke, in Parliament, 22 Mar 75.

156 ADAMS, "A VENAL CITY": q. Bailyn, *Ideological,* 136.

156 "SPAWN OF OUR TRANSPORTS": q. Miller, *Origins,* 229. "MONGREL BREED": q. ibid., 203.

156 "VIRTUAL REPRESENTATION": Miller, 279.

157 BERNARD'S PLAN: Beloff, *Debate,* 86-8; Morgan, *Stamp Act,* 14.

157 HALIFAX' COMMENT: Morgan, *Stamp Act,* 19.

157 FRANKLIN, "AWE THE WORLD!": to Lord Kames, 3 Jan 60, *Writings,* IV, 4. "I AM STILL OF THE OPINION": *Autobiograpby,* Part III, 165.

158 SOAME JENYN'S PAMPHLET: q. Beloff, *Debate,* 27, 77.

158 CHESTERFIELD, "ASSERTING A RIGHT": letter of 25 Feb 66, *Letters,* VI, no. 2410. GENERAL GAGE: q. Burke, in Parliament, 19 Apr 74, Hansard, XVIII.

159 PITT, MADNESS IN FAMILY: Fitzmaurice, I, 71. GOUT: cf. Compman, 95.

160 "I KNOW I CAN SAVE": q. Macaulay, II, 272. WALPOLE, "WE ARE FORCED TO ASK": q. *DNB* on Pitt. "CLUNG TO THE WHEELS": Macaulay, III, 617. "BEING RESPONSIBLE": q. Williams, *Pitt,* II, 113. "UNATTACHED TO ANY PARTY": q. Robertson, 69. "I CANNOT BEAR": ibid., 2.

161 "SAGE AND AWFUL": ibid., 16. "TRIED IT ON PAPER": Fitzmaurice, I, 76, n.

162 NORTHINGTON, "IF I HAD KNOWN": q. Feiling, 93. BARRINGTON, "SOME FORTUNE": q. ibid., 71.

164 GERMAIN, "IF YOU UNDERSTAND": q. Morgan, *Stamp Act,* 274.

164 BEDFORD, DEBATE IN THE LORDS: q. Thomas, 365.

164 ORGANIZED PRESSURE FOR REPEAL: Clark, 41, 44-5; Miller, 155. FRANKLIN, "UNLESS COMPELLED... THEY WILL NOT FIND A REBELLION": in Parliament, Hansard, XVI, 137. "AN OVERWHELMING MAJORITY": Winstanley,

109.

165 WALPOLE, "RISK LIGHTING UP": written in 1768, *Memoirs,* II, 218.

165 CAMDEN, "SOME THINGS YOU CANNOT DO": q. Allen, 242.

165 "FACE OF AN ANGEL": *DNB,* Conway. REACTINS TO REPEAL: Hinkhouse, 74-5; Miller, 159-60; Griffith, 45. ADAMS, "QUIET AND SUBMISSIVE": q. Trevelyan, I, 2.

3. Folly Under Full Sail

p. 167 "WICKED AND DESIGNING MAN": q. Bailyn, *Ideological,* 151.

167 TOWNSHEND, "IF WE ONCE LOSE": q. Miller, 240.

168 "TO DISMISS MY MINISTRY": q. Knollenberg, *Growth,* 35.

168 FRANKLIN ON HILLSBOROUGH: q. Van Doren, 383. BURKE, A "DIVERSIFIED MOSAIC": in Parliament, 19 Apr 74.

169 CONWAY, "SUCH LANGUAGE": q. Macauly, III, 672. CHATHAM ON NEW YORK: q. Ayling, *Pitt,* 364.

169 "CONTINUOUS CABALS": Franklin, *Autobiography,* Part I, 532. GRAFTON "COMES ONCE A WEEK": Walpole, *Memoirs,* III, 391. GRAFTON KNEW HIMSELF UNFIT: Brooke, 226.

169 TOWNSHEND, BURKE ON: in Parliament, 19 Apr 74. WALPOLE ON, "GREATEST MAN": q. *DNB*; "STUDIED NOTHING": *Memoirs,* II, 275. NEWCASTLE ON: q. Namier, *Crossroads,* 195. DAVID HUME ON: ibid.

170 WALPOLE, "NOT THE LEAST MAD": q. Sherson, 16. "DROPS DOWN IN A FIT": q. Namier, *Crossroads,* 195. TOWNSHEND, "TO HAVE NO PARTY": q. ibid., 201.

170 TOWNSHEND INTRODUCES BUDGET: ibid., 210; m, 242, 250.

171 PROPOSES CUSTOMS DUTIES: Winstanley, 111. CABINET SUBMITS: Grafton, 126-7, 175-9; Walpole, *Memoirs,* III, 51, n.; Winstanely, 141, 144; Namier and Brooke, passim.

172 GARTH, "THE FRIENDS OF AMERICA": Knollenberg, *Growth,* 301, n. 33.

172 "POOR CHARIES TOWNSHEND": Sir William Meredith. q. Foster, viii.

173 LADY CHATHAM AND GRAFTON ON CHATHAM'S ILLNESS: Ayling, Pitt, 369; Williams, Pitt, II 242.

173 AT PYNSENT AND HAYES: Walpole, *Memoirs,* III, 41-2. THE IRASCIBLE OWNER: Bargar, 16. CAMDEN, "THEN HE IS MAD": ibid.

174 GOUT AND DR. ADDINGTON: Williams, *Pitt,* II, 242-3.

174 MADNESS, OTIS: Bailyn, *Ordeal,* 72; ORFORD: Nicolson, 253. SACKVILLE

BROTHERS: Fitzmaurice, I, 343; Valentine, *Germain,* 466-70; Mackesy, 51. DUCHESS OF QUEENSBERRY: Jack Lindsay, 1764, London, 1959. LORD GEORGE GORDON: Feiling, 136.

174 FEAR OF THE PATRIOTS AS "LEVELLERS": Knollenberg, *Growth,* 48.

176 GEORGE III ON HILLSBOROUGH: q. Miller, 261.

176 "TO HAVE A STANDING ARMY!": Andrew Elior, q. Bailyn, *Ideological,* 114.

177 NEWCASTLE PROTESTS USE OF FORCE: q. Knollenberg, *Growth,* 14.

177 WEYMOUTH, "TO THE TOTAL NEGLECT": Walpole, *Memoirs,* III, 135-6; See also Macaulay, III, 600.

178 GEORGE III, "IT WAS THE INDISPENSABLE": q. by Shelburne to Sir Henry Moore, Governor of New York, 9 Aug 66, q. Mumby, 161.

178 "NOT A HOBNAIL OR A HORSESHOE": q. Ayling, *Pitt,* 340.

179 GRADUATING CLASS OF HARVARD AND RHODE ISLAND COLLEGE: Alice M. Earle, *Colonial Dames and Goodwives,* Boston, 1895, 241.

179 FRANKLIN ON "LAWLESS RIOTS": *Autobiography,* II, 10.

179 "THE PERSONS WHO WISH": q. Sainsbury, 433. COUNCILMEN AND ALDERMEN: ibid.

180 WILLIAM BECKFORD, WALPOLE ON: q. Valentine, *Istablishment,* I, 68.

180 *London Magazine* AND PUBLIC OPINION: Hinkhouse, 20, 147; Bonwick, 64. RALPH IZARD: q. Miller, 449.

180 GRAFTON' MISTRESS: Jesse, I, 460; Laver, 72-3.

181 "SO ANTI-COMMERCIAL": q. Miller, 277. "SO PREPOSTEROUS": ibid.

181 HILSBOROUGH RESURRETS STATUTE OF HENRY VIII: Winstanley, 252.

182 BECKFORD, "A STRANGE PIECE OF POLICY": 14 Mar 69, Hansard, XVI, 605. POWNALL'S SPEECH: 15 Mar 69, ibid., 612-20.

183 HILLSBOROUCH OMITS "SOOTHING... EXPRESSION": Valentine, *North,* I, 176.

183 "IF YOU WOULD BE BUT STEADY": q. Bailyn, *Ordeal,* 83-4.

183 BOSTON PRESS REPORTS: Earle, op. cit., 243.

184 CHATHAM, "DISCONTENT OF TWO MILLIONS": in the Lords, 9 Jan 70, Hansard, XVI 650. CAMDEN HUNG HIS HEAD IN CABINET: ibid., q. Williams, *Pitt,* II, 264.

184 YORKE'S SUICIDE: Walpole, *Memoirs,* IV, 51-2; Feiling, 111.

184 NORTH, DESCRIBES A CHIEF MINISTER: q. Brooks, 187.

185 HIS RESEMBLANCE TO GEORGE III: Feiling, 102. ONLY ONE MAN MADE HIM ANGRY: Jesse, II, 208; Robertson, 137. GIBBON ON: q. *DNB.* "A HUNDRED YEARS TOO SOON": q. Watson, 149. FOX, "HE WAS SO FAR FROM LEADING": q. Valentine, *North.*

186 WISH TO REPEAL TOWNSHEND DUTIES: q. Knollenberg, *Origin,* 244. KING GIVES HIM £20,000: Valentine, *North,* I, 460.

186 DEBATES, MARCFH-MAY 1770: Hansard, XVI; BARRÉ, 709-12; POWNALL, 856-69; SIR WILLIAM MEREDITH, 872-3.

187 MOTION DEFEATED, 204-142; 873; POWNALL RETURNS TO OFFENSIVE: 8 May 70, 980-5.

187 BURKE, GOLDSMITH ON: q. Lecky, III, 385; DR. JOHNSON ON: q. ibid., WALPOLE ON: q. ibid., 394. IN COMMONS: 9 Jan 70, Hansard, XVI, 672-3, 720-25.

188 8 MAY 70 FRESOLUTIONS: 1001-09. "MALIGNITY OF YOUR WILL": 1005.

188 RICHMOND: PERIODS OF DEPRESSION: letter of 10 Mar 69, q. Qlson, 11.

189 "NO, LET ME ENJOY MYSELE": q. Trevelyan, I, 130. ON MINISTERIAL CONDUCT: Hansard, XVI, 1009-13.

189 HILLSBOROUGH'S REPLY: ibid., 1016-19.

189 "DOWDESWELL WAS DEVILISH SULKY": letter of 12 Feb 71, q. Olson, 43.

190 "WITH HOUND AND HORN": q. Trevelyan, I, 131.

190 COLONIES DISAVOW INDEPENDENCE: Schlesinger, 228.

4. "Remember Rehoboam!"

p. 191 *Gaspée* INCIDENT: Wickwire, 142; Miller, 326-9; Morgan, *Birth,* 54-5.

191 "TEN THOUSAND DEATHS": q. Morgan, *Stiles,* 261.

192 THURLOW: Feiling, 81; FOX ON: q. Brougham, I, 116; WEDDERBURN, "EVEN TREACHERY": attributed to Junius, q. Williams, *Pitt,* II, 277.

193 DARTMOUTH: Bargar, passim.

193 "WOMEN ARE SUCH SLAVES TO IT": q. Miller, 343.

194 BARRE, AMERICANS WERE NEGROES: Jesse, II, 400.

194 QUINCY, "IN *all* COMPANIES": q. Bonwick, 78.

194 HILLSBOROUCH, "INHERENT PRE-EMINENCE": q. Miller, 206.

194 ROCKINGHAM, "CHILDREN [WHO] OUGHT TO BE DUTIFUL": q. Valentine, *North,* I, 170.

195 CHATHAM, "IF THIS HAPPENS": q. Williams, *Pitt,* II, 297.

195 CHATHAM, "IF LIBERTY BE NOT COUNTENANCED": speech of 27 Jan 66, q. Williams, *Pitt,* II, 198. "A POOR DESERTED DEPLORABLE KINGDOM": q. Miller, 207. LETTERS TO THE PRESS: Hinkhouse, 106-10.

195 AMERICAN COMMENTS ON TEA DUTY: q. Miller, 342-3.

197 FRANKLIN IN THE COCKPIT: Trevelyan, I, 162. WEARS SAME VELVET SUIT:

from *Memoirs* of William Temple Franklin, q. in *Papers of Benjamin Franklin,* ed. William Willcox, New Haven, Yale Univ. Press, 1978. Vol. 21, 41, n. 9.

197 BOSTON PORT BILL DEBATE: Hansard, XVII, 1199-1201, 1210, 1281, 1282-6. JOHNSTONE'S WARNING: q. Giposon, XII, 114.

198 ROARS OF "POPERY": q. Miller, 375-6; Hinkhouse, 172.

199 JOHNSTONE, "A GREAT DISPOSITION": debate of 22 Apr 74, Hansard, XVII, 1281.

199 DUNNING, "WAR, SEVERE REVENGE": q. Labarée, 199. HOWE'S OPINION: q. Trevelyan, I 262. BURGOYNE, "TO SEE AMERICA CONVINCED": debate on repeal of the Tea Act, 19 Apr 74, Hansard, XVII, 1271.

199 HENRY LARENS PROPHESIED: q. Sachse, 180.

199 BURKE'S SPEECH OF 19 APR 74: Hansard, XVII.

200 FRANKLIN, "BY PERSISTING IN A WRONG": q. Van Doren, 335.

200 "TO SPRINKLE AMERICAN ALTARS": q. Page Smith, *A New Age Now Begins,* 1976, I, 391. PUTNAM DROVE 130 SHEEP: W.F. Livingston, *lstael Putnam,* New York, 1901, 78.

200 JEFFERSON, "DELIBERATE AND SVSTEMATICAL PLAN": q. Bailyn, *ldeological,* 120; WASHINGTON ON SAME: ibid; TOM PAINE ON SAME: *Letter to Abbé Raynal on the Affairs of North America.*

201 BURKE, "WHAT ENFORCING AND WHAT REPEALING": Speech of 19 Apr 74, Hansard, XVII.

201 ADAMS, "A HOBGOBLIN": q. Alfred O. Aldridge, *Man of Reason: The Life of Thomas Paine,* Philadelphia, 1959, 34.

201 JEFFERSON, "UNION ON A GENEROUS PLAN": q. Beloff, *Debate,* 176. GALLOWAY'S PLAY: ibid., 203. FRANKLIN, "EXTREME CORRUPTION": q. Bailyn, *Ideological,* 136.

202 GEORGE III, "BLOWS MUST DECIDE": to North, 18 Nov 75, *Correspondence,* no. 1556.

202 BARRINGTON'S DISSENT: Trevelyan, I, 113; Barrington, 141, 144-5.

203 TWO AMERICANS AS SHERIFFS OF LONDON: Plumb, *Light,* 83.

203 DR. JOHNSON, "A RACE OF CONVICETS": Boswell's *Lefe,* Everyman ed., I, 526.

204 CHATHAM'S MOTION OF 20 JAN 75: Ayling, *Pitt,* 414. "SLEEPING AND CONFOUNDED MINISTRY": q. Williams, *Pitt,* II, 304. "OPPOSITION STARED AND SHRUGGED: Walpole to Conway, 22 Jan 75, *Correspondence,* IV, 91.

204 CHATHAM'S BILL FOR REPEAL: 1 Feb 75. GOWER'S RESPONSE: Hansard, XVIII, 208.

205 THE "DELUDED PEOPLE": the phrase was the King's to Lord North, 18 Aug 75,

III, 247. AMHERST DECLINES THE COMMAND: Trevelyan, I 260.

205 NORTH'S PLAN ELICITS "UNCERTAINTY, SURPRISE": q. Miller, 406.

205 BURKE, "ABSOLUTE NECESSITY": 22 Mar 75, known as the Conciliation Speech, Hansard, XVIII.

206 WALPOLE TO MANN, "VICTORY WILL RUIN US": 7 May 75, *Correspondence,* XXIV, 98.

206 COLONEL GRANT, AMERICANS "WOULD NOT FIGHT": Hansard, XVIII, 226; SANDWICH ON SAME: q. Griffith, 154. GOWER, "LANGUAGE OF THE RABBLE": Hansard, XVIII, 166.

207 "THE HORRID TRAGEDY": Sayre to Chathan, 20 May 75, q. Ritcheson, 191.

207 BURGOYNE, "WE TOOK A STEP": q. Tvevelyan, George M, *History of England*, New Yovk, 1953, III, 73.

207 WESLEY'S LETTER TO DARTMOUTH: full text, Luke Tyerman, *Wesley,* 1872, III, 197-200. There is dispute as to whether the letter was addressed to Dartmouth or North; Tyerman does not specify. Caleb T. Winchester, in *Life of John Wesley* (New York, 1906) says that the addressee was North. *DNB* on Dartmouth claims it was Darrmouth, as does Valentine, *North,* I, 349.

5. "... A Disease, a Delirium"

p. 208 HARVEY, "AS WILD AN IDEA": George III, *Correspondence,* III, xiii.

208 NORTH, "THE ARDOR OF THE NATION": q. Brooke, 180.

209 TO PROSECUTE "WITH VIGOR": George III to Lord North, 18 Aug 75, *Correspondence,* III, 247-8.

209 GERMAIN, "BRINGING THE REBLES TO THEIR KNEES": q. Valentine, *North,* I, 390.

210 "I ALWAYS TOLD YOU": Fitzmaurice, I, 345. ANCESTOR "LIVED IN THE GREATEST SPLENDOUR: *DNB.*

210 COLONIES MUST ACKNOWLEDGE "SUPREME AUTHORITY": q. Valentine, *North,* I, 409.

211 DR. PRIESTLEY, "ANYTHING LIKE REASON": q. ibid., 406.

212 REFUSALS TO SERVE, KEPPEL, EFFINGHAM, AND CHATHAM'S SON: Trevelyan, III, 202, 206-7; CONWAY "COULD NEVER DRAW HIS SWORD": Hansard, XVIII, 998.

212 CAVENDISH, "BURIED IN ONE GRAVE": q. Miller, 452. RICHMOND, "PERFECTLY JUSTIFIABLE": q. *DNB*. PUBLIC SUBSCRIPTION FOR AMERICANS "MURDERED": Hinkhouse, 193; Feiling, 134.

212 WALPOLE, "COUNTERY WILL BE DESERTED": to Countess of Ossory, 15 Oct 76, *Correspondence,* IX, 428. "OH THE FOLLY": to Conway, 31 Oct 76, ibid., 429.

213 BOSWELL, "ILL-DIGESTED AND VIOLENT": letters of 18 Mar 75 and 12 Aug 75, *Letters,* ed Chauncey Tinker, 2 vols., Oxford, 1924, I, 213, 239. DR. JOHNSON, "EXCEPT AN AMERICAN": Boswell, *Life,* II, 209. CARMARTHEN, "FOR WHAT PURPOSE": debate of 15 Apr 74, Hansard, XVII, 1208.

213 CHATHAM PREDICTED FRENCH ENTRY: q. Donne, editor's preface to *Correspondence of George III with Lord North,* II, 9.

214 RICHMOND, "I FEEL VERY LANGUID": 11 Dec 75, q. Olson, 169. TO BURKE ON A FRENCH PEERAGE: Burke, *Correspondence,* II, 118, 120.

214 FOX, "ON THE ROCKINGHAM WHIGS": q. ibid., II, 182. BURKE, "PLENTIFUL FORTUNES": ibid.

215 WASHINGTON, "NOW THE WHOLE FORCE OF NEW ENGLAND": to General Putnam, *Writings of George Washington,* ed. John. C. Fitzpatrick, USGPO, 1931-1944, IX, 115.

215 CHATHAM SPEECH OF 20 NOV 77: Hansard, XIX, 360-75.

216 FOR, "ABSOLUTELY IMPOSSIBLE": ibid., 431-2.

217 CHATHAM SPEECH OF 11 DEC 77: q. Donne in *Correspondence of George III with Lord North,* II, 114.

217 "YOU HAVE NO IDEA," LETTER TO SELWYN: q. Valentine, *Germain,* 265. "UNIVERSAL DEJECTION": ibid. GIBBON, "IF IT HAD NOT BEEN FOR SHAME": Walpole, *Last Journals,* II, 76.

217 GERMAIN, "WILFUL BLINDNESS": q. Valentine, *Germain,* 275.

217 GEORGE III, "I KNOW THAT I AM DOING MY DUTH": 26 July 75, *Correspondence,* III, no. 1683.

218 PRAYED HEAVEN "TO GUIDE ME": ibid., no. 3923.

218 GERMAIN'S CARRIAGE HORSES: Fitzmaurice, I, 358; Valentine, *Germain,* 284.

219 PEACE COMMISSION PROPOSALS: Hansard, XVIII, 443. "FULL MELANCHOLY SILENCE," and "IGNOMINIOUS": Walpole, *Last Journals,* II, 200. DR. JOHNSON, "SUCH A BUNDLE OF IMBECILITY": q. Robertson, 174. IGNOMINIOUS DAY: Walpole to Mann, 18 Feb 78.

220 ROCKINGHAM AND RICHMOND, "INSTANTLY AND PUBLICLY": Olson, 172-3.

221 CHATHAM'S LAST SPEECH: Hansard, XIX, 7 Apr 78. HIS DEATH: Plumb, *Chathan,* 156; Robin Reilly, *William Pitt the Younger,* New York, 1979, 52; DR. ADDINGTON: Williams, *Pitt,* II, 242-3.

221 PREDICTIONS OF RUIN: SHELBURNE: q. Miller, 453; RICHMOND TO

ROCKINGHAM: 15 Mar 78, q. Olson, 172-3. WALPOLE, "MISERABLE LITTLE ISLAND": q. Miller, 396.

222 BURKE, TO ROCKINGHAM: 25 Aug 75, q. ibid., 453.

222 FOR, "IN A MANNER CONSISTENT": q. Derry, 87. WALPOLE, "TOO INERT"; *Correspondence,* to Mann, 30 June 79. FOX, "DESPISED EVERYWHERE": q. Derry, 75.

222 CARLISLE PEACE COMMISSION: q. Brown, 266.

223 HIS LITTLE DAUGHTER CAROLINE: q. Brown, 266; "OUR OFFERS OF PEACE": ibid., 263; PUBLIC PROCLAMTION OF 3 OCT 78: Stevens, *Facsimiles,* XI, no. 1171-2;

224 CARLISLE'S FIRST DRAFT: 29 Sept 78, ibid., V, no. 529; CONGRESS RECOMMENDS PROCLAMATION PUBLISHED: ibid., XII, 1200-01.

224 EDEN, "THIS NOBLE COUNTRY": Miller, *Triumph,* 5. TO WEDDERBURN, "IT IS IMPOSSIBLE": ibid.

226 YORKSHIRE PETITION: Feiling, 135-6. DUNNING RESOLUTION: Trevelyan, I, 216.

227 CONWAY'S MOTION: Jesse, III, 357; Feiling, 141; all sources.

227 GEORGE III, PROPOSED ABDICATION: Namier, *Crossroads,* 125.

228 ONLY NEGOTIATOR RICHARD OSWALD: Allen, 254 (here erroneously named James).

228 GEORGE III, "DISMEMBERMENT OF AMERICA": to Shelburne, 10 Nov 82, *Correspondence,* VI, no. 3978.

229 ADAMS, "PRIDE AND VANITY": letter written from Holland, in 1782, q. Allen, 255; see also Miller, *Triumh,* 632.

230 ROCKINGHAM, "TACIT COMPACT": q. Guttridge, 73-4.

231 IF HAMLET AND OTHELLO HAD BEEN REVERSED: J. G. Adams, q. by William Willcox. *Portrait of a General* (Sir Henry Clinton), New York, 1964, xi.

Chapter Five

AMERICA BETRAYS HERSELE IN VIETNAM

WORKS CONSULTED

ACHESON, DEAN. *Present at the Creation.* New York, 1969.

AMERICAN ENTERPRISE INSTITUTE. *Vietnam Settlement: Why 1973, Not 1969?* Rational Debate Series. Washington, D.C., 1973.

ANDERSON, PATRICK. *The President's Men.* New York, 1968.

AUSTIN, ANTHONY. *The President's War: Tonkin Gulf Resolution.* New York, 1971.

BALL, GEORGE W. *The Past Has Another Pattern.* New York, 1982.

BUNDY, MC GEORGE. "Vietnam, Watergate and Presidential Powers." *Foreign Affairs.* Winter 1979/80.

BUTTINGER, JOSEPH. *The Smaller Dragon: A Political History of Vietnam.* New York, 1958.

——. *Vietnam: A Dragon Embattled.* 2 vols. New York, 1967.

CHICAGO, UNIVERSITY OF, CENTER FOR POLICY STUDIES. *Vietnam: Which Way to Peace?* Chicago, 1970.

CLIFFORD, CLARK. "A Vietnam Reappraisal." *Foreign Affairs.* July 1969.

COHEN, WARREN I. *Dean Rusk (American Secretaries of State and Their Diplomacy,* Vol. 19). Totowa, N.J., 1980.

COLLINS, J. LAWTON, GENERAL. *Lightning Joe: An Autobiography.* Baton Rouge, 1979.

CONGRESSIONAL QUARTERLY SERVICE. *Congress and the Nation.* Vol. iii, 1969-72. Washington, D.C., 1973.

COOPER, CHESTER. *The Lost Crusade: America in Vietnam.* New York, 1970.

COUNCIL ON FOREIGN RELATIONS. *American Dilemma in Viet-Nam: A Report on the Views of Leading Citizens in Thirty-three Cities.* Ed. Rolland H. Buskner. New York, 1965.

DE GAULLE, CHARLES. *Memoirs.* (English ed.). 3 vols. New York, 1960.

DONOVAL, ROBERT J. *Conflict and Crists: The Presidency of Harry S. Truman, 1945-48.* New York, 1977.

DOUGLAS, WILLIAM O. *North from Malaya.* New York, 1953.

DRACHMAN, EDWARD R. *United States Policy Toward Vietnam, 1940-45.* Rutherford, N.J., 1970.

DUNN, PETER. *An Interpretation of Source Matericals for the Period September 1945 Until May 1946 in the Region of Cochinchina and South Annam.* Unpublished dissertation. School of Oriental Studies. Univ. of London.

EISENHOWER, DWIGHT D. *Diaries.* Ed. Robert H. Ferrell. New York, 1981.

——. *Mandate for Change, 1953-56.* New York, 1963.

——. *Waging Peace, 1956-61.* New York, 1965.

ELLSBERG, DANILE. *Papers on the War.* New York, 1972.

EVANS, ROWLAND, AND NOVAK, ROBERT. *Lyndon B. Johnson: The Exercise of Power.* New York, 1966.

EWALD, WILLIAM BRAGG. *Eisenhower, the President.* Englewood, N.H., 1981.

FALL, BERNARD. *The Two Vietnams: A Political and Military Analysis.* New York, 1967.

FIFIELD, RUSSELL H. *Americans in Southeast Asia: The Roots of Commitment.* New York, 1973.

FITZGERALD, FRANCES. *Fire in the Lake.* Boston, 1972.

FRANCK, THOMAS, AND WEISBAND, EDWARD, EDS. *Secrecy and Foreign Policy.* New York, 1974.

FULBRIGHT, SENATOR J. WILLIAM. *The Vietnam Hearing.* See U.S. Congress, Senate.

GALBRAITH, JOHN KENNETH. *A Life in Our Times.* Boston, 1981.

GELB, LESLIE, AND BETTS, RICHARD K. *The Irony of Vietnam: The System Worked.* Washington, D.C. 1980.

GRAFF, HENRY F. *The Tuesday Cabinet.* Englewood Cliffs, N.J., 1970.

GURTOV, MELVIN. *The First Vietnam Crisis: Chinese Communist Strategy and United States Involvement, 1953-54.* New York, 1967.

HALBERSTAM, DAVID. *The Best and the Brightest.* New York, 1972.

HALLE, LOUIS J. *The Cold War as History.* New York, 1967.

HAMMER, ELLEN J. *The Struggle for Indo-China, 1940-1955.* Stanford, 1966.

HARDIN, CHARLES M. *Presidential Power and Accountability.* Chicago, 1974.

HARRIS, LOUIS. *The Anguish of Change.* New York, 1973.

HERRING, GEORGE. C. *America's Longest War: The United States and Vietnam, 1950-75.* New York, 1979.

HILSMAN, FOGER. *To Move a Nation.* New York, 1967.

HOOPES, TOWNEEND. *The Limits of Intervention.* New York, 1969.

——. *The Devil and John Foster Dulles.* Boston, 19673. (All references are to this book unless otherwise noted.)

HULL, CORDELL. *Memoirs.* 2 vols. New York, 1948.

ISAACS, HAROLD R. *No Peace for Asia.* New York, 1947.

KAPLAN, FRED. *Wizards of Armageddon.* New York, 1983.

KEARNS, DORIS. *Lyndon Johnson and the American Dreamn.* New York, 1976.

KENDRICK, ALEXANDER. *The Wound Within: America in the Vietnan Years, 1945-74.* B, 1974.

KISSINGER, HENRY. *The White House Years.* Boston, 1979.

KRAFT, JOSEPH. "A Way Out in Vietnam." *Harper's.* Dec 1964.

——. "Washington Insight." *Harper's.* Sept 1965.

KRASLOW, DAVID, AND LOORY, STUART H. *The Secret Search for Peace in Vietnam.* New York, 1968.

LA FEBER, WALTER, "Roosevelt, Churchill and Indochina: 1942-45." *American Historical Review.* Dec. 1975.

LAKE, ANTHONY, ED., ET AL. *The Vietnam Legacy.* New York, 1976.

LANCASTER, DONALD. *The Emancipation of French Indo-China.* London, 1961.

LEAHY, ADMIRAL WILLIAM D. *I was as There.* New York, 1978.

LEWY, GUENTER. *America in Vietnam.* New York, 1978.

LOGUE, CAL M., AND PATTON, JOHN H. "From Ambiguity to Dogma: The Rhetorical Symbols of Lynon B. Johnson on Vietnam," *Southern Speech Communication Journal.* Spring 1982, 310-29.

MACPHERSON, HARRY. *A Political Education.* Boston, 1972.

MANNING, ROGERT, GEN. ED. *The Vietnam Experience:* Vol. I, *Setting the Stag* by Edward Doyle and Samuel Lipsman; Vol. III, *Raising the Stakes* by Terence Maitland and Theodore Weiss. Boston, 1981-82.

MANSFIELD, SENATOR MIKE. See U.S. Congress, Senate.

MARSHALL, D. BRUCE. *The French Colonial Myth.* New York H, 1973.

MECKLIN, JOHN. *Mission in Torment: An Intimate Account of the United States Role in Vietnam.* New York, 1965.

MILSTEIN, JEFFREY S. *Dynamics of the Vietnam War.* Columbus, Ohin, 1974.

MORGENTHAU, HANS J. *Vietnam and the United States.* Washington, D.C., 1965.

MYRDAL, GUNNAR. "With What Little Wisdom." *New York Times Magazine.* 18 July 1965.

O'DONNELL, KENNETH. "LBJ and the Kennedys." *Life.* 7 Aug 1970.

PATTI, ARCHIMEDES F. A. *Why Viet-Nam?* Berkeley, Univ. of California Press, 1981.

Pentagon Papers. See U.S. Department of Defense.

POWERS, THOMAS. *The War at Home: Vietnam and the American People, 1964-68.* New York, 1973.

RACE, JEFFERY. "Vietnam Intervention: Systematic Distortion in Policy Making." *Armed Forces and Society.* May 1976, 377-96.

——. "The Unlearned Lessons of Vietnam." *Yale Review.* Winter 1977, 162-77.

RASKIN, MARCUS, AND FALL, BERNARD. *The Vietnam Reader.* Rev. ed. New York, 1967.

REISCHAUER, EDWIN O. *Wanted: An Asian Policy.* New York, 1955.

——. *Beyond Vietnam: The United States and Asia.* New York, 1967.

RIDGWAY, GENERAL MATTHEW B. "Indochina: Disengaging." *Foreign Affairs.* July 1971.

——. *Soldier.* New York, 1956.

RIEGLE, DONALD. *O Congress.* New York, 1972.

ROBERTS, CHALMERS M. "The Day We Didn't Go to War," in Raskin and Fall, q.v., originally from *The Reporter.* 14 Sept 1954.

RUSSETT, BRUCE M., AND STEPAN, ALFRED. *Milirary Force and American Society.*

New York, 1973.

SAFIRE, WILLIAM. *Before the Fall: An Inside View of the Pre-Watergate White House.* New York, 1975.

St. Louis Post-Dispatch. Richard Dudman et al. Special Supplement on Vietnam, 30 Apr 1975.

SALINGER, PIERRE. *With Kennedy.* New York, 1966.

SCHANDLER, HERBERT Y. *The Unmaking of a President: Lyndon Johnson and Vietnam.* Princeton, 1977.

SCHEER, ROBERT. *How the United States Got Involved in Vietnam.* Santa Barbara, 1965.

SCHLESINGER, ARTHUR, JR. *A Thousand Days.* Boston, 1965.

SEVAREID, ERIC. "The Final Troubled Hours of Adlai Stevenson." *Look.* 30 Nov 1965.

SHAPLEN, ROBERT. *The Lost Revolution.* New York, 1966. (All references are to this book unless otherwise noted.)

——. *The Road from War.* New York, 1970.

SHARP, U. S. GRANT, ADMIRAL. *Strategy for Defeat.* San Rafael, Calif., 1978.

SHAWCROSS, WILLIAM. *Sideshow: Kissinger, Nixon and the Destruction of Cambodia.* New York, 1979.

SMITH, R. HARRIS. *OSS: The Secret History of America's First Central Intelligence Agency.* Barkeley, Univ. of California Press, 1972.

SORENSEN, THEODORE C. *Kennedy.* New York, 1965.

STEEL, RONALD. *Walter Lippmann and the American Century.* Boston, 1980.

SUMMERS, COLONEL HARRY G. *On Strategy: A Critical Analysis of the Vetnam War.* Presidio, Calif., 1982.

SZULC, TAD. *The Illusion of Peace: Foreign Policy in the Nixon Years.* New York, 1978.

TAYLOR, GENERAL MAXWELL D. *Swords and Plowshares.* New York, 1972.

THOMSPN, W. SCOTT, AND FRIZZELL, DONALDSON D., EDS. *The Lessons of Vietnam: A Colloquium in 1973-74 at Fletcher School of Law and Diplomacy on the Military Lessons of the Vietnamese War.* New York, 1977.

THOMSON, JAMES C., JR. "How Could Vietnam Happen?" *The Atlantic.* April 1968.

——. "Resigning from Government," in Franck and Weisband, q. v.

THORNE, CHRISTOPHER. *Allies of a Kind.* London, 1978.

U.S. CONGRESS, SENATE, Committee on Foreign Relations, Mansfield, Senator Mike, Report of, *On a Study Mission to the Associated States of Indo-China, Vietnam, Cambodia, Loas,* 83rd Congress, 1st Session, 27 Oct 1953.

——. Report of..., *to Vietnam, Cambodia and Laos,* 83rd Congress, 2nd Session, 15 Oct 1954.

——. Report of..., *to Vietnam, Cambodia and Laos,* 84th Congress, 1st Session, 6 Oct 1955.

U.S. CONGRESS, SENATE, 89TH CONGRESS, 2ND SESSION. *Hearings Before the*

Committee on Foreign Relations; Supplemental Foreign Assistance Fiscal Year 1966-Vietnam, S. 2793 (Fulbrigh Hearings), Part I, pp. 1-743. (The Hearings were also published as a trade book by Random House with an introduction by Sen. Fulbright: *The Vietnam Hearings,* New York, 1966.)

U.S. CONGRESS, 92ND, 2ND SESSION: SENATE COMMITTEE ON FOREINGN RELATIONS. *The United States and Vietnam: 1944-47. A Staff Study based on* "The Pentagon Papers" *by Robert M. Blum* (cited as PP, Senate). USGPO, Washington, D.C., 1972.

U.S. DEPARTMENT OF DEFENSE. *The Pentagon Papers: United States-Vietnam Relations, 1945-1967.* Study prepared in twelve books by the Department of Defense and eclassified for the House Armed Services Committee (cited as PP). USGPO, Washington, D.C., 1971.

——. *The Pentagon Papers: History of United States Decision Making on Vietnam,* Senator Gravel edition. 4 vols. And Index volume. Boston, 1971-72. (Citations are from this edition unless otherwise noted.)

——. *The Pentagon Papers:* as published by the *New York Times.* New York, 1971.

U.S. OFFICE OF THE CHIEF OF MILITARY HISTORY: MARCEL VIGERAS. *Special Studies: Rearming the French.* Washington, D.C., 1957.

U.S. STATE DEPARTMENT. *Foreign Relations of the United States* (annual). USGPO. Washington, D.C.

VIGNERAS, MARCEL. *See* U.S. Office of the Chief of Military History.

WHITE, RALPH K. *Nobody Wanted War: Misperception in Vietnam and Other Wars.* New York, 1968.

WHITE, THEODORE. *The Mamking of the President, 1968.* New York, 1969.

WICKER, TOM. *JFK and LBJ.* New York, 1968.

WILCOX, FRANCIS O. *Congress, the Executive, and Foreign Policy.* New York, 1971.

FERSONS CONSULTED

GEORGE W. BALL
MC GEORGE BUNDY
WILLIAM P. BUNDY
MICHAEL FORRESTAL
J. K. GALBRAITH
LESLIE GELB
DAVID HALBERSTAM
MORTON HALPERIN
CARL KAYSEN
ROBERT S. MC NAMARA
HARRISON SALISBURY
BILL MOYERS
DAVID SCHOENBRUN
JAMES THOMSON

REFERENCE NOTES

Abbreviations

ARVN	Army of the Republic of Vietnam (South)
CCS	Combined Chiefs of Staff (Allied in Word War II)
CINCPAC	Commander in Chief, Pacific
DRV	Democratic Republic of Vietnam (North)
FRC	(Senate) Foreign Relation Committee
FRUS	*Foreign Relations of the United States* (annual series)
JCS	Joint Chiefs of Staff
MAAG	Military Assistance Advisory Group
MACV	Military Assistance Command Vietnam
NSC	National Security Council
PP	*Pentagon Papers* (all references are to the Gravel edition, except where otherwise noted)
SEA	Southeast Asia

1. In Embryo

p. 235 ROOSEVELT, "SHOULD NOT GO BACK TO FRANCE": H, II, 1597.

235 PRESIDENT "HAS BEEN MORE OUTSPOKEN": q. Thorne, 468.

235 AT CAIRO, "NOT TO GO BACK!": Stilwell Papers, q. B. W. Tuchman, *Stilwell and the American Experience in China,* New York, 1971, 405. TRUSTEESHIP "FOR 25 YEARS" and "I ASKED CHIANG KAI-SHEK": ibid., 410.

236 GEORGES BIDAULT, "WHOLE-HEARTED COOPERATION": q. La Feber, 1292.

236 FAR EAST DESK URGED INDEPENDENCE: J. C. Vincent Mem. 2 Nov 43, FRUS, 1943, China, 866. See also Fifield, 69 n.

236 "VOLUNTARY" CONSENT OF FORMER COLONIAL POWER: Drachman, 51.

236 ROOSEVELT DID NOT WANT TO GET "MIXED UP": Mem. For Secretary of State, 1 Jan 45. FRUS, 1945, VI, 293. REVERSED HIMSELF: FRUS, 1944, *British Commonwealth and Europe,* FDR to Hull, 16 Oct 44. See also Drachman, 80.

237 ROOSEVELT ON "INDEPENDENCE": to Charles Taussig, Halberstam, 81; Thorne, 630.

237 STETTINIUS ON FRENCH SOVEREIGNTY: repeated by Grew, FRUS, 1945, VI, 307, 8 May 45. DE GAULLE, "IF YOU ARE AGAINST US": Caffery to Sec. of State, FRUS, 1945, VI, 300.

237 GREW, "ENTIRELY INNOCENT": Grew to Caffery, FRUS, 1945, VI, 307. See also

Grew to Hurley, 2 June 1945, ibid., 312.

237 FRENCH SURVEY OF 1910: Buttinger, I 450, n. 53.

238 "MORE ILLITERATE THAN THEIR FATHERS": Jules Harmard, *Domination et colonization,* Paris, 1910, 264, q. Buttinger, *Smaller Dragon,* 425.

238 "REPRESENTATIVES OF THE CONQUERED RACE": q. Manning, *Stage,* 109, from Milton Osborne, *French Presence in Cochin China and Cambodia,* 1859-1905, Ithaca, 1969, 119.

239 OSS AND HO CHI MINH: Smith, 332-4. AMERICA "OPPOSED COLONIALISM": ibid. OSS DISTRICT CHIEF: Col. Paul Halliwell, q. Shaplen, 33.

239 DECISIONS AT POTSDAM: Leahy, 286, 338, 413; also, CCS to St. Didier, 19 July 45, Vigneras, 398.

240 ACCORDING TO ADMIRAL KING: Thorne, 631.

240 TRUMAN, "NO OPPOSITION" TO RETURN OF THE FRENCH: De Gaulle, III, 910. DE GAULLE TO PRESS CONFERENCE: q. Drachman, 90.

240 BRAZZAVILLE DECLARATION: q. Marshall, 107; see also Smith, 324.

240 "WE WILL KEEP ON FIGHTING": q. Shaplen, 30.

240 MESSAGE IN NAME OF BAO DAI: q. Hammer, 102.

241 "FACILITATE RECOVERY... BY THE FRENCH": q. Cooper. 39.

241 FRENCH RETURN ON AMERICAN SHIPS: Dunn; also Hammer, 113; Isaace, 151-7; TO EMPLOY AMERICAN FLAG VESSELS: PP(HR), Bk I, Part I, A, p. A-24, q. Patti, 380.

241 BRITISH USED JAPANESE UNITS: Isaacs, 151; FOORNOTE QUOTING MOUNT BATTEN: q. Dunn from one of the following: *Lord Mountbatten's Report to Combined Chiefs of Staff, 1943-45* (L, HMSO, 1951), *Post Surrender Tasks, Section E of the above* (London, HMSO, 1969); GREAT BRITAIN: *Documents Relating to British Involvement in the the Indo-China Conflict, 1945-65,* Command 2834 (London, HMSO, 1965).

241 GENERAL GRACY'S REMARKS: q. Buttinger, I, 327.

242 WEARING AMERICAN UNIFORMS: Cooper, 41; Isaacs, 161; Smith, 344.

242 "STABLE, STRONG AND FRIENDLY": PP (Senate), 13. OSS TO OBSERVE "PUNITIVE MISSIONS": q. Smith, 347.

242 EIGHT APPEALS BY HO TO U.S. UNANSWERED: FRUS, 1946, VIII, 27; also PP, I, 17.

242 ARTHUR HALE REPORT: Gallagher Papers, PP (Senate), Appendix I, 31-6.

243 *Christian Science Monitor:* BY Gordon Walker, 2 Mar 46. STATE DEPT., "SERIOUSLY DETERIORATING": 28 Nov 45, FRUS, 1945, VI, 1388, n. 37.

243 CHARLES YOST REPORT: 13 Dec 45, ibid.; see also Fifield, 69-70.

243 MARSHALL, "DANGEROUSLY OUTMODED": drafted by the French Desk for Embassy in Paris, PP, I, 31-2. ACHESON TO MOFFAT: ibid., 20.

244 MAFFAT, "FIFTY YEARS FORM NOW": PP (Senate), 13.

244 AMERICAN CONSUL IN SAIGON, "NO SETTLEMENT": Charles S. Reed to Sec. of State, 22 Dec 46, FRUS, 1946, VIII, 78-9. LECLERC, "IT WOULD TAKE 500,000": q. Halberstam 84, from Paul Mus orally.

245 TRUMAN AND ACHESON ASSURED THE PUBLIC: FRUS, 1945. VI, 313; Thorne, 632.

245 FRENCH DESK DIRECTIVE ON INDOCHINA: Feb 1947, PP, I, 31.

2. Self-Hypnosis

p. 247 NSC SEA IS "TARGET": June, 49, PP, I, 82. "KEY AREA": ibid., 83.

248 BAO DAI TO PHAN QUANG DAN: PP, I, 71-2. DAN, "WITHOUT IDEOLOGY": ibid.

248 ROBERT BLUM, "GIVES LITTLE PROMISE": Shaplen, 87; PP, I, 73.

249 "VITAL TO THE... FREE WORLD": 24 May 51, q. Gelb, 44.

249 TRUMAN, "MONSTROUS CONSPIRACY": radio report to the American people, 11 Apr 51, PP, I, 588.

249 NSC "ANTICIPATED" SEIZURE: 27 Feb 50, PP, I, 83. STATE DEPT., NO TRACES OF KREMLIN: ibid., 34.

250 TRUMAN, SPECIAL MESSAGE TO CONGRESS: 24 May 51, PP, I, 580. ACHESON, "REMOVE ANY ILLUSIONS": q. Gelb, 42.

251 RUSK, "COLONIALISM": q. Cohen, 75, "TOOL OF THE POLITBURO": testimony to Senate FRC, 8 June 1950, q. Cohen, 50.

251 *NYT* EDITORIAL, "IT SIIOULD NOW BE CLEAR": 11 June 52. NSC SEES JAPAN SUCCUMBING: PP, I, 84.

251 OHLY MEMORANDUM: Acheson, 674.

251 U.S. NAVAL AND AIR ACTION IN EVENT OF CHINESE ENTRY: NSC 124, PP, I, 88.

252 WALTER ROBERTSON, "NO REGIME AS MALEVOLENT": q. Hoopes, 147.

252 KNOWLAND, "SOVIET CONQUEST": ibid., 203.

252 JOHNSON, "GREAT BEAST": q. Ball, 404. DULLES, "PASSION TO CONTROL EVENTS": Hoopes, 140.

252 DULLES, "PACIFIC FRONT... WIDE OPEN": in Senate, 21 Sept 49, q. Hoopes, 78.

253 "PART OF A SINGLE PATTERN": ibid., 115.

253 DULLES, "THESE TWO GENTLEMEN": ibid., 78.

253 AUTHOR OF REPUBLICAN PARTY PLATFORM: Halle, 270. Text in *National Pary Platforms,* compiled D. B. Johnson, I, 496-505, Univ. of Illinois Press, Urbana, 1978.

254 DULLES TRIES TO GET KREMLIN PROMISE: Hoopes, 172.

254 GENERAL STAFE, "RE-EVALUATION" IN RELATION TO COST: PP, I, 89.

254 BARRINGTON: q. Barrington, 142-3.

254 ADMIRAL DAVIS, "SHOULD BE AVOIDED": PP, I, 89.

254 PENTAGON CHIEFS' ADVICE, CHINA THE ENEMY: q. Cohen, 174.

255 EISENHOWER'S THREE CONDITIONS: PP, I, 94; *Mandate,* 345.

255 "WILL PROBABLY DETERIORATE": 4. June 53, PP, I, 391-2.

256 "THE FRENCH BLACKMAILED US": Acheson mterview with professor Gaddis Smith. *NYT Book Review*, 12 Oct 69.

256 "THE FREEDOM WE CHERISH": q. Halle, 286-7.

256 TRAPNELL REPORT: PP, I, 487-9.

256 "A LACK OF ENTHUSIASM": 3 Feb 54, q. Gelb, 52.

257 "POPULATION SUPPORTED THE ENEMY": Eisenhower, *Mandate,* 372-3.

257 U.S. PAYING 80 PERCENT: Hammer, 313, n. 20a.

259 JUSTICE DOUGLAS: *North from Malaya,* 10, 208.

259 MANSFIELD REPORT: U.S. Congress, Senate FRC, 83rd C, 1st Session: see under U.S. Congress, Senate.

259 DULLES' FEAR OF MC CARTHY: Hoopes, 160.

259 NEW LOOK STRATEGY OF CABINET: Eisenhowen, Mandate, 451; Hoopers, Chap. 13 HUMPHPEY COMMENT: q. ibid. 196.

260 DULLES, "PHONY PEACE CAMPAIGN": Hoopes, 173.

261 RADFORD POLICY PAPER FOR GENEVA: PP, I, 448-51.

261 DULLES LEFT THE IMPRESSION: Hoopes, 212. NIXON, "IF TO AVOID": 16 Apr 54, q. Eisenhower, *Mandate,* 353, n. 4.

262 EISENHOWER, "OUR MAIN TASK": *Mandate,* 168.

262 CHINESE SUPPLY 4000 TONS A MONTH: Cooper, 59.

262 ELY MISSION AND OPERATION VULTURE: Roberts, in Raskin and Fall, 57-66; PP, I, 97-106. PROPOSED USE OF ATOMIC BOMBS: FRUS, 1952-54, XIII, 1271. FOOTNOTE, PROVOKING CHINESE RESPONSE: Chalmers Roberts in *Washington Post,* 24 Oct 71, q. Gelb, 57. MACHARTHUR COMMENT: FRUS, op. cit., to Sec. of State 7 Apr 54, 1270-2.

263 DULLES MEETING WITH CONGRESSIONAL LEADERS: Roberts, op. cit.; Hoopes, 210-11.

263 FRENCH CABINET ASKS INTERVENTION: PP, I, 100-04; Roberts; Hoopes, 207-

08. EISENHOWER, "NO INVOLVEMENT": 10 Mar 54, q. Gurtov, 78.

264 GAVIN REPORT: Ridgway, *Soldier,* 276; also Gavin in Senate FRC Hearings in 1966

264 EISENHOWER REJECTS UNILATERAL INTERVENTION: *Mandate,* 373; PP, I, 129.

265 SPECIAL COMMITTEE'S REPORT: 5 Apr 54, PP, I, 472-6.

266 DULLES ON FALL OF DIEN BIEN PHU: 11 May 54, PP, I, 106; also *NYT,* 24 June 54.

266 MENDES-FRANCE, "DOES MUCH LESS": q. Hoopes from *Le Monde,* 12 Feb 54. CEASE-FIRE IN THIRTY DAYS: Ambassador Dillon to Sec. of State, 6 July 54, PP (HR), Bk IX, 612. CONSCRIPTION: ibid.,

267 DULLES, "DELIBERATE THREAT": 11 June 54, q. Hoopes, 230.

267 CHOU EN-LAI'S ADVICE: as told by Chou to Harrison Salisbury, Salisbury to author, 17 Feb 83.

3. Creating the Client

p. 269 FRENCH CASUALTIES: Eisenhower, *Mandate,* 337.

270 *St. Louis Post-Dispatch,* "A WAR TO STAY OUT OF": 5 May 54 and other editorials, May 7, 9, 10, 12, 14, 19, 22, 1954. FITZPATRICK CARTOON: ibid., *wanted,* 8 June 54.

270 REISCHAUTER, "AN EXTREMELY INEFFECTIVE": 178-9; 251-7.

270 DULIES, "SO UNITED, SO STRONG": q. Hoopes, 242.

271 ADMIRAL DAVIS, "NO BETTER PREPARED": PP, I, 212.

271 DIEM'S CAREER: Mansfield report to Senate FRC, 15 Oct 54, 83rd Congress, 2nd Session; see also Scheer.

272 JUSTICE DOUGLAS INTRODUCES DIEM: Scheer and Hinckle, "The Viet-Nam Lobby," in Raskin and Fall, 69.

273 AMERICANS "DIFFERENT" FROM THE FRENCH: William Bundy to author, 18 Feb 81.

273 JOINT CHIEFS, "ABSOLUTELY ESSENTIAL": PP, I, 215.

273 JOINT CHIEFS, "NO ASSURANCE": PP, I, 218.

274 "CHRIST HAS MOVED SOUTH": q. Cooper, 130.

274 "VIETNAM PROBABLY WOULD HAVE TO BE WRITTEN OFF": report of the Lansdale Mission, PP, I 577.

274 FAURE, "NOT ONLY INCAPABLE BUT MAD": PP, I, 241.

274 MANSFIELD REPORT: U.S. Congress, Senate FRC, 83rd Congress, 2nd Session.

275 EISENHOWER LETTER TO DIEM: PP, I, 253.

275 COLLINS' REPORT: PP, I, 226. RE-AFFIRMED: Collins, 408.

276 LANSDALE MISSION: PP, I, 573-83.

276 FRENCH "DISPOSED TO EXPLORE": PP, I, 221. SAINTENY, "ONLY POSSIBLE MEANS": IBID., 222.

277 *NYT,* "PROVEN INEPT": C. L. Sulzberger, 18 Apr 55.

277 DULLES, CHANCES "ONE IN TEN": Collins, 379.

278 EISENHOWER, "LOTS OF DIFFICULTIES": q. Cooper, 142.

278 HEATH, "OVER $300 MILLION": PP, I, 227.

278 SPELLMAN, "ALAS!": *NYT,* 31 Aug 54.

278 DIEM DENIAL OF ELECTIONS: PP, I, 245.

279 "OUTRAGEOUS" METHODS: Buttinger, II, 890.

279 "OVERWHELMING MAJORITY": Leo Cherne in *Look,* 25 Jan 56; see also Cooper, 132.

279 KENNEDY ON HO'S "POPULARITY": in Senate, 6 Apr 54, q. Scheer, 15.

279 EISENHOWER "REFUSED TO AGREE": Ridgway, *Foreign Affairs,* 585; see also Eisenhower, *Mandate,* 372. STATE DEPT., "WE SUPPORT": PP, I, 246.

280 PHAM VAN DONG, "WE SHALL ACHIEVE UNITY": PP, I, 250.

280 A STUDY BY AMERICAN POLITICAL SCIENTISTS: one of a series conducted in Vietnam from 1955 to 1962 by Michigan State University under the direction of Professor Wesley Fishel, q. Scheer, 53.

281 GIAP, "WE EXCEUTED": PP, I, 246.

281 AMERICAN EMBASSY, "SITUATION MAY BE SUMMED UP": PP, I, 258.

281 MANIFESTO OF THE EIGHTEEN AND ARRESTS: Cooper, 159; text of Manifesto in Raskin and Fall, 116-21. "INCAPABLE OF SAVING THE COUNTRY": ibid., 483; WASHINGTON'S CONGRATULATIONS: ibid.

282 NLF TEN-POINT PROGRAM: text in Raskin and Fall, 216-21.

p. 283 "IT WAS SIMPLY A GIVEN": James Thomson, *NYT* Books, 4 Oct 70.

283 KENNEDY, "CORNERSTONE... KEYSTONE": speech on "America's Steake in Vietnam" to American Friends of Vietnam, June 1956, q. Lewy, 12.

285 MC NAMARA, "WE HAVE THE POWER TO KNOCK": reportedly said at a Pentagon briefing, Robert D. Heinl, *Dictionary of Military and Naval Quotations,* Annapolis, 1966, 215.

285 BUNDY, READY TO BE DEAN AT AGE TWELVE: q. Halberstam, 52.

286 THURMOND ON MCCONE: Halberstam, 153.

286 GALBRAITH, "THE DISASTOROUS AND THE UNPALATABLE": Galbrait, 477.

287 "THIS IS THE WORST WE HAVE HAD YET": Schlesinger, 320; PP, II, 6, 27.

287 LANSDALE PROGRAM: PP, II, 440-1.

287 KENNEDY: "WHITE MAN'S WAR" Schlesinger, 505, 547.

287 "WELL, MR. SCHOENBRUN": Schoenbrun to author.

288 LIMITED WAR, "ADVANTAGES OF TERMINATING": q. Kaplan, 330. KAUFMAN QUOTED: ibid., 199.

288 KENNEDY READ MAO AND CHE GUEVARA: Schlesinger, 341.

289 ROSTOW'S SPEECH AT FORT BRAGG: Raskin and Fall, 108-16.

289 LANSDALE, "A STRONGER APPEAL": q. Schlesinger, 986.

290 BURKE, "PERSEVERANCE IN ABSURDITY": speech in Commons of 19 April 1774, Hansard XVIII.

290 PENTAGON DISCUSSIONS ON "SIZE AND COMPOSTION": Action Memorandum, 11 May 61, PP, II, 642.

291 EISENHOWER BRIEFING: Gelb and Betts, 29.

291 7TH FLEET TO SOUTH CHINA SEA, AND OTHER MOVEMENTS: Ball, 363.

291 LEMNITZER SUGGESTS NUCLEAR ARMS: Galbraith, 467. KENNEDY SHOCKED: ibid.

292 JOHNSON, "THE WINSTON CHURCHILL": q. Schlesinger, 541. HIS REPORT: text in PP, II, 55-9; sec also Ball, 385.

293 KENNEDY TO RESTON: q. Gelb and Betts, 70. "WE CANNOT AND WILL NOT": 25 July 61, q. Sorensen, 583 ff. READY TO RISK NUCLEAR WAR: ibid.

293 NITZE, "VALUE TO THE WEST": Thompson and Frizzell, 6.

294 THEODORE WHITE, "SITUATION GETS WORSE": q. Schlesinger, 544.

294 MCGARR'S ESTIMATE: Taylor, 220-1.

295 ROSTOW AS DR. PANGLOSS: Macpherson, 258. "BIGGEST COLD WARRIOR": q. Halberstam, 161.

295 TAYLOR-ROSTOW REPORT: PP, II, 14015, 90-98; Taylor, 227-44.

296 "EXTENAL AGGRESSION": q. Cohen, 184.

296 STATE DEPT. ANNEXES: PP, II, 95-7.

296 RUSK, "A LOSING HORSE": PP, II, 105.

297 "REGIME NOT VIABLE": in camera testimony to Senate FRC. 28 Feb 61, q. Choen, 111.

297 MCNAMARA-JCS RESPONSE: PP, II, 108-09. MCNAMARA-RUSK SECOND MEMORANDUM: PP, II, 110-16.

297 KENNEDY TO DIEM: ibid., 805-06.

298 DIEM "SEEMED TO WONDER": Acting Defense Minister Thuan Nguyen Dinh to Ambassador Nolting, ibid., 121.

299 CASUALTY FIGURES: PP (*NYT*), 110.

p. 299 REPUBLICAN NATIONAL COMMITTEE: *NYT,* 14 Feb 62. KENNEDY, "WE HAVE NOT SENT COMBAT TROOPS": PP, II, 808.

300 MCNAMARA, "EVERY QUANTITATIVE MEASUREMENT": q. Schlesinger, 549.

300 GALBRAITH'S REPORT: Galbraith, 471-3; PP, II, 122-4. LETTERS OF NOVEMBER, 1961 AND MARCH 1962: Galbraith, 447-9; also PP, II, 670-1. "MARRIED TO FAILURE": q. Schlesinger, 548.

301 JCS, "WELL-KNOWN COMMITMENT": Lemnitzer for JCS to Sec. of Defense, 13 Apr 62, ibid., 671-2.

301 "WHAT THE NEWSMEN TOOK TO BE LIES": Mecklin, 100. MANNING MEMORANDUM: Salinger, 328; for the press war, see also Manning, ed. *Stakes,* 58-61.

302 MANSFIELD, ZEAL WOULD BE THE UNDOING: Macpherson, 45. TOLD THE SENATE: 88th Congress, 1st Session, GPO, Washington, D.C., 1963.

302 HILSMAN REPORT: PP, II, 690-726.

303 COGNITIVE DISSONANCE, "SUPPRESS, GLOSS OVER": I am indebted to Jeffrey Race for bringing this concept to my attention. The quoted passages are from his article in *Armed Forces and Society.* See also Leon Festinger, *A Theory of Cognitive Dissonance,* Evanston, III, 1957.

303 KENNEDY HINTS WITHDRAWAL TO MANSFIELD: O'Donnell.

304 INSTRUCTS MICHAEL FORRESTAL: Forrestal to author. "EASY; PUT A GOVERNMENT": O'Donnell. "WOULD MEAN COLLAPSE": q. Schlesinger, 989. "WE ARE GOING TO STAY": 17 July 63, PP. 11, 824.

305 RUSK, "STEADY MOVEMENT": q. Schlesinger, 986.

305 NHUS SUSPECTED OF DEALING WITH ENEMY: Ball 370.

306 "SOME QUITE FANTASTIC ACTION": State to Lodge, 29 Aug 63, unsigned, PP, II 738.

306 CONEIN LIAISON: Ball, 371; FOR U.S. INVOLVEMENT IN COUP, see PP, II, 256-63, Documents, 734-51. LODGE, "THIS REPRESSIVE REGIME": PP. II, 742, para. 8. WASHINGTON'S INSTRUCTIONS: State to Lodge, 24 Aug 63, PP, II, 734; NSC to Lodge, 5 Oct 63, ibid., 257, 766.

307 LODGE, "WE ARE LAUHCHED": ibid., 738. "ASSASSINATION" OF NHUS: to State from Lodge, 5 Oct 63, ibid., 767.

307 ROBERT KENNEDY, "COMMUNIST TAKE-OVER": Sept 63, PP, II, 243. Hilsman, 106.

307 BATTLE OF AP BAC: Manning, ed. *Stakes,* 50-51. COLONEL VANN: Halberstam, 203-05. DOD AND CINCPAC OPTIMISM: Cooper, 480.

308 RUFUS PHILLIPS REPORT: PP, II, 245. JOHN MECKLIN "IN DESPAIR":

Mecklin, X. KATTENBURG CONFERENCE: PP, II, 241; Cohen, 190. KATTENBURG PREDICTION: Halberstam, 370.

308 DE GAULLE SPEAKS: *NYT,* 30 Aug 63. "AUTHORITATIVE SOURCES": ibid., from Washington. "WIDE ANNOYANCE": ibid.

309 "THEIR" WAR; KENNEDY, "IN THE FINAL ANALYSIS": interview with Walter Cronkite, Sept 1963, q. Wicker, 186.

309 "YOU TWO DID VISIT": q. PP, III, 23, from Hilsman.

309 PUBLIC ANNOUNCEMENT, "BY THE END OF 1965": text in Raskin and Fall, 128-9.

5. Executive War.

311 MADE UP HIS MIND NOT TO "LOSE": Bill Moyers to author.

311 "I AM NOT COING TO BE THE FIRST PRESIDENT": James Reston in *NYT*, 1 Oct 67. ALTERNATIVE VERSION: Wicker, 205.

312 VIET-CONG BROADCAST SUGGESTING CEASS-FIRE: q. Wicker, 189, from Jean Lacouture, *Vietnam: Between Two Truces,* 1966, 170. SECOND BROADCAST PICKED UP IN WASHINGTON: Wicker, ibid.

312 GENERAL "BIG" MINH AND SUCCESSORS' FEELERS OPPOSED BY U.S.: Joseph Kraft, "Washington Insight," *Harper's*, Sept 1965.

312 MCNAMARA, "NEXT TWO OR THREE MONTHS": PP, II, 193.

312 *NYT* EDITORIAL: 3 Nov 63.

313 RUSK, "WOULD LEAD TO OUR RUIN": q. Cohen, 258, "A BILLION CHINESE": at a press conference, *NYT,* 13 Oct 67. HANSON BALDWIN: *NYT Magazine,* 27 Feb 66. SEN. JOSEPH CLARK: at Senate FRC (Fulbright) hearings in 1966.

314 JOHNSON ON "THEIR" WAR: q. Wicker, 231-2.

314 *Maddox,* "DESTRUCTIVE" ACTION: PP, III, 150-1. NAVAL UNITS: Ball, 379. "DESIST FROM AGGRESSIVE POLICIES": JCS Mem. 19 May 64, PP, III. 511.

314 HONOLULU CONFERENCE: PP, III, 171-7; Ball, 375-9.

315 "ADMISSI ON THAT THE GAME WAS UP": q. Gelb, 115.

315 NUCLEAR OPTION: PP, III, 175; RUSK, PP, II, 322; MCNAMARA, PP, III, 238.

315 MCNAMARA, "AT LEAST THIRTY DAYS": ibid., 176.

316 FULBRIGHT'S MOTIVES FOR TONKIN RESOLUTION: Hoopes, *Limits,* 25-6. TONKIN DEBATE IN FRC: SEN. NELSON: Wicker, 223; SEN. ERVIN: Austin, 78; SEN. MORSE TIPPED OFF BY PHONE CALL: Austin, 68.

317 MCNAMARA'S DENIAL: ibid.

317 "WELL, THOSE DUMB STUPID SAILORS": q. Ball, 379.

317 DE GAULLE PROPOSES SETTLEMENT: PP, II, 193; INTERVIEW WITH BALL: Ball, 377-8.

318 U THANT'S PROPOSAL: Kraslow and Loory, 102; Sevareid in *Look,* 30 Nov 65.

319 "AS THOUGH I WERE ON THE *Titanic*": q. Kraft, *Harper's,* Dec 1967, in Raskin and Fall, 315-22.

319 "SHATTER MY PRESIDENCY" and all other remarks quoted in this paragraph: Kearns, 253, 257.

319 CIA, "LIKELY THAT NO OTHER NATION": PP, III, 178.

320 WORKING GROUP'S WARNING: PP, III, 217.

320 BALL'S MEMORANDUM: Ball, 380-6, 390-2.

321 "RAGGEDY-ASS LITTLE FOURTH-RATE COUNTRY": q. Manning, ed., *Stakes,* 183.

321 BUNDY'S MEMORANDUM: 7 Feb 65, PP, III, 309, 687-9.

322 TAYLOR, "DEMOLISHED HOMELAND": Taylor, 403.

322 MCNAUGHTON, "WITHOUT UNACCEPTABLE TAINT": plan of action addressed to McNamara 24 Mar 65, PP, III, 695.

322 TUESDAY LUNCH: Graff, passim; Evans and Novak, 553-5.

323 PRESIDENT WOULD GET UP AT 3 A.M.: Kearns, 270.

323 MICHIGAN "TEACH-IN"AND 122 CAMPUSES CONNECTED BY TELEPHONE: Powers, 55, 61. BERKELEY FACULTY STATEMENT: ibid., 80.

323 THE WHITE PAPER: 28 Feb 65, PP, III, 728.

323 MCNAMARA, "THE MOST FLAGRANT CASE": q. *St. Louis Post-Dispatch,* Spec. Supp., D7.

324 COMBAT DISCUSSIONS: PP, III, CHAP. 3, "Air War in North Vietnam"; chap. 4, "American Troops Enter Ground War."

325 RUSK NOTED TO NORTH VIETNAM EMBASSY IN MOSCOW: Kraslow, 122.

325 TAYLOR EXPLAINS ATTRITION: Senate FRC hearings, 1966.

325 ON DECLARATION OF WAR: Summers, 21-9; Nitze, in Thompson and Frizzell, 7.

326 MCNAMARA, "WITHOUT AROUSING THE PUBLIC IRE": q. by Douglas Rosenberg as epigraph for "Arms and the America Way" in Russett, 170. Subsequently quoted in Summers, 18. Mr. Rosenbreg lacks record of the original source.

327 NASSER'S REPLY ON LIMITED WAR: q. Roche, Am, Enterprise, Debate, 137, from Mohamed Heikal, *Cairo Documents,* New York, 1973.

327 PAUL CONRAD CARTOON: *Los Angeles Times,* 4 Apr 65.

327 SUICIDE SEEMED TOO CRAZED: *NYT* editorial, 11 Nov 65.

327 AFL-CIO COUNCIL: Hardin, 94.

327 DEARBORN REFERENDUM: *NYT*, 1 Nov and 10 Nov 66.

327 LIPPMANN DENIES "EXTERNAL AGGRESSION: Steel, 565.

328 MOYERS NETWORK: Moyers to author; Anderson, 341.

328 EMBASSY PROPOSES "TERMINATING OUR INVOLVEMENT": Taylor, q. Lake, 297.

328 GALBRAITH, "OVERWHELMING ODDS": Galbraith, 469, n. 7.

328 SEN. RUSSELL PRIVATELY EXHORTED: William P. Bundy to author; PROPOSES POLL OF VIETNAMESE POINION: PP, IV, 98.

329 A JOURNALIST RECALLS: Herbert Mitgang to author.

329 CLIFFORD IN PRIVATE LETTER: 17 May 65, q. Gelb, 371, from LBJ papers.

329 MCNAUGHTON, "70 PERCENT TO AVOID": PP, III, 695.

330 MCNAMARA-WHEELER ON "WINNING": PP, IV, 290-2.

330 "WORKING THE LEVERS": Ball, 376.

330 SEVAREID, HANIO HAD AGREED: Sevareid, in *Look,* 30 Nov 65.

330 *St. Louis Post-Dispatch* ON JOHNSON DENIALS: Spec, Supp., D4.

330 ITALIAN MISSION: Kraslow, 130-1. All the foreign missions seeking negotiation are detailed in this book.

331 WARSAW TALKS: Gelb, 152 ff. from 4 vols. Of PP dealing ith foreign negotiations, unpublished at the time of writing.

331 MCNAUGHTON STATES DILEMMA: PP, IV, 48.

331 $2 BILLION A MONTH: Wicker, 271.

332 300 ACRES OF RICE: Powers, 224; on extent of defoliation, see Lewy, 258.

332 "HUTS GO UP IN... FLAME": ibid., 223, quoting Frank Harvey, *Air War-Vietnam,* New York, 1968.

332 *Ladies Home Journal:* Jan 1967.

333 CONGRESS "SURPRISINGLY PATIENT": Taylor, 321.

334 300 PENTAGON LOBBYISTS: Hardin, 83.

334 HUMPHREY, "IF YOU FEEL AN URGE": q. Powers, 48.

334 FULBRIGHT REGRETTED TONKIN ROLE: Wilcox, 29.

334 SENATE FEC HEARINGS: see under U.S. Congress. RUSK: on 28 Jan and 18 Feb. EISENHOWER DENIAL OF COMMITMENT: *NYT*, 18 Aug 65, "Military Pledge to Saigon Is Denied by Eisenhower," p. 1.

p. 335 TAYLOR AT HEARINGS: 17 Feb, 450. FULBRIGHT ON AMERICAN REVOLUTION: 17 Feb, 441. GAVIN: 8 Feb. MORSE-TAYLOR ON "WEAKNESS": 17 Feb, 454-5. KENNAN: 10 Feb.

336 ROCKEFELLER, "SUPPORT THE PRESIDENT": *NYT,* 1 Feb 66.

336 GUNNAR MYRDAL: *NYT Magazine,* 18 July 65.

337 JASON BOMBING SURVEY: PP, IV, 115-20, 166, 702-66.

337 "WE ANTICPATED... LIKE REASONABLE PEOPLE": Warnke, q. Gelb, 139, from oral interview in LBJ papers. ANNUAL RATE OF 500,000 TONS: Hanson Baldwin in *NYT,* 30 Dec 66.

338 MCNAMARA'S DOUBTS: Halberstam, 630. PP (*NYT*), 510-16. SYSTEMS ANALYSIS, NOT WORTH THE COST: PP. IV, 136.

338 SILENT DEPARTURES: Thomson, "Resigning from Government": see also Graff, 24, and Studs Terkel, "Servant of the State: A Conversation with Daniel Ellsberg," *Harpere's,* Feb 1972.

339 "DEAN RUSK IS A RECORDED ANNOUNCEMENT": Halberstan, 634.

339 LBJ, "WHO KNOWS HOW LONG":q. Graff, 104.

339 "MINIMUM ESSENTIAL FORCE": PP, II, 511.

339 PROTEST SEEN AS "ENCOURAGING THE COMMUNISTS": H, 67.

340 JOHNSON'S RATING TURNS HEGATIVE: ibid., 60.

340 "SPIRITUAL CONFUSION": *Beyond Vietnam,* 6. NATION COUNCIL OF CHURCHES: Logue and Patton, 324. KING, "GREATEST PURVEYOR": *NYT,* 5 Apr 67.

340 "YOU VOTED IN '64...": *NYT,* 6 Nov 66.

341 LIPPMANN, "DECENT PEOPLE NO LONGER SUPPORT": Steel, 571.

341 JAMES THOMSON LETTER: *NYT,* 4 June 67.

341 GENERAL SHOUP, "POPPYCOCK": *NYT* obit., 16 Jan 83.

342 POLL, 48 YES, 48 NO: Logue and Patton, 326.

342 PHAM VAN DONG, "BASIS FOR SETTLEMENT": 3 Jan 67, Cooper, 501.

343 AMERICANS AND NORTH VIETNAMESE CONFERRED: Kraslow, 167-74, Cooper, 346-7.

343 TWO AMERICANS TO HANIO: Ashmore and Baggs, Kraslow, 200. U THANT, "CALCULATED RISK": ibid., 208.

343 LBJ. "MORE THAN OUR PART": 31 Dec 66. LETTER TO HO CHI MINH: Kraslow, 206.

343 "DEEP CONVICTION IN HANOI": q. Gelb, 164, from unpublished PP vols.

343 HAROLD WILSON-KOSYGIN NEGOTIATION: Kraslow, 186-98, Herring, 168-9.

344 MCNAUGHTON, "SUCCESSFULLY, OR ELSE": May 67 Memorandum for President, PP, IV, 477-9.

344 "HE WAS A MISTER ABLE": Moyers to author.

344 STENNIS HEARINGS: PP, IV, 190-204; Sharp, ibid., 191-7.

346 MCNAMARA, "DESTROYING THE COUNTRYSIDE": q. Macpherson, 430-1. COLLEAGUES STARED: ibid.

346 CIA, "SO INTOLERABLE": q. Cohen, 277. STUDY IN DOLLAR VALUES: PP. IV, 136. SYSTEMS ANALYSIS, SUPPLY ROUTES: ibid., 223. "WE ARE UNABLE TO DEVISE": ibid., 224-5.

347 BOMB TOTAL 1.5 MILLION TONS: PP. IV, 216.

347 AUBRAG-MARCOVICH MISSION: July 67, Kraslow.

347 BURCHETT, "DEEP SKEPTICISM": Kraslow, 227-8.

348 *Saturday Evening Post:* 18 Nov 67.

349 "DESTROY THE TOWN IN ORDER TO SAVE IT": heard by public over TV. The Town was Ben Tre. *Wall Steet Journal:* 23 Feb 68.

349 CLIFFORD TASK FORCE: Schandler, 121-76; Clifford, *Foreign Affairs.*

350 KENNAN, "MEN IN A DREAM": q. Hoopes, *Limits,* 178.

350 CLIFFORD'S TOPUR OF SEATO NATIONS: ibid., 169-71.

350 DISENCHANTMENT: Clifford, *Foreign Affairs;* Hoopes, *Limits,* 186-95. NITZE: ibid., 199.

351 SYSTEMS ANALYSIS: PP, IV, 558.

351 CLIFFORD, "NOT ONLY ENDLESS BUT HOPELESS": Clifford, *Foreign Affairs.*

351 SENATOR TYDINGS: Macpherson, 420. DEMOCRATIC COMMITTEE TELEGRAM: q. Powers, 300.

351 CRONKITE BROADCAST: transcript supplied by Mr. Cronkite.

352 "THE SHOCK WAVES": q. Schandler, 198.

352 *Time,* "VICTORY IN VIETNAM": 15 Mar 68.

352 SENATE FRC HEARINGS: *NYT*, 8 Mar 68. QUESTIONED AUTHORITY OF THE PRESIDENT: Schandler, 211. "WE JUST COULDON'T": Senator Jackson, q. ibid.

353 ACHESON REVIEW: Hoopes, *Limits,* 205; Kendrick, 259.

353 SPEECH TO NATIONAL FARMERS UNION: *NYT,* 19 Mar 68. ROWE REPORTS CALLS: Rowe Mem. To President, 19 Mar 68, q. Schandler, 249.

354 "WISE MEN" CONFERENCE: Ridgway, *Foreign Affairs;* PP, IV, 266-8; Ball, 407-09.

354 CLIFFORD, "TREMENDOUS EROSION": Macpherson, 435; Hoopes, *Limits,* 219.

355 CABLE TO AMBASSADORS: PP, IV, 595.

355 WHEELER TO CINCPAC ON DECREASE OF SUPPORT: q. Schandler, 279.

356 FIELD AGENTS TELEPHONED: Theodore White, 118.

6. Exit

p. 358 "IF THE WAR GOES ON SIX MONTHS": to Harrison Salisbury; Salisbury to author. "END UP LIKE LBJ": q. Herring, 219.

359 REISCHAUTER, NO GUARANTEE: *Beyond Vietnam,* 19.

359 RAND RANGE OF OPTIONS: Konrad Kellen, one of the RAND specialist, to author.

359 "ACCEPTABLE INTERVAL": q. *St. Louis Post-Dispatch,* Spec. Supp., D2.

360 AN AMERICAN SERGEANT,AWOLS: q. Richard Dudman, *St. Louis Post-Dispatch,* Spec. Supp., D10.

361 "NOVEMBER OPTION": Szulc, 152.

361 "A LITTLE FOURTH-RATE POWER": q. ibid., 150.

361 "DORMANT BEAST": Kissinger, 244.

361 ARMS FOR VIETNAMIZATION: G. Warren Nutter, Asst. Sec. of Defense under Nixon, in Am. Enterprise *Vietnam Settlement,* 71.

362 "LOSE THE WAR IN VIETNAM—BRING THE BOYS HOME": q. Kissinger, 307. "BUMS": q. Herring, 232. MITCHELL, "LIKE THE RUSSIAN REVOLUTION": q. Kendrick, 296.

362 "SOUGHT TO DESTROY HIM": Kissinger, 299.

362 "TO END THE WAR IN A WAY": q. Theodore White, 130.

363 BURKE, "SHOW THE THING YOU CONTEND FOR": Speech of 19 Apr 1774, Hansard, XVIII.

363 SAINTENY, "HOPELESS ENTERPRISE": q. Ball, 411.

363 "*Without* AGREEMENT WITH HANOI": Kissinger, 271.

363 "CONTINUATION... LESS ATTRACTIVE": ibid., 262.

364 SORTIES SYSTEMATICALLY FALSIFIED: Shawcross, 19-35; Kissinger, 253.

364 FBI WIRE-TAPS: Kissinger, 252.

364 "THOSE LIBERAL BASTARDS": q. Szulc, 158.

365 NIXON'S SPEECH ANNOUNCING CAMBODIA CAMPAIGN: 30 Apr 70. COSVN: Kissinger, 490,506.

365 "MILITARY HALLUCINATION": q. ibid., 511. n.d.

365 250 STATE DEPT. STAFF MEMBERS: ibid., 513.

366 SAN JOSE INCIDENT: Safire, 325, "WE COULD SEE THE HATE": q. ibid., 329; *St. Louis Post-Dispatch,* Spec. Supp., D3.

366 COLSON, "SIEGE MENTALITY": q. Herring, 233. "GENUINELY BELIEVED": q. John Roche in Lake, 132. WHITE HOUSE STAFF MEMBER: Thomas Charles Huston, Safire, 297. SEVENTEEN WIRE-TAPS, Kissinger, 252.

367 "RIGHT OUT OF THE OVAL OFFICE": John Dean's testimony, q. Congressional Quarterly Service, 991.

367 CONGRESS "A BODY OF FOLLOWERS": Riegle, diary entry for 9 June 71. On role of Congress on Vietnam in Nixon's term, see Frye and Sullivan in Lake, 199-209,

also Congressional Quarterly Service and of course Kissinger, passim.

368 ARVN, FIGHTING TO ALLOW AMERICANS TO DEPART: Fitzgerald, 416.

369 POLL, "MORALLY WRONG": Harris, 73.

369 LORD NORTH, "ILL SUCCESS": in May 1783, q. Valentine, *North,* II, 313.

369 "THE BASTARDS HAVE NEVER BEEN BOMBED": q. Herring, 241.

370 "COULD MAKE OR BREAK": q. Carl Bernstein and Robert Woodward, *All the President's Men,* New York, 1974, 265.

370 "RATFUKING": ibid., 127-8.

371 MAO, "DO AS I DID": q. Szulc, 610.

372 NIXON, "MY ABSOLUTE ASSURANCE": Kissinger, 1412.

372 AIR POWER FROM BASES IN THAILAND: Gelb, 349.

372 KISSINGER BACKED AWAY FROM AGREED TERMS: Herring, 246.

372 "WE HAD WALKED THE LAST MILE": Paul Warnke, Asst. Sec. of Defense 1967-69, succeeding McNaughton, American Enterprise *Debate,* 125.

372 DEMOCRATIC CAUCUS: *Congress and Nation,* III.

373 ULTIMATUM TO THIEU: Kissinger, 1459.

374 "A HOUSE WITHOUT ANY FOUNDATION": q. Dudman, *St. Louis Poss-Dispatch,* Spec. Supp., D10.

374 KISSINGER, "THE BREAKDOWN": Kissinger, 520.

375 FORD, "CREDIBILITY... ESSENTIAL": message to Congress, Jan. 75. KISSINGER, "FUNDAMENTAL THREAT": press conference of 26 Mar 75.

375 RIDGWAY, "IT SHOULD NOT HAVE TAKEN": in *Foreign Affairs.*

376 "NO EXPERTS AVAILABLE": McNamara to author.

377 CONGRESSMAN FROM MICHIGAN: Riegle, entry in diary for 20 Apr 71.

Epilogue

"A LANTERN ON THE STERN"

REFERENCE NOTES

p. 380 "SERVANT OF DIVINE REASON": Morton Smith in *Columbia History of the World,* ed John Garraty and Peter Gay, New York, 1972, 210.

381 PLATO, "GOLDEN CORD," PURRETS, DISEASE OF THE SOUL: *Laws,* I, 644-5, III, 689B.

381 TACITUS, "MOST FLAGRANT": *Annals,* Bk XV, chap. 53.

382 JEFFERSON, "WHENEVER A MAN": to Tench Coxe, 1799, q. *Osford Dictionary of Quotations,* 3rd ed., 1980, 272, no. 11. ADAM SMITH, "AND THUS PLACE": *Theory of Moral Sentiments* I, iii, 2, q. *Oxford Dictionary of Quotations,* 509, no. 8.

382 SENATOR NORRIS: Wayne S. Cole, *Senator Gerald P. Nye and American Foreign Relations,* Minneapolis, 1962, 67. EISENHOWER, "EVERYONE IS TOO CAUTIOUS": *Diaries,* for 11 June 51.

382 PLATO, "THE WORST OF DISEASES": *Laws,* III, 691D.

383 "INTELLECTUAL CAPITAL": Kissinger, 54.

383 COLERIDGE, "IF MEN COULD LEARN": *Oxford Dictionary of Quotations,* 157, no. 20.

383 "HE HAD NO CHOICE": Schlesinger, 538.

384 "MAGNANIMITY IN POLITICS": Speech on Conciliation, 22 Mar 1775, Hansard, XVIII.

384 "CRIMESTOP": I owe the citation of this passage to Jeffrey Race, "The Unlearned Lessons of Vietnam," *Yale Review,* Winter 1977, 166.

386 STORY OF DARIUS: Herodotus, Bk III, chaps. 82-6.

387 MONTAIGNE, "RESOLUTION AND VALOR": *Complete Essays,* trans. Donald M. Frame, Stanford, 1965, II, 36.

387 LILLIPUTIANS "HAVE MORE REGARD": Jonathan Swift, *Gulliver's Travels,* Part One, chap. 6.

愚政進行曲

從特洛伊到越戰

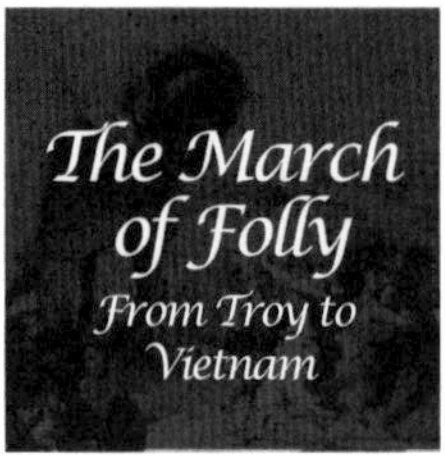

作　　者 芭芭拉・塔克曼(Barbara W. Tuchman)
譯　　者 孟慶亮
責任編輯 沈昭明

社　　長 郭重興
發行人暨出版總監 曾大福
出　　版 廣場出版
發　　行 遠足文化出版事業股份有限公司
231新北市新店區民權路108-2號9樓
電　　話 (02)2218-1417
傳　　真 (02)8667-1851
客服專線 0800-221-029
E-Mail service@bookrep.com.tw
網　　站 http://www.bookrep.com.tw/newsino/index.asp
法律顧問 華洋國際專利商標事務所 蘇文生律師
印　　刷 前進彩藝股份有限公司
初版一刷 2018年7月
定　　價 550元

愚政進行曲 : 從特洛伊到越戰 / 芭芭拉・塔克曼(Barbara W. Tuchman)作;
孟慶亮譯. -- 初版. -- 新北市 :
廣場出版 : 遠足文化發行, 2018.07　　面 ;　　公分
譯自 : The march of folly : from Troy to Vietnam
ISBN 978-986-96452-2-5(平裝)

1.世界史 2.近代史
712.4　　107010289